宁夏回族自治区

地方性法规政府规章汇编

2014—2016

宁夏回族自治区人民政府法制办公室　编

黄河出版传媒集团
宁夏人民出版社

图书在版编目(CIP)数据

宁夏回族自治区地方性法规政府规章汇编 2014—2016 / 宁夏回族自治区人民政府法制办公室编. — 银川 : 宁夏人民出版社,2017.8
ISBN 978-7-227-06736-8

Ⅰ.①宁… Ⅱ.①宁… Ⅲ. ①地方法规—汇编—宁夏—2014—2016 Ⅳ.①D927.430.9

中国版本图书馆CIP数据核字(2017)第231517号

宁夏回族自治区地方性法规政府规章汇编2014—2016　　宁夏回族自治区人民政府法制办公室　编

责任编辑　杨敏媛
责任校对　白　雪
封面设计　马　俊
责任印制　肖　艳

黄河出版传媒集团
宁夏人民出版社　出版发行

出 版 人　王杨宝
地　　址　宁夏银川市北京东路139号出版大厦(750001)
网　　址　http://www.nxpph.com　http://www.yrpubm.com
网上书店　http://shop126547358.taobao.com　http://www.hh-book.com
电子信箱　nxrmcbs@126.com　renminshe@yrpubm.com
邮购电话　0951-5019391　5052104
经　　销　全国新华书店
印刷装订　宁夏报业传媒印刷有限公司
印刷委托书号　(宁)0006668

开本　787mm×1092mm　1/32
印张　20.5　字数　700千字
版次　2017年11月第1版
印次　2017年11月第1次印刷
书号　ISBN　978-7-227-06736-8
定价　88.00元

宁夏回族自治区地方性法规政府规章汇编

2014—2016

编辑说明

《宁夏回族自治区地方性法规政府规章汇编》是自治区地方性法规和政府规章的正式版本。本卷汇编是继《宁夏回族自治区法规规章汇编》1949年至1987年卷等卷之后的第9卷。

本卷汇编收集了2014年至2016年，宁夏回族自治区人民代表大会及其常务委员会废止、修改地方性法规的决定22件，制定、修改的地方性法规42件，宁夏回族自治区人民政府修改、废止政府规章的决定6件，制定、修改的政府规章45件。

本卷汇编基本沿用了以往自治区地方性法规政府规章汇编的体例，将收集编入的地方性法规和政府规章按业务性质分为：综合法制、工交经贸、农林水牧、科教文卫、城建环保、劳动人事、公安民政、发改财政、工商安监、气象地震、其他等11类。在每一类中，将地方性法规列前，政府规章列后，同类中的地方性法规及政府规章以公布时间先后排序。

本卷汇编对编入的地方性法规和政府规章进行编纂时，均按照原文载入汇编，略去了地方性法规公布公告和政府规章的发布令，将发布机关、时间、文号等均移至标题下方，以便查阅。

我们在编辑出版本汇编的工作中，得到了自治区人大常委会、自治区新闻出版广电局、黄河出版传媒集团宁夏人民出版社等有关方面的大力支持和协助，在此谨致谢意！

宁夏回族自治区人民政府法制办公室

二〇一七年六月

目　　录

综合法制

地方性法规

政府规章

工交经贸

地方性法规

政府规章

农林水牧

地方性法规

政府规章

科教文卫

地方性法规

政府规章

城建环保

地方性法规

政府规章

劳动人事

地方性法规

政府规章

公安民政

地方性法规

政府规章

发改财政

地方性法规

政府规章

工商安监

地方性法规

政府规章

气象地震

地方性法规

政府规章

其　他

地方性法规

政府规章

综合法制

宁夏回族自治区人民代表大会常务委员会关于修改《宁夏回族自治区预防未成年人犯罪条例》的决定

（2015年3月31日宁夏回族自治区第十一届人民代表大会常务委员会第十六次会议通过　2015年3月31日宁夏回族自治区人民代表大会常务委员会公告第21号公布　自公布之日起施行）

宁夏回族自治区第十一届人民代表大会常务委员会第十六次会议决定，对《宁夏回族自治区预防未成年人犯罪条例》予以修改：

删去第二十九条（一）项中的“劳动教养所外执行和”，第三十二条第二款中的“劳动教养场所和”“接受劳动教养或者”，第三十三条中的“或者解除劳动教养”，第三十四条中的“和解除劳动教养”，第三十五条中的“或者接受劳动教养”。

本决定自公布之日起施行。

《宁夏回族自治区预防未成年人犯罪条例》根据本决定作相应修改，重新公布。

宁夏回族自治区预防未成年人犯罪条例

（2008年9月19日宁夏回族自治区第十届人民代表大会常务委员会第五次会议通过　根据2015年3月31日宁夏回族自治区第十一届人民代表大会常务委员会第十六次会议《关于修改〈宁夏回族自治区预防未成年人犯罪条例〉的决定》修正）

第一章　总　则

第一条　为了保障未成年人健康成长，预防和减少未成年人犯罪，根据《中华人民共和国预防未成年人犯罪法》和有关法律、行政法规，结合自治区实际，制定本条例。

第二条　预防未成年人犯罪工作应当适应未成年人身心特点，遵循教育和保护相结合，及时预防和矫治相结合的原则。

第三条　预防未成年人犯罪，在各级人民政府组织领导下，实行综合治理，纳入考核范围，建立奖惩机制。

各级人民政府应当设立预防未成年人犯罪工作协调机构，完善制度，组织、协调有关部门和其他社会组织，做好本行政区域预防未成年人犯罪工作。

第四条　各级人民政府应当将预防未成年人犯罪工作经费列入本级财政预算。

鼓励社会组织和个人参与、资助预防未成年人犯罪工作。

第五条　居民委员会、村民委员会、其他组织和社会志愿者受政府委托从事预防未成年人犯罪工作，政府及其有关部门应当提供资助和支持。

鼓励和引导各企业事业单位、社会团体参与预防未成年人犯罪工作，建立志愿者队伍。

各级人民政府对在预防未成年人犯罪工作中做出突出贡献的组织和个人，应当给予表彰和奖励。

第二章　家庭预防

第六条　未成年人的父母或者其他监护人应当依法履行监护职责，加强对未成年人思想道德品质和文明行为的培养和教育，发现未成年人有不良行为或者严重不良行为的，应当及时劝阻，正确引导、规劝其改正，不得实施家庭暴力，虐待、遗弃被监护的未成年人，不得侵害被监护未成年人的其他合法权益。

父母或者其他监护人外出务工，或者未成年人离开父母、其他监护人到异地上学、生活、工作的，父母或者其他监护人应当对未成年人的教育、生活做出妥善安排，不得放任不管，放弃监护职责。

父母或者其他监护人不得强迫未成年人辍学、经商、卖艺、乞讨，或者从事违法活动。

父母或者其他监护人无法或者不宜行使监护权的，应当依法另行指定监护人。暂未指定监护人的未成年人，由政府开办的社会福利机构暂时收养。

第七条　未成年人的父母或者其他监护人，对进入青春期的未成年人，应当根据其生理、心理特点，进行青春期教育，给予生理、心理上的关心和指导，引导未成年人进行有益身心健康的活动，预防和制止未成年人吸烟、酗酒、沉迷网络以及赌博、吸毒等行为。

第八条　离异的父母双方对未成年子女都有抚养教育的义务，任何一方不得因离异而放弃履行管教子女的义务。

继父母、养父母对受其抚养教育的未成年继子女、养子女，应当履行本条例规定的对未成年子女在预防犯罪方面的职责。

第九条　受民政部门委托或者批准的寄养未成年人的家庭，应当根据寄养协议，保障被寄养未成年人的合法权益。

寄养家庭所在的居民委员会、村民委员会发现寄养家庭不再符合寄养条件的，应当及时向当地民政部门报告，民政部门应当及时调查、处理。

第十条　未成年人的父母或者其他监护人有监护能力但不履行监护职责的，乡镇人民政府、街道办事处、居民委员会和村民委员会应当对其进行批评教育，责令其履行监护职责。

第三章 学校预防

第十一条 各级教育行政部门、学校应当将法制教育、素质教育与安全文明校园创建活动结合起来，将学校法制教育、心理健康教育、预防未成年人犯罪工作纳入教学评估内容，定期进行考核。

教育行政部门应当将预防未成年人犯罪的法律知识纳入教师继续教育内容，教师接受法制教育每学期不少于八课时。

教育行政部门应当将未成年学生法制教育纳入教育教学计划，学生接受法制教育每学期不少于八课时。

第十二条 学校应当对未成年学生进行自我保护及预防犯罪法律知识教育，逐步配备具备资质条件的专职或者兼职心理教师，对未成年学生进行心理健康教育。

班主任、辅导员应当具备与其承担的教育管理职责相适应的预防未成年人犯罪方面的法律知识。

学校应当从审判机关、检察机关、公安机关、司法行政机关、律师事务所等单位，聘请熟悉未成年学生身心特点、善于做未成年学生思想教育工作、具有预防未成年人犯罪工作经验的人员担任法制副校长、法律辅导员、法律顾问。

法制副校长、法律辅导员、法律顾问的职责是参与研究制定法制教学计划，结合未成年人犯罪典型案例，对未成年学生进行法治理念和预防犯罪教育。

第十三条 学校应当建立健全与家长联系的制度，及时反映和了解未成年学生的情况，指导和帮助未成年学生的父母或者其他监护人学习和采取科学的家庭教育方法。发现未成年学生有不良行为的，应当及时告知其父母或者其他监护人。

第十四条 学校发现未成年学生有不良行为或者严重不良行为的，应当及时制止和纠正，并对其进行有针对性的教育，不得歧视，不得擅自停止其上课，不得强迫或者变相强迫其退学、转学。

学校对有不良行为或者严重不良行为的未成年学生给予处分前，应当向本人及其父母或者其他监护人说明理由，并听取其申辩。

学校不得开除或者以劝退等方式变相开除义务教育阶段的未成年学生；对接受非义务教育的未成年学生因严重违纪需要取消学籍的，可以实行留校试读帮教的制度。

非义务教育阶段的未成年学生被开除或者被退学的，学校应当出具该未成年学生被开除或者被退学情况报告，并报送主管的教育行政部门审批。

第十五条 各级政府教育行政部门应当建立解决义务教育阶段未成年学生辍学问题岗位责任制。学校应当加强学生学籍管理，建立学生辍学情况报告制度，会同有关部门帮助其回到学校继续学习。

第十六条 学校应当指导未成年学生正确使用互联网，拒绝不良的网络游戏产品和网络信息。已配置校内网络设施的学校应当配备上网辅导员，并采用安全过滤等技术防止未成年学生接触有害信息。有条件的，应当在课外向未成年学生开放网络设施。

第四章 政府和社会预防

第十七条 县级以上人民政府民政部门应当建立、完善和落实未成年人救助制度，逐步开通未成年人救助服务热线，加强对生活无着落的未成年人的救助。

救助机构应当将救助的未成年人与成年人分开管理，对有不良行为的未成年人进行心理指导和矫治。

第十八条 公安人员和车站、机场、宾馆、娱乐场所等公共场所的管理人员发现未成年人夜不归宿的，应当规劝，由公安人员护送其返回住所或者采取其他保护措施，并在二十四小时内通知其父母或者其他监护人。

第十九条 县级以上人民政府应当合理规划和建设青少年宫、儿童活动中心、科技馆、图书馆、体育场馆等适合未成年人活动的公共文化体育场所。

各市、县、区至少应当有一所综合性、多功能的未成年人活动场所。

新建、改建、扩建的居民住宅区规划内容应当包括建设适合未成年人活动的文化体育配套设施。已建成的文化体育设施，应当加强管理，不得擅自改变用途。

公共文化体育场所应当对未成年人免费或者优惠开放；在寒暑假期间，应当延长开放时间，开展适合未成年人的文化体育活动。

各级人民政府应当鼓励、支持社会组织、各类企业事业单位和个人自筹资金兴建适合未成年人活动的文化体育场所和设施；鼓励机关、学校、企业事业等单位将内部的文化体育设施向未成年人开放。

未成年人活动场所应当把预防未成年人犯罪教育作为重要工作，开展多种形式的法制宣传教育活动。

第二十条 乡镇人民政府、街道办事处应当组织、指导本辖区内的居民委员会、村民委员会、具有教育功能的单位在寒暑假期间开展有益于未成年人身心健康的活动。

各级人民政府民政部门、乡镇人民政府、街道办事处、居民委员会、村民委员会应当为贫困、单亲或者失去父母、父母外出务工等家庭中的未成年人提供必要的帮助和教育资助。

第二十一条 中小学、中等专业学校周围二百米范围内和居民住宅楼(院)内不得设立互联网上网服务营业场所、营业性歌舞厅、营业性电子游戏场所以及其他未成年人不宜进入的营业场所。

公安、教育、文化、工商等行政部门应当按照各自的职责加强学校及其周围环境社会治安综合治理,为学校教学创造良好的周边环境。

居民委员会、村民委员会应当协助做好维护学校周围社会治安的工作。

第二十二条 加强对广播、电影、电视、戏剧节目以及各类演播场所的管理。新闻出版、广播、电影、电视、文化、信息产业等行政部门应当采取措施,鼓励、支持有利于未成年人身心健康的书刊、音像制品、电子出版物的创作、制作和出版。

广播、电影、电视、戏剧节目和以未成年人为对象的读物、音像制品、电子出版物,不得含有诱发未成年人违法犯罪以及渲染暴力、色情、赌博、恐怖、邪教、封建迷信等危害未成年人身心健康的内容。

各种媒体对犯罪案件的报道,不得渲染犯罪细节和手段,不得披露未成年人的姓名、住所、照片、图像以及可能推断出未成年人的资料。

任何单位和个人不得向未成年人出售、出租含有前款规定的危害未成年人身心健康内容的书刊、音像制品、电子出版物,不得利用通讯、计算机网络等方式提供含有前款规定的危害未成年人身心健康内容的信息。

第二十三条 互联网上网服务营业场所、营业性歌舞厅以及其他未成年人不宜进入的营业场所,应当在入口、大厅等位置设置明显禁止未成年人进入的警示标志,不得允许未成年人进入。

营业性电子游戏场所除国家法定节假日外,不得允许未成年人进入,并设置禁止未成年人进入的警示标志。

是否成年难以判明的,上述场所的工作人员应当要求其出示能证明真实年龄的证件。

任何单位、组织或者个人对互联网上网服务营业场所违反本条第一款、第二款规定接纳未成年人的，有权进行监督和举报。文化行政部门、公安机关或者工商行政管理部门接到举报后，应当立即到场调查处理，并应当为举报人保密；将处理结果向举报人反馈。

第二十四条 学校、文化馆（站）、青少年宫、图书馆、书店等场所可安排专业辅导人员建立公益性上网场所，对未成年人免费或优惠开放。

公益性上网场所，应当由本单位直接管理，不得出租、承包，不得以营利为目的。

公益性上网场所向未成年人提供网络服务，其计算机终端应当安装和使用封堵色情、暴力等危害未成年人身心健康信息的过滤软件。

第二十五条 销售烟、酒的经营者不得向未成年人出售烟、酒，并应当在经营场所设置明显的禁止未成年人购买烟、酒的警示标志。

任何人不得在中小学校的教室、阅览室、寝室、活动室和未成年人集中活动的其他场所吸烟。

第二十六条 任何人不得向未成年人提供毒品；不得教唆、胁迫、诱骗未成年人吸食、注射毒品；不得教唆、引诱、容留未成年人赌博或者为未成年人参与赌博提供便利条件。

第二十七条 禁止利用未成年人乞讨、兜售商品、非法传销、表演恐怖残忍节目牟利。

对流浪乞讨或者离家出走的未成年人，公安、民政部门应当负责交送其父母或者其他监护人；暂时无法查明其父母或者其他监护人的，由民政部门设立的儿童福利机构或救助站抚养、救助。

第二十八条 宾馆服务业经营者接纳不满十六周岁的未成年人住宿的，应当及时与其父母、其他监护人、近亲属或者所在的学校联系。无法联系的，应当向当地公安机关报告。

禁止洗浴场所留宿无监护人陪同的不满十六周岁的未成年人。

未经未成年人的父母或者其他监护人同意，任何人不得向不满十六周岁的未成年人出租房屋。

确因学习需要，经父母或者其他监护人书面同意，不满十六周岁的未成年人租房住宿的，其父母或者其他监护人应当履行监护职责，并不得让未成年人单独居住。房屋出租人发现租房的未成年人有不良行为、严重不良行为的，应当制止，并及时告知其父母或者其他监护人。

第五章 司法预防

第二十九条 对有下列情形之一的未成年人，公安机关应当建立教育矫治档案，对其遵纪守法、学习和劳动情况进行记录，以利教育、监督、考核：

（一）被判处管制、宣告缓刑、裁定假释、批准监外执行、刑满释放、免予刑事处罚的；

（二）确认有严重不良行为的。

对有前款所列情形之一的未成年人，其居住地乡镇人民政府或者街道办事处应当组织当地公安派出所、司法所、未成年人所在的学校（单位）、居民委员会或者村民委员会、有关社会团体成员和社会志愿者，对其进行教育、心理指导和行为矫治，安排其参加文化体育活动和从事社会公益劳动，实施社区矫治，落实安置帮教措施。

第三十条 司法机关办理未成年人犯罪案件，应当实行教育、感化、挽救的方针，坚持教育为主、惩罚为辅的原则；应当根据未成年人的身心特点，结合其平常表现、家庭情况、犯罪原因、悔罪态度等，做好教育、挽救、预防再犯罪工作。

未成年人犯罪案件，应当由熟悉未成年人身心特点、善于做未成年人思想教育工作、具有未成年人犯罪案件办案经验的人员承办。

第三十一条 法律援助中心、律师事务所的执业律师，应当为符合法律援助条件的未成年人提供法律援助，依法维护未成年人的合法权益。未成年人的辩护人和代理人，在辩护、代理工作中应做好涉案未成年人的心理矫治及法制教育工作。

第三十二条 羁押、服刑的未成年人，应当与成年人分别关押、分别管理、分别教育。

未成年人服刑场所应当对服刑的未成年人以开展思想、法律、文化和职业技术教育为主，保证学习时间，并积极开展法律援助和心理矫治，预防再次犯罪。对没有完成义务教育的未成年人，教育行政部门、司法行政部门和执行机关应当从场地、师资、经费等方面保证其继续接受义务教育。

第三十三条 刑满释放的未成年人无家可归，或者无法查明其父母或者其他监护人的，原执行机关应当及时与未成年人住所地的民政、司法行政、劳动就业部门或者居民委员会、村民委员会取得联系，做好衔接管控、安置帮教工作。

第三十四条 被依法判处管制、宣告缓刑、裁定假释、免予刑事处罚、批准监外执行、刑满释放的未成年人，在复学、升学、就业等方面与其他未成年人享有同等权利，但法律法规对特殊行业和单位另有限制性规定的除外。

第三十五条 对正在监管场所服刑的未成年人，其父母或者其他监护人应当主动探视，配合执行机关对其进行教育、矫治。

拒不探视、不配合的，其所在的单位、乡镇人民政府或者街道办事处、居民委员会或者村民委员会应当对其进行批评教育，要求其改正。

第六章 法律责任

第三十六条 未成年人的父母或者其他监护人不履行监护职责，放任被监护未成年人不良行为或者严重不良行为的，由公安机关对未成年人的父母或者其他监护人予以训诫，责令其严加管教。

未成年人的父母或者其他监护人虐待、遗弃被监护的未成年人，或者侵害被监护未成年人其他合法权益的，任何组织或个人有权制止并向公安机关举报，构成违反治安管理行为的，由公安机关依法给予行政处罚；构成犯罪的，依法追究刑事责任。

第三十七条 学校因教育管理不力导致在校未成年人违法犯罪情况严重的，由人民政府或者教育行政部门给予通报批评，对直接负责的主管人员和其他直接责任人员依法给予行政处分。

第三十八条 违反本条例第二十一条第一款规定，擅自在中小学、中等专业学校周围二百米范围内和居民住宅楼(院)内开办互联网上网服务营业场所、营业性歌舞厅、营业性电子游戏场所以及其他未成年人不宜进入的营业场所的，由行政主管部门依法予以关闭，并处二万元以上十万元以下罚款。

第三十九条 放映或者演出渲染暴力、色情、赌博、恐怖、邪教、封建迷信等危害未成年人身心健康节目的单位和个人，由公安、文化、广电等行政部门依照职权没收违法播放的音像制品和违法所得，处违法所得三倍以上五倍以下罚款，并对直接负责的主管人员和其他直接责任人员处一万元以上五万元以下罚款；情节严重的，责令停业整顿或者由工商行政管理部门依法吊销营业执照。

违反本条例第二十二条第二款规定的，由新闻出版行政部门没收出版物和违法所得，并处违法所得三倍以上十倍以下罚款；情节严重的，没收出版物和违法所得，责令停业整顿或者吊销许可证；对直接负责的主管人员和其他直接责任人员处一万元以上五万元以下罚款。

违反本条例第二十二条第三款规定的，由新闻出版、广电等行政部门依照职权责令改正，并处五千元以上二万元以下罚款；对单位直接负责的主管人员和其他直接责任人员处二千元以上五千元以下罚款。

违反本条例第二十二条第四款规定的，由工商、公安、文化、新闻出版等行政部门依照职权没收读物、音像制品、电子出版物和违法所得，并处二万元以上十万元以下罚款；对单位直接负责的主管人员和其他直接责任人员处一万元以上五万元以下罚款。

第四十条 违反本条例第二十三条第一款规定的，由文化行政部门给予警告，责令停业整顿，并处五千元以上二万元以下罚款；情节严重的，由文化行政部门依法吊销经营许可证，由工商行政管理部门依法吊销营业执照。

违反本条例第二十三条第二款规定的，由文化行政部门责令改正，给予警告，责令停业整顿，没收违法所得，处五千元以上二万元以下罚款，并对直接负责的主管人员和其他直接责任人员处二千元以上五千元以下罚款；情节严重的，由工商行政管理部门依法吊销营业执照。

第四十一条 违反本条例第二十四条第二款、第三款规定的，由公安机关给予警告，责令改正；拒不改正的，处二千元以上一万元以下罚款。

公益性上网场所出租、对外承包或是以营利为目的，由文化行政部门责令改正，对直接负责的主管人员和其他直接责任人员依法给予行政处分。

第四十二条 违反本条例第二十五条第一款规定的，由工商行政管理部门责令改正，并处一千元以上五千元以下罚款。

第四十三条 违反本条例第二十六条规定的，由公安机关按照《中华人民共和国治安管理处罚法》给予治安处罚；构成犯罪的，依法追究刑事责任。

第四十四条 违反本条例第二十七条第一款规定的，由公安机关对教唆、胁迫、引诱、指使的成年人按照《中华人民共和国治安管理处罚法》给予治安处罚；构成犯罪的，依法追究刑事责任。

第四十五条 国家机关及其工作人员不履行监督管理责任，滥用职权、玩忽职守、徇私舞弊，情节严重的，对直接负责的主管人员和其他直接责任人员依法给予行政处分；构成犯罪的，依法追究刑事责任。

第七章 附 则

第四十六条 本条例所称不良行为是指《中华人民共和国预防未成年人犯罪法》第十四条规定的行为；严重不良行为是指《中华人民共和国预防未成年人犯罪法》第三十四条规定的严重危害社会，尚不够刑事处罚的行为。

第四十七条 本条例自2008年11月1日起施行。

宁夏回族自治区人民代表大会常务委员会关于修改《宁夏回族自治区农村集体经济承包合同管理条例》等三件地方性法规的决定

（2015年5月20日宁夏回族自治区第十一届人民代表大会常务委员会第十七次会议通过 2015年5月20日宁夏回族自治区人民代表大会常务委员会公告第22号公布 自公布之日起施行）

宁夏回族自治区第十一届人民代表大会常务委员会第十七次会议决定，对下列地方性法规予以修改：

一、宁夏回族自治区农村集体经济承包合同管理条例

1. 将第一条修改为：“为了稳定和完善以家庭承包经营为基础、统分结合的双层经营体制，加强农村集体经济承包合同的管理，保护合同双方的合法权益，促进农村生产力的发展，根据《中华人民共和国农业法》等法律法规，结合自治区实际，制定本条例。”

2. 将第七条（三）项中的“村提留和乡统筹费，安排使用农村义务工和劳动积累工”修改为“要求承担依法确定的筹资筹劳”。

3. 将第八条(五)项中的“村提留和乡统筹费,承担农村义务工和劳动积累工”修改为“承担依法确定的筹资筹劳”。

4. 将第十一条(二)项中的“村提留、乡统筹费和承担农村义务工、劳动积累工的数量”修改为“承担依法确定的筹资筹劳”。

5. 将第二十一条(四)项中的“村提留、乡统筹费及承担农村义务工和劳动积累工的”修改为“承担依法确定的筹资筹劳的”。

6. 将第二十二条第一款修改为:“设区的市、县(市、区)可以设立承包合同仲裁委员会。承包合同仲裁委员会设专职或者兼职仲裁员若干人。”

删去第二十二条第二款。

7. 删去第二十四条中的“仲裁裁决一经作出,当事人应当履行。当事人一方在规定的期限内不履行仲裁机构裁决的,另一方可申请人民法院强制执行。”

8. 将第二十五条中的“行署、市农业行政主管部门”修改为“设区的市农业行政主管部门”,将“农村合作经济经营管理机构”修改为“农村经济经营管理机构”。

9. 将第二十六条修改为:“各级农村经济经营管理机构管理承包合同的主要职责是:

“(一)宣传贯彻有关法律、法规和政策,制定和完善承包合同的管理制度;

“(二)承担农村土地承包仲裁委员会的日常工作;

“(三)培训承包合同管理人员;

“(四)其他法律法规规定的职责。”

10. 删去第二十八条。

11. 条文顺序作相应调整。

二、宁夏回族自治区地方储备粮管理条例

1. 增加一条作为第六条:“自治区建立粮食安全行政首长负责制,完善粮食流通安全监督考核机制,全面落实粮食流通安全责任。”

2. 将第十七条改为第十八条,第二款修改为:“自治区储备粮原粮储存企业资格,由自治区粮食管理部门依法审核认定;自治区和设区的市成品粮储存企业资格,由设区的市粮食管理部门依法审核认定;县级成品粮储存企业资格,由县级粮食管理部门依法审核认定。各类粮食加工、经营企业和农

户储存自有粮食的除外。”

3. 将第五十条改为第五十一条，修改为：“承储企业违反本条例规定，有第四十八条、第四十九条、第五十条行为之一的，由认定其储存企业资格的粮食管理部门取消其储存企业资格。对国有粮食承储企业直接负责的主管人员和其他直接责任人员给予处分；构成犯罪的，依法追究刑事责任。”

4. 条文顺序作相应调整。

三、宁夏回族自治区邮政条例

1. 将第十四条修改为：“邮政企业设置、撤销邮政营业场所，应当事先书面报告邮政管理部门；撤销提供邮政普遍服务的邮政营业场所，应当经设区的市邮政管理部门批准并予以公告。

“未经设区的市邮政管理部门批准，邮政企业不得停止办理或者限制办理邮政普遍服务业务；因不可抗力或者其他特殊原因暂时停止办理或者限制办理的，邮政企业应当及时公告，采取补救措施，并向设区的市邮政管理部门报告。”

2. 删去第四十条第四款。

3. 删去第四十九条第一款中的“第四十条第四款”及第四十九条（二）项。

4. 条文顺序作相应调整。

本决定自公布之日起施行。

《宁夏回族自治区农村集体经济承包合同管理条例》《宁夏回族自治区地方储备粮管理条例》《宁夏回族自治区邮政条例》根据本决定作相应修改，重新公布。

宁夏回族自治区人民代表大会常务委员会关于修改《宁夏回族自治区建筑管理条例》等五件地方性法规的决定

（2015年5月20日宁夏回族自治区第十一届人民代表大会常务委员会第十七次会议通过　2015年5月20日宁夏回族自治区人民代表大会常务委员会公告第23号公布　自公布之日起施行）

宁夏回族自治区第十一届人民代表大会常务委员会第十七次会议决定，对下列地方性法规予以修改：

一、宁夏回族自治区建筑管理条例

删去第五条第一款中的“自治区内各类建筑工程的建设(含中央驻宁单位和直属企业所属专业工程),在同等条件下,应当优先使用自治区内的建筑业企业”。

二、宁夏回族自治区实施《中华人民共和国渔业法》办法

1. 将第十一条修改为:“单位或者个人承包集体所有的水域、滩涂,从事水产养殖生产,应当依法签订承包合同。”

2. 将第十二条修改为:“水域滩涂养殖证有效期一般不低于五年。”

3. 将第十三条修改为:“取得水域滩涂养殖证从事水产养殖生产的,其合法权益受法律保护,任何组织和个人不得侵犯。

“养殖使用权和土地承包经营权可依法采取转包、出租、互换、转让等方式进行流转。养殖使用权和土地承包经营权互换或者转让的,应当办理水域

滩涂养殖证变更登记手续。”

三、宁夏回族自治区人才市场条例

将第十一条第二款修改为：“申请设立人才中介服务机构，应当依法到有关部门办理注册登记手续。”

四、宁夏回族自治区商品交易市场管理条例

1. 将第七条第一款修改为：“各级工商行政管理部门是市场的登记和监督管理部门。”

2. 将第十一条修改为：“开办市场应当申请名称预先核准。市场名称经核准后，市场开办经营者应当依法办理登记注册，领取营业执照。”

3. 删去第十二条。

4. 删去第十三条第一款，将第二款修改为：“市场登记或开业前依法需要向有关行政管理部门办理其他审批手续的，依照相关法律、法规规定执行。”

5. 删去第四十条(一)项。

6. 条文顺序作相应调整。

五、宁夏回族自治区文化市场管理条例

1. 删去第八条、第十一条第三款及第十一条第三款(一)项、(二)项中的“和地区”。

2. 将第十五条第二款修改为：“文化活动经营者，应按本条例的规定，向文化行政主管部门提出申请，经审核批准取得《文化经营许可证》。”

3. 删去第十七条。

4. 条文顺序作相应调整。

本决定自公布之日起施行。

《宁夏回族自治区建筑管理条例》《宁夏回族自治区实施〈中华人民共和国渔业法〉办法》《宁夏回族自治区人才市场条例》《宁夏回族自治区商品交易市场管理条例》《宁夏回族自治区文化市场管理条例》根据本决定作相应修改，重新公布。

宁夏回族自治区人民代表大会常务委员会关于修改《宁夏回族自治区人民代表大会及其常务委员会立法程序规定》的决定

（2015年9月30日宁夏回族自治区第十一届人民代表大会常务委员会第十九次会议通过 2015年9月30日宁夏回族自治区人民代表大会常务委员会公告第26号公布 自公布之日起施行）

宁夏回族自治区第十一届人民代表大会常务委员会第十九次会议决定对《宁夏回族自治区人民代表大会及其常务委员会立法程序规定》作如下修改：

一、将第一条修改为："为了规范自治区人民代表大会及其常务委员会立法活动，提高立法质量，发挥立法的引领和推动作用，根据《中华人民共和国地方各级人民代表大会和地方各级人民政府组织法》《中华人民共和国立法法》的规定，结合自治区实际，制定本规定。"

二、将第二条修改为："自治区地方性法规、自治条例和单行条例的制定、修改和废止，批准设区的市的地方性法规，适用本规定。"

三、将第三条第二款修改为："自治区人民代表大会常务委员会、自治区人民政府、自治区人民代表大会专门委员会，可以向自治区人民代表大会提出法规案，由主席团决定列入会议议程。"

四、第五条增加一款，作为第二款："常务委员会依照前款规定审议法规案，应当通过多种形式征求自治区人民代表大会代表的意见；立法调研可以邀请有关的自治区人民代表大会代表参加。"

五、将第九条修改为："列入自治区人民代表大会会议议程的法规案，由法制委员会根据各代表团审议意见，对法规案进行统一审议，向主席团提出审议结果报告和法规草案表决稿，对重要的不同意见应当在审议结果报告中予以说明，由主席团提请大会全体会议表决，由全体代表的过半数通过。”

六、将第十四条第三款修改为：“自治区人民政府、自治区人民代表大会专门委员会，可以向常务委员会提出法规案，由主任会议决定列入常务委员会会议议程，或者先交有关委员会审议、提出报告，再由主任会议决定列入常务委员会会议议程。如果主任会议认为法规案有重大问题需要进一步研究，可以建议提案人修改完善后再向常务委员会提出。”

七、第十六条增加一款，作为第二款：“常务委员会会议审议法规案时，应当邀请有关的自治区人民代表大会代表列席会议。”

八、删除第十七条第四款，将第五款修改为：“调整事项较为单一或者部分修改的法规案，各方面意见比较一致的，可以经一次常务委员会会议审议即交付表决。”

九、将第十八条改为第十七条第四款。

十、将第二十一条改为第二十条，第二款修改为：“法制委员会审议法规案时，应当邀请有关委员会的人员列席会议，发表意见；也可以根据需要，要求有关机关、组织派有关负责人说明情况。”

十一、将第二十三条改为第二十二条，修改为：“列入常务委员会会议议程的法规案，有关委员会应当听取各方面意见。听取意见可以采取座谈会、论证会、听证会等多种形式。

“有关委员会应当将法规草案发送相关领域的自治区人民代表大会代表、有关机关、组织和专家征求意见，将意见整理后送法制工作委员会，并根据需要，印发常务委员会会议。”

十二、将第二十四条改为第二十三条，修改为：“列入常务委员会会议议程的法规案，应当将法规草案及有关起草、修改的说明等向社会公布，征求意见，但是经主任会议决定不公布的除外。”

十三、增加一条，作为第二十四条：“拟提请常务委员会会议审议通过的法规案，在法制委员会提出审议结果报告前，法制工作委员会可以对法规草案中主要制度规范的可行性、法规出台时机、法规实施的社会效果和可能出现的问题等进行评估。评估情况由法制委员会在审议结果报告中予以说明。”

十四、第二十七条增加两款，分别作为第二款、第三款：“法规草案表决稿交付常务委员会会议表决前，主任会议根据常务委员会会议审议的情况，可以决定将个别意见分歧较大的重要条款提请常务委员会会议单独表决。

“单独表决的条款经常务委员会会议表决后，主任会议根据单独表决的情况,可以决定将法规草案表决稿交付表决,也可以决定暂不付表决,交法制委员会和有关委员会进一步审议。”

十五、增加一条,作为第二十八条:“对多部法规中涉及同类事项的个别条款进行修改,一并提出法规案的,经主任会议决定,可以合并表决,也可以分别表决。”

十六、将第四章的章名修改为:“批准设区的市的地方性法规程序”,并将本章中“银川市”修改为“设区的市的”。

十七、将第二十九条改为第三十条,修改为:“自治区人民代表大会常务委员会应当对报请批准的设区的市的地方性法规的合法性进行审查,经审查与宪法、法律、行政法规和自治区地方性法规不抵触的,应当在四个月内予以批准。”

十八、将第三十条改为第三十一条,修改为:“对报请批准的设区的市的地方性法规,先由法制委员会和法制工作委员会进行审查,由法制委员会向主任会议提出报告,由主任会议决定提请常务委员会会议审查。”

十九、增加一条,作为第三十四条:“自治区人民代表大会常务委员会通过立法规划、年度立法计划等形式,加强对立法工作的统筹安排。编制立法规划和年度立法计划,应当认真研究代表议案和建议,广泛征集意见,科学论证评估。”

二十、增加一条,作为第三十五条:“有关委员会应当提前参与法规草案起草工作;综合性、全局性、基础性的重要法规草案,可以由有关委员会组织起草。

“专业性较强的法规草案,可以吸收相关领域的专家参与起草工作,或者委托有关专家、教学科研单位、社会组织起草。”

二十一、将第三十三条改为第三十六条,修改为:“提出法规案,应当同时提出法规草案文本及其说明,并提供必要的参阅资料。修正法规的,还应当提交修改前后的对照文本。法规草案的说明应当包括制定或者修改该法规的必要性、可行性和主要内容。”

二十二、将第三十八条改为第四十一条,将第二款修改为:“法规公布后,应当及时在自治区人民代表大会常务委员会公报、宁夏人大网和《宁夏日报》上刊登。”

二十三、将第三十九条改为第四十二条,修改为:“法规被修改的,应当公布新的法规文本。

“法规被废止的,除由其他法规规定废止该法规的以外,由常务委员会发布公告予以公布。”

二十四、增加一条，作为第四十三条：“法规草案与其他法规相关规定不一致的，提案人应当予以说明并提出处理意见，必要时应当同时提出修改或者废止其他法规相关规定的议案。

“法制委员会审议法规案时，认为需要修改或者废止其他法规相关规定的，应当提出处理意见。”

二十五、将第四十条改为第四十四条，修改为：“法规标题的题注应当载明制定机关、通过日期。经过修改的法规，应当依次载明修改机关、修改日期。”

二十六、增加一条，作为第四十五条：“法规规定明确要求有关国家机关对专门事项作出配套的具体规定的，有关国家机关应当自法规施行之日起一年内作出规定，法规对配套的具体规定制定期限另有规定的，从其规定。有关国家机关未能在期限内作出配套的具体规定的，应当向自治区人民代表大会常务委员会说明情况。”

二十七、增加一条，作为第四十六条：“有关委员会可以组织对有关法规或者法规中有关规定进行立法后评估。评估情况应当向常务委员会报告。”

二十八、将第四十一条改为第四十七条，修改为：“自治区地方性法规的规定需要进一步明确具体含义的，由常务委员会法制工作委员会研究拟订解释草案，由主任会议决定列入常务委员会会议议程。”

本决定自公布之日起施行。

《宁夏回族自治区人民代表大会及其常务委员会立法程序规定》根据本决定作相应修改，重新公布。

宁夏回族自治区人民代表大会及其常务委员会立法程序规定

（2001年2月20日宁夏回族自治区第八届人民代表大会第四次会议通过 2015年9月30日宁夏回族自治区第十一届人民代表大会常务委员会第十九次会议修正）

第一章 总 则

第一条 为了规范自治区人民代表大会及其常务委员会立法活动，提高立法质量，发挥立法的引领和推动作用，根据《中华人民共和国地方各级人民代表大会和地方各级人民政府组织法》《中华人民共和国立法法》的规定，结合自治区实际，制定本规定。

第二条 自治区地方性法规、自治条例和单行条例的制定、修改和废止，批准设区的市的地方性法规，适用本规定。

第二章 自治区人民代表大会立法程序

第三条 自治区人民代表大会主席团可以向自治区人民代表大会提出法规案，由自治区人民代表大会会议审议。

自治区人民代表大会常务委员会、自治区人民政府、自治区人民代表大会专门委员会，可以向自治区人民代表大会提出法规案，由主席团决定列入会议议程。

第四条 一个代表团、代表分团或者代表十人以上联名，可以向自治区人民代表大会提出法规案，由主席团决定是否列入会议议程，或者先交有关专门委员会审议、提出是否列入会议议程的意见，再由主席团决定是否列入会议议程。

专门委员会审议的时候，可以邀请提案人列席会议，发表意见。

第五条 向自治区人民代表大会提出的法规案，在自治区人民代表大会闭会期间，可以先向常务委员会提出，经常务委员会依照本规定的有关程序审议后，决定提请自治区人民代表大会审议，由常务委员会向大会全体会议作说明，或者由提案人向大会全体会议作说明。

常务委员会依照前款规定审议法规案，应当通过多种形式征求自治区人民代表大会代表的意见；立法调研可以邀请有关的自治区人民代表大会代表参加。

第六条 常务委员会决定提请自治区人民代表大会会议审议的法规案，应当在会议举行的一个月前将法规草案发给代表。

第七条 列入自治区人民代表大会会议议程的法规案，大会全体会议听取提案人说明后，由各代表团进行审议。

各代表团审议法规案时，提案人应当派人听取意见，回答询问；根据代表团的要求，有关机关、组织应当派人介绍情况。

第八条 主席团听取各代表团关于法规案审议情况的汇报。必要时，主席团常务主席可以召开各代表团团长会议就法规案中的重大问题进行讨论，也可以召集代表团推选的有关代表进行讨论，讨论情况和意见向主席团报告。

第九条 列入自治区人民代表大会会议议程的法规案，由法制委员会根据各代表团审议意见，对法规案进行统一审议，向主席团提出审议结果报告和法规草案表决稿，对重要的不同意见应当在审议结果报告中予以说明，由主席团提请大会全体会议表决，由全体代表的过半数通过。

第十条 列入自治区人民代表大会会议议程的法规案，在交付表决前，提案人要求撤回的，应当说明理由，经主席团同意，并向大会报告，对该法规案的审议即行终止。

第十一条 法规案在审议中有重大问题需要进一步研究的，经主席团提出，由大会全体会议决定，可以授权常务委员会根据代表的意见进一步审议，作出决定，并将决定情况向自治区人民代表大会下次会议报告；也可以授权常务委员会根据代表的意见进一步审议，提出修改方案，提请自治区人民代表大会下次会议审议决定。

第十二条 自治区自治条例案和单行条例案应当经常务委员会会议审议后，决定提请自治区人民代表大会审议；审议通过后，报全国人民代表大会常务委员会批准。

第十三条 自治区人民代表大会通过的地方性法规，由大会主席团发布公告予以公布。

自治区自治条例、单行条例报经全国人民代表大会常务委员会批准后，由自治区人民代表大会常务委员会发布公告予以公布。

第三章 自治区人民代表大会常务委员会立法程序

第十四条 自治区人民代表大会主席团交付常务委员会审议的法规案，由主任会议安排，提交常务委员会会议审议，也可以先交有关委员会审议、提出报告，再由主任会议提交常务委员会会议审议。

主任会议可以向常务委员会提出法规案，由常务委员会会议审议。

自治区人民政府、自治区人民代表大会专门委员会，可以向常务委员会提出法规案，由主任会议决定列入常务委员会会议议程，或者先交有关委员会审议、提出报告，再由主任会议决定列入常务委员会会议议程。如果主任会议认为法规案有重大问题需要进一步研究，可以建议提案人修改完善后再向常务委员会提出。

第十五条 常务委员会组成人员五人以上联名，可以向常务委员会提出法规案，由主任会议决定是否列入常务委员会会议议程，或者先交有关委员会审议、提出是否列入会议议程的意见，再由主任会议决定是否列入常务委员会会议议程。不列入常务委员会会议议程的，应当向常务委员会会议报告或者向提案人说明。

有关委员会审议代表联名提出的法规案的时候，可以邀请提案人列席会议，发表意见。

第十六条 列入常务委员会会议议程的法规案，除特殊情况外，应当在会议举行的七日前将法规草案发给常务委员会组成人员。

常务委员会会议审议法规案时，应当邀请有关的自治区人民代表大会代表列席会议。

第十七条 列入常务委员会会议议程的法规案，一般应当经两次常务委员会会议审议后交付表决。

常务委员会会议第一次审议法规案，在全体会议上听取提案人的说明，由分组会议进行初步审议。

常务委员会会议第二次审议法规案，在全体会议上听取法制委员会关于法规草案审议结果的报告，由分组会议对法规草案修改稿进行审议。

常务委员会审议法规案时，根据需要，可以召开联组会议或者全体会议，对法规草案的主要问题进行讨论。

调整事项较为单一或者部分修改的法规案，各方面意见比较一致的，可以经一次常务委员会会议审议即交付表决。

第十八条 常务委员会分组会议审议法规案时，提案人应当派人听取意见，回答询问；根据小组的要求，有关机关、组织应当派人介绍情况。

第十九条 列入常务委员会会议议程的法规案，有关委员会审议提出意见，经主任会议审议后，印发常务委员会会议。

有关委员会审议法规案时，可以邀请其他委员会的人员列席会议，发表意见。

第二十条 列入常务委员会会议议程的法规案，由法制委员会根据常务委员会组成人员、有关委员会的审议意见和各方面提出的意见，对法规案进行统一审议，提出修改情况的汇报或者审议结果报告和法规草案修改稿，对重要的不同意见应当在汇报或者审议结果报告中说明。对有关委员会的重要意见没有采纳的，应当向有关委员会反馈。

法制委员会审议法规案时，应当邀请有关委员会的人员列席会议，发表意见；也可以根据需要，要求有关机关、组织派有关负责人说明情况。

第二十一条 委员会之间对法规草案的重要问题意见不一致时，应当向主任会议报告。

第二十二条 列入常务委员会会议议程的法规案，有关委员会应当听取各方面意见。听取意见可以采取座谈会、论证会、听证会等多种形式。

有关委员会应当将法规草案发送相关领域的自治区人民代表大会代表、有关机关、组织和专家征求意见，将意见整理后送法制工作委员会，并根据需要，印发常务委员会会议。

第二十三条 列入常务委员会会议议程的法规案，应当将法规草案及有关起草、修改的说明等向社会公布，征求意见，但是经主任会议决定不公布的除外。

第二十四条 拟提请常务委员会会议审议通过的法规案，在法制委员会提出审议结果报告前，法制工作委员会可以对法规草案中主要制度规范的可行性、法规出台时机、法规实施的社会效果和可能出现的问题等进行评估。评估情况由法制委员会在审议结果报告中予以说明。

第二十五条 列入常务委员会会议议程的法规案，在交付表决前，提案人要求撤回的，应当说明理由，经主任会议同意，并向常务委员会会议报告，对该法规案的审议即行终止。

第二十六条 列入常务委员会会议议程的法规案,因各方面对制定该法规存在较大意见分歧搁置审议满两年的,或者因暂不付表决经过两年没有再次列入常务委员会会议议程的,由主任会议向常务委员会报告,该法规案终止审议。

第二十七条 法规草案修改稿经常务委员会会议审议,由法制委员会根据常务委员会组成人员的审议意见进行修改,提出法规草案表决稿,由主任会议提请常务委员会全体会议表决,由常务委员会全体组成人员的过半数通过。

法规草案表决稿交付常务委员会会议表决前,主任会议根据常务委员会会议审议的情况,可以决定将个别意见分歧较大的重要条款提请常务委员会会议单独表决。

单独表决的条款经常务委员会会议表决后,主任会议根据单独表决的情况,可以决定将法规草案表决稿交付表决,也可以决定暂不付表决,交法制委员会和有关委员会进一步审议。

第二十八条 对多部法规中涉及同类事项的个别条款进行修改,一并提出法规案的,经主任会议决定,可以合并表决,也可以分别表决。

第二十九条 常务委员会通过的地方性法规,由常务委员会发布公告予以公布。

第四章 批准设区的市的地方性法规程序

第三十条 自治区人民代表大会常务委员会应当对报请批准的设区的市的地方性法规的合法性进行审查,经审查与宪法、法律、行政法规和自治区地方性法规不抵触的,应当在四个月内予以批准。

第三十一条 对报请批准的设区的市的地方性法规,先由法制委员会和法制工作委员会进行审查,由法制委员会向主任会议提出报告,由主任会议决定提请常务委员会会议审查。

第三十二条 列入常务委员会会议议程审批的设区的市的地方性法规,在批准决定交付表决前,报请机关要求撤回的,经主任会议同意,并向常务委员会会议报告,对该地方性法规的审查即行终止。

第三十三条 经批准的设区的市的地方性法规,由市人民代表大会常务委员会发布公告予以公布。

第五章　其他规定

第三十四条　自治区人民代表大会常务委员会通过立法规划、年度立法计划等形式，加强对立法工作的统筹安排。编制立法规划和年度立法计划，应当认真研究代表议案和建议，广泛征集意见，科学论证评估。

第三十五条　有关委员会应当提前参与法规草案起草工作；综合性、全局性、基础性的重要法规草案，可以由有关委员会组织起草。

专业性较强的法规草案，可以吸收相关领域的专家参与起草工作，或者委托有关专家、教学科研单位、社会组织起草。

第三十六条　提出法规案，应当同时提出法规草案文本及其说明，并提供必要的参阅资料。修正法规的，还应当提交修改前后的对照文本。法规草案的说明应当包括制定或者修改该法规的必要性、可行性和主要内容。

第三十七条　向自治区人民代表大会及其常务委员会提出的法规案，在列入会议议程前，提案人有权撤回。

第三十八条　交付自治区人民代表大会及其常务委员会全体会议表决未获得通过的法规案，如果提案人认为必须制定该法规，可以按照法定的程序重新提出，由主席团、主任会议决定是否列入会议议程；其中，未获得自治区人民代表大会通过的法规案，应当提请自治区人民代表大会审议决定。

第三十九条　自治区人民代表大会闭会期间，自治区人民代表大会常务委员会可以根据国家有关规定和本自治区的实际需要，对自治区人民代表大会制定的地方性法规进行部分补充和修改。

第四十条　自治区人民代表大会及其常务委员会制定的法规应当明确规定施行日期。

第四十一条　公布法规的公告应当载明法规的制定机关、通过和施行日期；公布自治条例和单行条例的公告，还应载明批准机关和批准时间。

法规公布后，应当及时在自治区人民代表大会常务委员会公报、宁夏人大网和《宁夏日报》上刊登。

在常务委员会公报上刊登的自治区地方性法规、自治条例和单行条例为标准文本。

第四十二条　法规被修改的，应当公布新的法规文本。

法规被废止的，除由其他法规规定废止该法规的以外，由常务委员会发布公告予以公布。

第四十三条 法规草案与其他法规相关规定不一致的，提案人应当予以说明并提出处理意见，必要时应当同时提出修改或者废止其他法规相关规定的议案。

法制委员会审议法规案时，认为需要修改或者废止其他法规相关规定的，应当提出处理意见。

第四十四条 法规标题的题注应当载明制定机关、通过日期。经过修改的法规，应当依次载明修改机关、修改日期。

第四十五条 法规规定明确要求有关国家机关对专门事项作出配套的具体规定的，有关国家机关应当自法规施行之日起一年内作出规定，法规对配套的具体规定制定期限另有规定的，从其规定。有关国家机关未能在期限内作出配套的具体规定的，应当向自治区人民代表大会常务委员会说明情况。

第四十六条 有关委员会可以组织对有关法规或者法规中有关规定进行立法后评估。评估情况应当向常务委员会报告。

第四十七条 自治区地方性法规的规定需要进一步明确具体含义的，由常务委员会法制工作委员会研究拟订解释草案，由主任会议决定列入常务委员会会议议程。

第四十八条 自治区地方性法规解释草案表决稿由常务委员会全体组成人员的过半数通过，由常务委员会发布公告予以公布。

第四十九条 常务委员会作出的地方性法规解释同地方性法规具有同等效力。

第五十条 对地方性法规有关具体问题的询问，常务委员会法制工作委员会会同有关委员会进行研究予以答复，重要问题的答复，应当报经主任会议同意。

第六章　附　则

第五十一条 本规定自公布之日起施行。

1991年6月22日自治区第六届人民代表大会常务委员会第十九次会议通过的《宁夏回族自治区人民代表大会常务委员会制定和批准地方性法规程序的规定》同时废止。

宁夏回族自治区人民代表大会常务委员会关于修改《宁夏回族自治区实施〈中华人民共和国全国人民代表大会和地方各级人民代表大会选举法〉细则》的决定

（2015年11月26日宁夏回族自治区第十一届人民代表大会常务委员会第二十次会议通过　2015年11月26日宁夏回族自治区人民代表大会常务委员会公告第30号公布　自公布之日起施行）

宁夏回族自治区第十一届人民代表大会常务委员会第二十次会议决定，对《宁夏回族自治区实施〈中华人民共和国全国人民代表大会和地方各级人民代表大会选举法〉细则》作如下修改：

一、将第十三条（一）项中的“或者与其人口数相应数量的代表”修改为：“或者与其人口比例相应数量的代表”。

二、将第二十四条（一）项中的“机关、团体、企业事业的职工（包括离、退休人员）”修改为：“机关、团体、企业、事业单位的职工（包括离、退休人员）”；将本条（四）项中的“已取得本地的临时户口”修改为“已取得本地居（暂）住证”。

三、删除第十七条第一款（四）项“正在劳动教养的”。

四、增加一条，作为第三十五条：“公民参加各级人民代表大会代表的选举，不得直接或者间接接受境外机构、组织、个人提供的与选举有关的任何形式的资助。

“违反前款规定的，不列入代表候选人名单；已经列入代表候选人名单的，从名单中除名；已经当选的，其当选无效。”

五、将第四十六条中的“所选出的代表，经各该级人民代表大会常务委员会（乡、镇的由乡、镇人民代表大会主席团）审查确认其代表资格后，颁发代表证书。”修改为：“代表资格审查委员会依法对当选代表是否符合宪法、法律规定的代表的基本条件，选举是否符合法律规定的程序，以及是否存在破坏选举和其他当选无效的违法行为进行审查，提出代表当选是否有效的意见，向本级人民代表大会常务委员会或者乡、镇的人民代表大会主席团报告。

“县级以上的各级人民代表大会常务委员会或者乡、镇的人民代表大会主席团根据代表资格审查委员会提出的报告，确认代表的资格或者确定代表的当选无效，在每届人民代表大会第一次会议前公布代表名单，颁发代表证书”，作为第四十八条。

六、将第五十三条第一款、第五十五条第一款中的“县级以上的地方各级人民代表大会常务委员会组成人员，自治区、设区的市的人民代表大会专门委员会成员”修改为“县级以上的地方各级人民代表大会常务委员会组成人员和专门委员会成员”。

七、将第五十六条改为第五十八条，增加一款，作为第六款：“对补选产生的代表，依照本细则第四十八条的规定进行代表资格审查。”

本决定自公布之日起施行。

《宁夏回族自治区实施〈中华人民共和国全国人民代表大会和地方各级人民代表大会选举法〉细则》根据本决定作相应的修改，重新公布。

宁夏回族自治区实施《中华人民共和国全国人民代表大会和地方各级人民代表大会选举法》细则

（1989年8月26日宁夏回族自治区第六届人民代表大会常务委员会第八次会议通过　根据1995年8月16日宁夏回族自治区第七届人民代表大会常务委员会第十四次会议《关于修改宁夏回族自治区实施〈中华人民共和国全国人民代表大会和地方各级人民代表大会选举法〉细则的决定》修正　根据2005年5月20日宁夏回族自治区第九届人民代表大会常务委员会第十六次会议《关于修改宁夏回族自治区实施〈中华人民共和国全国人民代表大会和地方各级人民代表大会选举法〉细则的决定》第二次修正　根据2011年3月31日宁夏回族自治区第十届人民代表大会常务委员会第二十三次会议《关于修改宁夏回族自治区实施〈中华人民共和国全国人民代表大会和地方各级人民代表大会选举法〉细则的决定》第三次修正　根据2015年11月26日宁夏回族自治区第十一届人民代表大会常务委员会第二十次会议《关于修改宁夏回族自治区实施〈中华人民共和国全国人民代表大会和地方各级人民代表大会选举法〉细则的决定》第四次修正）

第一章　总　则

第一条　根据《中华人民共和国全国人民代表大会和地方各级人民代表大会选举法》（以下简称选举法）、《中华人民共和国民族区域自治法》和《全国人民代表大会常务委员会关于县级以下人民代表大会代表直接选举的若干规定》，结合我区实际情况，制定本细则。

第二条　选举工作必须坚持四项基本原则，充分发扬社会主义民主，严格依法办事，切实保障各民族人民当家作主和管理国家事务的权利，加强政权建设，促进各民族团结。

第三条 本自治区出席全国人民代表大会的代表，由自治区人民代表大会选举。

自治区人民代表大会的代表，分别由设区的市的人民代表大会、宁夏军区和驻宁部队选举。

设区的市的人民代表大会的代表，由下一级人民代表大会选举。

县、不设区的市、市辖区、乡、镇的人民代表大会的代表，由选民直接选举。

第四条 选民或者代表在选举中权利平等。在一次选举中，每一选民或者代表只有一个投票权，每一候选人只能在一个选区或者选举单位应选。

第五条 自治区各级人民代表大会的选举经费，由国库开支，列入各该地区当年的财政专项预算。

第二章 选举工作机构和任务

第六条 自治区、设区的市的人民代表大会常务委员会主持本级人民代表大会代表的选举，指导本行政区域内县级以下人民代表大会代表的选举。

县、不设区的市、市辖区、乡、镇设立选举委员会，主持本级人民代表大会代表的选举。

县、不设区的市、市辖区的选举委员会受本级人民代表大会常务委员会领导，其组成人员由本级人民代表大会常务委员会任命。

乡、镇的选举委员会受上一级人民代表大会常务委员会的领导，其组成人员由上一级人民代表大会常务委员会任命。

第七条 县、不设区的市、市辖区、乡、镇选举委员会应有本级各政党、各人民团体，各界的人士参加。选举委员会设主任一人，副主任一至三人，委员若干人。

选举委员会的组成人员为正式代表候选人的，应当向任命机关书面提出辞去选举委员会职务。任命机关应当及时作出接受其辞职的决定。

选举委员会设办公室，办理具体工作。

第八条 选区设选举工作领导小组，由选民三至五人组成，设正、副组长各一人，由选区内各单位协商产生，报本级选举委员会备案。

县、乡两级选举委员会可向各选区派出工作人员，协助和指导选举工作。

县、不设区的市、市辖区的选举委员会根据工作需要，可在街道办事处、厂矿、企业事业单位等设立必要的选举办事机构。

第九条 县、不设区的市、市辖区、乡、镇选举委员会的主要任务：

（一）在本行政区域内，负责选举法与本细则的宣传和实施，依法解答选举中的有关问题；

（二）制定选举工作计划，培训选举工作人员，部署和检查选举工作，编制选举经费的预算和决算；

（三）编写选举宣传材料，印制选民登记表、选民证、选票、代表证和有关统计表册；

（四）划分选举本级人民代表大会代表的选区，分配各选区应选代表的名额；

（五）按选区进行选民登记、复核，审查选民资格，公布选民名单，发选民证，处理有关选民资格的申诉；

（六）汇总各选区提名推荐的代表候选人名单，了解核实并组织介绍代表候选人的情况，根据较多数选民的意见，确定和公布正式候选人名单；

（七）规定选举日期，主持或委派人员主持选举，监督选举投票，确定选举是否有效，公布选举结果和当选代表名单；

（八）选举工作结束后，向县、不设区的市、市辖区人民代表大会常务委员会作出选举工作报告，并将有关选举文件、表册、印章分别送交本级人民代表大会常务委员会或乡、镇人民代表大会主席团存档。

第三章 代表名额

第十条 自治区人民代表大会代表的具体名额，由全国人民代表大会常务委员会依法确定。设区的市、县、不设区的市、市辖区的人民代表大会代表的具体名额，由自治区人民代表大会常务委员会依照本细则确定，报全国人民代表大会常务委员会备案。乡、镇人民代表大会代表的具体名额，由县、不设区的市、市辖区人民代表大会常务委员会依照本细则确定，报上一级人民代表大会常务委员会备案。

第十一条 自治区、设区的市、县、不设区的市、市辖区、乡、镇的人民代表大会代表的名额，按行政区和人口数相结合的方法确定。

(一)自治区人民代表大会代表名额以三百五十名为基数,每十五万人增加一名代表;

(二)设区的市的人民代表大会代表名额以二百四十名为基数,每二万五千人增加一名代表;

(三)县、不设区的市、市辖区的人民代表大会代表名额以一百二十名为基数,每五千人增加一名代表;

(四)乡、镇的人民代表大会代表名额以四十名为基数,每一千五百人增加一名代表。

聚居的少数民族多或者人口居住分散的县、乡,经自治区人民代表大会常务委员会决定,代表名额可以另加百分之五。

第十二条 自治区地方各级人民代表大会代表名额,由本级人民代表大会常务委员会或者本级选举委员会根据本行政区域所辖的下一级各行政区域或者各选区的人口数,按照每一代表所代表的城乡人口数相同的原则,以及保证各地区、各民族、各方面都有适当数量代表的要求进行分配。

设区的市和县、不设区的市、市辖区应选上一级人民代表大会代表的名额,由根据人口数计算确定的名额数、相同的地区基本名额数和其他应选名额数构成,代表名额的具体分配办法,分别由自治区和设区的市的人民代表大会常务委员会决定。

县、不设区的市、市辖区、乡、镇人民代表大会代表名额的具体分配办法,由本级选举委员会依照本条第一款规定的原则,结合本地区的具体情况决定。

第十三条 少数民族的代表名额按以下原则分配:

(一)在地方各级人民代表大会的代表中,境内聚居的每一少数民族应当有高于或者与其人口比例相应数量的代表;

(二)回族人口数占境内总人口数百分之五十以上的,每一代表所代表的人口数应相当于当地人民代表大会每一代表所代表的人口数;

(三)回族人口数占境内总人口数不足百分之五十的,回族代表名额数在代表总数中所占的比例可以适当高于回族人口数在境内总人口数中所占的比例;

(四)其他少数民族代表名额,适用本条第三项的规定。

第十四条 自治区出席全国人民代表大会的代表和自治区地方各级人民代表大会的代表应当具有广泛的代表性,应当有适当数量的基层代表,特别是工人、农民和知识分子代表;应当有适当数量的妇女代表,并逐步提高妇女代表的比例。

第十五条 在地方各级人民代表大会代表总数中,应有适当名额由该级人民代表大会常务委员会或者本级选举委员会根据情况分配给有关选举单位或者选区进行选举。

第四章 选民资格

第十六条 年满十八周岁的中华人民共和国公民,不分民族、种族、性别、职业、家庭出身、宗教信仰、教育程度、财产状况和居住期限,都有选举权和被选举权。

依照法律被剥夺了政治权利的人没有选举权和被选举权。

第十七条 下列人员准予行使选举权利:

(一)被判处有期徒刑、拘役、管制而没有附加剥夺政治权利的;

(二)被羁押,正在受侦查、起诉、审判,人民检察院或者人民法院没有决定停止行使选举权利的;

(三)正在取保候审或者被监视居住的;

(四)正在受拘留处罚的。

上列人员参加选举的方式,由选举委员会与有关执行机关共同决定,可以在流动票箱投票,或者委托有选举权的亲属或者其他选民代为投票。

第十八条 因危害国家安全罪或者其他严重刑事犯罪案被羁押,正在受侦查、起诉、审判的人,经人民检察院或者人民法院决定,在被羁押期间停止行使选举权利。

第五章 选区划分

第十九条 县、不设区的市、市辖区、乡、镇人民代表大会的代表,按选区进行选举。选区可以按生产单位、事业单位、工作单位或者居住状况划分。选区的大小,按照每一选区选一至三名代表划分。

第二十条 本行政区域内各选区每一代表所代表的人口数应当大体相等。

第二十一条 驻在乡、镇的不属于县级以下人民政府领导的企业事业组织的职工,是否参加乡、镇人民代表大会代表的选举,由县级人民代表大会常务委员会同有关单位协商决定。

第二十二条 有少数民族聚居的地方，按照当地的民族关系和居住状况，可以单独划分选区，也可以联合划分选区。

第六章 选民登记

第二十三条 凡在该地区确定的选举日的当天年满十八周岁的选民，都要进行登记。

选民登记按选区进行，经登记确认的选民资格长期有效。每次选举前对上次选民登记以后新满十八周岁的、被剥夺政治权利期满后恢复政治权利的选民，予以登记。对选民登记后迁出原选区的，列入新迁入的选区的选民名单；对死亡的和依照法律被剥夺政治权利的人，从选民名单上除名。

精神病患者不能行使选举权利的，经选举委员会确认，不列入选民名单。

第二十四条 每一选民只能在一个选区进行登记。选民登记要做到不错、不重、不漏，使有选举权利的人都能依法行使选举权利。具体规定如下：

(一)机关、团体、企业、事业单位的职工(包括离、退休人员)，在校学生，在其单位所在的选区登记；城镇居民、农村村民，在户口所在地的选区登记。

(二)本自治区的选民，离开原工作单位、居住所在地，临时在自治区内其他地区劳动、学习、工作、居住的，在原工作单位或者户口所在地的选区登记；到自治区外劳动、学习、工作、居住的，由原所在地的选举委员会出具选民资格证明，在现居住地的选区登记。

(三)选民在本自治区内迁居，但是没有转出户口的，不能回原选区参加选举的，可以由户口所在地的选举委员会发给选民资格证明，经现居住地的选举委员会同意，在现居住地的选区登记。

(四)从外省(市、区)到本自治区居住，已取得本地居(暂)住证，不能回原居住地参加选举的，在由本人取得原居住地选民资格证明后，可以在现居住地的选区登记。

第二十五条 出国学习、工作的选民，在原工作单位或者户口所在地的选区登记。

本自治区旅居国外的选民，在县级以下人民代表大会代表选举期间在自治区内的，可以在原籍地或者出国前居住地的选区登记。

第二十六条 在选区内设一个或几个选民登记站，负责选民的登记和复核工作。必要时还可以在选区内召开村民会、职工会、居民会，宣布登记和复核的选民名单，进行核对。

第二十七条 选民登记和复核结束后，由该级选举委员会审查，于选举日的二十日前公布选民名单，并发选民证。

选民名单，可一式多份，在几处张贴。

第二十八条 对公布的选民名单有不同意见的，可以在选民名单公布之日起五日内向选举委员会提出申诉。选举委员会对申诉意见，应在三日内作出处理决定。申诉人如果对处理决定不服，可以在选举日的五日前向当地人民法院起诉，人民法院应在选举日以前作出判决。人民法院的判决为最后决定。

第二十九条 各选区的选民可以编成若干选民小组，由选民推举正、副组长各一人，组织本小组的选民参加选举活动。

第七章 代表候选人的提出

第三十条 地方各级人民代表大会的代表候选人，按选区或者选举单位提名产生。

各政党、各人民团体，可以联合或者单独推荐代表候选人。选民或者代表，十人以上联名，也可以推荐代表候选人。推荐者应向选举委员会或者大会主席团介绍代表候选人的情况。接受推荐的代表候选人应当向选举委员会或者大会主席团如实提供个人身份、简历等基本情况。提供的基本情况不实的，选举委员会或者大会主席团应当向选民或者代表通报。

各政党、各人民团体联合或者单独推荐的代表候选人的人数，每一选民或者代表参加联名推荐的代表候选人的人数，均不得超过本选区或者选举单位应选代表的名额。

各政党、各人民团体和选民或者代表依法推荐的代表候选人，都应当列入代表候选人名单，选举委员会或者人民代表大会主席团不得调换、增减。

第三十一条 全国和地方各级人民代表大会代表实行差额选举，代表候选人的人数，应多于应选代表的名额。

由县级以上地方各级人民代表大会选举上一级人民代表大会代表的，代表候选人的人数，应多于应选代表名额五分之一至二分之一；由选民直接选举的，代表候选人人数，应多于应选代表名额三分之一至一倍。

第三十二条 推荐县、乡两级代表候选人，在选民名单公布后开始。选区选举工作领导小组汇总本选区推荐出的代表候选人名单和代表候选人情况，报该级选举委员会，选举委员会应于选举日的十五日前按选区公布代表候选人名单及代表候选人的基本情况。

第三十三条 各选区的选民小组，对该选区的代表候选人名单要反复酝酿、讨论、协商，意见比较集中时，由选区选举工作领导小组将各选民小组讨论协商情况向选举委员会汇报。如经过多次讨论、协商，代表候选人人数仍然超过本细则第三十一条规定的最高差额比例，则由本选区进行预选，根据预选时得票多少的顺序，确定正式代表候选人名单，并在选举日的七日前公布。

县级以上的地方各级人民代表大会在选举上一级人民代表大会代表时，提名、酝酿代表候选人的时间不得少于两天。各该级人民代表大会主席团将依法提出的代表候选人名单及代表候选人的基本情况印发全体代表，由全体代表酝酿、讨论。如果所提候选人的人数符合本细则第三十一条规定的差额比例，直接进行投票选举。如果所提候选人的人数超过本细则第三十一条规定的最高差额比例，进行预选，根据预选时得票多少的顺序，按照本级人民代表大会的选举办法根据本细则确定的具体差额数，确定正式代表候选人名单，进行投票选举。

公布代表候选人名单，以姓名笔画为序；经过预选的，以得票多少为序。

第三十四条 选举委员会或者人民代表大会主席团应当向选民或者代表介绍代表候选人情况，推荐代表候选人的各政党、各人民团体和选民、代表，都可以在选民小组或者代表小组会议上介绍代表候选人的情况。选举委员会根据选民的要求，应当组织代表候选人与选民见面，由代表候选人介绍本人的情况，回答选民的问题。但是，在选举日必须停止对代表候选人的介绍。

选民与代表候选人见面的要求应在正式代表候选人名单公布后的三日内提出。见面可由选举委员会组织，也可由选举委员会委托选区选举工作领导小组组织。

第三十五条 公民参加各级人民代表大会代表的选举，不得直接或者间接接受境外机构、组织、个人提供的与选举有关的任何形式的资助。

违反前款规定的，不列入代表候选人名单；已经列入代表候选人名单的，从名单中除名；已经当选的，其当选无效。

第八章　选举程序

第三十六条　全国人民代表大会和地方各级人民代表大会代表的选举，应当严格依照法定程序进行，并接受监督。任何组织或者个人都不得以任何方式干预选民或者代表自由行使选举权。

第三十七条　县级以上的地方各级人民代表大会在选举上一级人民代表大会代表时，由各该级人民代表大会主席团主持。

在选民直接选举人民代表大会代表时，由选举委员会或者选区选举工作领导小组主持。

第三十八条　选举委员会应当根据各选区选民分布状况，按照方便选民投票的原则设立投票站，进行选举。选民居住比较集中的，可以召开选举大会，进行选举；因患有疾病等原因行动不便或者居住分散并且交通不便的选民，可以在流动票箱投票。每一流动票箱须配备二至三名工作人员携带、管理。选民写票时，流动票箱的工作人员应当回避。

选民根据选举委员会的规定，凭选民证或者身份证领取选票。代他人投票的，凭委托书领取选票。

第三十九条　选举委员会和选区选举工作领导小组要认真做好选举前的各项准备工作，把选举的时间、地点提前通知选民，动员和组织选民积极参加选举，通知外出人员回来参加选举或者办好委托投票手续。

第四十条　选民如果在选举期间外出，经选举委员会同意，可以书面委托其他选民代为投票。每一选民接受的委托不得超过三人，并应当按照委托人的意愿代为投票。

县级以上的人民代表大会在选举上一级人民代表大会代表时，不得搞委托投票。

第四十一条　各级人民代表大会代表的选举一律采用无记名投票的方法。选举时应当设有秘密写票处。

选民或者代表如果是文盲或其他原因不能自写选票的，可以委托他信任的人代写。

第四十二条　选举人对于代表候选人可以投赞成票，可以投反对票，可以另选其他任何选民，也可以弃权。

第四十三条　选举时，由选民或者代表推选出监票、计票人若干人，负责监督投票和计票工作。代表候选人及其近亲属不得担任监票、计票人员。

第四十四条 投票结束后,由监票、计票人员共同开箱,清点、计算选票,并作出记录,由监票、计票人员签字,上报选举委员会或者人民代表大会主席团。

第四十五条 每次选举所投票数,等于或少于投票人数的有效,多于投票人数的无效。

每一选票所选人数,等于或少于规定应选代表人数的有效,多于规定应选代表人数的作废。

第四十六条 在选民直接选举人民代表大会代表时,选区全体选民的过半数参加投票,选举有效。代表候选人获得参加选举的选民过半数的选票,始得当选。

县级以上的地方各级人民代表大会在选举上一级人民代表大会代表时,代表候选人获得全体代表过半数的选票,始得当选。

获得过半数选票的代表候选人的人数超过应选代表名额时,以得票多的当选。如遇票数相等不能确定当选人时,应当就票数相等的候选人再次投票,以得票多的当选。

获得过半数选票的当选代表的人数少于应选代表名额时,不足的名额另行选举。另行选举时,根据在第一次投票时得票多少的顺序,按照本细则第三十一条规定的差额比例,确定候选人名单,如果只选一人,候选人应为二人。

另行选举以得票多的当选。由选民另行选举的代表候选人的得票数不得少于参加选举的选民数的三分之一,才能当选。县级以上的地方各级人民代表大会另行选举上一级人民代表大会代表时,代表候选人仍须获得全体代表过半数的选票,才能当选。如经两次选举,代表名额仍未选足,所缺名额,保留给该选区或者选举单位,待下一次选民大会或者代表大会再行选举。

第四十七条 选举结束后,由选举委员会或者人民代表大会主席团根据法律规定确定选举是否有效,并及时宣布选举结果和当选代表名单。

第四十八条 代表资格审查委员会依法对当选代表是否符合宪法、法律规定的代表的基本条件,选举是否符合法律规定的程序,以及是否存在破坏选举和其他当选无效的违法行为进行审查,提出代表当选是否有效的意见,向本级人民代表大会常务委员会或者乡、镇的人民代表大会主席团报告。

县级以上的各级人民代表大会常务委员会或者乡、镇的人民代表大会主席团根据代表资格审查委员会提出的报告,确认代表的资格或者确定代表的当选无效,在每届人民代表大会第一次会议前公布代表名单,颁发代表证书。

第四十九条 公民不得同时担任两个以上无隶属关系的行政区域的人民代表大会代表。

第九章 对代表的监督和罢免、辞职、补选

第五十条 自治区出席全国人民代表大会的代表,自治区各级人民代表大会的代表,受原选举单位或者原选区选民的监督。选举单位或者选民都有权罢免自己选出的代表。

第五十一条 县级以上的地方各级人民代表大会举行会议的时候,主席团或者十分之一以上代表联名,可以提出对由该级人民代表大会选出的上一级人民代表大会代表的罢免案。在人民代表大会闭会期间,县级以上的地方各级人民代表大会常务委员会主任会议或者常务委员会五分之一以上组成人员联名,可以向常务委员会提出对由该级人民代表大会选出的上一级人民代表大会代表的罢免案。罢免案应当写明罢免理由。

县级以上的地方各级人民代表大会举行会议的时候,被提出罢免的代表有权在主席团会议和大会全体会议上提申辩意见,或者书面提出申辩意见,由主席团印发会议。罢免案经会议审议后,由主席团提请全体会议表决。

县级以上的地方各级人民代表大会常务委员会举行会议的时候,被提出罢免的代表有权在主任会议和常务委员会全体会议上提出申辩意见,或者书面提出申辩意见,由主任会议印发会议。罢免案经会议审议后,由主任会议提请全体会议表决。

第五十二条 对于县级人民代表大会代表,原选区选民五十人以上联名,对于乡级的人民代表大会代表,原选区选民三十人以上联名,可以向县级的人民代表大会常务委员会书面提出罢免要求,罢免要求应当写明罢免理由。

被提出罢免的代表有权在选民会议上提出申辩意见,也可以书面提出申辩意见。

县级的人民代表大会常务委员会应当将罢免要求和被提出罢免的代表的书面申辩意见印发原选区选民。

表决罢免要求,由县级的人民代表大会常务委员会派有关负责人员主持。

第五十三条 罢免代表采用无记名投票的表决方式。

第五十四条 罢免县级和乡级人民代表大会代表,须经原选区过半数的

选民通过。

罢免由县级以上的地方各级人民代表大会选出的代表，须经各该级人民代表大会过半数的代表通过；在代表大会闭会期间，须经常务委员会组成人员的过半数通过。罢免的决议，须报送上一级人民代表大会常务委员会备案、公告。

第五十五条 县级以上的地方各级人民代表大会常务委员会组成人员和专门委员会成员的代表职务被罢免的，其常务委员会组成人员或者专门委员会成员的职务相应撤销，由主席团或者常务委员会予以公告。

乡、镇的人民代表大会主席、副主席和主席团其他成员的代表职务被罢免的，其主席、副主席和主席团成员的职务相应撤销，由主席团予以公告。

第五十六条 自治区出席全国人民代表大会的代表，自治区、设区的市的人民代表大会代表，可以向选举他的人民代表大会的常务委员会书面提出辞职。常务委员会接受辞职，须经常务委员会组成人员的过半数通过。接受辞职的决议，须报送上一级人民代表大会常务委员会备案、公告。

县级的人民代表大会代表可以向本级人民代表大会常务委员会书面提出辞职。乡级的人民代表大会代表可以向本级人民代表大会书面提出辞职。县级的人民代表大会常务委员会接受辞职，须经常务委员会组成人员过半数通过。乡级的人民代表大会接受辞职，须经人民代表大会过半数的代表通过。接受辞职的，应当予以公告。

第五十七条 县级以上的地方各级人民代表大会常务委员会组成人员和专门委员会成员，辞去代表职务的请求被接受的，其常务委员会组成人员、专门委员会成员的职务相应终止，由常务委员会予以公告。

乡、镇的人民代表大会主席、副主席和主席团其他成员，辞去代表职务的请求被接受的，其主席、副主席和主席团成员的职务相应终止，由主席团予以公告。

第五十八条 代表在任期内，因故出缺，由原选举单位或者原选区补选。

地方各级人民代表大会代表在任期内调离或者迁出本行政区域的，其代表资格自行终止，缺额另行补选。

县级以上的地方各级人民代表大会闭会期间，可以由本级人民代表大会常务委员会补选出缺的上一级人民代表大会代表。

由选民补选出缺代表的程序可以适当简化，法定时限可以少于本细则的规定，由县、不设区的市、市辖区的人民代表大会常务委员会或者乡、镇的人民代表大会主席团确定。

补选出缺的代表时，代表候选人的名额可以多于应选代表名额，也可以同应选代表的名额相等。补选的方式，仍采用无记名投票。

对补选产生的代表，依照本细则第四十八条的规定进行代表资格审查。

第十章　对破坏选举的制裁

第五十九条　为保障选民和代表自由行使选举权和被选举权，保障选举工作的顺利进行，对有下列行为之一的，破坏选举，违反治安管理规定的，依法给予治安管理处罚；构成犯罪的，依法追究刑事责任：

（一）以金钱或者其他财物贿赂选民或者代表，妨害选民和代表自由行使选举权和被选举权的；

（二）以暴力、威胁、欺骗或者其他非法手段妨害选民和代表自由行使选举权和被选举权的；

（三）伪造选举文件、虚报选举票数或者有其他违法行为的；

（四）对于控告、检举选举中违法行为的人，或者对于提出要求罢免代表的人进行压制、报复的。

以本条前款所列违法行为当选的，其当选无效。

国家工作人员有第一款所列行为的，还应当依法给予行政处分。

第六十条　对有本细则第五十九条所列违法行为的人，任何公民都有权检举或者向司法机关提出控告。在选举期间，可以向主持选举的该级选举委员会或者人民代表大会主席团提出；在选举结束后，可以向该级人民代表大会常务委员会（乡、镇的可向乡、镇人民代表大会主席团）或者上级人民代表大会常务委员会提出。违法事实一经查实，根据其违法行为的严重程度，转交有关单位处理或者提交司法机关处理。

第十一章　附　则

第六十一条　本细则从公布之日起施行。

宁夏回族自治区宪法宣誓办法

（2016年1月5日宁夏回族自治区第十一届人民代表大会常务委员会第二十一次会议通过 2016年1月5日宁夏回族自治区人民代表大会常务委员会公告第31号公布 自公布之日起施行）

第一条 为彰显宪法权威，激励和教育国家工作人员忠于宪法、遵守宪法、维护宪法，加强宪法实施，根据《全国人民代表大会常务委员会关于实行宪法宣誓制度的决定》，结合自治区实际，制定本办法。

第二条 自治区各级人民代表大会及县级以上人民代表大会常务委员会选举或者任命的国家工作人员，以及各级人民政府及其部门、人民法院、人民检察院任命的国家工作人员，在就职时应当公开进行宪法宣誓。

第三条 宣誓誓词如下：

我宣誓：忠于中华人民共和国宪法，维护宪法权威，履行法定职责，忠于祖国、忠于人民，恪尽职守、廉洁奉公，接受人民监督，为建设富强、民主、文明、和谐的社会主义国家努力奋斗！

第四条 人民代表大会选举或者决定任命的下列国家工作人员，依照法定程序产生后，应当进行宪法宣誓：

（一）人民代表大会常务委员会主任、副主任、秘书长、委员，乡（镇）人民代表大会主席、副主席；

（二）自治区主席、副主席；设区的市市长、副市长；县（市、区）长、副县（市、区）长；乡（镇）长、副乡（镇）长；

（三）人民法院院长；

（四）人民代表大会专门委员会主任委员、副主任委员、委员；

（五）乡（镇）人民代表大会代表资格审查委员会主任委员、副主任委员、委员。

宣誓仪式由本级人民代表大会主席团组织。

集体宣誓时，由主席团在宣誓人中确定一名领誓人。

人民代表大会选举的人民检察院检察长，经上一级人民代表大会常务委员会批准后，应当进行宪法宣誓。宣誓仪式由本级人民代表大会常务委员会主任会议组织。

第五条 人民代表大会闭会期间，人民代表大会常务委员会任命、决定任命和表决通过的下列国家工作人员，应当进行宪法宣誓：

（一）人民代表大会专门委员会副主任委员、委员；

（二）自治区副主席、设区的市副市长、县（市、区）副县（市、区）长；

（三）代表资格审查委员会主任委员、副主任委员、委员；

（四）人民代表大会常务委员会副秘书长，办公厅（室）主任、副主任，工作委员会主任、副主任及其他人员；

（五）人民政府秘书长、厅长、局长、委员会（办公室）主任等政府组成人员；

（六）人民法院副院长；

（七）人民检察院副检察长。

宣誓仪式由本级人民代表大会常务委员会主任会议组织。

集体宣誓时，由主任会议在宣誓人中确定一名领誓人。

第六条 人民代表大会常务委员会任命的人民法院审判委员会委员、庭长、副庭长、审判员；人民检察院检察委员会委员、检察员，应当进行宪法宣誓。宣誓仪式由提请任命的人民法院、人民检察院分别组织，本级人民代表大会常务委员会委托相关工作机构负责人见证宣誓。

依法任命的专门人民法院院长、副院长、审判委员会委员、庭长、副庭长、审判员；专门人民检察院检察长、副检察长、检察委员会委员、检察员，应当进行宪法宣誓。宣誓仪式由提请任命的人民法院、人民检察院分别组织。

第七条 各级人民政府、县级以上人民政府各部门、人民法院、人民检察院任命的国家工作人员，在就职时应当进行宪法宣誓。宣誓仪式由任命机关组织。

第八条 宣誓仪式一般应当在国家工作人员依照法定程序产生后当即进行，遇有特殊情况时应当在三个月内进行。

第九条 宣誓仪式根据情况，可以采取单独宣誓或者集体宣誓的形式。

单独宣誓时，宣誓人应当左手抚按《中华人民共和国宪法》，右手举拳，诵读誓词；集体宣誓时，由一人领誓，领誓人左手抚按《中华人民共和国宪法》，右手举拳，领诵誓词，其他宣誓人整齐排列，左手持宪法文本，右手举拳，跟诵誓词。诵读誓词后,领誓人、宣誓人依次报本人姓名。

宣誓场所应当庄重、严肃,悬挂中华人民共和国国旗或者国徽。

第十条 负责组织宣誓仪式的机关,可以根据法律和本办法的规定,对宣誓的具体事项作出规定。

第十一条 本办法自公布之日起施行。

宁夏回族自治区各级人民代表大会常务委员会规范性文件备案审查条例

(2016年3月24日宁夏回族自治区第十一届人民代表大会常务委员会第二十三次会议通过 2016年3月24日宁夏回族自治区人民代表大会常务委员会公告第33号公布 自2016年5月1日起施行)

第一条 为了加强对规范性文件的备案审查,维护国家法制统一,根据《中华人民共和国立法法》《中华人民共和国各级人民代表大会常务委员会监督法》和有关法律、法规的规定,结合自治区实际,制定本条例。

第二条 各级人民代表大会常务委员会(以下简称人大常委会)对规范性文件的备案审查,适用本条例。

第三条 本条例所称规范性文件,是指依照法定权限和程序制定的,涉及公民、法人和其他组织权利义务,具有普遍约束力,在一定时期内反复适用、公开发布的文件。

第四条 下列规范性文件,应当报送本级人大常委会备案:

(一)自治区人民政府、设区的市人民政府制定的规章;

(二)县级以上人民政府发布的决定、命令。

设区的市人民政府制定的规章,还应当报送自治区人大常委会备案。

第五条 下列规范性文件,应当报送上一级人大常委会备案:

(一)设区的市、县(市、区)人民代表大会及其常务委员会作出的决议、决定;

(二)乡(镇)人民代表大会作出的决议、决定等。

第六条 规范性文件应当自公布之日起三十日内报送备案。

报送规范性文件备案,应当提交备案报告、规范性文件文本及其说明等。

报送备案的规范性文件材料应当按照统一格式装订成册,一式三十份,并同时报送电子文本。

每年一月底前,报送机关应当将其上一年度制定的规范性文件目录报送备查。

第七条 县级以上人大常委会法制工作机构或者人大常委会确定的备案审查工作机构(以下简称备案审查工作机构),负责报送备案的规范性文件的接收、登记、存档以及初步审查。

备案审查工作机构收到报送备案的规范性文件后,应当及时备案登记,按照职责分工分送有关人民代表大会专门委员会(以下简称专门委员会)或者人大常委会工作委员会(以下简称工作委员会)审查。

第八条 规范性文件主要审查下列情形:

(一)超越法定权限;

(二)违反法律规定,减损公民、法人和其他组织权利,或者增加公民、法人和其他组织义务;

(三)同法律、行政法规、地方性法规相抵触;

(四)同上级或者本级人大及其常委会的决议、决定相抵触;

(五)违反法定程序;

(六)其他不适当情形。

第九条 县级以上人民政府、人民法院、人民检察院认为本级人大常委会接受备案的规范性文件有本条例第八条所列情形之一的,可以向接受该规范性文件备案的人大常委会书面提出审查要求;县级以上人大常委会认为上一级人大常委会接受备案的规范性文件有本条例第八条所列情形之一的,可以向接受该规范性文件备案的人大常委会书面提出审查要求。

备案审查工作机构收到审查要求后,应当根据规范性文件的内容,按照职责分工将审查要求送有关专门委员会或者工作委员会进行审查。

第十条 本条例第九条规定之外的其他国家机关和社会团体、企业事业组织以及公民认为规范性文件有本条例第八条所列情形之一的,可以向接受该规范性文件备案审查的人大常委会书面提出审查建议,由备案审查工作机构对审查建议进行研究;必要时,送有关专门委员会或者工作委员会进行审查,提出意见。

第十一条 有关专门委员会、工作委员会可以对报送备案的规范性文件进行主动审查，提出审查意见、研究意见。

第十二条 有关专门委员会、工作委员会或者备案审查工作机构在审查规范性文件时，需要制定机关说明情况或者补充材料的，制定机关应当到会说明情况或者提交补充材料。

有关专门委员会、工作委员会或者备案审查工作机构在审查规范性文件时，可以召开座谈会、论证会、听证会，听取相关部门和专家、学者的意见；也可以书面征求意见或者采取其他形式征求意见。

第十三条 有关专门委员会、工作委员会或者备案审查工作机构研究认为规范性文件有本条例第八条所列情形之一的，应当书面提出审查意见、研究意见，报经常委会主任会议研究决定后，由备案审查工作机构交规范性文件制定机关办理。也可以由备案审查工作机构与有关专门委员会、工作委员会召开联合审查会议，共同对规范性文件进行审查，再书面提出审查意见，报经常委会主任会议研究决定后，由备案审查工作机构交规范性文件制定机关办理。

第十四条 规范性文件制定机关应当自收到书面审查意见之日起六十日内，依照法定程序自行修改或者废止该规范性文件，并将处理情况书面向备案审查工作机构反馈。

备案审查工作机构收到反馈意见后，应当将反馈意见分送有关专门委员会、工作委员会，并向主任会议报告。

第十五条 规范性文件制定机关接到书面审查意见后对规范性文件未作修改或者废止的，备案审查工作机构应当向主任会议提出处理建议，由主任会议决定是否向人大常委会提出撤销该规范性文件的议案。

第十六条 规范性文件制定机关对修改或者废止的规范性文件，应当重新公布、报送备案。

第十七条 备案审查工作机构应当在规范性文件审查工作结束后十日内，将审查结果书面告知提出审查要求或者审查建议的国家机关、社会团体、企业事业组织以及公民，并可以向社会公开。

第十八条 备案审查工作机构在规范性文件审查工作结束后，应当按照规定将备案审查材料送办公厅(室)统一存档。

第十九条 规范性文件制定机关未按规定期限向县级以上人大常委会报送规范性文件备案的，或者报送的文件材料不齐全的，备案审查工作机构应当通知其限期报送或者补充报送。

第二十条 本条例自2016年5月1日起施行。2009年5月27日宁夏回族自治区第十届人民代表大会常务委员会第十次会议通过的《宁夏回族自治区人民代表大会常务委员会规范性文件备案审查条例》同时废止。

宁夏回族自治区人民代表大会常务委员会关于废止《宁夏回族自治区农业环境保护条例》等三件地方性法规的决定

（2016年3月24日宁夏回族自治区第十一届人民代表大会常务委员会第二十三次会议通过 2016年3月24日宁夏回族自治区人民代表大会常务委员会公告第35号公布 自公布之日起施行）

宁夏回族自治区第十一届人民代表大会常务委员会第二十三次会议决定，废止《宁夏回族自治区农业环境保护条例》《宁夏回族自治区乡镇企业条例》《宁夏回族自治区农民负担监督管理条例》。

本决定自公布之日起施行。

宁夏回族自治区人民代表大会常务委员会关于修改《宁夏回族自治区煤炭资源勘查开发与保护条例》等三件地方性法规的决定

（2016年3月24日宁夏回族自治区第十一届人民代表大会常务委员会第二十三次会议通过 2016年3月24日宁夏回族自治区人民代表大会常务委员会公告第36号公布 自公布之日起施行）

宁夏回族自治区第十一届人民代表大会常务委员会第二十三次会议决定，对《宁夏回族自治区煤炭资源勘查开发与保护条例》等三件地方性法规作如下修改：

一、宁夏回族自治区煤炭资源勘查开发与保护条例

（一）删除第二十四条中的“煤炭生产许可证”。

（二）将第四十六条修改为：“违反本条例规定，开采煤炭资源达不到核定开采回采率的，由自治区煤炭行业、国土资源行政主管部门依照职权责令限期改正；逾期仍达不到核定开采回采率的，责令停止生产。”

（三）将第四十七条修改为：“违反本条例规定，擅自变更经批准的工程设计方案从事煤炭生产的，由自治区煤炭行业管理部门责令停止生产，没收违法所得，处以违法所得一倍以上五倍以下的罚款。”

二、宁夏回族自治区气象条例

（一）将第九条第二款修改为：“禁止在气象探测环境保护范围内进行对气象探测不利的工程建设或者其他活动。因特殊情况需进行新建、扩建、改建建设工程的，建设单位应当事先征得自治区气象主管机构同意，并采取相

应措施,方可建设。”

(二)删除第十一条的内容。

(三)删除第二十二条中的“和业务”。

(四)将第二十三条、第二十四条中的“设区的市、地区”修改为“设区的市”。

(五)对第十一条之后的条序作逐条递进调整,同时,对原第二十八条、第二十九条、第三十条、第三十一条中对应的处罚条序作相应修改。

三、宁夏回族自治区创业与就业促进条例

将第十八条第二款修改为:“设立职业中介机构应当在工商行政管理部门办理登记后,向人力资源和社会保障行政主管部门申请行政许可。未经依法登记和许可的机构,不得从事职业中介活动。”

本决定自公布之日起施行。

《宁夏回族自治区煤炭资源勘查开发与保护条例》《宁夏回族自治区气象条例》《宁夏回族自治区创业与就业促进条例》根据本决定作相应修改,重新公布。

宁夏回族自治区人民代表大会常务委员会关于修改《宁夏回族自治区公路路政管理条例》等四件地方性法规的决定

(2016年5月27日宁夏回族自治区第十一届人民代表大会常务委员会第二十四次会议通过 2016年5月27日宁夏回族自治区人民代表大会常务委员会公告第38号公布 自公布之日起施行)

宁夏回族自治区第十一届人民代表大会常务委员会第二十四次会议决定:

一、对《宁夏回族自治区公路路政管理条例》作出修改

（一）将第八条第三款修改为："公路管理机构依照本条例的规定具体负责公路保护的监督管理工作。"

（二）将第十三条、第十四条、第十九条第二款、第二十二条、第二十三条、第三十条、第三十二条、第三十三条、第三十七条、第三十八条、第三十九条、第四十条、第四十一条、第四十二条、第四十三条第二款和第四款中的"交通主管部门"修改为"公路管理机构"。

（三）将第十七条、第十九条第一款中的"县级以上人民政府交通主管部门"修改为"县级以上公路管理机构"。

（四）将第二十八条中的"公路两侧建筑控制区是指公路边沟、坡脚护坡道、坡顶截水沟外缘以外一定距离的区域"修改为："公路两侧建筑控制区是指公路用地外缘以外一定距离的区域"。

（五）将第三十七条第三项修改为："（三）违反本条例第十五条第一款规定，从事危及公路安全的作业的"。

（六）将第四十三条第三款修改为："对公路路产造成严重损坏，拒不接受公路管理机构现场调查处理的，公路管理机构可以依法扣留车辆、工具。"

（七）删去第四十四条、第四十五条。

（八）将第四十六条中的"治安管理处罚条例"修改为"治安管理处罚法"。

此外，对条文顺序作相应调整。

二、对《宁夏回族自治区城市房地产开发经营管理条例》作出修改

（一）将第九条第一款修改为："新设立的房地产开发企业应当申请核发暂定资质证书。"

第三款修改为："房地产开发企业应当在暂定资质证书有效期满前三十日内向房地产开发主管部门提出核定资质等级申请；房地产开发主管部门应当根据企业开发经营业绩核定相应的资质等级。"

（二）将第十二条第二项修改为："（二）二级资质及二级资质以下企业的

审批办法由自治区人民政府建设行政主管部门制定。”

（三）删去第十四条第一款、第三款，将第二款修改为：“对资质条件发生变化或者有不良经营行为的房地产开发企业，原资质审批部门应当按照有关规定调整其资质等级或者注销其资质证书。”

三、对《宁夏回族自治区劳动保障监察条例》作出修改

（一）将第二条第二款修改为：“对职业介绍机构、职业技能培训机构、职业技能考核鉴定机构和基本医疗保险、工伤保险、生育保险的医药服务机构进行劳动保障监察，依照本条例执行。”

（二）将第八条第十项修改为：“（十）遵守基本医疗保险、工伤保险、生育保险医药服务的相关规定的情况”。

（三）将第九条第三款修改为：“对职业介绍机构、职业技能培训机构、职业技能考核鉴定机构的劳动保障监察，由核发其许可证件的劳动保障行政部门负责。”

四、对《宁夏回族自治区环境保护条例》作出修改

（一）删去第十六条。

（二）删去第四十四条。

（三）对第十六条之后的条文顺序作相应调整，同时，对第四十五条、第四十六条、第四十七条、第四十八条、第四十九条中处罚相对应的条文序号作相应调整。

本决定自公布之日起施行。

《宁夏回族自治区公路路政管理条例》《宁夏回族自治区城市房地产开发经营管理条例》《宁夏回族自治区劳动保障监察条例》《宁夏回族自治区环境保护条例》根据本决定作相应修改，重新公布。

宁夏回族自治区人民代表大会常务委员会关于修改《宁夏回族自治区乡镇人民代表大会工作条例》的决定

（2016年5月27日宁夏回族自治区第十一届人民代表大会常务委员会第二十四次会议通过 2016年5月27日宁夏回族自治区人民代表大会常务委员会公告第39号公布 自公布之日起施行）

宁夏回族自治区第十一届人民代表大会常务委员会第二十四次会议决定，对《宁夏回族自治区乡镇人民代表大会工作条例》作如下修改：

一、将第五条第一项修改为："（一）在本行政区域内，保证宪法、法律、法规、规章和上级人民代表大会及其常务委员会决议、决定的遵守和执行"。

二、第二十一条"主席、副主席和主席团其他成员"前增加"乡、镇人民代表大会"。

三、将第二十二条第一项修改为："（一）保证宪法、法律、法规、规章和上级人民代表大会及其常务委员会的决议、决定在本行政区域内的遵守和执行，有计划地组织代表对法律、法规实施情况进行检查"。

第三项修改为："（三）向本级人民代表大会报告闭会期间的工作"。

第七项改为第十项。

增加一项，作为第七项："（七）在本级人民代表大会闭会期间，每年选择若干关系本地区群众切身利益和社会普遍关注的问题，有计划地安排代表听取和讨论本级人民政府的专项工作报告"。

第八项修改为："（八）联系本级人民代表大会代表，组织代表开展视察、调研等活动，听取、反映代表和群众对本级人民政府工作的建议、批评和意见，交有关机关和组织研究处理"。

四、将第二十三条第一款修改为："乡、镇人民代表大会闭会期间，主席团每季度至少召开一次会议。”

五、将第二十七条第一项修改为:“(一)负责召集和主持人民代表大会闭会期间的主席团会议”。

六、将第四十条第二款修改为:“代表资格审查委员会对代表资格的审查,主要是审查当选代表是否符合宪法、法律规定的代表的基本条件,选举是否符合法律规定的程序,以及是否存在破坏选举和其他当选无效的违法行为,提出代表当选是否有效的意见。”

七、增加一条,作为第四十三条:“建立代表履职补贴制度,对无固定收入的代表执行代表职务,由财政给予补贴。”

本决定自公布之日起施行。

《宁夏回族自治区乡镇人民代表大会工作条例》根据本决定作相应修改,重新公布。

宁夏回族自治区乡镇人民代表大会工作条例

（1990年12月28日宁夏回族自治区第六届人民代表大会常务委员会第十六次会议通过 根据1995年8月16日宁夏回族自治区第七届人民代表大会常务委员会第十四次会议《关于修改〈宁夏回族自治区乡镇人民代表大会工作暂行条例〉的决定》修正 根据2005年5月20日宁夏回族自治区第九届人民代表大会常务委员会第十六次会议《关于修改〈宁夏回族自治区乡镇人民代表大会工作条例〉的决定》第二次修正 根据2007年3月29日宁夏回族自治区第九届人民代表大会常务委员会第二十七次会议《关于修改〈宁夏回族自治区乡镇人民代表大会工作条例〉的决定》第三次修正 根据2016年5月27日宁夏回族自治区第十一届人民代表大会常务委员会第二十四次会议《关于修改〈宁夏回族自治区乡镇人民代表大会工作条例〉的决定》第四次修正）

第一章 总 则

第一条 为完善人民代表大会制度，加强乡、镇人民代表大会的工作，根据《中华人民共和国地方各级人民代表大会和地方各级人民政府组织法》（以下简称《地方组织法》），结合本自治区的实际，制定本条例。

第二条 乡、镇人民代表大会是基层地方国家权力机关，依照《地方组织法》和本条例的规定行使职权。

第三条 乡、镇人民代表大会主席团，依照《地方组织法》和本条例开展工作。

乡镇人民代表大会设主席，并可以设副主席一人至二人。主席、副主席由本级人民代表大会从代表中选出，任期同本级人民代表大会每届任期相同。

乡、镇人民代表大会主席、副主席为主席团成员。

第二章　乡、镇人民代表大会

第四条　乡、镇人民代表大会每届任期五年。

第五条　乡、镇人民代表大会行使下列职权：

（一）在本行政区域内，保证宪法、法律、法规、规章和上级人民代表大会及其常务委员会决议、决定的遵守和执行；

（二）在职权范围内通过和发布决议；

（三）审查、决定本行政区域内的社会和经济发展计划；

（四）审查和批准本行政区域内的财政预算和预算执行情况的报告；

（五）选举本级人民代表大会主席、副主席；

（六）选举乡长、副乡长，镇长、副镇长；

（七）听取和审查本级人民代表大会主席团的工作报告；

（八）听取和审查乡、镇人民政府的工作报告；

（九）撤销乡、镇人民政府的不适当的决定和命令；

（十）保护社会主义的全民所有的财产和劳动群众集体所有的财产，保护公民私人所有的合法财产，维护社会秩序，保障公民的人身权利、民主权利和其他权利；

（十一）保护各种经济组织的合法权益；

（十二）保障少数民族的权利；

（十三）保障宪法和法律赋予妇女的男女平等、同工同酬和婚姻自主等各项权利。

第六条　乡、镇人民代表大会会议每年至少举行一次。

经过五分之一以上的代表提议或者主席团决定，可以临时召集本级人民代表大会会议。

第七条　乡、镇人民代表大会每届第一次会议，在本届人民代表大会代表选举完成后的两个月内举行。

第八条　乡、镇人民代表大会会议，由主席团召集并主持。每届乡、镇人民代表大会第一次会议，由上届人民代表大会主席团召集。

第九条　乡、镇人民代表大会每次会议举行预备会议，由主席团主持，通过本次会议的议程和其他准备事项的决定。

每届乡镇人民代表大会第一次会议的预备会议，由上届人民代表大会主席团主持。

第十条 乡、镇人民代表大会主席团，由每届人民代表大会第一次会议的预备会议选举产生，对本级人民代表大会负责并报告工作。

第十一条 乡、镇人民代表大会举行会议的时候，不是代表的乡长、副乡长，镇长、副镇长列席会议。其他有关机关、团体负责人，经主席团决定，可以列席会议。

第十二条 乡、镇人民代表大会举行会议的时候，主席团和乡、镇人民政府可以提出属于乡、镇人民代表大会职权范围内的议案，由主席团决定提交大会审议。

乡、镇人民代表大会代表五人以上联名，可以向本级人民代表大会提出属于本级人民代表大会职权范围内的议案，由主席团决定是否列入大会议程。

向人民代表大会提出的议案，在交付大会表决前，提案人要求撤回的，对该项议案的审议即行终止。

第十三条 乡、镇人民代表大会代表向代表大会提出的建议、批评和意见，由主席团交有关机关和单位研究办理并负责答复。

第十四条 乡、镇人民代表大会进行选举和通过决议、决定，以全体代表的过半数通过。

第十五条 乡、镇人民代表大会主席、副主席，乡长、副乡长，镇长、副镇长的人选，由主席团或者十人以上代表联合提名。主席团提名的候选人人数，每一代表与其他代表联合提名的候选人人数，均不得超过应选名额。

乡、镇人民代表大会主席、乡长、镇长的候选人数一般应多一人，进行差额选举；如果提名的候选人只有一人，也可以等额选举。乡、镇人民代表大会副主席、副乡长、副镇长的候选人数应比应选人数多一至二人，由本级人民代表大会根据应选人数在选举办法中规定具体差额数，进行差额选举。如果提名的候选人数超过选举办法规定的差额数，由主席团将全部候选人名单提交全体代表酝酿、讨论后，进行预选，根据在预选中得票多少的顺序，按照选举办法规定的差额数，确定正式候选人名单，进行选举。

选举采用无记名投票方式。代表对于确定的候选人，可以投赞成票，可以投反对票，可以另选其他任何代表或者选民，也可以弃权。

乡、镇人民代表大会补选本级人民代表大会主席、副主席，乡长、副乡长，镇长、副镇长时，候选人数可以多于应选人数，也可以同应选人数相等。选举办法，由乡、镇人民代表大会决定。

第十六条 乡、镇人民代表大会举行会议的时候，主席团或者五分之一以上代表联名，可以提出对主席、副主席和主席团其他成员，乡长、副乡长，镇长、副镇长的罢免案，由主席团提请大会审议、决定。

罢免案应当写明罢免理由。

被提出罢免的人员有权在主席团会议或者大会全体会议上提出申辩意见，或者书面提出申辩意见。由主席团印发会议。

第十七条 乡、镇人民代表大会举行会议的时候，主席、副主席和主席团其他成员，乡长、副乡长，镇长、副镇长可以向大会提出辞职，由大会决定是否接受辞职。

第十八条 乡、镇人民代表大会举行会议的时候，代表十人以上联名可以书面提出对本级人民政府的质询案，由主席团决定交乡、镇人民政府。乡、镇人民政府必须在会议中答复。

第十九条 在乡、镇人民代表大会审议议案的时候，代表可以向乡、镇人民政府提出询问，由乡、镇人民政府派人说明。

第三章 乡、镇人民代表大会主席团和乡、镇人民代表大会主席

第二十条 乡、镇人民代表大会主席团由五至九人组成。

主席团成员的人选，由召集会议的上一届人民代表大会主席团提出，代表大会预备会议通过。

第二十一条 乡、镇人民代表大会主席、副主席和主席团其他成员不得担任乡、镇人民政府的职务；如果担任上述职务，必须辞去主席、副主席和主席团成员的职务。

第二十二条 乡、镇人民代表大会主席团的职责是：

（一）保证宪法、法律、法规、规章和上级人民代表大会及其常务委员会的决议、决定在本行政区域内的遵守和执行，有计划地组织代表对法律、法规实施情况进行检查；

（二）确定召开本级人民代表大会会议的日期和议程草案，主持人民代表大会会议，召集下一次人民代表大会会议，做好下一届人民代表大会第一次会议的筹备工作；

（三）向本级人民代表大会报告闭会期间的工作；

（四）主持本级人民代表大会会议的选举工作；

（五）监督本级人民代表大会决议、决定的执行情况；

（六）负责向有关机关和单位转交代表在本级人民代表大会会议期间提出的建议、批评和意见，督促、检查其办理和答复代表的情况；

（七）在本级人民代表大会闭会期间，每年选择若干关系本地区群众切身利益和社会普遍关注的问题，有计划地安排代表听取和讨论本级人民政府的专项工作报告；

（八）联系本级人民代表大会代表，组织代表开展视察、调研等活动，听取、反映代表和群众对本级人民政府工作的建议、批评和意见，交有关机关和组织研究处理；

（九）在本行政区域内，协助县级人大代表选区和组织、指导本级人大代表选区依法罢免和补选代表；

（十）审议代表资格审查委员会对代表资格的审查报告，经审议通过后予以公布；

（十一）办理本级人民代表大会交付的其他工作。

第二十三条 乡、镇人民代表大会闭会期间，主席团每季度至少召开一次会议。

根据工作需要，主席团可以邀请乡长、副乡长，镇长、副镇长及有关部门、有关代表和有关人员列席主席团会议。

第二十四条 主席团工作中的重大问题须经主席团会议讨论。主席团决定问题以全体成员的过半数通过。

第二十五条 主席团受上一级人民代表大会常务委员会的委托，联系居住在本行政区域内的上级人民代表大会代表，并办理有关事项。

第二十六条 主席团支持村民（居）委员会依法开展工作，维护村民的合法权益。

第二十七条 乡、镇人民代表大会主席的职责是：

（一）负责召集和主持人民代表大会闭会期间的主席团会议；

（二）了解代表开展活动的情况，总结交流代表和代表小组活动的经验；

（三）联系代表和选民，对本行政区域内人民群众切身利益的重大问题进行调查研究，向主席团报告；

（四）接受代表和群众的来信来访，向主席团或者人民政府及有关部门反映代表和群众的意见和要求；

（五）应邀列席本级人民政府的有关会议；

（六）根据县级人民代表大会常务委员会主任会议决定，列席县级人民代表大会常务委员会会议；

（七）检查、督促本级人民政府办理代表提出的议案及建议、批评和意见；

（八）协调有关部门，做好召开下一次人民代表大会会议的筹备工作；

（九）办理主席团交付的其他事项。

乡、镇人民代表大会副主席协助主席开展工作。

第二十八条 乡、镇人民代表大会主席因故不能担任职务时，由副主席代理，没有副主席的，由主席团在其成员中推选代理人，直到主席能担任职务时或者人民代表大会会议选出新的主席时为止。

第二十九条 乡、镇人民代表大会主席、副主席和主席团其他成员受本级人民代表大会和代表的监督。

第三十条 乡、镇人民代表大会主席、副主席和主席团其他成员可以向本级人民代表大会提出辞职。主席、副主席出缺后，由代表大会补选。主席团其他成员出缺后的补选，由代表大会预备会议决定。

第四章 乡、镇人民代表大会代表

第三十一条 乡、镇人民代表大会代表依法由选民直接选举。

第三十二条 乡、镇人民代表大会代表任期，从每届本级人民代表大会举行第一次会议开始，到下届本级人民代表大会举行第一次会议为止。

第三十三条 乡、镇人民代表大会代表，在人民代表大会会议上的发言和表决，不受法律追究。

第三十四条 乡、镇人民代表大会代表，如果被逮捕、受刑事审判，或者被采取法律规定的其他限制人身自由的措施，执行机关应当立即报告乡、镇人民代表大会。在乡、镇人民代表大会闭会期间，向乡、镇人民代表大会主席团报告，乡、镇人民代表大会主席团报人民代表大会备案。

第三十五条 乡、镇人民代表大会代表应当和选民保持密切联系，宣传法律和政策，并向本级人民代表大会及其主席团反映群众的意见和要求，监督本级人民政府工作。

第三十六条 乡、镇人民代表大会代表分工联系选民，有代表三人以上的村（居）民委员会或者生产单位可以组织代表小组；代表不足三人的，可以联合编组。代表小组由代表推选组长一人，负责组织代表的学习和开展工作。

第三十七条 乡、镇人民代表大会代表受选民监督。选民有权罢免自己选出的代表。代表的罢免必须以原选区选民的过半数通过。

第三十八条 乡、镇的人民代表大会代表出缺时，由原选区补选。

第五章 乡、镇人民代表大会代表资格审查委员会

第三十九条 乡、镇人民代表大会设立代表资格审查委员会。

代表资格审查委员会由主任委员一人、副主任委员一人、委员若干人组成，由主席团在本届人民代表大会代表中提名，经人民代表大会第一次会议通过，行使职权至本届人民代表大会任期届满为止。

第四十条 代表资格审查委员会负责对补选的本届人民代表大会代表和当选的下届人民代表大会代表的资格进行审查。

代表资格审查委员会对代表资格的审查，主要是审查当选代表是否符合宪法、法律规定的代表的基本条件，选举是否符合法律规定的程序，以及是否存在破坏选举和其他当选无效的违法行为，提出代表当选是否有效的意见。

第四十一条 代表资格审查委员会将代表资格审查的结果，报告本级人民代表大会主席团。

第六章 附 则

第四十二条 乡、镇人民代表大会主席团的行政经费，代表活动经费，列入本级财政预算。没有建立乡一级财政的，列入上一级财政预算。

第四十三条 建立代表履职补贴制度，对无固定收入的代表执行代表职务，由财政给予补贴。

第四十四条 本条例自公布之日起施行。

自治区人民政府关于废止和修改部分政府规章的决定

（2014年5月27日宁夏回族自治区人民政府令第64号公布 自公布之日起施行）

为了依法推进行政审批制度改革和政府职能转变，进一步激发市场、社会的创造活力，适应我区经济社会发展的要求，按照《中共中央关于全面深化改革若干重大问题的决定》（中发〔2013〕12号）和《中共宁夏回族自治区委员会关于深化改革推动经济社会发展若干问题的决定》（宁党发〔2013〕66号）的要求，自治区人民政府对现行有效的政府规章进行了清理。经过清理，现决定：

一、对7件政府规章予以废止。

二、对6件政府规章的部分条款予以修改。

本决定自公布之日起施行。

自治区人民政府决定废止的政府规章

一、《宁夏回族自治区育林费征收及管理办法》（1988年8月22日自治区人民政府公布）

二、《宁夏回族自治区水利工程水费计收、使用和管理办法》（1989年10月23日自治区人民政府公布）

三、《宁夏回族自治区旅馆业治安管理实施细则》（1990年6月28日自治区人民政府公布）

四、《宁夏回族自治区中等职业技术教育规定》（1990年12月29日自治区人民政府公布）

五、《宁夏回族自治区土地增值税征收管理办法》（1995年9月30日自

治区人民政府公布）

六、《宁夏回族自治区饮用天然矿泉水资源管理办法》（1996年1月5日自治区人民政府公布）

七、《宁夏回族自治区外商投资勘查开采矿产资源规定》（2002年3月20日自治区人民政府公布）

自治区人民政府决定修改的政府规章

一、将《宁夏回族自治区村庄和集镇规划建设管理实施办法》第十六条第一款修改为："承担村镇规划区内建筑工程施工的单位，必须具有相应的施工资质等级证书或者资质审查证书，方可按照规定的经营范围承担施工任务。"

第三十一条修改为："选址意见书和开工许可证由自治区人民政府建设行政主管部门统一印制。"

二、删去《宁夏回族自治区城市建设档案管理办法》第十二条、第十三条、第十九条。

三、将《宁夏回族自治区旅游船舶安全管理办法》第五条第三项修改为："配备必要的航行资料"。

第七条第一项修改为："年龄在18周岁以上60周岁以下，具有初中以上文化程度，并经体检合格，其中高速船驾驶员年龄不得超过55周岁"。

四、删去《宁夏回族自治区按比例安排残疾人就业规定》第二十五条第二款。

五、将《宁夏回族自治区机动车驾驶员培训管理办法》第十条修改为："申请开办中外合资、合作驾校，由自治区人民政府交通主管部门审批。"

删去第三十条。

六、删去《宁夏回族自治区太西煤资源保护办法》第十七条、第二十二条第五项。

第二十一条第一项修改为："不得收购无采矿许可证的企业（或个人）供应的太西煤"。

第二十二条第一项修改为："未取得采矿许可证，擅自进入矿区进行采挖太西煤的"。

第二十四条修改为："违反本办法规定，收购无采矿许可证的企业（或个人）供应的太西煤的，由煤炭管理部门责令限期改正；逾期不改正的，处以一万元以上三万元以下的罚款。”

此外,对相关政府规章的条文顺序作相应调整。

宁夏回族自治区法治政府建设指标体系（试行）

（2015年1月9日宁夏回族自治区人民政府令第72号公布　自2015年3月1日起施行）

为了深入推进依法行政,加快建设法治政府,根据《中共中央关于全面推进依法治国若干重大问题的决定》和国务院《全面推进依法行政实施纲要》《关于加强市县政府依法行政的决定》《关于加强法治政府建设的意见》及有关法律、法规、规章的规定,结合我区实际,制定本指标体系。

本指标体系共设8项1级指标、32项2级指标、115项3级指标;8项1级指标的总分值为100分;各项2级指标、3级指标的具体分值,由考评主体按照政府与部门分开、区分部门类别的原则,结合年度依法行政工作,在制订考评办法时予以明确。

一、行政决策(占总分值的15%)

基本要求:重大行政决策制度科学、程序正当、过程公开、责任明确,实行科学决策、民主决策、依法决策,人民群众的要求、意愿得到及时反映。

(一)重大行政决策范围明确

1. 编制空间发展战略规划、国民经济和社会发展总体规划、年度计划;编制或者调整重要的区域规划和专项规划、土地利用、自然资源开发利用等各类总体规划。

2. 制定涉及经济体制改革、行政体制改革等方面的重大决策;制定土地管理、自然资源开发利用、文化卫生、科技教育、食品安全、社会保障和劳动就业、生态环境保护、城市建设、交通管理、土地房屋征收等关系民生的重大措施。

3. 编制财政预算、安排重大财政资金，制定或者调整重要的行政事业性收费标准以及实行政府定价的重要公用事业、公益性服务价格；决定政府重大投资项目立项和重大国有资产处置，以及依法应当决策的其他事项。

（二）重大行政决策制度健全

4. 行政机关内部重大行政决策合法性审查机制建立健全。以政府法制机构为主体、吸收专家和律师参加的政府法律顾问制度全面推行。

5. 重大行政决策专家咨询制度完善、专家咨询库建立。

6. 重大行政决策听证制度规范。制定、公布重大行政决策事项听证目录。听证代表遴选方式科学合理，听证代表具有广泛性。

7. 重大行政决策风险评估机制健全。对重大行政决策进行合理性、可行性、可控性和可能引发的社会稳定、环境、经济等方面的风险进行评估。评估结果作为重大行政决策的重要依据。

8. 重大行政决策公示制度建立。除依法应当保密的以外，重大行政决策事项的名称、依据和结果公开。

（三）重大行政决策程序完备

9. 重大行政决策按照公众参与、专家论证、风险评估、合法性审查和集体讨论决定的法定程序作出。

10. 重大行政决策事项事先采用召开座谈会及通过媒体征集意见等方式广泛听取社会公众意见。事关经济社会发展和人民群众切身利益及专业性较强等重大行政决策事项，组织专家对决策可能引发的各种风险及应对措施等方面进行咨询论证、风险评估。

11. 依法应当听证的决策事项及涉及公共利益或者群众切身利益的重大行政决策事项，按照法定程序组织听证。

12. 重大行政决策作出前，经法制机构进行合法性审查。未经合法性审查或者经审查没有通过的，不得提交会议讨论、作出决策。

13. 重大行政决策事项经决策机关常务会议或者全体会议、办公会议、专题会议集体讨论决定。

（四）重大行政决策责任落实

14. 重大行政决策责任追究制度及责任倒查机制建立。按照“谁决策、谁负责”的原则，对决策严重失误或者依法应该及时作出决策但久拖不决造成重大损失、恶劣影响的，严格追究决策者及负有责任的其他领导人员和相关责任人员的法律责任。

15．重大行政决策实施后，应当通过舆情跟踪、抽样调查、会商分析等方式，广泛收集利益相关方面和社会公众对决策实施的意见或建议，对决策实施情况进行研究、评价，并根据评价情况适时调整和完善有关决策。

（五）效果指标

16．重大行政决策公开率达到90%以上。

17．没有发生因违法决策引发重大群体事件或者重大集体上访事件的情形；没有发生因违法或不当决策被上级机关责令纠正或者撤销的情形。

18．没有发生因依据违法决策作出的具体行政行为被人民法院判决撤销、变更或确认违法的情形。

19．社会公众对行政决策的总体满意度达到80%以上。

二、制度建设（占总分值的15%）

基本要求：政府立法坚持科学立法、民主立法的原则，恪守以民为本、立法为民的理念，符合宪法、法律、法规和国家方针政策，立足全面深化改革、促进科学发展、推进“两区”建设、保障和改善民生、促进生态文明建设、加强民族团结、维护社会和谐稳定的实际需要，切实反映人民群众的根本利益。规范性文件按照法定权限和程序制定并公布，备案审查制度有效落实。制度建设在经济社会发展中的引领和推动作用充分发挥。

（六）政府立法的及时性、系统性、针对性、有效性显著提高

20．科学编制政府立法规划和计划。立法项目社会公开征集制度建立健全。每五年向社会公开征集下一个五年立法规划建议；每年向社会公开征集下一年度立法计划建议。

21．科学立法、民主立法深入推进，政府立法工作不断加强和改进，立法起草、论证、调研、协调、审议制度完善，重要行政管理地方性法规和政府规章草案由政府法制机构负责组织起草。

22．政府立法公开征求意见和公众意见采纳情况反馈机制建立健全。地方性法规和政府规章草案通过政府网站等媒体向社会公开征求意见，征求意见时间不少于三十日。涉及重大公共利益或者人民群众切身利益的草案，通过召开听证会、专家论证会等方式广泛听取社会各方面意见。

23．地方性法规和政府规章草案起草工作按照法定权限、法定程序进行，制度设计科学合理，立法内容明确具体、与上位法不相抵触，原则上不再新设行政许可事项。

24. 地方性法规和政府规章草案经政府法制机构依法审查后，按照法定程序提请政府常务会议或者全体会议审议。

25. 政府规章发布后，通过政府公报、政府网站和主要报刊等多种方式向社会公布正式文本。公布日期与实施日期间隔原则上不少于三十日。

26. 坚持“立、改、废”相结合的原则。政府规章实施满二年的，应当进行评估，并将评估结果作为实施、修改或者废止的主要依据之一。

（七）规范性文件符合经济社会发展实际需要

27. 制定规范性文件严格遵照法定权限，不得违反法律、法规、规章和上级行政机关规范性文件的规定，不得设定行政许可、行政处罚、行政强制等事项，不得违法增设公民、法人或者其他组织的义务。

28. 制定规范性文件遵守公开征求意见、合法性审查和集体讨论的程序。重大或者关系人民群众切身利益的规范性文件应当采取召开座谈会、专家论证会、组织听证或者向社会公布草案等方式公开听取社会公众意见。

29. 政府规范性文件提交政府常务会议审议前经本级政府法制机构进行合法性审查；部门规范性文件提交部门会议前经本部门法制机构进行合法性审查。

30. 规范性文件应当经过政府常务会议或者部门领导班子会议集体讨论决定。

31. 规范性文件有效期制度建立。定期修改、废止或者重新制定规范性文件。每二年开展一次规范性文件清理，并向社会公布清理结果。

（八）效果指标

32. 社会公众对政府立法工作及规范性文件制定发布工作的总体满意度均达到90%以上。

33. 规范性文件合法性审查率达到100%。

34. 政府及部门没有发生因规范性文件存在违法事由，被本级人大常委会或者上级行政机关责令改正或者撤销的情形。

35. 规范性文件没有发生设定行政许可、行政处罚、行政强制等事项，没有违法增设公民、法人或者其他组织义务的情形。

三、政府职能转变（占总分值的15%）

基本要求：各级政府事权规范化、法律化不断推进，政府部门之间职能权限划分科学、责任明确、配置规范。政府与市场、政府与社会的关系基本理顺,政企分开、政资分开、政事分开、政社分开基本实现,市场在资源配置中的决定性作用得到充分发挥。公共服务、市场监管、社会管理、环境保护等职责依法履行。

(九)政府职能依法界定

36. 行政机关机构、职能、权限、程序、责任实现法定化。行政机关及其内设机构设置的制度建立健全,设立、撤销或调整部门及其内设机构的原则、权限、程序等规定明确。

37. 政府权力清单制度推行。各级政府及部门依据权力清单,向社会全面公开职能、法律依据、实施主体、职责权限、管理流程、监督方式等事项,接受社会监督,做到法无授权不可为。

38. 权力运行责任清单制度推行。各级政府及其部门的法定责任明确,行政机关工作人员工作责任制有效落实,责任履行到位,做到法定职责必须为。

39. 行政审批负面清单制度建立。负面清单以外的事项一律取消审批。

(十)政府职能依法履行

40. 市场监管职能履行到位。市场监管制度进一步完善,事中事后监管力度不断强化,统一、开放、竞争、有序的现代市场体系建设基本完成,公正性和有效性得到保障。市场诚信体系建设不断加强,公平、公正、统一的信用信息平台基本建立。

41. 行政审批规范、高效。行政审批程序规范透明,行政审批事项实行标准化、制度化,审批效率不断提高。行政审批经常性、动态性、长效性监督机制建立。行政审批绩效评价、责任追究制度建立健全,自觉接受社会监督。行政审批事项网上服务积极推进。

42. 公共服务体系基本完备。教育、医疗、就业、住房等社会保障体系普遍建立。公共服务措施便民、程序简单易操作,服务成本低,均等化、法定化基本实现。

43. 社会治理方式不断创新。政府主导、社会共同治理的社会治理格局基本形成,社会治理方式法治化、治理手段多样化基本实现,网格化治理、社会化服务全面推行。以项目为导向的政府向社会组织购买服务机制建立,社会中介服务行为规范。

(十一)政务服务便民、高效

44. 政府信息公开工作机制健全。政府信息公开场所落实到位,政府信息公开指南和目录公开,并定期更新,政府信息依法主动公开。依法受理并在法定期限内答复公民、法人和其他组织提出的政府信息公开申请。公民、法人和其他组织获取政府信息的权利依法得到保障。新闻发言人制度有效落实。

45. 各级政府及部门政务服务管理制度建立健全。政务服务项目具体、明确,程序规范透明,服务首问制、承诺制等措施落实到位。所有面向社会服务的医院、学校、供水、供电、供气、电信、公交等涉及民生的公共服务单位,全面推行办事公开,主动接受群众监督。

46. 政务服务中心建设标准统一、服务高效。自治区、市、县(市、区)、乡(镇、街道办)、村(社区)五级联动的(综合)政务服务体系健全,乡、镇(街道办)民生服务中心规范化建设和村(社区)为民办事全程代办点建设全面推进,为民服务规范、高效。

47. 公共资源交易平台基础设施完善。政府采购、依法进行招标投标的各类建设工程和其他涉及公共资源与服务的招标投标项目纳入统一公共资源交易平台进行。公共资源交易行为合法、公开、公平、公正。

(十二)效果指标

48. 政府权力清单和权力运行责任清单公开率均达到90%以上。

49. 社会公众对公共服务和企业对市场监管的总体满意度均达到80%以上。

50. 对社会公众申请公开政府信息的答复率达到90%以上;社会公众对政府信息公开工作的总体满意度达到80%以上。

51. 没有发生因不履行或者不正确履行政府信息公开法定职责,在行政复议或者行政诉讼中被撤销、确认违法或者责令履行等情形。

52. 社会公众对政府及部门的政务服务总体满意度达到80%以上。

四、行政执法(占总分值的15%)

基本要求:行政执法体制改革进一步深化,综合执法制度基本落实,市县两级政府行政执法职责得到强化。行政执法主体和行政执法人员资格制度严格落实。行政执法责任制、行政裁量权制度建立健全。行政执法行为严格规范公正文明,法律、法规、规章得到有效实施,违法行为得到及时查处和纠正,公民、法人和其他组织的合法权益得到切实保障。

(十三)行政执法体制改革不断深化

53. 综合执法制度基本建立。市、县两级政府执法队伍种类大幅减少,食品药品安全、工商质监、公共卫生、安全生产、文化旅游、资源环境、农林水利、交通运输、城乡建设等领域综合执法试点工作有效开展。城市管理领域相对集中行政处罚权工作全面推行。

54. 行政执法层次逐渐减少，执法重心和执法力量向基层下移。凡是法律、法规、规章未明确由自治区级行政主管部门实施的行政执法事项，一律下放市县执行。

55. 行政执法主体依法确定。行政执法主体资格及执法依据经本级政府法制机构审查，提请政府核准界定后向社会公告。

56. 行政执法人员资格管理制度严格落实。行政执法人员未经执法资格考试合格，不得授予执法资格，不得从事执法活动。行政执法人员每年培训时间不少于四十学时。严禁合同工、临时工等不具备执法资格的人员上岗执法。

57. 行政执法机关履行法定职责所需经费，统一纳入财政预算予以保障。"罚缴分离""收支两条线"制度严格执行，严禁罚没收入同部门利益直接或者变相挂钩。

58. 行政执法和刑事司法衔接机制健全。行政执法机关、公安机关与检察机关、审判机关信息共享、案情通报、案件移送制度建立，涉嫌犯罪案件移送标准和程序完善，行政处罚和刑事处罚实现无缝对接。行政执法主体之间在执法过程中产生的争议得到及时、有效解决。

(十四)行政执法行为合法适当

59. 坚持严格执法、公正执法。行政执法部门及执法人员依法履行法定职责，关系群众切身利益的重点领域执法力度不断加大，各类违法行为依法得到惩处。

60. 行政执法自由裁量权基准制度健全。行政裁量标准细化量化、科学合理，裁量范围、种类、幅度规范，向社会公开。

61. 行政执法责任制全面落实。各级行政执法机关执法责任和责任追究机制依法确定。行政执法公示、行政执法评议考核制度完善、落实到位。

62. 行政执法行为法制监督机制、重大行政执法决定法制审核制度和行政执法案卷评查制度建立，行政执法监督进一步加强，违法和不当行政执法行为得到依法查处和及时纠正。

(十五)行政执法程序规范正当

63. 行政执法调查取证、告知、听证、回避、送达等制度健全。说理式执法、轻微问题告诫、突出问题约谈、重大案件回访等柔性执法方式积极推行。

64. 行政许可、行政处罚、行政强制、行政征收、行政检查等重点执法程序完善、行为规范,操作流程具体明确。

65. 行政执法全过程记录制度和行政处罚信息公示制度建立并有效推行,行政执法和行政执法监督信息化建设和信息共享得到加强。

66. 依法应当集体讨论决定的行政执法事项,必须经本单位领导集体讨论决定,记录存档。

(十六)效果指标

67. 没有发生因违法执法或者执法不当引发重大群体性事件的情形;没有发生行政执法涉嫌犯罪案件有案不移、以罚代刑的情形。

68. 行政执法投诉举报办结率达到90%以上。

69. 社会公众对行政执法的满意度达到80%以上。

五、社会矛盾纠纷防范和化解(占总分值的10%)

基本要求:防范、化解社会矛盾纠纷机制健全、职责明确,群众利益协调、权益保障法律渠道畅通。行政调解、行政裁决、行政复议、行政诉讼、仲裁制度有机衔接。行政应诉制度健全,人民法院的生效判决、裁定严格履行。信访事项依法及时解决,社会矛盾纠纷得到有效防范和化解。

(十七)社会矛盾纠纷调解工作机制健全

70. 各级政府负总责、政府法制机构牵头、各职能部门为主体的行政调解工作机制全部建立。行政调解范围依法科学界定,调解行为公正规范,调解效力得到有效保障。

71. 人民调解机制完善,组织网络健全,基本实现在村委会、居委会全覆盖,行业性、专业性人民调解组织和村民组织、居民社区的自治和协调作用充分发挥。企事业单位、乡镇街道、社会团体和其他组织人民调解组织建设不断推进,社会矛盾纠纷得到公平、公正、有效化解。

72. 社会矛盾纠纷排查机制、仲裁调解机制和重大突发性事件的预警应急机制建立。行政调解与人民调解、司法调解相衔接联动机制完善,源头治理、动态管理、应急处置相结合的社会管理机制基本形成。

(十八)行政复议制度全面落实

73. 行政复议工作制度健全。行政复议申请渠道畅通,行政复议案件依法受理、按时办结,违法和不当的行政行为及时得到纠正,行政复议作为化解行政争议的主渠道作用充分发挥。

74. 行政复议体制改革稳步推进。行政复议委员会试点范围进一步扩大,运行机制进一步理顺。

75. 行政复议规范化建设不断加强。行政复议机构健全,行政复议案件依法由2名以上行政复议人员办理,行政复议专项经费及办案设备得到保障。

(十九)信访事项依法及时办结。

76. 信访工作机制和制度健全。政府及部门有专门机构负责受理和处理信访事项,信访受理范围、处理程序、责任追究等制度建立健全。信访联席会议制度、信访听证会制度有效落实,信访与行政复议及行政诉讼衔接机制基本完善。

77. 信访工作责任落实。行政机关对属于本机关法定职权范围内的信访事项,依法受理,及时妥善处理,不推诿、敷衍、拖延;对不属于本机关职权范围的信访事项,及时转送有权处理的行政机关处理。

78. 信访工作纳入法治化轨道。涉法涉诉信访依法终结制度建立,对依法应当通过诉讼、行政复议等途径解决的信访事项,引导信访当事人通过法律途径解决矛盾和纠纷。

(二十)效果指标

79. 没有发生因违法处理行政争议和民事争议引发重大群体性事件、重大集体上访事件等情形。

80. 社会公众对行政机关化解社会矛盾纠纷工作的总体满意度达到80%以上。

六、行政监督(占总分值的10%)

基本要求:行政权力制约和监督机制完善,政府内部层级监督制度健全,专门监督进一步加强,行政监督效能显著提高。行政问责制度建立健全,行政权力与责任紧密挂钩,与行政权力主体利益彻底脱钩的要求得到落实,人民群众的知情权、参与权、表达权和监督权依法得到保障。

(二十一)接受权力机关监督

81. 自觉接受人大及其常委会监督,依法向本级人大及其常委会报告工作,坚决执行人大及其常委会的决议、决定,积极配合人大及其常委会的询问、质询和执法检查。

82. 认真办理并按时办结人大代表提案和建议。依法向本级人大常委会报备规章和规范性文件。

(二十二)接受政协民主监督

83. 支持人民政协履行职责,畅通民主监督渠道,认真听取政协对行政机关工作的意见和建议,自觉接受政协的民主监督。

84. 认真办理并按时办结政协委员提案。

(二十三)接受司法机关监督

85. 自觉接受人民法院的司法监督和检察机关的法律监督,落实相关司法建议。

86. 行政机关依法出庭应诉制度健全。依法参加人民法院的审判活动,积极出庭应诉,主动履行人民法院的生效判决和裁定。

87. 国家赔偿费用列入本级财政预算。行政机关及其工作人员行使行政职权侵犯公民、法人或者其他组织合法权益,造成损害的,依法履行赔偿义务。

(二十四)接受社会监督

88. 公众举报投诉和保障新闻舆论监督制度建立健全。对人民群众和新闻媒体反映、举报的问题,认真调查核实,依法、及时处理。

89. 投诉电话、通讯地址及电子邮箱等向社会公布,畅通举报投诉渠道;建立公民网上互动和快速反应机制,重视网民诉求。

(二十五)依法实施行政层级监督

90. 政府内部层级监督机制健全,监督主体、内容、方式及程序规范。上级行政机关对下级行政机关经常性监督落实到位。

91. 监察、审计等专门监督机关依法独立实施监督,重点领域、重点环节、重点岗位审计监察的制度和措施落实,违法违纪行为得到及时查处。

92. 依法开展规章和规范性文件备案监督。政府规章和规范性文件应当自发布之日起三十日内按照法定要求报送备案。对规范性文件备案审查情况进行年度或者季度通报,并向社会公布通过备案审查的规范性文件目录。

93. 行政纠错问责机制完善,责任追究制度严格落实。对违法行政、滥用职权、失职渎职等行为依法追责。

(二十六)效果指标

94. 人大代表议案和建议、政协委员提案的办结率均达到100%。

95. 没有发生在行政诉讼中"不应诉、不答辩、不缴纳诉讼费"的情形,行政机关负责人或相关人员行政诉讼出庭应诉率达到100%。

96. 政府规章和规范性文件的报备率和报备及时率、规范率均达到

100%。

97. 新闻媒体、社会公众对行政机关接受监督工作的总体满意度达到80%以上。

七、依法行政能力建设(占总分值的10%)

基本要求:领导干部学法制度健全、有效落实,运用法治思维和法治方式深化改革、推动发展、化解矛盾、维护稳定的能力明显提高。行政机关工作人员法律知识培训考核制度化、规范化,依法行政的意识和能力明显提高。法制宣传教育深入开展,全民法治观念明显增强,全社会尊重法律、崇尚法律、遵守法律的氛围基本形成。

(二十七)领导干部学法及依法行政情况考查制度化

98. 政府常务会议(部门办公会议)集体学法制度建立健全。

99. 领导干部年度学法计划、内容、时间、人员、效果落实到位。各级政府(部门)每年组织领导干部参加宪法法律业务集中培训、依法行政专题研讨班、专题法制讲座等学法活动不少于二次。

100. 领导干部任职前法律知识测试和任期内依法行政情况考查制度建立,测试和考查结果作为领导干部任职考核、职务晋升的依据之一。

(二十八)行政机关工作人员法制培训及考核制度化

101. 行政机关工作人员学法制度建立健全。依法行政知识纳入各级行政学院公务员培训教学内容。行政机关每年至少安排二次工作人员集中学法知识培训,培训情况、学习成绩作为考核内容和任职晋升的依据之一。

102. 公务员上岗培训注重对法律知识的测试,对从事行政执法工作的人员,定期组织专门的法律知识培训。

(二十九)法制宣传教育制度化

103. 普法宣传教育机制健全。法制宣传教育活动深入开展,全面推进法律知识进机关、社区、农村、学校、企业、单位、社会组织和宗教活动场所。

104. 坚持法制宣传和道德建设相结合,公民道德建设进一步强化,法治精神大力弘扬,公民、法人和其他组织自觉守法、办事依法、遇事找法的行为习惯逐步形成。

105. 法制宣传教育与依法行政实践相结合,积极宣传依法行政工作先进典型,及时总结交流和推广先进经验,引导公民、法人或者其他组织依法维护自身合法权益。

（三十）效果指标

106. 行政机关工作人员接受依法行政知识测试，领导班子成员及单位平均分均达到合格以上。

107. 行政机关领导班子成员无严重违纪违法行为。

108. 行政行为引发的行政复议、行政诉讼案件，被撤销、确认违法或者责令履行率不超过25%。

八、依法行政组织保障（占总分值的10%）

基本要求：推进依法行政、建设法治政府工作的领导协调机构健全，工作有规划、有部署，措施得力。依法行政工作与改革发展稳定任务一起部署、一起落实、一起考核。法治政府建设成效作为衡量各级领导班子和领导干部工作实绩的重要内容，纳入政绩考核指标体系。具体负责推进依法行政、建设法治政府的工作机构健全，队伍建设不断加强，责任落实到位。

（三十一）组织领导机构健全，工作职责落实到位

109. 本地区、本部门推进依法行政、建设法治政府第一责任人责任明确，由行政首长直接负责的推进依法行政、建设法治政府工作领导协调机制建立。

110. 承担推进依法行政、建设法治政府综合协调、督促指导、政策研究、情况交流职责的各级法制机构健全、职责明确，机构设置、人员配备与工作任务相适应，工作经费得到充分保障。政府法制干部培养、教育、使用和交流制度严格落实，政治业务素质、工作能力明显提高。

111. 推进依法行政、建设法治政府的工作经费列入年度财政预算，由同级财政予以保障。

112. 推进依法行政、建设法治政府工作有规划、有年度计划、有具体工作方案，各项目标任务分解到相关部门，牵头部门、配合部门职责明确，责任落实到位。

113. 推进依法行政、建设法治政府考评机制健全，法治政府建设成效纳入领导班子和领导干部年度政绩考核指标体系和政府效能目标管理考核体系。考核分值在年度效能目标管理考核总分值中所占比重不低于5%。

114. 县级以上人民政府常务会议每年至少听取二次推进依法行政、建设法治政府工作汇报。各级政府每年向本级党委、人大常委会和上一级政府报告推进依法行政、建设法治政府的情况。政府各部门每年向本级政府和上

级业务指导部门报告依法行政的进展情况。

(三十二)效果指标

115. 社会公众对推进依法行政、建设法治政府情况的总体满意度达到80%以上。

宁夏回族自治区行政程序规定

(2015年1月10日宁夏回族自治区人民政府令第73号公布 自2015年3月1日起施行)

第一章 总 则

第一条 为了规范行政行为,促进行政机关合法、公正、高效行使行政职权,保障公民、法人或者其他组织的合法权益,推进依法行政,建设法治政府,根据宪法和有关法律法规规定,结合自治区实际,制定本规定。

第二条 自治区行政区域内的行政机关、法律法规授权的组织及依法受委托的组织(以下统称行政机关)实施行政行为,应当遵守本规定。法律、法规、规章对行政程序另有规定的,从其规定。

第三条 行政机关应当依照法律、法规、规章的规定,在法定权限内,按照法定程序实施行政行为。

第四条 没有法律、法规、规章依据,行政机关不得作出影响公民、法人和其他组织合法权益或者增加其义务的决定。

第五条 行政机关应当将行使行政职权的依据、过程和结果依法公开,但是涉及国家秘密、商业秘密和个人隐私的除外。

涉及公民、法人和其他组织权利义务的文件、档案,应当依法允许查阅、摘录、复制。

第六条 公民、法人和其他组织因行政行为取得的正当权益受法律保护。非因法定事由并经法定程序,行政机关不得撤销、变更已经生效的行政决定;因公共利益或者其他法定事由必须撤销或者变更的,应当依照法定权限和程序进行，并对公民、法人和其他组织因此遭受的财产损失依法予以补偿。

第七条 公民、法人和其他组织有权依法参与行政管理，提出行政管理的意见和建议。

行政机关应当为公民、法人和其他组织参与行政管理提供必要的条件，采纳其合理意见和建议。

第八条 行政机关行使行政职权可能影响公民、法人和其他组织合法权益的，除法定情形外，应当书面告知其事实、理由、依据及其依法享有的陈述权、申辩权、救济途径、方式和期限。

第九条 公民、法人和其他组织在行政程序中，行政机关应当依法保障其享有的知情权、参与权、表达权、监督权和救济权。

公民、法人和其他组织参与行政程序，应当履行服从行政管理、协助执行公务、维护公共利益、提供真实信息、遵守法定程序等义务。

第十条 县级以上人民政府负责本规定在本行政区域内的实施工作。

县级以上人民政府及其部门的法制工作机构负责本规定实施的具体工作。

县级以上人民政府办公厅（室）、监察、编制、人事等部门按照各自的职责分工，做好本规定实施的相关工作。

第二章 行政职权

第十一条 行政机关的职权应当依照法律、法规和规章的规定。

上级行政机关可以根据《中华人民共和国地方各级人民代表大会和地方各级人民政府组织法》和其他有关法律、法规、规章，具体确定与下级行政机关之间的职权划分。

县级以上人民政府可以根据《中华人民共和国地方各级人民代表大会和地方各级人民政府组织法》和其他有关法律、法规、规章，具体规定所属工作部门的任务和职责，确定所属工作部门之间的职权划分。

法律、法规、规章对上下级行政机关之间的职权未作出明确规定的，上级行政机关应当按照有利于发挥行政效能、财权与事权相匹配、权力与责任相一致、管理重心适当下移等原则确定。

第十二条 行政机关之间发生职权争议的，由争议各方协商解决；协商不成的，依照下列规定处理：

(一)涉及职权划分的,由有管辖权的机构编制部门提出协调意见,报本级人民政府决定;

(二)涉及执行法律、法规、规章的,由有管辖权的政府法制工作机构依法协调处理;涉及重大事项的,由政府法制工作机构提出意见,报本级人民政府决定。

第十三条 行政机关的内设机构应当以其隶属的行政机关的名义作出行政决定,并由该行政机关承担法律责任。

第十四条 法律、法规授权的组织在法定授权范围内以自己的名义行使行政职权,并承担相应的法律责任。

第十五条 法律、法规、规章规定行政机关可以委托其他行政机关或者组织行使行政职权的,受委托的行政机关或者组织应当具备履行相应职责的条件。

第十六条 依法受委托的行政机关或者组织在委托的范围内,以委托行政机关的名义行使行政职权,由此所产生的后果由委托行政机关承担法律责任。

第十七条 委托行政机关与受委托的行政机关或者组织之间应当签订书面委托协议,并报本级人民政府备案。委托协议应当载明委托事项、权限、期限、双方权利和义务、法律责任等。委托行政机关应当将受委托的行政机关或者组织和事项向社会公布。

有下列情形之一的,应当及时解除委托协议,并向社会公布:

(一)委托期限届满的;

(二)受委托行政机关或者组织不再具备履行相应职责条件的;

(三)受委托行政机关或者组织超越、滥用行政职权或者不履行行政职责的;

(四)应当解除委托协议的其他情形。

第十八条 受委托的组织应当自行完成受委托的事项,不得将受委托事项再委托给其他组织或者个人。

第十九条 有下列情形之一的,行政机关可以请求相关行政机关协助:

(一)独立行使职权不能实现行政目的的;

(二)不能通过自行调查取得所需事实资料的;

(三)执行公务所需要的文书、资料、信息自行收集难以取得的;

(四)应当请求行政协助的其他情形。

被请求协助的行政机关应当及时履行协助义务,不得推诿或者拒绝。不能提供协助的,应当以书面形式及时告知请求机关并说明理由。

因行政协助发生争议的,由请求机关与协助机关共同的上一级行政机关决定。

第二十条 行政机关的地域管辖权由行政管理事项发生地的行政机关管辖,但是有下列情形之一的除外:

(一)涉及公民身份事务的,由其住所地行政机关管辖;住所地与经常居住地不一致的,由经常居住地行政机关管辖;住所地与经常居住地都不明确的,由最后居住地行政机关管辖;

(二)涉及法人和其他组织主体资格事务的,由其主要营业地或者主要办事机构所在地行政机关管辖;

(三)涉及不动产的,由不动产所在地行政机关管辖。

第二十一条 行政机关受理公民、法人和其他组织的申请或者依职权启动行政程序后,认为不属于自己管辖的,应当移送有管辖权的行政机关,并通知当事人;受移送的行政机关认为不属于自己管辖的,不得再行移送,应当报请共同上一级行政机关指定管辖。

公民、法人和其他组织在法定期限内提出申请,依照前款规定移送有管辖权的行政机关的,视为已在法定期限内提出申请。

第二十二条 两个以上行政机关对同一行政管理事项都有管辖权的,由先受理的行政机关管辖;发生管辖争议的,由共同上一级行政机关指定管辖。

第二十三条 行政机关工作人员执行公务时,与本人有利害关系或者其他关系可能影响公正执行公务的,应当自行申请回避;本人未申请回避的,行政机关应当责令回避;公民、法人和其他组织也可以提出回避申请。

第二十四条 行政机关工作人员的回避由该行政机关主要负责人决定。行政机关主要负责人的回避由本级人民政府或者上一级行政机关决定。

第三章 行政执法程序

第一节 一般规定

第二十五条 本规定所称行政执法,是指行政机关实施法律、法规、规章,针对特定的行政管理相对人作出的具体行政行为。

第二十六条 行政执法人员依法行使行政执法权,受法律保护。任何单位和个人不得拒绝、阻碍行政执法人员依法执行公务。

第二十七条 县级以上人民政府应当依法确认本级行政区域内行政机

关的行政执法主体资格，并向社会公告。

行政执法人员应当按照规定参加培训，经考试合格，并取得行政执法证件，持证上岗。法律、法规、规章对行政执法人员的证件使用有专门规定的，从其规定。

国家实行垂直管理的行政机关的行政执法人员使用国家统一规定的行政执法证件的，由该行政机关报自治区人民政府法制工作机构备案。

第二十八条 与人民群众日常生产、生活直接相关的行政执法活动，一般由设区的市、县（市、区）人民政府具有行政执法权的行政机关实施。

第二十九条 根据国务院的授权，自治区人民政府可以决定一个行政机关行使有关行政机关的行政处罚权。依法设立的集中行使行政处罚权的行政机关，是本级人民政府的行政执法部门，具有行政执法主体资格。

经国务院批准，自治区人民政府根据精简、统一、效能的原则，可以决定一个行政机关行使有关行政机关的行政许可权。

第三十条 县级以上人民政府根据行政管理的需要，可以组织相关行政机关联合执法。

联合执法中的行政执法决定，由参加联合执法的行政机关在各自的职权范围内依法分别作出，并承担相应的法律责任。

第三十一条 行政执法事项需要行政机关内设的多个机构办理的，该行政机关应当确定一个机构统一受理。

对涉及两个以上政府工作部门共同办理的事项，县级以上人民政府可以确定一个部门统一受理申请，将相关事项抄告相关部门，实行并联办理。

第三十二条 行政执法不得滥用行政裁量权。法律、法规、规章规定行政裁量权的，行政机关应当对行政裁量权的标准、条件、种类、幅度、方式、时限予以合理细化、量化。

细化、量化行政裁量权，应当考虑下列情形：

（一）所依据的法律、法规、规章规定的立法目的、法律原则；

（二）经济、社会、文化等客观情况的地域差异；

（三）行政管理事项的事实、性质、情节以及社会影响；

（四）可能影响行政裁量权合理性的其他情形。

第三十三条 行政机关在行政执法活动中，对涉嫌犯罪的案件，应当依法移送司法机关处理。

第二节 程序启动

第三十四条 行政执法程序由行政机关依职权启动，或者依公民、法人和其他组织的申请启动。

第三十五条 行政机关依职权启动行政执法程序,应当由本行政机关负责人批准。

公民、法人和其他组织认为自己的申请事项符合法定条件的,可以申请行政机关启动行政执法程序。

第三十六条 公民、法人和其他组织申请启动行政执法程序应当采取书面形式。

申请人没有必要以书面形式、书写确有困难或者紧急情况的,可以口头申请,行政机关应当如实登记后启动行政执法程序。

第三十七条 行政机关不得不履行或者拖延履行法定职责。

行政机关在法定期限或者承诺期限内,非因法定理由或者其他正当理由未启动行政执法程序的,属于不履行法定职责。

行政机关在法定期限或者承诺期限内,非因法定理由或者其他正当理由,虽然启动行政执法程序但是未及时作出行政执法决定的,属于拖延履行法定职责。

第三节 调查取证

第三十八条 行政机关应当依照法定程序,采取合法手段,客观、全面、公正地调查事实、收集证据。

行政机关调查取证时,行政执法人员不得少于二人。

第三十九条 因调查事实、收集证据确需勘验现场的,行政机关应当通知当事人或者其代理人到场;当事人或者其代理人拒绝到场的,应当在调查笔录中载明。

第四十条 行政执法人员应当向当事人或者有关人员主动出示行政执法证件,说明调查事项和依据;不出示行政执法证件的,当事人或者有关人员有权拒绝接受调查和提供证据。

第四十一条 公民、法人和其他组织应当配合行政机关调查,提供与调查有关的真实材料和信息。知晓有关情况的其他公民、法人和其他组织应当协助行政机关调查。

第四十二条 行政执法证据包括:

(一)书证;

(二)物证;

(三)视听资料;

(四)电子数据;

（五）证人证言；

（六）当事人的陈述；

（七）鉴定意见；

（八）勘验、辨认、搜查、扣押、现场检查等笔录。

第四十三条 下列证据材料不得作为行政执法决定的证据：

（一）违反法定程序收集的；

（二）以利诱、欺诈、胁迫、暴力及其他非法手段取得的；

（三）没有其他证据印证，且相关人员不予认可的证据的复制件或者复制品；

（四）不能正确表达意思的证人提供的证言；

（五）在境外形成的未办理法定证明手续的；

（六）不具备合法性和真实性的其他证据材料。

第四十四条 行政机关及其执法人员不得因当事人提出异议或者申辩而加重处理。

对于当事人的陈述和申辩，行政机关应当予以记录并归入案卷。

对当事人提出的事实和证据，行政机关应当进行审查，采纳其合理意见；不予采纳的，应当说明理由。

第四节 决 定

第四十五条 行政执法决定由行政机关主要负责人或者分管负责人作出；情节复杂或者重大的行政执法决定，应当由行政机关负责人集体讨论决定。

第四十六条 行政执法决定应当以书面形式作出。行政执法决定应当载明下列事项：

（一）当事人基本情况；

（二）事实和证据；

（三）适用依据；

（四）决定内容；

（五）履行方式和时间；

（六）救济途径和期限；

（七）行政机关印章和决定日期；

（八）应当载明的其他事项。

第四十七条 行政执法决定应当说明证据采信理由、依据选择理由和行政裁量理由；未说明理由或者说明理由不充分的，当事人有权要求行政机关予以说明。

第四十八条 有下列情形之一的，行政执法决定可以不说明理由：

（一）行政执法决定有利于当事人的，但是第三人提出异议的情形除外；

（二）情况紧急，行政机关无法说明理由的；

（三）涉及国家秘密、商业秘密、个人隐私的；

（四）法律、法规规定可以不说明理由的其他情形。

有前款第二项情形，当事人自行政执法决定送达之日起三十日内要求行政机关书面说明理由的，行政机关应当书面说明。

第四十九条 行政机关依职权启动行政执法程序的，对事实清楚、当场可以查实且有法定依据的事项，可以依法适用简易程序，当场告知当事人行政执法决定的事实、理由和依据，听取当事人的陈述与申辩，当场作出行政执法决定。

第五十条 公民、法人和其他组织依法申请启动行政执法程序的，行政机关对申请材料齐全、符合法定形式，且依法不需要对申请材料的实质内容进行核实的事项，应当当场作出行政执法决定。

第五十一条 行政执法决定自送达之日起生效。

行政执法决定附条件或者附期限的，应当载明生效的条件或者期限。

第五十二条 行政机关应当建立行政执法案卷，对公民、法人和其他组织的监督检查记录、证据材料、执法文书等立卷归档。

第五节 期限、期间和送达

第五十三条 本规定所称期限，包括法定期限、行政机关承诺期限和其他期限。

期间以时、日、月、年计算。期间开始的时和日，不计算在期间内。

期间届满的最后一日是节假日的，以节假日后的第一日为期间届满的日期（限制人身自由的除外）。

期间不包括在途时间。行政执法文书在期满前交邮的，不算过期。

第五十四条 法律、法规、规章对行政执法程序有明确期限规定的，行政机关必须在法定期限内办结。

法律、法规、规章对行政执法程序没有规定办理期限的，实行限时办结制度。

行政执法程序由行政机关依职权启动的，行政机关应当自程序启动之日起六十日内办结；六十日内不能办结的，经本行政机关负责人批准，可以延长三十日，并将延长期限的理由告知当事人。

行政执法程序依公民、法人和其他组织的申请启动，涉及一个行政机关的，行政机关应当自受理申请之日起二十日内办结；二十日内不能办结的，经本行政机关负责人批准，可以延长十日，并将延长期限的理由告知申请人。涉及两个以上行政机关的，行政机关应当自受理申请之日起四十五日内办结；四十五日内不能办结的，经本级人民政府负责人批准，可以延长十五日，并将延长期限的理由告知申请人。依法应当先经下级行政机关审查或者经上级行政机关批准的事项，负责审查或者批准的行政机关应当自受理之日起二十日内审查或者批准完毕。

行政机关对行政执法程序的办理期限作出明确承诺的，应当在承诺期限内办结。

第五十五条 行政机关作出行政执法决定，依法需要听证、招标、拍卖、检验、检测、检疫、勘验、鉴定、专家评审和公示的，所需时间不计算在规定的期限内。行政机关应当将所需时间书面告知当事人。

第五十六条 当事人因不可抗拒的事由或者其他正当理由耽误期限的，在障碍消除后的十日内，可以申请顺延期限，是否准许，由行政机关决定。

第五十七条 送达行政执法文书应当有送达回证，由受送达人在送达回证上记明收到日期，签名或者盖章。受送达人在送达回证上的签收日期为送达日期。

第五十八条 行政机关应当按照下列先后顺序选择送达方式送达行政执法文书：

（一）直接送达；

（二）留置送达；

（三）委托送达与邮寄送达；

（四）公告送达。

第五十九条 送达行政执法文书，应当直接送交受送达人。受送达人是公民的，本人不在时，应当交其同住成年家属签收；受送达人是法人或者其他组织的，应当由法人的法定代表人、其他组织的主要负责人或者该法人、组织负责收件的人签收；受送达人有代理人的，可以送交其代理人签收；受送达人已向行政机关指定代收人的，送交代收人签收。

第六十条 受送达人的同住成年家属，法人或者其他组织负责收件的人、代理人或者代收人在送达回证上签收的日期为送达日期。

受送达人或者其同住成年家属拒绝接收行政执法文书的，送达人可以邀请有关基层组织或者所在单位的代表到场，说明情况，在送达回证上记明拒收事由和日期，由送达人、见证人签名或者盖章，把行政执法文书留在受送达人的住所；也可以把行政执法文书留在受送达人的住所，并采用拍照、录像等方式记录送达过程，即视为送达。

经受送达人同意，行政机关可以采用传真、电子邮件等能够确认其收悉的方式送达行政执法文书，但裁决书、协议书、调解书除外。

采用前款方式送达的，以传真、电子邮件等到达受送达人特定系统的日期为送达日期。

第六十一条 直接送达行政执法文书有困难的，可以委托其他行政机关代为送达，或者邮寄送达。邮寄送达的，以回执上注明的收件日期为送达日期。

受送达人是军人的，通过其所在部队团以上单位的政治机关转交。

受送达人被监禁的，通过其所在监所转交。

受送达人被采取强制性教育措施的，通过其所在强制性教育机构转交。

代为转交的机关、单位收到行政执法文书后，应当立即交受送达人签收，以在送达回证上的签收日期，为送达日期。

第六十二条 受送达人下落不明，或者用本节规定的其他方式无法送达的，应当公告送达。自发出公告之日起，经过六十日，即视为送达。

公告送达，应当在案卷中记明原因和经过。

第四章 特别行为程序

第一节 行政合同

第六十三条 本规定所称行政合同，是指行政机关为了实现行政管理目的，与公民、法人或者其他组织之间，经双方意思表示一致所达成的协议。

第六十四条 订立行政合同一般采用招标、拍卖等方式，并以书面形式签订，但法律、法规、规章对订立行政合同另有规定的，从其规定。

第六十五条 行政合同依照法律、法规规定须经其他行政机关批准或者会同办理的，经过其他行政机关批准或者会同办理后，行政合同才能生效。

第六十六条 行政机关有权对行政合同的履行进行指导和监督，但是不得对当事人履行合同造成妨碍。

第六十七条 行政合同受法律保护，行政机关不得擅自变更或者解除。

第二节 行政指导

第六十八条 本规定所称行政指导，是指行政机关为实现特定的行政目的，在其法定的职权范围内或者依据法律、法规、规章和政策，以指导、劝告、提醒、建议等非强制性方式，引导公民、法人和其他组织作出或者不作出某种行为的活动。

第六十九条 行政指导主要用于需要从技术、政策、安全、信息等方面帮助当事人增进其合法利益等需要行政机关实施行政指导的情形。

第七十条 当事人有权自主决定是否接受、听从、配合行政指导。行政机关在实施行政指导的过程中，不得采取或者变相采取强制措施迫使当事人接受行政指导，并不得因当事人拒绝接受、听从、配合行政指导而对其采取不利措施。

第七十一条 行政指导采取以下方式实施：

（一）制定和发布指导性的政策；

（二）提供技术指导和帮助；

（三）发布信息；

（四）示范、引导、提醒；

（五）建议、劝告、说服；

（六）其他指导方式。

第七十二条 实施行政指导可以采取书面、口头或者其他合理形式。当事人要求采取书面形式的，行政机关应当采取书面形式。

第七十三条 行政机关可以主动实施行政指导，也可以依当事人申请实施行政指导。

第七十四条 行政指导的目的、内容、理由、依据、实施者以及背景资料等事项，应当对当事人或者公众公开。

第七十五条 实施行政指导涉及专业性、技术性问题的，应当经过专家论证，专家论证意见应当记录在案。

第七十六条 行政机关实施重大行政指导，应当采取公布草案、听证会、座谈会、开放式听取意见等方式，广泛听取公民、法人或者其他组织的意见。

第七十七条 行政机关实施行政指导，应当告知当事人有自由选择的权利，当事人有权陈述意见。

行政机关应当认真听取、采纳当事人合理、可行的意见。

第三节 行政裁决

第七十八条 本规定所称行政裁决，是指行政机关根据法律、法规的授权，处理公民、法人或者其他组织相互之间发生的与其行政职权密切相关的民事纠纷的活动。

第七十九条 公民、法人或者其他组织申请行政裁决，可以书面申请，也可以口头申请；口头申请的，行政机关应当当场记录申请人的基本情况、行政裁决请求、申请行政裁决的主要事实、理由和时间。

第八十条 行政机关收到公民、法人或者其他组织申请后，应当在五日内审查完毕，并根据下列情况分别作出处理：

（一）申请事项属于本机关管辖范围内的，应当受理，受理后五日内，应当将申请书副本或者申请笔录复印件发送给被申请人；

（二）申请事项不属于本机关管辖范围内的，应当告知申请人向有关行政机关提出；

（三）申请事项依法不能适用行政裁决程序解决的，不予受理，并告知申请人不予受理的理由。

第八十一条 被申请人应当自收到申请书副本或者申请笔录复印件之日起十日内，向行政机关提交书面答复及相关证据材料。

行政机关应当在收到被申请人提交的书面答复之日起五日内，将书面答复副本发送申请人。

第八十二条 行政机关审理行政裁决案件，一般由二人以上参加。

双方当事人对主要事实有争议的，行政机关应当公开审理，充分听取双方当事人的意见。双方当事人对主要事实没有争议的，行政机关可以采取书面审查的方式进行审理。

行政机关认为必要时，可以实地调查核实证据；对重大、复杂的案件，申请人提出要求或者行政机关认为必要时，可以采取听证的方式审理。

第八十三条 经当事人申请，行政机关应当先行调解，调解不成的，依法作出裁决。行政机关作出裁决后应当制作行政裁决书。行政裁决书应当载明：

（一）当事人的基本情况；

（二）争议的事实；

（三）认定的事实；

（四）适用的法律规范；

（五）裁决内容及理由；

（六）救济的途径和期限；

（七）行政机关印章和日期；

（八）其他应当载明的事项。

第八十四条 行政机关应当自受理申请之日起六十日内作出裁决；情况

复杂的，经本行政机关主要负责人批准，可以延长三十日作出裁决，并应当将延长期限告知申请人。

第四节 行政给付

第八十五条 本规定所称行政给付，是指行政机关根据公民、法人和其他组织的申请，依照有关法律、法规、规章或者规范性文件的规定，发放抚恤金、社会保险金、最低生活保障金和其他福利等赋予物质权益或者与物质有关的权益的行为。

第八十六条 行政给付应当遵循有利于保护群众利益、促进社会公正、维护社会稳定的原则。

第八十七条 行政给付应当根据法律、法规、规章或者规范性文件规定的范围、对象、等级、标准和期限实施。

第八十八条 实施行政给付应当建立账册登记制度，由公民、法人和其他组织在账册上签字或者盖章。

行政给付的账册应当定期交付审计，审计结果应当依法向社会公布。

第八十九条 行政机关变更行政给付范围、对象、等级、标准、期限或者废止相应项目的，应当提前三十日告知公民、法人和其他组织。

第九十条 公民、法人和其他组织以欺骗、贿赂等不正当手段取得行政给付的，行政机关应当撤销，并予以追回。

第五节 行政调解

第九十一条 本规定所称行政调解，是指行政机关为化解社会矛盾、维护社会稳定，依照法律、法规、规章和有关规定的职权，通过说服教育和疏导，促使争议双方互谅互让，化解矛盾纠纷的活动。

第九十二条 行政机关应当对下列争议和纠纷进行行政调解：

（一）行政机关在行使职权过程中与公民、法人或者其他组织之间因行政管理产生的行政争议和纠纷；

（二）公民、法人或者其他组织之间产生的与行政机关职能有直接或者间接关联的行政争议和纠纷；

（三）民事纠纷发生后，因行政机关的介入引发的行政争议和纠纷。

第九十三条 行政机关进行行政调解应当遵循自愿、合法、平等、积极主动的原则。

第九十四条 行政机关接到当事人要求调解的申请后，经审查认为符合受理条件的，应当及时受理；不予受理的，应当向当事人说明理由。

调解应当制作笔录，并在三十日内调解完毕。

第九十五条 行政机关调解人员应当在查明事实、分清是非的基础上，根据纠纷双方特点和纠纷性质、难易程度、发展变化的情况，运用宣传政策法规、说服教育、协调疏导等方式方法，引导、帮助当事人自行和解或者达成调解协议。

第九十六条 经调解达成和解协议或者调解协议的，应当制作和解协议书或者调解协议书。协议书一式三份，调解机关和当事人双方各执一份。

第九十七条 当事人应当积极履行和解协议或者调解协议。和解协议书或者行政调解书应当载明下列事项：

（一）纠纷事由；

（二）调解事项和事实；

（三）调解结果；

（四）申请人和被申请人签名或者盖章；

（五）调解机关印章和日期。

第五章 监督及责任追究程序

第九十八条 行政机关应当加强层级监督，健全完善层级监督制度，创新层级监督机制和方式。

监察、审计等专门监督机关应当切实履行法定职责，依法加强专门监督。各级行政机关应当接受监察、审计等专门监督机关的监督。

第九十九条 行政机关应当接受同级人民代表大会及其常委会的监督，接受人民政协的民主监督，依照有关法律的规定接受司法机关的监督，接受新闻舆论和人民群众的监督。

第一百条 县级以上人民政府应当加强政府绩效管理，逐步建立健全政府绩效管理体系，实行政府绩效评估，提高行政效能。

第一百零一条 县级以上人民政府应当加强对本规定实施情况的监督检查，及时纠正行政程序违法行为。

监督检查主要以下列方式进行：

（一）重大行政行为登记和备案；

（二）行政执法评议考核；

（三）行政执法案卷评查；

（四）受理、调查公众投诉、举报和媒体曝光的行政程序违法行为；

（五）查处行政程序违法行为；

（六）其他监督检查方式。

第一百零二条 县级以上人民政府法制工作机构应当建立行政机关依法行政档案，对本级人民政府各工作部门和下一级人民政府的行政程序违法行为应当予以登记，并将违法记录向社会公布。

第一百零三条 公民、法人或者其他组织认为行政机关的行政行为违反法定程序的，可以向其上级行政机关、本级人民政府监察机关、政府法制工作机构投诉、举报，要求调查和处理。

上级行政机关、监察机关、政府法制工作机构应当公布受理投诉、举报的承办机构和联系方式。

第一百零四条 行政机关违反本规定的，应当依职权或者依公民、法人和其他组织的申请自行纠正。行政机关在限期内不自行纠正的，由有监督权的机关根据违法行为的性质、程度等情况，依照职权分别作出如下处理：

（一）责令履行；

（二）确认无效；

（三）撤销；

（四）责令补正或者更正；

（五）确认违法。

第一百零五条 行政机关具有下列情形之一的，应当责令履行：

（一）不履行法定职责的；

（二）拖延履行法定职责的。

第一百零六条 具有下列情形之一的，行政执法行为无效：

（一）不具有法定行政执法主体资格的；

（二）没有法定依据的；

（三）法律、法规、规章规定的其他无效情形。

行政执法行为的内容被部分确认无效的，其他部分仍然有效，但是除去无效部分后行政行为不能成立的，应当全部无效。

无效的行政执法行为，自始不发生法律效力。

第一百零七条 具有下列情形之一的，行政执法行为应当撤销：

（一）证据不足的；

（二）适用依据错误的；

（三）违反法定程序的，但是可以补正的除外；

（四）超越法定职权的；

(五)滥用职权的;

(六)法律、法规、规章规定的其他应当撤销的情形。

行政执法行为的内容被部分撤销的,其他部分仍然有效,但是除去撤销部分后行政行为不能成立的,应当全部撤销。

行政执法行为被撤销后,其撤销效力追溯至行政执法行为作出之日;法律、法规和规章另有规定的,其撤销效力可以自撤销之日发生。

行政执法行为被撤销的,如果发现新的证据,行政机关可以依法重新作出行政执法行为。

第一百零八条 行政执法行为的撤销,不适用以下情形:

(一)撤销可能对公共利益造成重大损害的;

(二)法律、法规、规章规定的其他不予撤销的情形。

行政执法行为不予撤销的,行政机关应当自行采取补救措施或者由有权机关责令采取补救措施。

第一百零九条 具有下列情形之一的,行政执法行为应当予以补正或者更正:

(一)未说明理由且事后补充说明理由,当事人、利害关系人没有异议的;

(二)文字表述错误或者计算错误的;

(三)未载明决定作出日期的;

(四)程序上存在其他轻微瑕疵或者遗漏,未侵犯公民、法人或者其他组织合法权利的。

补正应当以书面决定的方式作出。

第一百一十条 行政执法行为具有下列情形之一的,应当确认违法:

(一)行政机关不履行职责,责令其履行法定职责已无实际意义的;

(二)行政执法行为违法,不具有可撤销内容的;

(三)行政执法行为违法,依法不予撤销的;

(四)其他应当确认违法的情形。

第一百一十一条 行政机关的具体行政行为违反法定程序,侵犯公民、法人或者其他组织合法权益的,公民、法人或者其他组织可以依法申请行政复议或者依法提起行政诉讼。

第一百一十二条 责任追究应当坚持实事求是、错责相当、教育与惩戒相结合的原则。

第一百一十三条 行政机关及其工作人员违反本规定,有下列情形之一的,依照国家和自治区有关规定追究责任:

(一)不具有行政执法主体资格实施行政执法行为的;

(二)违法进行行政委托的;

(三)超越或者滥用职权的;

(四)不履行或者拖延履行法定职责的;

(五)行政决定被撤销、被确认违法或者无效的;

(六)不按照行政裁量权基准进行裁量的;

(七)因行政程序违法导致行政赔偿的;

(八)不进行行政协助的;

(九)违反本规定的其他情形。

第一百一十四条 责任承担主体包括行政机关及其工作人员。

行政机关工作人员包括直接责任人员和直接负责的主管人员。直接责任人员是指行政行为的具体承办人;直接负责的主管人员是指行政行为的审核人和批准人。

前款所称审核人,包括行政机关内设机构负责人、行政机关分管负责人以及按照规定行使审核职权的其他审核人;批准人包括签发行政决定的行政机关负责人以及按照规定或者经授权行使批准职权的其他批准人。

第一百一十五条 责任追究采用下列方式:

(一)对行政机关的责任追究方式为:责令限期整改、通报批评、取消评比先进的资格等;

(二)对行政机关审核人和批准人的责任追究方式为:诫勉谈话、责令限期整改、责令作出书面检查、责令公开道歉、取消年度评比先进资格、通报批评、责令停职反省或者责令辞职、建议免职以及处分;

(三)对行政机关行政行为的具体承办人的责任追究方式为:责令作出书面检查、批评教育、取消年度评比先进资格、暂扣行政执法证件、离岗培训、调离工作岗位、取消行政执法资格以及处分等。

第一百一十六条 责任追究机关按照下列权限进行责任追究:

(一)对行政机关给予责任追究的,由本级人民政府决定;

(二)对行政机关审核人和批准人给予责任追究的,由任免机关或者本级人民政府监察机关依法决定;

(三)对行政行为的具体承办人给予责令作出书面检查、批评教育、取消年度评比先进资格、离岗培训、调离工作岗位处理的,由本行政机关决定;给予暂扣行政执法证件处理的,由本行政机关或者本级人民政府法制工作机构决定;取消行政执法资格的,由发证机关决定;

(四)对行政机关工作人员给予处分的,由任免机关或者监察机关按照管理权限和规定程序办理。

第一百一十七条 行政机关违反法定程序实施行政行为,侵犯公民、法人或者其他组织合法权益造成损害的,依法承担行政赔偿责任。

行政机关履行赔偿义务后,应当责令有故意或者重大过失的工作人员,承担部分或者全部赔偿费用。

第一百一十八条 行政机关工作人员违反法定程序,滥用职权、玩忽职守、徇私舞弊,侵害公民、法人或者其他组织的合法权益,依法给予处分;构成犯罪的,依法追究刑事责任。

第六章 附 则

第一百一十九条 行政许可、行政处罚、行政强制、行政听证等程序按照国家和自治区有关法律、法规和规章规定执行。

第一百二十条 本规定自2015年3月1日起施行。

宁夏回族自治区重大行政决策规则

(2015年1月10日宁夏回族自治区人民政府令第74号公布 自2015年3月1日起施行)

第一章 总 则

第一条 为了规范重大行政决策行为,健全重大行政决策机制,提高行政决策水平,制定本规则。

第二条 县级以上人民政府(以下称决策机关)作出重大行政决策,应当遵循本规则。

第三条 本规则所称重大行政决策包括下列事项:

(一)编制空间发展战略规划、国民经济和社会发展总体规划、年度计划,编制或者调整重要的区域规划和专项规划、土地利用、自然资源开发利用等各类总体规划；

（二）编制财政预算，安排重大财政资金；

（三）制定涉及经济体制改革、行政体制改革等方面的重大决策；

（四）制定公共服务、市场监管、社会管理、生态保护等方面的重大公共政策和措施；

（五）制定开发利用土地、矿藏、水流、森林、山岭、草原、荒地、滩涂等重要自然资源的重大措施；

（六）制定或者调整重要的行政事业性收费标准以及实行政府定价的重要公用事业、公益性服务价格；

（七）决定重大投资和建设项目；

（八）处置重大国有资产；

（九）决策机关认为需要决策的其他重大决策事项。

第四条 作出重大行政决策，应当坚持科学决策、民主决策和依法决策原则，遵循公众参与、专家论证、风险评估、合法性审查和集体讨论决定的决策程序。

第五条 决策机关应当将科学民主决策情况纳入政府目标考核、绩效考核评价体系，考核结果作为政府领导班子和领导干部综合考核评价的重要内容。

第二章 决策动议

第六条 对各方面提出的重大行政决策建议，是否启动决策程序依照下列规定办理：

（一）决策机关负责人提出决策建议的，由相关主管部门研究论证后，由决策机关主要负责人决定。

（二）人大代表、政协委员通过建议、提案等方式提出决策建议，有关主管部门经研究认为确有必要的，由决策机关主要负责人决定。

（三）决策机关所属工作部门或者下一级人民政府提出决策建议的，应当说明所要解决的主要问题、理由、法律和政策依据、解决问题的初步方案和可行性分析结果等，由决策机关主要负责人决定。

（四）公民、法人和其他组织提出决策建议，应当说明所要解决的主要问题、理由，有关主管部门经研究认为确有必要的，由决策机关主要负责人决定。

第七条 拟决策事项确定启动后,应当明确决策承办部门,负责重大行政决策事项的方案起草等具体工作;涉及两个以上主管部门职责的,应当明确牵头单位。

第八条 决策承办部门拟订决策方案,应当深入开展调查研究,全面准确掌握决策所需要的信息,按照重大行政决策事项涉及的范围,征求有关公民、国家机关、法人和其他组织的意见。

需要进行多方案比较或者各方面意见分歧较大的,决策承办部门应当根据不同意见拟订两个以上方案。

第三章 公众参与

第九条 决策承办部门应当采取公开征求意见、举行听证会、召开座谈会、书面征求意见、问卷调查等便于社会公众参与的方式广泛听取意见。

对涉及民生问题的重大行政决策事项,应当引入有关社会组织、专业机构等开展第三方公众意愿调查。

第十条 涉及社会公众切身利益的投资和建设项目等重大行政决策事项符合下列情形之一的,决策承办部门应当听取利害关系人的意见:

(一)征收房屋、土地涉及被征收人数量较多的;

(二)可能严重影响生态环境或者社会公众对环境风险有较大顾虑的;

(三)涉及利害关系人数量较多或者对社会公众切身利益影响较大的其他事项。

第十一条 对社会关注度高的决策事项,决策承办部门应当及时、准确发布重大行政决策事项有关信息,通过媒体对意见集中的有关问题进行解释说明。

第十二条 重大行政决策事项向社会公开征求意见的,决策承办部门应当通过媒体,以便于社会公众知晓或者理解的方式公布重大行政决策事项有关问题及说明等信息,并明确社会公众提出意见的方式和期限。

第十三条 除法律法规规章规定应当听证的外,重大行政决策事项涉及社会公众切身利益并且各方面意见有重大分歧的,也应当举行听证;较多利害关系人要求听证的,决策承办部门也应当举行听证。

听证参加人应当具有广泛性和代表性。与决策事项有利害关系的听证参加人不得少于听证参加人总数的一半。

第十四条 决策承办部门应当对社会公众、专家、专业机构提出的意见和建议，进行归纳整理、研究，对合理的意见和建议应当采纳；社会各方面意见有重大分歧的，决策承办部门应当进一步研究论证，必要时可以吸收有关人大代表、政协委员、基层组织、社会组织、专业机构等参与协商协调。

第四章 专家论证

第十五条 决策机关应当对专业性强的重大行政决策事项组织相关领域专家或者专业机构开展咨询论证，并为开展咨询论证提供全面准确的信息资料等必要支持。

专家、专业机构应当独立开展咨询论证工作，客观、公正、科学地提出论证意见，并对咨询论证意见负责。

第十六条 组织专家论证，可以采取论证会、书面咨询、委托咨询论证等方式。选择专家、专业机构应当注重专业性和权威性，兼顾代表性和均衡性。

对社会关注度高的事项，应当注重吸收第三方专家、专业机构参与论证评估。必要时，可以组织未参加前期论证工作的专家、专业机构对论证意见的可靠性、有效性等进行评审。

第十七条 决策承办部门应当以适当方式向社会公开专家信息和论证意见；对于专业性、技术性较强的问题，决策承办部门可以组织专家、专业机构向社会公众解释说明。

第十八条 决策机关应当聘请有关领域的专家、专业机构组成决策咨询论证专家库，建立健全专家库运行管理、诚信考核和退出机制。

第五章 风险评估

第十九条 决策承办部门应当组织对重大行政决策事项的主要风险源、风险点进行排查，对涉及社会公众切身利益的重大行政决策事项还应当进行信访评估。

经排查认为存在社会稳定、生态、经济等方面风险的，由决策机关指定相关主管部门组织进行风险评估。风险评估主要评估决策实施对社会稳定、生态环境、经济等方面可能造成的不利影响，以及决策方案的合理性、可行性和可控性等。

应当进行而未进行风险评估或者经评估不合格的重大行政决策事项，有关部门不得提交决策机关讨论。

第二十条 承担风险评估的部门可以通过舆情跟踪、抽样调查、重点走访、会商分析等方式，全面查找风险源、风险点，对决策可能引发的风险进行科学预测、综合研判，形成风险评估报告，提出风险防范措施和化解处置预案。

第二十一条 决策机关应当将风险评估结果作为决策重要依据。

经评估认为重大行政决策事项存在低风险的，可以作出决策。但是，应当采取有效的风险防范、化解措施后再执行。

经评估认为重大行政决策事项存在高风险的，决策机关应当调整方案、降低风险后再决策或者不决策。

第六章 合法性审查

第二十二条 决策机关应当建立内部重大行政决策合法性审查机制。

重大行政决策事项在提交决策机关讨论前，应当由决策机关法制机构对决策的权限、内容和程序进行合法性审查。

未经合法性审查或者经审查不合法的，不得提交决策机关讨论。

第二十三条 决策机关法制机构应当对重大行政决策出具合法性审查意见。

决策承办部门应当对合法性审查意见进行认真研究，根据合法性审查意见对决策方案作相应修改；认为不应采纳的，应当在提请决策机关讨论决定时专门说明理由。

第二十四条 决策机关应当建立以政府法制机构人员为主体、吸收专家和律师参加的法律顾问队伍，发挥其在制定重大行政决策中的作用。

第七章 集体讨论

第二十五条 重大行政决策应当经决策机关常务会议或者全体会议等会议集体讨论决定。

第二十六条 提请决策机关讨论重大行政决策，应当提交决策方案草案及说明；说明包括有关法律和政策依据、社会公众等各方面提出的主要意见、专家论证意见、合法性审查意见、风险评估结论等需要说明的情况。

第二十七条 决策机关讨论重大行政决策，会议组成人员应当充分发表意见；决策机关主要负责人一般应当按照多数会议组成人员的意见作出决定，拟作出的决定与多数人的意见不一致的，应当说明理由。

会议组成人员的意见、会议讨论情况和决定应当如实记录，对不同意见应当予以载明。

第二十八条 重大行政决策事项按照规定应当由上级行政机关批准或者同级人民代表大会常务委员会审议决定的，按照有关程序办理。

第二十九条 除依法应当保密的外，决策机关应当通过政府公报、政府网站以及媒体等便于公众知晓的方式向社会公布决策结果。

第八章 执行与后评估

第三十条 决策执行机关应当全面、及时、正确执行决策，保证执行进度和质量，向决策机关定期报告执行情况。

第三十一条 决策所依据的客观情况发生重大变化，或者决策执行中发生不可抗力等严重影响决策目标实现的，决策执行机关应当及时向决策机关报告。

公民、法人和其他组织认为重大行政决策及其实施存在问题的，可以向决策机关或者决策执行机关提出。

第三十二条 决策机关应当跟踪决策执行情况和实施效果。决策所依据的法律法规规章、政策以及其他客观情况发生重大变化，或者社会各方面对决策的实施提出较多意见的，应当适时组织后评估。

承担后评估具体工作的单位应当充分听取社会公众特别是利害关系人的意见。

对社会关注度高的重大行政决策事项，应当吸收人大代表、政协委员、基层组织、社会组织、专业机构等参与评估，并可以引入社会组织和专业机构开展第三方评估。

第三十三条 经后评估认为需要调整决策的，应当与有关政协组织、基层组织、社会组织和利害关系人充分协商。

需要调整决策的，应当经决策机关常务会议或者全体会议等会议集体讨论决定后，变更决策或者终止执行决策。

情况紧急的，决策机关主要负责人可以决定调整决策，但是必须记录在案，并于事后在决策机关常务会议或者全体会议等会议上说明。

第三十四条 因重大行政决策调整给公民、法人或者其他组织造成财产损失的，决策机关应当依法给予补偿。

第三十五条 决策机关应当建立重大行政决策归档制度。决策方案草案及说明、主要调研成果、决策机关集体讨论决定会议记录、决策结果、决策执行和后评估情况、决策调整情况等有关材料应当及时完整归档。

第九章 责任追究

第三十六条 建立重大行政决策终身责任追究制度及责任倒查机制。对决策严重失误或者依法应当及时作出决策但久拖不决造成重大损失、恶劣影响的，依法追究决策机关主要负责人、负有责任的其他领导人员和相关责任人员的法律责任。

第三十七条 决策承办部门和承担风险评估工作的部门玩忽职守，未认真履行相应职责，造成恶劣影响或者严重后果的，对负有责任的单位负责人、直接负责的主管人员和其他直接责任人员依法给予处分。

第三十八条 决策执行机关拒不执行、推诿执行、拖延执行或者执行偏离决策方案，导致决策不能全面、及时、正确实施的，由上一级行政机关责令改正，对负有责任的单位负责人、直接负责的主管人员和其他直接责任人员依法给予处分。

第三十九条 受委托的专家、专业机构、社会组织不客观公正提出论证意见，造成严重后果的，依法追究其相应法律责任，并将其行为纳入不良信用记录。

第十章 附 则

第四十条 县级以上人民政府工作部门和派出机构、乡（镇）人民政府作出重大行政决策，参照本规则的规定执行。

第四十一条 本规则自2015年3月1日起施行。

自治区人民政府关于废止和修改部分政府规章的决定

（2016年6月15日宁夏回族自治区人民政府令第83号公布　自公布之日起施行）

为了依法推进行政审批制度改革和政府职能转变，促进和保障政府管理由事前审批更多地转为事中事后监管，进一步激发市场活力、发展动力和社会创造力，根据《中华人民共和国立法法》等法律、法规和国务院及其部门有关决定的规定，自治区人民政府对现行有效的政府规章进行了清理。经过清理，现决定：

一、对4件政府规章予以废止。

二、对18件政府规章的部分条款予以修改。

本决定自公布之日起施行。

自治区人民政府决定废止的政府规章

一、关于发布《宁夏回族自治区船舶港务管理费征收和使用暂行办法》的通知（1988年8月18日宁政发〔1988〕91号公布）。

二、关于修改《宁夏回族自治区船舶港务管理费征收和使用暂行办法》的通知（1993年12月1日宁政发〔1993〕120号公布）。

三、关于发布《宁夏回族自治区退伍义务兵安置实施细则》的通知（1989年7月10日宁政发〔1989〕83号公布）。

四、宁夏回族自治区建设项目安全设施监督管理办法（2011年10月13日宁夏回族自治区人民政府令第35号公布）。

自治区人民政府决定修改的政府规章

一、将《宁夏回族自治区资源综合利用管理办法》第二十五条修改为："资源综合利用技术、工艺和产品，依法享受国家或者自治区有关税收优惠政策。"

将第三十五条修改为："违反本办法规定，采取弄虚作假等不正当手段，骗取优惠政策的，由税务、财政部门依照相关的法律、法规给予处罚。"

二、将《宁夏回族自治区防雷减灾管理办法》第十一条修改为："本自治区外具有防雷工程专业设计、施工资质的单位，在本自治区行政区域内从事防雷装置设计或施工的，应当接受当地气象主管机构的监督管理。"

三、将《宁夏回族自治区人工影响天气管理办法》第十三条第二项修改为："（二）人工影响天气作业人员经培训合格，并符合自治区气象主管机构规定的人数"。

将第十四条修改为："对作业组织实行资质认定制度。

"作业组织取得人工影响天气作业资质证后，方可从事人工影响天气作业。"

将第十五条第三项修改为："（三）作业人员简表、学历证书和培训合格证原件及复印件"。

删去第十七条、第十八条、第十九条。

将第二十条改为第十七条，修改为："人工影响天气作业组织资质证有效期为三年。

"取得人工影响天气作业资质的作业组织，应当在人工影响天气作业组织资质证有效期满三十日前，向自治区气象主管机构提出延续申请。自治区气象主管机构应当根据申请，在有效期满前，对符合条件，未发生过作业安全事故的，作出准予延续的决定；对不符合条件或发生过严重作业安全事故的，作出不予延续的决定，并说明理由。"

删去第三十二条第二款、第三十七条第四项。

将第三十九条改为第三十六条，修改为："违反本办法规定，作业组织使用未经培训合格的人工影响天气作业人员或者使用不合格、超过有效期或报废的人工影响天气作业设备从事人工影响天气作业的，由县以上气象主管机构按照管理权限责令改正，给予警告，情节严重的，取消作业组织资质。"

四、将《宁夏回族自治区取水许可和水资源费征收管理实施办法》第八条修改为:“新建、改建、扩建的建设项目需要取水的,建设单位还应当提交建设项目水资源论证报告书。论证报告书应当包括取水水源、用水合理性以及对生态与环境的影响等内容。”

五、删去《宁夏回族自治区实施〈中华人民共和国水文条例〉办法》第十七条第二款。

将第十八条修改为:“取用水单位应当按照水资源管理和节约用水的要求,定期实施水平衡测试工作。”

六、将《宁夏回族自治区建设项目环境保护管理办法》第二十二条第一项修改为:“(一)建设项目环境影响评价审批、审核手续完备,技术资料齐全”。

七、将《宁夏回族自治区招标投标管理办法》第九条第一款修改为:“从事工程建设等项目招标代理业务的招标代理机构,其资格由自治区建设等行政主管部门认定。”

八、将《宁夏回族自治区气象设施和气象探测环境保护办法》第十三条修改为:“新建、扩建、改建建设工程,应当避免危害气象探测环境。确实无法避免的,建设单位应当向设区的市级气象主管机构提出申请,提交下列有关材料:

“(一)工程总体规划图;

“(二)涉及无线电系统的,应当提供无线电设备的有关技术参数;

“(三)国务院气象主管机构和自治区气象主管机构规定应当提交的其他材料。

“设区的市级气象主管机构应当自受理申请之日起二十日内形成初步审核意见,连同申请人的全部申请材料报送自治区气象主管机构审批。未经自治区气象主管机构批准的,建设单位不得建设。”

九、将《宁夏回族自治区实施〈种畜禽管理条例〉办法》第二十三条修改为:“种畜禽生产经营实行许可证制度。从事种畜禽生产经营的单位和个人必须取得种畜禽生产经营许可证(以下简称许可证)。”

删去第二十五条第二款。

十、将《宁夏回族自治区道路旅客运输管理办法》第八条第一款第三项改为第一项,修改为:“(一)依法申领营业执照,办理税务登记和保险事宜”;第二项改为第三项,修改为:“(三)运管机构受理申请后,对申请进行审查,根据审批权限,应在二十日内作出审批决定,符合条件的,发给道路运输经营许可证,不符合条件的,给予书面答复”。

十一、删去《宁夏回族自治区农药管理办法》第三条第一款中的“及行署”和第二款中的“行署及”。

将第四条修改为：“农业或者化学工业行政管理部门行政执法人员应当依法取得行政执法证件。”

删去第十二条第二款。

十二、删去《宁夏回族自治区水路运输管理办法》第九条、第十一条。

将第二十二条改为第二十条，修改为：“违反本办法第七条、第十六条规定的，依照《中华人民共和国水路运输管理条例》的规定处罚。”

将第二十三条改为第二十一条，修改为：“违反本办法第十二条规定，未经批准，自行变更运输航线和船舶靠港（站、点）或随意设点渡运的，由县级以上交通行政主管部门或其委托的地方海事机构给予警告，并可处以二百元以上二千元以下的罚款。”

十三、《宁夏回族自治区机动车驾驶员培训管理办法》第五条增加一项，作为第一项：“（一）取得企业法人资格”。

删去第八条第二款。

十四、删去《宁夏回族自治区机动车维修管理办法》第十二条第二款。

将第十四条第一款修改为：“机动车维修经营者变更维修经营范围、作业场所的，应当提供相关材料经作出原许可决定的道路运输管理机构核准。”

十五、将《宁夏回族自治区地震安全性评价管理办法》第十六条修改为：“县级以上地震行政主管部门应当委托具有相应资质的地震安全性评价单位，对建设工程进行地震安全性评价。”

将第十七条第二款修改为：“地震安全性评价报告编制完成后，应当报送自治区地震行政主管部门审定。”

十六、删去《宁夏回族自治区水上交通事故调查处理暂行办法》第二十七条。

十七、删去《宁夏回族自治区超限运输车辆行驶公路管理规定》第五条中的“委托其”。

删去第十二条中的“护送”。

将第二十条中的“经自治区交通主管部门批准”修改为“经自治区人民政府批准”。

十八、将《宁夏回族自治区公路两侧建筑控制区管理办法》第三条中的“自公路边沟、坡脚护坡道、坡顶截水沟外缘起”修改为“自公路用地外缘起”。

将第十三条、第二十八条、第二十九条、第三十条、第三十一条、第三十二条、第三十三条、第三十四条中的“交通主管部门”修改为“公路管理机构”。

此外，对相关政府规章的条文顺序作相应调整。

自治区人民政府关于废止《宁夏回族自治区统计登记管理办法》《宁夏回族自治区场(厂)内专用机动车辆安全监察规定》的决定

（2016年12月23日宁夏回族自治区人民政府令第88号公布　自公布之日起施行）

自治区人民政府决定废止《宁夏回族自治区统计登记管理办法》(2001年5月3日自治区人民政府令第29号公布)、《宁夏回族自治区场(厂)内专用机动车辆安全监察规定》(2009年12月15日自治区人民政府令第17号公布)。

本决定自公布之日起施行。

宁夏回族自治区行政规范性文件制定和备案办法

（2016年12月23日宁夏回族自治区人民政府令第89号公布　自2017年2月1日起施行）

第一章　总　则

第一条　为了加强对行政规范性文件的监督管理，维护法制统一，促进依法行政，根据有关法律、法规的规定，结合自治区实际，制定本办法。

第二条 本自治区行政区域内行政规范性文件的制定和备案工作，适用本办法。

内部工作规范，人事任免决定，向上级行政机关的请示和报告，对具体事项的通报、通知、批复以及行政处理决定等，不适用本办法。

第三条 本办法所称行政规范性文件（以下简称规范性文件），是指行政机关或者法律、法规授权行使行政管理职能的组织（以下简称法定授权组织）依照法定权限和程序制定并公布，涉及公民、法人和其他组织权利义务，在一定范围内具有普遍约束力，能反复适用，除规章以外的各类文件。

第四条 规范性文件制定和备案，应当遵循维护社会主义法制统一和政令畅通，保护公民、法人和其他组织合法权益，依照法定权限和程序的原则。

规范性文件的制定，应当做到内容合法、合理、必要、可行，用语准确、简洁。

规范性文件的备案，应当做到有件必备、有错必纠。

第二章 规范性文件的制定

第五条 下列机关和组织可以制定规范性文件：

（一）各级人民政府；

（二）县级以上人民政府工作部门（包括政府组成部门、直属机构，以下简称部门）；

（三）县级以上人民政府依法设立的派出机关；

（四）法定授权组织。

临时机构、议事协调机构及其办事机构、部门派出机构和行政机关内设机构，不得制定规范性文件。

第六条 规范性文件可以使用规定、办法、通知、意见等名称。凡内容为实施法律、法规、规章的，其名称前一般冠以“实施”二字。

第七条 制定规范性文件应当符合下列要求：

（一）制定机关符合本办法第五条的规定；

（二）确有制定的必要，法律、法规、规章和上级机关规范性文件已有具体规定的，一般不应再制定规范性文件；

（三）内容不得超越本机关的法定职权范围，不得设定行政许可、行政处罚、行政强制和政府基金、行政事业性收费、集资等事项，不得减损公民、法人和其他组织合法权益或者增加其义务，不得与法律、法规、规章相抵触，不得与上级机关的规范性文件相违背；

（四）符合立法技术要求；

（五）法律、法规、规章规定的其他要求。

第八条 制定文件应当先由制定机关的法制机构或者负责法制工作的机构（以下简称法制机构）确定是否属于规范性文件。属于规范性文件的，依照法定程序办理并由制定机关办公厅（室）统一登记、统一编号、统一印发。

制定机关应当提高制定规范性文件的计划性。

第九条 政府规范性文件可以由有关部门负责起草，也可以由政府法制机构组织起草。规范性文件的内容涉及两个或者两个以上部门职责的，可以由部门联合起草。必要时可以邀请或者委托相关专家、研究机构起草。

其他制定机关的规范性文件参照前款规定组织起草。

第十条 起草规范性文件，应当对制定规范性文件的必要性和可行性进行研究，对规范性文件所要解决的问题、拟确立的措施进行调研论证，并听取相关机关、组织和行政管理相对人以及有关专家的意见。

起草规范性文件，可以采取座谈会、论证会、听证会、问卷调查、征集专家论证报告、向社会公布草案及说明等方式广泛听取意见。

规范性文件起草部门应当以适当方式回应公众意见，并公开公众意见采纳情况及理由。

规范性文件起草部门应当对规范性文件涉及的主要风险源、风险点进行排查，认为存在社会稳定、生态、经济等方面风险的，还应当按照国家和自治区有关规定组织进行风险评估和信访评估。

第十一条 提交规范性文件草案时，应当一并提交起草说明。起草说明应当包括：制定的必要性和可行性、拟确立措施的适当性、起草过程和主要依据等内容。

第十二条 制定机关的法制机构主要对下列事项进行合法性审查：

（一）是否符合有关法律、法规、规章的规定；

（二）是否超越制定机关的法定职权；

（三）是否符合法定起草程序。

每件规范性文件草案的合法性审查期限不得少于三个工作日，本办法第二十一条规定的情形除外。

规范性文件草案未经合法性审查的，不得提交会议审议，不得签署公布。

第十三条 相关部门或机构对规范性文件草案内容有不同意见的，制定机关的法制机构应当进行协调，达成一致意见；不能达成一致意见的，报请制定机关决定。

第十四条 制定机关的法制机构对规范性文件草案进行合法性审查，应当制作书面审查说明。审查说明应当包括：合法性审查的过程、内容和结论。

第十五条 制定规范性文件应当由制定机关有关会议审议决定；有关会议审议时，应当由法制机构作合法性审查说明。

县级以上人民政府制定规范性文件，应当经政府常务会议或者全体会议决定。部门和法定授权组织制定规范性文件，应当经厅（局、办）务会议或者委员会会议决定。其他制定机关制定规范性文件，参照上述规定的会议形式经集体讨论决定。

第十六条 规范性文件应当由制定机关的行政首长签署公布；部门联合制定的规范性文件，由部门首长共同签署公布，使用主办机关文号。

未经公布的规范性文件，不得作为行政管理依据。

第十七条 规范性文件签署公布后，应当及时在本机关门户网站上刊载，也可以在本行政区域内发行的有关报刊上刊载。尚未建立网站的，应当在县级以上人民政府门户网站上刊载。

第十八条 制定机关应当积极创造条件，为公众查阅本机关规范性文件提供方便。有条件的制定机关可以在门户网站设立规范性文件数据库，向社会公开。

制定机关应当及时对新公布的规范性文件进行宣传。

第十九条 规范性文件应当自公布之日起三十日后的确定日期施行，但因保障公共安全、重大公共利益的需要，或者公布后不立即施行将有碍规范性文件执行的除外。

第二十条 规范性文件规定的内容有完成时限要求的，应当明确规范性文件的终止时间。

第二十一条 因发生重大突发事件，为保障国家安全、公共安全和重大公共利益，执行上级机关的紧急命令和决定等情况，需要立即制定规范性文件的，经制定机关行政首长批准，可以简化本办法第十条和第十五条规定的程序。

第二十二条 规范性文件的解释权属于制定机关，由起草机构和法制机构协商提出解释意见草案，报请制定机关批准后公布施行。

第二十三条 制定机关应当定期对规范性文件进行评估，根据法律、法规、规章和上级机关规范性文件制定、修改、废止情况，及时进行清理，依法予以处理。

第三章　规范性文件的备案

第二十四条　规范性文件应当自公布之日起三十日内，按照下列规定报送备案机关备案：

（一）下级人民政府制定的规范性文件报送上一级人民政府备案；

（二）部门、法定授权组织、派出机关制定的规范性文件报送本级人民政府备案；实行垂直管理的部门制定的规范性文件报送上一级行政主管部门备案；部门联合制定的规范性文件由主办机关负责报送备案。

第二十五条　县级以上人民政府的法制机构具体负责规范性文件报送备案和备案审查工作。

部门法制机构具体负责规范性文件报送备案工作；实行垂直管理的部门的法制机构具体负责规范性文件报送备案工作，并对下级部门的规范性文件进行备案审查。

第二十六条　报送规范性文件备案，应当提交规范性文件备案报告、审查说明和正式文本。

报送备案的材料应当装订成册，一式五份，同时报送电子文本。

第二十七条　备案机关的法制机构对收到的文件进行形式审查，予以登记。不符合本办法第三条、第二十四条、第二十六条规定的，作退回处理或者要求补正，并说明理由。

第二十八条　备案机关的法制机构主要对下列事项进行备案审查：

（一）是否超越制定机关的权限；

（二）是否同有关法律、法规、规章相抵触，是否与上级机关的规范性文件相违背；

（三）是否设定行政许可、行政处罚、行政强制和政府基金、行政事业性收费、集资等事项；

（四）是否设定减损公民、法人和其他组织合法权益或者增加其义务的规范；

（五）是否就同一事项的规定与其他规范性文件相矛盾；

（六）是否符合规范性文件的制定程序和要求。

第二十九条　备案机关的法制机构在备案审查过程中，需要征求有关行政机关意见的，被征求意见的行政机关应当在规定的期限内回复；需要制定机关说明有关情况的,制定机关应当在规定的期限内予以说明。

备案机关的法制机构在备案审查中,可以通过网站等平台公开征求社会公众对规范性文件的意见。

第三十条 对备案审查中发现的问题,备案机关的法制机构应当按照下列规定处理:

(一)有本办法第二十八条第一项至四项情形的,应当建议制定机关在六十日内自行纠正;制定机关不自行纠正的,报备案机关决定予以改变或者撤销;

(二)有本办法第二十八条第五项情形的,应当及时予以协调,并通知制定机关修订;不能协调一致的,提出处理意见及理由,报备案机关决定;

(三)有本办法第二十八条第六项情形的,通知制定机关改进。

规范性文件有违法或者不当规定,继续执行可能造成严重后果的,在制定机关改正之前,备案机关可以作出停止执行或者部分停止执行该规范性文件的决定。

第三十一条 制定机关在接到纠正建议、改变或者撤销决定之日起六十日内,应当将处理结果报备案机关的法制机构。

第三十二条 国家机关、社会团体、企事业单位、公民认为规范性文件存在问题的,可以向制定机关或者备案机关提出书面审查建议。制定机关或者备案机关接到书面审查建议,应当进行审查;确有问题的,制定机关或者备案机关应当依法及时处理并以适当方式予以答复。

必要时,备案机关可以调审下级行政机关制定的规范性文件,对其中存在的问题按照本办法第三十条的规定处理。

第三十三条 备案审查规范性文件应当制作备案审查处理单,并按照有关规定立卷归档。

第三十四条 规范性文件制定机关应当于每年一月底前将上年度制定规范性文件的目录报送备案机关的法制机构。部门联合制定的规范性文件,由主办部门报送。

县级人民政府向备案机关法制机构报送规范性文件目录的同时,应当抄报自治区人民政府法制机构。

第三十五条 县级以上人民政府及其法制机构应当加强对规范性文件制定和备案工作的监督指导,定期通报并公开有关情况。

第四章 责任追究

第三十六条 违反本办法制定规范性文件,经纠正仍不改进的,由备案机关给予通报;情节严重的,由备案机关或者监察机关对负有主要责任的主管人员和其他责任人员依法给予处分。

第三十七条 不按照本办法规定报送备案材料的,由备案机关的法制机构通知制定机关限期报送;逾期仍不报送的,予以通报,责令限期改正,并由备案机关或者监察机关对负有主要责任的主管人员和其他责任人员依法给予处分。

对规范性文件存在的问题拒不纠正、拖延纠正的,由备案机关给予通报批评;情节严重的,由备案机关或者监察机关对负有主要责任的主管人员和其他责任人员依法给予处分。

第三十八条 备案机关的法制机构对收到的规范性文件不予审查或者对审查发现的问题不予纠正的,由备案机关或者其上级法制机构责令限期改正或者通报;情节严重的,由备案机关或者监察机关对负有主要责任的主管人员和其他责任人员依法给予处分。

第五章 附 则

第三十九条 本办法自2017年2月1日起施行。自治区人民政府2005年6月17日发布的《宁夏回族自治区规范性文件制定和备案规定》同时废止。

工交经贸

宁夏回族自治区人民代表大会常务委员会关于废止《宁夏回族自治区公路养路费征收管理条例》的决定

（2014年4月9日宁夏回族自治区第十一届人民代表大会常务委员会第九次会议通过）

宁夏回族自治区第十一届人民代表大会常务委员会第九次会议决定，废止《宁夏回族自治区公路养路费征收管理条例》。

本决定自公布之日起施行。

宁夏回族自治区人民代表大会常务委员会

2014年4月9日

宁夏回族自治区人民代表大会常务委员会关于修改《宁夏回族自治区盐业管理条例》的决定

（2015年3月31日宁夏回族自治区第十一届人民代表大会常务委员会第十六次会议通过　2015年3月31日宁夏回族自治区人民代表大会常务委员会公告第18号公布　自公布之日起施行）

宁夏回族自治区第十一届人民代表大会常务委员会第十六次会议决定，对《宁夏回族自治区盐业管理条例》予以修改：

一、将第八条第二款修改为:“食盐定点生产企业由自治区盐业行政主管部门审批。”

二、将第十五条第二款修改为:“跨省区运输食盐应当持有省、自治区人民政府盐业主管机构签发的食盐准运证;自治区内跨市、县运输食盐应当持有自治区盐业管理机构签发的食盐准运证。”

三、将第四十条中的“《中华人民共和国治安管理处罚条例》”修改为“《中华人民共和国治安管理处罚法》”。

本决定自公布之日起施行。

《宁夏回族自治区盐业管理条例》根据本决定作相应修改,重新公布。

宁夏回族自治区盐业管理条例

(1999年12月3日宁夏回族自治区第八届人民代表大会常务委员会第十次会议通过　根据2012年3月29日宁夏回族自治区第十届人民代表大会常务委员会第二十九次会议《关于修改十五件地方性法规的决定》第一次修正　根据2015年3月31日宁夏回族自治区第十一届人民代表大会常务委员会第十六次会议《关于修改〈宁夏回族自治区盐业管理条例〉的决定》第二次修正)

第一章　总　则

第一条　为了加强盐业管理,保护和合理开发盐资源,保证食盐专营,保护公民的身体健康,根据国务院《盐业管理条例》《食盐专营办法》等规定,结合自治区实际,制定本条例。

第二条　凡在本自治区行政区域内从事盐资源开发,盐产品生产、加工、运输、储存、购销、使用和盐业监督管理等活动,必须遵守本条例。

第三条　本条例所称盐产品包括食盐,生产纯碱、烧碱工业用盐和其他工业用盐。

食盐是指直接食用盐，制作食品、副食品用盐和畜牧、渔业用盐。

其他工业用盐包括制革、冶金、印染、制冰冷藏、医药、玻璃、陶瓷、炸药、机械加工、锅炉软水和清洗等工业用盐。

第四条 自治区人民政府确定的盐业行政主管部门主管全区盐业工作。自治区盐业管理机构负责自治区盐业市场的管理和稽查工作；市、县盐业管理分支机构负责本行政区内盐业市场的管理和稽查工作。

卫生、工商、公安、交通、地矿、质量技术监督、物价等有关部门应当按照各自职责，依法做好盐业监督管理和稽查工作。

第五条 自治区对食盐实行专营管理。

第六条 食盐加碘是消除碘缺乏危害的有效措施。在本自治区内生产、销售的食盐必须加碘。

县级以上人民政府应当将食盐加碘消除碘缺乏危害的工作纳入国民经济和社会发展计划，并组织实施。

第二章 生产管理

第七条 盐资源属于国家所有。

开发盐资源、开办制盐企业，必须经自治区盐业行政主管部门审查同意，报自治区人民政府批准。未经批准任何单位或个人不得开发盐资源、开办制盐企业。

第八条 食盐实行定点生产制度。非食盐定点生产企业不得生产食盐。

食盐定点生产企业由自治区盐业行政主管部门审批。

食盐生产、加工企业还应当取得卫生许可证。

第九条 食盐定点生产企业应当按照国家和自治区盐业行政主管部门下达的指令性计划组织生产和销售，不得在食盐指令性计划之外销售食盐。

第十条 在食盐生产中添加任何营养强化剂或药物，必须经自治区卫生行政主管部门和盐业行政主管部门批准。

第十一条 盐产品生产企业必须健全盐产品质量的检验和监督制度，加强盐产品的质量检测，不符合质量标准和卫生标准的，不得出厂销售。

用于加工碘盐的原料盐和碘酸钾必须符合国家卫生标准。

第十二条 食盐出厂必须予以包装。包装物上应当注明盐的种类、加碘量、重量、许可证编号、产品标准号、批号、生产日期、保管方法、制盐企业名称和地址等。

第三章 运销管理

第十三条 食盐的分配调拨实行指令性计划管理。

自治区盐业行政主管部门按照国家下达的食盐分配调拨计划，安排全区的食盐购销计划。

自治区盐业公司应当按照食盐指令性计划组织经营全区食盐统一调运批发业务；市、县盐业公司承担经营区域内的食盐调运批发业务。

第十四条 根据生产规模核定年用盐量500吨以上（含500吨）的生产纯碱、烧碱用盐或其他工业用盐企业，可与制盐企业签订购销合同，直接购进生产用盐，并将合同复印件报自治区盐业管理机构备案。

年用盐量500吨以下（不含500吨）的生产纯碱、烧碱用盐或其他工业用盐（简称小工业用盐），由所在地市、县盐业公司组织供应。

禁止工业用盐企业将两碱用盐和其他工业用盐非法转销或挪作他用。

第十五条 食盐运输实行准运证制度。

跨省区运输食盐应当持有省、自治区人民政府盐业主管机构签发的食盐准运证；自治区内跨市、县运输食盐应当持有自治区盐业管理机构签发的食盐准运证。

第十六条 途经我区运输两碱工业用盐和其他工业用盐应当持有用盐单位所在地盐业管理机构出具的运盐证明；自治区内跨市县运输两碱工业用盐和其他工业用盐，应当持有购销合同复印件或自治区盐业管理机构签发的运盐证明。

第十七条 承运人不得承运无准运证的食盐、无购销合同复印件的两碱工业用盐或无运盐证明的其他工业用盐。

第十八条 食盐的运输、储存应当做到防潮、防晒、安全和卫生，并设有明显标志，与工业盐、非碘盐分库或分垛存放。禁止将食盐与有毒有害的物质混放或同载运输。

第十九条 食盐批发实行批发许可证制度。

经营食盐批发业务的企业，应当向企业所在地市、县盐业管理分支机构提出申请，经自治区盐业管理机构审查批准颁发《食盐批发许可证》，并向卫生、工商行政管理部门申请领取《食品卫生许可证》和营业执照后，方可从事食盐批发业务。

交通不便的偏僻地区,市、县盐业管理分支机构应当指定食盐代批发点,经营食盐代批发业务。

未取得《食盐批发许可证》的,不得从事食盐批发业务。

第二十条 食盐批发企业应当具备下列条件:

(一)属于自治区内的国有企业或国有控股企业;

(二)有与其经营规模相适应的注册资金;

(三)有固定的办公及经营场所;

(四)有与其经营规模相适应的仓储设施;

(五)具备食盐质量检测的简易手段。

第二十一条 食盐零售实行零售许可证制度。

经营食盐零售的单位和个体工商户,必须持有所在地盐业管理分支机构核发的《食盐零售许可证》,并在经营场所予以明示。

未取得《食盐零售许可证》的,不得从事食盐零售业务。

第二十二条 食盐批发企业必须按照国家计划和规定渠道购进食盐,并在规定的销售区域内销售食盐。

食盐批发企业购进食盐时,应当索取加碘合格证明;并对购进的食盐进行检验,合格的方可批发销售。

食盐零售单位或个体工商户,应当从当地具有《食盐批发许可证》的企业或代批发点购进食盐。

第二十三条 市、县盐业公司应当将食盐分装成小包装,并加贴国家指定的碘盐防伪标志。小包装物上的种类、含碘量、重量、分装日期、产品标准号、保管方法、使用说明、分装单位名称等。

食盐小包装物由自治区盐业公司按照标准定点生产,自治区盐业管理机构监制。

任何单位和个人不得伪造、擅自制造、销售食盐小包装物或防伪标志。

第二十四条 食盐批发企业应当做好食盐储备工作,保持不低于年批发量四分之一库存,保障供应,不得脱销。

食盐零售单位或个体工商户应当保证小包装食盐的供应,做到不脱销。

第二十五条 禁止食盐零售单位和个体工商户销售非碘盐或未达到加碘量标准的食盐;对特殊人群或不宜添加碘盐的食品、副食品,确需非碘盐的,经卫生行政主管部门同意,由当地盐业公司定点定量供应非碘盐。

第二十六条 严禁将下列产品作为食盐销售:

(一)液体盐(含天然卤水);

（二）工业、农业用盐；
（三）土盐、硝盐，利用工业废渣、废液制作的盐；
（四）不符合食盐国家标准的盐产品；
（五）其他非食盐产品。

第四章　监督管理

第二十七条　盐业行政执法人员执行职务时，应当同时有二人以上在场，佩戴统一的执法标志，并向被检查单位或个人出示行政执法证件。

第二十八条　盐业行政执法人员依法查处盐业违法案件时，对涉及盐产品的生产、加工、批发、零售经营场所和运输工具可以进行检查，可以查阅、抄录和复制与盐业案件有关的文件、资料、票据，索取有关证明材料，被检查单位或个人应当提供真实情况，不得拒绝或阻挠。

第二十九条　制盐企业和经销盐的单位、个体工商户，必须执行国家有关盐业价格管理规定，接受物价部门的价格监督和管理，不得擅自调整盐价或价外加收其他费用。

第五章　法律责任

第三十条　违反本条例第七条规定，擅自开发盐资源、开办制盐企业的，由县级以上人民政府或有关行政主管部门依照有关法律、法规规定处理。

第三十一条　违反本条例第八条第一款规定，非食盐定点企业生产食盐的，由自治区盐业管理机构责令其停止生产，没收违法生产的食盐和违法所得，并处违法生产食盐价值三倍以下罚款。

第三十二条　违反本条例第九条规定，食盐定点生产企业不按照食盐指令性计划销售食盐的，由自治区盐业管理机构责令其停止销售，没收违法所得，并处违法销售食盐价值三倍以下的罚款。

第三十三条　违反本条例第十四条第二、三款规定，不按规定渠道购进小工业用盐或用盐单位将生产用盐转销、挪作他用的，由自治区盐业管理机构或市、县盐业管理分支机构没收违法购进的盐产品，并处违法购进或转销、挪作他用的盐产品价值一倍罚款。

第三十四条　违反本条例第十五条、第十六条、第十七条规定，无准运证运输食盐、无购销合同复印件运输两碱工业用盐或无运盐证明运输其他工业用盐的，由自治区盐业管理机构或市、县盐业管理分支机构没收违法运输的盐产品；对货主处以违法运输盐产品价值三倍以下罚款；对承运人处以违法所得3倍以下罚款。

第三十五条 有下列行为之一的，由自治区盐业管理机构或市、县盐业管理分支机构责令停止违法活动，没收违法经营的食盐或其他盐产品和违法所得，并处违法经营食盐或其他盐产品价值一倍以上三倍以下罚款；情节严重的，吊销食盐零售许可证：

（一）违反本条例第十九条第四款规定，无食盐批发许可证批发食盐的；

（二）违反本条例第二十一条第三款或第二十二条第一、三款规定，未取得食盐零售许可证销售食盐，或食盐批发、零售单位不按规定渠道、范围购进或销售食盐的；

（三）违反本条例第二十五条规定，销售不合格碘盐或擅自销售非碘盐的。

第三十六条 违反本条例第二十三条第三款规定，伪造、擅自制造、销售食盐小包装物或碘盐防伪标志的，由盐业管理机构（分支机构）或工商行政主管部门按照谁先立案谁查处的原则，依法没收伪造、擅自制造、销售的食盐小包装物、防伪标志及违法所得，并处伪造、擅自制造、销售的小包装物或防伪标志价值一倍以上三倍以下罚款。

第三十七条 违反本条例第二十四条规定，不能保障食盐供应，造成食盐脱销的，由自治区盐业管理机构或市、县盐业管理分支机构责令限期改正。对市、县批发企业逾期不改的，由自治区盐业管理机构处二千元以下罚款；情节严重的，吊销批发许可证或代批发许可证。

第三十八条 违反本条例第二十六条（一）、（二）、（三）、（五）项规定，将非食盐作为食盐销售的，由自治区盐业管理机构或市、县盐业管理分支机构责令停止销售，没收违法所得，并处违法所得二倍以上五倍以下罚款；构成犯罪的，依法追究其刑事责任。

第三十九条 违反本条例第二十六条（四）项规定，将不符合食盐标准的盐产品当作食盐销售的，由质量技术监督行政主管部门依照《中华人民共和国产品质量法》《中华人民共和国标准化法》的有关规定处罚。

第四十条 拒绝、阻碍盐业行政执法人员执行职务的，由公安机关依照《中华人民共和国治安管理处罚法》的规定予以处罚；构成犯罪的，依法追究刑事责任。

第四十一条 当事人对行政机关作出的行政处罚决定不服的，可以依法申请行政复议或提起行政诉讼。逾期不申请复议，不起诉，又不履行行政处罚决定的，由作出行政处罚决定的行政机关申请人民法院强制执行。

第四十二条 盐业行政管理工作人员滥用职权，玩忽职守，徇私舞弊，贪污受贿的，依法给予行政处分；造成经济损失的依法承担赔偿责任；构成犯罪的，依法追究刑事责任。

第六章 附 则

第四十三条 本条例自2000年3月1日起施行。

宁夏回族自治区公路路政管理条例

（1997年12月3日宁夏回族自治区第七届人民代表大会常务委员会第二十八次会议通过 根据2016年5月27日宁夏回族自治区第十一届人民代表大会常务委员会第二十四次会议《关于修改〈宁夏回族自治区公路路政管理条例〉等四件地方性法规的决定》修正）

第一章 总 则

第一条 为了加强公路路政管理，维护公路路产、路权，保障公路完好、安全、畅通，根据《中华人民共和国公路法》和有关法律、法规，结合自治区实际，制定本条例。

第二条 本条例适用于自治区行政区域内国道、省道、县道和乡道的路政管理。

第三条 公路按其在公路网中的地位分为国道、省道、县道和乡道，并按技术等级分为高速公路、一级公路、二级公路、三级公路、四级公路。

第四条　公路路政管理应当遵循管养一体，综合治理，预防为主，依法治路的原则。

第五条　各级人民政府应当加强对公路路政管理工作的领导，采取有力措施，扶持、促进公路建设，加强对公路的保护。

县级以上人民政府交通主管部门应当做好公路保护、管理工作，努力采用先进科学的管理方法和技术，提高公路的管理水平，完善服务设施，保障公路的完好、安全、畅通。

公安、土地、建设、工商等有关行政管理部门以及公路沿线的村民委员会应当在各自的职责范围内，协助、配合交通主管部门做好公路路政管理工作。

第六条　公路、公路用地和公路附属设施（以下统称公路路产）受法律保护，任何单位和个人不得侵占和破坏。

任何单位和个人都有爱护公路路产的义务，有权检举和控告破坏、损坏公路路产和影响公路安全的行为。

第七条　禁止任何单位和个人在公路上非法设卡、收费、罚款和拦截车辆。

第二章　监督管理

第八条　自治区人民政府交通主管部门主管全区公路工作。

市、县人民政府交通主管部门主管本辖区内的县道、乡道工作。

公路管理机构依照本条例的规定具体负责公路保护的监督管理工作。

乡（镇）人民政府负责本乡（镇）内乡道的建设和养护工作。

第九条　公路路政管理职责是：

（一）负责宣传、贯彻、执行有关公路的法律、法规和规章；

（二）负责管理和保护公路路产；

（三）实施公路路政巡查；

（四）制止和查处各种违法利用、侵占和破坏、损坏公路路产和其他违反本条例规定的行为；

（五）依法管理公路两侧建筑控制区；

（六）审理从地下、地面上穿（跨）越公路修建建筑物或者其他设施的事宜；

（七）审批特殊情况下利用、占用公路和超限车辆通过公路事宜，对其实施情况进行监督检查；

（八）维护公路和公路养护、施工作业现场的正常秩序；

（九）为查处违法行为，向有关单位和人员进行调查、取证，查阅有关文件、档案、资料和凭证；

（十）法律、法规规定的其他职责。

第十条 公路路政管理人员执行职务时，应当按照国家规定着装，佩戴标识，持证上岗；用于路政巡查的专用车辆须设置统一的标志和示警灯。

第三章 公路路产管理

第十一条 公路养护、改建所需砂、石、土料场、生产用地等，应当按照有关规定报请县级以上人民政府有关行政主管部门划定。公路养护、施工人员在划定的料场内取土、采石、挖沙，任何单位和个人不得阻挠或者非法收取费用。

因养护、改建公路采石、挖沙、取土时，不得影响附近的建筑物和水利、电力、通讯设施，影响或者破坏水土保持。

第十二条 在公路及公路用地范围内，禁止下列行为：

（一）挖沟、截水、取土、采石，利用公路、公路边沟进行灌溉或者排放污水（物），填埋、堵塞、损坏公路排水设施，利用桥涵、边沟筑坝蓄水，设置闸门；

（二）打场晒粮，堆放物料，倾倒垃圾、废料，放养牲畜，积肥，制坯，种植作物，燃烧物品；

（三）设置电杆、变压器及其他类似设施；

（四）摆摊设点，占道经营，乱停乱放车辆；

（五）其他违法利用、侵占以及危及公路安全畅通的行为。

第十三条 任何单位和个人不得擅自占用、挖掘公路。

因修铁路、机场、电站、通讯设施、水利工程和其他建设工程，确需占用、挖掘公路或者公路改线的，建设单位应当事先征得有关公路管理机构同意，并应当按照不低于该段公路原有的技术标准予以修复或者改建。

建设单位不能按照本条第二款的规定修复或者改建被占用、挖掘或改线的公路的，应当承担按照该段公路原有的技术标准修复或者改建公路的补偿费用。

第十四条 跨越、穿越公路修建桥梁、渡槽或者架设、埋设管线等设施的，以及在公路用地范围内架设、埋设管线、电缆等设施的，应当事先经公路管理机构批准，所修建、架设或者埋设的设施应当符合公路工作技术标准的要求。对公路造成损坏的,应当按照损坏程度予以补偿。

第十五条 在大中型公路桥梁和渡口周围二百米、公路隧道上方和洞口外一百米以及公路两侧十米范围内,不得挖沙、采石、取土、倾倒垃圾和其他废弃物,不得进行爆破作业及其他危害公路、桥梁、渡口安全的活动。

在前款范围内因抢险、防汛需要修筑堤坝、压缩或者拓宽河床的,应当经自治区人民政府交通主管部门会同水行政主管部门批准,并采取有效的保护公路安全的措施。

第十六条 在本条例第十五条规定的范围以外进行爆破、开山、采矿等项作业,可能危及公路安全的,应当事先征得交通主管部门同意,并采取安全防护措施后,方可进行作业。

第十七条 铁轮车、履带车和其他可能损害公路路面的机具,不得在公路上行驶;确需在公路上行驶的,必须经县级以上公路管理机构同意,并采取有效的防护措施;影响交通秩序和安全的,按照公安机关指定的时间、路线行驶;对公路造成损坏的,应当按照损坏程度予以补偿。

农业机械因当地田间作业,需要横穿公路的,必须采取保护公路的有效措施后,方可穿行。

第十八条 在公路上行驶的车辆的轴载质量应当符合公路工程技术标准要求。

第十九条 超过公路、公路桥梁、公路隧道或者汽车渡船的限载、限高、限宽、限长标准的车辆,不得在公路、公路桥梁上和公路隧道内行驶。确需行驶的,必须经县级以上公路管理机构批准,并按要求采取有效的防护措施;影响交通安全和交通秩序的,还应当经同级公安机关批准;运载不可解体的超限物品的,应当按照指定的时间、路线、时速行驶,并悬挂明显标志。

运输单位不能按照前款规定采取防护措施的,由公路管理机构帮助其采取防护措施,所需费用由运输单位承担。

第二十条 机动车制造厂、修理厂和其他单位不得将公路作为检验机动车制动性能的试车场地。

第二十一条 任何单位和个人不得损坏、擅自移动、涂改公路标志、标线、测桩、界碑、护栏等公路附属设施。

严禁在公路桥梁、隧道内铺设输送易燃、易爆和有毒物质的管道。

第二十二条 任何单位和个人未经公路管理机构批准,不得擅自在公路、公路用地上设置除公路标志以外的标牌、广告牌等其他标志。

在公路两侧建筑控制区范围内设置除公路标志以外的标牌的,必须符合交通安全要求，标牌与公路路肩边缘的间距保持在五米以上。

第二十三条　在公路上不得擅自增设平面交叉道口，确需增设平面交叉道口，须经公路管理机构批准，并按照国家规定的公路工程技术标准建设，占用或者损坏公路路产的，应当支付补偿费用。

第二十四条　运输车辆的运件不得拖地行驶。运输易遗漏、抛撒货物的车辆，应当采取有效的防护措施，不得污染、损坏公路。污染公路的，应当负责清除污染物或承担清理费用；损坏公路的，应当予以补偿。

第二十五条　造成公路损坏的，责任者应当及时报告公路管理机构，并接受公路管理机构的现场调查处理。因交通事故造成公路损坏的，公安机关应当及时通知当地公路管理机构查验路产损坏情况，并依法协助追索路产损坏补偿费。

第二十六条　禁止乱砍滥伐和损坏公路行道树、绿化花草；确需更新、间伐树木的，应当经公路管理机构同意后，依照《中华人民共和国森林法》的规定办理并完成更新、补种任务。

第二十七条　公路管理机构进行养护作业、养护工程施工时，应在施工现场两端设置明显的施工标志和安全标志。需堆放养护物料时，只能堆放在公路一侧，并不得超越路面宽度的三分之一；停放养护车辆、机械时必须紧靠路面边缘，并在车辆、机械前后设置明显的安全反光标志。

公路养护人员进行养护作业时，应当穿着统一的安全标志服；利用车辆进行养护作业时，应当在公路作业车辆上设置明显的作业标志。

公路养护车辆进行作业时，在不影响过往车辆通行的前提下，其行驶路线和方向不受公路标志、标线限制；过往车辆对公路养护车辆和人员应当注意避让。

第四章　公路两侧建筑控制区管理

第二十八条　本条例所称公路两侧建筑控制区是指公路用地外缘以外一定距离的区域，其距离的标准是：

（一）高速公路和一级公路不少于三十米；

（二）国道不少于二十米；

（三）省道不少于十五米；

（四）县道不少于十米；

（五）乡道不少于五米。

建筑控制区划定后，县级以上人民政府交通主管部门应当设置标桩、界桩。

第二十九条 除公路防护、养护需要的以外，禁止任何单位和个人在公路两侧建筑控制区范围内修建建筑物、地面构筑物或者其他工程设施。

第三十条 有关部门审批临近公路的建筑控制区以外的建设用地时，应当按照本条例的规定，注明建筑物与公路的控制距离，并通知公路管理机构；建筑单位开工时，审批部门和公路管理机构应当派员进行现场监督。

第三十一条 在公路沿线规划和新建村镇、开发区，应当在公路一侧建筑控制区以外的范围进行，与公路保持规定的距离，并避免在公路两侧对应进行，防止造成公路街道化。

第三十二条 新建、改建公路施工期间建筑控制区的管理，由承建方、公路管理机构与沿线市、县、乡人民政府共同负责。工程竣工后移交公路管理机构管理。

第三十三条 在公路两侧的建筑物与公路路肩边缘之间填土打地坪的，应当报公路管理机构批准，并负责重建公路排水设施，其地坪标高必须低于公路路肩三十厘米以上。对公路路产造成损失的，应当给予补偿。

第三十四条 公路两侧建筑控制区内已有的建筑物、地面构筑物或工程设施，按下列规定处理：

（一）未经审批修建的，应当在当地人民政府规定的期限内自行拆除；

（二）因历史原因存在于公路建筑控制区内的，当地人民政府和有关部门应当根据经济发展、公路建设以及交通安全畅通的需要，制定计划，分批迁出。迁出有困难的，暂时可以维持原状，但不得再行改建、扩建。

第三十五条 公路穿越城镇的路段，建筑控制区管理由交通主管部门和建设部门共同确定城市道路与公路的界线后，依照有关规定，按各自的职责负责控制公路两侧建筑物、构筑物和工程设施的建设。

第五章　法律责任

第三十六条 违反本条例第七条，擅自在公路上设卡、收费的，由交通主管部门责令停止违法行为，没收违法所得，可以处违法所得三倍以下的罚款，没有违法所得的，可以处二万元以下的罚款；对负有直接责任的主管人员和其他直接责任人员，依法给予行政处分。

第三十七条 有下列违法行为之一的，由公路管理机构责令停止违法行

为,可以处三万元以下的罚款:

(一)违反本条例第十三条第一款规定,擅自占用、挖掘公路的;

(二)违反本条例第十四条规定,未经同意或未按照公路工程技术标准的要求修建桥梁、渡槽或架设、埋设管线、电缆等设施的;

(三)违反本条例第十五条第一款规定,从事危及公路安全的作业的;

(四)违反本条例第十七条第一款规定,铁轮车、履带车和其他可能损害路面的机具擅自在公路上行驶的;

(五)违反本条例第十九条规定,车辆在公路上擅自超限行驶的;

(六)违反本条例第二十一条第一款规定,损坏、移动、涂改公路附属设施或者损坏、挪动建筑控制区的标桩、界桩,可能危及公路安全的。

第三十八条　违反本条例第十二条、第二十四条规定,造成公路路面损坏、污染或者影响公路畅通的,或者违反本条例第二十条规定,将公路作为试车场地的,由公路管理机构责令停止违法行为,可以处五千元以下的罚款。

第三十九条　违反本条例第二十二条规定,在公路用地范围内,设置公路标志以外的其他标志的,由公路管理机构责令限期拆除,可以处二万元以下的罚款;逾期不拆除的,由公路管理机构拆除,有关费用由设置者负担。

第四十条　违反本条例第二十三条规定,未经批准在公路上增设平面交叉道口的,由公路管理机构责令恢复原状,处五万元以下的罚款。

第四十一条　违反本条例第二十五条规定,造成公路损坏未报告的,由公路管理机构处一千元以下的罚款。

第四十二条　违反本条例第二十九条规定,在公路建筑控制区内修建建筑物、地面构筑物或者其他工程设施的,由公路管理机构责令限期拆除,并可以处五万元以下的罚款。逾期不拆除的,由公路管理机构拆除,有关费用由建筑者、构筑者承担。

第四十三条　违反本条例有关规定,对公路造成损害的,应当依法承担民事责任。

对公路路产造成较大损害的车辆,必须立即停车、保护现场,报告公路管理机构,接受调查、处理后,方得驶离。

对公路路产造成严重损坏,拒不接受公路管理机构现场调查处理的,公路管理机构可以依法扣留车辆、工具。

公路管理机构扣留车辆必须开具扣留凭证,当事人接受处理后,车辆必须放行。

第四十四条　拒绝、阻碍公路监督检查人员依法执行职务,未使用暴力、威胁方法的，或者阻碍公路抢修，致使公路抢修不能正常进行，尚未造成严重损失的，由公安机关依照治安管理处罚法的有关规定处罚。

第四十五条 违反本条例，构成犯罪的，由司法机关依法追究刑事责任。

第四十六条 当事人对行政处罚决定不服的，可以依法申请行政复议或者提起行政诉讼；逾期不申请行政复议，又不起诉，也不履行行政处罚决定的，由作出行政处罚决定的机关申请人民法院强制执行。

第四十七条 交通主管部门、公路管理机构的工作人员执行职务时，玩忽职守，徇私舞弊，滥用职权，尚未构成犯罪的，由其所在单位或者上级主管部门依法给予处分；构成犯罪的，由司法机关依法追究刑事责任。

第六章 附 则

第四十八条 公路路产补偿费收费项目和收费标准，由自治区财政、物价部门会同自治区交通行政管理部门制定。

第四十九条 本条例下列用语的含义是：

“公路”是指经交通主管部门验收认定的城间、城乡、乡间能行驶汽车的公共道路。公路包括公路的路基、路面、桥梁、涵洞、渡口、隧道。

“公路用地”是指公路两侧边沟、坡脚护道、坡顶截水沟外缘以外，川区不少于一点五米、山区不少于三米的土地。

“公路附属设施”是指为保护、养护公路和保障公路安全畅通所设置的公路防护、排水、养护、管理、服务、交通安全、渡运、监控、通信、收费等设施、设备以及专用建筑物、构筑物等。

第五十条 本条例自1998年1月1日起施行。

宁夏回族自治区旅游船舶安全管理办法

（1997年7月28日宁政发〔1997〕67号公布　根据2007年10月31日《宁夏回族自治区人民政府关于修改部分政府规章的决定》第一次修正　根据2014年5月27日《自治区人民政府关于废止和修改部分政府规章的决定》第二次修正）

第一章　总　则

第一条　为了加强旅游船舶的安全管理，保障游客的生命安全，促进水上旅游业的健康发展，根据国家有关规定，结合我区实际，制定本办法。

第二条　凡在本自治区行政区域内的黄河水域、湖泊、水库、城市风景园林区水域以船舶、排筏及设施经营旅游项目的单位和个人均应当遵守本办法。

第三条　自治区各级交通行政主管部门设置的海事管理机构是对旅游船舶、排筏安全实施统一监督管理的主管机关。

第四条　旅游船舶、排筏及设施的所有人或经营人应当按照国家和自治区人民政府的规定缴纳交通规费并依法纳税。

第二章　旅游船舶和船员

第五条　旅游船舶必须具备下列条件，方准航行：

（一）经船舶检验部门检验，持有合格的技术证书或者证明文件；

（二）经船舶登记部门登记，持有船舶登记证书和船舶国籍证书；

（三）配备必要的航行资料；

（四）配备持有合格职务证书的技术船员和其他人员；

（五）配备齐全有效的救生、消防设备和交通部门指定的其他设施。

第六条　汽油挂机旅游快艇的营运必须遵守以下规定：

（一）快艇准予在C级航区、水库、湖泊和城市风景园林水域内使用，不得在流速3.5米/秒以上的航段营运；

（二）快艇必须配备核定客位加一的符合标准有效的救生衣，并配备一只质量不小于2.0Kg的1121手提式灭火器和二只可浮于水面的划桨。

第七条 旅游船舶任职船员应符合下列条件：

（一）年龄在18周岁以上60周岁以下，具有初中以上文化程度，并经体检合格，其中高速船驾驶员年龄不得超过55周岁。

（二）技术船员必须经海事管理机构安全考核合格，其中在快速船上任职的还须取得"快速船专业训练合格"证书，并见习三个月后方可上船任职。

（三）在通航河流上航行的旅游船舶，其技术船员参加初级考试的资历除符合《内河船舶船员考试发证规则》的要求外，还应具有在旅游船舶上任舵工十二个月以上的资历。

（四）非旅游船舶上的技术船员，需要在旅游船舶上任职的，必须具备船员职务证书所载职务满一年时间和在旅游船舶上实习六个月的资历。

第八条 引进新型旅游船及水上、水下娱乐项目时，经营者应向海事管理机关提交该类船舶和设施的下列资料：

（一）船舶及设施技术资料。

（二）操作使用说明书。

（三）拟定的训练大纲和训练计划。

（四）安全保障措施的说明。

第三章　所有人和经营人

第九条 旅游船舶的所有人、经营人必须对其船舶、排筏及设施的安全负责，做到下列各项：

（一）建立安全管理制度，制定安全应变计划和防洪水、雷雨、大风、沙尘暴等安全措施。

（二）船员、筏工的配备必须符合国家有关规定，不得任用无合格职务证书或者合格证件的人员。

（三）加强对船员、筏工的技术培训和安全教育，不得强令所属人员违章操作。

（四）根据旅游船舶的技术性能、船员条件、限定航区（水域）和水文气象条件，合理调度船舶。

第四章 航行、停泊和避让

第十条 旅游船舶、排筏的航行、停泊和避让必须遵守国家法律、法规和海事管理制度。

第十一条 旅游船舶所采用的航速应当足以保障自身的安全和不危及其他船舶、排筏、设施的安全。在进出港口和船舶密集区及容易引起波浪的航段,应遵守当地海事管理机构有关航速限制的特别规定。

第十二条 旅游船舶航行时,值班船员必须坚守岗位,严格按照职责要求,做好安全航行。无关人员禁止进入驾驶台和机舱。

第十三条 旅游船舶航行时,应按《内河避碰规则》规定谨慎操作。快速船与快速船对驶相遇时,除与其他船舶存在避让关系外,应各自靠右行驶。

第十四条 旅游船舶需要夜航的,必须符合夜航的安全航行条件,并报经海事管理机关批准。

第十五条 海事管理机关可根据水域情况,为旅游船舶、排筏设分道通航制。旅游船舶、排筏必须在公告的专用航路上航行。

第十六条 旅游船舶、排筏停泊,不得妨碍其他船舶、排筏的正常航行和危及设施、堤防的安全,并应当按照规定配备值班人员。

旅游船舶、排筏不得停泊在桥、闸、坝、堤水口警戒区内。

第十七条 旅游船舶、排筏应按照核定的乘客定额载客。禁止对旅游船舶核定临时乘客定额,严禁超载。

第五章 安全保障

第十八条 各级船舶检验机构应当加强对旅游船舶、船用产品质量的监督管理。船舶修造、船用产品生产单位和个人应当对所修造的船舶、船用产品的质量负责;未经检验或者检验不合格的产品不得使用。

第十九条 在旅游区进行水上水下施工或者体育竞赛以及其他有碍交通安全的活动,应当事先报经海事管理机关批准,并由其发布航行通告或航行警告。

第二十条 有关部门进行泄洪、拉沙等作业影响旅游船舶、排筏安全的,应当事先告知海事管理、旅游部门,并协助其采取有效措施保证水上旅游安全。

第二十一条 旅游快艇航行时,乘客和驾驶员必须身着救生衣。严禁途中加油。

第二十二条 禁止将农用船、渔船、施工作业船、水库工作船、渡船、货船等用作旅游船。

第二十三条 旅游船舶、排筏及设施遇险,应采取措施自救和互救,并立即就近向海事管理机关报告。

第六章 罚 则

第二十四条 对违反本办法有下列行为之一的,由行政主管机关给予以下处罚:

(一)违反第五条第一项至三项规定的,视情节轻重,处以五千元至一万元罚款,必要时可以解除其船舶动力。

(二)违反第五条第四项、第五项规定的,视情节轻重,予以警告,并处一百元至五百元罚款。

(三)违反第六条规定的,予以警告并处以五百元至一千元罚款;

(四)违反第十一条、第十二条、第十三条、第十四条、第十五条、第十六条、第十七条规定的,对船长、有责任的船员或值班船员视情节轻重,分别给予警告,或扣留三个月以下的船员适任证书,或处以三百元至三千元的罚款。

(五)违反第二十一条规定的,对驾驶员予以警告,并处以十元至五十元罚款。

(六)违反第二十二条规定的,给予警告,可并处五百元至一千元的罚款。

第二十五条 海事管理行政执法人员执行公务应当有两人以上,并出示执法证件;罚没款必须使用自治区财政部门监制的票据;罚没收入上缴同级财政。

第二十六条 海事管理机关工作人员执行公务时,玩忽职守、滥用职权、以权谋私、徇私舞弊的,由所在单位或上级机关给予行政处分,构成犯罪的,由司法机关追究刑事责任。

第二十七条 当事人对行政处罚决定不服的,可以依法申请行政复议或者向人民法院起诉。当事人逾期不申请复议或起诉,又不执行处罚决定的,由作出处罚决定的机关申请人民法院强制执行。

第七章 附 则

第二十八条 本办法下列用语的含义是：

“设施”是指与旅游有关的水上、水下浮动或固定的码头、围栏、跳板、平台等。

“快速船”是指静水航速在三十五公里/小时以上的水翼船、气垫船、喷水船和滑行艇等。

第二十九条 本办法自颁布之日起施行。

宁夏回族自治区电信设施建设与保护办法

（2014年8月1日宁夏回族自治区人民政府令第67号公布 自2014年9月1日起施行）

第一章 总 则

第一条 为了规范电信设施规划和建设，加强电信设施保护，维护电信用户和电信业务经营者的合法权益，促进电信业健康发展，根据《中华人民共和国电信条例》等法律、法规的规定，结合自治区实际，制定本办法。

第二条 自治区行政区域内电信设施规划、建设与保护，适用本办法。

第三条 本办法所称电信设施，是指通信线路（光缆、电缆等）、槽道、通信管道、通信杆塔、通信分线箱（盒）、通信交接箱（间）、公用电话亭、公用移动基站、通信机房以及用于实现公用电信功能的通信交换设备、通信传输设备、通信计费、通信服务系统和通信电源等通信配套设备及其附属配套设施。

第四条 电信设施的规划、建设与保护应当遵循统筹规划、破除垄断、鼓励竞争、共建共享和资源合理利用的原则。

电信设施项目工程建设应当执行国家通信工程建设强制性标准。

第五条 县级以上人民政府应当加强对电信设施规划、建设与保护工作的组织领导，统筹协调解决电信设施规划、建设与保护工作中的重大问题。

第六条 自治区通信管理部门负责自治区行政区域内电信设施规划、建设与保护的组织协调和监督检查工作。

发展改革、经济和信息化、住房城乡建设、公安、物价、国土资源、交通运输、工商、电力等相关部门和单位，应当按照各自职责，做好电信设施规划、建设与保护相关工作。

乡（镇）人民政府、街道办事处、社区、村（居）民委员会应当协助做好电信设施规划、建设与保护工作。

电信业务经营者在电信设施规划、建设与保护工作中，应当积极与当地人民政府沟通协调，支持当地国民经济和社会发展。

第七条 任何组织和个人不得侵占、哄抢、破坏、盗窃电信设施，不得阻碍依法进行的电信设施建设和维护活动。

第二章 电信设施规划与建设

第八条 县级以上人民政府应当将电信设施的建设规划纳入本行政区域国民经济和社会发展规划以及城乡规划。

第九条 通信管理部门应当组织相关部门及电信业务经营者，根据全区通信行业发展规划编制设区的市通信管道、通信光（电）缆、通信基站、通信机房等电信设施建设规划。

电信设施建设规划应当符合当地土地利用总体规划和城乡规划的要求。

第十条 有关部门在编制城市新区、旧城改造、独立工矿区、开发区、村镇等规划以及在组织机场、车站、铁路等公共设施项目的可行性研究论证、建设方案审查时，应当征求通信管理部门的意见，并根据城乡规划和国家通信工程建设强制性标准，同步设计并预留通信管线及配套设施位置。

第十一条 项目建设单位对建设项目用地范围内的通信管道、配线管网、通信机房、通信基站等通信配套设施，应当做到与建设项目同步规划、同步设计、同步施工、同步验收，所需经费应当纳入建设项目概算。

第十二条 电信业务经营者在电信业务经营活动中，不得以限制电信用户选择其他电信业务经营者提供电信服务为目的，投资建设项目用地范围内的通信管道、配线管网等通信配套设施。

通信配套设施未经验收合格的，不得接入公用电信网。

第十三条 电信业务经营者可以在民用建筑物上附挂电信线路或者设

置小型天线、移动通信基站等公用电信设施，但是应当事先通知建筑物产权人或者使用人，并按照自治区人民政府规定的标准向该建筑物的产权人或者其他权利人支付使用费。

前款规定使用费的具体标准由自治区通信管理部门会同财政、物价部门制定，报自治区人民政府批准后实施。

第十四条 自治区通信管理部门应当根据电信设施建设规划，组织协调电信设施的共建共享。

电信业务经营者应当按照国家有关规定，实行通信管道、杆路、基站、室内分布系统等电信设施的统一建设或者联合建设；对已有的空余通信管道、杆路、基站、室内分布系统等设施，应当依照国家规定以出租、出售或者资源互换等方式与其他电信业务经营者实现资源共享。

第十五条 办公和商用楼宇、居民住宅小区等城镇民用建筑的开发者、所有者和管理者应当为电信业务经营者使用区域内的通信配套设施提供平等的接入和使用条件，保障用户自主选择电信业务经营者提供电信服务的权利。

第三章 电信设施保护

第十六条 电信业务经营者应当加强对电信设施的维护管理，落实安全保卫责任，完善应急措施，为开展保护电信设施工作提供必要保障。

电信业务经营者应当根据电信设施保护的需要在电信设施周围设置警示标志，根据需要设置围墙、栅栏等保护措施，定期对警示标志和保护设施进行维护。

警示标志和保护设施应当标明电信设施的所有权人、管理人和联系方式等。

第十七条 禁止下列危害或者损坏电信设施的行为：

（一）在危及电信设施安全范围内进行爆破、堆放易爆易燃品或者设置易爆易燃品仓库；

（二）损坏或者擅自移动光（电）缆、管道、电杆、拉线、天（馈）线、杆塔、中继站和微波站以及电信设施标识；

（三）在设有过江河光（电）缆的水域内抛锚、挖沙、炸鱼；

（四）向光（电）缆、电杆、电线、拉线、天（馈）线、杆塔、支架及其他附属设备射击、抛掷杂物；

（五）在埋有地下光（电）缆等管线上方和规定的侧向，架空线路下方进行钻探、堆放垃圾、倾倒腐蚀性物质；

（六）在地下光（电）缆两侧各一米范围内建屋搭棚，或者各三米范围内挖沙取土和修建厕所、粪池、牲畜圈、沼气池、砖（瓦）窑、坟墓等可能引起光（电）缆腐蚀和破坏的建筑；

（七）在市区内光（电）缆两侧各0.75米的范围内以及在市区外光（电）缆两侧各二米的范围内种植高大树木；

（八）私自在电信设施供电系统上搭接电线取电；

（九）其他危及电信设施安全的行为。

第十八条 任何单位或者个人不得擅自改动或者迁移电信设施。遇有特殊情况必须迁改的，应当征得该电信设施产权人的同意，在迁改过程中，双方应当采取措施尽量保证通信不中断。迁改费用、保证通信不中断所发生的费用和中断通信造成的损失，由提出迁改要求的单位或者个人承担和赔偿。

第十九条 从事工程建设活动可能危害电信设施的，应当采取必要的安全保护措施。因未采取必要的安全保护措施，造成电信设施损坏或者阻断通信的，应当承担资产损失和修复费用并赔偿因阻断通信造成的经济损失。

第二十条 任何单位和个人不得收购无合法来源证明的通信电缆等电信设施。

第二十一条 电信业务经营者及其他电信网络设施运行单位应当按照通信管理部门的规定和通信行业标准，开展电信网络设施安全防护工作，接受通信管理部门对电信网络设施安全防护工作依法实施的监督检查。

第二十二条 电信业务经营者需要进入放置电信设施的场所进行电信设施维护、管理和保护活动的，该场所的产权人或者管理者应当给予配合，提供便利，不得非法阻挠和干扰。

电信业务经营者在进行电信设施维护、管理和保护活动时，应当尽量避免对公民、法人或者其他组织的正常生产生活造成影响。

第二十三条 执行应急通信保障和电信设施抢修任务的车辆和人员，凭通信管理部门核发的应急通信保障或者抢修工作标志或者证明，公安机关、交通运输等有关部门在保证安全的前提下应当准予优先通行、优先进入。

第四章 法律责任

第二十四条 违反本办法规定，有关法律、法规和规章对法律责任有规定的，依照有关法律、法规和规章的规定执行。

第二十五条 违反本办法规定，有下列行为之一的，由通信管理部门责令停止违法行为和限期改正；逾期不改正的，处以一万元以上三万元以下罚款：

（一）阻碍电信设施建设的；

（二）拒绝为电信业务经营者使用通信配套设施提供平等接入和使用条件的；

（三）未采取必要的安全保护措施施工，造成电信设施损坏或者阻断通信的；

（四）违反电信设施共建共享规定的。

第二十六条 违反本办法第十七条第一项至三项规定，影响电信设施安全的，由通信管理部门责令停止违法行为和限期改正；情节严重的，处以三千元以上一万元以下罚款。

违反本办法第十七条第四项至八项规定的，由通信管理部门责令停止违法行为和限期改正；情节严重的，处以一千元以上三千元以下罚款。

第二十七条 违反本办法第二十二条的规定，非法阻挠和干扰电信业务经营者进入放置电信设施的场所进行正常维护的，由通信管理部门责令停止违法行为；情节严重的，处以二百元以上二千元以下罚款；构成治安管理处罚的，由公安机关依法处罚。

第二十八条 通信管理部门及其他有关部门的工作人员在电信设施建设与保护工作中滥用职权、玩忽职守、徇私舞弊的，依法给予处分；构成犯罪的，依法追究刑事责任。

第五章 附 则

第二十九条 本办法自2014年9月1日起施行。

宁夏回族自治区资源综合利用管理办法

（2013年11月13日宁夏回族自治区人民政府令第59号公布　根据2016年6月15日《自治区人民政府关于废止和修改部分政府规章的决定》修正）

第一章　总　则

第一条　为了合理利用资源，提高资源综合利用效率，保护生态环境，保障国民经济和社会可持续发展，根据《中华人民共和国循环经济促进法》等有关法律、法规的规定，结合自治区实际，制定本办法。

第二条　自治区行政区域内从事资源综合利用及其相关活动的，适用本办法。

第三条　本办法所称资源综合利用主要包括：

（一）在矿产资源开采过程中对共生矿、伴生矿进行综合开发、合理利用以及对尾矿进行再次开发利用；

（二）对生产过程中产生的废渣、废水（液）、废气、余热、余压等进行回收和合理利用；

（三）对社会生产、流通和消费过程中产生的各种废旧物资进行回收和再生利用；

（四）对城市垃圾、农林废物等其他资源进行综合利用。

第四条　资源综合利用应当与节约资源、保护环境、调整经济结构、发展循环经济相结合，坚持社会效益、环境效益、经济效益相统一的原则。

第五条　县级以上人民政府应当加强对资源综合利用工作的领导，把资源综合利用的发展规划和年度计划纳入国民经济和社会发展计划，建立健全资源综合利用工作机制和目标责任制，并将资源综合利用情况作为循环经济的主要评价指标，纳入地区转变发展方式评价指标体系。

第六条　县级以上人民政府经济和信息化部门是本级人民政府资源综

合利用的主管部门,负责本行政区域的资源综合利用的统筹规划、组织协调和监督管理工作。

县级以上人民政府发展改革部门参与拟定发展循环经济、能源资源节约和综合利用规划及政策措施并协调实施。

县级以上人民政府财政、环境保护、国土资源、住房和城乡建设、商务、水利、农牧、科技、质量技术监督等部门按照各自的职责,共同做好资源综合利用的相关工作。

第七条 县级以上人民政府及其有关部门应当鼓励和支持资源综合利用技术的研究、开发和推广,开展资源综合利用的宣传、教育、培训等活动,普及相关知识,增强公民资源综合利用意识,鼓励和引导公民使用资源综合利用产品。

第八条 公民有权举报浪费资源、破坏环境的行为,有权了解政府发展资源综合利用的信息并提出意见和建议。

第二章 综合利用

第九条 县级以上人民政府应当依据上级人民政府下达的本行政区域主要污染物排放、建设用地和用水总量控制指标,规划和调整本行政区域的产业结构。

新建、改建、扩建建设项目,应当符合本行政区域主要污染物排放、建设用地和用水总量控制指标的要求。

第十条 县级以上人民政府应当按照本行政区域内废弃资源排放特点,明确废弃资源综合利用的重点行业、企业和单位,并遵循布局合理化、建设规模化、处理集中化的原则,合理规划产业布局,引导和促进企业提高资源综合利用效率,有效控制废弃资源对环境的污染。

第十一条 县级以上人民政府资源综合利用主管部门应当会同本级人民政府发展改革和环境保护等有关部门编制本行政区域资源综合利用规划,报本级人民政府批准后公布施行。

资源综合利用规划应当包括规划目标、适用范围、主要内容、重点任务和保障措施,并规定废物再利用和资源化率等指标。

第十二条 企业应当全面推行清洁生产,提高资源综合利用效率,削减污染。

企业应当采用资源综合利用的先进适用技术,实现废物资源化和再生资源回收利用，淘汰落后工艺、技术和设备。

禁止转让、生产或者采用列入国家淘汰名录的技术、工艺、设备、材料和产品。

第十三条 在矿产资源勘查和开采中，对具有开采利用价值的共生矿、伴生矿产应当按照法律、法规的有关规定统一规划，综合勘查、评价、开发和利用。

矿山企业应当编制矿产资源开发利用方案，改进选矿、采矿技术，提高采矿回采率、选矿回收率。

矿山企业对煤矿开采产生的矿井水应当进行综合利用。

第十四条 因技术不成熟，暂时不能综合利用的多金属共生的采矿和选矿废渣、冶炼废渣等，应当采取有效保护措施，防止资源浪费和环境污染。

第十五条 企业应当对生产过程中产生的废渣、废气、废水（液）、余热、余压等工业废物进行综合利用。企业不具备综合利用条件的，应当无偿提供给具备相应能力的生产经营者进行综合利用，对经过加工并达到相关标准的各类废物，排放单位可以按照利用单位收益大于排放单位收益的原则，根据加工成本和质量，经供需双方商定，收取合理的费用。

第十六条 粉煤灰、煤矸石、炉渣等工业固体废物排放和利用单位应当建设符合国家和自治区污染物控制标准的工业固体废物贮存设施、处置场所，采取无害化处置措施，防止工业固体废物扬散、流失、渗漏或者其他环境污染。

第十七条 粉煤灰、脱硫石膏、煤矸石、炉渣等工业固体废物，排放单位应当按照当地人民政府资源综合利用主管部门的要求消化利用。未能消化利用的，应当允许其他资源综合利用生产经营者无偿使用，排放单位不得向利用单位收费或变相收费，并提供便利条件。

第十八条 建设项目在工程设计时，应当优先设计采用符合国家和地方工程建设强制性标准规定的资源综合利用建材产品。建设、施工单位应当按照设计要求和有关工程建设标准的规定使用资源综合利用建材产品。

第十九条 各类产业园区，应当制定资源综合利用规划，组织企业开展资源综合利用。

自治区鼓励产业园区的企业进行废物交换利用、能量梯级利用、土地集约利用、水的分类利用和循环使用，共同使用基础设施和其他有关设施。对短期内无法利用的工业固体废物，由产业园区集中建设废物堆存场地，实现分类堆存，集中管理。

产业园区应当建设污水处理和中水生产设施，集中污水处理，提高水资源利用率。

第二十条　县级以上人民政府应当按照城乡规划，合理布局再生资源回收网点、分拣中心和交易市场，推进再生资源利用产业基地建设和相关重点工程项目建设，支持再生资源回收经营者开展再生资源的收集、分拣、储存、运输及信息化管理。

县级以上人民政府应当统筹规划建设城乡生活垃圾分类收集和资源化利用设施，建立和完善分类收集和资源化利用体系，提高生活垃圾资源化率。

第三章　鼓励与扶持

第二十一条　县级以上人民政府应当加大对资源综合利用的财政扶持力度，设立专项资金支持资源综合利用项目的科技研究开发、技术改造、经济技术和产品的示范与推广、重大项目的实施、信息服务等。

第二十二条　县级以上人民政府及其有关部门应当加大对资源综合利用产品的支持力度。

机关、事业单位和社会团体使用财政性资金进行政府采购的，应当优先采购列入国家节能、环保产品政府采购清单的资源综合利用产品。

第二十三条　县级以上人民政府应当利用存量建设用地，按照有关规划布局发展资源综合利用产业项目。对开展利用工业固体废物生产资源综合利用产品的企业或项目，在生产准入、市场准入、核准备案、建设用地、环评审批等方面简化审批程序，优化审批流程。对公益性资源综合利用项目，在用地、用电、用水方面予以优先支持。

第二十四条　县级以上人民政府对符合国家产业政策，年综合利用工业固体废物十万吨以上的项目用地优先供应，按自治区工业用地最低价标准招拍挂出让土地使用权，适当放宽其全部付清土地出让金的期限。对优先安排的工业固体废物综合利用技术改造项目用地，经设区的市人民政府批准，可适当予以项目建设及有关配套费用的资金支持。

第二十五条　资源综合利用技术、工艺和产品，依法享受国家或者自治区有关税收优惠政策。

第二十六条　重大资源综合利用产业化示范项目，经济和信息化、发展改革、财政等经济综合部门应当给予直接投资、资金补助、优先立项等多种方式扶持。

第二十七条　建筑工程使用资源综合利用建材产品并且达到规定比例的，享受国家和自治区有关优惠政策。

第二十八条　对运输特定种类废物的专用车辆，其道路通行费根据国家和自治区有关规定给予优惠。

特定种类废物目录及优惠政策由自治区资源综合利用主管部门会同自治区交通运输、财政、物价等部门制定，报自治区人民政府批准。

第二十九条　自治区鼓励和支持农业生产者和相关企业采用先进或者适用技术，对农作物秸秆、畜禽养殖废物、农产品加工业副产品、废农用薄膜等进行综合利用，开发沼气等生物质能源；鼓励和支持林业生产者和相关企业开展林业废物和次小薪材等综合利用，提高木材综合利用率。

第四章　管理与监督

第三十条　自治区资源综合利用主管部门应当建立资源综合利用信息监测平台，建立健全资源综合利用数据收集、整理和统计体系，构建废物排放、贮存及综合利用数据统计平台，并会同有关部门建立协作工作机制，共享相关信息，协调处理资源综合利用工作中的相关问题。

资源综合利用企业应当定期向县级以上人民政府资源综合利用主管部门报送统计资料。

第三十一条　县级以上人民政府资源综合利用主管部门应当定期对企业享受资源综合利用税收优惠政策期间是否符合税收优惠政策的规定和实行资源综合利用工程与主体工程同时设计、同时施工、同时投产的项目进行监督检查。

第三十二条　凡使用财政资金的建设项目，在建设过程中应当优先使用工业固体废物综合利用建材产品，对未按要求使用工业固体废物综合利用建材产品的工程，有关部门可不予审批。

第三十三条　企业生产的资源综合利用产品应当符合国家标准、行业标准或者地方标准。没有国家标准、行业标准或者地方标准的，应当制定企业标准，并报质量监督管理部门备案。

第五章　法律责任

第三十四条　违反本办法第十五条、第十七条规定的，由县级以上资源综合利用主管部门责令限期改正；逾期不改正的，处以一万元以上三万元以下的罚款。

第三十五条　违反本办法规定，采取弄虚作假等不正当手段，骗取优惠政策的，由税务、财政部门依照相关的法律、法规给予处罚。

第三十六条　对违反本办法规定的违法行为，法律、法规和规章已有处罚规定的，从其规定。

第三十七条　县级以上人民政府资源综合利用主管部门以及相关行政管理部门工作人员滥用职权、玩忽职守、徇私舞弊的，由主管机关给予处分，构成犯罪的，依法追究刑事责任。

第三十八条　当事人对行政机关作出的具体行政行为不服的，可以依法申请行政复议或者提起行政诉讼。

第六章　附　则

第三十九条　本办法自2014年1月1日施行。2000年1月10日自治区人民政府发布的《宁夏回族自治区资源综合利用管理办法》同时废止。

宁夏回族自治区道路旅客运输管理办法

（1999年12月8日宁夏回族自治区人民政府令第10号公布　根据2016年6月15日《自治区人民政府关于废止和修改部分政府规章的决定》修正）

第一章　总　则

第一条　为加强道路旅客运输管理，维护道路旅客运输市场秩序，保护旅客和经营者的合法权益，根据《宁夏回族自治区道路运输管理条例》和国家有关规定，制定本办法。

第二条　凡在本自治区行政区域内从事营业性道路旅客运输（以下简称

道路客运)的单位和个人,均应遵守本办法。

银川市公共客运车(含小公共客运车、出租车)和石嘴山区公共客运车在城市内从事道路客运的不适用本办法。

第三条 道路客运实行多种经济成分并存、公平竞争的原则,促进建立统一、开放、竞争、有序的道路客运市场机制。

第四条 县级以上人民政府交通行政主管部门主管本行政区域内的道路客运。

县级以上交通行政主管部门下设的道路运输管理机构(以下简称运管机构),根据《宁夏回族自治区道路运输管理条例》的授权和本办法的规定,在本行政区域内对道路客运实施监督管理,其主要职责是:

(一)宣传、贯彻国家和自治区有关道路客运的法律、法规、规章和政策;

(二)根据本地区国民经济和社会发展需要,本着合理布局、调控运力的原则,制定道路客运发展规划;

(三)办理道路客运开业、变更、歇业和停业的前置审批手续;

(四)规范并维护道路客运市场的平等竞争秩序,依法纠正和处理道路客运违法、违章经营行为;

(五)培训并考核道路客运从业人员;

(六)制定道路客运行业文明规范和服务标准实施办法;

(七)负责道路客运统计资料的收集、整理、分析和上报;

(八)履行国家和自治区赋予的其他职责。

第五条 各级公安、城建、工商行政管理、物价等部门,按照职责分工,各司其职,协同运管机构做好道路客运管理工作。

第六条 从事道路客运工作的单位和个人,应当恪守职业道德,实行责任运输制度,为旅客提供安全、及时、方便、舒适的运输服务。

第七条 县级以上人民政府和交通行政主管部门,应当对执行本办法成绩显著的单位和个人,给予表彰和奖励。

第二章 开业、变更、歇业与停业

第八条 单位和个人申请从事道路客运,应当具备国家规定的技术经济条件或标准,并符合统一规划要求,按下列规定办理开业手续:

(一)依法申领营业执照,办理税务登记和保险事宜;

(二)持主管单位有效证明或本人身份证及相关资料,向当地县(市)运管

机构提出书面申请,并填写道路客运开业申请表;

(三)运管机构受理申请后,对申请进行审查,根据审批权限,应在二十日内作出审批决定,符合条件的,发给道路运输经营许可证,不符合条件的,给予书面答复;

(四)持道路运输经营许可证、营业执照,到当地运管机构注册登记,办理营运手续。

外商申请从事道路客运的,按国家有关规定办理审批手续。

道路客运经营者应当在核定的范围内从事经营活动。

第九条 道路客运经营者需要过户、变更经营范围、车辆更新的,必须经原审批机构批准,并按照规定到工商、税务部门办理相关手续。

道路客运经营者歇业或停业的,应当提前十五日向原审批机构提出申请,经批准后,交回营运证牌和经营票据,办理歇业和停业手续。

第十条 运管机构对道路客运经营者的经营资格、经营行为和车辆技术状况实行年度审验,经审验合格并经工商行政管理部门审核登记后,方可继续经营。

第三章 线路和班次管理

第十一条 运管机构对道路客运线路、班次、站(点)及经营区域实行统一管理,按照下列规定分级审批:

(一)省际线路、班次的审批,由自治区运管机构按交通部《省际道路旅客运输管理办法》办理。

(二)自治区境内跨地(市)的班车客运和定线客运,经相关地(市)运管机构签署意见后,报自治区运管机构审批。

(三)地(市)境内跨县(市)的班车客运和定线客运,经相关县(市)运管机构签署意见后,由地(市)运管机构审批,报自治区运管机构备案。

(四)县(市、区)境内的班车客运和定线客运,经营者向当地运管机构申请,经审批后,报地(市)运管机构和自治区运管机构备案。

第十二条 定站点、定班次、定线路的旅游道路客运及零担客运,按前条客运班车的申请、审批办法执行;非定站点、定班次、定线路的旅游道路客运及包车客运,道路客运经营者向县(市、区)运管机构申请,经同意后,凭统一的旅游或包车客运标志牌运行。

出租车道路客运,经营者向当地运管机构申请,由各地(市)运管机构审批，报自治区运管机构备案。

第十三条 道路客运线路、班次和站点经批准后，道路客运经营者不得擅自变更或中止。需要变更或中止的，应当按原审批程序报批。

第十四条 具备有偿使用条件的道路客运班线，按照公平竞争的原则，实行有偿使用。

道路客运线路有偿使用办法由自治区交通行政主管部门负责制定。

第四章 道路客运管理

第十五条 购置道路客运车辆，应当先审批、后购车，经营者不得擅自购置客运车辆。

第十六条 从事道路客运，应当具有道路运输经营许可证，并随车携带中华人民共和国道路运输证（以下简称道路运输证）和驾乘人员上岗证等证件。

道路客运车辆应按规定装置或悬挂由自治区运管机构统一制发的客运线路标志牌、出租车标志牌、旅游车标志牌和包车标志牌。

禁止伪造、涂改、转让、倒卖前款规定的证件和标志牌、线路牌。

第十七条 道路客运车辆技术等级应达到国家规定标准。

道路客运不得使用技术等级评定为三级（含三级）以下和报废或未经技术等级评定的车辆。

禁止道路客运车辆超过核定载客人数额度运行。

拖拉机、货运车辆和国家规定禁止载客的车辆，不得从事道路客运。

第十八条 道路客运驾驶人员和乘务人员，必须经过业务和职业道德培训，并持有自治区运管机构核发的培训合格证，持证上岗。

营运里程在四百公里以上的班车，行驶途中应当配备双班驾驶员或实行其他行车安全措施。

第十九条 道路客运经营者应当使用统一的客运票据，并按规定领取、缴销、填写专用票据。严禁伪造、涂改、转让、倒卖专用票据。

第二十条 道路客运经营者应当按照有关部门核定的票价标准，在规定的售票场所售票，按旅客支付的票款，即时交付相应的车票，并按车票标明的日期、车次、地点运送旅客。不得无故拒载、甩客、绕行，中途不得无故将旅客倒转其他车辆运送。

因经营者过错，造成旅客漏乘、误乘的，经营者应当按照旅客要求退款或安排改乘；造成旅客人身伤害或行包损失、丢失的，经营者应当依照有关法律、法规的规定承担赔偿责任。

第二十一条 出租客车应以轿车、七座(含七座)以下小型客运车为主。

出租客车应当标示租价标准和监督电话，应当配置并使用统一的计程、计价器并接受定期检验。

出租客车营运中应选择最短线路行驶，不得无故拒载、甩客、绕行；未经乘客同意，不得擅自招揽他人同乘。

出租车客运不得异地经营(送客至异地和返程除外)。

第二十二条 客运包车，双方应当签订包车预约书，按书面约定供车、用车。

包车客运经营者不得沿途招揽乘客。

包车客运应当使用包车票，禁止使用其他票种。

第二十三条 自治区境内定站点、定班次、定线路的旅游客车，可在沿途补充客源，非定站点、定班次、定线路的旅游客车，不得沿途招揽乘客。

零担道路客运应当客货分载，严禁客货混载。

第五章 客运站管理

第二十四条 客运站是为道路客运，组织旅客集散并提供服务的经营单位。

客运站应当对社会开放，实行有偿服务。

在自治区行政区域内，任何单位不得阻拦长途客运班车按本办法规定，进入在城市市区内设置的客运站(点)上下旅客。

第二十五条 客运站(点)的设置应由自治区运管机构统筹规划、合理布局。

禁止任何单位和个人自行设置客运站(点)。

第二十六条 客运站应与经运管机构批准的客运车辆签订进站协议，实行统一进站，统一售票，统一发车管理。

客运站不得接纳未经运管机构批准的车辆进站经营。

第二十七条 客运站应当公布班次时刻表、里程票价表和旅客运输规则，应当按运管机构批准的线路、营运方式、经营区域安排班次，不得擅自变更，不得压班、压点。

第二十八条 客运站应当加强安全管理，建立健全安全制度。二级以上客运站应当配备安全检查人员。

客运站应当严格查堵违禁品进站上车，维护乘车和治安秩序，保障旅客生命和财产安全。

第二十九条　客运站应当使用统一规定印制的票据，建立健全票据领发和缴销管理制度。

客运站应按规定标准收取费用，严禁乱收费。

客运站应当按协议及时办理营业收入结算，不得拖欠。

第三十条　客运站必须加强服务质量管理，执行国家和自治区有关客运服务质量标准，提高服务水平，接受旅客运输经营者和旅客的监督。

第六章　罚　则

第三十一条　违反本办法的规定，有下列行为之一的，由运管机构没收违法所得，责令停业整顿，视情节轻重，可以并处违法所得一倍至三倍或二千元至二万元罚款：

（一）未按规定申领道路运输经营许可证，擅自从事经营活动的；

（二）不按规定使用统一印制的道路客运专用票据，或伪造、涂改、转让、倒卖专用票据的；

（三）伪造、涂改、转让、倒卖道路运输经营许可证、道路运输证、标志牌、线路牌的。

第三十二条　违反本办法规定，有下列行为之一的，由运管机构没收违法所得，视情节轻重，分别给予警告、停业整顿、暂扣或吊销道路运输经营许可证、道路运输证或客运线路牌和标志牌，可以并处五百元至一万元的罚款：

（一）未按核定经营范围从事经营活动的；

（二）擅自变更或中止经批准的客运线路、班次和站点的；

（三）不按核定载客人数额度运行或使用禁止载客车辆从事旅客运输的。

第三十三条　违反本办法规定，有下列行为之一的，由运管机构视情节轻重，分别给予警告、责令改正，暂扣道路运输经营许可证、道路运输证或客运线路牌和标志牌，可以并处一百元至二千元的罚款：

（一）未按规定办理过户、变更、歇业与停业手续或未经批准更换车辆的；

（二）不按规定装置标志牌、线路牌的；

（三）不按规定接受年度审验的；

（四）不按核定的票价标准向旅客售票，或不按车票标明的日期、车次、地点运送旅客，或无故拒载、甩客、绕行，在中途无故将旅客倒转其他车辆运送的；

（五）私设售票点或不在规定的售票场所售票的；

（六）出租客车异地经营或不按规定安装或使用计程、计价器，无故拒载、甩客、绕行或未经乘客同意擅自招揽他人同乘的。

第三十四条 违反本办法规定，有下列行为之一的，由运管机构给予警告，可以并处五十元至二百元的罚款：

（一）未随车携带道路运输证和驾乘人员上岗证等证件的；

（二）非定站点、定班次、定线路的旅游客车和包车客运沿途招揽乘客的；

（三）驾驶人员和乘务人员无上岗证从事客运经营的；

（四）阻拦长途客运班车进入城市市区内设置的客运站（点）上下旅客的；

（五）客运站不公布有效班次时刻表或不按规定建立健全安全制度，配备安全检查人员的。

第三十五条 客运站擅自接纳未经运管机构批准的客运车辆进站经营，不按核定的营运方式、经营区域、线路、班次安排营运或刁难、拒绝经批准进站营运车辆的，由运管机构给予警告，每车次可以并处五百元至一千元罚款。

第三十六条 当事人对行政处罚决定不服的，可以依法申请复议或提起诉讼，当事人逾期不申请复议，也不提起诉讼，又不履行处罚决定的，由作出处罚决定的机构申请人民法院强制执行。

第三十七条 运管机构工作人员在执行职务中玩忽职守、滥用职权、徇私舞弊，索贿、受贿的，由其所在单位或上级部门给予行政处分；涉嫌犯罪的，依法追究刑事责任。

第七章 附 则

第三十八条 本办法自发布之日起施行。

宁夏回族自治区机动车驾驶员培训管理办法

（2004年12月8日宁夏回族自治区人民政府令第73号公布　根据2014年5月27日《自治区人民政府关于废止和修改部分政府规章的决定》第一次修正　根据2016年6月15日《自治区人民政府关于废止和修改部分政府规章的决定》第二次修正）

第一章　总　则

第一条　为了加强机动车驾驶员培训管理，规范驾驶员培训行为，提高培训质量，保障道路交通和人民生命财产安全，维护经营者和培训学员的合法权益，根据《中华人民共和国道路交通安全法》《中华人民共和国道路运输条例》等有关法律、法规的规定，结合自治区实际，制定本办法。

第二条　凡在本自治区行政区域内从事民用机动车驾驶员培训（含经营性教练场）活动的单位和个人，均应遵守本办法。

拖拉机驾驶员培训，不适用本办法。

第三条　县级以上人民政府交通主管部门对驾驶员培训学校、驾驶员培训班（以下简称驾校）实行资格管理，其所属的道路运输管理机构具体负责驾驶员培训的管理工作。

公安、工商、价格等有关部门应当按照各自职责，配合交通主管部门做好驾驶员培训管理工作。

第四条　机动车驾驶员培训经营实行社会化。

任何国家机关以及驾驶员培训和考试主管部门不得举办或者参与举办驾校。

第二章　开业、变更与歇业

第五条　申请从事驾驶员培训的（以下简称申请人），应当具备下列条件：

（一）取得企业法人资格；

（二）有健全的培训机构和管理制度；

（三）有与培训业务相适应的教学人员、管理人员；

（四）有必要的教学车辆和其他教学设施、设备、场地。

驾校的具体开业条件和标准由自治区人民政府交通主管部门按照国务院交通主管部门的有关规定制定，并向社会公布。

第六条 道路运输管理机构应当将申办驾校许可证的依据、条件、程序、期限以及需要提交的全部材料的目录和申请书示范文本等在办理场所的显要位置公示；情况复杂的，应当印制申请须知，免费提供给申请人。

第七条 申请人应当向所在地设区的市级道路运输管理机构提出申请，并附送符合第五条规定条件的相关材料。

道路运输管理机构受理申请人申请时，应当认真审查，发现申请材料存在可以当场更正的错误的，应当允许申请人当场更正；发现申请材料不齐全或者不符合法定形式的，应当当场或者在五日内一次告知申请人需要补正的全部内容，逾期不告知的，自收到申请材料之日起即为受理。

第八条 道路运输管理机构应当自受理申请之日起十五日内审查完毕，作出许可或者不予许可的决定，并书面通知申请人。

第九条 驾校开业条件的审查验收实行签名验收制度。

经许可开业的驾校，由许可机关向社会公示。许可机关应将审核验收的情况和结果归档，实行谁验收、谁签字、谁负责的制度，接受社会监督，并报上一级道路运输管理机构和公安交通管理部门备案。

第十条 申请开办中外合资、合作驾校，由自治区人民政府交通主管部门审批。

第十一条 驾校停业、歇业、迁址应当向原作出许可的道路运输管理机构备案，接受监督，做好善后处理事宜，并同时到所在地工商行政管理机关办理注销、变更手续。

合并、分立、变更培训范围或扩大规模的，应按本办法第七条、第八条的规定办理。

第三章 培训管理

第十二条 驾校培训包括以下种类：

（一）普通机动车驾驶培训；

（二）营运驾驶员从业资格培训。

驾驶员培训方式分为全日制、学时制两种。

学员可根据情况自由选择培训种类及培训方式。

第十三条 驾校培训实行分类分级经营。驾校应当按核准的相应类别与范围经营，不得超范围经营。

驾校刊登的招生培训广告应当真实、合法、有效，不得误导学员。

第十四条 驾校应当按照国务院交通主管部门规定的教学大纲进行培训，使用统编教材教学，完成国家规定的学习内容和学时，确保培训质量。

驾校不得擅自修改授课内容或者减少教学课时。

第十五条 驾校招收初学驾驶学员的年龄、身体等条件，应当符合公安部规定的报考机动车驾驶证人员条件。

第十六条 学员报名入学后，驾校应当建立培训记录卡，并须经设区的市级道路运输管理机构核实。

学员培训期满后，驾校应对学员进行结业考核，对考核合格的，颁发由国务院交通主管部门监制，自治区道路运输管理机构统一印制的培训结业证书。

学员凭培训记录卡和驾校颁发的培训结业证到公安交通管理部门报考和申领机动车驾驶证。

第十七条 驾校应当对培训学员的入学档案、培训记录卡、考核内容及培训结业证书等信息资料进行建档，实行计算机管理。

驾校应当定期向道路运输管理机构报送前款规定的培训资料信息，纳入全区驾驶员培训管理信息查询系统，接受社会监督。

第十八条 驾校应当根据学员对教员教学水平的评议，教员经手培训驾驶员发生的交通事故、违章等情况，建立教员培训质量排行榜。

第十九条 驾校应当按照国家规定对教练车进行二级维护，确保教练车辆符合国家规定的技术标准，保持车辆技术状况良好。

禁止将报废车、拼装车和技术状况达不到技术标准的其他车辆用作教练车。

第二十条 从事驾驶员培训教学工作的人员，应当取得自治区道路运输管理机构核发的驾驶培训教员准教证，按照教员准教证核定的准教项目从事培训教学工作。

道路运输管理机构应当每四年对持有教员准教证的教员进行一次轮训，

经考核合格的，方准继续执教。不参加统一组织的轮训或考核不合格的，驾校不得继续留用执教。

第二十一条　教练车应有自治区道路运输管理机构发放的全国统一的教练车标识。

在道路上进行驾驶操作训练的教练车，应当在公安交通管理部门指定的路段和时间进行训练，并在车辆前后分别悬挂由公安交通管理部门核发的教练车号牌和自治区道路运输管理机构发放的教练车标识。

教练车应按公安交通管理部门的规定，定期参加安全技术检验。

第二十二条　教练车与学员人数配备比例应当符合下列要求：

（一）大客车、大型货车的教练车每辆车配备学员不超过八人；

（二）小型汽车的教练车每辆车配备学员不超过六人；

（三）其他机动车按车型和驾驶操作小时计算配备学员人数。

第二十三条　驾校和教练场的经营者应当严格执行自治区价格主管部门核准的培训收费项目和收费标准，不得擅自增加收费项目或者提高收费标准；不得以排挤竞争对手为目的，恶意压价收费。

驾校在收取培训费用时应当开具税务发票，依法纳税，并按国家和自治区有关规定缴纳规费。

第四章　监督检查

第二十四条　县级以上人民政府交通主管部门应当加强对所属道路运输管理机构实施驾驶员培训管理工作的指导监督，建立健全行政执法责任制、评议考核制和过错责任追究制。

第二十五条　道路运输管理机构对驾校的培训情况应当进行定期检查和不定期抽查。

道路运输管理机构应当建立举报、投诉制度，及时受理并依法办理有关举报、投诉案件，维护驾驶员培训市场的正常秩序，保护驾校和学员的合法权益。

第二十六条　道路运输管理机构在监督检查中，发现驾校在经营期间的基本教学条件发生变化，不再符合原许可类别相应条件的，应当责令限期整改。

第二十七条　公安交通管理部门应当定期对机动车驾驶证申请人的考试情况进行分析，发现驾校存在培训质量低劣、弄虚作假等严重问题的，应当立即采取停考措施，并及时通报道路运输管理机构对其进行整改。

第二十八条 公安交通管理部门应当定期向自治区道路运输管理机构通报驾校考试的合格率和驾龄在三年以内的驾驶员的交通违法、交通事故情况。

自治区道路运输管理机构应当设立驾校培训质量排行榜，并定期向社会公布。对连续两次排名最后的驾校，道路运输管理机构要对其进行整改。

第二十九条 对整改的驾校，由道路运输管理机构抄告公安交通管理部门暂停受理其驾校学员的考试申请。

第三十条 道路运输管理机构的工作人员应当严格按照职责权限和程序进行监督检查，不得乱收费、滥罚款。

道路运输管理机构工作人员实施监督检查时，应当有二名以上人员参加，并向当事人出示《宁夏回族自治区行政执法证》。

第三十一条 道路运输管理机构的工作人员对驾校的培训工作实施监督检查时，可以向有关单位和个人了解情况，查阅、复制有关资料。但是，应当保守被调查单位和个人的商业秘密。

被监督检查的驾校应当接受依法实施的监督检查，如实提供有关资料或者情况。

第五章 罚 则

第三十二条 违反本办法规定，擅自从事机动车驾驶员培训的，由县级以上道路运输管理机构责令停止经营；有违法所得的，没收违法所得，处违法所得二倍以上十倍以下的罚款；没有违法所得或者违法所得不足一万元的，处二万元以上五万元以下的罚款；构成犯罪的，依法追究刑事责任。

第三十三条 违反本办法规定，驾校不严格按规定进行培训或者在培训结业证发放时弄虚作假的，由县级以上道路运输管理机构责令改正；拒不改正的，由原许可机关吊销其经营许可，并抄告工商行政管理部门吊销营业执照。

第三十四条 违反本办法规定，驾校有下列情形之一的，由县级以上道路运输管理机构责令改正；拒不改正的，给予警告，并可处以一千元以上一万元以下的罚款。

（一）不按核准的类别和范围进行培训，或刊登虚假广告误导学员的；

（二）不按规定的教学大纲进行培训，擅自修改教学内容或减少教学课时的；

（三）在学员入学档案和培训记录卡弄虚作假的；

（四）拒绝报送培训学员档案信息资料或提供虚假学员档案信息资料的；

（五）聘用无教员准教证的人员从事驾驶员培训教学工作的；

（六）将报废、拼装和技术状况达不到技术标准的其他车辆用作教练车的；

（七）教练车与学员人数的配备比例不按规定要求配备的；

（八）拒绝接受监督检查，不如实提供有关资料和情况的。

第三十五条　违反本办法规定，道路运输管理机构的工作人员有下列情形之一的，依法给予行政处分；构成犯罪的，依法追究刑事责任：

（一）不依照本办法规定的条件、程序和期限实施行政许可的；

（二）参与或者变相参与举办驾校的；

（三）发现违法行为不及时查处的；

（四）索取、收受他人财物，或者谋取其他利益的；

（五）其他违法行为。

第三十六条　当事人对道路运输管理机构的行政处罚不服的，可以依法申请行政复议或提起行政诉讼；逾期既不申请行政复议也不提起行政诉讼，又不履行行政处罚决定的，由作出行政处罚决定的机关申请人民法院强制执行。

第六章　附　则

第三十七条　本办法自2005年2月1日起施行。

宁夏回族自治区机动车维修管理办法

（2013年11月13日宁夏回族自治区人民政府令第60号公布　根据2016年6月15日《自治区人民政府关于废止和修改部分政府规章的决定》修正）

第一章　总　则

第一条　为了规范机动车维修经营行为，保护机动车维修当事人的合法权益，保障机动车维修质量和运行安全，促进机动车维修行业健康发展，根据《中华人民共和国道路运输条例》和《宁夏回族自治区道路运输管理条例》等有关法律、法规的规定，结合自治区实际，制定本办法。

第二条　在自治区行政区域内从事机动车维修经营的单位和个人，应当遵守本办法。

第三条　本办法所称机动车维修经营，是指以维持或者恢复机动车正常技术状况和功能，延长机动车使用寿命为主要目的所进行的维护、修理以及维修质量检测、维修救援等经营活动。

拖拉机、联合收割机及其他农业机械的维修活动，不适用本办法。

第四条　县级以上人民政府交通运输主管部门负责组织领导本行政区域内的机动车维修管理工作。

县级以上道路运输管理机构具体实施本行政区域内机动车维修管理工作。

公安、质监、安监、环保、工商、物价等部门应当按照各自的法定职责，做好机动车维修有关监督管理工作。

第五条　机动车维修管理遵循公开、公平、公正和便民的原则，鼓励正当竞争，保护合法经营。

第六条　机动车维修行业组织应当发挥行业自律、行业服务和行业协调作用，提供业务培训、技术交流、信息政策咨询等服务，促进机动车维修经营者的规范经营，维护机动车维修经营双方当事人的合法权益。

第七条 机动车维修经营者应当依法经营，遵循平等、自愿、公平交易、诚实信用的原则。

鼓励机动车维修经营者实行集约化、专业化经营，推进维修服务网络化建设，促进机动车维修的合理分工和协调发展。

第二章 经营业务

第八条 机动车维修经营依据维修车型种类、服务能力和经营项目实行分类许可。

机动车维修经营业务根据维修对象分为汽车维修经营业务、危险货物运输车辆维修经营业务、摩托车维修经营业务和其他机动车维修经营业务四类。

汽车维修经营业务、其他机动车维修经营业务根据服务能力和经营项目分为一类维修经营业务、二类维修经营业务和三类维修经营业务。

各类机动车维修经营业务的具体经营项目，按照国家和自治区有关规定执行。

第九条 申请从事机动车维修经营的，应当具备下列条件：

（一）有符合当地城市发展规划并与经营业务相适应的维修场地；

（二）有必要的设备、设施和技术人员；

（三）有健全的机动车维修管理制度；

（四）有必要的安全和环境保护措施。

上述条件的具体标准按照国家和自治区的有关规定执行。

第十条 从事危险货物运输车辆维修经营的，经营场所应当远离居民生活区，具有与作业内容相适应的专用危险货物运输车辆维修车间和停车场。

第十一条 申请从事机动车维修经营的，应当向所在地县级道路运输管理机构提出申请，并提交以下相关材料：

（一）申请书；

（二）申请人身份证明；

（三）经营场地使用权证明；

（四）从业人员名册及资格、职称证明；

（五）各类设备、设施清单（属计量器件的设备、设施，提供计量设备检定合格证明）；

（六）相关维修管理制度文本；

（七）环境和安全保护措施文本及相关设施、设备证明材料。

申请从事危险货物运输车辆维修的，还应当提交专用维修车间、设备、设施证明材料，安全管理人员名单，安全操作规程和突发事件应急预案文本。

第十二条 受理机动车维修经营申请的道路运输管理机构应当自受理申请之日起十五日内审查完毕，作出许可或者不予许可的决定。予以许可的，颁发机动车维修经营许可证；不予许可的，书面通知申请人并说明理由。

第十三条 申请机动车维修连锁经营服务网点的，由机动车维修连锁经营企业总部向连锁经营服务网点所在地县级道路运输管理机构提出申请，并提交以下材料：

（一）连锁经营企业总部机动车维修经营许可证复印件；

（二）连锁经营协议书副本；

（三）连锁经营的作业标准和管理手册；

（四）符合机动车维修经营相应开业条件的承诺书。

道路运输管理机构在查验申请资料齐全有效后，应当场或在五日内予以许可，并发给相应许可证件。连锁经营服务网点的经营项目应当在机动车连锁经营企业总部许可项目的范围内。

第十四条 机动车维修经营者变更维修经营范围、作业场所的，应当提供相关材料经作出原许可决定的道路运输管理机构核准。

机动车维修经营者变更名称、法定代表人的，应当依法办理有关手续，并自办理有关手续之日起三十日内向作出许可决定的道路运输管理机构备案。

机动车维修经营者终止经营的，应当在终止经营前三十日告知作出许可决定的道路运输管理机构，道路运输管理机构应当依法办理注销手续。

第十五条 机动车维修经营许可证件实行有效期制。从事一、二类汽车维修业务和一类摩托车维修业务的证件有效期为六年；从事三类汽车维修业务、二类摩托车维修业务及其他机动车维修业务的证件有效期为三年。

机动车维修经营者应当在许可证件有效期届满前三十日到作出原许可决定的道路运输管理机构办理延期手续。

第三章 经营行为

第十六条 机动车维修经营者应当在许可的经营范围从事机动车维修，并遵守下列规定：

(一)在经营场所的醒目位置悬挂机动车维修标志牌和机动车维修经营许可证;

(二)公示维修项目、工时定额和收费标准;

(三)公示服务承诺内容、道路运输管理机构和价格主管部门的监督电话。

第十七条 机动车维修经营者应当在核定的经营场所内进行维修作业,遵守环境保护、安全生产和市容环境卫生等有关规定,采取措施防止污染周边环境和影响居民正常生活。

禁止非法占用道路和公共场所进行维修作业。

第十八条 机动车维修经营者不得从事下列行为:

(一)使用假冒伪劣配件维修机动车;

(二)承修已报废的机动车或者擅自改装或拼(组)装机动车;

(三)承修无合法证明材料或证明材料及车辆有变造、伪造痕迹的机动车;

(四)虚报维修项目、维修工时及材料费用或者超过公示的收费项目、收费标准收取维修费用。

第十九条 机动车维修经营者与托修人结算费用时,材料费与工时费应当分项计算,并出具内容符合道路运输管理机构要求的机动车维修结算清单。机动车维修经营者不出具维修结算清单的,托修人有权拒绝支付维修费用。

第二十条 机动车维修经营者与托修人在平等自愿的基础上订立机动车维修合同。机动车维修经营者在维修过程中,需要变更维修项目的,应当事先征得托修人同意并订立补充合同。

自治区交通运输主管部门应当会同自治区工商管理部门制定机动车维修合同示范文本,并推荐机动车维修经营者和托修人使用。

第二十一条 机动车维修经营者应当将原厂配件、副厂配件和修复配件分别标识,供托修人选择。

托修人支付费用更换配件,要求取回旧配件的,机动车维修经营者不得拒绝。

第二十二条 机动车维修经营者承修损坏车辆时,应当如实登记并查验下列信息:

(一)送修车辆的号牌、车型、发动机号码、车架号码、车牌型号、车身颜色;

(二)车主姓名、送修人姓名和身份证号码或驾驶证号码;

(三)修理项目(外观损坏的应详细登记修理部位);

(四)送修时间、收车人姓名;

(五)更换配件的名称、数量、规格、新旧程度等。

对送修的机动车全车、外观损坏部位及损坏程度应当采取拍照、摄像等方式进行记录登记,影像资料至少保存六个月。

第二十三条 机动车维修经营者承修车辆时,发现下列可疑情况,应当立即报告当地公安机关:

(一)证明材料有变造、伪造痕迹的;

(二)车辆发动机号码、车架号码有改动痕迹或车辆有其他明显改动、破坏痕迹的;

(三)送修人要求更改发动机号码、车架号码的;

(四)公安机关查控的机动车辆;

(五)交通肇事逃逸嫌疑车辆及其他可疑情况。

第四章 监督管理

第二十四条 机动车维修经营者应当按照国家、行业或者地方标准和规范维修机动车;尚无标准或规范的,可参照机动车生产企业提供的维修手册、使用说明书和有关技术资料进行维修。

第二十五条 机动车维修经营者应当建立配件采购登记制度。登记内容包括配件的进货日期、供应商名称及地址、产品名称、品牌、规格型号、适用车型等内容,按规定保存能够证明进货来源的原始凭证,保存期不少于二年。

第二十六条 机动车维修经营者维修机动车使用旧配件或者修复配件的,应当征得托修人书面同意,旧配件或者修复配件应当达到规定的质量标准;无规定质量标准的,应当符合维修双方约定的质量要求。

托修人自备配件的,应当提供配件产品质量检验合格证明,并在机动车维修合同或者结算清单中记载。机动车维修经营者在使用托修人提供的配件时,应当查验配件合格证明,无合格证明或者有明显瑕疵的,不得使用。

第二十七条 机动车维修经营者对机动车进行二级维护、总成修理或者整车修理的,应当对机动车进行维修前诊断、维修过程检验和竣工质量检验。维修质量检验合格的,由维修质量检验人员签发机动车维修合格证;未签发机动车维修合格证的机动车不得出厂。

第二十八条 机动车维修经营者对机动车进行二级维护、总成修理或者整车修理的，应当建立机动车维修档案。机动车维修档案包括维修合同、维修项目、维修人员及质量检验人员、维修质量检验单、机动车维修合格证副本及维修结算清单等内容。机动车维修档案的保存期不少于二年。

第二十九条 机动车维修技术负责人员、有关维修人员、质量检验员等关键岗位的从业人员，应当按照国家和自治区的有关规定经过统一考试，取得从业资格证书后方可上岗。

第三十条 机动车维修经营者应当执行国家规定的质量保证期制度。所执行的质量保证期不得低于法律、法规、规章的规定。

在机动车维修质量保证期和机动车维修经营者承诺的质量保证期内，因维修质量原因造成机动车无法正常使用，且机动车维修经营者在三日内不能提供非维修原因造成机动车无法使用的相关证据的，机动车维修经营者应当及时无偿返修，不得故意拖延或者无理拒绝。

在质量保证期内，机动车因同一故障或维修项目，经两次修理仍不能正常使用的，机动车维修经营者应当在征得托修方同意后，在三个工作日内负责联系其他机动车维修经营者维修，并承担相应费用。

第三十一条 道路运输管理机构应当受理机动车维修质量投诉，按照维修合同约定和相关规定调解维修质量纠纷。经道路运输管理机构调解，当事人未达成协议或者调解书生效后不履行的，当事人可以向人民法院提起民事诉讼。

第三十二条 机动车维修质量纠纷双方当事人均有保护当事车辆原始状态的义务。必要时可拆检车辆有关部位，但双方当事人应同时在场，共同认可拆检情况。

第三十三条 对机动车维修质量的责任认定需要进行技术分析和鉴定，且承修方和托修人共同要求道路运输管理机构出面协调的，道路运输管理机构应当组织专家组或委托具有法定检测资格的检测机构作出技术分析和鉴定。鉴定费用由责任方承担。

第三十四条 机动车维修经营者应当将所维修机动车的排气、噪声污染等车辆技术性能指标纳入维修质量保证体系，按照规定配备污染检测设备并进行检测。

涉及排气、噪声污染等维修内容的机动车维修竣工后，其排气、噪声污染等技术状况应当符合国家或者自治区的有关规定。

第三十五条 道路运输管理机构应当加强对机动车维修经营者的诚信

管理工作，建立维修质量诚信档案，并定期将机动车维修经营者的质量信誉情况向社会公布。

机动车维修经营者应当配合道路运输管理机构开展维修质量和诚信管理工作。

第三十六条 道路运输管理机构可以采取抽样检测、检验的方法监督机动车维修质量，具体办法由自治区交通运输主管部门制定。

第三十七条 道路运输管理机构应当会同公安、质监、工商、环保、物价等有关行政管理部门加强机动车维修管理的信息化建设，相互提供机动车维修管理有关信息，实现信息共享。

第三十八条 道路运输管理机构依法对机动车维修经营活动实施监督检查或查处违法行为时，可以行使下列职权：

（一）询问当事人或者有关人员，并可以要求其提供证明材料和与维修行为有关的其他资料；

（二）查询、复制与维修行为有关的台账、单据、凭证、文件及其他资料，核对与维修行为有关的技术资料；

（三）在证据可能灭失或者以后难以取得的情况下，可以依法先行登记保存，当事人或者有关人员不得转移、隐匿或者销毁证据。

机动车维修经营者接受监督检查时应当予以配合，如实提供相关资料。

第五章 法律责任

第三十九条 违反本办法规定，机动车维修经营者有下列行为之一的，依照《中华人民共和国道路运输条例》和《宁夏回族自治区道路运输管理条例》的相关规定进行处罚：

（一）未取得机动车维修经营许可证，非法从事机动车维修经营的；

（二）使用假冒伪劣配件维修机动车的；

（三）承修已报废的机动车或者擅自改装或拼（组）装机动车的；

（四）签发虚假的机动车维修合格证；

（五）聘用无相应从业资格证书的人员从事机动车维修业务的；

（六）未按规定建立车辆维修档案的。

第四十条 违反本办法规定，有下列行为之一的，由县级以上道路运输管理机构责令改正，并可处一千元以上一万元以下的罚款：

（一）超越许可的经营范围从事机动车维修的；

（二）未经核准变更维修作业场所的；

（三）机动车维修经营者未按照规定执行机动车维修质量保证期制度的；

（四）机动车维修经营者未按照有关技术规范进行维修作业的；

（五）承修无合法证明材料或证明材料及车辆有变造、伪造痕迹的机动车；

（六）虚报维修项目、维修工时及材料费用或超过公示的收费项目、收费标准收取维修费用的。

第四十一条　违反本办法第十六条、第二十五条规定的，由县级以上道路运输管理机构责令改正；拒不改正的，予以通报，并记入机动车维修经营者诚信档案。

第四十二条　道路运输管理机构工作人员玩忽职守、徇私舞弊、滥用职权的，依法给予处分；构成犯罪的，依法追究刑事责任。

第六章　附　则

第四十三条　本办法自2014年1月1日起施行。1997年4月28日宁夏回族自治区人民政府发布的《宁夏回族自治区汽车维修行业管理办法》同时废止。

宁夏回族自治区水上交通事故调查处理暂行办法

（1989年10月27日宁政发〔1989〕117号公布　根据2010年11月4日《宁夏回族自治区人民政府关于修改部分自治区人民政府规章的决定》第一次修正　根据2016年6月15日《自治区人民政府关于废止和修改部分政府规章的决定》第二次修正）

第一章　总　则

第一条　为加强水上交通安全管理，及时处理水上交通事故，根据《中华人民共和国内河交通安全管理条例》,结合我区实际,制定本办法。

第二条 凡在我区水域航行、作业、停泊的船舶(含排筏,下同)发生水上交通事故后,均应按本办法调查处理。

第三条 本办法所称水上交通事故是指船舶在水上因发生碰撞、搁浅、触礁、触损、浪损、风灾、火灾以及其他原因而造成的人身伤亡或财产损失。

第四条 水上交通事故依据伤亡人数和财产损失大小分为:重大事故、大事故、一般事故和小事故四类。具体划分标准见附表。

第五条 各级交通主管部门设置的港航监督机构负责水上交通事故调查处理。

第二章 事故报告

第六条 船舶发生水上交通事故后,船舶的所有者、经营者或当事人必须迅速(客船不得超过二十四小时,货船不得超过四十八小时)用电话、电报或派人向当地港航监督站报告。全民、集体单位的船舶,要同时向主管部门报告;个体、联户的船舶,要同时向所在地乡(镇)人民政府报告。

第七条 报告的内容应包括:船名、船牌号、所有者或经营者姓名、船舶装载情况、事故发生的时间、地点以及损害、危险情况的救助要求等。

第八条 港航监督站接到水上交通事故报告后,除立即组织抢救外,对大事故和重大事故应即时向市港航监督所和县(市、区)人民政府报告;市港航监督所在接到事故报告后,对重大事故应立即向自治区港航监督处和市人民政府报告;自治区港航监督处在接到重大事故报告后,应立即向自治区人民政府和交通部报告。

第九条 事故发生后,船舶所有者或经营者除及时作扼要报告外,还必须在三天内向调查处理事故的港航监督机构递交水上交通事故报告书。报告书内容包括事故发生的时间、地点、详细经过、抢救措施以及损害情况等,并附送下列材料:

(一)有关船舶的主要技术数据;

(二)航行和机舱日志;

(三)发生事故时的航线简图或现场简图;

(四)受损部位简图;

(五)与事故有关的其他文件。

第三章 事故调查

第十条 水上交通事故的调查处理,实行地域管辖和级别相结合的原则。

地域管辖,是指对一切水上交通事故都由事故发生地的港航监督机构进行调查处理。

级别管辖,是指对小事故和一般事故由事故发生地的港航监督站负责调查处理;大事故由事故发生地的港航监督所调查处理;重大事故由自治区港航监督处组织调查处理。

第十一条 当水上交通事故发生在由两岸的两个港航监督机构共同管辖的水域时,应以主航道为界,以事故发生地一岸的港航监督机构为主,另一岸的港航监督机构配合进行调查处理。没有主航道时,应以事故发生地邻近一岸的港航监督机构为主,另一岸的港航监督机构配合进行调查处理。

当事故发生地不易区分或难以确定时,应由事故发生地两岸的港航监督机构组成联合调查组进行调查处理。

第十二条 各级港航监督机构根据需要,可采取下列调查方法:

(一)查询有关人员;

(二)要求被调查人员提供书面材料和证明;

(三)要求当事人提供各种有关技术资料和文书资料;

(四)检查船舶及有关设备的证书、人员证书,核实事故发生前船舶的技术状况和适航状态;

(五)检查人员伤亡情况和船舶、货物的损害情况;

(六)勘查事故现场,搜集有关物证;

(七)使用录音、照相、录像等设备取证;

(八)其他的调查方法。

第十三条 被调查人要接受调查,如实答复有关问题,提供有关资料。

第十四条 水上交通事故的调查材料除司法机关审理案件可以查阅、摘录和影印外,港航监督机构不得向其他人员提供和泄露。

第四章 事故处理

第十五条 水上交通事故的过失责任分为:全部责任(负百分之百的责任)、主要责任(负百分之六十至百分之九十的责任)、同等责任(各负百分之五十的责任)、次要责任(负百分之三十至百分之四十的责任)和一定责任(负百分之十至百分之二十的责任)五种。

第十六条 港航监督机构对水上交通事故的处理,必须坚持实事求是、以责论处的原则。根据事故发生的原因、损失大小及当事人的责任等,对事故作出正确的处理决定,并报上一级港航监督机构备案。处理决定包括:事故发生的原因、有关当事人的责任、处理意见和主要教训等。

第十七条 港航监督机构对有过失责任的船舶所有者、经营者,除要求其按所负责任赔偿损失外,还应根据过失责任的性质和程度给予警告、罚款、停止航行或停止作业、扣留或吊销证书、证件的处罚,情节严重构成犯罪的,由司法机关依法追究其刑事责任。

第十八条 有下列情况之一的,对有关人员从重处罚:

(一)对水上交通事故隐瞒不报、谎报或故意拖延报告的;

(二)在事故调查中弄虚作假、隐瞒真相,以各种借口干扰事故调查甚至嫁祸于人的;

(三)事故发生后,不积极组织抢救,甚至弃船逃遁,造成更大伤亡和财产损失的;

(四)滥用职权,擅自处理和袒护、包庇事故责任者的。

第五章 复议和诉讼

第十九条 事故当事人对具体行政行为不服的,可依法申请行政复议或提起行政诉讼,逾期不申请复议、不起诉又不履行行政决定的,由做出具体行政行为的机关申请人民法院强制执行。

第六章 调 解

第二十条 港航监督机构对水上交通事故引起的民事纠纷有权进行调解。

调解应遵循当事人自愿的原则,由当事人在事故发生之日起三十日内,向负责该事故调查的港航监督机构提交书面申请,不申请或逾期申请的不予调解。

第二十一条 涉及货物和财产损失以及打捞救助等经济赔偿时,当事人应提供货物和财产损失的证据，港航监督机构按过失责任的性质和程度进行调解。

第二十二条　因水上交通事故造成人员伤亡的医疗、抚恤以及善后处理等民事纠纷，可参照现行道路、铁路交通事故的有关规定进行一次性赔偿。

（一）因水上交通事故致伤致残的，船舶所有者、经营者应根据致伤致残的程度、过失责任大小给予赔偿。

（二）因水上交通事故致死的，船舶所有者、经营者应按所负责任大小给予赔偿。赔偿金额可根据死亡者劳动能力和年龄大小有所区别。

（三）因水上交通事故失踪的，应在确定死亡以后才能给予赔偿。其申请赔偿的时限从公安部门注销户口之日起三十日内有效。

第二十三条　经调解达成协议的，当事人应共同签署书面协议，由港航监督机构盖章确认并监督执行。当事人各方应当按照协议的规定，严格履行各自的权利和义务。

第二十四条　已向人民法院起诉的，当事人不得再向港航监督机构申请调解。

第二十五条　已向港航监督机构申请调解的民事纠纷，当事人不愿调解的，应向港航监督机构递交撤销调解申请书并通知对方当事人。

第二十六条　港航监督机构在接到调解申请书后，三个月内经调解未能达成协议的，可宣布调解不成。

调解不成的民事纠纷，当事人可向人民法院起诉。

第七章　附　则

第二十七条　船舶在航行或停泊中，发生乘客投河自杀或失足落水等自身原因造成的事故，不属于水上交通事故调查处理的范围。

第二十八条　本办法自发布之日起施行。

宁夏回族自治区水路运输管理办法

（2001年12月18日宁夏回族自治区人民政府令第33号公布　根据2012年2月8日《关于修改部分自治区人民政府规章的决定》第一次修正　根据2016年6月15日《自治区人民政府关于废止和修改部分政府规章的决定》第二次修正）

第一章　总　则

第一条　为了维护水路运输秩序，保护合法经营，保障国家和人民生命财产安全，根据《中华人民共和国水路运输管理条例》，结合我区实际，制定本办法。

第二条　本办法适用于在本自治区行政区域黄河及其他水域内从事营业性水路货物、旅客运输（含旅游、渡船、浮桥运输）的单位和个人。

第三条　自治区人民政府交通行政主管部门是全区水路运输的主管部门。

市、县人民政府交通行政主管部门是本地区水路运输的主管部门。

各级人民政府交通行政主管部门设立的地方海事机构（简称海事机构），受其主管部门的委托，负责本地区水路运输的具体管理工作。

第四条　水路运输在国家宏观调控下，建立和完善统一开放、竞争有序的运输市场，实行公平、公开、公正的市场竞争。

第二章　开业、变更和停业管理

第五条　凡申请从事营业性水路运输的单位和个人必须具备下列条件：

（一）具有与经营范围相适应并经船检部门签发有效船舶证书的运输船舶；

（二）驾驶、轮机人员持有海事机构签发的有效职务证书；

（三）经营旅客运输的，应申报沿线停靠站（点），安排落实船舶靠泊、旅客上下所必需的安全服务设施，并取得县以上海事机构的书面证明；

（四）有经营管理机构和确定的负责人。

第六条　海事机构应当根据从事营业性水路运输的单位、个人的管理水平、运输能力、客源情况以及社会运力、运量平衡情况，审批其经营范围。

第七条　申请经营水路运输的，单位须持法定代表人签章的证明，个人须持所在地街道办事处或乡（镇）以上人民政府的证明和身份证，向自治区海事机构申请水路运输许可证。

第八条　自治区海事机构自接到申请书之日起十五日内，对符合本办法第五条规定的，发给水路运输许可证，不符合条件的给予书面答复。

第九条　领取营业执照和税务登记证的运输经营者，应当向原颁发水路运输许可证的机构领取单船船舶营业运输证，并随船携带。

第十条　运输经营者要求停业（歇业）的，应当向原审批机构和工商行政管理部门以及税务机关办理注销或歇业手续。要求转户的，原运输经营者办理停业，新运输经营者应当重新办理审批和注册登记手续。

第三章　营运管理

第十一条　旅客运输经营者，必须使用符合客船规范的船舶，并依法办理旅客意外伤害强制保险。

第十二条　客船、渡船、排筏必须按照核定的定员、航线、停靠港（站、点）运输。未经批准，不得随意设点运输。

严禁超载运输或者混装有毒、易燃、易爆等物品。

第十三条　旅客应遵守客运港（站、点）秩序，不得违反规定携带危险品或者其他禁止携带的物品进港（站、点）乘船。

第十四条　货物运输经营者运输危险货物，必须执行国家有关危险货物运输的规定。

托运人托运货物，不得谎报货物品名，隐瞒货物性质或者在普通货物中夹带危险货物。

未经有关审批机关批准，货物运输经营者不得承运国家禁运的物品。

第十五条　货物运输经营者，应积极投保承运货物运输险，保证货物运输安全，并采取相应防范措施，防止货物被盗或遗失。

第十六条　水路运输货票和客票及其他专用发票，由自治区地方税务机关印制或监制。由县以上海事机构统一到当地税务机关领取(购),并负责发放、管理。任何单位和个人不得伪造、倒卖、转让或涂改票据。

第十七条 运输经营者,应当按照物价行政主管部门核准的运价和费率计收费用。经营时应当明码标价,并出具正式票据,不得有价格欺诈行为。

第四章 罚 则

第十八条 各级交通行政主管部门及海事机构,应当对水路运输经营者实施监督检查,纠正和处理违法、违章行为。

执法人员在执行公务时,应当身着识别服装,佩戴统一标志,出示行政执法证件。

第十九条 运输经营者应当自觉接受管理机构的监督检查,如实反映情况,提供证件和有关证明材料。

第二十条 违反本办法第七条、第十六条规定的,依照《中华人民共和国水路运输管理条例》的规定处罚。

第二十一条 违反本办法第十二条规定,未经批准,自行变更运输航线和船舶靠港(站、点)或随意设点渡运的,由县级以上交通行政主管部门或其委托的地方海事机构给予警告,并可处以二百元以上二千元以下的罚款。

第二十二条 当事人对行政处罚决定不服的,可以依法申请复议,也可以直接向人民法院提起行政诉讼。

当事人拒不在规定期限内接受处罚的,由作出处罚决定的行政机关申请人民法院强制执行。

第二十三条 违反本办法规定应当给予治安管理处罚的,由公安机关处理;构成犯罪的,由司法机关依法追究刑事责任。

第二十四条 交通行政主管部门及海事机构工作人员违反本办法玩忽职守、滥用职权、徇私舞弊的,由交通行政主管部门给予行政处分或经济处罚。

第五章 附 则

第二十五条 以排筏为旅游运输工具的水路运输参照本办法执行。

第二十六条 本办法自2002年1月1日起施行。宁夏回族自治区人民政府1988年11月11日发布的《宁夏回族自治区水路运输管理办法》同时废止。

宁夏回族自治区超限运输车辆行驶公路管理规定

（2001年11月24日宁夏回族自治区人民政府令第31号公布　根据2016年6月15日《自治区人民政府关于废止和修改部分政府规章的决定》修正）

第一章　总　则

第一条　为了加强对超限运输车辆行驶公路的管理，维护公路的完好畅通，根据《宁夏回族自治区公路路政管理条例》的规定，结合本自治区实际，制定本规定。

第二条　凡在自治区境内公路上进行超限运输的单位和个人（以下简称承运人），均应遵守本规定。

第三条　本规定所称超限运输车辆是指在公路上行驶的、有下列情形之一的运输车辆：

（一）车货总高度从地面算起四米以上（集装箱车货总高度从地面算起4.2米以上）。

（二）车货总长度十八米以上。

（三）车货总宽度2.5米以上。

（四）单车、半挂列车、全挂列车车货总质量四万千克以上；集装箱半挂列车车货总质量四万六千千克以上。

（五）车辆轴载质量分别在单轴（每侧单轮胎）载质量六千千克、单轴（每侧双轮胎）载质量一万千克、双联轴（每侧单轮胎）载质量一万千克、双联轴（每侧各一单轮胎、双轮胎）载质量一万四千千克、双联轴（每侧双轮胎）载质量一万八千千克、三联轴（每侧单轮胎）载质量一万二千千克、三联轴（每侧双轮胎）载质量二万二千千克以上。

对经国家批准生产并投入市场的奔驰、斯泰尔、红岩、黄河等单轴设计轴载大于一万千克、少于一万三千千克的车辆，只要车货总质量符合国家核定的标准，暂不按照超限处理。

第四条 超限运输车辆行驶公路的管理工作实行“统一管理，分级负责，方便运输，保障畅通”的原则。

第五条 县级以上人民政府交通主管部门主管全区超限运输车辆行驶公路的管理工作。超限运输车辆行驶公路的具体行政管理工作，由县级以上人民政府交通主管部门设置的公路管理机构负责。

第六条 在公路上行驶的车辆的轴载质量应当符合《公路工程技术标准》要求。对有限定荷载要求的四级公路、等外公路和技术状况低于三类的桥梁，不得进行超限运输。因国家重点建设工程等特殊情况确需超限运输的，必须经批准并加固或改建后，方可通行。

第七条 禁止超过本规定第三条第一款第五项规定的散货运输车辆行驶公路。

禁止超过本规定第三条第一款第一项至四项规定的运输车辆未经批准擅自行驶公路。

第二章 申请与审批

第八条 超限运输车辆行驶公路前，其承运人应当按照下列规定向公路管理机构提出书面申请；涉及《道路交通管理条例》的规定进行超限运输的，还应当向同级公安机关申请批准：

（一）跨省（自治区、直辖市）行政区域、跨地（市）行政区域进行超限运输的，由自治区公路管理机构负责审批。

（二）在地（市）行政区域内国省干线公路上进行超限运输的，由自治区公路管理机构设置在各地、市、县的公路管理机构负责审批。

（三）在县、乡级公路上进行超限运输的，由市、县人民政府交通主管部门设置的公路管理机构负责审批。

第九条 承运人向公路管理机构申请超限运输车辆行驶公路时，应当提供下列资料和证件：

（一）书面申请。

（二）货物名称、重量、外廓尺寸。

（三）运输车辆的厂牌型号、自载质量、轴载质量、轴距、轮数、轮胎单位压力、载货时总的外廓尺寸等有关资料。

（四）货物运输的起讫点、拟经过的路线和运输时间。

（五）车辆行驶证。

第十条 超限运输车辆行驶公路前，其承运人应当根据具体情况分别依照下列规定的期限提出申请：

（一）对于车货总质量在四万千克以下，但其车货总高度、长度及宽度超过本规定第三条第一款第一项至三项规定的，应当在起运前十五日提出书面申请。

（二）对于车货总质量在四万千克以上（不含四万千克）、集装箱半挂列车车货总质量在四万六千千克以上（含四万六千千克）、十万千克以下的超限运输，承运人应当在起运前一个月提出书面申请。

（三）对于车货总质量在十万千克（不含十万千克）以上的超限运输，承运人应当在起运前三个月提出书面申请。

第十一条 公路管理机构在接到承运人的书面申请后，应当根据不同情况在十五日至三十日内进行审查并提出书面答复意见。

第十二条 公路管理机构在审批超限运输时，应当根据实际情况，对需经路线进行勘测，选定运输路线，计算公路、桥梁承载能力，制定通行与加固方案，并与承运人签订有关协议。公路管理机构进行勘测、方案论证、加固、改造等措施及修复损坏部分所需的费用，由承运人承担。

第十三条 公路管理机构对批准超限运输车辆行驶公路的，应当签发超限运输车辆通行证（以下简称通行证）。

通行证由自治区公路管理机构负责统一印制和管理。

第十四条 对超限运输业务多、车型固定、通行线路相对稳定的承运人，公路管理机构可以采用签订协议、集中办证的方式办理审批手续。

第三章 通行管理

第十五条 承运人进行公路超限运输，必须持有效通行证，并悬挂明显标志，按照公路管理机构会同公安机关共同核定的时间、路线和时速行驶公路。

第十六条 承运人不得涂改、伪造、租借、转让通行证。

第十七条 超限运输车辆的型号及运载的物品必须与签发的通行证所要求的规格保持一致。

第十八条 超限运输车辆通过桥梁时,时速不得超过五公里,且应当匀速居中行驶。严禁在桥面上制动或变速。

第十九条 公路管理机构应当在公路桥梁、隧道及渡口设置限载、限宽、限高的标志。

第二十条 经自治区人民政府批准,公路管理机构可以根据需要,在公路上设置流动式或固定式运输车辆轴载质量及车货总质量的检测装置,对超限运输车辆进行检测。

对超过本规定第三条第一款第四项、第五项限定标准,擅自上路的违法散货超限运输车辆,公路管理机构的路政执法人员应当责令承运人卸去超限部分的货物;拒不卸去超限部分的,由公路管理机构强行卸载,并责令承运人缴纳卸车、装车、货物保管和车辆检测的费用。

第二十一条 公路管理机构应当加强对超限运输车辆行驶公路的现场管理,根据实际情况,对需要护送的车辆派员实施护送。

第二十二条 在公路上进行超限运输的承运人应当积极配合,主动接受公路路政管理人员依法实施的监督检查。

第四章 法律责任

第二十三条 违反本规定第七条、第十五条的规定,擅自进行散货或大件货物超限运输的,由公路路政管理机构对超限部分予以卸载或责令补办手续;经责令不予卸载或不补办手续的,按照下列规定予以处罚:

(一)超过核定轴载质量一吨以上四吨以下的,处以五十元以上一百元以下的罚款。

(二)超过核定轴载质量四吨以上八吨以下的,处以一百元以上三百元以下的罚款。

(三)超过核定轴载质量八吨以上的,处以三百元以上五百元以下的罚款。

(四)超过限定长度、宽度、高度的,每项罚款一百元。

(五)超过本规定第三条第四项规定的,每超过一吨,罚款十元。

第二十四条 因超限运输造成公路路产损坏的,按照下列规定予以处罚:

(一)造成损失一万元以上十万元以下的,处以一千元以上五千元以下的罚款。

（二）造成损失十万元以上五十万元以下的，处以五千元以上一万元以下的罚款。

（三）造成损失五十万元以上的，处以一万元以上三万元以下的罚款。

前款规定中，承运人因超限运输对公路造成损害的，还应当缴纳公路赔（补）偿费。

第二十五条　违反本规定第十六条、第十七条规定的，按照擅自超限运输处理，公路路政管理机构应当责令承运人停止违法行为，并可处以一千元以下罚款。

第二十六条　承运人对公路管理机构的具体行政行为不服的，可以依法申请复议或提起行政诉讼。

第二十七条　承运人拒绝、阻碍公路路政管理人员依法执行公务的，移交当地公安机关处理。

第二十八条　对公路路政管理人员乱收费、乱罚款等徇私舞弊、滥用职权的行为，承运人可以向其所在单位或有关主管部门投诉；经查证属实的违法违纪行为，由其所在单位或有关主管部门严加处理；构成犯罪的，由司法机关追究刑事责任。

第五章　附　则

第二十九条　公路管理机构收取超限运输车辆行驶公路的赔（补）偿费，应当使用自治区财政部门统一制作的收费票据。

第三十条　超限运输车辆行驶公路赔（补）偿费的收取范围和收费标准，由自治区人民政府交通主管部门提出意见，经自治区财政、物价部门批准后执行。

第三十一条　本规定自公布之日起施行。

宁夏回族自治区公路两侧建筑控制区管理办法

(2001年12月18日宁夏回族自治区人民政府令第34号公布　根据2016年6月15日《自治区人民政府关于废止和修改部分政府规章的决定》修正)

第一章　总　则

第一条　为了加强公路两侧建筑控制区的管理,根据《宁夏回族自治区公路路政管理条例》(以下简称《条例》)的规定,制定本办法。

第二条　本办法适用于自治区行政区域内国道、省道、县道和乡道两侧建筑控制区的管理。

第三条　本办法所称公路两侧建筑控制区(以下简称建筑控制区),是指自公路用地外缘起,高速公路和一级公路不少于三十米,国道不少于二十米,省道不少于十五米,县道不少于十米,乡道不少于五米的区域。

第四条　县级以上人民政府交通主管部门所属的公路管理机构负责本辖区内建筑控制区的管理工作。

第五条　建筑控制区的管理,应当遵循有利于公路的发展和远景规划,有利于公路环境的绿化美化,有利于行车安全的原则。

第六条　县级以上人民政府及其有关部门应当加强对公路路政管理工作的领导,加强对建筑控制区的管理和绿化工作。

公路两侧建筑控制区一律实行绿化。公路绿化工作,由公路管理机构按照公路工程技术标准组织实施。

第二章　公路两侧建筑管理

第七条　除公路防护、养护需要外,严禁在建筑控制区内修建建筑物、地面构筑物和建坟。

第八条 对建筑控制区已有的建筑物、构筑物，按照以下原则处理：

（一）凡未经审批而修建的，必须在当地人民政府规定的期限内自行拆除。

（二）因历史原因形成的，应当根据当地经济发展、公路建设以及交通安全的需要，制定计划，分批迁出；搬迁有困难的，应当制定措施，不得影响公路畅通、公路环境和行车安全。

第九条 国土资源、建设部门审批临近建筑控制区的建筑用地时，在办理审批手续时应当按照《条例》的规定，注明建筑物与公路的控制距离并通知公路管理机构；建设单位开工时，审批部门和公路管理机构应当共同派员进行现场监督。

第十条 新建、改建公路施工期间，建筑控制区的管理，由建设方和沿线市、县、乡人民政府共同负责。国土资源、建设等部门应当依照《条例》的规定严格控制建筑物、构筑物或工程设施与公路的距离。

第十一条 在公路沿线规划和新建村镇、开发区，县级以上人民政府及有关部门应当考虑公路环境、行车安全、公路绿化和美化等因素，将建筑物、工程设施或集贸市场控制在公路一侧距离公路五十米以外的范围，防止形成公路街道化、市场化。

第十二条 公路穿越城镇的路段，公路管理机构和建设部门应当依据法律、法规的规定，共同确定城市道路与公路的界线，按照各自的职责控制公路、街道两侧的建筑物、构筑物和工程设施的建设。

第十三条 环卫部门、市场建设单位、公路沿线的乡（镇）政府和村民委员会应当支持和配合公路管理机构做好公路绿化和保洁工作，制止在建筑控制区乱建垃圾堆放场，向公路边缘倾倒垃圾以及乱堆乱放物料等违法行为。

第十四条 公安部门应当加强公路巡逻，及时制止和查处在公路上打场晒粮等设置障碍的违法行为，配合公路管理机构清除公路及建筑控制区内妨碍交通安全的建筑物和构筑物。

第十五条 电力、电信、石油、水利等部门在进行与公路平行设置电力、通讯线路，铺设地上、地下各类管线或修建水利工程设施时，应当按照《条例》的规定，在建筑控制区范围以外进行。因受地形限制或者遇特殊原因需进入控制区时，必须先经公路管理机构批准后方可实施。

第十六条 公路管理机构应当定期对公路平交道口使用情况进行监督检查。公路沿线的单位和个人需修建与公路平面交叉的道口时，必须先向公路管理机构提出书面申请，经批准后按国家规定的公路技术规范的标准修建,并经公路管理机构验收合格后投入使用。因修建平交道口影响公路排水的,申请人应当同时修建公路排水设施。

第十七条　在建筑控制区内的居民和商业经营户需要在公路与建筑物之间修建地坪时,应当先向公路管理机构提出申请。经批准后,地坪标高应当低于公路路肩三十厘米以上。

对已建成的地坪,由公路管理机构进行清理登记,补办批准手续;影响公路排水的,由申请人出资,公路管理机构负责修建排水设施。占用公路用地的,由公路管理机构按照自治区有关规定收取占用费;造成公路路产损失的,应当进行赔偿。

第三章　非公路标牌管理

第十八条　本办法所称非公路标牌是指除公路管理机构设置的警告标志、禁令标志、指示标志、安全标志、地名标志、路政管理宣传牌等以外的、设置在建筑控制区范围以内的各种标牌。

第十九条　非公路标牌的管理应当遵循统一管理、合理设置、严格控制、依法审批的原则。

第二十条　除公路管理机构设置的公路施工标志牌和省界牌以外,在公路上方禁止设置龙门架式非公路标牌。

第二十一条　任何单位和个人未经公路管理机构批准,不得擅自在公路、公路用地区内设置公路标志以外的标牌、广告牌等其他标志。

在建筑控制区范围内设置除公路标志以外的标牌的,必须符合交通安全要求,标牌与公路路肩边缘的间距保持在五米以上。

第二十二条　在建筑控制区范围内,设置地名牌的,按照下列规定办理:

(一)由设置者向拟设置地的公路管理机构提出书面申请,并提供标牌设计方案等相关资料。

(二)公路管理机构接到申请后应当及时进行审查,经审查合格的,予以批准。

第二十三条　在建筑控制区内设置公益性、商业性广告牌的,广告牌设置单位应当向自治区公路管理机构提出申请,由自治区公路管理机构批准后,持公路管理机构的批准文件到工商行政管理部门办理有关手续后方可实施。

第二十四条　在建筑控制区内设置广告牌,由自治区公路管理机构统一划定设置路段，指定设置位置。

经批准设置的广告牌应当在色泽和式样上与公路标志有明显区别，规格应当统一，设计合理，质量优良，坚固安全，内容符合法律规定。

广告牌设置者应当按照公路管理机构的规定期限，对广告牌进行维修、刷新，并由公路管理机构监督实施。

第二十五条　对建筑控制区范围以内现存的各类非公路标牌，按照下列规定处理：

（一）各级地方政府及其有关部门设置在公路上方的龙门式公益性宣传牌，县界、乡界牌，开发区标志牌、市场标志牌以及税收、保险、交通等宣传牌，由公路管理机构通知设置单位限期拆除。

（二）原设置在公路上方的商业性龙门式标牌或其他商业性标牌，一律拆除。

（三）原设置的地名牌、广告牌，凡符合本办法的应当限期补办手续；凡不符合本办法规定的应当拆除。

第二十六条　建筑控制区内各类商业经营户需要设置商业性牌匾或公益性广告牌的，只能设置在各自建筑物的墙面和屋顶上，牌匾的边缘不得悬空突出于建筑物面向公路的墙面。

第二十七条　经批准设置的非公路标牌，如遇公路改建、扩建影响工程施工或者公路路政管理需要时，设置者应当无条件拆除。

第四章　法律责任

第二十八条　违反本办法，在建筑控制区修建筑物、地面构筑物或者其他工程设施的，由公路管理机构责令限期拆除，并可处以五万元以下的罚款。逾期不拆除的，由公路管理机构拆除，有关费用由建筑者、构筑者承担。

第二十九条　违反本办法，未经批准，擅自在建筑控制区架设、埋设管线、电缆的，由公路管理机构责令停止违法行为，并可处以三万元以下的罚款。

第三十条　违反本办法，未经批准，擅自在公路上增设平面交叉道口的，由公路管理机构责令恢复原状，并可处以五万元以下的罚款。

第三十一条　违反本规定，未经批准，擅自在公路与建筑物之间修建地坪的，由公路管理机构责令停止违法行为，恢复原状或者补办手续。

第三十二条　违反本办法，在公路用地范围内，擅自设置非公路标牌的，由公路管理机构责令限期拆除,并可处以二万元以下罚款;逾期不拆除的,由公路管理机构拆除,有关费用由设置者承担。

第三十三条 当事人对公路管理机构做出的行政处罚决定不服的,可以依法申请行政复议或提起行政诉讼;逾期不申请行政复议,又不起诉,也不履行行政处罚决定的,由作出行政处罚决定的机关申请人民法院强制执行。

第三十四条 公路管理机构的工作人员执行职务时,玩忽职守、徇私舞弊、滥用职权的,由其所在单位或上级主管部门依法给予行政处分。

第五章 附 则

第三十五条 本办法自2002年1月1日起实施。

农林水牧

宁夏回族自治区泾河水源保护区条例

（2014年4月9日宁夏回族自治区第十一届人民代表大会常务委员会第九次会议通过　2014年4月9日宁夏回族自治区人民代表大会常务委员会公告第8号公布　自2014年6月1日起施行）

第一条　为了加强泾河水源保护，合理利用水资源，维护生态环境，根据《中华人民共和国水污染防治法》和有关法律、行政法规，结合自治区实际，制定本条例。

第二条　本条例适用于泾源县行政区域内泾河水源保护区的保护和管理。

本条例所称的泾河水源保护区，是指为防治泾河水源污染、保证水源环境质量，划定并进行特殊保护的一定面积的水域和陆域。

第三条　泾源县人民政府水行政主管部门负责水资源的保护和管理工作；环境保护行政主管部门负责水污染防治的监督管理工作。

六盘山国家级自然保护区内泾河水源保护区的保护和管理由固原市人民政府确定的管理机构负责。

林业、国土资源、农牧、卫生、旅游等有关管理部门，应当按照职责分工，做好水源保护区的有关保护和管理工作。

第四条　县级以上人民政府应当增加投入，加强泾河水源保护区的生态建设，营造和保护水源涵养林，保护水资源，防止水体污染，改善和保护生态环境。

第五条　水源保护应当坚持保护优先、防治污染、综合治理的原则，禁止工业污染、控制生活污染、防治面源污染，保障水质安全。

开发、利用和调节、调度泾河水资源时，应当统筹兼顾，维持河流合理流量以及地下水体的合理水位，维护水体的生态功能。

第六条　自治区通过财政转移支付等方式，建立健全泾河水源保护区的水环境生态保护补偿机制。

具体补偿办法由自治区人民政府制定。

第七条 固原市人民政府应当按照泾河水资源综合规划、水资源配置、地理位置、水文条件、供水量、取水方式和污染源的分布等情况，划定水源保护区范围，编制保护规划、制定保护方案，报自治区人民政府批准后实施。

第八条 固原市人民政府确定的管理机构、泾源县人民政府水行政主管部门应当在泾河水源保护区的陆地边界设立地理界标和警示保护标志，并予公告。

任何单位和个人不得擅自移动、占用、损毁地理界标、警示保护标志和防护设施。

第九条 在泾河水源保护区内，禁止下列行为：

（一）破坏水源涵养林、护岸林以及与水源保护相关的植被；

（二）非法采矿、采砂、采石；

（三）倾倒、填埋、贮存、弃置矿渣、石渣、煤灰、垃圾等废弃物和其他污染物；

（四）在堤防和护堤地打井、钻探、爆破、挖筑鱼塘、取土、建房、开渠、挖窖、坟葬、开采地下资源、考古发掘等；

（五）擅自设置排污口；

（六）直接或者间接向水体排放未经处理或者处理未达标的工业废水和生活污水；

（七）使用炸药、高残留农药及其他有毒物质；

（八）对水体造成污染的其他行为。

第十条 禁止损毁堤防、护岸、闸坝等水工程建筑物和防汛、水文、水质、水文地质监测等设施。

第十一条 水源保护区内的单位或者个人，应当遵守下列规定：

（一）推广使用可降解农膜、低毒农药、有机肥料；

（二）人工回灌补给地下水的，水质符合国家规定的标准；

（三）制定防止水污染事故的应急预案，接受有关行政主管部门的监督检查；

（四）保证水污染治理设施的正常运转，经水污染治理设施处理后的水质，达到规定的排放标准。

第十二条 固原市人民政府确定的管理机构、泾源县人民政府水行政主管部门、环境保护行政主管部门应当建立泾河水源保护区巡查制度，对擅自设置排污口的，应当依法查处。

第十三条 泾河水源保护区内发生或者可能发生水体污染事故的，取水单位应当立即向环保、水务等部门报告。有关责任单位应当立即启动应急预案，采取应急措施。

第十四条 环保、水务等部门应当执行水质监测的国家技术规范和标准，建立泾河水源保护区水质监测档案，逐步实现水质自动监测。

第十五条 禁止在水源保护区内新建排放污染物的项目。对已建成不能达标排放污染物的建设项目，由县级以上人民政府责令限期治理；治理后仍未达标的，依法责令拆除或者关闭。

第十六条 擅自移动、占用、损毁水源保护区地理界标、警示保护标志和防护设施的，由固原市人民政府确定的管理机构、泾源县人民政府水行政主管部门依照职责责令限期恢复原状，处五百元以上五千元以下的罚款。

第十七条 有本条例第九条第一项、第二项、第三项、第四项行为之一的，由固原市人民政府确定的管理机构、泾源县人民政府水行政主管部门依照职责责令改正，处一千元以上一万元以下的罚款。

第十八条 有本条例第九条第五项行为的，由泾源县人民政府水行政主管部门责令限期拆除，处二万元以上十万元以下的罚款；逾期不拆除的，依法强制拆除，所需费用由违法者承担。

第十九条 有本条例第九条第六项行为的，由泾源县人民政府环境保护行政主管部门责令限期治理，处应缴纳排污费数额二倍以上五倍以下的罚款；逾期未完成治理任务的，由泾源县人民政府责令关闭。

第二十条 有本条例第九条第七项行为的，由泾源县人民政府环境保护行政主管部门责令改正，处一万元以上五万元以下的罚款。

第二十一条 有本条例第十条行为的，由固原市人民政府确定的管理机构、泾源县人民政府水行政主管部门依照职责责令停止违法行为，采取补救措施，处一万元以上五万元以下的罚款；造成损失的，依法承担赔偿责任。

第二十二条 水源保护区相关主管部门工作人员在管理工作中，玩忽职守，滥用职权，徇私舞弊的，由其所在单位或者上级主管部门依法给予处分；构成犯罪的，依法追究刑事责任。

第二十三条 本条例自2014年6月1日起施行。

宁夏回族自治区人民代表大会常务委员会关于修改《宁夏回族自治区农村集体资产管理条例》的决定

（2015年3月31日宁夏回族自治区第十一届人民代表大会常务委员会第十六次会议通过　2015年3月31日宁夏回族自治区人民代表大会常务委员会公告第16号公布　自公布之日起施行）

宁夏回族自治区第十一届人民代表大会常务委员会第十六次会议决定，对《宁夏回族自治区农村集体资产管理条例》予以修改：

一、将条例中的“农村合作经济经营管理机构”修改为“农村经济经营管理机构”。

二、删去第六条第二款中的“地区”。

三、将第七条第四项修改为：“配合相关部门管理、培训和考核集体经济组织的财务会计人员。”

四、将第九条第七项修改为：“集体经济组织向集体经营者收取的承包费、租金，向农户筹资筹劳形成集体资产；”将第二十二条第二项修改为：“向农户筹资筹劳形成集体资产预决算方案。”

五、删去第十九条。

六、删去第三十二条。

本决定自公布之日起施行。

《宁夏回族自治区农村集体资产管理条例》根据本决定作相应修改并对条文顺序作相应调整，重新公布。

宁夏回族自治区农村集体资产管理条例

（1998年12月4日宁夏回族自治区第八届人民代表大会常务委员会第四次会议通过　根据2015年3月31日宁夏回族自治区第十一届人民代表大会常务委员会第十六次会议《关于修改〈宁夏回族自治区农村集体资产管理条例〉的决定》修正）

第一章　总　则

第一条　为了加强农村集体资产管理，保护农村集体经济组织资产所有者和经营者的合法权益，促进农村集体经济发展，根据国家有关法律、法规，结合自治区实际，制定本条例。

第二条　本条例所称农村集体经济组织是指乡（包括镇，下同）、村（包括村民小组，下同）全体成员以生产资料集体所有形式组建的独立核算的经济组织。

第三条　本条例所称农村集体资产是指归乡、村集体经济组织（以下简称集体经济组织）全体成员集体所有的资产。

第四条　本条例适用于自治区行政区域内的农村集体资产的经营、管理和监督。

第五条　集体经济组织可以按照所有权和经营权分离的原则，对集体资产采取多种经营方式，实行有偿使用。

第六条　自治区人民政府农业行政主管部门主管全区农村集体资产管理工作。

设区的市农业行政主管部门主管本行政区域内的农村集体资产管理工作。

县级农村集体资产管理工作，授权县级人民政府设立的农村经济经营管理机构负责。

乡人民政府主管本乡的集体资产管理工作，日常工作由乡农村经济经营管理部门办理。

各级人民政府的财政、监察、审计、林业、水利、土地、乡镇企业等部门依法对农村集体资产管理工作进行行业指导和监督。

第七条 各级农村集体资产管理部门的职责是：

(一)宣传、贯彻执行国家和自治区有关集体资产管理的法律、法规、规章和政策；

(二)对集体经济组织经营管理集体资产的活动进行审计和监督；

(三)组织或配合有关部门开展集体资产产权界定、产权登记和资产评估工作；

(四)配合相关部门管理、培训和考核集体经济组织的财务会计人员；

(五)对集体资产承包、租赁等合同进行鉴证；

(六)调查处理或配合有关部门查处涉及集体资产的违法行为；

(七)行使法律、法规授予的其他职权。

第八条 集体经济组织及其成员均有保护集体资产不受侵犯的权利和义务。任何组织个人不得侵占、哄抢、私分、截留、平调、损坏、挥霍浪费或者非法查封、扣押、冻结和没收集体资产。

第二章 集体资产产权

第九条 农村集体资产包括：

(一)依法归集体经济组织所有的土地、森林、山岭、草原、荒地、滩涂、水面等自然资源；

(二)集体经济组织投资形成或拥有的建筑物、机械设备、电气设备、交通运输工具、牲畜、林木、果树、农田水利水保设施、防洪设施、乡村道路、桥梁和教育、科学、文化、卫生、体育等公益设施；

(三)集体经济组织投资、投劳积累的企业资产或出资兼并的企业资产及其形成的新增资产；

(四)在股份制、联营和合资企业中，集体经济组织占有的资产及收益；

(五)与有关单位共同出资形成的公益设施中，集体经济组织占有的资产份额及收益；

(六)国家及有关单位和个人无偿资助给集体经济组织的资产；

(七)集体经济组织向集体经营者收取的承包费、租金，向农户筹资筹劳形成集体资产；

（八）国家征用集体土地的各项补偿费用属于集体所得的部分；

（九）集体经济组织拥有的现金、存款、有价证券及债权债务；

（十）集体经济组织拥有的专利权、商标权、著作权及专有技术等无形资产；

（十一）依法属于集体经济组织所有的其他资产。

第十条　除国家征用土地和依法进行产权交易外，任何单位和个人均不得擅自改变集体资产产权的集体所有性质。

第十一条　集体经济组织重要资产产权的取得、变更、消除，应当进行产权登记。村集体资产向乡农村经济经营管理机构申请登记，乡集体资产向县（市、区）农村经济经营管理机构申请登记。

集体所有的土地资产，按照国家和自治区有关土地管理的法律、法规的规定进行登记。

第十二条　因集体资产产权引起的争议，除法律、法规另有规定外，当事人应当依照本条例的有关规定协商解决；协商不成的，由所在地人民政府处理，也可以直接向人民法院起诉。

第三章　集体资产经营

第十三条　集体经济组织可以自主决定其资产的经营方式，可以由集体经济组织直接经营，也可以实行承包、租赁、参股、联营、股份合作以及中外合资、合作等经营形式。

第十四条　集体资产所有者与经营者之间应当依法签订合同，明确双方的权利义务。合同内容应当包括集体资产保值增值、固定资产折旧等内容。

承包合同签订后，应当进行鉴证。

第十五条　集体资产（耕地除外）的承包或租赁经营，应当进行公开招标，中标者应当依法提供抵押或担保。任何单位和个人不得利用职权徇私发包、出租、出售集体资产或随意变更、解除合同。

第十六条　集体资产经营者享有合同约定的权利，并负有按时缴纳承包款或租金的义务。

第十七条　集体资产经营过程中，有下列情形之一的，应当进行资产评估：

（一）资产实行承包、租赁、参股、联营、股份合作、中外合资、合作经营的；

（二）资产拍卖、转让等产权交易行为引起产权变更的；

（三）以招标方式发包、出租集体资产的；

（四）企业出现兼并、分立、破产时，进行资产清算的；

（五）以资产抵押或提供担保的；

（六）其他需要资产评估的情形。

第十八条 资产评估工作，应当由具备法定资格的资产评估机构进行。

集体资产评估应当遵循真实、科学、公正和可行的原则，按照国家统一规定的标准、程序和方法进行评定和测算。

集体资产评估结果应当按照权属关系经乡、村集体经济组织成员大会或成员代表会议确认，向本组织全体成员公布，并按照本条例第十一条的规定重新登记。

第四章 集体资产管理

第十九条 集体经济组织是集体资产管理的主体，对集体资产实行民主管理，并定期公布账目，接受集体经济组织全体成员监督。

第二十条 集体经济组织应当建立和完善集体资产管理制度，依法制定资源性资产的保护措施，合理开发利用自然资源。

第二十一条 集体资产管理中的下列事项，必须经集体经济组织成员大会或成员代表会议审议通过：

（一）年度财务收支预算方案；

（二）向农户筹资筹劳形成集体资产预决算方案；

（三）集体资产经营方式的确定和变更；

（四）集体资产经营项目、公益项目投资；

（五）年度集体资产收益分配方案；

（六）其他重要经营管理事项。

第二十二条 集体经济组织应当设置与其经营管理规模相适应的财务会计机构，配备财务会计人员，按照财务会计制度的规定建账核算。

村集体经济组织财务会计人员的任免和调换，必须由乡农村经济经营管理部门考核，经村集体经济组织成员大会或代表会议讨论通过。其他任何组织和个人不得随意任免、调换村集体经济组织财务会计人员。

第二十三条 集体经济组织应当定期向农村经济经营管理机构报送集体资产统计报表，并向集体经济组织全体成员公布。

第二十四条 集体经济组织管理机构或集体资产经营单位的主要负责

人离任,以及集体经济组织的年终收益分配,应当由农村经济经营管理机构进行审计。

第五章　法律责任

第二十五条　对违反本条例规定,侵占、挪用、哄抢、私分、截留、平调、损坏、挥霍浪费集体资产的,由乡级人民政府或县级以上集体资产管理部门责令赔偿损失;县级以上集体资产管理部门对直接责任人员可处以1000元以上5000元以下的罚款;构成犯罪的,依法追究刑事责任。

第二十六条　对违反本条例规定,有下列行为之一的,由乡级人民政府或县级以上集体资产管理部门责令限期改正;造成损失的,责令赔偿损失;县级以上集体资产管理部门可以对直接责任人员处以500元以上1000元以下的罚款:

(一)非法改变集体资产所有性质的;

(二)不进行产权登记和资产评估的;

(三)利用职权徇私发包、出租、出售集体资产或随意变更、解除合同的;

(四)不定期公布账目、重大事项不经集体经济组织成员大会或成员代表会议讨论决定的;

(五)随意任免、调换村集体经济组织财务会计人员的。

上述行为构成犯罪的,依法追究刑事责任。

第二十七条　违反本条例规定,承包方不按期缴纳集体资产承包款和租金的,由乡级人民政府或县(市、区)以上集体资产管理部门责令依照合同约定或法律规定承担违约责任。

第二十八条　当事人对行政处罚决定不服的,可以依法申请行政复议或提起行政诉讼;逾期不申请行政复议,也不起诉,又不履行行政处罚决定的,由作出行政处罚决定的行政机关申请人民法院强制执行。

第二十九条　农村集体资产监督管理人员滥用职权、玩忽职守、徇私舞弊的,由所在单位或上级主管机关予以行政处分;构成犯罪的,依法追究刑事责任。

第六章　附　则

第三十条　尚未建立乡、村集体经济组织的,分别由乡人民政府指定的机构和村民委员会暂行集体经济组织的职能。

第三十一条 本条例自发布之日起施行。

宁夏回族自治区人民代表大会常务委员会关于修改《宁夏回族自治区农村集体经济审计条例》的决定

（2015年3月31日宁夏回族自治区第十一届人民代表大会常务委员会第十六次会议通过 2015年3月31日宁夏回族自治区人民代表大会常务委员会公告第19号公布 自公布之日起施行）

宁夏回族自治区第十一届人民代表大会常务委员会第十六次会议决定，对《宁夏回族自治区农村集体经济审计条例》予以修改：

一、将条例中的“农村合作经济经营管理机构”修改为“农村经济经营管理机构”。

二、将第二条中的“对提取、管理、使用农民承担费用、劳务”修改为“向农户筹资筹劳形成的集体资产”。将第八条第二项修改为：“向农户筹资筹劳的村集体。”

三、删去第三条第二款中的“行署”。

四、将第五条第一款修改为：“农村集体经济审计人员(以下简称审计人员)应当具备与其从事的审计工作相适应的专业知识和业务能力。”

五、将第九条第二项、第三项、第四项合并修改为一项：“集体资金管理的使用以及资产、资源的承包、租赁、担保情况，征地补偿费用的使用、分配情况”。

六、删去第十三条第一款“审计人员实施审计时，应当出示审计证和审计通知书副本；未出示审计证的，被审计单位有权拒绝”的规定。

七、将第十九条中的“《中华人民共和国治安管理处罚条例》”修改为“《中华人民共和国治安管理处罚法》”。

本决定自公布之日起施行。

《宁夏回族自治区农村集体经济审计条例》根据本决定作相应修改并对条文顺序作相应调整，重新公布。

宁夏回族自治区农村集体经济审计条例

（2000年3月29日宁夏回族自治区第八届人民代表大会常务委员会第十二次会议通过　根据2015年3月31日宁夏回族自治区第十一届人民代表大会常务委员会第十六次会议《关于修改〈宁夏回族自治区农村集体经济审计条例〉的决定》修正）

第一章　总　则

第一条　为了加强对农村集体经济的审计监督，保护农村集体经济组织和农民的合法权益，促进农村经济的发展，根据国家有关法律、法规，结合自治区实际，制定本条例。

第二条　本条例所称农村集体经济审计，是指对农村集体经济组织及其企业和单位的资产、财务收支和有关经济活动进行的全面审计；向农户筹资筹劳形成的集体资产和有关单位占用、使用集体资产情况进行的专项审计。

第三条　自治区人民政府农业行政主管部门主管全区农村集体经济审计监督工作。

设区的市的人民政府农业行政主管部门主管本行政区域内农村集体经济审计监督工作。

县级农村集体经济审计工作，授权县级人民政府设立的农村经济经营管理机构负责。

乡（镇）人民政府主管本乡（镇）农村集体经济审计工作，日常工作由乡（镇）农村经济经营管理部门办理。

县、乡两级农村经济经营管理机构即为农村集体经济审计机构（以下简称农村审计机构）。

第四条 农村集体经济审计工作接受国家审计机关的业务指导。

国家审计机关认为有必要审计的事项,由国家审计机关审计。

第五条 农村集体经济审计人员(以下简称审计人员)应当具备与其从事的审计工作相适应的专业知识和业务能力。

审计人员的任职条件,由自治区农业行政主管部门规定。

第六条 审计人员依法行使职权,受法律保护。

农村审计机构和审计人员,应当坚持客观公正、实事求是、廉洁奉公、保守秘密的原则,依法进行审计。

审计人员与被审计单位或审计事项有利害关系的,应当回避。

县级以上各级人民政府或农村集体经济审计主管部门对执行本条例成绩显著的单位和个人,应当给予表彰和奖励。

第二章 审计范围和职权

第七条 县级农村审计机构负责乡(镇)农村集体经济的审计;乡(镇)人民政府负责村集体经济的审计;必要时,县级农村审计机构对乡(镇)人民政府审计管辖范围内的事项,可以直接进行审计。

乡(镇)农村经济经营管理部门代管村集体经济组织资金和账务的,由县级农村审计机构进行审计。

第八条 农村审计机构对本行政区域内的下列单位进行审计:

(一)乡(镇)、村集体经济组织及其企业和单位;

(二)向农户筹资筹劳的村集体;

(三)占用、使用农村集体资产的企业和单位。

乡(镇)集体经济组织所办企业的审计,由县级农村审计机构会同乡镇企业主管部门组织力量进行审计。

第九条 农村审计机构对第八条所列单位的下列事项进行审计:

(一)财务管理制度是否健全、规范及其执行情况;

(二)集体资金管理使用以及资产、资源的承包、租赁、担保情况,征地补偿费的使用、分配情况;

(三)占用、使用农村集体资产的损益情况;

(四)国家无偿拨给、社会捐赠农村集体经济组织的专项资金、物资的管理使用情况;

(五)农村集体经济组织及其企业和单位的年终净收益分配情况;

（六）乡（镇）有关单位代管的集体资金管理情况；

（七）农村集体经济组织主要负责人离任经济责任；

（八）农村集体经济组织的其他财务收支和经济活动情况；

（九）同级人民政府和有关部门委托的其他审计事项。

第十条 农村审计机构在进行审计时行使下列职权：

（一）要求被审计单位提供预定审计事项的有关情况和资料；

（二）检查会计凭证、账簿、决算报表等有关账目，查阅其他与财务有关的文件和资料；

（三）对审计事项的有关问题向有关单位和个人进行调查，并取得有关证明材料；

（四）对被审计单位正在进行的违反国家规定的财务收支行为予以制止，制止无效时，经县级农村审计机构负责人批准，可以对账册、票据等资料采取先行登记保存的措施；

（五）对审计中发现的问题，在法定职权范围内提出处理、处罚的审计意见和建议，作出审计决定；

（六）向有关部门通报和向群众公布审计结果。

第三章 审计程序

第十一条 农村审计机构根据本级人民政府或上级主管部门的安排和农村集体经济组织及群众的要求，确定审计工作重点，编制审计项目计划。

第十二条 农村审计机构开展审计工作，应当组成不少于两人的审计组，根据确定的审计事项，编制审计方案。在进行审计3日前，将审计通知书送达被审计单位。

第十三条 审计人员根据审计方案实施审计，需要调查取证的，应当有两名审计人员在场，书面证明材料应当由提供证明者签名或盖章。

第十四条 审计终结后，审计组向县级农村审计机构或乡（镇）人民政府提出审计报告。审计报告在报送之前，应当征求被审计单位的意见。被审计单位在收到审计报告之日起10日内提出书面意见；逾期未提出意见的，视同无异议。

被审计单位提出意见的，审计组应当进行复查，并将审计报告和被审计单位的书面意见一并报送县级农村审计机构或乡（镇）人民政府。

第十五条 县级农村审计机构或乡（镇）人民政府审定审计报告，并对审计事项作出评价，出具审计意见书。对违反规定的财务收支行为，情节轻微的，应予以指明并责令自行纠正；对应依法给予处理、处罚的，由县级农村审计机构作出处理、处罚的审计决定。

第十六条 审计意见书或审计决定，应当通知被审计单位。审计意见书或审计决定自送达之日起生效，被审计单位应当执行。

审计结果应当及时向群众公布。

农村审计机构应当及时检查审计意见书和审计决定的执行情况。

第十七条 农村审计机构应当使用统一的农村审计文书，建立审计档案。

第四章 法律责任

第十八条 被审计单位的有关责任人有下列行为之一的，农村审计机构应当责令其改正，并给予通报批评；拒不改正的，视情节轻重，由县级农村审计机构对有关责任人处以100元以上1000元以下的罚款；属于国家工作人员的，由农村审计机构建议其上级主管部门给予行政处分；构成犯罪的，依法追究刑事责任。

（一）拒绝提供财务计划、账簿、凭证、会计报表及有关资料的；

（二）转移、隐匿、篡改和毁弃会计报表、凭证、账簿及有关资料的；

（三）干扰审计人员依法行使审计职权的；

（四）弄虚作假、隐瞒事实真相的；

（五）拒不执行审计意见的。

第十九条 对阻挠、抗拒审计人员行使审计职权或打击、报复审计人员和检举人，违反治安管理规定的，由公安机关依据《中华人民共和国治安管理处罚法》给予处罚。

第二十条 审计中发现被审计单位或有关责任人违反农村财务制度、侵占集体资产和加重农民负担的行为，农村审计机构应当在法定职权范围内依照国家和自治区的有关法律、法规予以处理、处罚；追缴的违法违纪款项及违法所得，依法退还农村集体经济组织或农民个人；构成犯罪的，依法追究刑事责任。

第二十一条 当事人对依据本条例实施的行政处罚不服的，可以依法申请行政复议或提起行政诉讼；逾期不申请行政复议，也不起诉，又不履行行政处罚的，由作出行政处罚决定的农村审计机构申请人民法院强制执行。

第二十二条 农村审计人员滥用职权、徇私舞弊、玩忽职守、泄露秘密的,由所在单位或上级主管部门给予行政处分;构成犯罪的,依法追究刑事责任。

第五章 附 则

第二十三条 乡(镇)人民政府指定的机构和村民委员会代行农村集体经济组织职能的,适用本条例。

第二十四条 本条例自2000年7月1日起施行。

宁夏回族自治区农村集体经济承包合同管理条例

(1994年6月16日宁夏回族自治区第七届人民代表大会常务委员会第七次会议通过 根据2015年5月20日宁夏回族自治区第十一届人民代表大会常务委员会第十七次会议《关于修改〈宁夏回族自治区农村集体经济承包合同管理条例〉等三件地方性法规的决定》修正)

第一章 总 则

第一条 为了稳定和完善以家庭承包经营为基础、统分结合的双层经营体制,加强农村集体经济承包合同的管理,保护合同双方的合法权益,促进农村生产力的发展,根据《中华人民共和国农业法》等法律法规,结合自治区实际,制定本条例。

第二条 本条例所称农村集体经济承包合同(以下简称承包合同),是指农村集体经济组织或者村民委员会与承包者之间为确立双方在生产、经营和分配过程中的权利义务关系而订立的书面协议。

第三条 凡在自治区行政区域内以农村集体经济组织或者村民委员会为发包方与承包者签订的承包合同,均适用本条例。

第四条 订立承包合同,必须遵守法律、法规和国家有关规定,符合集体经济组织章程或者村民大会、村民代表大会决议,兼顾国家、集体和个人利益,遵守平等互利、协商一致、诚实信用的原则。

第二章 发包和承包

第五条 农村集体经济组织或者村民委员会是集体所有的土地等生产资料和依法取得使用权的国有资源的发包方。

第六条 具有生产经营能力的农村集体经济组织的成员或者村民承包经营本集体经济组织或者村民委员会发包项目的是承包方。本集体经济组织或者村民委员会以外的单位和个人,持有合法证明,由有担保能力的第三者担保或者有相应财产抵押,经发包方同意,也可以成为承包方。

在同等条件下,本集体经济组织成员或者本村村民有优先承包权。

第七条 发包方的基本权利和义务:

(一)对所发包的集体生产资料拥有所有权,对依法发包的国有资源拥有监督管理权;

(二)按承包合同规定,监督检查承包方的生产经营活动;

(三)按承包合同规定,向承包方收取承包费,要求承担依法确定的筹资筹劳;

(四)按承包合同规定,为承包方的生产经营活动提供服务;

(五)依法保护承包方经营自主权。

第八条 承包方的基本权利和义务:

(一)按承包合同规定,对承包项目行使经营自主权;

(二)承包期满,在同等条件下,对原承包项目有优先承包权;

(三)依照本条例规定,转包或者转让承包合同;

(四)在承包期内承包人死亡的,该承包人的继承人可以继续承包;

(五)按照承包合同规定,支付承包费,承担依法确定的筹资筹劳;

(六)合理利用和保护承包的土地等生产资料。

第三章 承包合同的订立

第九条 承包合同签订前,集体经济组织或者村民委员会应将承包项目的承包方式、指标、期限等主要内容提交本组织成员大会或者村民大会、村民代表大会讨论通过。

耕地以外的其他专项承包合同应当采取招标和财产抵押的方式承包。

第十条　发包方与承包方对承包合同条款经过协商一致，订立书面协议并经双方及其法定代表人签字盖章，承包合同即成立。

承包合同签订后，应当到承包合同管理机关办理鉴证。

第十一条　承包合同应当具备以下主要内容：

（一）承包项目的名称、规模或者数量、地点、坐落、承包方式和承包期限；

（二）承包方应完成投入、科技、管理维修等指标，支付承包费，承担依法确定的筹资筹劳以及履行办法；

（三）由于不可抗力造成停产或者严重减产、减收后调整收益的办法；

（四）发包方提供服务的项目、方式、收费办法和标准；

（五）承包合同终止后的财产移交和清算办法；

（六）违约责任；

（七）合同的变更与解除；

（八）争议解决方式；

（九）双方商定的其他事项。

第四章　承包合同的变更和解除

第十二条　凡发生下列情况之一者，允许变更或者解除承包合同：

（一）当事人双方经过协商同意，并且不损害国家、集体和他人利益的；

（二）法律、法规和国家有关规定调整，使收益情况发生较大变化，严重影响一方利益的；

（三）承包的土地等生产资料被国家征用或者收回使用权的；

（四）由于不可抗力致使承包合同部分或者全部无法履行的；

（五）一方当事人违约，使承包合同无法继续履行或者没有必要继续履行的；

（六）承包者丧失履行承包合同能力，致使承包合同部分或者全部无法履行的；

（七）承包方进行破坏性、掠夺性生产经营或者放弃生产经营，经发包方劝阻无效的。

第十三条　当事人要求变更或者解除承包合同时，应当由双方协商达成书面协议，经合同管理机关审核同意。经过鉴证或者公证的承包合同变更或者解除还应向原鉴证或者公证机关备案。

第十四条 承包合同订立后,不得因发包方法定代表人的变动和发包组织的合并、分立而变更或者解除。

第十五条 因变更或者解除承包合同使一方遭受损失的,除依法可以免除的责任外,应由责任方负责赔偿。

第十六条 在承包期内,经发包方同意,承包方可与第三者订立转包合同,将其承包项目的部分或者全部转包给第三者,原承包合同仍然有效。

承包方也可以将承包合同规定的权利义务转让给第三者。第三者应与发包方签订新的承包合同。原承包合同经转让即行终止。

承包合同转包、转让需要补偿的,应当予以补偿。

第五章 无效承包合同的确认

第十七条 有下列情形之一者,为无效承包合同:

(一)违反法律、法规和国家有关规定的;

(二)损害国家、集体和社会公共利益的;

(三)违背集体经济组织章程、村民大会或者村民代表大会决议的;

(四)采取欺诈、胁迫或者仗权垄断以及其他不正当手段签订的;

(五)发包方无权发包的。

未经发包方同意,承包方擅自签订的转让、转包合同为无效合同。

第十八条 承包合同的无效,由人民法院或者承包合同仲裁机构确认。

正在履行的承包合同被确认为无效后,应当遵照有利生产、减少损失的原则,可由无效承包合同的确认机构决定采取补救措施。

当事人依据无效合同取得的财产或者由此造成的经济纠纷由无效承包合同的确认机构依法处理。

第六章 违反承包合同的责任

第十九条 由于当事人一方违约,造成承包合同不能履行或者不能完全履行,由违约方承担违约责任;双方违约的,由双方分别承担违约责任。

当事人一方违反承包合同时,应按承包合同约定向对方支付违约金。违约金不足以弥补给对方造成实际损失的,还应当对超过违约金的部分予以赔偿。违约方支付违约金和赔偿金后,对方要求继续履行承包合同的,应当继续履行。

第二十条 发包方有下列行为之一的，应当按承包合同规定向承包方支付违约金、赔偿金：

（一）不按承包合同规定为生产经营活动提供服务的；

（二）非法干涉承包方正常生产经营活动的；

（三）擅自变更或者解除承包合同的；

（四）有其他违约行为的。

第二十一条 承包方有下列行为之一的，应当按承包合同规定向发包方支付违约金、赔偿金：

（一）对承包的资源、生产资料进行破坏性、掠夺性生产经营或者放弃生产经营的；

（二）出卖承包的生产资料或者擅自改变其用途的；

（三）对承包的生产资料使用管理不当，造成损坏或者丢失的；

（四）不按承包合同规定交纳承包费，承担依法确定的筹资筹劳的；

（五）擅自转包、转让承包合同的；

（六）有其他违约行为的。

第七章 承包合同的调解与仲裁

第二十二条 设区的市、县（市、区）可以设立承包合同仲裁委员会。承包合同仲裁委员会设专职或者兼职仲裁员若干人。

第二十三条 承包合同发生纠纷时，当事人可以通过协商或者调解解决。当事人不愿意通过协商、调解解决或者协商、调解不成的，可以依据承包合同中的仲裁条款或者事后达成的书面协议，向仲裁机构申请仲裁。当事人没有在承包合同中订立仲裁条款，事后又没有达成书面协议的，可以向人民法院起诉。

第二十四条 仲裁委员会作出裁决，应当制作仲裁裁决书。

第八章 承包合同的管理

第二十五条 自治区人民政府农业行政主管部门负责全区承包合同的管理工作；设区的市农业行政主管部门，各县（市、区）、乡（镇）人民政府农村经济经营管理机构负责本行政区内承包合同的管理工作。

第二十六条 各级农村经济经营管理机构管理承包合同的主要职责是：

（一）宣传贯彻有关法律、法规和政策，制定和完善承包合同的管理制度；

（二）承担农村土地承包仲裁委员会的日常工作；

（三）培训承包合同管理人员；

（四）其他法律法规规定的职责。

第二十七条 对于利用职权签订假承包合同，倒卖承包合同，或者利用承包合同行贿受贿，以及其他危害国家、集体利益和社会公共利益的，由县级人民政府有关主管部门、乡（镇）人民政府依法处理；构成犯罪的，由司法机关依法追究刑事责任。

第九章 附 则

第二十八条 本条例自公布之日起施行。

宁夏回族自治区实施《中华人民共和国渔业法》办法

（1989年8月26日宁夏回族自治区第六届人民代表大会常务委员会第八次会议通过 2004年7月29日宁夏回族自治区第九届人民代表大会常务委员会第十一次会议修订 根据2015年5月20日宁夏回族自治区第十一届人民代表大会常务委员会第十七次会议《关于修改〈宁夏回族自治区建筑管理条例〉等五件地方性法规的决定》修正）

第一章 总 则

第一条 为了加强渔业资源的保护、增殖、开发和合理利用，发展水产养殖业，保障渔业生产者的合法权益，根据《中华人民共和国渔业法》，结合自治区实际，制定本办法。

第二条 在自治区行政区域内从事水产养殖和采捕水生动物、水生植物等渔业生产活动，应当遵守本办法。

第三条 渔业生产实行以养殖为主，养殖、增殖、流通并举，因地制宜，各有侧重的方针，发挥区域养殖优势，支持、引导各种经济组织和个人发展特色水产养殖和生态渔业、设施渔业、休闲渔业和节水型渔业。

各级人民政府应当把渔业生产纳入国民经济发展计划，加强宜渔水域、宜渔低洼盐碱荒地的统一规划和综合利用，保护和合理利用渔业资源。

第四条 县级以上人民政府渔业行政主管部门主管本行政区域内的渔业工作。

跨市、县(区)水域的渔业由有关市、县(区)人民政府协商管理，或者由共同的上一级人民政府渔业行政主管部门监督管理；国有农场、渔场的渔业管理监督，由所在地县级以上人民政府渔业行政主管部门负责。

国土资源、环保、水利、公安、工商等有关部门应当在各自的职责范围内，协助做好渔业管理工作。

公安、工商、交通等部门应当为运输、销售鲜活水产品提供便利服务。

第五条 渔业行政主管部门及其所属的渔政监督管理机构的渔政执法人员，依法对渔业生产、渔需物资及各种渔业证件、渔船、渔具、渔获物和捕捞方法等进行监督检查，被检查单位和个人，不得拒绝。

渔政执法人员应当依法经过培训，考试合格，取得行政执法证后，持证上岗。

第六条 在渔业资源的增殖、保护和渔业生产发展、渔业科学研究及技术推广等方面，取得显著成绩的单位和个人，各级人民政府应当给予表彰奖励。

第二章　水产养殖

第七条 县级以上人民政府应当按照本地区土地、水资源利用总体规划，制定本行政区域的宜渔水域、宜渔低洼盐碱荒地的规划，并在规划的编制中，组织进行环境影响评价，确定渔业生产基地和城市郊区重要养殖水域。

第八条 自治区对在全民所有宜渔水域、宜渔低洼盐碱荒地从事水产养殖的，实行水域滩涂养殖证制度。

单位和个人使用规划用于养殖业的全民所有宜渔水域、宜渔低洼盐碱荒地的，应当向所在地县级以上人民政府渔业行政主管部门提出申请，取得本级人民政府核发的水域滩涂养殖证后，许可其使用该水域滩涂从事养殖生产。

第九条 单位和个人使用全民所有的宜渔水域、宜渔低洼盐碱荒地，申请水域滩涂养殖证的，应当提交下列材料：

（一）水域滩涂养殖证申请表；

（二）申请人身份证明；

（三）四至边界有关证明；

（四）国有或者集体单位养殖的，应当提供土地使用证；个人承包养殖的，应当提供土地承包经营合同；

（五）在河道管理范围内挖塘养殖的，应当提供河道管理机关批准的文件资料。

第十条 渔业行政主管部门应当自收到申请之日起十五日内完成审核。对符合渔业养殖规划的，经现场勘察确认界标后，报请本级人民政府批准，发给水域滩涂养殖证。对不符合规定的，应当书面告知申请人，并说明理由。

第十一条 单位或者个人承包集体所有的水域、滩涂，从事水产养殖生产，应当依法签订承包合同。

第十二条 水域滩涂养殖证有效期一般不低于五年。

第十三条 取得水域滩涂养殖证从事水产养殖生产的，其合法权益受法律保护，任何组织和个人不得侵犯。

养殖使用权和土地承包经营权可依法采取转包、出租、互换、转让等方式进行流转。养殖使用权和土地承包经营权互换或者转让的，应当办理水域滩涂养殖证变更登记手续。

第十四条 县级以上人民政府应当加强对水产养殖基地和城市郊区重要养殖水域的保护。

因国家建设需要征收或者征用集体所有、个人承包的宜渔水域或者已经用于养殖的水面，应当按照有关法律、法规的规定办理征收或者征用手续，并按照规定给予补偿。

第十五条 县级以上人民政府渔业行政主管部门应当加强对水生动物病害的预防和控制。

第十六条 出入自治区行政区域的水生动物，运输或者经营者应当办理产地检疫手续，经检疫合格后方可运输和销售。

检疫人员应当按照检疫规程实施检疫，对检疫合格的水生动物出具检疫合格证明。

第十七条 自治区鼓励、支持水产优良品种的引进、选育、培育和推广。

第十八条 单位和个人从事水产苗种生产，应当具备下列条件，并经县级以上人民政府渔业行政主管部门审批：

（一）有固定的生产场所，水源充足，水质符合渔业用水标准；

（二）用于繁殖的亲本来源于原种场、良种场，质量符合种质标准；

（三）生产条件和设施符合水产种苗生产技术操作规程的要求；

（四）有与水产苗种生产技术规范相适应的专业技术人员。

渔业生产者自育、自用水产苗种的，不适用前款规定。

单位或者个人经营的水产苗种应当具有质量合格证明。

第十九条 审批部门应当自收到申请之日起十五日内作出审批决定。对符合条件予以批准的，应当公告；不符合条件的，不予批准，并书面告知申请人，说明理由。

第二十条 自治区应当推行渔业标准化生产，鼓励生产无公害水产品。

从事养殖生产的单位和个人应当保护水域生态环境，科学确定养殖密度，合理投饵、施肥、使用药物，不得造成水域环境污染。任何单位和个人不得生产、销售和使用国家禁用的渔药和含有毒有害的饵料、饲料及饲料添加剂。

县级以上人民政府渔业行政主管部门应当加强对渔业水域环境的监测和水产品质量安全的检测，并加强渔业生产中使用渔药、渔用饲料等的监督检查。

第三章 渔业资源的增殖和保护

第二十一条 自治区对黄河宁夏段及入河沟、渠口等附属水域、天然湖泊、水库塘堰等公用水域实行捕捞许可证制度。

在前款规定水域从事捕捞作业的，应当向所在地县级以上人民政府渔业行政主管部门申请捕捞许可证。

捕捞作业必须遵守捕捞许可证关于作业类型、场所、时限、渔具和捕捞标准的规定，遵守国家和自治区有关保护渔业资源的规定。

第二十二条 县级以上人民政府渔业行政主管部门可以向受益单位和个人征收渔业资源增殖保护费。

渔业资源增殖保护费专门用于渔业资源的增殖和保护，具体办法按照国家有关规定执行。

第二十三条 自治区对黄河宁夏段及入河沟、渠口等附属水域实行禁渔期制度。

禁止在禁渔期进行捕捞或者收购、运输、储藏、销售非法捕捞的渔获物。禁渔期的具体时间由自治区人民政府渔业行政主管部门规定。

确因科学研究等特殊原因,需要在禁渔区、禁渔期捕捞的,必须经自治区人民政府渔业行政主管部门批准,并按批准的时限、区域、限额捕捞。

第二十四条 自治区对重要水生野生动物予以保护。

非养殖水域主要水生动物的保护品种为:

(一)鱼类:鲤鱼、草鱼、白鲢、花鲢、大鼻吻鮈、赤眼鳟、瓦氏雅罗鱼、鲇鱼、铜鱼、西吉彩鲫;

(二)虾类:秀丽白虾、中华小长臂虾;

(三)其他:大鲵、鳖(甲鱼)。

在非养殖水域,禁止捕捞低于下列标准的水生野生动物保护品种:

(一)鱼类:鲤鱼、草鱼、白鲢、花鲢、鲇鱼1.5公斤。

(二)虾类:秀丽白虾二厘米,中华小长臂虾三厘米。

(三)其他:鳖(甲鱼)1.5公斤。

捕捞作业时捕捞上来的低于上列捕捞标准的水生动物,应当及时放回水域。

第二十五条 禁止捕捞属于濒危水生野生动物的大鲵、北方铜鱼(鸽子鱼)、大鼻吻鮈、赤眼鳟、瓦氏雅罗鱼、西吉彩鲫。

第二十六条 各级人民政府应当加强对渔业水域生态环境的保护。

禁止向渔业水域排放污水和倾倒有害渔业资源的污物。

因卫生防疫或农业病虫害防治需要向渔业水域施放药物时,应采取有效措施,防止对渔业资源造成危害。

第二十七条 禁止毒鱼、炸鱼、电鱼和使用密眼网、滚钩、鱼鹰等损害渔业资源的渔具捕鱼。

第四章 法律责任

第二十八条 有下列行为之一,由县级以上人民政府渔业行政主管部门或其所属的渔政监督管理机构给予行政处罚:

(一)使用炸鱼、毒鱼、电鱼等方法破坏渔业资源进行捕捞的,违反禁渔区、禁渔期规定进行捕捞的，或者擅自捕捞濒危水产野生动物的，没收渔获物和违法所得，并处五万元以下的罚款；情节严重的，并没收渔具、渔船，吊销捕捞许可证；构成犯罪的，依法追究刑事责任。

（二）未取得捕捞许可证擅自进行捕捞的，没收渔获物和违法所得，并处三万元以下的罚款；情节严重的，并没收渔具、渔船。

（三）违反捕捞许可证核准的作业类型、场所、时限、渔具、捕捞品种及标准等进行作业的，没收渔获物和违法所得，并处五万元以下的罚款；情节严重的，并没收渔具、渔船，吊销捕捞许可证。

（四）非法生产水产苗种的，没收苗种和违法所得，并处五万元以下的罚款。

（五）使用全民所有的水域、滩涂从事养殖生产，无正当理由荒芜水面满一年的，由水域滩涂养殖证发放机关责令其限期开发利用；逾期仍未开发利用的，吊销水域滩涂养殖证，可以并处一万元以下的罚款。

第二十九条 未依法取得水域滩涂养殖证擅自在全民所有的水域从事渔业生产的，由县级以上人民政府渔业行政主管部门责令限期改正，补办水域滩涂养殖证或者限期拆除养殖设施。

第三十条 违反本办法第二十条第二款规定的，按照有关兽药、饲料、饲料添加剂的法律法规依法处罚。

第三十一条 向渔业水域排放污水、倾倒污物造成水域生态环境破坏或者渔业污染事故的，依照《中华人民共和国水污染防治法》的有关规定予以处罚；造成损失的，依法承担赔偿责任。

第三十二条 当事人认为行政机关的具体行政行为侵犯其合法权益的，可依法申请行政复议或提起行政诉讼。

第三十三条 行政主管部门、渔政监督管理机构及其工作人员在渔业管理工作中，滥用职权、徇私舞弊、玩忽职守的，由其所在单位或者上级行政主管部门给予行政处分；构成犯罪的，依法追究刑事责任。

第五章 附 则

第三十四条 本办法自2004年9月1日起施行。

宁夏回族自治区实施《中华人民共和国水土保持法》办法

（1994年6月16日宁夏回族自治区第七届人民代表大会常务委员会第七次会议审议通过　根据1997年10月17日宁夏回族自治区第七届人民代表大会常务委员会第二十七次会议《关于修改八件地方性法规的决定》修正　2015年7月31日宁夏回族自治区第十一届人民代表大会常务委员会第十八次会议修订通过　2015年7月31日宁夏回族自治区人民代表大会常务委员会公告第24号公布　自2015年9月1日起施行）

第一条　根据《中华人民共和国水土保持法》和其他法律、行政法规的规定，结合自治区实际，制定本办法。

第二条　在自治区行政区域内从事水土保持及其相关活动，适用本办法。

第三条　县级以上人民政府水行政主管部门主管本行政区域的水土保持工作。县级以上人民政府确定的水土保持工作机构负责本行政区域水土保持的具体日常工作。

县级以上人民政府发展和改革、国土资源、环境保护、住房和城乡建设、交通运输、农业、林业等部门按照各自职责，做好有关水土流失预防和治理工作。

乡(镇)人民政府应当加强本辖区内的水土保持工作。

第四条　县级以上人民政府应当将水土保持工作纳入本级国民经济和社会发展规划，并将水土保持规划确定的任务纳入年度计划，安排专项资金，组织实施。

自治区在水土流失重点预防区和重点治理区，实行县级以上人民政府目标责任制和考核奖惩制度。

第五条　各级人民政府及其有关部门应当加强水土保持宣传和教育工

作,将水土保持宣传教育纳入各类行政培训、基础教育,普及水土保持科学知识,增强公众的水土保持意识。

新闻媒体应当配合有关部门做好水土保持公益宣传。

第六条 县级以上人民政府应当依据水土流失调查结果划定水土流失重点预防区和重点治理区,并向社会公告。

自治区行政区域内的自然保护区、水源地保护区、天然草原区、水源涵养林等水土流失潜在危险较大的区域,应当划为重点预防区;南部黄土丘陵区、中北部干旱风沙区等水土流失严重区域,应当划为重点治理区。

第七条 水土保持规划由县级以上人民政府水行政主管部门会同同级有关部门编制,报本级人民政府或者其授权的部门批准后,由水行政主管部门组织实施。编制水土保持规划,应当征求专家和公众的意见。

跨行政区域的水土保持规划应当由其共同的上一级人民政府水行政主管部门会同同级人民政府有关部门编制,报本级人民政府或者其授权的部门批准后,由水行政主管部门组织实施。

水土保持规划一经批准,应当严格执行;确需修改的,应当按照规划编制程序报原批准机关批准。

第八条 有关基础设施建设、矿产资源开发、城镇建设、工业园区开发、国土整治、农林综合开发、旅游开发、公共服务设施建设等方面的规划,在实施过程中可能造成水土流失的,规划编制部门应当在规划中设立水土保持专章,提出水土流失预防和治理措施,并在规划报请审批前征求本级人民政府水行政主管部门的意见。

第九条 依法应当编制水土保持方案的生产建设项目,生产建设单位应当按照批准的水土保持方案,在主体工程初步设计和施工图设计中同时进行水土保持设计,审查生产建设项目初步设计和施工图设计应当同时审查水土保持设计。

水土保持设施应当与主体工程同时施工、同时投产使用;水土保持设施未经验收或者验收不合格的,生产建设项目不得投产使用。

第十条 各级人民政府应当采取下列措施,预防和减轻水土流失:

(一)禁牧封育、植树种草、退耕还林还草、自然修复等;

(二)保护植被、沙壳、结皮、地衣等;

(三)鼓励发展沼气、节柴灶,推广利用太阳能、风能,以煤、电、气代替薪柴等;

(四)其他预防和减轻水土流失的措施。

第十一条 禁止在崩塌、滑坡危险区和泥石流易发区从事取土、挖砂、采石等可能造成水土流失的活动。崩塌、滑坡危险区和泥石流易发区的范围，由县级人民政府划定并公告。

禁止采集发菜或者在水土流失重点预防区和重点治理区铲草皮、挖树兜、挖甘草等。

禁止在河流、湖泊、水库、渠道以及专门存放地以外的沟道倾倒固体废弃物。

禁止滥伐林木，毁林、毁草开垦。

第十二条 禁止在十五度以上陡坡地开垦种植农作物，人口密度大于每平方公里一百五十人的乡（镇）可以放宽至二十度。禁止开垦的陡坡地的范围由县级人民政府划定并公告。

已在禁止开垦的陡坡地上开垦种植农作物的，应当退耕植树种草；退耕确有困难的，应当限期修建水平梯田，或者采取其他水土保持措施。

第十三条 开垦禁垦坡度以下、五度以上荒坡地以及在自治区中北部干旱风沙区，开垦种植农作物、中药材或者植树造林，应当采取修建水平梯田、水平阶、鱼鳞坑、坡面水系整治、蓄水保土耕作、设置草方格等水土保持措施，并按照水土保持技术规范编制水土保持实施方案，报县级人民政府水行政主管部门备案，由水行政主管部门监督实施。

对五度以下的平缓坡耕地、川台地、塬地应当沿等高线筑地埂保持水土。

第十四条 依法应当编制水土保持方案，实行审批的生产建设项目，在可行性研究报告报批前完成水土保持方案报批手续；实行核准的生产建设项目，在项目核准申请报告提交前完成水土保持方案报批手续；实行备案的生产建设项目，在办理备案手续后、项目开工前完成水土保持方案报批手续。

不需要办理立项手续的项目，在项目开工前完成水土保持方案报批手续。

第十五条 水土流失治理应当与开发利用水土资源、发展生产相结合，注重生态、经济和社会效益，因地制宜，有计划地对水土流失进行综合治理。

第十六条 县级以上人民政府及其有关部门应当根据水土保持规划，组织单位和个人以小流域为单元，建立水土流失综合防治体系，治理水土流失。

在水力侵蚀为主的地区，以小流域为单元，采取工程措施、植物措施和保护性耕作等措施，进行水土流失综合治理。

在风力侵蚀为主的地区，以小面积治理开发促进大面积保护，采取禁牧封育、设置人工沙障、植树种草、退耕还林还草、免耕等措施，建设防风固沙防护体系。

第十七条 县级以上人民政府应当培育、引进和扶持与水土保持密切相关的产业，采取资金补助、项目扶持、技术培训与推广等政策措施，鼓励、支持单位和个人以承包、租赁等方式参与水土流失治理，并依法保护其合法权益。

第十八条 单位和个人在生产建设过程中应当采取水土保持措施，对造成的水土流失负责治理。

生产建设项目进行开挖、填筑、转运、堆存等土石方施工的，应当控制地表扰动范围，采用苫盖、拦挡、排导、沉沙、洒水降尘、坡面防护等工程措施，减少施工范围地表径流和风蚀扬尘。生产建设活动结束后，应当及时植树种草、恢复植被。

第十九条 在山区、丘陵区、风沙区以及水土保持规划确定的容易发生水土流失的其他区域开办生产建设项目或者从事其他生产建设活动，损坏地貌植被或者水土保持设施，不能恢复原有水土保持功能的，应当缴纳水土保持补偿费。

第二十条 自治区人民政府水行政主管部门应当建立完善水土保持监测网络，科学规划、合理设置水土保持监测站点，对全区水土流失进行动态监测，每五年对下列事项进行公告：

（一）水土流失类型、面积、强度、分布状况和变化趋势；

（二）水土流失造成的危害；

（三）水土流失预防和治理情况。

对重点区域、重大生产建设项目水土流失动态，可以根据实际情况适时发布。

第二十一条 县级以上人民政府水行政主管部门负责组织本行政区域内水土流失危害事实或者危害程度的鉴定工作。具有水土保持监测资质的机构可以受委托开展水土流失危害事实的勘查与评估鉴定，并对鉴定结论负责。

第二十二条 违反本办法规定，在崩塌、滑坡危险区和泥石流易发区从事取土、挖砂、采石等可能造成水土流失活动的，由县级以上人民政府水行政主管部门责令停止违法行为，没收违法所得，对个人处一千元以上一万元以下的罚款，对单位处二万元以上二十万元以下的罚款。

第二十三条 违反本办法规定，采集发菜或者在水土流失重点预防区和重点治理区铲草皮、挖树兜、挖甘草等的，由县级以上人民政府水行政主管部门责令停止违法行为，采取补救措施，没收违法所得，并处违法所得一倍以上五倍以下罚款;没有违法所得的,处五万元以下罚款。

第二十四条 违反本办法规定,在河流、湖泊、水库、渠道以及专门存放地以外的沟道倾倒固体废弃物的,由县级以上人民政府水行政主管部门责令停止违法行为,限期清理,按照倾倒数量处每立方米十元以上二十元以下的罚款。

第二十五条 违反本办法规定,滥伐林木、毁林开垦的,由县级以上人民政府林业行政主管部门责令停止违法行为,补种毁坏株数一倍以上五倍以下的树木,处毁坏林木价值一倍以上五倍以下的罚款。

第二十六条 违反本办法规定,毁草开垦的,由县级以上人民政府草原行政主管部门责令停止违法行为,限期恢复植被,没收非法财物和违法所得,处违法所得一倍以上五倍以下罚款;没有违法所得的,处五万元以下罚款。

第二十七条 水行政主管部门工作人员在水土保持工作中滥用职权、徇私舞弊、玩忽职守的,对直接负责的主管人员和其他直接责任人员依法给予处分;构成犯罪的,依法追究刑事责任。

第二十八条 本办法自2015年9月1日起施行。

宁夏回族自治区枸杞产业促进条例

(2015年11月26日宁夏回族自治区第十一届人民代表大会常务委员会第二十次会议通过 2015年11月26日宁夏回族自治区人民代表大会常务委员会公告第27号公布 自2016年1月1日起施行)

第一章 总 则

第一条 为了促进枸杞产业持续健康发展,根据有关法律、法规,结合自治区实际,制定本条例。

第二条 在自治区行政区域内从事枸杞种植、加工、经营以及为其提供相关服务活动的,适用本条例。

第三条 枸杞产业发展应当坚持统一规划、绿色发展、产业规范、质量监管、品牌保护的原则。

第四条 自治区人民政府和枸杞产区设区的市、县(市、区)人民政府应当将枸杞产业发展纳入国民经济和社会发展总体规划,建立健全促进枸杞产业发展协调机制。

县级以上人民政府林业(枸杞)行政管理部门负责本行政区域内枸杞产业的管理工作。

农牧、国土、环保、经信、商务、市场监管等有关部门,按照各自职责,依法做好枸杞产业发展的相关工作。

枸杞产业行业协会应当发挥服务、协调作用,依法为枸杞生产经营者提供服务。

第二章 规划与扶持

第五条 自治区人民政府应当制定枸杞产业发展规划。

枸杞产区设区的市、县(市、区)人民政府可以根据当地实际,制定枸杞产业发展规划。

枸杞产业发展规划应当与自治区空间发展战略规划、土地利用总体规划、生态环境保护规划等相衔接。

第六条 自治区人民政府应当加大对枸杞产业发展的资金投入,重点支持枸杞种质资源保护,新品种选育与推广,关键技术创新,产区环境保护,人才培养,质量监测体系与信息平台建设,枸杞文化宣传等。

第七条 自治区人民政府和枸杞产区设区的市、县(市、区)人民政府应当制定枸杞产业发展优惠政策,加强枸杞种植基地、产业园区道路、水利、电力等基础设施建设。

第八条 自治区人民政府应当将通过自治区级鉴定的枸杞生产、加工机械设备,列入支持推广的农业机械产品目录。对购买产品目录的农业机械设备的企业或者个人,按照有关规定给予政策补贴。

第九条 自治区人民政府和枸杞产区设区的市、县(市、区)人民政府应当鼓励和支持科研院所、高等院校和枸杞生产加工企业联合建立科技创新与成果转化机制,开展枸杞良种选育、先进耕作栽培、新型机具装备、精深产品加工等技术的研发和推广。

枸杞生产加工企业生产食品饮料、生物制药、养生保健、化妆制品等枸杞精深加工产品的，按照有关规定享受优惠政策。

第十条 自治区人民政府和枸杞产区设区的市、县（市、区）人民政府枸杞产业主管部门应当会同相关部门加强枸杞产业专业人才队伍建设，引进和培养枸杞种植、加工、研发、鉴定等职业技术人才。

第十一条 鼓励金融机构开发适合枸杞产业发展的金融产品和服务，给予枸杞产业项目信贷支持。

鼓励和支持枸杞生产加工企业通过多种方式进行融资，增强发展能力。

鼓励和支持枸杞种植企业和个人参加种植保险，保险费可以由县级以上人民政府地方财政给予补贴。

第十二条 企业和个人承包开发适宜枸杞生长的荒山、荒沟、荒丘、荒滩种植枸杞，可以向所在地县级人民政府林业行政管理部门申请林权，由本级人民政府依法核发《中华人民共和国林权证》。

第十三条 鼓励和支持枸杞产业文化发展，加强对枸杞传统加工工艺、枸杞文化遗产的保护，挖掘、整理、传播枸杞文化，推进枸杞文化与枸杞产业的融合发展。

第三章 产地保护

第十四条 枸杞产区的县级人民政府在枸杞种植集中的区域，可以划定保护范围，实行产地保护。

经划定的枸杞产地应当登记造册，并向社会公示。

第十五条 禁止侵占或者损坏枸杞产地保护范围内的基础设施。

因工程施工影响枸杞产地保护范围基础设施功能正常使用的，建设单位应当采取相应的防护措施，并在施工结束时恢复原状。

第十六条 禁止向枸杞产地保护范围内排放、堆置或者处置废弃物。

禁止在枸杞产地保护范围周边三公里内新建对土壤、水质、大气造成污染的项目。已经建成的污染项目，应当依法限期整改或者搬迁。

第十七条 征收枸杞产地保护范围内的土地，应当实行占补平衡，稳定枸杞种植面积。

中宁县是宁夏枸杞的核心产区，对核心产区枸杞种植面积实行保护。

第四章 质量监管

第十八条 自治区人民政府和枸杞产区设区的市、县(区)人民政府农牧、林业行政管理部门应当加强对枸杞种植的技术指导和对使用农药、化肥等投入品的监督管理,推广使用高效有机肥,植物源、微生物源及高效、低毒、低残留农药,推广病虫害综合防治技术,推进病虫害统防统治工作。

第十九条 鼓励和支持枸杞种植企业和个人进行标准化、规模化生产。

第二十条 林业(枸杞)行政管理部门应当加强枸杞种苗生产、运输和使用的管理,规范枸杞优良品种的繁育、示范和推广。

枸杞种苗的生产经营者,应当依法取得苗木生产许可证、苗木经营许可证和苗木检疫合格证。苗木出圃和调运,应当具有苗木出圃合格标签。

第二十一条 企业和个人在枸杞种植过程中不得使用剧毒、高毒、高残留农药以及国家明令禁止使用的投入品。

第二十二条 枸杞生产加工企业应当按照枸杞及枸杞制品标准组织生产。鼓励枸杞生产加工企业制定企业标准。

第二十三条 在枸杞制品生产、加工过程中不得使用不符合产品质量安全标准的枸杞做原料,不得伪造枸杞原料的原始记录、生产记录和产地,不得伪造或者冒用厂名、厂址。

第二十四条 枸杞的制干、加工、贮存、运输以及使用的容器、设备、防腐剂、添加剂、包装材料等,应当符合国家食品安全法律、法规的相关规定和有关强制性的技术规范。

第二十五条 预包装枸杞产品、散装枸杞的标签标识,应当符合国家食品安全法律、法规的相关规定。

鼓励枸杞生产加工企业在其产品包装上使用产品信息、防伪查询技术。

第二十六条 自治区人民政府枸杞产业主管部门应当会同相关部门,建立健全枸杞质量标准体系。

枸杞及其产品实行质量安全可追溯制度,建立产品追溯与查询系统。

枸杞生产经营者应当依照法律、法规的规定,执行枸杞种植信息登记备案制度,进货查验、出厂检验、批发销售记录制度,并对各项登记记录的真实性负责。

鼓励枸杞生产加工企业建立在线监控网络,实现对产品质量安全的控制与监督管理。

第二十七条 县级以上人民政府市场监督管理部门应当对枸杞及其产品进行定期抽样检验，并依据有关规定向社会公布检验结果。

第二十八条 自治区人民政府枸杞产业主管部门应当建立宁夏枸杞及其产品综合信息发布平台，定期向社会发布相关信息，提供资讯服务。

第五章 品牌保护

第二十九条 自治区加强枸杞品牌建设和保护，以品牌带动枸杞产业的发展。

对被认定为中国驰名商标、自治区著名商标、自治区名牌产品的，以及获得国家地理标志产品保护、证明商标、集体商标的，县级以上人民政府应当予以保护。

第三十条 宁夏枸杞地理标志产品保护范围内种植的枸杞可以申请使用地理标志产品保护专用标志；宁夏枸杞核心产区种植的枸杞可以申请使用“中宁枸杞”证明商标；其他产区种植的枸杞应当注明产区名称。

申请使用宁夏枸杞地理标志产品保护专用标志的企业和个人，应当向所在地县级人民政府市场监督管理部门提出。

申请使用“中宁枸杞”证明商标的企业和个人，应当向证明商标注册人中宁县人民政府枸杞产业主管部门提出。

第三十一条 获准使用宁夏枸杞地理标志产品保护专用标志和“中宁枸杞”证明商标的企业和个人，在其种植、生产的枸杞及其产品的标识、标签、说明书或者广告上应当注明产品保护专用标志和证明商标标识。

第三十二条 获准使用宁夏枸杞地理标志产品保护专用标志的企业和个人，不得擅自扩大产品保护专用标志确定的枸杞及其产品使用范围。

任何单位和个人不得伪造、转让、出租、出借或者买卖宁夏枸杞地理标志产品保护专用标志，不得改变产品保护专用标志的表述方式、标识字体、图案或者颜色等。

第三十三条 枸杞交易不得有下列行为：

（一）侵犯宁夏枸杞地理标志产品保护专用标志、“中宁枸杞”证明商标以及其他枸杞品牌的商标专用权；

（二）在标注宁夏枸杞地理标志产品保护专用标志和“中宁枸杞”证明商标的枸杞中掺杂非本产区枸杞；

（三）法律、法规禁止的其他行为。

第三十四条 鼓励企业和个人专营或者连锁经营宁夏枸杞和“中宁枸杞”,支持利用电子商务平台开展销售,拓展市场空间。

鼓励企业和个人投资建设面向国际市场的枸杞种植、生产加工基地,扩大枸杞对外销售渠道。

鼓励企业和个人推行种植、加工、营销、文化旅游为一体的全产业链经营,扩大宁夏枸杞和“中宁枸杞”品牌的影响力。

第三十五条 县级以上人民政府市场监督管理部门,应当对宁夏枸杞地理标志产品保护专用标志、“中宁枸杞”证明商标以及其他枸杞品牌商标的使用情况进行监督管理,保护消费者和经营者合法权益。

第六章 法律责任

第三十六条 违反本条例规定,法律、法规已有处罚规定的,从其规定。

第三十七条 违反本条例第二十一条规定,由县级以上人民政府农牧行政管理部门依据职权,给予警告,责令改正,并处三千元以上三万元以下罚款。

第三十八条 违反本条例第二十三条规定的,由县级以上人民政府市场监督管理部门责令改正,没收违法所得和违法生产、经营的枸杞及枸杞制品,并处违法生产、经营的货值金额一倍以上三倍以下的罚款。

第三十九条 违反本条例第二十六条第三款规定,由县级以上人民政府林业(枸杞)行政管理部门或者市场监督管理部门依据职权,责令改正,给予警告;拒不改正的,处五千元以上五万元以下罚款;情节严重的,责令停产停业。

第四十条 违反本条例第三十二条规定,由县级以上人民政府市场监督管理部门责令改正,没收非法所得和违法经营的枸杞及其产品,违法经营的货值金额不足一万元的,并处五千元以上五万元以下罚款;货值金额一万元以上的,并处货值金额五倍以上十倍以下罚款。

第四十一条 违反本条例第三十三条规定的,由县级以上人民政府市场监督管理部门给予警告、没收非法所得、处以货值金额一倍以上五倍以下的罚款;情节严重的,责令停产停业。

第四十二条 县级以上人民政府林业(枸杞)行政管理部门和其他相关部门的工作人员违反本条例规定,玩忽职守、滥用职权、徇私舞弊的,由其所在单位或者上级行政主管部门依法给予处分;构成犯罪的,依法追究刑事责任。

第七章　附　则

第四十三条　本条例自2016年1月1日起施行。

宁夏回族自治区农村扶贫开发条例

（2016年3月24日宁夏回族自治区第十一届人民代表大会常务委员会第二十三次会议通过　2016年3月24日宁夏回族自治区人民代表大会常务委员会公告第37号公布　自2016年5月1日起施行）

第一章　总　则

第一条　为了促进农村贫困人口脱贫致富，规范农村扶贫开发活动，全面实现脱贫目标任务，根据自治区实际，制定本条例。

第二条　在自治区行政区域内开展农村扶贫开发活动，适用本条例。

第三条　本条例所称农村扶贫开发，是指国家机关和社会各界，通过政策、项目、资金、物资、智力、服务等方式，帮助农村贫困地区和贫困人口增强发展能力，改善生产生活条件，实现脱贫致富和可持续发展的活动。

第四条　农村扶贫开发应当坚持精准扶贫、精准脱贫的方略，按照政府主导、部门协作、社会参与、群众自立、规划引领的原则，建立权力、责任、任务和资金合理运行的工作制度。

第五条　农村扶贫开发实行自治区人民政府负总责，设区的市、县（市、区）人民政府组织实施的管理体制，建立农村扶贫开发目标责任和考核评价制度。各级人民政府主要负责人是农村扶贫开发工作的第一责任人。

县级以上人民政府应当建立农村扶贫开发协调机制，解决农村扶贫开发中的重大问题。

第六条 县级以上人民政府农村扶贫开发机构负责本行政区域内农村扶贫开发的综合协调和监督管理，具体负责专项扶贫，协调指导行业扶贫和社会扶贫工作。

县级以上人民政府有关部门和单位按照各自职责做好农村扶贫开发工作。

乡、镇人民政府和村民委员会负责组织村民参与到村、到户扶贫项目的实施、管理和监督。

贫困县的乡、镇人民政府应当配备专职扶贫开发工作人员。

第七条 各级人民政府应当组织或者协调国家机关、人民团体、企业事业单位等对贫困地区进行定点帮扶，选派农村扶贫开发驻村工作队，推进精准扶贫和精准脱贫。

支持自治区驻军和武警部队、中央驻宁单位、各民主党派、社会组织参与农村扶贫开发工作。

第八条 县级以上人民政府应当对在农村扶贫开发工作中做出突出成绩的单位和个人，予以表彰奖励。

第二章 范围和标准

第九条 农村扶贫开发范围包括贫困户、贫困村、贫困县、连片特困地区。

贫困户是指符合农村扶贫标准的农村居民户。

贫困村是指全村农民年人均可支配收入低于全区平均水平、贫困发生率明显高于全区贫困发生率、无集体经济收入的行政村。

贫困县是指国家和自治区确定的扶贫开发工作重点县、片区县。

连片特困地区是指国家和自治区确定的集中连片特殊困难地区。

农村扶贫开发以贫困户和贫困村为主要扶持对象。

第十条 自治区人民政府根据本地区农民年人均可支配收入、经济社会发展水平等，可以制定不低于国家扶贫标准的自治区扶贫标准，并根据经济社会发展状况调整。

第十一条 贫困户的确认由农户申请或者村民小组提名，村民代表大会民主评议，村民委员会和驻村工作队核实公示，乡、镇人民政府审定公示和县（市、区）人民政府复审公告。

贫困村的确认由村民委员会申请，乡、镇人民政府审核公示和县（市、区）

人民政府审定公告，并报自治区农村扶贫开发机构备案。

贫困户、贫困村确认后，村民委员会和乡、镇人民政府应当向社会进行公示，公示期不少于七日。

村民或者有关人员对公示内容有异议的，可以在公示期内向村民委员会或者乡、镇人民政府提出，村民委员会或者乡、镇人民政府应当在七日内予以答复；对答复不服的，可以分别向乡、镇人民政府或者县（市、区）人民政府提出复核申请，乡、镇人民政府或者县（市、区）人民政府应当在十五个工作日内进行复核答复。

任何单位和个人不得采取弄虚作假或者胁迫等手段获取享受扶贫政策的资格。

第十二条 农村扶贫开发机构应当按照国家和自治区确定的扶贫、脱贫标准，建立精准扶贫台账，对建档立卡的贫困村、贫困户每年进行核查，实行动态管理。建立自治区、县、乡扶贫网络信息系统。

对已经认定为脱贫，但易于返贫的村和户，当地人民政府应当继续扶持，防止返贫。

对已经达到脱贫标准的村和户，由县级人民政府依照有关规定予以确认并向社会公示。

第三章 规划和计划

第十三条 县级以上人民政府应当把农村扶贫开发规划纳入国民经济和社会发展总体规划。

农村扶贫开发规划应当与自治区空间发展战略规划、城乡规划、土地利用总体规划、产业发展规划和中期财政规划等规划相衔接。

农村扶贫开发规划由农村扶贫开发机构会同有关部门和单位编制，报本级人民政府批准后实施。

第十四条 县级以上人民政府有关部门编制的行业发展规划涉及农村扶贫开发的，应当与农村扶贫开发规划相衔接。

第十五条 农村扶贫开发机构应当按照农村扶贫开发规划和扶贫任务，会同有关部门和单位拟定年度农村扶贫开发项目实施计划，报本级人民政府批准后实施。

第十六条 农村扶贫开发规划和计划是申报和批准农村扶贫开发项目、安排农村扶贫开发资金、整合行业资源、检查验收农村扶贫开发工作的重要依据。

农村扶贫开发规划和计划经批准后，任何单位和个人不得擅自变更；确需变更的，应当按照原审批程序办理。

第四章 扶贫开发措施

第十七条 县级以上人民政府应当按照扶持对象精准、项目安排精准、资金使用精准、措施到户精准、因村派人精准、脱贫成效精准的要求，统筹推进专项扶贫、行业扶贫和社会扶贫，整合使用各类农村扶贫资源，促进贫困地区和贫困户脱贫致富。

县级以上人民政府及其有关部门在制定重要政策、审批重大项目时，对贫困县及乡、村发展和贫困户生产生活可能产生重大影响的，应当组织开展贫困影响评估，确定扶助补偿措施。

第十八条 各级人民政府应当支持和引导贫困村和贫困户发展优势特色种植养殖业、运输业、服务业、手工业、农副产品加工业、劳务输出、乡村旅游、电子商务等产业。对贫困户发展优势特色产业的给予补助或者贷款支持。

引导企业到贫困县及乡、村投资办厂，支持扶贫产业示范园区建设，扶持龙头企业、农民专业合作及互助资金组织，带动贫困村和贫困户发展生产。

第十九条 县级以上人民政府应当建立完善劳动力创业就业和劳务输出培训机制，统筹使用各类培训资源，以创业就业为导向，对贫困户劳动力实用技术和职业技能进行培训，提高贫困户劳动力生产技术水平和就业创业能力。

鼓励支持企业在贫困地区建立劳务培训基地，通过开展订单培训，定向培训，建立和完善输出与输入地劳务对接机制。

对扶贫对象创业的，在项目、资金、技术、服务等方面予以优惠和支持。

第二十条 自治区人民政府应当编制易地搬迁脱贫规划，对符合条件的农村贫困户，有计划地实施易地脱贫搬迁，帮助贫困户改善生存和发展条件。

县级以上人民政府应当将符合条件的移民安置区纳入整村推进计划，完善移民安置区基础设施和公共服务体系，改善移民群众生产生活条件。

第二十一条 县级以上人民政府应当编制和完善贫困县及乡、村生态修复与保护实施方案，组织实施退耕还林还草、天然林保护、防沙治沙、水土保持、小流域治理等生态工程建设，提高贫困地区人口受益水平，促进贫困县及乡、村生态恢复。

第二十二条 县级以上人民政府应当加强贫困县及乡、村教育基础设施和教师队伍建设，发展学前教育，加强义务教育，普及高中阶段教育，分类推进中等职业教育或者技能培训，建立健全农村贫困户学生资助体系。

对农村贫困户子女接受学前教育、高中阶段教育的，给予免费和补助；接受中、高等职业教育的，给予家庭扶贫助学补助；接受技能培训或参加劳动预备制培训的，给予生活费补贴。

具体免费和补助办法由自治区人民政府制定。

第二十三条 县级以上人民政府应当加强贫困县及乡、村基层医疗卫生服务体系建设，改善贫困县及乡、村医疗康复服务设施条件，组织开展诊疗服务、技术培训等帮扶活动，提高农村合作医疗和医疗救助保障水平，防止因病致贫、因病返贫。

第二十四条 县级以上人民政府应当建立完善与农村扶贫开发相衔接的农村养老保险、医疗保险、最低生活保障和特困人员供养等社会保障制度。对因灾因病等陷入暂时性贫困的农户提供救助。将丧失劳动能力、无法通过实施扶贫项目和就业实现脱贫的贫困人口纳入最低生活保障体系，并提高农村低保标准。

鼓励扶持农村贫困残疾人技能培训和就业创业；鼓励和支持企业吸收农村贫困残疾人就业。

第二十五条 县级以上人民政府应当建立符合贫困县及乡、村实际的新型科技服务体系，加快对贫困县及乡、村先进实用新技术的推广应用。

第二十六条 县级以上人民政府应当加强贫困县及乡、村文化馆、图书馆和综合文化站等公共文化设施投入，推进广播电视村村通、农村电影放映、文化信息共享、农家书屋、农民文化大院和体育健身等惠民工程建设。

第二十七条 县级以上人民政府应当加强贫困县及乡、村交通、水利、电力等基础设施建设，加大对贫困县及乡、村土地整治、水土流失治理、饮水安全和环境整治、危房改造等民生工程支持力度。

第二十八条 县级以上人民政府应当加大互助资金投入力度，通过村财乡管、农户联保、保险机构担保等方式健全完善互助资金管理机制，确保互助资金持续利用，发展农民资金互助组织。

县级以上人民政府应当建立扶贫贷款风险补偿机制，鼓励金融机构对建档立卡贫困户发放免担保、免抵押、基准利率的信用贷款。

鼓励支持金融机构和保险机构在贫困县及乡、村增加服务网点，创新扶贫金融产品和与农村扶贫开发产业相关的保险业务。

第二十九条 县级以上人民政府应当建立健全企业、社会组织和个人参与农村扶贫开发的激励机制，鼓励支持到贫困县及乡、村兴办教育、科技、文化、医疗、体育、社会福利等社会事业。

鼓励支持志愿者参与支教支医、文化下乡、科技推广等扶贫活动；鼓励引导社会成员通过捐赠、结对帮扶等多种形式参与农村扶贫开发。

鼓励支持慈善组织开展扶贫济困活动。

第三十条 鼓励公民、法人和其他组织通过提供就业岗位、订单采购农产品、共建生产基地、联办农民专业合作经济组织、投资入股、科技承包和技术推广等方式参与农村扶贫开发。

第三十一条 各级农村扶贫开发机构应当公开社会帮扶项目，为国家机关和社会各界查询、选取帮扶项目提供服务。

第三十二条 县级以上人民政府及其有关部门应当加强与发达地区和国家对口定点帮扶单位的协作，开展区域性结对帮扶工作，扩大经贸、旅游、金融、科技、文化、教育等各领域的合作。

自治区人民政府及其有关部门可以依法与其他国家和地区、国际组织、区域组织、非政府组织等开展农村扶贫开发交流合作。

第五章　项目和资金管理

第三十三条 农村扶贫开发机构应当依据农村扶贫开发规划建立扶贫开发中长期项目库，并实行项目中期计划滚动管理。农村扶贫年度开发项目应当主要从农村扶贫开发中长期项目库中选取。

第三十四条 县级以上人民政府应当将财政专项扶贫资金和扶贫项目管理经费列入本级财政预算，并建立财政专项扶贫资金稳定增长机制。

第三十五条 农村扶贫开发资金包括下列资金：

（一）中央和地方财政专项扶贫资金；

（二）行业扶贫资金；

（三）国家机关、国有企业事业单位的定点帮扶资金；

（四）金融机构的扶贫贷款；

（五）公民、法人或者其他组织捐赠的资金；

（六）其他用于农村扶贫开发的资金。

第三十六条 农村扶贫开发资金主要用于培育和壮大特色优势产业，改善农村基本生产生活条件，提高就业和生产能力，帮助贫困村、贫困户缓解生产性资金短缺困难以及项目规划和项目管理等方面。

第三十七条 财政专项扶贫资金应当以精准扶贫为核心，按照因素测算、资金绩效、考核评价、年度扶贫开发项目实施计划等进行分配。有关部门应当按照国家和自治区有关规定提出方案，报本级人民政府确定。

行业扶贫资金由行业主管部门依据农村扶贫开发规划、行业规划和任务进行安排。

社会捐赠资金应当按照捐赠者的意愿安排。

自治区在贫困县及乡、村安排的国家或者自治区公益性和基础设施建设项目，取消县级地方配套资金。

第三十八条 农村扶贫开发项目实施单位和扶贫对象应当按照规定履行实施扶贫开发项目的义务，不得弄虚作假，骗取扶贫开发项目和资金。

任何单位和个人不得虚构或者伪造扶贫开发项目套取扶贫开发资金，不得滞留、截留、挤占和挪用扶贫款物。

农村扶贫开发项目所形成的设施、设备和资产依法受到保护，任何单位和个人不得损坏、侵占或者擅自处置。

第六章 监督检查

第三十九条 县级以上人大常委会应当将农村扶贫开发工作作为监督检查的重要内容。

县级以上人民政府应当每年向本级人大常委会报告农村扶贫开发工作。

第四十条 监察、审计、财政、扶贫等部门对农村扶贫开发规划和计划的落实情况、农村扶贫开发资金管理使用情况、扶贫项目实施情况等，定期进行监督检查和审计，并将检查和审计结果向本级人民政府报告。

第四十一条 县级以上人民政府应当将农村扶贫开发工作纳入绩效考核评价体系，将扶贫开发目标完成情况作为对同级相关部门和下级人民政府考核评价的内容。

贫困县、贫困村、贫困户经考核验收按期或者提前实现脱贫的，享受的扶贫优惠政策可以保持不变；提前实现脱贫的，由县级以上人民政府予以表彰奖励。

对国家和自治区批准列入脱贫计划的，在规定时限内，未实现脱贫的贫困县、贫困村，按照规定对主要负责人进行问责。

第四十二条 县级以上人民政府农村扶贫开发机构在履行监督检查职责时,有权采取下列措施:

(一)要求被检查的单位和个人说明情况,提供农村扶贫开发活动有关账册、单据、文件、记录和其他资料;

(二)检查与农村扶贫开发活动有关的场所;

(三)责令被检查单位和个人停止违法行为,履行法定义务;

(四)对可能转移、隐匿、销毁的与违法行为有关的财物,可以申请有关部门进行先行登记保存。

第四十三条 农村扶贫开发机构和有关行业主管部门应当每年将农村扶贫开发资金分配使用、农村扶贫开发项目进展和年度计划实施等情况向社会公开,接受社会监督。

乡、镇人民政府和村民委员会应当将扶贫项目安排计划、扶贫资金使用情况向项目实施地村民公示,接受监督。公示内容由公示人报送乡、镇人民政府和县(市、区)人民政府农村扶贫开发机构备案。

第四十四条 统计部门应当建立健全农村扶贫开发统计指标体系和监测体系,完善统计监测制度,发布贫困地区农村扶贫开发情况,为扶贫决策提供依据。

第四十五条 县级以上人民政府应当建立第三方评估机制,每年对扶贫政策和条例执行情况、扶贫成效、群众满意度等进行调查评估,并作为农村扶贫开发目标责任完成情况和考核评价依据。

第七章 法律责任

第四十六条 违反本条例,有下列行为之一的,由农村扶贫开发机构或者有关主管部门责令限期改正,对直接负责的主管人员和其他直接责任人员给予处分,构成犯罪的,依法追究刑事责任:

(一)未按规定公开农村扶贫开发资金分配使用、农村扶贫开发项目进展和年度计划实施情况的;

(二)滞留、截留和挪用扶贫款物的;

(三)玩忽职守、徇私舞弊、弄虚作假的。

第四十七条 违反本条例,损坏、侵占、擅自处置农村扶贫开发项目设施、设备、物资的,由农村扶贫开发机构或者有关主管部门责令改正,造成损失的,依法承担赔偿责任。

第四十八条　违反本条例，有下列行为之一的，由农村扶贫开发机构或者有关主管部门责令改正，追回扶贫款物，并取消其当年享受扶贫政策的资格：

（一）采用弄虚作假或者胁迫等手段获取享受扶贫政策资格的；

（二）贫困村或者贫困户未按规定实施农村扶贫开发项目的。

第八章　附　则

第四十九条　本条例自2016年5月1日起施行。

宁夏回族自治区水资源管理条例

（2016年10月31日宁夏回族自治区第十一届人民代表大会常务委员会第二十七次会议通过　2016年10月31日宁夏回族自治区人民代表大会常务委员会公告第40号公布　自2017年1月1日起施行）

第一章　总　则

第一条　为了加强水资源统一管理，提高水资源利用效率，保障水安全，根据《中华人民共和国水法》和有关法律、行政法规的规定，结合自治区实际，制定本条例。

第二条　在自治区行政区域内开发、利用、节约、保护和管理水资源，适用本条例。

第三条　水资源包括地表水和地下水。

水资源属国家所有。水资源管理依法实行取水许可制度和有偿使用制度。

第四条　县级以上人民政府应当将水资源的开发、利用、节约和保护纳入国民经济和社会发展规划，并增加水资源管理财政投入。

县级以上人民政府应当将水资源开发、利用、节约、保护和管理的主要指标纳入经济社会发展综合评价体系，并建立水资源管理责任和考核制度。

第五条 县级以上人民政府应当建立水资源统一管理体制，推行城乡水务一体化，对城乡供水、水资源综合利用、水环境治理和防洪排涝等实行统筹规划、协调实施，促进水资源优化配置。

第六条 县级以上人民政府水行政主管部门负责本行政区域内水资源的统一管理和监督工作。

县级以上人民政府有关主管部门依据各自职责分工，负责水资源的开发、利用、节约和保护工作。

第七条 各级人民政府应当加强基本水情、水资源节约、保护知识的宣传和普及工作，提高公民水资源保护和节约用水意识。

教育行政部门、学校、干部教育培训机构应当将水资源节约、保护知识纳入教育培训内容。

新闻媒体单位应当开展节约、保护水资源的公益宣传和舆论监督工作。

第八条 鼓励单位和个人依法开发、利用、节约、保护水资源和参与防治水害的技术研究、推广和应用，并保护其合法权益。

第九条 单位和个人有节约和保护水资源的义务，有权举报和投诉破坏、浪费水资源等违法行为。

对节约、保护和管理水资源有突出贡献的单位和个人，由县级以上人民政府给予表彰和奖励。

第二章 水资源配置与取用水管理

第十条 自治区实行用水总量控制制度。

自治区人民政府水行政主管部门应当根据国家下达的用水总量控制指标和流域管理机构确定的年度调度指标，制订全区年度水资源统一分配与调度方案，经自治区人民政府批准后公布实施。

设区的市、县(市、区)用水总量不得超过自治区人民政府分配下达的用水总量控制指标。

第十一条 县级以上人民政府应当在水资源综合科学考察、承载能力研究和调查评价的基础上，组织制定本行政区域水资源配置保障规划。

水资源配置保障规划应当与水资源综合规划和水污染防治规划相衔接。

第十二条 县级以上人民政府应当依法对水资源使用权进行确权登记。

水资源使用权可以依法进行转让或者交易。

第十三条 自治区实行水资源用途管制制度。

县级以上人民政府水行政主管部门应当按照生活、农业、工业、服务业、生态等用水类型配置和管理水资源，加强水资源用途管理，提高水资源管理能力和利用效率。

第十四条 开发、利用水资源应当优先开发利用地表水，合理开采浅层地下水，严格控制开采深层地下水，鼓励开发、利用城市再生水、雨洪水、微咸水、矿井疏干水等。

城市人民政府应当加快海绵城市建设，涵养水资源，修复城市水生态，增强城市蓄水、防涝能力。

引黄灌区农业用水应当采取灌排结合、井渠结合等措施，适度开发利用浅层地下水，控制地下水水位，防治土壤盐碱化。

高耗水的工业、服务业项目和人工水景观项目，限制取用黄河水和地下水。

开发利用矿泉水、地热水应当严格依法取得许可。

第十五条 申请取水的单位或者个人应当依据取水许可规定的条件和程序向有管辖权的水行政主管部门提出取水申请，经批准后方可兴建取水工程或者设施。取水工程或者设施经验收合格后，发给取水许可证。

第十六条 县级以上人民政府水行政主管部门应当建立水资源承载能力监测预警机制。对取用水总量已达到或者超过控制指标的地区，暂停审批建设项目新增取水；对取用水总量接近控制指标的地区，限制审批建设项目新增取水。

第十七条 县级以上人民政府水行政主管部门应当建立水资源监控管理系统和用水单位监控名录，对纳入取水许可管理的单位和个人，实行计划用水管理。

取水单位或者个人应当在取水口安装取水计量器具并保证正常运行，不得擅自拆除、停用。

第十八条 国民经济和社会发展规划、城市总体规划以及涉及利用水资源的产业发展规划的编制，重大建设项目的布局，应当与本行政区域内水资源条件和防洪能力相适应。

第十九条 自治区人民政府水行政主管部门应当编制旱情、突发水污染等紧急情况下的水资源应急调度预案，报自治区人民政府批准后组织实施。

编制前款规定的水资源应急调度预案，应当服从防汛抗旱的总体安排和水量分配方案,优先安排居民基本生活用水,兼顾上下游、左右岸和地区之间的利益。

第三章　水资源节约使用

第二十条　自治区实行用水效率控制制度。

自治区人民政府水行政主管部门应当会同相关部门制订设区的市的用水效率控制指标,征求设区的市人民政府意见后,报自治区人民政府批准执行。

设区的市人民政府水行政主管部门应当根据自治区人民政府下达的用水效率控制指标,制订县(市、区)用水效率控制指标,征求同级有关部门和有关县(市、区)人民政府意见后,报本级人民政府批准执行。

第二十一条　自治区人民政府有关行业主管部门应当根据全区水资源状况和用水效率控制指标,制订本行业用水定额,报同级水行政主管部门和质量技术监督主管部门审核同意后,由自治区人民政府公布。

行业用水定额应当根据用水需求变化、技术进步和经济发展情况适时修订。

自治区用水定额中未制定标准的行业或者产品的用水量,可以参照国家有关行业主管部门制定的行业用水定额标准执行。

第二十二条　新建、扩建、改建建设项目应当制定节水措施方案,配套建设节水设施;节水设施应当与主体工程同时设计、同时施工、同时投产;节水设施建设资金应当纳入主体工程投资概算。

已建项目未配套节水设施的,应当限期进行建设改造。

第二十三条　县级以上人民政府应当合理调整农业生产布局和种植、养殖结构,加强农业水利工程的节水改造,推广节水栽培和灌溉技术,发展节水高效农业和生态农业,提高农业用水效率。

第二十四条　工业企业应当采用节水新工艺、新技术和新设备,降低耗水量,提高水的重复利用率。对取水工艺和设施落后,耗水量高,节水措施不力的企业,由水行政主管部门责令限期整改;逾期未整改的,核减其取水量。

第二十五条　各级人民政府及有关部门应当推广节水工艺和节水设备、产品,组织开展节水技术研究和指导,培育和发展节水产业,支持雨洪水、再生水等非常规水资源利用。

机关、事业单位等公共机构应当使用节水型设备和器具。

鼓励家庭使用节水型设备和器具。

第二十六条 供水单位应当加强公共供水设施、设备、管网的维护管理，防止跑、冒、滴、漏等浪费现象。

超过国家规定比例的供水管网渗漏水量不得列入供水成本。

第二十七条 用水实行计量收费。对超计划或者超定额取用水的非居民用户实行累进加价，对居民用户实行阶梯水价制度。

第四章 水资源监测与保护

第二十八条 县级以上人民政府水行政、环境保护、国土资源等主管部门应当依照职责分工，建立健全水资源、水环境监测体系，健全监测制度，统一规划监测站点建设，加强水功能区、跨行政区域界河、饮用水水源地等重点水域监测，共享监测信息。

跨行政区域界河、沟道断面水资源、水环境监测，由上一级人民政府水行政和环境保护主管部门实施，监测结果定期向本级人民政府汇报，并向下一级人民政府通报。

跨行政区域界河、沟道断面水资源、水环境监测指标不达标时，上一级人民政府及其水行政、环境保护主管部门，应当督促下一级人民政府采取有效控制措施。

第二十九条 自治区实行饮用水水源保护区制度。

饮用水水源保护区的划定，由设区的市、县(市、区)人民政府提出方案，报自治区人民政府批准并公告。

跨设区的市、县(市、区)行政区域的饮用水水源保护区的划定，由有关设区的市、县(市、区)人民政府协商提出方案，报自治区人民政府批准并公告；协商不成的，由自治区环境保护主管部门会同水行政、国土资源、卫生、住房和城乡建设等主管部门提出方案，报自治区人民政府批准并公告。

自治区人民政府根据保护饮用水水源的实际需要，调整饮用水水源保护区的范围，确保饮用水安全。

第三十条 县级以上人民政府应当加强饮用水水源保护区、重要生态保护区、水源涵养区、河湖源头区及河湖岸线的保护，开展污染预防和治理，推进生态脆弱河流和地区水生态修复工程建设，建立生态修复维护管理长效机制。

开发、利用水资源应当保障生态用水需求，强化河湖生态用途管制，科学规划河湖岸线功能，维护河湖、湿地健康生态。

第三十一条 自治区实行水功能区限制纳污制度。

县级以上人民政府水行政主管部门应当对水功能区的水质状况进行监测，对重点污染物排放总量超过控制指标的，或者水功能区的水质未达到水域使用功能要求的，及时报告有关人民政府采取治理措施，并向环境保护行政主管部门通报。

在水功能区内从事工程建设或者旅游、养殖、水上运动等开发利用活动的，不得影响本水功能区及相邻水功能区的使用功能，不得降低水功能区的水质标准。

第三十二条 县级以上人民政府水行政主管部门应当加强对新建、改建或者扩大排污口的管理。

在河流、湖泊、沟道设置排污口应当符合水功能区划、水资源保护和防洪规划的要求，并设立标示牌，接受社会监督。禁止设置未经达标处理污染物的排放口。

确需在河流、湖泊、沟道新建、改建或者扩大排污口，应当经过有管辖权的水行政主管部门同意，由环境保护行政主管部门对该建设项目的环境影响报告书进行审批。

排污量已超出水功能区限制排污总量的地区，限制审批新增取水和排污口。

第三十三条 自治区人民政府水行政主管部门应当会同有关主管部门加强地下水动态监测，对地下水实行取用水总量控制和水位控制，根据地下水分布及开采状况，划定地下水禁采区和限采区，报自治区人民政府批准并公布。

在地下水超采区，禁止农业、工业建设项目和服务业新增取用地下水，并逐步消减超采量，实现地下水采补平衡。

在城乡公共供水管网覆盖范围内，禁止凿井取用地下水；已有的自备水井，应当依法限期封闭。

第三十四条 县级以上人民政府应当建设应急备用水源工程，建立饮用水水源安全评估和信息公开制度，制定城乡饮用水安全保障应急预案，落实应急水源保护措施。因饮用水水质发生重大变化，达不到饮用水标准，供水水量严重不足或者发生突发水污染事件，应当及时启动应急预案，启用应急备用水源。

第三十五条 因勘察地下水资源情况确需凿井的，应当在勘察工作完成后及时填封，恢复原状，不得作为取水井使用。可以留作监测井使用的除外。

勘察单位应当将凿井数量、深度、勘察量等资料报所在地县级人民政府水行政主管部门备案。

第三十六条 开采(勘查)煤、石油等矿产资源，修建地下工程的，建设单位应当对水环境进行科学评价，并根据评价结果采取相应措施，防止疏干排水、施工降水造成地下水水位下降、水体污染、水源枯竭或者地面塌陷。

因开采(勘查)煤、石油等矿产资源、修建地下工程，导致水工程原有功能丧失的，建设单位应当采取措施恢复原有功能或者修建与原工程效益相当的替代工程，无法恢复原有功能或者修建替代工程的，建设单位应当按照工程重置价格进行补偿。

第三十七条 县级以上人民政府水行政主管部门应当对水资源工程、取水单位和个人加强监督检查。

被检查单位和个人应当配合水行政主管部门的监督检查，如实反映情况，不得提供虚假数据，不得拒绝或者阻碍监督检查人员依法执行公务。

第五章 法律责任

第三十八条 县级以上人民政府水行政主管部门和其他有关主管部门及其工作人员，有下列情形之一的，对直接负责的主管人员和其他直接责任人员予以处分；构成犯罪的，依法追究刑事责任：

(一)对不符合法定条件的单位或者个人核发取水许可证、签署审查同意意见的；

(二)拒不执行水量分配方案和水量调度的；

(三)不履行监督检查职责或者发现违法行为不予查处，造成严重后果的；

(四)放任取用水单位和个人在禁止开采区开采地下水的；

(五)其他玩忽职守、滥用职权、徇私舞弊的行为。

第三十九条 有下列情形之一的，依照《中华人民共和国水法》和《中华人民共和国水污染防治法》的规定给予处罚：

(一)在河流、湖泊、沟道设置未经达标处理污染物的排放口的；

(二)未经批准擅自取水的；

(三)未按照批准的取水许可规定条件取水的；

(四)建设项目无节水设施或者节水设施未达到国家规定的要求，擅自投入使用的。

第四十条 取水单位或者个人未按照规定安装取水计量器具的，由县级以上人民政府水行政主管部门责令限期改正；逾期不改正的，处五千元以上一万元以下罚款；擅自拆除、停用取水计量器具的，由县级以上人民政府水行政主管部门责令限期安装或者恢复使用，并按日最大取水能力计算取水量和征收水资源费，并处五千元以上二万元以下罚款。

第四十一条 在城乡公共供水管网覆盖范围内凿井取用地下水的，由县级以上人民政府水行政主管部门责令停止违法行为，限期封闭其取水工程，并处五千元以上二万元以下罚款。

第四十二条 未经批准擅自凿井的，由县级以上人民政府水行政主管部门责令停止违法行为，限期补办手续；逾期不补办或者补办未被批准的，责令限期填封，并处二万元以上十万元以下罚款。

第六章 附 则

第四十三条 本条例自2017年1月1日起施行。

宁夏回族自治区无规定动物疫病区管理办法

（2014年1月3日宁夏回族自治区人民政府令第63号公布 自2014年3月1日起施行）

第一章 总 则

第一条 为了加强无规定动物疫病区建设和管理，有效预防、控制和扑灭重大动物疫病，促进畜牧业持续健康发展，保护人体健康，根据《中华人民共和国动物防疫法》《宁夏回族自治区动物防疫条例》等法律法规，结合自治区实际，制定本办法。

第二条 在自治区行政区域内从事动物饲养、屠宰、经营、隔离、运输，动物产品生产、经营、加工、贮藏、运输以及无规定动物疫病区建设、管理等活动的单位和个人，应当遵守本办法。

第三条 本办法所称无规定动物疫病区，是指具有天然屏障或者采取人工措施，在一定期限内没有发生国家规定的一种或者几种动物疫病，并经国家兽医主管部门评估验收合格的区域。

第四条 无规定动物疫病区的建设和管理坚持统一规划、因地制宜、严格标准、预防为主、依法管理的原则。

第五条 县级以上人民政府应当将无规定动物疫病区建设、管理纳入本级国民经济和社会发展规划及年度计划，将所需经费列入同级财政预算，保障无规定动物疫病区建设、管理工作的开展。

第六条 县级以上人民政府兽医主管部门负责本行政区域内无规定动物疫病区建设和管理工作。

财政、发展改革、交通运输、工商、卫生、商务、公安等相关部门按照各自职责，依法做好无规定动物疫病区建设和管理有关工作。

第二章 无规定动物疫病区建设

第七条 自治区人民政府兽医主管部门会同有关部门编制全区无规定动物疫病区的建设规划，明确无规定动物疫病区的范围和类型，报自治区人民政府批准后组织实施。

第八条 无规定动物疫病区建设应当符合下列条件：

（一）规定期限内没有发生规定动物疫病；

（二）具有健全的畜牧兽医工作体系；

（三）具有天然或者人工屏障保障体系，具备对动物、动物产品流通环节的监管能力；

（四）具有健全的动物疫病监测、动物疫情信息、动物卫生监督信息网络体系；

（五）具备对规定动物疫病、动物产品可追溯能力、应急反应能力和综合防控能力；

（六）强制免疫动物疫病的免疫效果达到国家规定的标准；

（七）畜禽标识佩戴率、产地检疫率、屠宰检疫率、上市动物和动物产品的动物检疫合格证明持证率和检疫标志使用率达到国家规定的标准；

（八）国务院兽医主管部门规定的其他条件。

第九条 无规定动物疫病区应当设置缓冲区，强化对规定动物疫病的免疫、监测，并对动物、动物产品进行流通监管，防止疫病传入无规定动物疫病区；必要时，可以在无规定动物疫病区内设立监测区，强化对规定动物疫病的监测和动物、动物产品的流通控制。

缓冲区和监测区具体范围由自治区人民政府兽医主管部门拟订，报自治区人民政府批准后，向社会公布。

第十条 自治区行政区域内的主要公路和饲养、交易集中区等明显位置，由所在地县级人民政府负责设置无规定动物疫病区警示标志。

第十一条 自治区人民政府兽医主管部门设立的动物卫生风险评估专家委员会，承担无规定动物疫病区的初评。

无规定动物疫病区由自治区兽医主管部门初步评估合格后，经自治区人民政府同意，报农业部评估。

第三章 规定动物疫病的预防、控制和扑灭

第十二条 自治区人民政府兽医主管部门应当对规定动物疫病状况进行风险评估，并根据评估结果，按照规定动物疫病的分类、危害程度，制定相应的预防、控制方案。

第十三条 自治区人民政府兽医主管部门可以根据无规定动物疫病区建设和管理需要，增加强制免疫病种，报自治区人民政府批准后实施。

动物疫病预防控制机构应当对强制免疫效果进行监测。

第十四条 饲养动物的单位和个人对经强制免疫的猪、牛、羊等动物，应当按照国家和自治区有关规定建立免疫档案，加施畜禽标识，依法使用兽药和饲料，实施可追溯管理。

第十五条 动物饲养场、养殖小区、动物隔离场所、动物屠宰加工场所、动物和动物产品无害化处理场所，应当符合国家有关动物防疫条件规定，并取得动物防疫条件合格证。

取得动物防疫条件合格证的有关场所，其经营单位和个人不得擅自变更经兽医主管部门验收合格的规划布局、设施设备和管理制度。

经营动物、动物产品的集贸市场，应当符合国家有关动物防疫条件规定。

第十六条 发生规定动物疫病时，县级以上人民政府应当根据疫情级别，启动相应规定动物疫病控制应急预案，按照动物疫情处置技术规范，依法及时处置。

第十七条 疫情扑灭后，符合国家有关无规定动物疫病区要求的，由自

治区兽医主管部门初步评估合格后，经自治区人民政府同意，可以向国家申请恢复无规定动物疫病区资格。

第四章 检疫与监督

第十八条 向无规定动物疫病区运输相关易感动物、动物产品的，除附有输出地动物卫生监督机构出具的动物检疫合格证明外，还应当向自治区动物卫生监督机构申报检疫，并按照本办法第十九条、第二十条规定取得输入地动物检疫合格证明。

第十九条 输入到无规定动物疫病区的相关易感动物，应当在自治区动物卫生监督机构指定的隔离场所，按照农业部规定的无规定动物疫病区有关检疫要求隔离检疫。大中型动物隔离检疫期为四十五天，小型动物隔离检疫期为三十天。隔离检疫合格的，由自治区动物卫生监督机构的官方兽医出具动物检疫合格证明；不合格的，不准进入，并依法处理。

第二十条 输入到无规定动物疫病区的相关易感动物产品，应当在自治区动物卫生监督机构指定的地点，按照农业部规定的无规定动物疫病区有关检疫要求进行检疫。检疫合格的，由自治区动物卫生监督机构的官方兽医出具动物检疫合格证明；不合格的，不准进入，并依法处理。

第二十一条 无规定动物疫病区内进入市场进行交易的动物必须附有动物检疫合格证明，佩戴畜禽标识；动物产品必须附有动物产品检疫合格证明和加施检疫验讫标志。

第二十二条 从事动物饲养、屠宰、经营、隔离、运输以及动物产品生产、经营、加工、贮藏、运输等活动的单位和个人，应当接受并配合动物卫生监督机构依法实施的动物卫生监督。

第二十三条 过境无规定动物疫病区的相关易感动物、动物产品的，应当向自治区动物卫生监督机构申报，并经指定通道进入，由动物卫生监督检查站监督检查；经查验合格后，应当按照自治区兽医主管部门限定的期限内经指定路线出境。

第五章 法律责任

第二十四条 违反本办法规定，有关法律、法规和规章对法律责任有规定的，依照有关法律、法规和规章的规定执行。

第二十五条　违反本办法第十八条规定，向无规定动物疫病区运输相关易感动物、动物产品，未向自治区动物卫生监督机构申报检疫的，由动物卫生监督机构对货主或者承运人处一千元以上两千元以下罚款。

第二十六条　违反本办法第二十三条规定，过境无规定动物疫病区的相关易感动物、动物产品，未向自治区动物卫生监督机构申报的，由动物卫生监督机构对货主或者承运人处五百元以上两千元以下罚款。

第二十七条　违反本办法第二十三条规定，过境无规定动物疫病区的相关易感动物、动物产品，无正当理由，未按规定时限或者未按指定路线出境的，由动物卫生监督机构对货主或者承运人处一千元以上五千元以下罚款。

第二十八条　兽医行政管理人员、动物疾病预防控制机构和动物卫生监督机构工作人员滥用职权、玩忽职守、徇私舞弊的，依法给予处分；构成犯罪的，依法追究刑事责任。

第六章　附　则

第二十九条　本办法自2014年3月1日起施行。

宁夏回族自治区农村饮水安全工程管理办法

（2014年10月10日宁夏回族自治区人民政府令第69号公布　自2014年12月1日起施行）

第一章　总　则

第一条　为了加强农村饮水安全工程管理，保障农村饮水安全，维护供用水双方的合法权益，促进农村饮水安全保障事业的可持续发展，根据《中华人民共和国水法》等法律、法规的规定，结合自治区实际，制定本办法。

第二条　在自治区行政区域内兴建农村饮水安全工程，从事和使用农村供水及其相关管理活动，适用本办法。

第三条　本办法所称农村饮水安全工程，是指为解决农村居民饮水安全而兴建的各类集中供水工程和泉水改造、水窖、土圆井、屋檐集水等分散供水工程。

农村饮水安全集中供水工程包括水源工程、取水设施、水厂、公共输配水管网及其相关附属设施。

第四条　县级以上人民政府应当将农村饮水安全保障事业纳入国民经济和社会发展规划，建立健全管理体制和机制，保障农村饮水安全。

农村饮水安全工程建设以各级财政投入为主，鼓励单位和个人投资、捐资建设和经营农村饮水安全工程。

鼓励有条件的地区向农村延伸城镇公共供水管网，发展城乡一体化供水，实现供水同网同质同价。

第五条　县级人民政府是农村饮水安全责任主体，对农村饮水安全保障工作负总责。

县级以上人民政府水行政主管部门是本行政区域内农村饮水安全工程的行业主管部门，负责农村饮水安全工程的行业管理和业务指导。

县级以上人民政府发展改革、财政、卫生、环境保护、国土资源、住房城乡建设、价格等部门应当按照各自职责，做好农村饮水安全的相关工作。

乡（镇）人民政府应当配合县级人民政府水行政主管部门做好农村饮水安全的相关工作。

第二章　规划与建设

第六条　县级以上人民政府水行政主管部门应当会同发展改革、卫生、环境保护等行政主管部门编制农村饮水安全工程规划，经本级人民政府批准后组织实施。

编制农村饮水安全工程规划，应当统筹城乡经济社会发展，优先发展城乡一体化和规模化集中供水工程，提高供水工程规模效益和保障能力。

经批准的农村饮水安全工程规划需要修改的，应当按照前款规定的程序报经批准。

第七条　县级以上人民政府应当按照优先利用地表水、合理开采地下水的原则，为农村饮水安全工程配置水资源。

日供水一千立方米以上或者供水人口一万人以上的农村饮水安全工程

应当配置调蓄工程或者应急备用水源，并按照国家相关规定提高水质检测能力建设。

第八条 县级以上人民政府应当保障农村饮水安全工程建设用地，优先安排并简化农村饮水安全工程建设用地审批程序，保障土地供应。

第九条 农村饮水安全工程设计、施工和建设管理，应当执行国家和自治区有关技术标准、规范和规定，并开展卫生学评价工作。

第十条 农村饮水安全工程建设实行项目法人责任制。集中供水工程按照有关规定组建项目建设管理单位，负责工程建设和建成后运行管理；泉水改造、水窖、土圆井、屋檐集水等分散供水工程，采用村民自建、自管的方式组织工程建设。

第十一条 农村饮水安全工程自来水入户部分一般由用水户自行筹资，建设单位或者供水单位统一组织建设。

农村饮水安全工程使用的设施设备应当符合国家产品质量和卫生标准。

第十二条 农村饮水安全工程竣工后，按照国家和自治区相关规程进行验收。

农村饮水安全工程验收合格后，县级人民政府水行政主管部门应当会同有关部门按照相关规定及时将资产移交工程管理单位，并明确工程管理职责，建立健全管理制度。

第三章 供水管理

第十三条 农村饮水安全工程按照下列规定确定所有权：

（一）由国家投资建设的集中供水工程，其所有权归国家所有；

（二）由国家、集体、个人共同投资建设的，其所有权按国家、集体、个人出资比例共同所有；

（三）由国家投资或者国家补助、社会资助、农村居民建设的分散供水工程，其所有权归用水户所有。

第十四条 农村饮水安全工程按照所有权和经营权分离的原则，可以依法通过股份合作、承包、租赁和委托管理等方式，由具备相应条件的乡（镇）水利工作站等供水管理单位、农村合作组织和个人负责经营管理和维护。

由企业或者个人投资兴建的农村饮水安全工程按照谁投资、谁所有、谁管理的原则负责经营管理和维护。

第十五条 供水单位应当具备下列条件：

（一）符合规范的制水工艺；

（二）符合设计要求的供水设施；

（三）符合要求的消毒设施；

（四）有完善的规章制度；

（五）法律、法规规定的其他条件。

第十六条 供水单位应当遵守下列规定：

（一）按照技术规范和要求，对原水、出厂水、管网末梢水水质定期进行检测；

（二）供水水质、水量和水压符合国家规定标准；

（三）依照核定的价格计量收费；

（四）定期检测、养护和维修工程；

（五）定期对水价、水量、水费收支，工程大修费、折旧费计提和使用情况进行公示；

（六）建立规范的供水档案管理制度。

第十七条 用水户供水设施需要维修时，供水单位应当及时维修，并实行限时服务。入户工程维修实行有偿服务，材料费按照成本收取，服务费按工时费和相关规定计收，土方开挖、回填由用水户自行解决。

供水单位维修工程需要临时占地的，由受益乡（镇）人民政府协调解决。

第十八条 供水单位应当按照国家规定的村镇供水单位资质标准开展水质检测工作，并定期向县级人民政府水行政主管部门报送水质报表和检测资料。供水单位不能检验的项目应当委托具有相应水质检验资质的单位进行检测。

第十九条 供水单位不得擅自停止供水。因供水工程施工或者供水设施维修等原因确需暂停供水的，一般应当在停止供水前二十四小时通知用水户。

因发生灾害或者紧急事故，无法提前通知的，应当在抢修时同时通知用水户，尽快恢复正常供水，并报告当地人民政府和水行政主管部门。

连续超过七十二小时不能恢复正常供水，供水单位应当采取必要的应急供水措施，保证用水户生活用水的需要。

第二十条 县级以上人民政府应当根据辖区内工程数量和规模，核定农村饮水安全工程运行及维修养护资金额度，设立农村饮水安全工程维修养护资金，专户存储，统一用于辖区内农村饮水安全工程日常维护和更新改造。

第二十一条 农村饮水安全工程以灌溉渠道水、水库水为水源的，按农业灌溉供水价格缴纳原水费。

农村饮水安全工程的运行电价，执行自治区多级扬水提灌电价或者贫困县农业排灌用电价格政策。

农村饮水安全工程建设和运行中涉及有关水资源费、税收等税费政策，按照国家和自治区有关规定执行。

第四章 用水管理

第二十二条 农村饮水安全工程供水实行有偿使用、计量收费制度。农村居民生活用水、非农村居民生活用水和特种用水实行分类计价。

农村饮水安全工程供水价格按照“补偿成本、合理收益、节约用水、公平负担”的原则合理确定，实行按基本水量和超过基本水量按实用水量收取水费的两部制水价、用水定额管理、超定额累进加价制度。

第二十三条 农村饮水安全工程供水价格，按照下列规定确定：

（一）国家投资为主建设的农村饮水安全工程，供水价格实行县级以上人民政府定价，跨县的工程供水价格，由设区的市人民政府价格主管部门会同同级水行政主管部门定价；大型及跨市的工程供水价格由自治区政府价格主管部门会同同级水行政主管部门定价；

（二）利用其他方式投资建设的农村饮水安全工程，供水价格实行由投资方和政府价格主管部门协商确定，并报同级水行政主管部门备案。

第二十四条 农村饮水安全工程供水价格按照实际供水量进行定价，达不到供水成本的，县级以上人民政府应当对农村饮水安全工程管理单位实行差额补贴。

第二十五条 供水单位应当与用水户签订供用水合同，明确双方的权利和义务。

供水单位应当在供水管道入户处安装计量设施，按照规定的时间抄表收费，并使用统一的免税票据，开票到户。

第二十六条 县及乡（镇）人民政府应当利用民生服务大厅窗口或者单独设立便民服务点，方便用水户办理新增、报停、维修、交费等用水业务。

第二十七条 用水户应当节约用水，并遵守下列规定：

（一）保证计量设施的正常使用；

（二）按时足额缴纳水费；

（三）不得擅自改变用水性质，将饮用水用于灌溉等；

（四）不得盗用或者擅自向其他单位和个人转供用水；

（五）不得在供水管道上安装其他取水设施；

（六）变更户名、用途或者停止用水时，及时到供水单位便民服务点办理相关手续；

（七）管理水表到水龙头之间的入户设施，做好防止漏水、爆管等工作。

第五章　水源保护与安全管理

第二十八条　县级以上人民政府应当划定本行政区域内农村饮水安全工程水源保护区。

县级人民政府应当在水源保护区的边界设立明确的地理界标和明显的警示标志，采取合理的工程保护措施，并依照国家有关饮用水水源保护区污染防治管理规定，做好饮用水水源保护区的污染防治工作。

第二十九条　在农村饮水安全工程覆盖区域，严格控制自备水源取水。厂矿企业和单位确需使用自备水源取水的，应当依法办理取水许可，并采取防护水源安全措施。

第三十条　在农村饮水安全工程的输配水管道两侧各二米范围内、水厂生产区和单独设立的生产构（建）筑物外围三十米范围内，禁止从事挖坑（沟）、取土、堆填（渣）、碾压、爆破、打桩、顶进作业和修建建（构）筑物等危害农村饮水安全工程的活动。

在农村饮水安全工程净水构筑物、调节构筑物、泵站（加压站）外围三十米范围内，任何单位和个人不得设立生活区和修建畜禽饲养场、厕所、渗水坑、污水沟道，不得堆放垃圾、粪便等污染物，不得排放有毒有害物质。

第三十一条　任何单位和个人不得擅自改装、迁移、拆除或者损坏农村饮水安全工程供水设施，不得从事影响农村饮水安全工程供水设施运行安全的活动。确需改装、迁移、拆除农村饮水安全工程供水设施的，应当在施工前十五日内与供水单位协商一致，落实相应措施，涉及供水主体工程的，应当征得所在地县级人民政府水行政主管部门的同意。造成供水设施损坏的，责任单位应当依法赔偿。

第三十二条　用水户需要在配水管道开户取水的，应当征得供水单位同意后，由供水单位开户供水，开户产生的费用由用水户承担。

禁止生产或者使用有毒有害物质的单位和个人将生产、使用的用水管网与农村饮水安全工程供水管网直接连接。因开矿、建厂、企业生产及其他人为原因造成水源变化、水量减少、水质污染引起的饮水安全问题，由有关责任单位或者责任人承担农村饮水安全等相关责任。

第三十三条 县级以上人民政府环境保护、卫生和水行政主管部门应当按照职责分工，加强对农村饮水安全工程供水水源保护和供水水质监督管理，定期组织有关监测机构对水源地、出厂水质、管网末梢水质进行检测。

前款规定的水质检测所需费用由本级财政承担，不得向供水单位收取。

第三十四条 县级以上人民政府水行政主管部门应当会同有关部门制定农村饮水安全保障应急预案，并经同级人民政府同意后实施。

供水单位应当制定供水安全运行应急预案，报县级人民政府水行政主管部门备案。

因环境污染或者其他突发性事件造成水源、供水水质污染的，启动供水安全运行应急预案，并及时向所在地县级人民政府环境保护、卫生和水行政主管部门报告。

第六章 法律责任

第三十五条 违反本办法规定的行为，法律法规已有处罚规定的，从其规定。

第三十六条 违反本办法规定，供水单位有下列情形之一的，由县级以上人民政府水行政主管部门责令改正；逾期未改正的，可处二千元以上二万元以下的罚款：

（一）饮用水不符合国家规定的水质要求的；

（二）擅自停止供水或者未履行停水通知义务的；

（三）未按照规定时限检修供水设施或者在供水设施发生故障后未及时组织抢修，致使供水中断的。

第三十七条 违反本办法规定，有下列情形之一的，由县级以上人民政府水行政主管部门按照下列规定予以处理：

（一）阻挠或者干扰供水设施抢修的，责令其改正，并可处二百元以上二千元以下的罚款；

（二）擅自转供用水或者改变用水性质的，责令其改正，并可处三百元以上三千元以下的罚款；

（三）盗用供水的，责令其改正，补交水费，并可处五百元以上五千元以下的罚款；

（四）损坏工程建（构）筑物、供水管道等供水设施的，可处五百元以上五

千元以下的罚款,并依法赔偿损失;

(五)擅自在供水管道上直接装泵抽水或者在农村饮水安全工程供水管道上修建房屋等违章建筑物的,责令改正,恢复原状,并可处二千元以上二万元以下罚款;

(六)生产或者使用有毒、有害物质的单位将其生产、使用的用水管网与农村供水管网直接连接的,责令其立即拆除,并可处一万元以上三万元以下的罚款。

第三十八条 违反本办法规定,擅自改装、迁移、拆除农村饮水安全工程供水设施的,由县级以上人民政府水行政主管部门责令改正,恢复原状,并可处二千元以上二万元以下罚款。造成设施或者水量等损失的,依法承担赔偿责任。

第三十九条 用水户因管理不善、使用不当等原因造成院落、房屋及其他财产水毁损失的,由用水户自行承担财产损失。

第四十条 各级人民政府及有关部门的工作人员在农村饮水安全工程建设和管理工作中,有滥用职权、徇私舞弊、玩忽职守情形的,依法给予处分;构成犯罪的,依法追究刑事责任。

第七章 附 则

第四十一条 本办法自2014年12月1日起施行。

宁夏回族自治区艾依河管理办法

(2015年11月14日宁夏回族自治区人民政府令第77号公布 自2016年1月1日起施行)

第一章 总 则

第一条 为了加强艾依河管理,保障水生态安全,发挥其防洪、排水、生态、景观和旅游综合功能，根据《中华人民共和国水法》等有关法律、法规的规定，制定本办法。

第二条 本办法所称艾依河是指南起银川市永宁县李俊镇西邵村，北至石嘴山市惠农区入黄河口的河道及沿线与之直接贯通的湖泊湿地。

第三条 在艾依河及沿线与之贯通的湖泊湿地的管理和保护范围内从事规划建设、河道整治、开发利用、管理与保护等相关活动的，适用本办法。

第四条 艾依河的建设管理应当坚持统一规划、服从防洪、统筹兼顾、合理利用的原则。

第五条 自治区人民政府建立艾依河水污染防治和水生态修复联席会议制度，协调解决艾依河开发、利用和保护等综合发展中出现的重大问题。

第六条 艾依河管理实行流域管理和行政区域管理相结合的管理体制。

自治区人民政府水行政主管部门负责艾依河的行业管理和监督工作，负责自治区艾依河水污染防治和水生态修复联席会议的日常工作。其所属的艾依河管理机构受自治区水行政主管部门委托，负责艾依河阅海闸上游五百米处至艾依河下游石嘴山市惠农区入黄河口主河道的日常管理工作。其具体职责是：

（一）组织编制艾依河全河段综合规划和水环境保护规划；

（二）负责管辖范围内河道的防洪、排水、水资源调度；

（三）负责管辖范围内河道工程的运行管理；

（四）对管辖范围内河道的水生态环境进行监督，承担水环境保护及生态治理工作。

第七条 银川市人民政府负责艾依河南起银川市永宁县李俊镇西邵村，北至阅海闸上游五百米处的河道及沿线与之贯通的湖泊湿地的管理工作。日常管理工作可以委托相关部门实施，其具体职责是：

（一）负责管辖范围内河道的防洪、排水、水资源调度；

（二）负责管辖范围内河道工程的运行管理；

（三）负责本行政区域内艾依河流域水污染防治和水生态修复工作；

（四）负责本行政区域内艾依河的绿化、美化、亮化；

（五）负责管辖范围内河道的水生态及环境保护工作；

（六）负责管辖范围内河道旅游规划的编制及其建设经营管理工作。

第八条 自治区国土资源、环境保护、交通运输、农牧、住房城乡建设、林业等部门及沿线市、县（区）人民政府应当按照各自的职责，共同做好艾依河建设管理与生态环境保护等相关工作。

第九条 艾依河的防汛和清障工作实行地方政府行政首长负责制。沿线市、县(区)人民政府应当服从防汛排涝要求,保障辖区内河道排洪畅通。

第十条 艾依河的生态补水、植被绿化和治理保护资金及其日常运行费用,按照管理权限分别由自治区和沿线市、县(区)人民政府纳入财政预算。

第十一条 艾依河管理和保护范围按下列规定划分:

(一)有堤防的,分别为堤防外坡脚外三十米和一百米;

(二)无堤防的,分别为水域、滩地及河口线两侧各三十米和一百米。两侧有道路的,以道路红线为界;

(三)有湖泊的,分别为开口线或者背水坡坡脚向外六十米和一百米;

(四)船闸、挡水、泄水、涵洞等重要水工程建筑物外沿向外二百米。

第二章 规划与建设

第十二条 艾依河的综合规划是艾依河整治、开发利用、建设和管理活动的基本依据。

艾依河的综合规划由自治区水行政主管部门会同有关部门和沿线市、县(区)人民政府编制,报自治区人民政府批准后执行,并向社会公开。

第十三条 艾依河综合规划的编制应当服从国民经济和社会发展规划、宁夏空间发展战略规划,并与城乡总体规划、环境保护规划和土地利用总体规划相协调。

第十四条 在艾依河管理范围内新建、改建、扩建桥梁、码头、取(排)水口和其他拦河、跨河、临河建筑物,铺设跨(穿)河管道、缆线等,应当符合河道防洪标准和其他有关技术要求,工程建设方案应当按照防洪法的有关规定报经有关水行政主管部门审查同意。

第十五条 在艾依河保护范围内,除按规划审批的水利、防洪、道路、桥梁、环保、景观、园林绿化、旅游、运动休闲等设施外,禁止建设其他项目。

第十六条 经批准在艾依河管理范围内建设的工程项目,建设单位开工前,应当将批准文件和施工方案告知艾依河管理机构。

建设单位安排施工时,应当按照有利于防洪、生态保护和水资源的原则进行。负责艾依河管理的机构有权依法进行检查,被检查者应当如实提供有关情况和资料。

施工完成后,施工单位应当按照艾依河管理的要求,及时对施工现场进行清理,恢复河道原貌;工程设施竣工验收时,应当通知艾依河管理机构参加。

第十七条 建设工程项目因扩建、改建、拆除或者损坏原有水工程设施的,建设单位应当承担扩建、改建、拆除的费用和损失补偿费用。

工程建设期间,建设单位应当承担占用范围内防汛工程安全和生态保护安全方面的相关责任。

第十八条 艾依河两岸绿化、道路按照属地管理原则,由沿线市、县(区)人民政府负责建设和管理。

第三章 管理与保护

第十九条 艾依河实行河道水功能区目标管理制度。自治区水行政主管部门应当会同自治区环境保护部门和沿线市、县(区)人民政府编制《艾依河水功能区划》,划定水功能区,严格水功能区监督管理。

第二十条 自治区水行政主管部门应当会同有关部门和沿线市、县(区)人民政府编制艾依河水污染应急预案,经自治区人民政府同意后实施。

第二十一条 艾依河水质在正常情况下应当符合所在功能区水质标准。

艾依河沿线市、县(区)环境保护部门和艾依河管理机构应当对辖区内沟道入河口断面的水质进行监测,及时向社会公布监测信息。发现重点污染物排放总量超过控制指标的,或者水功能区的水质未达到水域使用功能对水质的要求的,应当及时报告有关人民政府采取治理措施,加强艾依河水生态系统保护与修复。

第二十二条 艾依河流域沿线市、县(区)人民政府是农业面源污染和各类点源污染治理的责任主体,应当做好艾依河流域水污染控制工作。

自治区环境保护、农牧部门应当做好艾依河流域水污染控制与治理的指导与监督工作。

第二十三条 在艾依河管理范围内,开发旅游、娱乐、休闲度假和渔业水禽养殖以及其他经营性项目的,应当符合艾依河综合规划,并由艾依河管理机构会同有关部门依法实行管理和监督。

第二十四条 对艾依河管理范围内阻碍行洪的障碍物,按照谁设障、谁清除的原则,由防汛指挥机构责令限期清除;逾期不清除的,由防汛指挥机构组织强行清除,所需费用由设障者承担。

第二十五条 艾依河水量的调度,应当首先满足防洪需要,统筹景观、生态环境和其他用水。

艾依河生态补水指标，由自治区人民政府水行政主管部门根据水情制定，艾依河管理机构执行。

在艾依河取水用于绿化、养殖、灌溉的，应当向艾依河管理机构申报用水计划，并缴纳水费，其标准按照自治区物价部门制定的标准执行。

第二十六条 艾依河管理机构应当在艾依河水域的危险区域采取安全措施，设置护栏、警示牌或者安全标识，防止在河道内从事危及生命安全的行为。

第二十七条 在艾依河管理范围内，禁止下列行为：

（一）扒口、爆破、建窑、筑坟、打井、修建房屋或者从事其他建筑活动；

（二）弃置砂石淤泥、存放物料，倾倒垃圾、废渣，掩埋污染水体的物体；

（三）侵占、毁坏堤防、护岸、界桩、闸涵、防汛、水文监测、通信、照明等工程设施；

（四）围湖造地、填埋湿地或者在蓄滞洪区、湖泊、堤防或者护岸上从事影响蓄洪、行洪活动；

（五）向水域排放超过《艾依河水质标准》的废水、污水；

（六）在河道内设网捕鱼或者采取电击、投毒、爆炸等方式从事非法捕捞活动；

（七）擅自操作水工程设备或者架泵取水；

（八）在河道内游泳；

（九）向水域投放外来水生物种；

（十）在河道内从事清洗车辆、容器、衣物等污染水域和环境的活动；

（十一）在护岸林地、河道绿地焚烧、放牧；

（十二）在非指定区域垂钓、滑冰、烧烤、摆摊设点；

（十三）涂抹、损坏和擅自移动河道护栏、警示牌或者标志牌等设施；

（十四）其他影响艾依河水生态和卫生环境的行为。

第二十八条 在艾依河保护范围内，禁止从事影响艾依河运行和危害艾依河工程、水生态安全的爆破、打井以及规模饲养畜禽、倾倒和掩埋有害有毒污染物等活动。

第四章 法律责任

第二十九条 违反本办法第二十七条第一项至七项、第二十八条规定的，依据《中华人民共和国水法》《中华人民共和国防洪法》和《宁夏回族自治区水工程管理条例》的有关规定予以处罚。

第三十条　违反本办法第二十七条第八项至十四项规定的，由县级以上人民政府水行政主管部门责令其停止违法行为，给予劝阻或者警告，并可处以五十元以上二千元以下的罚款。

第三十一条　水行政主管部门、艾依河管理机构及其工作人员在艾依河管理工作中弄虚作假、滥用职权、徇私舞弊、玩忽职守的，对直接负责的主管人员和其他责任人员依法给予处分。

第三十二条　阻碍、威胁水行政主管部门或者艾依河管理机构的工作人员依法执行职务，违反治安管理处罚的，依照《中华人民共和国治安管理处罚法》的规定处罚；构成犯罪的，依法追究刑事责任。

第三十三条　当事人对行政处罚决定不服的，可以依法申请行政复议或者提起行政诉讼；当事人逾期不申请行政复议，也不提起行政诉讼，又不履行行政处罚决定的，由作出行政处罚决定的机关申请人民法院强制执行。

第五章　附　则

第三十四条　本办法自2016年1月1日起施行。

宁夏回族自治区取水许可和水资源费征收管理实施办法

（2008年6月20日宁夏回族自治区人民政府令第6号公布　根据2016年6月15日《自治区人民政府关于废止和修改部分政府规章的决定》修正）

第一条　为加强水资源的管理和保护，促进水资源的节约与合理开发利用，根据《中华人民共和国水法》和国务院《取水许可和水资源费征收管理条例》（以下简称《条例》）等法律、法规的规定，结合本自治区实际，制定本办法。

第二条　在本自治区行政区域内利用取水工程或者设施直接从河流、湖泊、水库或者地下取用水资源的单位和个人，除本办法第五条规定的情形外，都应当按照《条例》和本办法的规定申请领取取水许可证，并缴纳水资源费。

第三条 县级以上人民政府水行政主管部门按照分级管理权限，负责取水许可和水资源费征收管理制度的组织实施和监督管理。

财政、审计、价格主管部门应当按照各自的职责，对水资源费的征收和使用实施监督。

第四条 任何单位和个人都有节约和保护水资源的义务，有权制止和检举违反水资源保护法律、法规和本办法的行为。

县级以上人民政府应当对节约和保护水资源做出突出贡献的单位和个人给予表彰和奖励。

第五条 下列情形不需要申请领取取水许可证和缴纳水资源费：

(一)农村集体经济组织及其成员使用本集体经济组织的水塘、水库中的水的；

(二)家庭生活和零星散养、圈养畜禽饮用，年取水量一千立方米以下的；

(三)为保障矿井等地下工程施工安全和生产安全必须进行临时应急取(排)水的；

(四)为消除对公共安全或者公共利益的危害临时应急取水的；

(五)为农业抗旱和维护生态与环境必须临时应急取水的。

前款第三项、第四项规定的取水，取水单位或者个人应当在五个工作日内，报取水口所在地县级人民政府水行政主管部门备案；第五项规定的取水，应当经取水口所在地县级人民政府水行政主管部门同意，并由县级人民政府水行政主管部门报上级人民政府水行政主管部门备案。

第六条 取水许可实行分级审批。

自治区人民政府水行政主管部门负责下列取水许可审批：

(一)在本自治区境内直接从黄河及其一级支流上取水的；

(二)在山区八县区(原州、西吉、隆德、彭阳、泾源、海原、同心、盐池)年取地下水五十万立方米(含五十万立方米)以上，年取地表水八十万立方米(含八十万立方米)以上的；

(三)在川区年取地下水三百万立方米(含三百万立方米)以上，年取地表水一千万立方米(含一千万立方米)以上的。

设区的市人民政府水行政主管部门负责下列取水许可审批：

(一)在山区八县区(原州、西吉、隆德、彭阳、泾源、海原、同心、盐池)年取地下水三十万立方米(含三十万立方米)以上五十万立方米以下的,年取地表水四十万立方米(含四十万立方米)以上八十万立方米以下的;

(二)在川区年取地下水一百万立方米(含一百万立方米)以上三百万立方米以下的,年取地表水五百万立方米(含五百万立方米)以上一千万立方米以下的。

除前款规定应由自治区、设区的市人民政府水行政主管部门负责审批的取水许可事项外,其他取水许可审批由取水口所在地的县级人民政府水行政主管部门负责。

在黄河上取水的,需经黄河流域管理机构负责审批的,由自治区人民政府水行政主管部门负责报送黄河流域管理机构审批。

第七条 县级以上人民政府水行政主管部门应当按照《条例》规定的要求、程序、期限和本办法规定的分级审批权限实施取水许可。

第八条 新建、改建、扩建的建设项目需要取水的,建设单位还应当提交建设项目水资源论证报告书。论证报告书应当包括取水水源、用水合理性以及对生态与环境的影响等内容。

第九条 县级以上人民政府水行政主管部门以自治区取水许可总量控制指标、行业用水定额核定的用水量和水资源论证结果为主要依据,结合各地取水现状及供需情况,对取水申请材料进行全面审查,并综合考虑取水可能对水资源的节约保护和经济社会发展带来的影响,决定是否批准取水申请。

第十条 依法获得取水权的单位或者个人,通过调整产品和产业结构、改革工艺、节水等措施节约水资源的,在取水许可的有效期和取水限额内,经原审批机关批准,可以依法有偿转让其节约的水资源,并到原审批机关办理取水权变更手续。国家另有规定的,从其规定。

第十一条 取水单位或者个人应当缴纳水资源费。

水资源费由县级以上人民政府水行政主管部门按照审批取水许可管理权限负责征收。

第十二条 水行政主管部门可以将属于本级征收的水资源费委托节约用水管理机构或有关单位代征。代征的水资源费,按实际代征入库金额的一定比例提取手续费,纳入当年同级财政预算,用于代征单位征收工作的必要开支。

第十三条 水资源费的征收标准由自治区人民政府价格主管部门会同同级财政部门、水行政主管部门制订,报自治区人民政府批准后执行,并报国务院价格主管部门、财政部门和水行政主管部门备案。水资源费的征收标准,可以依据水资源的用途、紧缺程度和自治区经济社会发展状况进行调整。

第十四条 农业生产取水的水资源费征收标准、范围和起征时间由自治区人民政府另行规定。

第十五条 水资源费缴纳数额根据自治区水资源费征收标准和实际取水量确定。

水力发电用水和火力发电贯流式冷却用水根据取水口所在地水资源费征收标准和实际发电量确定缴纳数额。

煤矿开采企业生产取水使用自备水源井有计量装置的,按实际取水量计征;使用矿井涌水无法计量的,按自治区人民政府水行政主管部门和质量监督检验行政主管部门核定的取水定额确定用水量计征水资源费。

第十六条 在城市规划区内公共供水管网覆盖范围内的企事业单位的自备水源井取水的,水资源费征收标准应当与该单位所在城市的公共供水价格基本持平。

第十七条 取水单位或者个人应当按照县级以上人民政府水行政主管部门批准的年度计划取水。超计划或者超定额取水的部分累进收取水资源费,其中超出百分之二十以下部分的,按水资源费标准的二倍收取水资源费;超出百分之二十(含百分之二十)以上部分的,按水资源费标准的三倍收取水资源费。

节约上年度实际用水量百分之二十以下的,对所用水量减收百分之十的水资源费;节约上年度实际用水量百分之二十(含百分之二十)以上的,对所用水量减收百分之二十的水资源费。

第十八条 取水单位或者个人应当按照县级以上人民政府水行政主管部门的要求,装置质量合格的计量设施,水资源费按计量设施的实际计量数征收。未按规定装置计量设施或者未及时更换已损坏的计量设施的,县级以上人民政府水行政主管部门应当责令其限期安装或更换;逾期不安装或不更换的,水资源费以取水设施二十四小时连续最大取水量为标准征收。

第十九条 水资源费按月或者季度征收。

县级以上人民政府水行政主管部门确定水资源费缴纳数额后,应当向取水单位或者个人送达《水资源费缴纳通知书》,取水单位或个人应当在收到缴纳通知书后七日内办理缴纳手续。

第二十条 水资源费纳入同级财政预算,实行收支两条线管理,专款专用,不得截留、坐支和挪用,当年结余可以结转下年度使用。

第二十一条 水资源费专项用于水资源的节约、保护、管理及合理开发,使用范围包括：

（一）水源地保护和管理；

（二）节水示范项目和推广应用试点工程的拨款补助；

（三）水资源应急处置工作补助；

（四）水资源综合考察、调查、评价、监测、规划、分配及相关标准制定；

（五）取水许可的监督实施和水资源调度；

（六）水资源信息采集与发布；

（七）水资源保护、管理及节约用水的政策法规、标准体系建设以及科研、新技术和新产品开发推广；

（八）节约、保护水资源的宣传和奖励；

（九）与水资源节约、保护、合理开发利用和监督管理有关的其他开支。

第二十二条 县级以上人民政府水行政主管部门在进行监督检查时，有权采取下列措施：

（一）要求被检查单位或者个人提供有关文件、证照、资料；

（二）要求被检查单位或者个人就执行《条例》和本办法的有关问题作出说明；

（三）进入被检查单位或者个人的生产场所进行调查；

（四）查阅、复制有关水资源费征收所需的单据、票据、账簿、记账凭证和报表等；

（五）责令被检查单位或者个人停止违反本办法的行为，履行法定义务。

监督检查人员在进行监督检查时，应当出示合法有效的行政执法证件。有关单位和个人对监督检查工作应当给予配合，不得拒绝或者阻碍监督检查人员依法执行公务。

第二十三条 下级水行政主管部门应当于每年2月底前向上级水行政主管部门报送本行政区域上一年度取水许可证发放情况。

上级水行政主管部门发现越权审批、取水许可证核准的总取水量超过水量分配协议规定数量、年度实际取水量超过下达的年度取水分配方案或者取水计划的，应当及时要求有关水行政主管部门纠正。

第二十四条 违反本办法规定的行为，由县级以上人民政府水行政主管部门依照《中华人民共和国水法》和《条例》的有关规定依法追究法律责任。

第二十五条 本办法自2008年8月1日起施行。1999年12月2日自治区人民政府发布的《宁夏回族自治区取水许可制度实施细则》（政府令第11号）和2004年1月21日自治区人民政府发布的《宁夏回族自治区水资源费征收使用管理办法》（政府令第63号）同时废止。

宁夏回族自治区实施《中华人民共和国水文条例》办法

（2010年9月16日宁夏回族自治区人民政府令第25号公布 根据2016年6月15日《自治区人民政府关于废止和修改部分政府规章的决定》修正）

第一条 为了实施《中华人民共和国水文条例》，结合自治区实际，制定本办法。

第二条 在本自治区行政区域内从事水文站网规划与建设，水文监测与预报，水文水资源调查与评价，水文监测资料汇交、保管与使用，水文设施与水文监测环境的保护及其管理活动，应当遵守本办法。

第三条 自治区人民政府水行政主管部门主管全区水文工作，其直属的水文机构（以下简称自治区水文机构）接受上级业务主管部门的指导，并在当地人民政府的领导下具体负责组织实施管理工作。

专用水文测站和从事水文活动的其他单位，应当接受自治区水文机构的行业管理。

第四条 自治区人民政府应当将水文事业纳入本级国民经济和社会发展规划，所需经费纳入财政预算，并从水工程建设、防汛抗旱、水资源等有关专项经费中安排相应的比例用于水文测报、水文基础设施的建设和运行维护。

设区的市、县（市、区）人民政府应当支持水文基础设施的建设和运行，建设并完善水情、旱情灾害监测和洪水预警预报系统，保障水文事业的发展。

第五条 自治区人民政府水行政主管部门根据全国水文事业发展规划、流域水文事业发展规划和自治区国民经济发展需要，组织编制自治区水文事业发展规划，报自治区人民政府批准后实施，并报国务院水行政主管部门备案。

水文事业发展规划应当依据国家水文技术标准编制，并与流域综合规划、土地利用总体规划、城乡规划、交通运输规划相衔接。

第六条 自治区对水文站网建设实行统一规划。

自治区行政区域内国家重要水文测站的设立、迁移与调整，由自治区水行政主管部门报国务院水行政主管部门直属水文机构批准。一般水文测站的设立、迁移与调整，由自治区人民政府水行政主管部门批准，报国务院水行政主管部门直属水文机构备案。

第七条 自治区水文机构应当根据国民经济发展需要及水文情势变化，适时提出水文站网规划调整建议，并报自治区人民政府批准。

第八条 新建、扩建国家基本水文测站所需建设用地，由所在地县级以上人民政府国土资源管理部门按照公益性事业建设用地的有关规定，办理用地手续。

第九条 申请在国家基本水文测站覆盖区域内设立或撤销专用水文测站的，应当报自治区水文机构批准。

专用水文测站由设立单位建设和管理，也可以委托自治区水文机构建设和管理，其建设、管理和运行费用由设立单位承担。

第十条 设立专用水文测站应当符合下列条件：

（一）符合国家和行业有关设站的技术标准；

（二）具有符合国家规定标准的监测设施和计量器具；

（三）具有相应的专业技术人员。

第十一条 申请设立专用水文测站，应当提交下列材料：

（一）申请文件；

（二）设立专用水文测站基本情况说明；

（三）监测专用技术装备和计量器具清单以及检测合格证明；

（四）申请单位从事水文水资源监测的资质证书。

第十二条 自治区水文机构受理设立专用水文测站申请后，应当自受理申请之日起二十日内决定批准或者不批准。予以批准的，应当签发设立专用水文测站批准文件，不予批准的，应当书面说明理由。

第十三条 自治区水文机构应当建立健全突发性水污染事件应急监测机制，编制应急监测预案。发现水质变化，可能发生突发性水体污染事件的，应当及时启动应急监测预案，进行跟踪监测和调查，并及时将监测、调查情况报告所在地人民政府水行政主管部门和环境保护行政主管部门。

第十四条 大中型水库及闸坝、城市防洪工程、重要取水口和退水口等管理单位，应当设置水文监测设施，确定专人负责，并在自治区水文机构的指导下，开展相应的水文监测工作。

大中型水库以及对防洪安全有重大影响的小型水库的管理单位应当按照国家、自治区有关规定承担报汛任务。

第十五条 水文工作人员借助公路、桥梁进行水文监测作业时，公安、交通运输等相关部门应当予以配合。

第十六条 水文情报预报实行统一发布制度。

洪水、干旱和黄河凌情等水文情报预报由县级以上人民政府防汛抗旱指挥机构或者自治区水文机构按照规定权限向社会统一发布。

广播、电视、报纸和网络等新闻媒体，应当按照国家有关规定和防汛抗旱要求，播发、刊登水文情报预报，并标明发布机构和发布时间。

禁止其他单位和个人向社会发布水文情报预报。

第十七条 县级以上人民政府水行政主管部门应当根据当地经济社会发展要求，会同有关部门组织相关单位开展水文水资源调查评价工作。

第十八条 取用水单位应当按照水资源管理和节约用水的要求，定期实施水平衡测试工作。

第十九条 自治区对水文监测资料实行统一汇交制度。

在本自治区行政区域内从事地表水和地下水资源、水量、水质监测的单位，应当无偿向自治区水文机构汇交水文监测资料。

汇交的水文监测资料包括河流、湖泊、渠道、水库的水位、流量、水质、水温、岸温、泥沙、水下地形和地下水资源，以及降水量、蒸发量、墒情等监测资料。

第二十条 自治区水文机构负责水文监测资料的存储和保管，并根据国民经济建设和社会发展需要对水文监测资料进行加工整理形成水文监测成果，予以刊印。

自治区水文机构应当建立自治区水文数据库，并依法向社会公开基本水文监测资料。

第二十一条 除国家机关决策和防灾减灾、国防建设、公共安全、环境保护、公共交通等公益事业需要使用水文监测资料和成果以及依法公开的基本水文监测资料外，水文机构为特定项目提供的水文监测资料，只供使用单位用于该特定项目，未经自治区水文机构同意，任何单位和个人不得擅自转让、转借、出版水文监测资料和成果或者用于其他营利性活动。

第二十二条 从事下列活动所依据的水文资料应当经自治区水文机构审查：

（一）编制自治区国民经济和社会发展规划、土地利用总体规划、城乡规划、流域总体规划；

（二）直接从河流、湖泊或者地下取水需要申请领取取水许可证的建设项目；

（三）开展水资源评价、论证，防洪影响评价、水环境影响评价、重大基础研究、水土保持规划和工程设计；

（四）编制防汛预案、黄河水权分配和水量调度方案；

（五）法律、法规规定的其他活动。

第二十三条 水文测站所在地县级人民政府应当按照下列标准划定水文测站站房、监测场地和专用道路的保护范围，设立保护标志：

（一）水文监测河段基本断面上、下游各五百米，两岸有堤防的河段以河堤为界，无堤防的河段以两岸最高洪水位以上一米为界；

（二）水文监测设施的支柱、锚座、标志桩等四周三米以内；

（三）雨量、蒸发器观测场地边缘外二十米以内；

（四）地下水观测井四周三米以内；

（五）水文专用水准点四周五米以内；

（六）水文监测作业专用道路两侧二米以内。

第二十四条 违反本办法规定的行为，法律、法规已有处罚规定的，从其规定。

第二十五条 违反本办法第二十一条规定，擅自转让、转借、出版水文机构为其提供的水文资料和成果，或者利用水文机构提供的水文监测资料进行营利性活动的，由自治区水行政主管部门责令停止违法行为，没收违法所得，视情节轻重，并可处以五千元以上三万元以下罚款。

第二十六条 本办法自2010年11月1日起施行。

宁夏回族自治区实施《种畜禽管理条例》办法

（2002年1月4日宁夏回族自治区人民政府令第38号公布　根据2006年3月1日《自治区人民政府关于修改〈宁夏回族自治区农药管理办法〉等5件规章的决定》第一次修正　根据2016年6月15日《自治区人民政府关于废止和修改部分政府规章的决定》第二次修正）

第一章　总　则

第一条　为了加强畜禽品种资源保护、培育和种畜禽生产经营管理，提高种畜禽质量，促进畜牧业发展，根据国务院《种畜禽管理条例》，结合自治区实际，制定本办法。

第二条　本办法所称种畜禽，是指种用牛、羊、猪、鸡、马、驴、骆驼、鹿、兔、犬、蛇、狐狸、鸭、鹅、鸽、鸵鸟、鹌鹑和其他人工繁殖的特种经济动物及其卵、精液、胚胎等遗传材料。

第三条　凡在本自治区境内从事畜禽品种（包括品系、配套系，下同）资源保护、培育，种畜禽生产、经营（包括种蛋孵化、种公畜配种，下同）、管理和利用的单位和个人，必须遵守本办法。农户（包括农场职工）自繁自用种畜禽除外。

第四条　自治区畜牧行政主管部门主管全区的种畜禽管理工作；市、县（区）畜牧行政主管部门主管本行政区域内的种畜禽管理工作。

第五条　自治区畜牧行政主管部门应当根据畜禽品种资源分布、自然条件、经济状况和市场需要，组织制定畜禽良种繁育体系规划，由各级畜牧行政主管部门组织实施。

第六条　各级人民政府应当对畜禽品种资源的普查、鉴定、保护、培育、推广和利用予以扶持。

自治区人民政府鼓励单位和个人引进和培育种畜禽优良品种，对在畜禽品种资源保护、培育和种畜禽科研、生产中做出显著成绩的单位或个人，由县级以上人民政府或者畜牧行政主管部门给予表彰和奖励。

第二章　畜禽品种资源保护

第七条　县级以上人民政府畜牧行政主管部门对畜禽品种资源实行分级保护。保护名录和具体办法由自治区畜牧行政主管部门根据国家畜禽良种繁育体系规划和自治区实际确定公布，并报国务院畜牧行政主管部门备案。

第八条　自治区畜牧行政主管部门应当有计划地建立畜禽品种资源保护区(场)、基因库、测定站及动态监测体系，并对宁夏滩羊、中卫山羊、宁夏黑猪、固原红鸡等良种实行特别保护。

第九条　禁止对保护区(场)的保种群进行杂交。确因育种需要，应当经自治区畜牧行政主管部门批准后，方可进行。

第十条　引入种畜禽品种必须符合畜禽良种繁育体系规划。从国外引进种畜禽的，由种畜禽场申请，经自治区畜牧行政主管部门审核同意，报国务院畜牧行政主管部门批准后方可引进。

进口种畜禽的审定或者测定以及出口种畜禽依照国家有关规定办理。

第十一条　凡新引入自治区的畜禽品种，生产经营者必须加强疫病检疫和推广前的试验研究；凡用于改良本地品种的，必须向自治区畜牧行政主管部门申请中试或者区域试验，其试验结果经审查通过后，方可推广。

第三章　畜禽品种的培育和审定

第十二条　自治区畜牧行政主管部门设立“宁夏回族自治区畜禽品种审定委员会”(以下简称审委会)，负责自治区内畜禽品种的认可和新品种的审定工作。审委会由畜牧行政主管部门，畜牧技术推广、科研、教学及畜禽品种生产单位的有关专家组成。

第十三条　自治区地方畜禽品种的认可及新品种的鉴定命名，应当经审委会评审认可后，报国务院畜牧行政主管部门备案。

跨自治区的畜禽品种的认可与新品种的鉴定命名，由审委会初审，报国家畜禽品种审定委员会审定。

经认可的畜禽品种，由批准单位颁发品种证书，予以公布，并列入国家或者地方畜禽品种志。

第十四条 畜禽新品种报审条件：

(一)品种主要特征、特性明显，生产性能优良，遗传性状稳定，与其他品种有明显区别。

(二)经中试、区域试验增产效果明显，品质、繁育率和抗病力等方面有一项或者多项突出优良性状。

(三)培育品种数量及畜禽结构达到品种要求标准。

(四)有自治区畜牧行政主管部门指定的畜禽品种检测机构签署检定意见的生产性能指标。

前款第二项所列中试、区域试验必须经审委会审定。

第十五条 畜禽新品种报审程序：

(一)由申请人向审委会提出申报。申报材料包括报审品种申请书、育种技术工作报告、报审品种的声像、画册资料及必要的实物等。

(二)审委会自收到申报材料之日起一个月内决定是否受理，并书面通知申请人。

(三)审委会决定受理的，应当于受理后二个月内提出审定意见；对审定通过的，报国务院畜牧行政主管部门备案。

第十六条 申请者对审定结果如有异议，可以向审委会提出复审。审委会应当自收到复审申请之日起二个月内予以答复。

第十七条 畜禽新品种一经公布命名，任何单位和个人不得擅自改动其名称；确需更改的，由审委会审议同意后公布。

第十八条 未经审委会审定和批准公布的畜禽品种，不得生产经营、推广、报奖、做广告。

第十九条 畜禽品种在生产推广过程中，如发现有不可克服的缺陷，由审委会提出停止生产、推广建议，并予公告。

第四章 种畜禽场管理

第二十条 建立孵化厂(户)、配种站(点)、种畜禽经销点由所在地县级人民政府畜牧行政主管部门审批，报自治区畜牧行政主管部门备案。

第二十一条 建立地方种畜禽场应当符合下列条件：

(一)符合良种繁育体系布局要求。

(二)具有中专以上学历或者中级以上技术职称,并熟悉种畜禽生产业务的畜牧兽医技术人员,工人应当经过培训,并取得上岗证书。

(三)饲养的种畜禽优良,来源符合技术要求,并达到一定数量。

(四)具有明确的繁育方案和完善的育种制度,保持合理的畜群结构,供种质量符合品种标准。

(五)具有较严格的选育措施及相应的选育资料记录。

(六)具有符合技术要求的场所、设施、防疫制度和环境保护措施。

(七)有健全的生产经营管理制度和良好的售后服务。

国家级种畜禽场的条件按照国务院畜牧行政主管部门的有关规定执行。

第二十二条　种畜禽场应当采用科学、先进的管理、繁育和饲养技术,有明确的选育目标,有严格的制种措施和制种供种标准,并建立完整、系统的档案制度。

第五章　种畜禽生产经营

第二十三条　种畜禽生产经营实行许可证制度。从事种畜禽生产经营的单位和个人必须取得种畜禽生产经营许可证(以下简称许可证)。

第二十四条　许可证颁发权限:

(一)原种(纯系)场、种公牛站、国家重点种畜禽场和生产经营胚胎或者其他遗传材料的单位,由自治区畜牧行政主管部门审核后,报国务院畜牧行政主管部门审批发证。

(二)父母代场、良种繁殖场、种畜站及其他面向全区进行生产经营种畜禽的单位和个人,由所在地县级人民政府畜牧行政主管部门初审,报自治区畜牧行政主管部门审批发证。

(三)配种站(点)、孵化场(点)、种畜禽经销点,由县级人民政府畜牧行政主管部门验收后,报自治区畜牧行政主管部门备案,由县级人民政府畜牧行政主管部门发证。

第二十五条　许可证有效期为三年。在许可证有效期内变更生产经营范围的,必须向原发证机关申请变更手续。许可证有效期满,仍需生产经营的,必须在期满前三个月向原发证机关提出申请,换领新证。

第二十六条　从事种畜禽生产经营的单位和个人,必须遵守下列规定:

(一)按照许可证规定的生产经营范围和使用年限从事生产经营。

(二)遵守种畜禽繁育、生产的技术规程,建立育种和生产档案,并按照畜牧行政主管部门的要求，填报种畜禽生产的有关资料。

（三）依照动物防疫法及有关兽医卫生规定，建立健全动物防疫和兽医卫生制度，做好疫病防治工作。

（四）进行畜禽专业配种（包括人工授精）、孵化的，必须使用种畜禽合格证、种畜系谱、动物检疫合格证齐全的种畜禽；从业人员必须取得上岗证书，并遵守操作规程。

（五）销售的种畜禽，必须经过质量检测，达到品种标准，并取得由自治区畜牧行政主管部门统一印制、种畜禽场出具的种畜禽合格证、种畜系谱证以及动物检疫部门出具的动物检疫合格证。

（六）生产经营引入品种的，应当向使用者提供适宜自治区条件的饲养管理技术、规程和售后服务。

第二十七条 各级畜牧技术推广机构应当积极做好良种畜禽的推广和登记工作。种畜禽性能测定由自治区畜牧行政主管部门指定或者委托的机构实施。

第二十八条 畜牧行政主管部门对已批准的种畜禽生产单位可以进行定期或者不定期抽检。

第六章 罚 则

第二十九条 违反本办法规定有下列行为之一的，由畜牧行政主管部门责令限期改正，可以没收非法所得，并可以处以违法所得二倍以下的罚款：

（一）未取得种畜禽生产经营许可证生产经营种畜禽的。

（二）未按照许可证规定的品种、品系、代别和利用年限生产经营种畜禽的。

（三）推广未经国家或者自治区审委会认可和批准的畜禽品种的。

（四）销售的种畜禽未附具种畜禽合格证、种畜系谱证的。

有前款第二项、第四项行为之一，情节严重的，可以吊销种畜禽生产经营许可证。

第三十条 生产销售不符合质量标准的种畜禽的，以次充好、以假充真的，或者有其他违反工商行政管理法规行为的，由工商行政管理机关依法处罚。

第三十一条 拒绝、阻碍种畜禽行政执法人员依法执行公务的，由公安机关予以处罚；情节严重，构成犯罪的，由司法机关追究刑事责任。

第三十二条 当事人对行政处罚决定不服的,可以依法申请行政复议或者提起行政诉讼。逾期不申请复议也不起诉,又不履行行政处罚决定的,由作出行政处罚决定的机关申请人民法院强制执行。

第七章 附 则

第三十三条 畜禽品种审定和种畜禽生产性能的测定收费,由自治区财政、物价部门制定。

第三十四条 本办法自2002年3月1日起实行。

宁夏回族自治区农药管理办法

(1999年12月28日宁夏回族自治区人民政府令第14号公布 根据2006年3月1日《自治区人民政府关于修改〈宁夏回族自治区农药管理办法〉等5件规章的决定》第一次修正 根据2016年6月15日《自治区人民政府关于废止和修改部分政府规章的决定》第二次修正)

第一章 总 则

第一条 为了加强对农药生产、经营和使用的监督管理,保证农药质量,保护农业、林业生产和生态环境,维护人畜安全,根据国务院《农药管理条例》,结合自治区实际,制定本办法。

第二条 凡在自治区行政区域内从事农药生产(含原药生产、制剂加工和分装,下同)、经营和使用的单位和个人,应当遵守本办法。

第三条 自治区农业行政主管部门负责全区农药的监督管理工作,并协助国务院农业行政主管部门做好全区的农药登记工作;县(区)人民政府、设区的市人民政府农业行政主管部门负责本行政区域内的农药监督管理工作。

县级以上人民政府农业行政主管部门,可以委托符合法定条件的组织实施农药监督管理的具体工作。

自治区化学工业行政管理部门负责全区农药生产的监督管理工作。

县级以上人民政府其他有关行政管理部门，在各自的职权范围内负责有关的农药监督管理工作。

第四条 农业或者化学工业行政管理部门行政执法人员应当依法取得行政执法证件。

第五条 农业行政执法人员履行职务时，应当有两人以上参加，并出示证件。

农业行政执法人员可以按照规定抽取样品和索取有关资料，有关单位和个人不得拒绝和隐瞒。

经行政机关负责人批准，农业行政执法人员可以对假农药、劣质农药、过期农药、禁用农药、无登记证农药、没有标签或者标签残缺不清的农药进行登记保存。

第六条 禁止生产、经营和使用假农药、劣质农药以及国家明令禁止生产或者撤销登记的农药。

第二章 农药登记管理

第七条 自治区实行农药登记制度。生产农药和进口农药，必须进行登记。农药登记管理的具体工作由自治区农业行政主管部门所属的农药检定机构（以下简称自治区农药检定机构）负责。

申请农药登记，必须按照国家农药登记资料的要求，向自治区农药检定机构提供农药样品和产品化学、毒理学、药效、残留、环境影响、标签等方面的资料，由自治区农药检定机构进行初审后，报经国务院农业行政主管部门评审合格，取得农药登记证。

第八条 自治区实行农药分装登记制度。凡在自治区行政区域内进行农药分装生产的企业，应当经自治区农药检定机构初审，由国务院农业行政主管部门审查批准。

第九条 申请办理农药分装登记时应当提供以下资料：

（一）分装企业概况；

（二）原包装产品来源；

（三）分装前后产品质量抽检报告及相关农药的国家标准、行业标准或者企业标准；

（四）经原药生产企业同意且注明是否使用原生产企业商品名的授权书；

（五）样品二百五十克（毫升）。

第十条 农药生产企业应当配备专业人员负责农药登记工作。申请农药登记的人员应当接受自治区农药检定机构或者国务院农业行政主管部门的业务培训。

第十一条 农药研制者在自治区行政区域内进行新农药（包括从自治区以外引进国产农药、进口农药）田间试验的，应当报自治区农药检定机构进行初审，报国务院农业行政主管部门审批，取得国务院农业行政主管部门的田间试验许可。农药田间试验各方应当按照国家农药田间试验的规定签订试验合同，试验合同应当报国务院农业行政主管部门备案。

农药田间试验应当由取得国务院农业行政主管部门农药药效田间试验认证资格的单位承担。

未取得国务院农业行政主管部门田间试验许可，其得到的农药试验结果不予认可。

第三章 农药生产管理

第十二条 开办农药生产企业（包括联营、设立分厂和非农药生产企业设立农药生产车间），应当具备下列条件，并经自治区化学工业行政管理部门审核同意，报国务院化学工业行政主管部门批准；但是，法律、行政法规对企业设立的条件和审核或者批准机关另有规定的，从其规定：

（一）有与其生产的农药相适应的技术人员；

（二）有与其生产的农药相适应的厂房、生产设施和卫生环境；

（三）具有符合国家劳动安全、卫生标准的设施和相应的劳动、卫生管理制度；

（四）所生产的农药是依法取得农药登记的农药；

（五）有产品质量标准和产品质量保证体系；

（六）具有符合国家环境保护要求的污染防治设施和措施，并且污染物排放不超过国家和自治区的排放标准。

第十三条 自治区实行农药生产许可制度。生产有国家标准或者行业标准农药的，应当向国务院化学工业行政主管部门申请农药生产许可证。生产尚未制定国家标准、行业标准但已有企业标准农药的，经自治区化学工业行政管理部门审核同意，报国务院化学工业行政主管部门批准后，发给农药生产批准文件。

第十四条　农药产品包装必须贴有标签或者附说明书，标签应当紧贴或者印刷在农药包装物上。标签或者说明书内容应当包括：

（一）农药名称（有效成分名称、含量、剂型），进口农药的中文商品名；

（二）农药登记证号、临时登记证号、农药生产许可证号或者农药生产批准文件号；

（三）净重量（克或公斤）或净容量（毫升或升）；

（四）企业名称、地址；

（五）农药类别（杀虫剂、杀螨剂、杀菌剂、除草剂、杀鼠剂、杀线虫剂、植物生长调节剂等）；

（六）使用说明（生产特点、登记作物及防治对象、施药时期、用药量、施药方法、限用范围、与其他农药或物质的禁忌）；

（七）毒性标志及注意事项（中毒的主要症状和急救措施、安全警句、安全间隔期、储存的特殊要求）；

（八）生产日期、生产批号、有效期；

（九）农药分装的，应当注明分装单位。

标签内容应当经自治区农药检定机构审核批准；修改标签内容的，其标签内容必须进行重新报批。

第十五条　农药产品出厂前应当进行质量检验并附质量检验合格证；不符合产品质量标准的不得出厂。

第四章　农药经营管理

第十六条　除下列单位可以经营农药以外，其他任何单位和个人不得经营农药：

（一）各级供销合作社的农业生产资料经营单位；

（二）植物保护站；

（三）土壤肥料站；

（四）农业、林业技术推广机构；

（五）森林病虫害防治机构；

（六）农药生产企业。

农垦系统农业生产资料经营单位按照直供原则，可以经营农药。

粮食系统的储运贸易公司、仓储公司等专门供应粮库、粮站所需农药和其他物资的经营单位,可以经营储粮用农药。

用于防止卫生害虫和衣料害虫的卫生杀虫剂,可以在日用百货、日用杂品、超级市场或者专门商店经营。

第十七条 农药经营单位购进或者销售农药,应当保证农药产品与标签或者说明书、质量合格证、农药登记内容核对无误。

农药经营单位应当向购买农药的人员,正确说明农药的使用范围、用量、方法、中毒症状、急救措施及其他注意事项。

第十八条 农药经营单位不得经营下列农药:

(一)无农药登记证(临时登记证)、农药生产许可证、生产批准文件或者产品质量标准的国产农药;

(二)无农药登记证或者临时登记证的进口农药;

(三)无产品质量合格证或者检验不合格的农药;

(四)未附标签或者标签残缺不清的农药。

第十九条 超过产品质量保证期限的农药,经自治区农药检定机构或者国务院农业行政主管部门检验,符合标准的,可以在规定期限内销售,但是,必须注明"过期农药"字样,并附使用方法和用量。

第二十条 发布农药广告须经自治区农业行政主管部门审查批准,并持自治区农业行政主管部门批准的广告审查表,到同级广告监督机关备案后,方可发布。

第五章 农药使用

第二十一条 各级农业、林业行政主管部门及所属的农业、林业技术推广机构,应当根据"预防为主,综合防治"的植保方针,做好病虫害预测预报工作,指导农民合理使用农药。

第二十二条 使用农药应当遵守农药防毒规程,正确配药、施药,做好废弃物处理和安全防护工作,防止农药污染环境和农药中毒事故,防止污染农副产品。

剧毒、高毒农药不得用于防治卫生害虫,不得用于蔬菜、瓜果、中草药材。

严禁用农药毒鱼、虾、鸟、兽等。

第二十三条 县级以上农业行政主管部门应当做好农副产品农药残留量的检测工作。

自治区农业行政主管部门可以根据农药使用情况,发布在一定时间、区域、作物范围内限用某种农药的布告。

第六章　罚　则

第二十四条　违反本办法规定,有下列行为之一的,由农业行政主管部门按照以下规定给予处罚:

(一)未取得农药登记证或者农药临时登记证擅自生产、经营农药的,或者生产、经营已撤销登记的农药的,责令停止生产、经营,没收违法所得,并处违法所得五倍以上十倍以下的罚款;没有违法所得的,处以十万元以下罚款。

(二)农药登记证或者临时登记证有效期限届满未办理续展登记,擅自继续生产该农药的,责令限期补办续展手续,没收违法所得,可以并处违法所得五倍以下的罚款;没有违法所得的,可以并处五万元以下的罚款;逾期不补办的,由自治区农业行政主管部门报国务院农业行政主管部门吊销农药登记证、农药临时登记证。

(三)生产、经营产品包装未附标签或标签残缺不清,或擅自修改标签内容农药产品的,给予警告,没收违法所得,可以并处违法所得一倍以上三倍以下罚款;没有违法所得的,可以并处三万元以下罚款。

(四)不按照国家有关农药安全使用规定使用农药的,根据所造成的危害后果,给予警告,可以并处三万元以下的罚款。

有前款第四项所列行为,构成犯罪的,依法追究刑事责任。

第二十五条　违反本办法规定,有下列行为之一的,由自治区化学工业行政管理部门按照以下规定给予处罚:

(一)未经批准,擅自开办农药生产企业的,或者未取得农药生产许可证或者农药生产批准文件,擅自生产农药的,责令停止生产,没收违法所得,并处违法所得五倍以上十倍以下的罚款;没有违法所得的,并处以十万元以下罚款。

(二)未按照农药生产许可证或者农药生产批准文件的规定,擅自生产农药的,责令停止生产,没收违法所得,并处违法所得一倍以上五倍以下的罚款;没有违法所得的,并处五万元以下的罚款;情节严重的,报原发证机关吊销农药生产许可证或者农药生产批准文件。

第二十六条　假冒、伪造或者转让农药登记证或者临时登记证、农药登记证号或者农药临时登记证号、农药生产许可证或者农药生产批准文件、农药生产许可证号或者农药生产批准文件号的，由自治区农业行政主管部门报国务院农业行政主管部门收缴或者吊销农药登记证或者农药临时登记证，由自治区化学工业行政管理部门报国务院化学工业行政主管部门收缴或吊销农药生产许可证或者农药生产批准文件；由自治区农业行政主管部门或者自治区化学工业行政主管部门没收违法所得，可以并处违法所得一倍以上十倍以下的罚款；没有违法所得的，可以并处十万元以下罚款；构成犯罪的，依法追究刑事责任。

第二十七条 生产、经营假农药、劣质农药的，由农业行政主管部门或者法律、行政法规规定的其他有关行政管理部门没收假农药、劣质农药和违法所得，并处违法所得一倍以上十倍以下的罚款；情节严重的，由自治区农业行政主管部门报国务院农业行政主管部门吊销农药登记证或者农药临时登记证；由自治区化学工业行政管理部门报国务院化学工业行政主管部门吊销农药生产许可证或者农药生产批准文件。

第二十八条 违反工商行政管理法律、法规，生产、经营农药的，或者违反农药广告管理规定的，由工商行政管理机关依照有关法律、法规的规定给予处罚。

第二十九条 违反本办法规定，造成农药中毒、环境污染、药害等事故或者其他经济损失的，应当给予赔偿。

第三十条 违反本办法规定，在生产、储存、运输、使用农药过程中发生重大事故，造成严重后果，构成犯罪的，对直接负责的主管人员和其他直接责任人员，依法追究刑事责任；尚不构成犯罪的，依法给予行政处分。

第七章 附 则

第三十一条 本办法所称农药，是指用于预防、消灭和控制危害农业、林业的病、虫（包括昆虫、蜱、螨）、草、鼠、软体动物等有害生物，以及有目的地调节植物、昆虫生长的化学合成或者来源于生物、其他天然物质的一种物质或几种物质的混合物及其制剂。

第三十二条 本办法所称假农药是指：

（一）以非农药冒充农药或者以此种农药冒充他种农药的；

（二）所含有效成分的种类、名称与产品标签或者说明书上注明的农药有效成分的种类、名称不符的。

第三十三条 本办法所称劣质农药是指：

（一）不符合农药产品质量标准的；

（二）失去使用效能的；

（三）混有导致药害等有害成分的。

第三十四条　本办法自发布之日起施行。

宁夏回族自治区森林防火办法

（2016年7月12日宁夏回族自治区人民政府令第84号公布　自2016年9月1日起施行）

第一章　总　则

第一条　为了有效预防和扑救森林火灾，保障人民生命财产安全，保护森林资源，维护生态安全，根据《中华人民共和国森林法》和国务院《森林防火条例》，结合自治区实际，制定本办法。

第二条　本办法适用于自治区行政区域内的森林火灾的预防、扑救和灾后处置。但是，城市市区的除外。

第三条　森林防火工作实行各级人民政府行政首长负责制。

各级人民政府应当加强对森林防火工作的组织领导，建立健全森林防火工作目标管理责任制。

第四条　县级以上人民政府应当将森林防火基础设施建设纳入国民经济和社会发展规划，将森林防火经费纳入同级财政预算。

第五条　县级以上人民政府森林防火指挥机构，负责组织、协调、指导本行政区域内的森林防火工作。

县级以上人民政府林业主管部门（以下简称林业主管部门），负责本行政区域内森林防火的监督和管理工作，承担本级人民政府森林防火指挥机构的日常工作。

有森林防火任务的乡（镇）人民政府、街道办事处、村民委员会，应当按照森林防火责任规定，做好本辖区内的森林防火工作。

县级以上人民政府公安、财政、旅游、农牧、交通、民政等主管部门按照职责分工，负责有关森林防火工作。

第六条 森林、林木、林地经营管理单位和个人，承担其经营管理范围内的森林防火责任。

第二章 森林火灾的预防

第七条 自治区林业主管部门应当按照森林火险区划等级标准，确定县（市、区）森林火险区划等级，并向社会公布。

第八条 林业主管部门应当编制森林火灾应急预案，报本级人民政府批准，并报上一级林业主管部门和同级应急主管部门备案。

林业主管部门应当组织有森林防火任务的乡（镇）人民政府和街道办事处制定森林火灾应急处置办法，村民委员会应当协助做好森林火灾应急处置工作。

森林、林木、林地经营管理单位和个人，应当依据本县（市、区）森林火灾应急预案制定森林火灾应急措施。

第九条 各级人民政府和国有林业企业、事业单位应当根据实际需要，成立森林火灾专业扑救队伍；林业主管部门应当指导森林经营管理单位，森林防火区的村民委员会、企业、事业单位建立森林火灾群众扑救队伍，并定期组织火灾扑救队伍进行培训和演练。

第十条 森林跨行政区域或者森林与草原交界的人民政府应当确定森林防火联防区域，建立联防组织和联防制度，共同做好联防区域内的森林防火工作。

第十一条 贺兰山、六盘山、罗山、南华山自然保护区，全年为森林防火期，其中，每年的10月1日至次年的5月31日为森林高火险期。

每年10月1日至次年的5月31日为本自治区其他区域森林防火期，其中，1月15日至4月15日为森林高火险期。

县级以上人民政府可以根据当地自然条件和火灾发生规律，调整森林防火期和高火险期。调整后的森林防火期和高火险期应当向社会公布。

第十二条 县级以上人民政府应当根据本地森林、林木、林地分布范围和森林火灾发生规律，划定森林防火区，并根据高温、干旱、大风等高火险天气，划定森林高火险区。森林防火区和高火险区应当向社会公布。

前款规定的森林防火区应当设置火情瞭望台（塔），开设防火隔离带。

第十三条 森林、林木、林地的经营管理单位和个人，应当按照林业主管部门的规定，建立森林防火责任制，划定森林防火责任区，确定森林防火责任人，并配备森林防火设施和设备。

第十四条 穿越森林防火区的铁路、公路、电力、电信线路、石油天然气管道，其经营或者建设单位应当设置固定的森林防火安全警示标志，定期巡查，及时消除火灾隐患。

在森林防火区经营宾馆、饭店、食品摊点、娱乐场所及旅游项目的单位和个人以及工矿企业，应当按照规定配备防火设施、器材，设置森林防火宣传标牌，开展防火安全教育和隐患排查，及时消除火灾隐患。

第十五条 在森林防火区依法开办工矿企业、设立旅游项目或者新建开发区的，其森林防火设施应当与该建设项目同步设计、同步施工、同步使用；在森林防火区成片造林的，应当同时配套建设森林防火设施。

第十六条 森林防火期内，禁止在森林防火区野外用火；因防治病虫鼠害、冻害，计划烧除、造林、勘查、开采矿藏和各项建设工程确需野外用火的，应当经县级人民政府批准，并按照要求采取防火措施，严防失火。

森林防火期内，自然保护区管理机构应当严格管理保护区内的生产或者生活用火行为，落实相应的森林防火措施后有组织地进行。

第十七条 森林防火期内，森林防火区禁止下列行为：

（一）野外焚烧秸秆、杂草、垃圾等；

（二）吸烟、烧纸、烧香、生火取暖、野炊、烧烤、使用火把照明等；

（三）电网狩猎、燃放烟花爆竹、放飞孔明灯等；

（四）携带火种和易燃易爆物品；

（五）其他可能引发森林火灾的行为。

第十八条 森林防火期内，无民事行为能力人和限制民事行为能力人的监护人，应当防止被监护人野外用火、玩火。

第十九条 森林防火期内，经自治区人民政府批准设立的临时性森林防火检查站，对进入森林防火区的车辆和人员携带的火种和易燃易爆物品实行集中保管，任何单位和个人不得拒绝、阻碍。

临时性森林防火检查站的工作人员执行检查任务时应当佩戴专用标志。

第二十条 有森林防火任务的乡（镇）人民政府、街道办事处、村民委员会以及森林、林木、林地经营管理单位和个人，应当建立森林防火工作责任制，明确森林防火责任区域，配备专职或者兼职护林员。

护林员履行以下森林防火工作职责：

(一)宣传森林防火安全知识;

(二)巡护森林,制止违规野外用火行为;

(三)瞭望监测森林火情,及时报告森林火情并酌情先期处置;

(四)协助有关部门调查森林火灾案件。

护林员在执行森林防火任务时,应当佩戴森林防火标志。森林防火标志式样由自治区森林防火指挥机构统一确定。

第二十一条 森林防火指挥机构、林业主管部门,有森林防火任务的自然保护区、国有林场等单位,应当配备森林防火专用车辆和专用应急通信设备。

第二十二条 森林防火专用车辆应当喷涂标志图案,安装警报器和标志灯具。

森林防火专用车辆执行森林火灾扑救任务时,在确保安全的前提下不受行驶路线、行驶方向、行驶速度和信号灯的限制。

执行扑救森林火灾任务的森林防火专用车辆通过收费公路、桥梁时,免缴车辆通行费。

第二十三条 各级人民政府应当按照森林火险天气预警预报,采取相应的预防和应急响应措施。

第二十四条 任何单位和个人不得破坏、侵占森林防火道路、标志、宣传碑(牌)、瞭望台(塔)、隔离带和防火设施设备,不得干扰森林防火专用电台频率的正常使用。

第二十五条 每年3月为本自治区森林防火宣传月。

各级人民政府、林业主管部门应当组织开展经常性的森林防火宣传工作,提高全民森林防火意识。

新闻、广播、电视、文化、教育等单位,应当做好森林防火宣传教育工作。

森林、林木、林地经营管理单位和个人,应当设置森林防火宣传牌、警示牌,对进入其经营管理范围的人员进行森林防火宣传。

第三章 森林火灾的扑救

第二十六条 森林防火期内,各级森林防火指挥机构实行24小时值班制度。

第二十七条 森林火灾建立火情必报制度。

发生下列森林火灾的,应当立即报告自治区人民政府森林防火指挥机构:

（一）过火疏林地、灌木林地、未成林地、苗圃地面积4公顷以上的；

（二）受害森林面积二公顷以上的；

（三）造成一人以上重伤或者死亡的；

（四）威胁居民区（点）或者重要设施的；

（五）除第一项、第二项外其他林地四小时尚未得到有效控制的；

（六）国家级自然保护区、风景名胜区、森林公园内的；

（七）与其他省区交界地区的；

（八）其他需要报告的森林火灾。

第二十八条 发生森林火灾时，森林防火指挥机构应当启动本级森林火灾应急预案，及时调集应急人员、物资、装备，统一指挥火灾扑救和应急救援工作。

发生重大、特别重大火灾的，应当设立现场指挥部。

第二十九条 重大、特别重大火灾发生后，气象、通信、卫生、交通、民政、公安等主管部门，应当服从火场总指挥的调度，任何单位不得拒绝、推诿和拖延。

火灾发生地县（市、区）、乡（镇）人民政府，应当根据扑救火灾的紧急需要，组织人员、调集所需物资支援灭火。

第三十条 为阻止火灾蔓延，避免重大损失，火场总指挥有权决定使用各种水源，划定警戒区，在火场周围实施交通管制，截断电力、可燃气体和可燃液体的输送，限制用火用电等。

第三十一条 森林防火指挥机构应当及时公开森林火灾信息。森林火灾信息由森林防火指挥机构统一发布。

任何单位和个人不得传播虚假森林火灾信息。

第四章 灾后处置

第三十二条 森林火灾扑灭后，林业主管部门应当及时组织对起火的时间、地点、原因、肇事者、受害森林面积和蓄积量、扑救情况、物资消耗、人员伤亡、其他经济损失等进行调查和评估，向本级人民政府提交调查报告，并报上一级林业主管部门。

有关人民政府应当根据调查报告确定责任单位和责任人，并依法处理。森林火灾责任单位、责任人及处理结果应当公开。

第三十三条 机关、企业、事业单位工作人员参加扑火的，扑火期间发生的差旅费等费用由其所在单位支付。其他人员参加扑火的误工补贴和生活费，依照《森林防火条例》第四十五条的规定解决。

第三十四条 在森林火灾扑救中负伤、致残或者死亡的人员，其所在单位参加工伤保险的，进行工伤认定，由工伤保险基金支付相关待遇；单位未参加工伤保险的，由单位参照工伤保险待遇标准支付相关待遇；属于抚恤范畴的，按照抚恤相关规定给予抚恤。

参加森林火灾扑救，被确认为见义勇为的，按照自治区见义勇为规定执行；死亡并符合烈士评定条件的，由县（市、区）人民政府报请设区的市、自治区人民政府审核、决定。

第五章 法律责任

第三十五条 违反本办法规定，《森林防火条例》已有处罚规定的，从其规定。

第三十六条 违反本办法规定，在森林防火区内有本办法第十七条禁止行为，未引起森林火灾的，由林业主管部门或者其委托的自然保护区管理机构责令停止违法行为，给予警告，可以对个人并处二百元以上一千元以下罚款，对单位并处一万元以上二万元以下罚款；引起森林火灾的，责令补种树木，对个人处一千元以上三千元以下罚款，对单位并处二万元以上五万元以下罚款。

第三十七条 违反本办法规定，因无民事行为能力人和限制民事行为能力人用火、玩火引起森林火灾造成损失的，由其监护人依法承担民事赔偿责任。

第三十八条 违反本办法规定，破坏和侵占森林防火道路、标志、宣传碑（牌）、瞭望台（塔）、隔离带、防火设施设备的，由公安机关依法予以处罚。

第三十九条 各级人民政府及各级森林防火指挥机构、林业主管部门和其他有关主管部门及其工作人员，在森林防火工作中，滥用职权、玩忽职守、徇私舞弊的，对直接负责的主管人员和其他直接责任人员依法给予处分；构成犯罪的，依法追究刑事责任。

第六章 附 则

第四十条 本办法自2016年9月1日起施行。

科教文卫

宁夏回族自治区人民代表大会常务委员会关于废止《宁夏回族自治区义务教育条例》的决定

（2014年4月9日宁夏回族自治区第十一届人民代表大会常务委员会第九次会议通过）

宁夏回族自治区第十一届人民代表大会常务委员会第九次会议决定，废止《宁夏回族自治区义务教育条例》。

本决定自公布之日起施行。

宁夏回族自治区人民代表大会常务委员会

2014年4月9日

宁夏回族自治区人民代表大会常务委员会关于调整完善生育政策的决议

（2014年5月28日宁夏回族自治区第十一届人民代表大会常务委员会第十次会议通过　2014年5月28日宁夏回族自治区人民代表大会常务委员会公告第10号公布　自公布之日起施行）

宁夏回族自治区第十一届人民代表大会常务委员会第十次会议审议了自治区人民政府关于宁夏回族自治区实施单独两孩政策的议案，作出如下决议：

一、根据全国人民代表大会常务委员会关于调整完善生育政策的决议，决定自本决议公布之日起，在本自治区行政区域内实施一方是独生子女的夫妇可以生育两个孩子的政策。由自治区人民政府具体组织实施。

二、全区各级人民代表大会常务委员会要加强对人口与计划生育法律法规和本决议实施情况的监督检查，使相关法律法规和本决议得到有效实施。

宁夏回族自治区人民代表大会常务委员会关于修改《宁夏回族自治区人口与计划生育条例》的决定

（2014年9月29日宁夏回族自治区第十一届人民代表大会常务委员会第十二次会议通过　2014年9月29日宁夏回族自治区人民代表大会常务委员会公告第13号公布　自公布之日起施行）

宁夏回族自治区第十一届人民代表大会常务委员会第十二次会议决定对《宁夏回族自治区人口与计划生育条例》作如下修改：

一、将第十七条第一款第二项修改为："（二）夫妻一方是独生子女的；"。

二、将第二十条中的"再婚夫妻符合下列条件之一的，可以申请生育一个子女："修改为："再婚夫妻符合下列条件之一的，可以申请再生育一个子女："。

增加三项，作为第二十条第一项至第三项："（一）再婚前独生子女一方未生育，另一方已生育一个子女，双方婚后生育一个子女且家庭只有该子女的；

"（二）再婚前独生子女一方未生育，另一方已生育两个子女的；

"（三）一方是独生子女的夫妻，双方再婚前各生育一个子女的；"。

将第二十条原第一项至第六项改为第四项至第九项。

三、将第二十四条第一款修改为："符合再生育条件的，夫妻双方应当持夫妻双方的身份证、户口簿、结婚证原件；再婚的、收养子女的应当加持离婚证、收养登记证原件到女方户籍所在地的县(市、区)卫生和计划生育行政部门提出再生育申请。”

将第二款修改为:“符合本《条例》第十七条第一款(二)项和第二十条(一)、(二)、(三)项规定的一方户籍在本自治区的夫妻,应当加持独生子女相关证明,可以向本自治区一方户籍所在地的县(市、区)卫生和计划生育行政部门提出再生育申请。”

将第三款修改为:“县(市、区)卫生和计划生育行政部门,应当自接到提交的相关材料之日起十五日内进行审核,符合再生育条件的,予以办理相关手续;不符合再生育条件的,应当以书面形式告知申请人并说明理由。需要依法鉴定的,审核时间从收到鉴定结论之日起计算。”

将第四款修改为:“经批准生育第二个、第三个子女的,因户籍或者婚姻状况等发生变化不再符合再生育条件的,除已经怀孕的以外,批准生育的卫生和计划生育行政部门应当及时撤回批准再生育决定,并书面告知理由。”

四、将第二十五条中的“有下列情形之一的,不得批准再生育,已领取再生育证的,发证的卫生和计划生育行政部门应当及时撤销再生育证,已生育的按超生处理:”修改为:“有下列情形之一的,不得批准再生育:”。

五、将第三十一条第一款中的“育龄夫妻持‘计划生育·生殖健康服务证’,免费享受下列计划生育技术服务:”修改为:“符合生育规定的育龄夫妻免费享受下列计划生育技术服务:”。

六、将第四十二条第三项修改为:“(三)为独生子女家庭、‘少生快富’工程户和计划生育纯女户办理城乡居民社会养老保险、城乡居民基本医疗保险时,按照国家有关规定,提高个人补助标准。”

七、将第五十九条修改为:“符合再生育条件而未办理再生育申请手续的夫妻,应当在子女出生前补办申请手续;逾期不办理的,由县(市、区)卫生和计划生育行政部门处以五百元以上一千元以下的罚款。”

八、将第六十七条第三项修改为:“(三)未按规定发放《独生子女父母光荣证》、流动人口婚育证明等计划生育证明的”。

九、将第五条、第十四条、第二十六条、第二十七条、第二十九条、第三十三条、第三十四条、第三十六条、第四十条、第五十一条、第五十二条、第五十四条、第五十五条、第五十七条、第六十条、第六十一条、第六十三条、第六十四条、第六十五条中的“人口和计划生育行政部门”修改为:“卫生和计划生育行政部门”;将第三十七条中的“卫生行政部门”修改为:“卫生和计划生育行政部门”。

十、删去第二十二条、第二十三条、第五十六条第二款。

本决定自公布之日起施行。

《宁夏回族自治区人口与计划生育条例》根据本决定作相应修改并对条文顺序作相应调整，重新公布。

宁夏回族自治区文化市场管理条例

（1998年12月4日宁夏回族自治区第八届人民代表大会常务委员会第四次会议通过　根据2006年3月31日宁夏回族自治区第九届人民代表大会常务委员会第二十一次会议《关于修改〈宁夏回族自治区矿产资源管理条例〉等12件地方性法规的决定》第一次修正　根据2015年5月20日宁夏回族自治区第十一届人民代表大会常务委员会第十七次会议《关于修改〈宁夏回族自治区建筑管理条例〉等五件地方性法规的决定》第二次修正）

第一章　总　则

第一条　为了加强文化市场管理，维护文化市场经营秩序，发展和繁荣社会主义文化事业，根据国家有关法律、法规的规定，结合本自治区实际，制定本条例。

第二条　凡在本自治区行政区域内从事文化经营活动和文化市场监督管理的单位和个人，均须遵守本条例。

第三条　本条例所称文化经营活动是指：

（一）歌舞、游艺、游戏、高尔夫球、台球、保龄球等文化娱乐场所的经营；

（二）音像制品的批发、零售、出租和放映；

（三）图书、报刊等出版物的批发、零售、出租；

（四）电影片的发行、放映；

（五）营业性文艺演出、表演；

（六）美术品的收售、拍卖，有赞助的美术品比赛、展览（销），书画裱褙；

（七）营业性文化展览、文艺比赛、文化艺术培训；

（八）国家允许进入市场的文物经营与拍卖；

（九）文化经纪活动；

（十）依法应管理的其他文化经营活动。

第四条 文化市场的经营和管理必须坚持为人民服务，为社会主义服务的方向，把社会效益放在首位。鼓励和扶持一切积极向上，健康有益的文化经营活动。

第五条 各级人民政府应当加强对文化市场管理工作的领导，加强综合治理，保障和促进文化市场的繁荣和发展。

第六条 对在文化市场经营和管理工作中做出显著成绩以及检举、制止违法行为有功的单位和个人，由各级人民政府或者文化行政主管部门给予表彰、奖励。

第二章 管理职责

第七条 县级以上人民政府文化行政部门是文化市场的主管部门，负责文化市场的监督管理工作，其主要职责是：

（一）贯彻实施有关文化市场管理的法律、法规、规章及政策；

（二）对文化市场进行宏观管理，会同有关部门制定文化市场的发展规划；

（三）按权限审批、核发《文化经营许可证》；

（四）培训文化市场管理人员、经营者和从业人员；

（五）监督检查文化经营活动，依法查处违法行为；

（六）负责文化市场的其他管理工作。

第八条 自治区新闻出版部门负责本自治区行政区域内图书、报刊批发的审批和管理工作，委托设区的市、县（市、区）文化行政主管部门具体负责该行政区域内图书、报刊零售、出租的审批和管理工作。

电子出版物的管理，按照国家有关规定执行。

第九条 自治区文化行政主管部门会同自治区广播电视行政部门、新闻出版部门和公安部门共同负责审查鉴定音像制品的内容。

第十条 各级公安、工商、物价、卫生、环保等有关部门，按照各自的职责,协同做好文化市场的监督管理工作。

第十一条 文化市场实行分级管理。

自治区文化行政主管部门负责自治区行政区域内下列文化经营活动的审批、管理工作:

(一)国务院文化行政主管部门委托自治区文化行政主管部门审批、管理的文化经营活动;

(二)自治区的直属单位、群众团体,中央驻宁单位,外省(区)直机关驻宁直属单位从事的文化经营活动;

(三)中外合资、中外合作、外商独资企业从事的文化经营活动;

(四)自治区工商行政管理部门登记注册的企业从事的文化经营活动;

(五)音像制品的批发、放映;

(六)电影片的发行、放映。

设区的市文化行政主管部门负责本行政区域内下列文化经营活动的审批、管理工作:

(一)设区的市直属单位、群众团体,外省(区)的设区的市驻宁直属单位从事的文化经营活动;

(二)设区的市工商行政管理部门登记注册的企业从事的文化经营活动;

(三)音像制品的零售、出租;

(四)上级文化行政主管部门委托审批、管理的文化经营活动。

县(市、区)文化行政主管部门负责本行政区域内下列文化经营活动的审批、管理工作:

(一)县(市、区)的直属单位,群众团体,外省县(市、区)驻宁单位从事的文化经营活动;

(二)县(市、区)工商行政管理部门登记注册的企业和个人从事的文化经营活动;

(三)音像制品的零售、出租;

(四)十六毫米电影片的发行、放映;

(五)上级文化行政主管部门委托审批、管理的文化经营活动。

第十二条 文化市场实行稽查制度。

县级以上人民政府文化行政主管部门的文化市场稽查机构,依法对文化经营活动进行监督检查。

第十三条 文化市场管理部门及其工作人员不得有下列行为:

(一)从事、参与或者变相参与文化经营活动;

(二)违反国家和自治区有关规定乱收费、乱摊派、乱罚款;

(三)刁难、报复经营者;

(四)挪用、私分收缴物品和罚款;

(五)利用职权为本单位谋取不正当利益;

(六)其他违法行为。

第三章　申办程序

第十四条　文化活动经营者从事文化经营活动,应当具备下列条件:

(一)有必要的资金、场地、设备和相应的名称及从业人员;

(二)经营场所的安全设施、卫生条件、环境噪声等符合国家规定的标准;

(三)法律、法规规定应当具备的其他条件。

第十五条　文化经营活动实行文化经营许可证制度。

文化活动经营者,应当按本条例的规定,向文化行政主管部门提出申请,经审核批准取得《文化经营许可证》。

按国家有关规定,根据文化活动经营项目的需要,到公安等部门办理《安全合格证》、《特种行业许可证》等。

从事图书、报刊经营活动的,应当按国家有关规定申领许可证。

《文化经营许可证》不得伪造、涂改、租借、转让。

第十六条　县级以上人民政府文化行政主管部门,应当自收到文化活动经营者申请领取《文化经营许可证》的申请书之日起十五日内,作出批准或者不批准的决定。

第十七条　文化活动经营者变更法定代表人或负责人,改变名称或经济性质,变更经营场所、经营范围以及终止营业的,应当向原发证机关申请办理变更或注销手续。

第四章　经营规则

第十八条　文化活动经营者应当遵守法律、法规、规章,依法纳税,遵守职业道德,接受文化市场管理部门的监督管理。

第十九条　禁止利用文化经营活动及其场所从事淫秽、色情服务、卖淫、嫖娼、吸毒、赌博、反动宣传、宣扬封建迷信及凶杀暴力等违法活动。

第二十条　营业性歌舞厅、电子游戏室等不适宜未成年人活动的场所,应当设置禁止未成年人入内的显著标志，不得对未成年人开放。

除节假日外，营业性台球室不得向中、小学生开放。

第二十一条 在距中、小学校二百米内不得设置营业性歌舞厅、电子游戏、台球、录像放映等文化经营活动场所。

第二十二条 文化经营活动，不得妨碍其场所周围单位和居民的工作、学习及休息。

第二十三条 进入文化市场的图书、报刊、音像制品和电影片，必须是经国家批准出版、制作单位的制品。

禁止经营非法出版或制作国家明令禁止和侵犯他人著作权的图书、报刊、音像制品及电影片。

第二十四条 禁止经营性批发、零售、出租和放映供研究和教学参考使用的资料性电影片和音像制品。

未取得营业性播映权的音像制品和供家庭专用的音像制品，不得用于营业性放映。

第二十五条 收售、拍卖美术品应当标明作者姓名、国籍、年代。收售、拍卖法律、法规允许仿制、复制的美术品，应当标明“仿制”和“复制”。

禁止收售、拍卖非法仿制、复制或假冒他人署名的美术品。

第二十六条 从事营业性文化艺术培训，应当具备相应的教学条件，保证培训质量。

第二十七条 自治区的文化活动经营者在外省（区），或者外省（区）的文化活动经营者来本自治区从事营业性文艺比赛、文化展览（销）、文化艺术培训和文化经纪等活动，应当报自治区文化行政主管部门批准。

第二十八条 任何单位和个人不得举办或接纳未经文化行政主管部门批准的文化经营活动。

第二十九条 营业性演出（表演）活动和涉外文化经营活动，按国家有关规定执行。

依法允许进入市场的文物经营与拍卖活动，按国家有关规定执行。

第三十条 文化经营活动的宣传品和广告，应当真实、合法，并经县级以上人民政府文化行政主管部门审核。

未经审核的文化经营活动的宣传品和广告，任何文化活动经营者和广告主、广告经营单位、广告发布者不得向社会发布。

第五章　权益保护

第三十一条　文化活动经营者的合法权益受法律保护；对侵犯其合法权益的单位和个人，可以向有关部门揭发、控告、申诉和要求赔偿，也可以依法向人民法院起诉。

第三十二条　文化活动经营者享有以下权利：

（一）拒绝无检查证件人员的检查；

（二）拒绝非发证机关扣缴经营证件；

（三）拒绝单位和个人无偿使用其经营场所和设施；

（四）拒绝不符合国家和自治区规定的收费或摊派；

（五）法律、法规规定的其他权利。

第三十三条　文化活动消费者有权要求文化活动经营者，按规定的标准提供安全、卫生的环境和健康、文明的服务。

第三十四条　文化活动消费者对文化活动经营者，未按规定的经营和服务项目、内容、时间等提供服务或收费超过规定标价的，有权要求退票、退款和投诉。

第六章　法律责任

第三十五条　违反本条例规定，未领取《文化经营许可证》或伪造《文化经营许可证》从事文化经营活动的，由县级以上人民政府文化行政主管部门予以取缔，处以一千元至五千元的罚款；有违法所得的，没收违法所得，并处以违法所得一倍至五倍的罚款。

第三十六条　违反本条例有下列行为之一的，由县级以上人民政府文化行政主管部门给予警告，责令改正，没收违法所得和非法物品，并可处以一千元至五千元的罚款：

（一）涂改、租借、转让《文化经营许可证》的；

（二）文化活动经营场所的条件不符合国家规定的；

（三）营业性歌舞厅、电子游戏室等不适宜未成年人活动的场所允许未成年人进入的；

（四）在距中、小学校二百米内设置营业性歌舞厅、电子游戏、台球、录像放映等文化经营活动场所的；

（五）边界噪声不符合环境噪声排污标准，妨碍周围单位和居民的工作、学习及休息的；

（六）收售、拍卖未标有作者姓名、国籍、年代的美术品或者未标有“仿制”“复制”字样的仿制、复制美术品的；

（七）营业性文化艺术培训质量低劣，欺诈培训对象的；

（八）举办或接纳未经批准的文化经营活动的。

第三十七条　违反本条例规定，非法从事音像制品的批发、零售、出租、放映和从事电影片发行、放映的，由县级以上人民政府文化行政主管部门依法给予处罚；非法从事图书和报刊批发、零售、出租的，由审批部门按照国家有关规定给予处罚。

第三十八条　利用文化经营活动及其场所从事卖淫、嫖娼、吸毒、赌博、宣扬封建迷信及制作、贩卖、传播淫秽物品等违法活动的，由公安机关依法给予处罚；构成犯罪的，由司法机关依法追究刑事责任。

第三十九条　文化市场管理部门及其工作人员，违反本条例第十三条规定的，由其主管部门或所在单位对主管人员和直接责任人给予行政处分；构成犯罪的，由司法机关依法追究刑事责任。

第四十条　当事人对行政处罚决定不服的，可以依法申请行政复议或者提起行政诉讼。

当事人逾期不申请行政复议，又不向人民法院提起行政诉讼，也不履行行政处罚决定的，由作出行政处罚决定的机关申请人民法院强制执行。

第七章　附　则

第四十一条　本条例自1999年2月1日起施行。

宁夏回族自治区人民代表大会常务委员会关于修改《宁夏回族自治区人口与计划生育条例》的决定

（2016年1月21日宁夏回族自治区第十一届人民代表大会常务委员会第二十二次会议通过　2016年1月21日宁夏回族自治区人民代表大会常务委员会公告第32号公布　自公布之日起施行）

宁夏回族自治区第十一届人民代表大会常务委员会第二十二次会议决定对《宁夏回族自治区人口与计划生育条例》作如下修改：

一、将第三条修改为："人口与计划生育工作坚持以人为本、创新发展、法治引领、统筹推进的原则。"

二、将第十六条修改为："提倡一对夫妻生育两个子女。

"不符合法律、法规规定多生育子女的，属于超生。"

三、将第十八条改为第十七条，修改为："夫妻双方符合下列条件之一的，可以申请生育第三个子女：

"（一）原州区、海原县、西吉县、隆德县、泾源县、彭阳县、盐池县、同心县（以下统称山区八县）的少数民族农村居民；

"（二）育有两个子女，经鉴定有不能成长为正常劳动力的残疾儿，且医学上认为适宜再生育的。"

四、将第十九条改为第十八条，修改为："山区八县少数民族农村居民成建制转为城镇居民或者有组织地移民搬迁到自治区区域内的其他县（市、区）的，自户籍变更之日起三年内执行原户籍地的生育规定。"

五、将第二十条改为第十九条，修改为："再婚夫妻符合下列条件之一的，可以申请生育第三个子女：

"（一）再婚前生育子女数合计为一个，再婚后生育一个的；

"（二）再婚前生育子女数合计为两个的。"

六、将第二十一条改为两条，分别作为第二十条、第二十一条，修改为：

“第二十条 夫妻一方为本自治区户籍，另一方为其他省(自治区、直辖市)户籍的，双方户籍所在地关于再生育子女的规定不一致的，按照有利于当事人的原则适用。

“第二十一条 夫妻一方为外国人或者香港、澳门特别行政区居民，台湾同胞、华侨、出国留学人员的，按照国家有关生育规定执行。”

七、增加一条，作为第二十二条：“实行生育登记服务制度。生育登记服务，按照国家有关规定执行。”

八、将第二十二条改为第二十三条，第一款修改为：“符合生育第三个子女条件的，夫妻双方应当持夫妻双方的身份证、户口簿、结婚证原件；再婚的、收养子女的应当加持离婚证、收养登记证原件到一方户籍地所在的乡镇(街道)卫生和计划生育工作机构提出再生育申请。”

第三款改为第二款，修改为：“乡镇(街道)卫生和计划生育工作机构应当自接到提交的相关材料之日起十日内进行审核，报县(市、区)卫生和计划生育行政部门审批，符合再生育条件的，办理相关手续；不符合再生育条件的，应当以书面形式告知申请人并说明理由。需要依法鉴定的，审核时间从收到鉴定结论之日起计算。婚育信息需跨省核实的，办理时限不超过二十日。”

第四款改为第三款，修改为：“经批准生育第三个子女的，因户籍或者婚姻状况等发生变化不再符合再生育条件的，除已经怀孕的以外，批准生育的卫生和计划生育行政部门应当及时撤回批准再生育决定，并书面告知理由。”同时，删去本条第二款。

九、将第三十三条修改为：“育龄夫妻自主选择计划生育避孕节育措施，预防和减少非意愿妊娠。提倡已生育两个或者两个以上子女的夫妻选择长效避孕措施。”

十、将第三十四条第一款修改为：“采取永久性节育措施的夫妻，因子女死亡或者残疾，符合本条例规定的再生育条件的，经双方申请，由县(市、区)卫生和计划生育行政部门审批，可以在指定的医疗机构免费施行输卵(精)管复通手术。”

十一、增加一条，作为第三十七条：“对符合法律、法规规定生育的产妇，除享受国家规定的产假外，增加产假60天，并给予其配偶25天护理假；产假和护理假视同出勤，工资、奖金照发。”

十二、将第三十九条改为第三十八条，修改为：“在国家提倡一对夫妻生育一个子女期间，自愿终身只生育一个子女的夫妻，享受以下优待、奖励：

“(一)自领取《独生子女父母光荣证》之月起，每月奖励独生子女保健费，发到子女年满十四周岁止，发放标准由自治区人民政府规定；

“（二）优先提供职业技能培训、职业技能鉴定；

“（三）就业、住房、扶贫救济及子女入托、入学、医疗等方面，在同等条件下优先照顾。”

十三、将第四十条改为第三十九条，第一项至五项修改为：“（一）在国家提倡一对夫妻生育一个子女期间，只有一个子女或者两个女孩的农村计划生育家庭，夫妇年满六十周岁以后，享受农村计划生育家庭奖励扶助，直至亡故。

“（二）实施‘少生快富’工程，按照国家和自治区的有关规定给予奖励及其他优待。

“（三）为领取《独生子女父母光荣证》的家庭、‘少生快富’工程户和计划生育纯女户办理城乡居民社会养老保险、城乡居民基本医疗保险时，按照国家有关规定，提高个人补助标准。

“（四）分配集体经济收益、征地补偿费，发放救济金，按户分配、发放的，领取《独生子女父母光荣证》的家庭、计划生育纯女户应当以高出户均标准的百分之二十分配、发放；按人分配、发放的，领取《独生子女父母光荣证》的家庭和计划生育纯女户增加一个人份。

“（五）审批宅基地、调整土地时，对领取《独生子女父母光荣证》的家庭、计划生育纯女户给予优先照顾。”

十四、将第四十一条改为第四十条，修改为：“在国家提倡一对夫妻生育一个子女期间，领取《独生子女父母光荣证》的家庭，子女死亡或者残疾（残疾达到三级以上），不再生育或者收养子女的，享受国家和自治区的计划生育家庭特别扶助金。”

十五、将第四十二条改为第四十一条，修改为：“在国家提倡一对夫妻生育一个子女期间，领取《独生子女父母光荣证》的家庭，继续享受独生子女保健费。独生子女保健费按照下列规定列支或者开支：

“（一）企业单位从管理费中开支；

“（二）行政、事业单位在职工福利费中列支；

“（三）城镇无业居民、失业人员、个体经营者或者农村居民，其独生子女保健费由自治区、设区的市、县（市、区）财政按比例分担，分担比例由自治区人民政府规定，乡（镇）人民政府或者街道办事处负责发放。”

十六、将第四十三条改为第四十二条，修改为：“在国家提倡一对夫妻生育一个子女期间，领取《独生子女父母光荣证》的家庭，独生子女父母双方都是职工的，其独生子女保健费由父母所在单位各负担百分之五十；一方为职工，另一方为城镇无业居民、失业人员、个体经营者或者农村居民的，独生子女保健费由职工一方所在单位和财政部门各负担百分之五十。”

十七、将第四十七条改为第四十四条，修改为：“在国家提倡一对夫妻生育一个子女期间，领取《独生子女父母光荣证》后再生育的，应当收回并注销其《独生子女父母光荣证》，停止享受独生子女父母奖励优惠待遇。”

十八、增加一条，作为第五十一条：“各级人民政府应当将公民计划生育情况纳入社会信用体系。”

十九、将第五十七条改为第五十五条，修改为：“生育第一个和第二个子女未按规定办理生育登记手续的夫妻，由乡镇（街道）卫生和计划生育工作机构责令限期补办手续。

“符合生育第三个子女条件而未办理再生育申请手续的夫妻，应当在子女出生前补办申请手续；逾期不办理的，由乡镇（街道）卫生和计划生育工作机构责令限期补办手续。”

二十、将第五十八条改为第五十六条，第三项修改为：“进行假医学鉴定、出具假计划生育证明的”。

二十一、将第六十五条改为第六十三条，第三项修改为：“未按规定发放计划生育证明的”。

二十二、删去第十七条、第三十二条、第三十七条、第三十八条、第四十五条、第四十六条。

本决定自公布之日起施行。

《宁夏回族自治区人口与计划生育条例》根据本决定作相应修改，重新公布。

宁夏回族自治区人口与计划生育条例

（1990年12月28日宁夏回族自治区第六届人民代表大会常务委员会第十六次会议通过　根据1999年6月14日宁夏回族自治区第八届人民代表大会常务委员会第七次会议《关于修改〈宁夏回族自治区计划生育条例〉的决定》第一次修正　根据2000年11月17日宁夏回族自治区第八届人民代表大会常务委员会第十六次会议《关于将〈宁夏回族自治区计划生育条例〉中计划外生育费修改为社会抚养费的决定》第二次修正　2002年11月7日宁夏回族自治区第八届人民代表大会常务委员会第二十九次会议第一次修订　2009年11月19日宁夏回族自治区第十届人民代表大会常务委员会第十四次会议第二次修订　根据2014年9月29日宁夏回族自治区第十一届人民代表大会常务委员会第十二次会议《关于修改〈宁夏回族自治区人口与计划生育条例〉的决定》第三次修正　根据2016年1月21日宁夏回族自治区第十一届人民代表大会常务委员会第二十二次会议《关于修改〈宁夏回族自治区人口与计划生育条例〉的决定》第四次修正）

第一章　总　则

第一条　为了促进人口与经济、社会、资源、环境全面协调可持续发展，根据《中华人民共和国人口与计划生育法》及有关法律、行政法规的规定，结合自治区实际，制定本条例。

第二条　居住在自治区行政区域内的公民和户籍在本自治区而居住在自治区外的公民，以及自治区行政区域内的国家机关、社会团体、企业事业单位和其他组织，必须遵守本条例。

第三条　人口与计划生育工作坚持以人为本、创新发展、法治引领、统筹推进的原则。

第四条　各级人民政府领导本行政区域内的人口与计划生育工作，负责组织本条例的实施。各级人民政府主要负责人是本行政区域内人口与计划生育工作的第一责任人。

第五条　县级以上人民政府卫生和计划生育行政部门，负责本行政区域内的计划生育工作和与计划生育有关的人口工作。

县级以上人民政府其他有关部门在各自的职责范围内，负责有关的人口与计划生育工作。

科技、教育、文化、广播电视、新闻出版等部门，应当配合卫生和计划生育行政部门组织开展人口与计划生育宣传教育；报刊、广播、电视、网络等大众媒体负有开展人口与计划生育公益宣传的义务。

工会、共青团、妇联和计划生育协会、私营企业协会等社会团体、企业事业单位，应当协助人民政府开展人口与计划生育工作。

第六条　夫妻双方都有实行计划生育的义务，公民实行计划生育的合法权益受法律保护。

第七条　对在人口与计划生育工作中做出显著成绩的单位和个人，各级人民政府应当予以表彰、奖励。

第二章　保障措施

第八条　县级以上人民政府应当根据全国人口发展规划及上一级人民政府人口发展规划，结合本地区实际情况，编制本行政区域的人口发展规划，将其纳入国民经济和社会发展规划并组织实施。

第九条　县级以上人民政府应当将人口与计划生育工作经费列入本级财政预算，并随着财政收入的增长逐年增加。

县级以上人民政府应当建立人口与计划生育工作专项资金，用于落实计划生育家庭奖励扶助等有关政策。

任何单位和个人不得截留、克扣、挪用人口与计划生育工作经费和专项资金。

第十条　县级以上人民政府应当推进人口与计划生育信息化建设，加强人口数量、素质、结构、分布、迁移、就业等关系国民经济和社会发展重大问题的信息资源研究和开发利用，提高人口与计划生育科学决策、社会管理和公共服务水平。

第十一条 县级以上人民政府应当完善基本养老保险、医疗保险、生育保险等社会保障制度,促进人口与计划生育工作。

第十二条 县级以上人民政府及其相关部门应当加强人口与计划生育管理服务体系建设,稳定基层工作机构和队伍,落实基层工作人员工资和社会保障待遇。

第十三条 乡(镇)人民政府、街道办事处负责本管辖区域内人口与计划生育工作,应当根据辖区人口规模配备人口与计划生育专职管理人员和技术服务人员,具体做好本辖区人口与计划生育工作。

第十四条 村(居)民委员会应当确定专人协助乡(镇)人民政府、街道办事处依法做好人口与计划生育工作。

机关、社会团体、企业事业单位的人口与计划生育工作,实行法定代表人或者主要负责人责任制,配备专(兼)职人员具体做好本单位的人口与计划生育工作,并接受卫生和计划生育行政部门的业务指导和监督检查。

第十五条 流动人口的计划生育工作由流动人口户籍所在地和现居住地的人民政府共同负责,以现居住地人民政府为主,户籍所在地人民政府予以配合。

现居住地人民政府应当将流动人口纳入现居住地人口总数,实行同服务、同管理,实现流动人口计划生育公共服务均等化。

第三章　生育调节

第十六条 提倡一对夫妻生育两个子女。

不符合法律、法规规定多生育子女的,属于超生。

第十七条 夫妻双方符合下列条件之一的,可以申请生育第三个子女:

(一)原州区、海原县、西吉县、隆德县、泾源县、彭阳县、盐池县、同心县(以下统称山区八县)的少数民族农村居民;

(二)育有两个子女,经鉴定有不能成长为正常劳动力的残疾儿,且医学上认为适宜再生育的。

第十八条 山区八县少数民族农村居民成建制转为城镇居民或者有组织地移民搬迁到自治区区域内的其他县(市、区)的,自户籍变更之日起三年内执行原户籍地的生育规定。

第十九条 再婚夫妻符合下列条件之一的,可以申请生育第三个子女:

(一)再婚前生育子女数合计为一个,再婚后生育一个的;

（二）再婚前生育子女数合计为两个的。

第二十条 夫妻一方为本自治区户籍，另一方为其他省（自治区、直辖市）户籍的，双方户籍所在地关于再生育子女的规定不一致的，按照有利于当事人的原则适用。

第二十一条 夫妻一方为外国人或者香港、澳门特别行政区居民，台湾同胞、华侨、出国留学人员的，按照国家有关生育规定执行。

第二十二条 实行生育登记服务制度。生育登记服务，按照国家有关规定执行。

第二十三条 符合生育第三个子女条件的，夫妻双方应当持夫妻双方的身份证、户口簿、结婚证原件；再婚的、收养子女的应当加持离婚证、收养登记证原件到一方户籍地所在的乡镇（街道）卫生和计划生育工作机构提出再生育申请。

乡镇（街道）卫生和计划生育工作机构应当自接到提交的相关材料之日起十日内进行审核，报县（市、区）卫生和计划生育行政部门审批，符合再生育条件的，办理相关手续；不符合再生育条件的，应当以书面形式告知申请人并说明理由。需要依法鉴定的，审核时间从收到鉴定结论之日起计算。婚育信息需跨省核实的，办理时限不超过二十日。

经批准生育第三个子女的，因户籍或者婚姻状况等发生变化不再符合再生育条件的，除已经怀孕的以外，批准生育的卫生和计划生育行政部门应当及时撤回批准再生育决定，并书面告知理由。

第二十四条 有下列情形之一的，不得批准再生育：

（一）提供虚假病残儿医学鉴定证明的；

（二）非医学需要选择性别人工终止妊娠的；

（三）遗弃子女的；

（四）将子女送养的；

（五）自称婴儿死亡，但没有证据证明的；

（六）故意致婴儿死亡或者残疾的；

（七）不得批准再生育的其他情形。

第二十五条 按照本条例规定，需要进行病残儿医学鉴定的，由夫妻双方提出申请，经县（市、区）卫生和计划生育行政部门初审后，报设区的市卫生和计划生育行政部门组织专家鉴定；

申请人对鉴定结论有异议的，可以向自治区卫生和计划生育行政部门申请再鉴定，该鉴定为终局鉴定。

第四章　人口与计划生育综合服务

第二十六条　县级以上人民政府以及卫生和计划生育、教育等行政部门应当按照各自职责开展下列人口与计划生育综合服务：

（一）实行婚检补助制度，加强婚育咨询指导；

（二）建立健全孕前、孕产期保健服务制度，预防出生缺陷，提高出生人口素质；

（三）实行农村妇女住院分娩补贴制度，促进住院分娩；

（四）宣传普及婴幼儿抚养和家庭教育科学知识，开展婴幼儿早期教育，强化独生子女社会行为教育和培养；

（五）对独生子女死亡、残疾等计划生育困难家庭，开展精神抚慰、再生育咨询、诊疗等生育关怀服务；

（六）指导公民选择安全、有效、适宜的避孕节育措施，预防和减少非意愿妊娠，提高公民生殖健康水平。

第二十七条　计划生育技术服务机构和从事计划生育技术服务的医疗保健机构（以下统称从事计划生育技术服务的机构），应当依法取得执业许可，按照批准的业务范围和服务项目开展计划生育技术服务。

计划生育技术服务人员应当经过培训，考核合格后持证上岗，从事计划生育临床技术服务的人员还应当具备相应的执业资格。

从事计划生育技术服务的机构和人员应当严格遵守与执业有关的法律、法规、规章、技术规范、职业道德规范和管理制度，保障受术者安全。

禁止任何未取得资质、资格的单位和个人施行计划生育手术。

第二十八条　从事计划生育技术服务的机构，应当将其管理、使用的超声波诊断仪和染色体检测设备的目录，报所在地的县（市、区）药品监督管理部门备案。

从事计划生育技术服务的机构应当建立健全超声技术检查、染色体检测、人工终止妊娠登记制度，定期向主管的卫生和计划生育行政部门报告。

第二十九条　禁止任何单位和个人进行非医学需要的胎儿性别鉴定或者选择性别的人工终止妊娠。禁止任何单位和个人为他人做假节育手术或者非法摘取宫内节育器、皮下埋植剂。

第三十条　符合生育规定的育龄夫妻免费享受下列计划生育技术服务：

（一）放置或者取出宫内节育器、皮下埋植剂及技术常规所规定的各项医学检查；

（二）孕情、宫内节育器安全情况监测；

（三）人工流产、引产术及技术常规所规定的各项医学检查；

（四）输卵（精）管结扎术及技术常规所规定的各项医学检查；

（五）计划生育手术并发症和避孕药具不良反应的诊断、治疗；

（六）经批准施行的输卵（精）管复通手术。

农村育龄夫妻计划生育技术服务所需经费，由各级财政设立专项资金予以保障，开支标准和列支方式由自治区人民政府规定；城镇育龄夫妻计划生育技术服务所需经费，由生育保险、基本医疗保险基金支付，没有参加生育保险、基本医疗保险的，由所在单位或者当地财政负担。

从事计划生育技术服务的机构应当公示免费技术服务项目。

第三十一条 国家免费向育龄夫妻提供避孕药具。卫生和计划生育行政部门负责对免费避孕药具的供应、发放和管理工作进行监督。

禁止倒卖、变卖、销售国家提供的免费避孕药具。

第三十二条 卫生和计划生育、药品监督管理、工商、质量技术监督等行政部门，应当对终止妊娠药品和促排卵药品的销售、使用活动以及其他计划生育药具经营活动进行监督检查。

终止妊娠药品和促排卵药品必须在医生指导和监护下使用，实行严格的处方管理制度。

药品零售企业不得销售终止妊娠药品和促排卵药品，药品生产、批发企业不得将终止妊娠药品和促排卵药品销售给未获得相应资质的机构和个人。

第三十三条 育龄夫妻自主选择计划生育避孕节育措施，预防和减少非意愿妊娠。提倡已生育两个或者两个以上子女的夫妻选择长效避孕措施。

第三十四条 采取永久性节育措施的夫妻，因子女死亡或者残疾，符合本条例规定的再生育条件的，经双方申请，由县（市、区）卫生和计划生育行政部门审批，可以在指定的医疗机构免费施行输卵（精）管复通手术。

患有不孕（育）症的夫妻选择人类辅助生殖技术生育子女的，实施人类辅助生殖技术的医疗机构，应当查验受术者的结婚证、不孕（育）症诊断证明、生育证明等相关证明材料。

第三十五条 经县级以上人民政府卫生和计划生育行政部门指定的医疗机构检查诊断，夫妻双方或者一方确实患有医学上认为不应当生育的疾病的，禁止生育；已怀孕的必须终止妊娠，并采取长效节育措施。

第三十六条 经设区的市以上计划生育技术鉴定组织的鉴定，确属因计划生育手术引起并发症的，应当给予及时治疗，医疗费用由原实施节育手术的单位承担。治疗期间，国家机关和企业事业单位职工工资照发，其他人员生活确有困难的，由所在地县(市、区)人民政府给予经济补助。

因施行节育手术造成医疗事故的，按照国务院《医疗事故处理条例》的有关规定处理。

第五章　优待和奖励

第三十七条　对符合法律、法规规定生育的产妇，除享受国家规定的产假外，增加产假60天，并给予其配偶25天护理假；产假和护理假视同出勤，工资、奖金照发。

第三十八条　在国家提倡一对夫妻生育一个子女期间，自愿终身只生育一个子女的夫妻，享受以下优待、奖励：

(一)自领取《独生子女父母光荣证》之月起，每月奖励独生子女保健费，发到子女年满十四周岁止，发放标准由自治区人民政府规定；

(二)优先提供职业技能培训、职业技能鉴定；

(三)就业、住房、扶贫救济及子女入托、入学、医疗等方面，在同等条件下优先照顾。

第三十九条　各级人民政府或者有关部门应当给予农村计划生育家庭以下优待：

(一)在国家提倡一对夫妻生育一个子女期间，只有一个子女或者两个女孩的农村计划生育家庭，夫妇年满六十周岁以后，享受农村计划生育家庭奖励扶助，直至亡故。

(二)实施“少生快富”工程，按照国家和自治区的有关规定给予奖励及其他优待。

(三)为领取《独生子女父母光荣证》的家庭、“少生快富”工程户和计划生育纯女户办理城乡居民社会养老保险、城乡居民基本医疗保险时，按照国家有关规定，提高个人补助标准。

(四)分配集体经济收益、征地补偿费，发放救济金，按户分配、发放的，领取《独生子女父母光荣证》的家庭、计划生育纯女户应当以高出户均标准的百分之二十分配、发放；按人分配、发放的，领取《独生子女父母光荣证》的家庭和计划生育纯女户增加一个人份。

(五)审批宅基地、调整土地时，对领取《独生子女父母光荣证》的家庭、计划生育纯女户给予优先照顾。

（六）对计划生育贫困家庭优先安排扶贫项目，优先提供扶贫资金、物资，优先安排从事第二、三产业工作。

（七）农牧、林业、水利、科技、人力资源和社会保障等部门应当对计划生育家庭优先进行实用技术培训。

（八）享受各级人民政府规定的其他奖励和优待。

第四十条 在国家提倡一对夫妻生育一个子女期间，领取《独生子女父母光荣证》的家庭，子女死亡或者残疾（残疾达到三级以上），不再生育或者收养子女的，享受国家和自治区的计划生育家庭特别扶助金。

第四十一条 在国家提倡一对夫妻生育一个子女期间，领取《独生子女父母光荣证》的家庭，继续享受独生子女保健费。独生子女保健费按照下列规定列支或者开支：

（一）企业单位从管理费中开支；

（二）行政、事业单位在职工福利费中列支；

（三）城镇无业居民、失业人员、个体经营者或者农村居民，其独生子女保健费由自治区、设区的市、县（市、区）财政按比例分担，分担比例由自治区人民政府规定，乡（镇）人民政府或者街道办事处负责发放。

第四十二条 在国家提倡一对夫妻生育一个子女期间，领取《独生子女父母光荣证》的家庭，独生子女父母双方都是职工的，其独生子女保健费由父母所在单位各负担百分之五十；一方为职工，另一方为城镇无业居民、失业人员、个体经营者或者农村居民的，独生子女保健费由职工一方所在单位和财政部门各负担百分之五十。

第四十三条 农村居民、城镇无业居民、失业人员、个体经营者施行永久性节育手术的，凭施术单位证明，享受适当的营养补助，所需经费按照独生子女保健费的负担方式处理。

国家机关和企业事业单位职工施行计划生育手术的，凭施术单位证明，按照有关规定享受休假，工资、奖金照发；其中施行永久性节育手术的，由所在单位给予适当的营养补助。

具体补助办法由自治区人民政府制定。

第四十四条 在国家提倡一对夫妻生育一个子女期间，领取《独生子女父母光荣证》后再生育的，应当收回并注销其《独生子女父母光荣证》，停止享受独生子女父母奖励优惠待遇。

第六章 监督措施

第四十五条 县级以上人民政府应当加强对下级人民政府人口与计划生育工作的监督检查，将人口与计划生育工作情况作为考核所属工作部门、单位和下级人民政府主要负责人和直接责任人员工作的重要内容，严格实行目标管理责任制，并将落实目标管理责任制的情况，作为政务公开的重要内容，及时公布，接受社会监督。

县级以上人民政府工作部门和下级人民政府，应当向本级人民政府或者上一级人民政府定期报告本部门或者本行政区域实施人口与计划生育工作的情况。

凡未完成本级政府年度人口控制指标的设区的市、县(市、区)、乡(镇)，一年内不得评为综合性先进，其主要负责人不得评先授奖、晋升职务。

第四十六条 卫生和计划生育行政部门及其工作人员开展日常监督检查时，有权查阅有关证明、资料、记录，有权向有关人员了解相关情况，责令停止并改正相关违法行为，被检查的单位和个人应当予以配合。

第四十七条 卫生和计划生育行政部门、乡(镇)人民政府和街道办事处实施监督检查，应当符合依法行政的基本要求，不得妨碍被检查单位正常的业务活动，不得侵害公民的合法权益。

第四十八条 财政、审计部门应当加强对人口与计划生育财政投入资金的监管，完善工作流程和运行机制，确保资金的规范管理和安全使用。

监察机关应当加强对国家工作人员违反人口与计划生育法律、法规、规章和政策行为的查处，公开对相关违法、违纪行为的处理情况。

第四十九条 卫生和计划生育行政部门应当在其办公场所公开有关计划生育的政策、办事程序等，方便公民和组织办理相关手续。

乡(镇)人民政府、街道办事处和村(居)民委员会，应当公开再生育审批、奖励扶助、超生处理等相关情况，接受社会监督。

第五十条 任何单位和个人对违反人口与计划生育法律、法规、规章和政策的行为有权举报。

接到举报的部门和有关组织应当立即调查，依法处理，并将处理结果反馈举报人。社会影响较大的违法行为，处理结果应当向社会公布。

卫生和计划生育行政部门应当对举报有功人员给予奖励。

第五十一条 各级人民政府应当将公民计划生育情况纳入社会信用

体系。

第七章 法律责任

第五十二条 违反本条例规定生育的，以当地县（市、区）上年度城镇居民人均可支配收入或者当地乡（镇）上年度农村居民人均纯收入为基数，对男女双方分别按照下列规定一次性征收社会抚养费：

（一）超生一个子女的，征收二至六倍的社会抚养费；

（二）超生二个以上子女的，以超生一个子女应当征收的社会抚养费为基数，按超生子女数为倍数征收社会抚养费；

（三）非婚生育子女，按照本条（一）项、（二）项规定加倍征收社会抚养费；

（四）违法收养子女的，按照本条（一）项、（二）项规定征收社会抚养费。

第五十三条 征收社会抚养费，由县（市、区）卫生和计划生育行政部门作出书面征收决定，或者委托乡（镇）人民政府、街道办事处作出书面征收决定。

当事人一次性缴纳社会抚养费确有困难的，应当自接到征收决定之日起三十日内，向作出征收决定的卫生和计划生育行政部门提出分期缴纳的书面申请。卫生和计划生育行政部门应当自接到当事人申请之日起三十日内，作出准予或者不准予分期缴纳的决定，并书面通知当事人。分期缴纳的时限，自作出准予分期缴纳的决定之日起不超过一年。

征收社会抚养费，应当向当事人出具由自治区财政部门统一印制的票据。

第五十四条 违反本条例规定超生子女的，除按照本条例第五十二条规定征收社会抚养费外，还应当按照下列规定处理：

（一）属国家工作人员的，给予开除处分；

（二）属私营企业法定代表人、个体工商户的，取消个人和所在单位享受的自治区各类优惠政策；

（三）属农村居民的，不得享受本条例规定的有关优待，已经享受奖励扶助金的，由乡（镇）人民政府予以追回；

（四）怀孕期、分娩期一切医疗费用和其他费用自理，产后休息期间扣发工资，不享受任何福利。

第五十五条 生育第一个和第二个子女未按规定办理生育登记手续的夫妻，由乡镇（街道）卫生和计划生育工作机构责令限期补办手续。

符合生育第三个子女条件而未办理再生育申请手续的夫妻，应当在子女出生前补办申请手续；逾期不办理的，由乡镇（街道）卫生和计划生育工作机构责令限期补办手续。

第五十六条 违反本条例规定，有下列行为之一的，由卫生和计划生育行政部门依据职权责令改正，给予警告，没收违法所得，违法所得在一万元以上的，处违法所得二倍以上六倍以下的罚款；没有违法所得或者违法所得不足一万元的，处一万元以上三万元以下的罚款；情节严重的，由原发证机关依法吊销执业证书；构成犯罪的，依法追究刑事责任：

（一）非法为他人摘取宫内节育器、皮下埋植剂或者施行输卵（精）管复通手术的；

（二）利用超声技术和其他技术手段为他人进行非医学需要的胎儿性别鉴定或者选择性别的人工终止妊娠的；

（三）进行假医学鉴定、出具假计划生育证明的；

（四）未依法取得资质、资格的单位和个人实施计划生育手术的。

第五十七条 非法倒卖、变卖、销售国家免费提供的避孕药具的，由卫生和计划生育行政部门对直接负责的主管人员和其他直接责任人员依法给予处分；违法所得在二千元以上的，处违法所得二倍以上五倍以下的罚款；没有违法所得或者违法所得不足二千元的，处二千元以上五千元以下的罚款；构成犯罪的，依法追究刑事责任。

第五十八条 药品生产、批发、零售企业非法销售终止妊娠药品、促排卵药品的，由药品监督管理部门责令改正，没收药品和违法所得，并处违法所得二倍以上五倍以下的罚款。

第五十九条 伪造、变造、买卖计划生育证明的，由卫生和计划生育行政部门没收违法所得，违法所得在五千元以上的，处违法所得二倍以上十倍以下的罚款；没有违法所得或者违法所得不足五千元的，处五千元以上二万元以下的罚款；构成犯罪的，依法追究刑事责任。

以不正当手段取得计划生育证明的，由县（市、区）卫生和计划生育行政部门撤销其计划生育证明；出具证明的单位有过错的，对直接负责的主管人员和其他直接责任人员给予处分。

第六十条 隐瞒、谎报本人生育情况或者容留、包庇他人违反生育规定怀孕或者生育的，由卫生和计划生育行政部门或者其他有关部门处以三千元以上一万元以下的罚款；属于国家工作人员的，由其所在单位或者上级主管部门给予处分。

第六十一条 有下列行为之一,违反《中华人民共和国治安管理处罚法》的,由公安机关依法处理;构成犯罪的,依法追究刑事责任:

(一)拒绝、阻碍卫生和计划生育行政部门及其工作人员依法执行公务,殴打、伤害、侮辱、诽谤工作人员或者毁坏工作人员财物的;

(二)歧视、虐待实行计划生育的夫妻和生女婴的妇女的;

(三)有其他妨碍、破坏人口与计划生育工作行为的。

第六十二条 单位违反本条例规定,不履行协助人口与计划生育管理义务的,由本级人民政府责令改正;对直接负责的主管人员和其他直接责任人员依法给予处分。

第六十三条 国家机关工作人员在人口与计划生育工作中,有下列行为之一,构成犯罪的,依法追究刑事责任;尚不构成犯罪的,依法给予处分;有违法所得的,没收违法所得:

(一)侵犯公民人身权、财产权和其他合法权益的;

(二)索取、收受贿赂的;

(三)未按规定发放计划生育证明的;

(四)截留、克扣、挪用、贪污人口与计划生育工作经费、奖励扶助资金或者社会抚养费的;

(五)虚报、瞒报、伪造、篡改或者拒报人口与计划生育统计数据的;

(六)有其他滥用职权、玩忽职守、徇私舞弊行为的。

第六十四条 当事人对征收社会抚养费决定或者行政处罚决定不服的,可以依法申请行政复议或者提起行政诉讼。当事人逾期不申请行政复议,也不提起行政诉讼,又不履行征收社会抚养费决定或者行政处罚决定的,由作出决定的行政机关申请人民法院强制执行。

第八章 附 则

第六十五条 本条例自2010年1月1日起施行。

宁夏回族自治区公共卫生服务促进条例

（2016年11月30日宁夏回族自治区第十一届人民代表大会常务委员会第二十八次会议通过　2016年11月30日宁夏回族自治区人民代表大会常务委员会公告第42号公布　自2017年1月1日起施行）

第一章　总　则

第一条　为了加强公共卫生服务，预防和减少疾病，促进全民健康，根据有关法律、行政法规，结合自治区实际，制定本条例。

第二条　自治区行政区域内从事公共卫生服务活动的，适用本条例。

本条例所称公共卫生服务，是指政府主导，社会力量参与，为满足城乡居民公共卫生需求，提高全民健康水平提供的公益性公共卫生产品、卫生服务以及其他相关活动。

第三条　公共卫生服务应当贯彻预防为主的方针，坚持防治结合、联防联控、群防群控，逐步实现人人享有均等的公共卫生服务目标。

第四条　县级以上人民政府领导公共卫生服务工作。

县级以上人民政府卫生计生主管部门负责公共卫生服务指导、监督检查工作。

县级以上人民政府发展改革、教育、农牧、财政、食品药品监督等部门在各自职责范围内负责相关公共卫生服务工作。

第二章　服务体系

第五条　县级以上人民政府应当加强疾病预防控制、健康教育、妇幼保健、精神卫生、应急救治、采供血、卫生监督和计划生育公共卫生服务体系建设。

第六条 县级以上人民政府应当建立完善疾病预防控制体系，制定传染病、地方病、职业病预防控制规划并组织实施，开展群众性预防控制传染病、地方病、职业病健康教育，提高公众对传染病、地方病、职业病预防意识和应对能力，加强环境卫生治理，消除病媒生物的危害。

第七条 县级以上人民政府应当建立健全公共卫生突发事件应急救治体系，完善公共卫生突发事件应急救治综合监测预警制度和风险评估机制，制定应急救治预案，加强应急救治培训、演练，提高公共卫生突发事件应急救治处置能力。

第八条 县级以上人民政府应当建立完善健康教育、妇幼保健、精神卫生、采供血、计划生育服务体系。

第九条 县级以上人民政府应当建立完善卫生监督执法体系，加强重点环境、重要活动场所等环境卫生、传染病防治等公共卫生监督能力建设。

第十条 县级以上人民政府应当加强专业公共卫生服务机构建设。

县级以上人民政府应当按照国家标准，统筹规划建设乡镇卫生院、社区卫生服务中心（站）、村卫生室、医务室等基层医疗卫生机构。

具备条件的地区，可以组建综合性公共卫生服务中心。

专业公共卫生机构、公立医院、基层医疗卫生机构和承担公共卫生服务的其他医疗卫生机构应当按照国家确定的职能、目标和任务，履行公共卫生服务职责。

第十一条 县级以上人民政府应当建立健全专业公共卫生机构、医院、基层医疗卫生机构分工协作机制，建立公共卫生信息互联、互通、共享机制，促进各级各类医疗卫生机构协同做好公共卫生服务工作，提高公共卫生服务能力和突发公共卫生事件应急处置能力。

第十二条 各级各类学校应当按照国家有关规定建立学校卫生室，配备专职医疗卫生保健人员。

鼓励各类组织机构设立公共卫生保健服务机构，配备医疗卫生保健人员。

第三章 服务内容

第十三条 国家规定的基本公共卫生服务项目由县级以上人民政府及其卫生计生主管部门组织基层医疗卫生机构实施。

自治区人民政府应当根据重大疾病发生情况和重点人群健康需要，或者突发公共卫生事件预防处置需要确定重大公共卫生服务项目，由卫生计生主管部门组织医疗卫生机构实施。

设区的市、县（市）人民政府可以根据本地区经济发展水平和突出的公共卫生问题，在国家和自治区规定服务项目的基础上增加公共卫生服务内容并组织实施。

公共卫生服务内容应当向社会公布。

第十四条 县级以上人民政府应当加强公共卫生信息平台建设，建立和完善人口信息、电子健康档案和电子病历数据库，实现公共卫生数据资源共享，方便公民查询个人有关信息资料。

公民因搬迁等原因出现公共卫生服务管辖改变时，迁出地与迁入地公安、卫生计生等主管部门，应当做好相关信息交接。

第十五条 设区的市、县（市）人民政府应当完善重点疾病监测系统，加强慢性非传染病以及传染病、地方病、职业病和出生缺陷等疾病的监测与预防控制，落实综合防控措施。

第十六条 县级以上人民政府及其卫生计生主管部门应当组织实施全民健康教育规划和计划，加强对慢性非传染病、传染病等公共卫生方面的健康教育。

医疗卫生机构及机关、团体、企业事业单位、基层群众自治组织等应当开展健康教育，普及健康、医药卫生知识，倡导健康文明生活方式，提高公民健康意识和自我保健能力。

各级各类学校应当把健康教育作为素质教育的重要内容，建立健康教育推进机制，提高学生主动防病意识。

第十七条 县级以上人民政府应当发展体育健身、健康体检、体质测定、医疗保健旅游等健康服务和相关产业，满足公民多层次、多样化的健康服务需求。

自治区推进中医预防保健服务，发挥中医药（民族医药）在疾病预防、治疗、康复和突发公共卫生事件应对中的作用。

第十八条 各级人民政府应当将城乡环境卫生与环境污染治理纳入健康规划，推动健康城市和健康村镇建设，改善城乡居民生活、生产和工作卫生环境。

住房城乡建设和环境保护主管部门应当推行城乡生活垃圾和污水统筹治理，实行垃圾分类收集处理和资源回收利用，推进细颗粒物和可吸入颗粒物综合治理。

农牧主管部门应当加强畜禽养殖和农药包装物、农膜等废弃物污染防治，推进畜禽粪污综合治理利用和病死畜禽无害化收集处理，推广秸秆综合利用。

第十九条 县级以上人民政府应当加强饮用水安全工作。

水利、住房城乡建设、环境保护等主管部门应当做好城乡饮用水项目建设和水源地保护管理等工作。

卫生计生主管部门应当加强饮用水卫生监督、监测工作，保障公民饮用水安全。

第二十条 各级人民政府应当制定农村改厕目标，推动农村改厕工作。住房城乡建设主管部门应当做好农村改厕技术指导和督查工作。

人员密集的公共场所应当按照国家标准建设、管理厕所。

第二十一条 自治区建立健康监测评价制度，定期向社会发布公共健康风险预警信息。

公共卫生服务机构的医疗卫生人员对居民个人存在健康隐患和风险的应当及时告知，并给予健康指导；对甲类传染病病原携带者或者疑似病人应当及时采取措施。

第四章　促进措施

第二十二条 县级以上人民政府应当落实国家和自治区确定的公共卫生服务发展目标，将公共卫生事业纳入国民经济和社会发展规划，建设覆盖城乡的公共卫生服务体系，建立与经济社会同步发展的公共卫生服务事业投入机制和公共卫生服务机构经费保障机制，促进公共卫生服务均等化。

第二十三条 县级以上人民政府应当通过城镇职工基本医疗保险、城乡居民基本医疗保险、城乡医疗救助、疾病应急救助等渠道，减轻患者负担，保障慢性非传染病、传染病、地方病、职业病贫困患者得到及时救治。

第二十四条 县级以上人民政府应当建立和完善突发公共卫生事件应急处置物资储备和调度机制。

卫生计生主管部门应当组织开展公共卫生风险评估，并针对本行政区域多发易发突发公共卫生事件，制定卫生应急装备、物资储备目录。

第二十五条 县级以上人民政府通过购买服务等方式，支持公民、法人和其他组织参与提供公共卫生服务。

第二十六条 县级以上人民政府鼓励和支持公民、法人和其他组织通过举办医疗机构、资助项目、赞助活动、提供设施、捐赠产品等方式，提供公共卫生服务。

对捐赠财产用于公共卫生服务的，依照有关法律法规给予税收优惠。

第二十七条 县级以上人民政府应当加强公共卫生服务队伍建设和人才培养。

县级以上人民政府应当根据服务人口、社会需求和承担的功能任务等因素，按照规定和标准设置公共卫生服务岗位，配备专业人员。

自治区人民政府卫生计生主管部门应当加强公共卫生服务人员继续教育和公共卫生医师规范化培训，建立临床医生公共卫生服务内容和服务知识培训、考核机制。

医学类院校应当根据公共卫生服务需要，拓宽专业和课程设置，加强公共卫生专业人才培养。

鼓励、支持医学类大学毕业生到基层从事公共卫生服务工作。

鼓励志愿者参与公共卫生志愿服务。

第二十八条 县级以上人民政府及其有关部门、专业公共卫生机构、医疗机构应当采取措施，加强对参加从事传染病防治专业人员、精神卫生工作人员、突发事件应急处理卫生医疗人员的职业保护，并按照国家规定给予补助和津贴；对因工作致病、致残或者死亡的，应当保障救治、康复、抚恤等费用；对在公共卫生服务工作中做出突出贡献的人员按照国家有关规定给予表彰、奖励。

第二十九条 卫生计生主管部门和其他负有公共卫生服务职能的有关主管部门、专业公共卫生机构，应当开展公共卫生服务宣传。

新闻媒体应当发挥舆论引导和监督作用，开展公共卫生服务公益宣传活动。

第三十条 自治区人民政府卫生计生、农牧、林业等主管部门，以及民航、铁路、公路、出入境检验检疫等机构，应当建立合作机制，加强传染病、动物疫病、植物病虫害等输入防控工作。

卫生计生、水利、农牧、环保、教育、食品药品监督、安全生产监督等主管部门，应当建立食品安全、饮用水安全、人畜共患病防控、环境卫生、学校卫生、职业病防治等领域的信息互联互通和工作合作机制，共同做好公共卫生服务工作。

第三十一条 自治区建立公共卫生服务部门联席会议制度。联席会议主要协调解决促进公共卫生服务发展的相关具体事项。

第五章 监督检查

第三十二条 自治区建立公共卫生服务工作考核制度。

县级以上人民政府对所属有关主管部门和下一级人民政府履行公共卫生服务职责的情况进行考核检查。

卫生计生主管部门对医疗卫生机构履行公共卫生服务职责的情况进行考核检查。

专业公共卫生机构对公立医院、基层医疗卫生机构和承担公共卫生服务的其他医疗卫生机构开展公共卫生服务进行指导、培训。

县级以上人民政府及其卫生计生主管部门应当建立公众公共卫生服务需求征询制度和公众参与的公共卫生服务考核评价制度。

县级以上人民政府应当向本级人民代表大会常务委员会报告落实公共卫生发展目标的情况。

第三十三条 卫生计生主管部门、专业公共卫生机构、公立医院、基层医疗卫生机构和承担公共卫生服务的其他医疗卫生机构及其工作人员履行公共卫生服务职责时,应当自觉接受社会和公民的监督。不履行或者不正确履行公共卫生服务职责的,单位和个人有权举报。接到举报的有关主管部门,应当及时调查处理。

第三十四条 县级以上人民政府应当建立健全公共卫生服务资金使用监督管理制度,任何单位和个人不得侵占、挪用。

审计机关应当依法对公共卫生服务资金进行审计监督。

第六章 法律责任

第三十五条 县级以上人民政府及其卫生计生等有关主管部门及其工作人员在公共卫生服务监督管理工作中,滥用职权、玩忽职守、徇私舞弊的,由上级机关责令改正,予以通报批评;造成严重后果的,对直接负责的主管人员和其他直接责任人员依法给予处分;构成犯罪的,依法追究刑事责任。

第三十六条 县级以上人民政府及其有关部门、专业公共卫生机构、公立医院侵占、挪用公共卫生服务资金的,由其上级机关或者监察机关责令限期改正;情节严重的,对直接负责的主管人员和其他直接责任人员依法给予处分;构成犯罪的,依法追究刑事责任。

第三十七条　专业公共卫生机构、公立医院、基层医疗卫生机构和承担公共卫生服务的其他医疗卫生机构及其工作人员,不履行或者不正确履行公共卫生服务职责的,由卫生计生主管部门责令改正;逾期不改正的,对直接负责的主管人员和其他直接责任人员依法给予处分;对公民人身、财产造成损害的,依法承担赔偿责任;构成犯罪的,依法追究刑事责任。

第七章　附　则

第三十八条　本条例下列用语的含义:

(一)专业公共卫生机构,是指政府举办向社会提供专业公共卫生服务,并承担相应管理工作的机构,包括疾病预防控制机构、妇幼健康服务机构、健康教育机构、卫生计生监督机构、血液中心(站)、精神卫生机构、急救中心(站)、职业病防治机构等。

(二)基层医疗卫生机构:主要包括乡镇卫生院、社区卫生服务中心(站)、村卫生室、医务室、门诊部(所)和单位内部医务室等。

第三十九条　本条例自2017年1月1日起施行。

宁夏回族自治区药品流通监督管理办法

(2014年6月17日宁夏回族自治区人民政府令第66号公布　自2014年8月1日起施行)

第一章　总　则

第一条　为了加强药品流通监督管理,保障药品质量和使用安全,根据《中华人民共和国药品管理法》等法律、法规,结合自治区实际,制定本办法。

第二条　本办法适用于自治区行政区域内药品的销售、采购、验收、储存、运输及其监督管理活动。

第三条　县级以上人民政府食品药品监督管理部门负责本行政区域内的药品监督管理工作。

卫生计生、工商、质监、环境保护、财政等有关部门，在各自的职责范围内负责与药品有关的流通监督管理工作。

第四条　任何组织或者个人对违反本办法的行为，有权向食品药品监督管理部门举报，有权了解药品安全信息，对药品流通监督管理工作提出意见和建议。

第二章　药品的销售、采购、验收

第五条　药品经营企业和使用单位应当按照依法核准的经营、使用范围，从具有药品生产、经营资质的企业采购药品。

第六条　药品生产、批发企业销售药品，应当开具标明药品名称、生产厂商、批准文号、剂型、规格、产品批号、数量、价格等内容的销售凭证，并加盖企业印章。

药品生产、批发企业首次向药品经营、使用单位供货，还应当出具以下资料并加盖企业印章：

（一）药品生产许可证或者药品经营许可证复印件；

（二）《药品生产质量管理规范》认证证书或者《药品经营质量管理规范》认证证书以及药品的批准证明文件复印件；

（三）营业执照复印件；

（四）供货单位法定代表人授权委托书；

（五）销售人员有效身份证明复印件；

（六）销售凭证样票；

（七）双方签订的质量保证协议书。

药品零售企业销售药品，应当开具标明药品名称、生产厂商、数量、价格、产品批号等内容的销售凭证。

第七条　药品经营企业、使用单位采购药品，应当留存供货单位的销售凭证。对首次向其供货的单位，还应当按照本办法第六条第二款的规定索取相关资料并按照规定存档。

第八条　药品经营企业、使用单位采购药品，应当建立和执行进货验收制度，验明药品合格证明和其他标识；不符合规定要求的，不得购进和使用。

药品验收记录应当注明药品的通用名称、生产厂商、供货单位、批准文号、剂型、规格、产品批号、生产日期、有效期、到货数量、验收结果等内容。

中药饮片验收记录应当包括品名、产地、规格、产品批号、生产日期、生产厂商、验收结果等内容，实施批准文号管理的中药饮片还应当记录批准文号。

药品验收记录应当真实完整，并按照规定保存。

第九条 采购冷藏、冷冻药品，应当查验药品的运输方式、运输过程中的温度记录，不符合要求的不得验收入库。

第十条 处方药凭处方销售、购买和使用。

医疗机构应当向患者提供纸质处方。

第十一条 药品生产、经营企业和使用单位，应当对药品的购销人员进行药品法律、法规和专业知识等与其职责和工作内容相关的岗前培训和继续教育，建立培训档案，做好培训记录。

第十二条 药品生产、经营企业通过互联网进行药品信息和交易服务的，应当遵守国家相关规定。

第三章 药品的储存、运输

第十三条 药品生产、经营企业和使用单位应当按照药品标准和说明书的要求，采取相应的冷藏、防冻、防潮、避光、通风、防虫、防尘、防鼠等措施储存、运输药品，保证药品的质量安全。

第十四条 药品经营企业、使用单位应当具有与其药品经营范围、经营规模相适应的经营场所、药库以及相应的设施设备，保障储存药品的质量安全。

药品经营场所、药库的选址、设计、布局、建造、改造，应当符合药品储存要求，防止药品的污染、混淆。

药品使用单位不设置药库的，其药房、药柜应当布局合理、环境整洁、无污染源，符合药品储存要求。

第十五条 储存、运输冷藏、冷冻药品的，应当配备以下设施、设备：

（一）与其规模和品种相适应的冷库、冷柜；

（二）用于冷库、冷柜温度监测、显示、记录、调控、报警的设备；

（三）冷藏车或者车载冷藏箱、保温箱等设备。

冷藏车、车载冷藏箱、保温箱应当符合药品运输过程中对温度控制的要求。

第十六条 储存、运输设施、设备应当定期检查、清洁和维护，并建立档案。

对储存、运输设施、设备上使用的依法需要强制检定的计量器具，应当定期进行检定，未定期检定或者检定不合格的不得使用。

第十七条 药品经营企业、使用单位应当定期检查储存药品，对影响药品质量的隐患，应当及时排除；对过期、污染、变质等不合格药品，应当登记造册，并按照有关规定予以销毁。

第十八条 药品经营企业、使用单位应当对出库药品进行质量复核，发现有包装破损、污染、液体渗漏、标签脱落、标示不清、超过有效期等异常情况的药品，不得销售、使用。

第四章 监督措施

第十九条 自治区食品药品监督管理部门应当建立全区统一的药品流通监督管理信息平台，依法及时公布药品许可、备案、抽查检验、违法行为查处情况等日常监督管理信息。但是，不得泄露当事人的商业秘密。

第二十条 食品药品监督管理部门应当向社会公开药品质量投诉举报电话、电子网络平台，接受公众咨询、投诉、举报。咨询、投诉、举报情况及其答复、核实、处理情况，应当予以记录、保存。

食品药品监督管理部门接到咨询、投诉、举报，对属于本部门职责的，应当自受理之日起十个工作日内进行答复、核实、处理；对不属于本部门职责的，应当及时移交有权处理的部门，并告知咨询、投诉、举报人。有权处理的部门应当及时处理，不得推诿。

有关药品流通环节行为的举报经调查属实的，食品药品监督管理部门对举报人给予奖励。

第二十一条 食品药品监督管理部门应当建立药品生产、经营企业和使用单位信用档案，对有不良信用记录的增加监督检查频次；对有严重不良信用记录的，应当向社会公示，并通报行业主管部门、征信业监督管理等有关部门。

第二十二条 对存在重大质量隐患、严重违法行为的药品生产、经营企业和使用单位，除依法对其实施行政处罚外，食品药品监督管理部门可以约谈其企业法定代表人或者主要负责人。

约谈和整改情况应当纳入药品生产、经营企业和使用单位信用档案。

第二十三条 发布本自治区生产的药品广告的，应当经自治区食品药品监督管理部门审查批准，并取得广告批准文号。

自治区食品药品监督管理部门应当及时公布已经批准的药品广告目录、广告内容。

第二十四条 市、县(市、区)食品药品监督管理部门应当加强对药品广告的监督检查;发现未经批准或者篡改已经批准的广告内容的药品广告,应当及时向自治区食品药品监督管理部门报告,由自治区食品药品监督管理部门向社会公告违法药品广告情况。

对违反药品广告批准内容,任意扩大药品适应症或者功能主治范围,夸大疗效、虚假宣传,严重欺骗或者误导消费者的药品违法广告,由自治区食品药品监督管理部门责令发布药品违法广告的广告主在相应的媒体上发布更正启事,将违法广告行为记入信用档案,并将相关情况通报药品招标采购、人力资源社会保障等相关部门。

第二十五条 食品药品监督管理部门发现违法发布药品广告行为的,应当提出处理建议并按照有关程序移交所在地同级工商行政管理部门依法处理。

第二十六条 食品药品监督管理部门应当建立、健全农村药品流通安全监督网络,加强农村药品市场规范化管理,保障药品安全。

第二十七条 药品生产、经营企业和使用单位捐赠药品的,应当提供企业的生产或者经营资质、药品批准证明文件、合格证明等资料,保证捐赠药品的质量安全。

受捐方所在地食品药品监督管理部门负责对捐赠药品的质量进行监管。

第二十八条 食品药品监督管理部门应当开展经常性的药品法律法规及相关知识的宣传活动,并为社会各界开展相关的宣传活动提供专业知识、信息服务等方面的支持帮助。

药品行业组织应当加强行业自律,推进诚信体系建设,督促企业依法开展生产经营活动,引导企业诚实守信。

鼓励基层群众性自治组织开展药品知识的普及宣传活动,增强公众的药品安全意识和自我保护能力。

新闻媒体应当开展药品安全知识的公益宣传,对违法行为进行舆论监督。

第二十九条 食品药品监督管理部门和卫生计生主管部门依据各自职责,分别对使用环节的药品质量和药品使用行为进行监督管理。

药品使用质量管理规范由自治区食品药品监督管理部门会同自治区卫生计生主管部门制定并公布。

第三十条　医疗机构利用计算机开具、传递处方的，其网络系统应当与卫生计生主管部门联网。卫生计生主管部门应当定期对本行政区域内医疗机构处方管理情况进行监督检查。

第三十一条　自治区食品药品监督管理部门应当会同环境保护等部门，建立健全过期失效药品定点回收、集中销毁制度。

第三十二条　纳入药品“统一招标、统一价格、统一配送”管理的医疗机构，除遵守本办法规定外，还应当执行自治区药品“三统一”的有关规定。

第五章　法律责任

第三十三条　违反本办法规定，相关法律、法规已作出处罚规定的，从其规定。

第三十四条　食品药品监督管理等有关部门及其工作人员违反本办法规定，有下列情形之一的，由本级人民政府、上级主管部门或者监察机关责令改正，通报批评；对直接负责的主管人员和其他直接责任人员依法给予处分；构成犯罪的，依法追究刑事责任：

（一）对投诉、举报的违法行为未及时核实、处理的；

（二）未按照规定公布药品监管信息的；

（三）未依法履行药品广告审批监管职责的；

（四）有其他滥用职权、玩忽职守、徇私舞弊行为的。

第三十五条　药品生产、经营企业和使用单位未按照规定出具、索取、留存销售凭证及相关资料的，由食品药品监督管理部门给予警告，责令限期改正；逾期不改正的，处五千元以上二万元以下的罚款。

第三十六条　药品经营企业和使用单位违反本办法规定，有下列情形之一的，由食品药品监督管理部门给予警告，责令限期改正；逾期不改正的，处五千元以上二万元以下的罚款：

（一）未按照规定条件设置药库、药房、药柜的；

（二）未按照药品标准和说明书的要求储存、运输药品的；

（三）未建立和执行进货验收制度，做好验收记录的；

（四）未定期检查储存药品或者未登记造册不合格药品的；

（五）未按照规定对出库药品进行质量复核的。

第三十七条　违反本办法规定，医疗机构不向患者提供纸质处方的，由卫生计生主管部门给予警告，责令限期改正；逾期不改正的，予以通报批评。

第六章　附　则

第三十八条　本办法所称药品使用单位，是指使用药品为他人提供医疗等技术服务的机构，包括依法设立的医疗机构、计划生育技术服务机构、疾病预防控制机构、采供血机构。

第三十九条　疫苗、实行特殊管理的药品的销售、采购、验收、储存、运输，执行国家相关规定。

第四十条　本办法自2014年8月1日起施行。

宁夏回族自治区校车安全管理办法

（2016年9月2日宁夏回族自治区人民政府令第86号公布　自2016年11月1日起施行）

第一条　为了加强校车安全管理，保障乘坐校车学生的人身安全，根据《校车安全管理条例》等法律、法规的规定，制定本办法。

第二条　本办法所称校车，是指依法取得使用许可，用于接送接受义务教育的学生上下学的七座以上的载客汽车。

接送小学生的校车应当是按照专用校车国家标准设计和制造的小学生专用校车。

幼儿园需要使用车辆集中接送幼儿的，应当使用符合国家标准设计的幼儿专用校车。

第三条　县级以上人民政府应当根据本行政区域接受义务教育学生的数量和分布状况等因素，依法制定、合理调整学校设置规划，保障学生就近入学或者在寄宿制学校入学，减少学生上下学的交通风险。

实施义务教育的学校（教学点）的设置、调整，应当通过举行听证会等形式，听取学生家长和有关方面的意见。

第四条　县级以上人民政府应当采取措施，发展城市和农村的公共交通，合理规划、设置公共交通线路和站点，为需要乘车上下学的学生提供方便。

对难以保障就近入学，公共交通又不能满足学生上下学需要的农村地区，县级以上人民政府应当保障接受义务教育的学生获得校车服务。

第五条 设区的市、县(市、区)人民政府应当组织有关部门根据当地经济发展水平、学校布局、校车服务需求和道路交通状况等因素，制定并实施校车服务方案。校车服务方案的制定应当进行可行性论证，并听取社会公众的意见。

第六条 设区的市、县(市、区)人民政府应当建立具有区域特点的校车运营模式，推行校车运营服务专业化、集约化。

第七条 县级以上人民政府应当通过财政资助、社会捐赠等方式支持校车服务，对校车服务提供者给予一定的补贴，将校车运营基础设施建设、改造和日常维护费用列入同级财政预算。

第八条 县级以上人民政府对校车安全管理工作负总责，统一领导、组织、协调校车安全管理工作，并将校车安全管理工作纳入安全目标责任考核。

教育、公安、交通运输、财政、安全生产监督管理、新闻出版广电等主管部门，应当做好校车安全管理的相关工作。

乡镇人民政府和街道办事处，应当协助做好校车安全管理工作。

第九条 学校、校车服务提供者，校车驾驶人、教师、随车照管人员和学生的监护人，应当遵守《校车安全管理条例》和本办法的规定，保障学生上下学交通安全。

第十条 教育行政部门应当对有校车服务需求的学校分布及校车运行情况进行统计，并配合交通运输部门、公安机关交通管理部门和城市道路管理机构，对校车停靠站点预告标识、校车停靠站点标牌和标线的设置进行规划。

第十一条 学校应当履行下列义务：

(一)对教师、学生进行交通安全教育，向学生传授校车安全乘坐知识和校车安全事故应急处理技能，定期进行校车安全事故应急处理演练；

(二)制定校车安全接送方案，与校车服务提供者和学生监护人签订校车安全管理责任书，并向教育行政部门备案；

(三)会同校车服务提供者、学生监护人，建立乘坐校车学生交接管理制度，负责学生上学时下车至学校和下学时从学校至上车期间的安全管理；

(四)及时向公安机关交通管理部门、交通运输部门举报违反校车安全管理的行为；

（五）协助、配合公安机关交通管理部门、交通运输部门对校车安全进行监督检查。

第十二条 校车服务提供者应当履行下列校车安全服务义务：

（一）建立并落实校车安全管理制度，制定应急预案，建立安全管理台账；

（二）聘用符合《校车安全管理条例》第二十三条规定的驾驶员驾驶校车；

（三）定期对校车驾驶人、随车照管人员进行安全教育，组织校车驾驶人、随车照管人员进行安全防范、应急处置和应急救援演练；

（四）做好校车安全维护，对不符合安全技术条件的校车，应当停运维修，消除安全隐患；

（五）建立校车档案，制定校车安全接送方案，与学生监护人签订安全接送合同；

（六）指派随车照管人员对学生乘坐校车期间进行安全管理；

（七）履行学生乘车交接手续；

（八）其他保障校车安全服务的义务。

第十三条 学生乘坐校车的，其监护人应当与学校、校车服务提供者签订协议。

学生监护人应当配合学校或者校车服务提供者做好校车安全教育和管理工作；发现校车违反安全规定的，有权制止，有权拒乘，并向公安机关交通管理部门、交通运输部门举报。

第十四条 使用校车应当依法取得使用许可和校车标牌。

校车服务提供者申请校车使用许可，应当按照《校车安全管理条例》第十四条、第十五条的规定提出申请。教育行政等主管部门应当严格审查申请材料，对不符合条件的，不得报本级人民政府批准。

第十五条 有下列情形之一，导致校车暂时无法正常运行的，校车服务提供者可以临时调用其他取得校车使用许可的校车或者有校车驾驶资格的驾驶人，并使用原校车标牌：

（一）校车维修的；

（二）校车进行机动车定期检验的；

（三）校车发生交通事故或者因交通违法被查扣的；

（四）校车驾驶人因病或者其他原因不能驾驶校车的。

临时调用在五个工作日以内的，校车服务提供者应当书面告知公安机关交通管理部门。

第十六条 取得校车标牌的校车，应当按照所载明的行驶线路、开行时间、停靠站点或者车辆、驾驶人等事项运行；校车与标牌载明的事项发生变化的，校车服务提供者应当向教育行政部门申请变更；符合变更条件的，有关主管部门应当及时办理变更手续。

第十七条 校车接送学生时，应当严格按照核定人数和规定的路线、停车站点进行接送，禁止超员。

第十八条 对取得校车标牌的校车，校车服务提供者应当安装、使用具有行驶记录功能的卫星定位装置，接入公安监控平台，实时监控。

第十九条 校车服务提供者，应当为校车投保机动车交通事故责任强制保险和承运人责任保险，每个座位保额不低于四十万元。

校车保险机构对符合费率浮动优惠条件的校车，应当给予优惠，并建立校车保险理赔绿色通道，提高校车理赔效率。

第二十条 公安机关交通管理部门应当加强对校车运行情况的监督检查，依法查处超员、超速等道路交通安全违法行为，每月汇总校车驾驶人的道路交通安全违法行为和交通事故信息等情况，并通报学校、校车服务提供者和教育行政部门。

第二十一条 公安机关交通管理、交通运输等主管部门，应当依法对取得校车使用许可和校车标牌的单位、车辆进行抽查，及时查处纠正违反校车安全的行为，并公开查处程序和结果。

第二十二条 违反本办法规定的行为，依照《校车安全管理条例》的规定予以行政处罚。

第二十三条 设区的市、县（市、区）人民政府不依法履行校车安全管理工作职责，发生校车安全重大事故的，对直接负责的主管人员和其他直接责任人员依法给予处分。

第二十四条 教育行政、公安机关交通管理等主管部门及其工作人员，在校车安全管理工作中滥用职权、玩忽职守、徇私舞弊的，对直接负责的主管人员和其他直接责任人员依法给予处分；构成犯罪的，依法追究刑事责任。

第二十五条 本办法自2016年11月1日起施行。

本办法实施后，用于接送小学生、幼儿的专用校车不能满足需求的，一年内可以使用取得校车标牌的其他载客汽车。

自治区人民政府关于修改《宁夏回族自治区科学技术奖励办法》的决定

（2016年12月9日宁夏回族自治区人民政府令第87号公布　自公布之日起施行）

自治区人民政府决定对《宁夏回族自治区科学技术奖励办法》作如下修改：

一、全文分章表述。第一章总则，包括修改后的第一条至第六条；第二章奖项的设置，包括修改后的第七条至第十二条；第三章奖励推荐、评审和授予，包括修改后的第十三条至第二十三条；第四章罚则，包括修改后的第二十四条至第二十七条；第五章附则，包括修改后的第二十八条至第三十条。

二、第三条修改为："自治区人民政府科学技术行政部门（以下称自治区科学技术行政部门），负责自治区科学技术奖评审的组织工作。"

三、第四条第一款修改为："自治区人民政府设立自治区科学技术奖励委员会，其职责是"。

第四条第一款第一项修改为："（一）依照本办法制定、修改、解释《宁夏回族自治区科学技术奖励评审规则》和《宁夏回族自治区科学技术奖励复查规定》。"

将第四条第二款、第三款中的"自治区人民政府科学技术行政部门"修改为"自治区科学技术行政部门"。

四、第五条第二款修改为："自治区科学技术奖励评审委员会依照本办法和评审规则，开展自治区科学技术奖的评审工作。"

增加一款，作为第五条第三款："评审委员会下设若干专业评审组，负责本专业的科学技术奖初评工作。"

五、第六条修改为："社会力量设立的面向社会的科学技术奖，在奖励活动中不得收取任何费用。"

六、第七条修改为："自治区人民政府设立下列科学技术奖：

“(一)自治区科学技术重大贡献奖。

“(二)自治区科学技术进步奖。

“(三)自治区对外科学技术合作奖。”

七、第八条修改为:“自治区科学技术重大贡献奖授予符合下列情形之一的公民或者组织:

“(一)在技术开发或者重大工程建设中,关键技术及系统集成上有重大创新,形成了具有市场竞争力的重大技术、产品(装备)或者产业,项目完整成熟的;核心技术拥有自主知识产权,技术水平和主要技术指标达到当前国内技术或者产品领先水平,取得了显著经济效益、社会效益或者生态效益的;对相关产业技术进步、产业结构调整或者新产业集群有重大作用的。

“(二)在社会公益类项目实施中,关键技术取得了重大创新,形成了具有重大应用价值和应用效果的技术体系或者产品,项目完整成熟的;核心技术拥有自主知识产权,总体技术水平和技术经济指标达到当前国内同类技术或者产品领先水平的;项目得到广泛推广应用,取得了重大社会效益或者生态效益的。

“(三)在基础理论或者自然科学研究方面提出独特学术思想、研究方案的;发现科学现象、特性和规律,并阐明科学理论和学说的;提出研究方法和手段,解决关键性学术疑难问题或者实验技术难点的。”

八、第九条修改为:“自治区科学技术进步奖授予符合下列情形之一的公民或者组织:

“(一)在基础研究和应用基础研究中,阐明自然现象、特征和规律,有科学发现或者应用科学基本原理取得了创造性研究成果的。

“(二)在应用技术的研究开发中,运用科学技术知识研制、开发、引进新产品、新技术、新工艺、新材料、生物新品种,或者运用科学技术知识做出了技术发明,经实施产生了显著经济效益或者社会效益的。

“(三)在实施社会公益项目中,长期从事科学技术基础性工作和社会公益性科学技术事业,经过实践检验,创造了明显社会效益的。

“(四)在科学技术成果转化与推广、高新技术产业化中,将先进成熟的科学技术成果应用于经济建设和社会发展事业,成果转化程度高或者实现了产业化,具有较强的示范、带动能力,并取得了显著经济、社会、生态效益的。

“(五)在为决策科学化与管理现代化而进行的软科学研究中,做出了重要贡献并取得了显著经济效益、社会效益或者生态效益的。”

九、增加一条,作为第十条:“自治区对外科学技术合作奖的评审应当符合下列条件：

“（一）由其他省（自治区、直辖市）科技工作者（组织）或者外籍、港（澳、台）科技工作者（组织）主持开展，本自治区科技工作者（组织）参加开发的项目。

“（二）在带动和培养本自治区创新人才和团队方面成效显著。

“（三）为增强本自治区创新能力、支撑特色产业和经济社会发展做出重要贡献。

“自治区对外科学技术合作奖具体评奖标准，参照本办法第九条规定执行。”

十、增加一条，作为第十一条：“自治区科学技术奖每年评审一次。”

十一、第十条改为第十二条，修改为：“自治区科学技术重大贡献奖和对外科学技术合作奖，每次授予项目均不超过二项且不分等级。

“自治区科学技术进步奖分为一、二、三等奖，授奖比例为1:3:6，授奖项目总数不超过一百项。

“自治区科学技术重大贡献奖，自治区科学技术进步一、二等奖和自治区对外科学技术合作奖，在没有符合条件的项目时，可以空缺。”

十二、将第十一条、第十二条合并为一条，作为第十三条，修改为：“自治区科学技术奖由下列组织和个人推荐：

“（一）设区的市人民政府。

“（二）自治区人民政府组成部门、直属机构。

“（三）国家级和自治区级开发区管委会。

“（四）自治区属高校、事业单位、行业协会。

“（五）中央驻宁厅级单位。

“（六）五名以上具有正高级职称的本专业专家联名推荐。

“（七）近五年获得过自治区科学技术重大贡献奖或者科学技术进步一等奖的单位可以推荐一个本专业项目。”

十三、第十三条改为第十四条，修改为：“自治区科学技术行政部门，应当向社会公布自治区科学技术奖推荐的具体条件。

“推荐单位和个人应当依照所公布的推荐具体条件，推荐自治区科学技术奖候选人或者候选项目。”

十四、第十四条改为第十五条，修改为：“自治区科学技术奖应当按照下列规定申报：

“（一）同一技术内容只能申报一种奖项。

“(二)填写《宁夏回族自治区科学技术奖励推荐书》,并提供真实、准确、完整的证明材料。

“(三)由本办法第十三条规定的组织或者个人审核相关证明材料并签署推荐意见。

“(四)由推荐单位(个人)在项目完成人或者完成单位范围内公示,公示期为十个工作日。

“(五)公示后无异议的,由申请人报自治区科学技术行政部门。”

十五、增加一条,作为第十六条:“科学技术项目有下列情形之一的,不得推荐:

“(一)涉及国防、国家安全并已经确定密级的。

“(二)不利于人体健康或者社会安全的。

“(三)存在知识产权争议的。

“(四)已获得国家科学技术奖或者其他省、部级科学技术奖的。”

十六、第十五条改为第十七条,修改为:“自治区科学技术行政部门应当对《宁夏回族自治区科学技术奖励推荐书》、推荐意见及相关证明材料进行审查,符合规定内容和形式的,向社会公示,公示期为十个工作日;公示无异议后,应当提交自治区科学技术奖励评审委员会审定。

“自治区科学技术奖励评审委员会认为需要对有关实质内容进行核实的,可以要求自治区科学技术奖的被推荐单位、个人或者推荐单位、个人说明有关情况或者补充有关材料。”

十七、将第十六条、第十七条合并为一条,作为第十八条,修改为:“自治区科学技术奖应当按照下列规定评审:

“(一)专业评审组依照本办法及其评审规则,采取会议评审和网络评审相结合的方法,对符合条件的项目开展初评工作,提出获奖人选及项目奖励等级的建议。

“(二)自治区科学技术行政部门应当将专业评审组的初评建议向社会公示十个工作日;公示无异议后,应当提交自治区科学技术奖励评审委员会审定。

“(三)自治区科学技术奖励评审委员会对专业评审组的建议及相关资料审核后,提出科学技术奖获奖项目及奖励等级的意见。

“(四)自治区科学技术奖励委员会,对自治区科学技术奖励评审委员会提出的科学技术奖获奖项目及奖励等级的意见进行最终审核后,向社会公示十个工作日;公示无异议的,报自治区人民政府批准。

“采用网上评审的，应当公开评审结果。”

十八、第十八条改为第十九条，修改为：“任何单位或者个人对自治区科学技术奖候选人、项目有异议的，可以自公示之日起二十日内，向自治区科学技术行政部门提出书面材料。

“自治区科学技术行政部门应当对书面材料进行审核。属于实质性异议，可能影响评奖结果的，由自治区科学技术奖励评审委员会依照《宁夏回族自治区科学技术奖励复查规定》进行复审，提出复审意见；属于非实质性异议的，由自治区科学技术行政部门商有关推荐单位或者个人进行处理。

“自治区科学技术行政部门应当将复审意见告知提出异议的组织或者个人。”

十九、第十九条改为第二十条，修改为：“自治区科学技术重大贡献奖奖金为人民币一百万元，其中七十万元奖励科研团队组成人员，三十万元作为科研团队的科研补助经费。

“自治区科学技术进步奖一、二、三等奖奖金分别为人民币三十万元、二十万元、十万元。

“自治区对外科学技术合作奖奖金为人民币三十万元。

“自治区人民政府根据自治区经济、社会发展情况，适时提高科学技术奖励标准。具体数额由自治区科学技术行政部门和自治区财政部门提出方案，报自治区人民政府批准后实施。”

二十、第二十条改为第二十一条，修改为：“自治区科学技术重大贡献奖由自治区主席签署并颁发证书和奖金。

“自治区科学技术进步奖、自治区对外科学技术合作奖由自治区人民政府颁发证书和奖金。”

二十一、第二十二条改为第二十三条，修改为：“自治区科学技术奖的奖金由自治区财政专项列支；自治区科学技术奖的评审工作经费列入自治区科学技术行政部门经费预算。”

二十二、第二十三条改为第二十四条，将其中的“自治区人民政府科学技术行政部门”修改为“自治区科学技术行政部门”，“五年内不受理其申报的自治区科学技术奖励项目”修改为“五年内不受理其自治区科学技术奖申报”。

二十三、第二十四条改为第二十五条，将其中的“并建议其所在单位对直接负责的主管人员和其他直接责任人员依法给予行政处分”修改为“并建议其所在单位或者其上级主管部门对直接负责的主管人员和其他直接责任人员依法给予处分”。

二十四、第二十五条改为第二十六条，将其中的“行政处分”修改为“处分”，“自治区人民政府科学技术行政部门”修改为“自治区科学技术行政部门”。

二十五、第二十六条改为第二十七条，将其中的“自治区人民政府科学技术行政部门”修改为“自治区科学技术行政部门”，“行政处分”修改为“处分”。

二十六、删去第二十七条。

二十七、第二十八条修改为：“本办法规定的《宁夏回族自治区科学技术奖励推荐书》由自治区科学技术行政部门制订。”

此外，对条文顺序作相应调整。

本决定自公布之日起施行。

《宁夏回族自治区科学技术奖励办法》根据本决定作相应修改，重新公布。

宁夏回族自治区科学技术奖励办法

（2005年7月4日宁夏回族自治区人民政府令第81号公布　根据2016年12月9日《自治区人民政府关于修改〈宁夏回族自治区科学技术奖励办法〉的决定》修订）

第一章　总　则

第一条　为了奖励在科学技术进步活动中做出贡献的公民、组织，调动科学技术人员的积极性和创造性，加速我区科学技术事业的发展，促进经济建设和社会进步，依据国务院发布的《国家科学技术奖励条例》的有关规定，结合本自治区实际，制定本办法。

第二条　自治区科学技术奖励贯彻“尊重劳动、尊重知识、尊重人才、尊重创造”的方针。

第三条 自治区人民政府科学技术行政部门(以下称自治区科学技术行政部门),负责自治区科学技术奖评审的组织工作。

第四条 自治区人民政府设立自治区科学技术奖励委员会,其职责是:

(一)依照本办法制定、修改、解释《宁夏回族自治区科学技术奖励评审规则》和《宁夏回族自治区科学技术奖励复查规定》。

(二)审核自治区科学技术奖的人选和项目。

(三)向自治区人民政府提出自治区科学技术奖的人选和项目。

(四)自治区人民政府赋予的其他职责。

自治区科学技术奖励委员会的组成人选由自治区科学技术行政部门提出,报自治区人民政府批准。

自治区科学技术奖励委员会的日常工作,由自治区科学技术行政部门承担。

第五条 自治区科学技术奖励委员会聘请有关方面的专家、学者,组成自治区科学技术奖励评审委员会。

自治区科学技术奖励评审委员会依照本办法和评审规则,开展自治区科学技术奖的评审工作。

评审委员会下设若干专业评审组,负责本专业的科学技术奖初评工作。

第六条 社会力量设立的面向社会的科学技术奖,在奖励活动中不得收取任何费用。

第二章 奖项的设置

第七条 自治区人民政府设立下列科学技术奖:

(一)自治区科学技术重大贡献奖。

(二)自治区科学技术进步奖。

(三)自治区对外科学技术合作奖。

第八条 自治区科学技术重大贡献奖授予符合下列情形之一的公民或者组织:

(一)在技术开发或者重大工程建设中,关键技术及系统集成上有重大创新,形成了具有市场竞争力的重大技术、产品(装备)或者产业,项目完整成熟的;核心技术拥有自主知识产权,技术水平和主要技术指标达到当前国内技术或者产品领先水平,取得了显著经济效益、社会效益或者生态效益的;对相关产业技术进步、产业结构调整或者新产业集群有重大作用的。

（二）在社会公益类项目实施中，关键技术取得了重大创新，形成了具有重大应用价值和应用效果的技术体系或者产品，项目完整成熟的；核心技术拥有自主知识产权，总体技术水平和技术经济指标达到当前国内同类技术或者产品领先水平的；项目得到广泛推广应用，取得了重大社会效益或者生态效益的。

（三）在基础理论或者自然科学研究方面提出独特学术思想、研究方案的；发现科学现象、特性和规律，并阐明科学理论和学说的；提出研究方法和手段，解决关键性学术疑难问题或者实验技术难点的。

第九条 自治区科学技术进步奖授予符合下列情形之一的公民或者组织：

（一）在基础研究和应用基础研究中，阐明自然现象、特征和规律，有科学发现或者应用科学基本原理取得了创造性研究成果的。

（二）在应用技术的研究开发中，运用科学技术知识研制、开发、引进新产品、新技术、新工艺、新材料、生物新品种，或者运用科学技术知识做出了技术发明，经实施产生了显著经济效益或者社会效益的。

（三）在实施社会公益项目中，长期从事科学技术基础性工作和社会公益性科学技术事业，经过实践检验，创造了明显社会效益的。

（四）在科学技术成果转化与推广、高新技术产业化中，将先进成熟的科学技术成果应用于经济建设和社会发展事业，成果转化程度高或者实现了产业化，具有较强的示范、带动能力，并取得了显著经济、社会、生态效益的。

（五）在为决策科学化与管理现代化而进行的软科学研究中，做出了重要贡献并取得了显著经济效益、社会效益或者生态效益的。

第十条 自治区对外科学技术合作奖的评审应当符合下列条件：

（一）由其他省（自治区、直辖市）科技工作者（组织）或者外籍、港（澳、台）科技工作者（组织）主持开展，本自治区科技工作者（组织）参加开发的项目。

（二）在带动和培养本自治区创新人才和团队方面成效显著。

（三）为增强本自治区创新能力、支撑特色产业和经济社会发展做出重要贡献。

自治区对外科学技术合作奖具体评奖标准，参照本办法第九条规定执行。

第十一条 自治区科学技术奖每年评审一次。

第十二条 自治区科学技术重大贡献奖和对外科学技术合作奖，每次授予项目均不超过二项且不分等级。

自治区科学技术进步奖分为一、二、三等奖，授奖比例为1:3:6，授奖项目总数不超过一百项。

自治区科学技术重大贡献奖、自治区科学技术进步一、二等奖和自治区对外科学技术合作奖，在没有符合条件的项目时，可以空缺。

第三章 奖励推荐、评审和授予

第十三条 自治区科学技术奖由下列组织和个人推荐：

（一）设区的市人民政府。

（二）自治区人民政府组成部门、直属机构。

（三）国家级和自治区级开发区管委会。

（四）自治区属高校、事业单位、行业协会。

（五）中央驻宁厅级单位。

（六）五名以上具有正高级职称的本专业专家联名推荐。

（七）近五年获得过自治区科学技术重大贡献奖或者科学技术进步一等奖的单位可以推荐一个本专业项目。

第十四条 自治区科学技术行政部门，应当向社会公布自治区科学技术奖推荐的具体条件。

推荐单位和个人应当依照所公布的推荐具体条件，推荐自治区科学技术奖候选人或者候选项目。

第十五条 自治区科学技术奖应当按照下列规定申报：

（一）同一技术内容只能申报一种奖项。

（二）填写《宁夏回族自治区科学技术奖励推荐书》，并提供真实、准确、完整的证明材料。

（三）由本办法第十三条规定的组织或者个人审核相关证明材料并签署推荐意见。

（四）由推荐单位（个人）在项目完成人或者完成单位范围内公示，公示期为十个工作日。

（五）公示后无异议的，由申请人报自治区科学技术行政部门。

第十六条 科学技术项目有下列情形之一的，不得推荐：

（一）涉及国防、国家安全并已经确定密级的。

（二）不利于人体健康或者社会安全的。

（三）存在知识产权争议的。

(四)已获得国家科学技术奖或者其他省、部级科学技术奖的。

第十七条 自治区科学技术行政部门应当对《宁夏回族自治区科学技术奖励推荐书》、推荐意见及相关证明材料进行审查,符合规定内容和形式的,向社会公示,公示期为十个工作日;公示无异议后,应当提交自治区科学技术奖励评审委员会审定。

自治区科学技术奖励评审委员会认为需要对有关实质内容进行核实的,可以要求自治区科学技术奖的被推荐单位、个人或者推荐单位、个人说明有关情况或者补充有关材料。

第十八条 自治区科学技术奖应当按照下列规定评审:

(一)专业评审组依照本办法及其评审规则,采取会议评审和网络评审相结合的方法,对符合条件的项目开展初评工作,提出获奖人选及项目奖励等级的建议。

(二)自治区科学技术行政部门应当将专业评审组的初评建议向社会公示十个工作日;公示无异议后,应当提交自治区科学技术奖励评审委员会审定。

(三)自治区科学技术奖励评审委员会对专业评审组的建议及相关资料审核后,提出科学技术奖获奖项目及奖励等级的意见。

(四)自治区科学技术奖励委员会,对自治区科学技术奖励评审委员会提出的科学技术奖获奖项目及奖励等级的意见进行最终审核后,向社会公示十个工作日;公示无异议的,报自治区人民政府批准。

采用网上评审的,应当公开评审结果。

第十九条 任何单位或者个人对自治区科学技术奖候选人、项目有异议的,可以自公示之日起二十日内,向自治区科学技术行政部门提出书面材料。

自治区科学技术行政部门应当对书面材料进行审核。属于实质性异议,可能影响评奖结果的,由自治区科学技术奖励评审委员会依照《宁夏回族自治区科学技术奖励复查规定》进行复审,提出复审意见;属于非实质性异议的,由自治区科学技术行政部门商有关推荐单位或者个人进行处理。

自治区科学技术行政部门应当将复审意见告知提出异议的组织或者个人。

第二十条 自治区科学技术重大贡献奖奖金为人民币一百万元,其中七十万元奖励科研团队组成人员,三十万元作为科研团队的科研补助经费。

自治区科学技术进步奖一、二、三等奖奖金分别为人民币三十万元、二十万元、十万元。

自治区对外科学技术合作奖奖金为人民币三十万元。

自治区人民政府根据自治区经济、社会发展情况，适时提高科学技术奖励标准。具体数额由自治区科学技术行政部门和自治区财政部门提出方案，报自治区人民政府批准后实施。

第二十一条 自治区科学技术重大贡献奖由自治区主席签署并颁发证书和奖金。

自治区科学技术进步奖、自治区对外科学技术合作奖由自治区人民政府颁发证书和奖金。

第二十二条 自治区科学技术奖的获奖结果，记入获奖人员档案，作为考核、晋升、评定专业技术职称和享受有关待遇的依据。

第二十三条 自治区科学技术奖的奖金由自治区财政专项列支；自治区科学技术奖的评审工作经费列入自治区科学技术行政部门经费预算。

第四章 罚 则

第二十四条 剽窃、侵夺他人的发现、发明或者其他科学技术成果的，或者以其他不正当手段骗取自治区科学技术奖的，由自治区科学技术行政部门报自治区人民政府批准后撤销奖励，追回奖金和证书。

单位或者个人被撤销奖励的，由自治区科学技术奖励委员会对直接负责的主管人员和其他直接责任人员给予通报批评，自撤销奖励之日起，五年内不受理其自治区科学技术奖申报。

第二十五条 推荐申报科学技术奖的单位和个人，提供虚假数据、材料，协助他人骗取科学技术奖的，由自治区科学技术奖励委员会予以通报批评，情节严重的，暂停或者取消其推荐资格，并建议其所在单位或者其上级主管部门对直接负责的主管人员和其他直接责任人员依法给予处分。

第二十六条 自治区科学技术奖评审委员会的有关专家，在评审活动中弄虚作假、徇私舞弊的，由自治区科学技术奖励委员会取消其评委资格，并建议其所在单位依法给予处分。

自治区科学技术奖励委员会的成员在评审活动中弄虚作假、徇私舞弊的，由自治区科学技术行政部门报自治区人民政府取消其成员资格，并建议其所在单位依法给予处分。

第二十七条 自治区科学技术行政部门的工作人员在科学技术奖励工作中，滥用职权、弄虚作假、徇私舞弊的，对直接负责的主管人员和其他直接责任人员依法给予处分。

第五章 附 则

第二十八条 本办法规定的《宁夏回族自治区科学技术奖励推荐书》由自治区科学技术行政部门制订。

第二十九条 市、县(市、区)人民政府不设立科学技术奖。

第三十条 本办法自公布之日起施行。1998年9月28日自治区人民政府发布的《宁夏回族自治区科学技术进步奖励办法》和1999年3月12日自治区人民政府发布的《宁夏回族自治区重奖有功科技人员试行办法》同时废止。

城建环保

宁夏回族自治区实施《中华人民共和国城乡规划法》办法

（2014年5月28日宁夏回族自治区第十一届人民代表大会常务委员会第十次会议通过　2014年5月28日宁夏回族自治区人民代表大会常务委员会公告第9号公布　自2014年7月1日起施行）

第一章　总　则

第一条　根据《中华人民共和国城乡规划法》，结合自治区实际，制定本办法。

第二条　自治区行政区域内制定、实施和修改城乡规划，在规划区内进行建设活动和监督管理，适用本办法。

本办法所称城乡规划，包括城镇体系规划、城市规划、镇规划、乡规划和村庄规划。城市规划、镇规划，分为总体规划和详细规划。详细规划分为控制性详细规划和修建性详细规划。

本办法所称规划区，是指城市、镇和村庄的建成区以及因城乡建设和发展需要，应当实行规划控制的区域。

第三条　城市规划区内的镇、乡、村庄以及镇规划区内的村庄，不再单独编制城乡规划，分别由所属的城市、县、镇人民政府统一实施规划管理。

第四条　县级以上人民政府城乡规划主管部门负责本行政区域内的城乡规划管理工作。

乡、镇人民政府应当确定相关机构或者人员负责城乡规划管理的具体工作。

县级以上人民政府其他有关部门应当按照各自职责，做好城乡规划管理的相关工作。

第五条　各级人民政府应当将城乡规划的编制和管理经费纳入本级财

政预算。

第六条　经依法批准的城乡规划，是城乡建设和规划管理的依据，未经法定程序不得修改。

任何单位和个人应当遵守经依法批准并公布的城乡规划。

第二章　城乡规划的制定

第七条　制定城乡规划应当根据城乡区域特征、经济社会发展目标及资源承载力，科学预测城乡发展，正确处理近期建设和远景发展、局部利益和全局利益、经济发展和生态环境保护的关系，实现城乡统筹规划、区域协调发展。

制定城乡规划应当遵守法律、法规，符合经批准的上位规划。

自治区人民政府城乡规划主管部门应当依照国家有关技术规范，制定自治区城乡规划编制的技术规定，规范和指导全区城乡规划编制工作。

城市、县人民政府城乡规划主管部门应当指导乡、镇人民政府组织编制乡规划、村庄规划。

第八条　自治区城镇体系规划由自治区人民政府组织编制，依法报国务院审批。

第九条　城市人民政府组织编制城市总体规划。

银川市的城市总体规划由自治区人民政府审查同意后，依法报国务院审批；其他城市的总体规划报自治区人民政府审批。

第十条　县人民政府组织编制县人民政府所在地镇的总体规划，报设区的市人民政府审批，在报请审批前，应当先经自治区人民政府城乡规划主管部门进行技术审查。

其他镇的总体规划和乡规划、村庄规划，由镇、乡人民政府组织编制，报县级人民政府审批，在报请审批前，应当先经设区的市人民政府城乡规划主管部门进行技术审查。

第十一条　城镇体系规划、城市总体规划和县人民政府所在地镇的总体规划在报送审批前，应当先经本级人民代表大会常务委员会审议。

其他镇的总体规划、乡规划在报送审批前，应当先经镇、乡人民代表大会审议。村庄规划在报送审批前，应当经村民会议或者村民代表会议讨论同意。

第十二条　城市总体规划、镇总体规划确定的建设用地范围，应当编制控制性详细规划。控制性详细规划经依法批准后,应当报本级人民代表大会常务委员会和上一级人民政府备案。

控制性详细规划应当根据城市总体规划、镇总体规划编制,结合相关的专项规划,确定具体建设用地性质和各项控制指标,作为建设项目规划许可的依据。

第十三条 城市、镇的重要街区、重点景观区、广场、公园、重要交通枢纽、城镇主要出入口等涉及公共利益的重要地块,应当编制修建性详细规划。

城市、县人民政府所在地镇重要地块的修建性详细规划,由城市、县人民政府城乡规划主管部门组织编制,报城市、县人民政府审定。其他镇重要地块的修建性详细规划,由镇人民政府组织编制,报县级人民政府审定。

第十四条 组织编制交通、水利、燃气、供热、供水、排水、电力、通信等专项规划的,应当符合总体规划,经征求城乡规划主管部门意见后,依法报审批机关批准。

第十五条 编制地质灾害易发区的城乡规划,应当组织进行地质灾害危险性评估。

易发自然灾害的区域和不适宜生产、生活的区域,有关人民政府编制城乡规划,应当将该区域居民纳入移民规划或者搬迁规划。

第十六条 历史文化名城、名镇、名村的保护规划应当与城市总体规划、镇总体规划、乡规划、村庄规划同步编制;城市总体规划、镇总体规划、乡规划和村庄规划已经批准的,应当单独编制保护规划,并依法报请批准和备案。

第十七条 城市总体规划、镇总体规划应当符合城镇体系规划;控制性详细规划应当符合城市总体规划、镇总体规划;

专项规划应当符合城镇体系规划和城市总体规划、镇总体规划;

修建性详细规划应当符合控制性详细规划、专项规划。

第十八条 城乡规划组织编制机关应当委托具有相应资质等级的单位承担城乡规划的具体编制工作。

城乡规划编制单位编制和修改城乡规划,应当遵守国家和自治区有关标准和技术规范。

第三章 城乡规划的实施

第十九条 城乡建设和发展应当合理确定建设规模和时序,按照先配套后开发、先地下后地上的原则,优先安排基础设施和公共服务设施建设,严格保护自然资源、生态环境、城乡历史风貌和文物，体现地方特色，创造良好的城乡公共空间和生活环境。

第二十条 旧城区改建应当保护历史文化遗产、传统风貌，合理确定改建规模，配套完善基础设施和公共服务设施，增加绿地和公共空间，改善人居环境和市容景观，有计划地对危房集中、基础设施落后等地段进行改建，严格限制零星插建。

第二十一条 新建、改建、扩建城市道路应当配套建设地下公共管沟或者综合管廊；依附其他道路建设的地下管线应当与道路同步铺设；已经建成地下公共管沟或者综合管廊的道路，不得擅自开挖铺设管线。

第二十二条 在城市、镇规划区内以划拨方式提供国有土地使用权的建设项目，建设单位在报送有关主管部门批准或者核准前，应当向城乡规划主管部门申请核发选址意见书。

申请核发选址意见书应当提供下列材料：

（一）选址申请书；

（二）拟建项目的相关证明文件；

（三）标绘有建设项目拟用地位置的规定比例尺的地形图；

（四）由自治区人民政府城乡规划主管部门核发选址意见书的项目，应当提供建设项目所在地城市、县人民政府城乡规划主管部门出具的选址初审意见。

城乡规划主管部门在核发涉及公共安全等群众切身利益的重大建设项目选址意见书前，应当通过政府网站、主要报刊或者其他形式征求公众意见，公示时间不得少于十日。公众意见应当作为核发选址意见书的重要依据。

第二十三条 建设项目选址意见书实行分级核发：

（一）国家和自治区有关部门批准或者核准的建设项目以及自治区城镇体系规划确定的重点监管区域内的建设项目，由项目所在地的城市、县人民政府城乡规划主管部门提出初审意见，报自治区城乡规划主管部门核发选址意见书；

（二）城市、县有关主管部门审批或者核准的建设项目，由项目所在地的城市、县人民政府城乡规划主管部门核发选址意见书；

（三）跨行政区域的建设项目，由项目所在地的城市、县人民政府城乡规划主管部门分别提出初审意见，报共同的上一级城乡规划主管部门核发选址意见书。

第二十四条 在城市、镇规划区内以划拨方式或者出让方式提供国有土地使用权的建设项目，应当依法申请核发或者领取建设用地规划许可。

第二十五条 在城市、镇规划区内以出让方式提供国有土地使用权的，在国有土地使用权出让前，城市、县人民政府城乡规划主管部门应当依据控制性详细规划，提出出让地块的规划条件。

规划条件包括下列内容：

（一）出让地块的位置、面积、用地范围；

（二）用地性质和容积率、建筑密度、建筑高度、绿地率、建筑退让等土地开发强度指标；

（三）应当配置的市政基础设施与公共服务设施、物业服务用房及其具体建设时序；

（四）周边建设和环境、安全要求。

第二十六条 国有土地使用权出让合同中已经确定的规划条件，城乡规划主管部门不得擅自变更。建设单位确需变更的，应当按照下列程序办理：

（一）建设单位向城乡规划主管部门提出书面申请。

（二）城乡规划主管部门在十日内对建设单位提出的申请进行审核。变更内容符合控制性详细规划的，城乡规划主管部门应当依法批准。变更内容不符合控制性详细规划的，城乡规划主管部门不得批准。

（三）经批准变更规划条件的，建设单位持变更批准文件与国土资源部门签订《国有土地使用权出让合同》补充协议，补（退）土地出让金差价和相关建设规费后办理后续的规划审批手续。

第二十七条 改建、扩建已经建成或者已投入使用的建设项目，建设单位应当在改建、扩建前持有关主管部门的项目批准、核准、备案文件和相关材料，向城市、县人民政府城乡规划主管部门申请建设工程规划许可证；涉及新增建设用地或者改变用地性质的，应当申请建设用地规划许可证；涉及国有土地使用权划拨或者出让事项的，应当办理有关用地审批手续。

改建、扩建的建设项目，用地性质或者容积率等指标应当符合总体规划和控制性详细规划。

第二十八条 在城市、镇规划区内进行建筑物、构筑物、道路、管线和其他工程建设的，建设单位或者个人应当向城乡规划主管部门申请办理建设工程规划许可证。

第二十九条 申请办理建设工程规划许可证，应当提交下列材料：

（一）使用土地的有关证明文件；

（二）建设工程设计方案；

（三）符合国家设计规范的建设工程施工图设计文件。

需要建设单位编制修建性详细规划的建设项目，建设单位应当提交修建性详细规划；属于原有建筑物改建、扩建的，应当提供权属证明。

第三十条　在城市、镇规划区内申请临时建设、临时用地的，应当符合临时建设和临时用地规划管理的有关规定。

第三十一条　在乡、村庄规划区内进行各类企业、乡村公共设施和公益事业建设的，建设单位或者个人应当向乡、镇人民政府提出乡村建设规划许可的书面申请，申请材料应当包括：

（一）经村民会议或者村民代表会议讨论同意、村民委员会签署的意见；

（二）建设工程设计方案。

乡、镇人民政府应当自受理申请之日起七日内将申请材料报送城市、县人民政府城乡规划主管部门。符合乡规划或者村庄规划的，城市、县人民政府城乡规划主管部门应当自收到申请材料之日起十日内核发乡村建设规划许可证。不符合乡规划或者村庄规划的，不予核发，书面告知申请人并说明理由。

第三十二条　农村村民在乡、村庄规划区内使用原有宅基地建造住宅的，应当持村民委员会书面意见、户籍证明和建造住宅相关图件向乡、镇人民政府提出书面申请，乡、镇人民政府应当自受理申请之日起十日内对符合乡规划或者村庄规划的核发乡村建设规划许可证；对不符合乡规划或者村庄规划的，不予核发，书面告知申请人并说明理由。

第三十三条　取得建设工程规划许可证、乡村建设规划许可证的建设工程开工前，建设单位或者个人应当向城市、县人民政府城乡规划主管部门申请验线，城乡规划主管部门应当自收到申请之日起五日内验线。农村集体土地上的农村村民自建住房的规划验线，由城市、县人民政府城乡规划主管部门委托乡、镇人民政府进行。

第三十四条　建设工程竣工验收前，建设单位或者个人应当向城乡规划主管部门申请规划条件核实。城乡规划主管部门应当自接到申请之日起十日内对建设工程是否符合规划条件进行核实。未申请核实或者经核实不符合规划条件的，建设单位或者个人不得组织竣工验收。

建设单位应当将同步配套建设的基础设施、公共服务设施一并向城乡规划主管部门申请规划条件核实。

第四章　城乡规划的修改

第三十五条　自治区城镇体系规划应当每五年评估一次。城市总体规划、县人民政府所在地镇的总体规划应当每三年评估一次,其他镇的总体规划、乡规划、村庄规划应当每五年评估一次。

规划实施情况评估内容,应当包括下列事项:

(一)城市发展布局,功能分区,用地布局是否与规划一致;

(二)各项强制性内容的执行情况;

(三)重要基础设施、公共服务设施和住房保障的实施情况;

(四)自然资源、生态环境和历史文化遗产保护规划的实施情况;

(五)专项规划实施情况;

(六)其他需要评估的内容。

城乡规划组织编制机关应当向本级人民代表大会常务委员会、乡镇人民代表大会和原审批机关提出评估报告。

第三十六条　控制性详细规划有下列情形之一的,经审批机关同意,组织编制机关应当按照规定权限和程序组织修改:

(一)因城市总体规划调整,确需修改的;

(二)重大项目选址影响规划用地布局的;

(三)基础设施、公共服务设施布局等规划主要内容在实施中发现明显不适当的。

第三十七条　建设项目选址意见书、建设用地规划许可证、建设工程规划许可证或者乡村建设规划许可证发放后,建设项目尚未开工,因依法修改城乡规划变更许可内容的,城乡规划主管部门应当及时为被许可人办理变更手续。

因依法修改城乡规划造成被许可人合法权益损失的,应当依法给予补偿。

第五章　监督检查

第三十八条　各级人民政府应当定期向本级人民代表大会常务委员会或者乡镇人民代表大会报告城乡规划的实施情况,并接受监督。

第三十九条　县级以上人民政府及其城乡规划主管部门应当加强对城

乡规划编制、审批、实施、修改的监督检查，建立健全城乡规划监督考核制度。

乡、镇人民政府应当加强对镇规划、乡规划、村庄规划的监督检查，配合城乡规划主管部门和其他有关部门对本行政区域内违反城乡规划的行为进行查处。

村（居）民委员会、物业服务企业对本区域内违反城乡规划的行为，应当予以劝阻，及时向城乡规划主管部门、有关主管部门或者乡、镇人民政府报告，并配合处理。

第四十条 各级人民政府和城乡规划主管部门应当建立城乡规划工作的公众参与制度。城乡规划的制定、实施、修改，应当充分征求专家和公众的意见。可能影响利害关系人合法权益的，应当采取公示、听证会等形式，听取利害关系人的意见。

城乡规划主管部门应当建立统一的规划信息公开平台，设立、公布举报电话和电子信箱，接受公众对城乡规划实施情况的监督。除依法不得公开的内容外，城乡规划方面的政府信息应当公开。

第四十一条 建设单位应当在施工现场对外公示建设工程规划许可证及附件、附图，接受社会监督。法律、行政法规规定不得公开的除外。

第四十二条 上级人民政府或者城乡规划主管部门发现下级人民政府或者城乡规划主管部门违法编制、审批、修改和实施城乡规划的，应当责令有关人民政府或者城乡规划主管部门予以改正；对下级城乡规划主管部门违法作出的规划许可可以责令其撤销或者直接撤销该规划许可。因撤销规划许可造成当事人合法权益损失的，应当依法予以赔偿。

第四十三条 任何单位或者个人有权对城乡规划制定和实施提出意见和建议，就建设活动是否符合规划要求向城乡规划主管部门查询；有权向城乡规划主管部门或者其他有关部门举报、控告违反城乡规划的行为。

城乡规划主管部门或者其他有关部门应当及时受理举报或者控告，属于本部门职责范围的，应当及时受理，依法进行核实、处理，并予以答复；不属于本部门职责范围的，应当及时转交有权处理的部门，并告知举报人或者控告人。

第六章 法律责任

第四十四条 对依法应当编制城乡规划而未组织编制，或者未按法定程序编制、审批、修改城乡规划的，由上级人民政府责令改正，通报批评；对有关人民政府负责人和其他直接责任人员依法给予处分。

第四十五条 城乡规划组织编制机关委托不具有相应资质等级的单位编制城乡规划的,由上级人民政府责令改正,通报批评;对有关人民政府负责人和其他直接责任人员依法给予处分。

第四十六条 镇人民政府或者县级以上城乡规划主管部门有下列行为之一的,由本级人民政府、上级城乡规划主管部门或者监察机关依据职权责令改正,通报批评;对直接负责的主管人员和其他直接责任人员依法给予处分:

(一)未依法组织编制城市的控制性详细规划、县人民政府所在地镇的控制性详细规划的;

(二)超越职权或者对不符合法定条件的申请人核发选址意见书、建设用地规划许可证、建设工程规划许可证或者乡村建设规划许可证的;

(三)对符合法定条件的申请人未在法定期限内核发选址意见书、建设用地规划许可证、建设工程规划许可证或者乡村建设规划许可证的;

(四)未依法公布城乡规划的;

(五)对未依法取得规划许可或者违反规划许可的规定在规划区内进行建设的行为,不予查处或者接到举报后不依法处理的。

第四十七条 县级以上人民政府有关主管部门有下列行为之一的,由本级人民政府或者上级人民政府有关主管部门责令改正,通报批评;对直接负责的主管人员和其他直接责任人员依法给予处分;

(一)对未依法取得选址意见书的建设项目核发建设项目批准文件的;

(二)未依法在国有土地使用权出让合同中确定规划条件或者改变国有土地使用权出让合同中依法确定的规划条件的。

第四十八条 城乡规划编制单位有下列行为之一的,由所在地城市、县人民政府城乡规划主管部门责令限期改正,处合同约定的规划编制费一倍以上二倍以下的罚款;情节严重的,责令停业整顿,由原发证机关降低资质等级或者吊销资质证书;造成损失的,依法承担赔偿责任:

(一)超越资质等级许可的范围承揽城乡规划编制工作的;

(二)违反国家有关标准编制城乡规划的。

未取得资质证书承揽城乡规划编制工作的,由县级以上地方人民政府城乡规划主管部门责令停止违法行为,依照前款规定处以罚款;造成损失的,依法承担赔偿责任。

以欺骗手段取得资质证书承揽城乡规划编制工作的,由原发证机关吊销资质证书,依照本条第一款规定处以罚款;造成损失的,依法承担赔偿责任。

第四十九条 未取得建设工程规划许可证或者未按照建设工程规划许可证的规定进行建设的,由县级以上地方人民政府城乡规划主管部门责令停止建设,限期拆除,处建设工程造价百分之五以上百分之十以下的罚款;逾期未拆除的,没收实物或者违法收入,可以并处建设工程造价百分之十以下的罚款。

第五十条 在乡、村庄规划区内未依法取得乡村建设规划许可证或者未按照乡村建设规划许可证的规定进行建设的,由乡、镇人民政府责令停止建设、限期改正;逾期不改正的,应当拆除。

第五十一条 建设单位和个人未取得验线确认手续,擅自开工或者继续施工的,由县级以上地方人民政府城乡规划主管部门责令停止建设,限期改正;逾期不改正的,处二千元以上一万元以下的罚款。

第五十二条 城乡规划主管部门作出责令停止建设或者限期拆除的决定后,当事人不停止建设或者逾期不拆除的,建设工程所在地县级以上地方人民政府可以责成有关部门依法采取查封施工现场、强制拆除等措施。

第七章 附 则

第五十三条 本办法自2014年7月1日起施行。1994年10月14日宁夏回族自治区第七届人民代表大会常务委员会第九次会议通过的《宁夏回族自治区实施〈中华人民共和国城市规划法〉办法》同时废止。

宁夏回族自治区污染物排放管理条例

（2014年9月29日宁夏回族自治区第十一届人民代表大会常务委员会第十二次会议通过　2014年9月29日宁夏回族自治区人民代表大会常务委员会公告第14号公布　自2015年1月1日起施行）

第一章　总　则

第一条　为了加强对污染物排放的监督管理，保护和改善环境，根据《中华人民共和国环境保护法》和有关法律、法规的规定，结合自治区实际，制定本条例。

第二条　本条例适用于自治区行政区域内生产经营活动中污染物的排放及其监督管理活动。

第三条　本条例所称污染物，是指由于生产经营活动排放进入环境，影响环境正常组成、导致环境性质发生变化，直接或者间接有害于生物和人类的物质。

第四条　县级以上人民政府环境保护主管部门对本行政区域的污染物排放工作实施统一监督管理。

县级以上人民政府相关部门应当按照各自职责，依法做好污染物排放监督管理工作。

第五条　县级以上人民政府应当加大对保护和改善环境、防治污染的资金投入，制定并组织实施有利于减少污染物排放的政策和激励措施。

第六条　对减少污染物排放有显著成绩的单位和个人，由县级以上人民政府给予奖励。

鼓励社会公众对环境保护主管部门的工作进行监督，对污染物排放违法行为予以举报。

第二章 污染物排放总量控制

第七条 自治区实行重点污染物排放总量控制制度。

本条例所称重点污染物，是指国家确定的实施重点控制的污染物。

本条例所称重点污染物排放总量控制，是指通过向一定地区和排污单位分配重点污染物排放总量指标，将一定地区和排污单位排放的重点污染物的总量控制在规定限度内的污染控制方式。

第八条 自治区人民政府应当依据国家重点污染物排放总量控制指标，结合自治区经济社会发展水平、环境容量、环境质量、污染物排放现状，制定自治区重点污染物排放总量控制指标和分解落实方案。

设区的市、县（市）人民政府应当按照上一级人民政府制定的重点污染物排放总量控制指标和分解落实方案，制定本行政区域内的重点污染物排放总量控制指标、年度计划、控制措施，并将重点污染物排放总量控制指标分解落实到排污单位。

第九条 环境容量是公共环境资源。自治区人民政府应当建立环境容量、环境质量、重点污染物排放总量相衔接的量化管理体系。

第十条 自治区实行重点污染物排放总量预算管理制度、排污权有偿使用与交易制度，具体办法由自治区人民政府按照公平、公正、有利于环境质量改善和优化环境资源配置的原则制定。

第三章 污染物排放许可

第十一条 自治区对水污染物、大气污染物的排放实行许可制度。

噪声、固体废物、危险废物、放射性物质以及核、电磁辐射等污染物排放的许可管理，依照国家有关规定执行。

第十二条 下列排污单位应当申请取得污染物排放许可证：

（一）排放工业废水、医疗污水以及其他按照规定应当取得污染物排放许可方可排放废水、污水的企业、事业单位；

（二）城镇、工业园区废水、污水集中处理设施运营单位；

（三）排放工业废气或者其他有毒、有害大气污染物的企业、事业单位。

第十三条 申请取得污染物排放许可证的排污单位，应当具备下列条件：

（一）生产能力、工艺、设备、产品符合国家和自治区产业政策要求；

（二）建设项目环境影响评价文件经过环境保护主管部门批准；

（三）防治污染设施符合环境影响评价文件的要求；

（四）污染物排放符合国家和自治区规定标准、重点污染物排放总量控制指标的要求；

（五）按照规定设置规范化的排污口；

（六）按照规定安装监测设备，并与环境保护主管部门联网；

（七）有应对突发环境事件的应急预案；

（八）法律、法规规定的其他条件。

第十四条 县级以上人民政府环境保护主管部门应当自受理污染物排放许可申请之日起二十日内作出决定。符合规定条件的，发给污染物排放许可证，并向社会公示排污单位名称、许可事项；不符合规定条件的，不予许可，应当说明理由并书面告知提出申请的排污单位。

第十五条 新建、改建、扩建项目在试生产期间，由县级以上人民政府环境保护主管部门核发临时污染物排放许可证；试生产期满投入正式生产的，排污单位应当按照规定申请污染物排放许可证。

既有排污单位暂时达不到污染物排放许可证核发条件的，由县级以上人民政府环境保护主管部门责令限期治理，发给临时污染物排放许可证。

第十六条 污染物排放许可证应当载明排污单位的名称、污染物的排放种类、排放浓度、排放数量、排放方式、有效期限、排污口设置、监测方案、污染防治工艺和设施等事项。

污染物排放许可证有效期为五年。通过交易方式取得排污权的，污染物排放许可证有效期限与排污权转让方的剩余使用期限相同。

临时污染物排放许可证的有效期不得超过一年。

第十七条 按照规定应当取得污染物排放许可方可排放的排污单位未取得污染物排放许可证的，不得排放污染物；取得污染物排放许可证的，应当按照污染物排放许可证核定事项排放污染物。

禁止涂改、伪造、出租、出借、倒卖污染物排放许可证。

第十八条 污染物排放许可实行分级、分类管理。

总装机三十万千瓦以上的燃煤电厂以及石油化工、煤化工类的重点排污单位的污染物排放许可证，应当由自治区人民政府环境保护主管部门征求重点排污单位所在地环境保护主管部门的意见后予以核发。

除前款规定的重点排污单位外，可能造成跨设区的市行政区域环境影响或者高环境风险排污单位的污染物排放许可证，可以经自治区人民政府确定，由自治区人民政府环境保护主管部门予以核发。

其他按照规定应当取得污染物排放许可方可排放的排污单位的污染物排放许可证，应当由所在地设区的市、县（市）人民政府环境保护主管部门按照权限核发。

第十九条 污染物排放许可证核定事项发生变化致使污染物排放总量增加的，或者排污单位发生合并、分立、变更法人名称的，排污单位应当向原发证的环境保护主管部门申请办理变更手续。

因污染物排放执行的国家和自治区规定标准、重点污染物排放总量控制指标、环境功能区划等发生变化需要对污染物排放许可证核定事项进行调整的，应当由原发证的环境保护主管部门依法进行变更。

第二十条 排污单位需要延续污染物排放许可证有效期的，应当在有效期满三十日前向原发证的环境保护主管部门提出申请。

环境保护主管部门应当自受理申请之日起二十日内作出决定。符合条件的，予以延续，换发污染物排放许可证；不符合条件的，应当说明理由并书面告知提出申请的排污单位。

排污单位生产工艺、设备、产品属于强制淘汰范围的，或者有法律、法规规定的其他情形的，污染物排放许可证有效期满后不予延续。

第四章 减少污染物排放措施

第二十一条 县级以上人民政府应当采取下列措施减少污染物排放：

（一）优化产业结构、布局，合理利用资源，发展循环经济；

（二）严格限制高耗能、高污染、产能过剩行业的发展；

（三）加大投入建设环境保护基础设施，建设中水回用、污水集中处理和固体废弃物集中处理设施；

（四）支持减少污染物排放新技术的研究、开发、推广、应用；

（五）推广风能、太阳能、天然气等清洁能源的使用；

（六）推行集中供热和余热利用；

（七）加快发展城市公共交通事业；

（八）加大农业面源污染和畜禽养殖污染治理力度，推进生态治理工程建设。

第二十二条 排污单位排放污染物不得超过国家和自治区规定标准，不得超过重点污染物排放总量控制指标。

第二十三条 排污单位应当采取下列措施减少污染物排放：

（一）研究、开发新生产工艺、技术，淘汰落后的生产工艺、技术和设施；

（二）优先使用清洁能源，采用资源利用率高、污染物排放量少的工艺、设备；

（三）采用废弃物综合利用技术和污染物无害化处理技术；

（四）保证防治污染设施、监测设备的正常使用。

第二十四条 排污单位不得有下列行为：

（一）将未经过防治污染设施处理的污染物直接排放；

（二）非紧急情况下开启防治污染设施的应急排放阀门排放污染物；

（三）非紧急情况下将污染物从防治污染设施的中间工序引出直接排放；

（四）防治污染设施和自动监测设备发生故障时，不及时排除故障排放污染物；

（五）擅自拆除、停止使用或者损坏防治污染设施和自动监测设备排放污染物；

（六）通过暗管、渗井、渗坑、灌注等方式排放污染物；

（七）通过其他不正常运行防治污染设施、逃避监管的方式排放污染物。

第二十五条 重点排污单位应当如实向社会公开排放污染物的名称、排放方式、排放浓度和总量、超标排放情况，以及防治污染设施的建设和运行情况。

第五章 监督管理

第二十六条 县级以上人民政府应当将重点污染物排放总量控制指标纳入环境保护目标责任制和考核评价体系。

第二十七条 县级以上人民政府环境保护主管部门应当通过书面核查、现场检查和自动监测等方式，加强对排污单位污染物排放情况的监督检查，定期进行污染隐患排查，防止突发环境事件的发生。

排污单位应当配合环境保护主管部门的监督检查，如实反映情况，提供必要的资料。

环境保护主管部门及其工作人员应当保守排污单位的商业秘密。

第二十八条 县级以上人民政府环境保护主管部门应当建立排污单位诚信档案，对有不良信用记录的排污单位增加监督检查频次；对有严重不良信用记录的排污单位，应当向社会公示，并予以通报。

第二十九条 县级以上人民政府环境保护主管部门应当建立健全污染物排放信息公开制度，通过报刊、网络等媒体定期公布本行政区域内重点排污单位的名录、污染物核查和考核结果、环境质量、环境监测、突发环境事件、环境行政许可、行政处罚、排污费的征收和使用情况等信息，接受社会监督。

第三十条 县级以上人民政府环境保护主管部门应当加强监测数据质量管理，建立监测数据共享机制。

监测机构应当使用符合国家标准的监测设备，遵守监测规范，保证监测数据的真实性和准确性。

任何单位和个人不得篡改、伪造监测数据。

第六章 法律责任

第三十一条 违反本条例规定，未取得污染物排放许可证排放污染物的，由县级以上人民政府环境保护主管部门责令停止排污，处以五万元以上五十万元以下罚款；拒不停止排污的，可以自作出责令停止排污决定之日的次日起，按照原处罚数额按日连续处罚；因污染环境造成损害的，依法承担侵权责任。

第三十二条 违反本条例规定，排污单位未按照污染物排放许可证核定事项排放污染物的，由县级以上人民政府环境保护主管部门责令改正，处以二万元以上十万元以下罚款；逾期不改正的，可以自作出责令改正决定之日的次日起，按照原处罚数额按日连续处罚；因污染环境造成损害的，依法承担侵权责任。

第三十三条 违反本条例规定，涂改、伪造、出租、出借、倒卖污染物排放许可证的，由县级以上人民政府环境保护主管部门没收污染物排放许可证，并处以一万元以上五万元以下罚款。

第三十四条 违反本条例规定，污染物排放超过国家和自治区规定标准或者超过重点污染物排放总量控制指标的，由县级以上人民政府环境保护主管部门责令排污单位采取限制生产、停产整治等措施；情节严重的，报经有批准权的人民政府批准，责令停业、关闭。

第三十五条 排污单位违反本条例第二十四条或者第三十条第三款规定的，由县级以上人民政府环境保护主管部门责令改正，依据相关法律、法规的规定予以处罚。

第三十六条　重点排污单位违反本条例第二十五条规定的，由县级以上人民政府环境保护主管部门责令改正，处以五千元以上一万元以下罚款，并予以公告。

第三十七条　环境保护主管部门和其他相关部门的工作人员在污染物排放监督管理工作中，玩忽职守、徇私舞弊、滥用职权的，由其所在单位或者上级主管部门、监察机关对直接负责的主管人员和其他直接责任人员依法给予处分；构成犯罪的，依法追究刑事责任。

第七章　附　则

第三十八条　本条例自2015年1月1日起施行。

宁夏回族自治区人民代表大会常务委员会关于修改《宁夏回族自治区城市绿化管理条例》的决定

（2015年3月31日宁夏回族自治区第十一届人民代表大会常务委员会第十六次会议通过　2015年3月31日宁夏回族自治区人民代表大会常务委员会公告第17号公布　自公布之日起施行）

宁夏回族自治区第十一届人民代表大会常务委员会第十六次会议决定，对《宁夏回族自治区城市绿化管理条例》予以修改：

删去第十五条第一款“城市绿化工程的施工，应当委托持有相应资格证书的单位承担，并按照批准的设计方案进行施工，未经批准，不得擅自改变设计方案”的规定。

本决定自公布之日起施行。

《宁夏回族自治区城市绿化管理条例》根据本决定作相应修改并对条文顺序作相应调整，重新公布。

宁夏回族自治区城市绿化管理条例

（1997年8月21日宁夏回族自治区第七届人民代表大会常务委员会第二十六次会议通过　根据2006年3月31日宁夏回族自治区第九届人民代表大会常务委员会第二十一次会议《关于修改〈宁夏回族自治区矿产资源管理条例〉等12件地方性法规的决定》第一次修正　根据2012年3月29日宁夏回族自治区第十届人民代表大会常务委员会第二十九次会议《关于修改十五件地方性法规的决定》第二次修正　根据2015年3月31日宁夏回族自治区第十一届人民代表大会常务委员会第十六次会议《关于修改〈宁夏回族自治区城市绿化管理条例〉的决定》第三次修正）

第一章　总　则

第一条　为了促进我区城市绿化事业的发展，改善城市生态环境，美化城市生活环境，根据国家有关法律、法规，结合自治区实际，制定本条例。

第二条　本条例适用于在本自治区城市规划区内种植和养护树木花草等城市绿化的规划、建设、保护和管理。

第三条　城市人民政府应当实行绿化领导责任制，加强城市绿化教育，提高全民绿化意识，鼓励单位和个人种植花草树木，推广先进技术，提高城市绿化的科学和艺术水平。

对在城市绿化工作中做出显著成绩的单位和个人，由城市人民政府给予表彰和奖励。

第四条　县级以上各级人民政府建设行政主管部门或者园林绿化行政主管部门（以下统称城市绿化行政主管部门），主管本行政区域内城市规划区的城市绿化工作。

各级城建监察机构受城市绿化行政主管部门的委托，依法实施城市绿化监察。

在城市规划区内，法律、法规规定由林业行政主管部门管理的绿化工作，按其规定执行。

第五条 城市中的单位和有劳动能力的公民，应当按照国家有关规定履行植树或者其他绿化义务。

任何单位和个人都有权对违反本条例的行为进行劝阻、检举和控告。

第二章 规划和建设

第六条 城市人民政府应当把城市绿化建设纳入国民经济和社会发展计划，组织城市规划行政主管部门和城市绿化行政主管部门共同编制城市绿化规划，并将城市绿化规划纳入城市总体规划，制定出分期实施计划，由城市绿化行政主管部门组织实施。

第七条 编制城市绿化规划和进行城市绿化建设，应当根据城市的自然特点和防治环境污染、风沙灾害等需要，设置不同类型的防护绿地。

第八条 城市新建、扩建、改建工程必须安排一定的绿化用地，其所占建设用地面积的比例为：

（一）新建居住区不低于30%，旧城改建区不低于25%；

（二）新建市区主干道不低于20%，次干道不低于15%；

（三）新建学校、医院、疗养院所、公共文化设施和机关团体等单位不低于30%；

（四）新建经济技术开发区不低于30%，工矿企业不低于25%，产生有毒有害物质，污染环境的工厂不低于35%，并在其周围营造卫生防护林带；

（五）城市商业区不低于20%；

（六）其他工程建设项目地处城市建成区的，不低于25%，地处城市建成区以外的不低于30%。

创建国家园林城市的，按照国家园林城市标准执行。

第九条 城市苗圃、花圃、草圃等生产绿地建设，应当适应本城市绿化建设的需要，其面积不得少于城市建成区总面积的2%。

第十条 城市中的各项建设，必须按照国家规定和绿化规划留足绿化用地。城市规划行政主管部门和土地管理部门，应当严格按照绿化用地规定所占比例，审批建设项目规划方案，以确保城市绿化用地面积。

第十一条 城市中的现有单位或者居住区绿地面积低于本条例第八条

有关规定并有空地的，必须留足绿化用地面积后，方可进行其他建设。

城市中现有街道和建筑物周围绿化面积不足或者无绿化面积的，应当采取平面绿化、垂直绿化等多种措施进行绿化。

第十二条 城市新建、扩建、改建工程项目和开发住宅小区，其基本建设投资中必须包括配套的绿化建设投资。

机关、团体、企事业单位，应当根据本单位的绿化需要和有关规定，安排绿化经费。

第十三条 工程建设项目的附属绿化工程设计方案，按照基本建设程序审批时，必须有城市绿化行政主管部门参加审查、同意。

城市的绿地、居住区绿地、风景林地和干道绿化带等绿化工程的设计方案，必须报当地城市绿化行政主管部门备案。

单位附属绿地的绿化规划和建设，由该单位自行负责，城市绿化行政主管部门进行监督检查，并给予技术指导。

第十四条 城市绿化工程的设计应当委托持有相应资格证书的单位承担，设计方案应当体现民族风格和地方特色，以适应本地区自然条件的植物造景为主，实行乔木和灌木、常绿树和落叶树、树木和花草、平面绿化和垂直绿化相结合，并适当配置泉、石、雕塑等景物。

第十五条 城市绿化工程的施工，应当委托持有相应资格证书的单位承担，并按照设计方案进行施工。城市绿化工程建成后，建设单位应当会同有关单位按绿化设计方案对工程进行验收。

第十六条 城市工程建设项目的附属绿化工程，应当由建设单位在工程建设项目主体工程投入使用后的第二个绿化季节内完成。

第十七条 工程建设项目除商业区、居住区外，确因特殊原因不能按照绿化规划进行绿化建设的，须经城市绿化行政主管部门批准，并按照所缺绿化建设面积缴纳绿化补偿费，由城市绿化行政主管部门统一进行绿化建设。

第三章 保护和管理

第十八条 城市绿化管理工作实行行业管理、部门管理与单位、群众管理相结合的原则，并按下列规定负责管理：

（一）城市的公共绿地、生产绿地、防护绿地、风景林地、行道树及干道绿化带的绿化，由城市绿化行政主管部门管理；

（二）各单位附属绿地和生活区的绿化以及单位自建的公园、苗圃等由本单位管理；

（三）居住区的绿化，由居住区物业管理机构负责或者由城市绿化行政主管部门根据实际情况确定的单位管理；

（四）公路、铁路、河道、沟渠两侧的绿化，分别由其主管部门管理；

（五）城市居民在居住的庭院内种植的树木，归个人所有和管理。

第十九条 城市规划中确定的城市绿地和城市中已有的绿地，任何单位和个人不得擅自改变其用途或者破坏绿化规划用地的地形、地貌、水体和植物。

第二十条 因国家建设确需占用城市规划绿地或者城市中已有绿地的，须经城市规划行政主管部门或者城市绿化行政主管部门批准，缴纳占用绿地费或者绿地挖掘赔偿费，并按有关规定办理用地手续。

第二十一条 因建设或者其他特殊需要临时占用城市绿地的，必须经城市绿化行政主管部门同意，按照有关规定办理临时用地手续。占用单位或者个人应当向绿地管理单位缴纳占用绿地费，并在临时用地期满后按原样恢复绿地。

第二十二条 禁止下列损害城市绿化和设施的行为：

（一）就树搭棚、盖房或者围圈树木；

（二）在绿地内放牧、堆放物料，乱倒、乱扔废弃物或者取土采石；

（三）在树木、花卉、绿篱附近堆放有毒有害物品及焚烧树叶、废纸等杂物；

（四）在公共绿地内擅自开设营业摊点；

（五）向树木、花草倾倒污水、热水；

（六）在树木上钉拴刻划、攀折花木和任意采摘树叶、花果，践踏草坪；

（七）其他损害城市绿化和设施的行为。

第二十三条 严禁擅自砍伐或者移植树木、绿篱。因建设确需砍伐或者移植的，按下列规定办理审批手续：

（一）一处一次砍伐、移植乔木五十株或者灌木二十丛或者绿篱三十米以下的，由城市绿化行政主管部门审批；

（二）一处一次砍伐、移植乔木五十株或者灌木二十丛或者绿篱三十米以上的，由城市绿化行政主管部门审核、报城市人民政府审批。

第二十四条 经批准砍伐和移栽树木的，应当对树权所有者给予补偿，并按“伐一栽三”的原则予以补栽。原地无法补栽的，可缴纳树木补栽所需费用，由城市绿化行政主管部门异地补栽。

因抢险救灾和处理事故等紧急情况需要砍伐树木的，可先行处理，事后应当及时向城市绿化行政主管部门报告。

第二十五条 禁止将城市公共绿地、防护绿地、生产绿地、风景林地出租、出让或者设定抵押。

第二十六条 在城市的公园、动物园、植物园和陵园内开设商业、服务摊点，经公共绿地管理单位同意，可以在公共绿地管理单位指定的地点从事经营活动，并遵守公共绿地管理的有关规定。

第二十七条 绿地管理单位应当加强技术管理，建立、健全管理制度，定期维护绿化设施，做好病虫害的防治工作。

凡须引进调入外地种苗的，必须经城市绿化行政主管部门会同有关部门检疫。符合植物检疫标准的种苗，方可引进调入。

单位和个人的树木发生病虫害时，应当立即采取防治措施，并及时向城市绿化行政主管部门报告。

第二十八条 城市树木影响管线安全使用需要修剪时，必须报经城市绿化行政主管部门批准，由管线管理单位按照城市绿化行政主管部门批准的方案组织修剪。

因不可抗力致使树木倾斜危及管线安全时，管线管理单位可以先行修剪、扶正或者砍伐树木，事后应当及时报告城市绿化行政主管部门和绿地管理单位。

第二十九条 城市绿化行政主管部门应当对城市古树名木进行统一登记、编号、造册，设立价值说明和保护标志，划定保护范围，并建立档案，加强养护管理。

在单位管界内或者私人宅院内的古树名木，由该单位或者居民负责养护，城市绿化行政主管部门负责监督和技术指导，并补贴相应的养护费。

第三十条 严禁砍伐或者迁移古树名木。因特殊需要迁移古树名木时，必须经城市绿化行政主管部门同意，报城市人民政府批准，由城市绿化行政主管部门统一组织迁移工作。迁移费用由申请迁移的单位承担。

第四章 法律责任

第三十一条 违反本条例第八条规定，建设工程绿化用地面积达不到规定标准的，由城市绿化行政主管部门责令限期改正；逾期仍达不到规定标准的，处以所缺绿化用地面积建设费用三至五倍的罚款。

第三十二条 违反本条例第十三条规定，工程建设项目的附属绿化工程设计方案或者城市的公共绿地、居住区绿地、风景林地和干道绿化带等绿化工程的设计方案未经批准进行施工的，由城市绿化行政主管部门责令停止施工，限期报送审批绿化工程设计方案；逾期不报送的，处以绿化工程造价百分之三至百分之八的罚款。

第三十三条 违反本条例第十五条规定，未按照批准的设计方案施工的，由城市绿化行政主管部门责令其停止施工，限期改正；逾期不改正的，处以绿化工程造价百分之十至百分之二十的罚款。

第三十四条 违反本条例第十六条规定，工程建设项目在主体工程投入使用后的第二个绿化季节尚未完成附属绿化工程的，由城市绿化行政主管部门责令限期完成；逾期仍未完成的，每年处以绿化工程造价百分之二十的罚款，直至完成附属绿化工程。

第三十五条 违反本条例第二十条规定，擅自占用城市规划绿地或者城市中已有绿地的，由城市绿化行政主管部门责令限期退还城市绿地，恢复绿地原状，并处占用绿地面积应当缴纳占用绿地费五至十倍的罚款；造成损失的，应当负赔偿责任；已形成的非法建筑物或者其他设施限期拆除，逾期不拆除的，申请人民法院强制执行。

第三十六条 违反本条例第二十一条规定，临时占用城市绿地期满后未及时按原样恢复城市绿地的，由城市绿化行政主管部门责令限期恢复；逾期不恢复的，处以应缴占用绿地费五倍以下罚款。

第三十七条 违反本条例第二十五条规定，非法出租、出让或者抵押城市公共绿地、防护绿地、生产绿地、风景林地的，由城市绿化行政主管部门责令停止出租、出让或者抵押，恢复原状，没收违法所得，并处以出租、出让或者抵押城市绿地面积每平方米五十元的罚款。

第三十八条 对有下列行为之一的单位或者个人，由城市绿化行政主管部门或者委托城建监察机构按照以下规定给予处罚：

（一）违反本条例第二十二条规定，损害城市绿化和设施的，责令停止违法行为，拆除已建的非法设施，可以并处五十元至二千元的罚款；

（二）违反本条例第二十三条规定，擅自砍伐、移植树木、绿篱的，责令停止损害，并处以二百元至一千元的罚款；

（三）违反本条例第二十六条规定，未经公共绿地管理单位同意擅自在城市公共绿地内开设商业、服务摊点的，责令限期迁出和恢复绿地原貌，逾期仍未迁出和恢复绿地原貌的，申请人民法院强制执行，并处以营业期间占地面积每日每平方米五十元至一百元的罚款；

（四）违反本条例第二十七条第二款规定，未经检疫引进调入种苗的，处以五百元至二千元的罚款，不合格种苗予以强制销毁，并处以一千元至二万元的罚款；

（五）违反本条例第二十七条第三款规定，未对病虫害及时采取防治措施的，处以一千元至一万元的罚款；

（六）违反本条例第三十条规定，擅自砍伐或者迁移古树名木的，责令其停止砍伐或者迁移，并处以五千元至五万元的罚款。

第三十九条 对违反本条例的直接责任人员或者单位负责人，由其所在单位或者上级主管机关给予行政处分；构成犯罪的，由司法机关依法追究刑事责任。

第四十条 城市规划、绿化行政主管部门及其工作人员违反本条例规定，玩忽职守、滥用职权、徇私舞弊的，由其所在单位或者上级主管机关给予行政处分；构成犯罪的，由司法机关依法追究刑事责任。

第四十一条 当事人对行政处罚决定不服的，可以依法申请行政复议或者提起行政诉讼。逾期不申请复议或者不向人民法院起诉，又不履行处罚决定的，由作出处罚决定的机关申请人民法院强制执行。

第五章 附 则

第四十二条 本条例所称城市绿地，包括以下六类：

（一）公共绿地：指市级、区级、居住区级公园和动物园、植物园、陵园、小游园及街道、广场绿地；

（二）居住区绿地：指居住区内除居住区级公园以外的其他绿地；

（三）单位附属绿地：指机关、团体、企业、事业单位管界内的环境绿地；

（四）生产绿地：指为城市绿地提供苗木、花草、种子的苗圃、花圃、草圃等；

（五）防护绿地：指用于城市环境、卫生、安全、防灾等用的绿带、绿地；

（六）风景林地：指具有一定景观价值，在城市整体风貌和环境中起作用，但尚没有完善游览、休息、娱乐等设施的林地。

第四十三条 本条例所称城市绿化设施是指城市绿地的灌溉、防护、照明、装饰、指示标志及供游览休息等设施的统称。

第四十四条 未设镇建设的工矿区、农林牧场、风景旅游区等城市型居民点的绿化管理工作,可参照本条例执行。

第四十五条 本条例自1997年10月1日起施行。

宁夏回族自治区人民代表大会常务委员会关于废止《宁夏回族自治区住房资金管理条例》的决定

(2015年3月31日宁夏回族自治区第十一届人民代表大会常务委员会第十六次会议通过)

宁夏回族自治区第十一届人民代表大会常务委员会第十六次会议决定,废止《宁夏回族自治区住房资金管理条例》。

本决定自公布之日起施行。

宁夏回族自治区建筑管理条例

(1999年8月13日宁夏回族自治区第八届人民代表大会常务委员会第八次会议通过 根据2015年5月20日宁夏回族自治区第十一届人民代表大会常务委员会第十七次会议《关于修改〈宁夏回族自治区建筑管理条例〉等五件地方性法规的决定》修正)

第一章 总 则

第一条 为了加强对建筑活动的监督管理,规范建筑市场秩序,保证建筑工程质量,促进建筑业健康发展,根据《中华人民共和国建筑法》的规定,结合自治区实际,制定本条例。

第二条 在自治区行政区域内从事土木建筑工程,线路、管道和设备安装工程,建筑装饰装修工程等的勘察、设计、施工、工程承发包、中介服务等建筑活动及对其实施监督管理,应当遵守本条例。

法律、行政法规对专业建筑工程活动另有规定的,从其规定。

第三条 自治区人民政府建设行政主管部门负责全区建筑活动的监督管理。县级以上人民政府建设行政主管部门,按照分级管理、分工负责的原则,负责本行政区域内建筑活动的监督管理。

交通、水利、电力等有关专业主管部门按照各自的法定职责,依法做好本专业建筑活动的监督管理。

县级以上人民政府有关行政管理部门在各自的职责范围内,依法履行其相应的行政管理职责。

第四条 县级以上人民政府应当按国家和自治区规定建立工程建设项目承发包交易的有形市场,维护公开、公平、公正交易秩序。

按规定进行招标的工程项目应当进入有形市场交易。

第五条 县级以上人民政府应当采取措施,积极扶持建筑业的发展。

建筑业企业应当转换经营机制,加强内部管理,增强市场竞争能力。

第六条 从事建筑活动应当遵守法律、法规,不得损害社会公共利益和他人的合法权益,不得以任何理由或方式分割、封锁、垄断建筑市场。

任何单位和个人不得妨碍或阻挠依法进行的建筑活动。

第七条 自治区鼓励和扶持建筑科学技术和民族地方特色建筑设计研究,支持开发和采用建筑新技术、新工艺、新设备、新材料和现代管理方式,提高本区民族地方建筑设计和建筑物的建造能力和水平。在建筑活动、建筑科学研究方面做出显著成绩的单位或个人,县级以上人民政府或有关行政主管部门应当予以表彰和奖励。

第二章　资质管理与建筑许可

第八条 从事建筑活动的建筑业企业、勘察单位、设计单位、工程监理单位以及国家和自治区规定其他需要资质管理的单位,经资质审查合格,取得相应等级的资质证书后,方可在其资质等级许可的范围内从事建筑活动。

对前款所列单位的资质管理,应当按照国家和自治区的有关规定执行。

第九条 从事建筑活动的专业技术人员,应当依法取得相应的执业资格证书,并在执业资格证书许可的范围内从事建筑活动。

第十条 自治区外、境外建筑业企业事业单位在自治区行政区域内从事建筑活动,须持有资质证书和所在地省级人民政府建设行政主管部门或国务院有关主管部门出具的证件,到自治区建设行政主管部门办理资质验证手续,并接受有关行政主管部门的监督管理。

第十一条 建筑工程项目实行报建制度和开工审批制度。建设单位应当在工程立项文件批准和初步设计审批后,按建筑工程项目管理权限,向县级以上人民政府建设行政主管部门报建。

第十二条 建筑工程开工前,建设单位应当向工程所在地县级以上人民政府建设行政主管部门申请领取施工许可证。

法律规定不领取施工许可证的,从其规定。

第十三条 申请领取施工许可证的建设单位应当具备法定条件。凡属国家和自治区规定必须进行开工前审计的建设项目,应当有审计机关出具的审计意见书。

建设行政主管部门应当自收到申请之日起十五日内,对符合条件的申请颁发施工许可证。

第十四条 建设单位应当自领取施工许可证之日起三个月内开工。因故不能按期开工的,应当向发证机关申请延期;延期以两次为限,每次不得超过三个月。不开工又不申请延期或超过延期时限的,施工许可证自行废止。

第十五条 在建的建筑工程因故中止施工的,建设单位应当自中止施工之日起一个月内,向发证机关报告,并做好建筑工程的维护管理工作。

建筑工程恢复施工时,应当向发证机关报告;中止施工满一年的工程恢复施工前,建设单位应当报发证机关核验施工许可证。

第三章 发包与承包管理

第十六条 除军事工程和县级以上人民政府批准的抢险、救灾、保密等特殊专业工程外,在自治区行政区域内进行的建筑工程项目以及与工程建设有关的重要设备、材料等采购,必须依法通过招标发包方式择优选定承包方。

公共大中型建筑工程的设计方案,可采取竞选方式确定。

第十七条 建筑工程勘察、设计发包,应当具备下列条件:

(一)有经过审批机关批准的工程建设项目任务书和经核准用地范围的图纸和文件;

（二）已办理项目报建手续；

（三）具备勘察、设计所需的基础资料和说明书；

（四）法律、法规规定的其他条件。

第十八条 建筑工程施工的发包，应当具备下列条件：

（一）已办理工程项目报建手续；

（二）建设资金已落实；

（三）具备工程施工需要、符合有关规定的技术资料和图纸；

（四）法律、法规规定的其他条件。

第十九条 建筑工程招标发包，应当按下列程序进行：

（一）确定招标机构；

（二）编制招标文件；

（三）发布招标公告或发出招标邀请书；

（四）对申请投标的单位进行资质审查，并将审查结果通知申请单位；

（五）向符合条件的申请投标单位分发招标文件；

（六）组织投标单位踏勘现场，并对招标文件答疑；

（七）开标并评审投标文件；

（八）确定中标单位。

招标发包方应当自确定中标单位之日起五日内发出中标通知书，中标单位自接到中标通知书之日起十日内，应当与发包方依法签订建筑工程承包书面合同。

建筑工程设备的招标按国家和自治区有关规定执行。

第二十条 建筑工程招标的开标、评标、定标由建设单位依法组织实施，并接受有关行政主管部门的监督。招标投标管理机构不得代理招标。

建筑工程的招标投标应当遵循公开、公正、公平竞争和择优定标的原则。

第二十一条 建筑工程招标必须编制标底，标底由建设单位或其具有相应资质的代理单位编制，并依照有关规定备案。

第二十二条 建筑工程的勘察、设计、施工以及建筑构配件生产、非标准设备加工，必须发包给具有相应资质等级并依法取得经营资格的承包方承包。

第二十三条 禁止将建筑工程肢解发包。

发包单位不得将一个工程的勘察、设计划分成若干部分发包给几个勘察、设计单位，也不得将应当由一个承包单位完成的工程施工划分成若干部分发包给几个承包单位。

第二十四条 按照合同约定，建筑材料、建筑构配件和设备由工程承包单位采购的，发包单位不得指定承包单位购入用于工程的建筑材料、建筑构配件和设备或指定生产厂、供应商。

禁止建筑业企业以带资或垫款承包作为竞争手段承揽工程，不得用拖欠建材和设备生产厂家货款的方法转嫁由此造成的资金缺口。

第二十五条 禁止倒手转包工程。

建筑工程总承包单位可以将承包工程中的非主体工程发包给具有相应资质条件的分包单位，但是，除总承包合同中约定的分包外，必须经建设单位同意。分包单位不得将分包工程再分包。施工总承包的，建筑工程主体结构的施工必须由总承包单位自行完成。

第二十六条 禁止建筑业企业超越本企业资质等级许可的业务范围或以任何形式利用其他建筑业企业的名义承揽工程。禁止建筑业企业以任何形式允许其他单位或个人使用本企业的资质证书、营业执照，以本企业的名义承揽工程。

第二十七条 各级人民政府和有关部门及其工作人员不得利用行政权力，限定发包单位将招标发包的建筑工程发包给指定的承包单位，不得以任何名义或方式非法干预正当的招标投标活动，不得在工程承包发包中索贿、受贿。

第四章　中介服务管理

第二十八条 从事建筑工程监理、招标代理、造价咨询、工程质量检测的建筑中介服务机构，应当具备从事中介活动的相应资质条件，自主经营、自负盈亏、自担风险，依法进行中介服务活动，独立承担法律责任。

第二十九条 建筑工程推行监理制度。

建设单位不具备自行管理建筑工程资质的，应当委托监理单位对建筑工程实行监理。

国家规定实行强制监理的建筑工程，必须实行监理。

第三十条 建设单位委托工程监理单位监理，应当签订书面合同。因监理责任造成损失的，监理单位应当依法承担相应的赔偿责任。

监理单位不得承包工程，不得与所监理工程的承包单位或建筑材料、建筑构配件和设备供应单位隶属于同一管理单位，不得具有股份利益或其他利害关系。

监理业务不得转让。

第三十一条 招标代理单位接受建设单位委托代理招标,对委托单位负责,并接受招标投标管理机构的监督管理。

招标代理单位不得与承包单位隶属于同一管理单位或具有股份利益或其他利害关系。

第三十二条 建筑工程咨询单位不得同时接受招标方和投标方对同一建筑工程项目的咨询。

建筑工程咨询单位提供的资料和信息必须真实可靠,并对其提供资料信息质量负责。

第三十三条 质量检测单位接受委托单位委托,对建筑材料、建筑构配件、设备和工程质量进行检测,并对检测结果负责。

委托单位或其他利害关系人对检测结果有异议的,可以申请复测;对复测结果有异议的,可申请县级以上人民政府建设行政主管部门指定的检测机构或有关专业主管部门鉴定。

第五章 造价管理

第三十四条 建筑工程概算、预算、费用和工期的定额以及计价办法,由自治区人民政府建设行政主管部门统一制定。专业建筑工程造价,依照国务院有关部门制定的专业建筑工程概算、预算、费用和工期的定额以及计价办法执行。

第三十五条 自治区人民政府建设行政主管部门应当根据市场价格变化对人工、材料和施工机械台班造价定期发布价格信息,以适应工程价格计算和价差调整的需要。

第三十六条 在建筑工程的设计和施工阶段,设计单位应当编制工程设计概算,施工单位应当编制施工图预算;建筑工程竣工后,施工单位应当编制工程竣工结算。

建设单位与施工单位必须在建筑工程竣工验收后三个月内办理完工程结算手续。

第三十七条 县级以上人民政府建设行政主管部门应当加强对国有和集体投资工程合同价的监督,合理确定工程价格的计价方法和依据,及时制止、查处工程价格违法行为。

第六章　建筑安全生产管理

第三十八条　建筑工程安全生产管理必须坚持安全第一、预防为主的方针，建立健全安全生产的责任制度和群防群治制度。

第三十九条　建筑业企业应当采取维护安全、防范危险、预防火灾等措施。施工应当遵守操作规程，不得违章指挥、违章作业。

对可能危及、损害毗邻建筑物、构筑物安全的，应当由建设单位会同设计单位和建筑业企业采取措施，防止受损坏。

第四十条　涉及建筑主体和承重结构变动的装修装饰工程，建设单位应当在施工前委托原设计单位或具有相应资质的设计单位提出设计方案；没有设计方案的，不得施工。

第四十一条　建设单位应当向建筑业企业提供与施工现场相关的地下管线等设施资料，建筑业企业应当采取措施加以保护。

第四十二条　建筑业企业应当遵守有关环境、卫生保护和安全生产的法律、法规的规定，采取措施控制和处理施工现场的各种粉尘、废气、废水、固体废物以及噪声、振动对环境的污染和危害。

第四十三条　有下列情形之一的，建设单位应当按照国家有关规定申请办理批准手续：

(一)需要临时占用规划批准范围以外场地的；

(二)可能损坏道路、管线、电力、邮电通讯等公共设施的；

(三)需要临时停水、停电、中断道路交通的；

(四)需要进行爆破作业的；

(五)发现地下文物，需要继续施工的；

(六)损毁水文、测绘标志的；

(七)法律、法规规定需要办理报批手续的其他情形。

第四十四条　建筑施工实行安全生产责任制。

施工现场安全由建筑业企业负责，实行施工总承包的，由总承包单位负责。分包单位向总承包单位负责，服从总承包单位对施工现场的安全生产管理。

建筑业企业的法定代表人对本企业的安全生产负责。

第四十五条　建筑业企业应当建立健全劳动安全生产教育培训制度，加强对职工安全生产的教育培训；未经安全生产教育培训的人员，不得上岗作业。

第四十六条　建筑业企业必须为从事危险作业的人员办理意外伤害保险，缴纳保险费。

第四十七条　施工中发生事故时，建筑业企业应当采取紧急措施减少人员伤亡和事故损失，并按照国家有关规定及时向有关部门报告。

第七章　建筑工程质量管理

第四十八条　建筑工程质量实行终身责任制。

建设项目的工程质量，按照建设项目所属关系，由自治区人民政府有关行业部门行政领导人或项目所在地市、县（区）行政领导人负责。项目法定代表人和勘察、设计、监理等单位的法定代表人，依据其各自职责，对项目工程质量负领导责任。

项目工程的行政负责人、项目法定代表人和勘察、设计、监理等单位的法定代表人应当按照各自的职责，对工程质量负终身责任。

建设行政主管部门、有关专业管理部门和工程质量管理机构，必须加强对建筑工程质量管理，监督从事建筑活动的单位和人员依法进行建筑活动，确保建筑工程质量。

第四十九条　建筑工程勘察、设计、施工、材料设备的质量必须符合法律、法规和有关工程技术标准、质量验评标准、安全标准和抗震标准的要求。

第五十条　建筑工程勘察、设计单位必须对其勘察、设计的技术成果和勘察、设计文件资料的质量负责，并符合有关法律、法规的规定和工程勘察、设计技术标准规范以及合同约定。

勘察、设计单位不得超越资质等级和范围承担勘察、设计任务，不得转让图签、图章，不得指定建筑材料、建筑构配件和设备供应单位，禁止无证或以个人名义承揽勘察、设计任务。

第五十一条　建设单位不得擅自更改设计文件，建筑工程承包单位应当按照设计文件组织施工，并对所承包的工程质量负责。建设单位、工程承包单位必须对其采购的建筑材料和设备质量负责，不得采购、使用不符合设计要求的建筑材料、建筑构配件和设备。

第五十二条　建筑材料、建筑构配件和设备的生产企业，必须按照产品标准进行生产，并对其产品质量负责。

第五十三条　工程监理单位应当配备足够的合格的监理人员，按作业程序即时跟班到位,对建筑工程进行监督检查。

未经有关监理人员签字认可,建筑材料、构配件和设备不得在工程上使用或安装,不得进入下一道工程施工,不得拨付工程进度款,不得进行竣工验收;对达不到工程质量要求的,不得签字,有权责令改正,并向有关主管部门报告。

第五十四条 建设单位应当在工程开工前办理工程质量监督手续,建筑工程质量监督机构必须对建筑工程及其结构设计进行质量监督。

建筑工程经建筑工程质量监督机构验收并取得使用许可证后,方可交付使用。未经验收或验收不合格或未取得使用许可证的,不得使用、出售,不得办理产权证。

经检测的建筑工程质量不符合要求、有瑕疵的,承包单位应当限期返修;返修费用和因此造成的经济损失由责任方承担。

对交付竣工验收的建筑工程,承包方应当向建设单位提供完整的工程技术档案和其他有关工程使用、保修、维护等资料。

按规定应当报送的工程竣工档案等资料,发包方应当在工程交付使用后六个月内报送县级以上人民政府建设行政主管部门。

第五十五条 建筑工程应当按国家规定实行质量保修。工程质量保修期从验收合格之日起计算,保修期内维修费用由责任方承担;因不可抗力造成的工程损坏,维修费用由建设单位承担。保修后的工程质量应当经建筑工程质量监督机构检测认可。

第五十六条 任何单位和个人对建筑工程质量事故和质量缺陷有权向建设行政主管部门和其他有关部门进行检举、控告、投诉。

建设行政主管部门和其他有关部门应当建立受理检举、控告、投诉制度,对建筑工程质量事故和质量缺陷的投诉、控告、检举必须依法及时查处。

第八章　法律责任

第五十七条 违反本条例第十一条、第十二条第二款规定的,责令改正或停止施工,处以一万元以上十万元以下的罚款。

第五十八条 有下列行为之一的,责令改正或停止违法行为,处以一万元以上十万元以下的罚款,有违法所得的,予以没收:

(一)发包单位将工程发包给不具有相应资质条件的承包单位的;

(二)将建筑工程肢解发包的;

（三）超越本单位资质等级承揽工程的；

（四）未取得资质证书或以个人名义承揽工程的；

（五）以欺骗手段取得资质证书的；

（六）转让、出借资质证书、图签、图章或以其他方式允许他人以本企业的名义承揽工程的；

（七）承包单位将承包的工程倒手转包的，或违反本条例规定进行分包的，或以带资、垫款作为竞争手段承揽工程的；

（八）工程监理单位与建设单位或与建筑业企业串通，弄虚作假，降低工程质量的；

（九）涉及建筑工程主体或承重结构变动的装修工程擅自施工的；

（十）建筑设计单位不按照建筑工程质量、安全标准进行设计的；

（十一）建筑业企业在施工中偷工减料，使用不符合设计要求的建筑材料、构配件和设备的；

（十二）不按照工程设计图纸或施工技术标准施工的。

有前款（三）、（五）、（六）、（七）、（十）、（十一）、（十二）项行为的，除按前款规定处罚外，并视情节，责令其停业整顿、降低资质等级或吊销资质证书。

第五十九条 有下列行为之一的，责令改正，可处以五千元以上五万元以下的罚款：

（一）建筑业企业对建筑安全事故隐患不采取措施予以消除的；

（二）建筑业企业不履行保修义务或延期履行保修义务的；

（三）建设单位要求建筑设计单位或建筑业企业违反建筑工程质量、安全标准，降低工程质量的，或采购使用不符合质量要求的建材、设备的，或指定承包单位购买不符合质量要求的建材、设备的。

有前款（一）项行为，情节严重的，责令停业整顿、降低资质等级或吊销资质证书。

第六十条 工程监理单位转让监理业务的，责令其停业整顿、没收违法所得、降低资质等级；情节严重的，吊销资质证书。

第六十一条 工程监理、招标代理、质量检测等中介服务机构不履行职责，或与委托单位隶属于同一管理单位，或具有股份利益或其他利害关系进行中介服务活动的，责令其改正或停业整顿、降低资质等级；拒不改正的，吊销其资质证书。

第六十二条 政府及其所属部门的工作人员违反本条例规定，限定发包单位将招标发包的工程发包给指定的承包单位的，或非法干预正当招标投标活动的，或索贿受贿的，对责任人员由上级主管部门给予行政处分；构成犯罪的，依法追究刑事责任。

第六十三条 本条例规定的责令停业整顿、降低资质等级或吊销资质证书的行政处罚，由颁发资质证书的机关决定，其他行政处罚由县级以上人民政府建设行政主管部门按工程管理权限决定；专业工程的行政处罚，法律、行政法规另有规定的，从其规定。

在建筑活动中进行不正当竞争行为的，由工商行政管理部门依照法律、法规的规定进行处罚。

第六十四条 国家机关工作人员在建筑活动监督管理中，滥用职权、玩忽职守、徇私舞弊的，由其所在单位或上级行政主管部门给予行政处分；构成犯罪的，依法追究刑事责任。

第六十五条 项目工程质量的行政负责人，项目法定代表人，勘察、设计、监理单位的法定代表人，对工程质量不履行职责，发生重大工程质量事故的，由其上级主管部门依法给予行政处分；构成犯罪的，依法追究刑事责任。

建筑业企业、勘察、设计、中介服务机构及其工作人员，违反本条例规定，造成工程质量损失的，由责任方依法承担赔偿责任或连带赔偿责任。

第六十六条 违反本条例规定，对不具备相应资质等级的单位颁发该等级资质证书的，由其上级机关责令收回，对直接负责的主管人员和其他责任人员给予行政处分；构成犯罪的，依法追究刑事责任。

第六十七条 对不符合施工条件的建筑工程颁发施工许可证的，或对不合格的建筑工程出具质量合格文件或按合格工程验收的，由上级机关责令改正，对责任人员给予行政处分；造成损失的，由该部门承担相应的赔偿责任；构成犯罪的，依法追究刑事责任。

第九章 附 则

第六十八条 建设行政主管部门和其他有关行政主管部门在对建筑活动实施监督管理中，应当按国家和自治区人民政府及其财政、物价部门的有关规定收取费用，不得超越规定的收费范围和收费标准。

第六十九条 抢险、救灾及其他临时性建筑设施和农村农民自建低层住宅的建筑活动，不适用本条例。

第七十条 本条例自1999年10月1日起施行。

宁夏回族自治区燃气管理条例

（2005年9月16日宁夏回族自治区第九届人民代表大会常务委员会第十八次会议通过　2015年9月30日宁夏回族自治区第十一届人民代表大会常务委员会第十九次会议修订通过　2015年9月30日宁夏回族自治区人民代表大会常务委员会公告第25号公布　自2015年11月1日起施行）

第一章　总　则

第一条　为了加强燃气管理，保障人民群众生命财产安全和社会公共安全，维护燃气用户、经营企业和个人的合法权益，根据国务院《城镇燃气管理条例》和有关法律、行政法规的规定，结合自治区实际，制定本条例。

第二条　自治区行政区域内燃气规划建设、经营服务、用气管理、应急保障、安全管理及燃气燃烧器具的销售、安装、维修等活动，适用本条例。

天然气、液化石油气的生产和进口，城市门站以外的天然气管道输送，燃气作为工业生产原料的使用，沼气、秸秆气的生产和使用，不适用本条例。

第三条　住房和城乡建设主管部门或者县级以上人民政府确定的部门（以下称燃气管理部门），负责燃气管理工作。

规划、发展改革、安全生产监督管理、质量技术监督、工商行政管理、公安消防、交通运输、价格、新闻出版广电、教育等部门，按照各自职责做好燃气管理的有关工作。

第二章　规划建设与应急保障

第四条　燃气管理部门应当会同发展改革等部门，依据宁夏空间发展战略规划、国民经济和社会发展规划、土地利用总体规划、城乡规划、能源规划和上一级燃气发展规划，编制本行政区域燃气发展规划，报本级人民政府批准后组织实施，并报上一级燃气管理部门备案。

燃气发展规划应当覆盖乡(镇)村。

编制燃气发展规划，应当征求相关方面的意见建议。燃气发展规划经批准后，应当向社会公布，并按照自治区空间发展战略规划信息化平台统一要求，纳入规划信息数据库。

经批准的燃气发展规划，不得随意变更；确需修改的，应当报原审批机关批准。

第五条 新建、改建、扩建燃气设施工程项目，应当符合燃气发展规划。燃气管理、发展改革、规划等相关部门应当按照燃气发展规划的要求，依法审查、审批燃气设施建设工程。

按照燃气发展规划预留的燃气设施配套建设用地，未经法定程序批准不得改变用途。

第六条 燃气设施工程项目的设计、施工、监理和验收，应当遵守有关法律、法规规定，执行国家和自治区有关标准及技术规范。燃气工程建设选用的设备、材料，应当符合国家和自治区有关标准。

燃气设施工程项目应当按照国家有关规定进行安全评价，其安全设施设计应当报经有关部门审查，建设项目竣工投入生产或者使用前，建设单位应当组织有关部门对安全设施进行验收；未经验收或者验收不合格的，建设项目不得投入生产和使用。

第七条 新区建设、旧区改造工程及道路、桥梁等市政工程，按照燃气发展规划需要配套建设管道燃气设施的，管道燃气设施应当与主体工程同时设计、同时施工、同时竣工验收；有条件的地方应当将燃气管线纳入城市地下综合管廊统一建设。

新建、改建、扩建管道燃气设施应当在管线覆土前向规划部门申请竣工规划核实，竣工规划核实资料应当纳入燃气工程设施工程档案。

第八条 县级以上人民政府应当建立健全燃气应急储备制度，组织编制燃气应急预案，采取综合措施提高燃气应急保障能力。

燃气管理部门应当会同发展改革等部门对燃气供求状况实施监测、预测和预警。

燃气供应企业应当根据供气规模设立相应的应急气源储备。

第九条 自治区燃气管理部门应当会同发展改革部门，根据燃气发展规划，制定燃气资源中长期供应计划和年度燃气分配计划，组织协调燃气供应企业落实燃气年度供应计划。

第十条　发生燃气供应严重紧缺、供应中断等情况时，县级以上人民政府应当采取动用储备、紧急调度等应急措施恢复供应，燃气经营者、有关单位和个人应当配合做好应急工作。

燃气供应应当优先保障居民用气、集中供热用气以及医院、学校、公交车、出租车等民生用气。

第三章　经营与服务

第十一条　从事燃气经营活动的企业和个人(以下简称燃气经营者)，应当依法取得燃气经营许可证，并在许可范围内经营。

燃气经营许可证由设区的市、县(市)燃气管理部门核发。

第十二条　企业从事燃气经营活动的，应当具备国务院《城镇燃气管理条例》规定的条件。

鼓励符合条件的企业投资经营管道燃气。

禁止个人从事管道燃气经营活动。

第十三条　个人从事瓶装燃气经营活动的，应当具备下列条件：

(一)有符合国家标准的燃气气源；

(二)有固定的经营场所，完善的安全管理制度和经营方案；

(三)有符合国家标准的贮存、充装、配送设施、设备；

(四)有与经营规模相适应的专业技术人员。

从事瓶装燃气充装的，应当依法取得气瓶充装许可证。

第十四条　燃气经营者应当遵守下列规定：

(一)建立并落实安全应急预案和安全管理制度，向用户宣传燃气安全使用、燃气设施保护和事故紧急处置等常识；

(二)建立并落实用户服务制度、值班制度，设立并公布用户服务电话，为用户缴纳、查询燃气费用和其他服务提供便利；

(三)供应的燃气的热值、组份、嗅味、压力等质量要求符合国家和自治区规定的标准，并向社会公布；

(四)不得拒绝向符合安全条件的燃气用户供气，不得向不具备安全条件的用户供气；不得拒绝燃气管网覆盖范围内符合安全用气条件的用户报装、改装申请；

(五)建立燃气用户档案，对管道燃气用户的室内燃气设施每年至少进行一次免费安全检查，及时通知用户更换存在安全隐患的燃气燃烧器具和连接管，并对用户进行安全用气指导；

（六）不得限定用户购买其指定的燃气燃烧器具和相关产品，或者限定用户委托其指定的安装单位安装燃气燃烧器具。

第十五条 瓶装燃气经营者除应当遵守本条例第十四条第一项至三项和第六项的规定外，还应当遵守下列规定：

（一）在经营服务场所明示燃气经营许可证、燃气销售价格和举报投诉电话；

（二）建立气瓶管理台账制度，对自有气瓶喷涂权属单位标记，对进出站气瓶实行登记管理；

（三）及时淘汰、销毁超过使用年限的气瓶，不得使用未经检验或者经检验不符合安全技术标准的气瓶；

（四）销售的瓶装气充装量与气瓶所标示的充装量相符合，误差不得超过国家规定范围；

（五）按照技术标准充装燃气，经检查合格的，粘贴合格标识。未粘贴合格标识的瓶装燃气，不得销售；

（六）不得用罐车直接向气瓶充装燃气或者用气瓶相互倒灌燃气；

（七）不得向无燃气经营许可证的单位或者个人提供经营性气源。

第十六条 管道燃气的用气量，应当以具有计量检测资质的机构检定合格的燃气计量装置的记录为准。

燃气用户对管道燃气计量装置的准确度有异议的，可以委托具有计量检测资质的机构检定，经检定误差在法定范围的，检定费用由燃气用户承担；检定误差超过法定范围的，由燃气经营者承担，并由燃气经营者负责更换燃气计量装置，退还多收取的燃气费。

第十七条 管道燃气经营者应当遵守国家和自治区燃气价格规定；瓶装燃气经营者应当根据购销成本合理确定燃气销售价格，不得串通涨价、变相涨价、哄抬价格或者实施其他价格违法行为；不得超过价格主管部门批准或者备案的服务项目和收费标准收取费用。

第十八条 燃气管理部门应当向社会公布本行政区域内的燃气种类和气质成分等信息。

质量技术监督部门应当定期对燃气的热值、组份、压力和计量器具进行检测，并公布检测结果。

第十九条 销售的燃气燃烧器具，应当是取得产品生产许可证或者获得强制性产品认证的产品，并附有产品合格证。

禁止销售国家明令淘汰和不符合质量标准的燃气燃烧器具。

第二十条　燃气燃烧器具安装、维修企业应当依法取得燃气燃烧器具安装、维修资质;燃气燃烧器具安装、维修工作人员应当按照国家规定取得燃气燃烧器具安装、维修岗位证书。

第四章　用气管理

第二十一条　管道燃气经营者和燃气用户应当签订供用气合同,明确双方的权利和义务。

第二十二条　燃气用户及相关单位和个人应当遵守安全用气规定,不得有下列行为:

(一)擅自操作公用燃气阀门;

(二)盗用燃气、改变燃气用途、转供燃气;

(三)将燃气管道作为负重支架或者接地引线;

(四)擅自安装、改装、拆除户内燃气设施和燃气计量装置;

(五)实施危害室内燃气设施安全的装饰、装修活动;

(六)使用存在安全隐患的燃气燃烧器具,使用未经检验、检验不合格或者报废的气瓶,或者擅自涂改燃气气瓶检验标志;

(七)在不具备安全使用条件的场所使用、储存燃气;

(八)加热、撞击气瓶,或者擅自处理燃气气瓶残液;

(九)拒绝配合燃气经营者对燃气设施进行抢修、维护更新、入户检修;

(十)利用燃气实施危害公共安全的行为。

第二十三条　燃气经营者和燃气用户应当按照国家燃气设施和燃气燃烧器具使用期限的规定对燃气设施和燃气燃烧器具进行定期检验、检修和更新。

管道燃气用户连接燃气燃烧器具之前的燃气设施,包括燃气引入管、立管、阀门(含公用阀门)、水平管、计量器具前支管、燃气计量器具等,由燃气经营者负责建设、维护、更新;燃气燃烧器具和连接管,由燃气用户负责维护、更新。

管道燃气经营者与单位用户对燃气设施、燃气燃烧器具的维护、更新、管理另有约定的,从其约定。

第二十四条　管道燃气用户需要扩大用气范围、改变燃气用途或者改装、拆除固定燃气设施的,应当经管道燃气经营者同意后,由专业技术人员进行操作。

管道燃气单位用户需要安装、改装、拆除燃气燃烧器具的，应当按照合同约定，由取得燃气燃烧器具安装、维修资质的企业负责实施，并经管道燃气经营者检验合格后，方可通气使用。

第二十五条 燃气用户的燃气设施或者燃气燃烧器具、减压阀、连接管存在严重安全隐患，可能造成安全事故的，燃气经营者可以暂停供气，同时向燃气管理部门报告；用户消除安全隐患后，应当恢复供气。

第五章 安全监督管理

第二十六条 县级以上人民政府应当建立燃气安全管理协调机制，研究解决燃气安全和燃气监督管理等重大问题。

第二十七条 燃气管理部门负责燃气安全的行业监管，对重要燃气设施所在地和重大燃气危险源进行重点监管。

燃气管理部门应当制定燃气安全年度监督检查计划，定期对燃气经营、燃气使用的安全状况进行监督检查，发现事故隐患，应当及时处理，并向社会公布检查结果。

第二十八条 县级以上人民政府有关部门，应当履行下列燃气安全监督管理职责：

（一）安全生产监督管理部门负责燃气安全生产工作的综合监管，依据人民政府的授权或者委托组织调查处理燃气安全生产事故；

（二）公安消防机构负责燃气经营企业、单位燃气用户的消防安全检查，督促落实消防安全制度；

（三）质量技术监督部门负责燃气压力容器、压力管道的充装与使用、供气质量与计量、燃气燃烧器具产品质量的监督检查；

（四）工商行政管理部门负责燃气市场经营秩序的监督检查，及时查处无照经营、销售假冒伪劣燃气燃烧器具等行为；

（五）交通运输部门负责燃气运输企业、驾驶人员、押运人员的资质、资格认定、培训考核和运输车辆的安全监督管理；

（六）教育主管部门负责对学校开展燃气安全教育情况进行监督；

（七）新闻出版广电部门负责组织媒体开展安全用气、燃气设施保护、节约用气等方面的公益宣传。

第二十九条 燃气经营者和单位燃气用户对燃气安全工作负主体责任。

燃气经营者和单位燃气用户的主要负责人对本单位的燃气安全工作全面负责。

燃气经营者和单位燃气用户应当加强安全生产管理,建立、健全安全生产责任制和安全生产规章制度,确保经营和用气安全。

第三十条 燃气设施安全保护范围内,禁止下列行为:

(一)建设占压地下燃气管线的建筑物、构筑物或者其他设施;

(二)进行爆破、打桩、顶进作业或者动用明火;

(三)倾倒、排放腐蚀性物质;

(四)放置易燃易爆危险物品或者栽植树木等根深植物;

(五)毁损或者擅自移动、拆除燃气设施;

(六)毁损或者擅自移动、覆盖、涂改、拆除燃气设施安全警示标志;

(七)其他危害燃气设施安全的行为。

第三十一条 新建、扩建、改建建设工程,不得影响燃气设施安全。

建设工程施工可能影响燃气设施安全的,建设单位或者施工单位应当与燃气经营者共同制定燃气设施保护方案,并采取相应的安全保护措施。安全保护措施所需费用由建设单位或者施工单位承担。

建设工程施工造成燃气设施损坏的,施工单位应当协助燃气经营者进行抢修,并依法承担赔偿责任。

第三十二条 建设单位在开工前,应当查明建设工程施工范围内地下燃气管线的相关情况。建设工程项目涉及燃气设施保护范围的,规划主管部门应当在提供规划设计条件时,将燃气设施保护范围书面告知建设单位。

建设单位应当建立健全燃气设施工程档案管理制度。燃气设施建设工程项目竣工后应当及时向所在地设区的市、县(市)城建档案管理机构移交燃气设施建设工程档案。

第三十三条 管道燃气经营者应当建立健全燃气管网排查、燃气设施检查、维修维护、事故抢险抢修等制度,配备必要的报警检漏设备和抢修设备,并对重要燃气设施所在地和重大危险源配备专职人员进行巡回检查或者采取其他监控措施。

第三十四条 燃气安全事故发生后,燃气经营者应当立即启动本单位燃气安全事故应急预案,组织抢险、抢修。

燃气安全事故发生后,燃气管理部门、安全生产监督管理部门、公安消防机构等有关部门和单位,应当根据各自职责,立即采取措施防止事故扩大,根据情况启动燃气安全事故应急预案。

第三十五条 任何单位和个人发现燃气安全事故或者燃气安全事故隐患等情况,应当立即告知燃气经营者,或者向燃气管理部门、公安消防机构等部门和单位报告。燃气经营者、有关部门和单位接到报告后应当立即调查处理。

任何单位和个人对违反燃气安全管理的行为或者燃气经营违法行为,有权劝阻、制止,或者举报、投诉。

燃气管理、质量技术监督、工商行政管理、安全生产监督管理、公安消防和价格等部门,应当建立投诉举报处理制度,及时受理举报、投诉,依法查处燃气违法行为。

第三十六条 提倡燃气用户参加燃气事故保险。

第六章 法律责任

第三十七条 违反本条例规定的行为,法律、法规已有处罚规定的,从其规定。

第三十八条 县级以上人民政府及其燃气管理部门和其他有关部门,不依法作出行政许可决定或者办理批准文件的,发现违法行为或者接到对违法行为的举报不予查处的,或者有其他未依照本条例规定履行职责的行为的,对直接负责的主管人员和其他直接责任人员,依法给予处分;构成犯罪的,依法追究刑事责任。

第三十九条 燃气经营者违反本条例第十四条、第十五条规定的,由燃气管理部门责令限期改正,处一万元以上十万元以下罚款;有违法所得的,没收违法所得;造成损失的,依法承担赔偿责任;构成犯罪的,依法追究刑事责任。

第四十条 单位或者个人有本条例第二十二条规定行为的,由燃气管理部门责令限期改正;逾期不改正的,对单位可以处十万元以下罚款,对个人可以处一千元以下罚款;造成损失的,依法承担赔偿责任;构成犯罪的,依法追究刑事责任。

第四十一条 燃气经营者未按规定检验、检修、更新燃气设施的,由燃气管理部门责令限期改正;造成损失的,依法承担赔偿责任。

第四十二条 未征得管道燃气经营者同意,管道燃气用户擅自安装、改装、拆除固定燃气设施,造成安全隐患的,由燃气管理部门责令限期改正;逾期不改正的,对单位用户处一万元以上五万元以下罚款,对个人用户处一千元以上五千元以下罚款。

第四十三条 单位或者个人有本条例第三十条第二项至五项规定行为的，由燃气管理部门责令停止违法行为，限期恢复原状或者采取其他补救措施，对单位处五万元以上十万元以下罚款，对个人处五千元以上五万元以下罚款；造成损失的，依法承担赔偿责任；构成犯罪的，依法追究刑事责任。

单位或者个人有本条例第三十条第六项规定行为的，由燃气管理部门责令停止违法行为，限期恢复原状，可以处五千元以下罚款。

第七章 附 则

第四十四条 本条例下列用语的含义：

（一）燃气，是指作为燃料使用并符合一定要求的气体燃料，包括天然气（含煤层气）、液化石油气、人工煤气等。

（二）燃气设施，是指人工煤气生产厂、燃气储配站、门站、气化站、混气站、加气站、灌装站、供应站、调压站、市政燃气管网等的总称，包括市政燃气设施、建筑区划内业主专有部分以外的燃气设施以及户内燃气设施等。

（三）燃气燃烧器具，是指以燃气为燃料的燃烧器具，包括居民家庭和商业用户所使用的燃气灶、热水器、沸水器、采暖器、空调器等器具。

第四十五条 本条例自2015年11月1日起施行。

宁夏回族自治区城市房地产开发经营管理条例

（2002年9月6日宁夏回族自治区第八届人民代表大会常务委员会第二十八次会议通过　根据2006年3月31日宁夏回族自治区第九届人民代表大会常务委员会第二十一次会议《关于修改〈宁夏回族自治区矿产资源管理条例〉等12件地方性法规的决定》修正　根据2008年11月28日宁夏回族自治区第十届人民代表大会常务委员会第六次会议《关于修改〈宁夏回族自治区城市房地产开发经营管理条例〉的决定》第二次修正　根据2011年12月1日宁夏回族自治区第十届人民代表大会常务委员会第二十七次会议《关于修改六件地方性法规的决定》第三次修正　根据2016年5月27日宁夏回族自治区第十一届人民代表大会常务委员会第二十四次会议《关于修改〈宁夏回族自治区公路路政管理条例〉等四件地方性法规的决定》第四次修正）

第一章　总　则

第一条　为了规范房地产开发经营行为，加强对城市房地产开发经营活动的监督管理，维护房地产市场秩序，促进和保障房地产业的健康发展，根据《中华人民共和国城市房地产管理法》、国务院《城市房地产开发经营管理条例》以及有关法律、行政法规的规定，结合自治区实际，制定本条例。

第二条　凡在自治区城市规划区内国有土地上从事房地产开发经营活动，对房地产开发经营活动进行监督管理，应当遵守本条例。

第三条　房地产开发经营应当符合城市规划以及土地利用总体规划，按照经济效益、社会效益、环境效益相统一的原则，实行全面规划、合理布局、综合开发、配套建设。

第四条　自治区人民政府建设行政主管部门负责本行政区域内房地产

开发经营活动的监督管理工作。

市、县人民政府建设行政主管部门或者房地产行政主管部门(以下统称房地产开发主管部门),负责本行政区域内房地产开发经营活动的监督管理工作。

县级以上人民政府土地管理部门依法负责与房地产开发经营有关的土地管理工作。

第二章 房地产开发企业

第五条 房地产开发企业,是指以营利为目的,从事房地产开发经营活动的企业。

第六条 设立房地产开发企业,应当具备下列条件:

(一)有一千二百万元以上的注册资本,其中货币资金在一千万元以上,并有法定验资机构出具的验资证明;

(二)有十一名以上持有资格证书的房地产专业、建筑工程专业的专职技术人员,二名以上持有资格证书的专职会计人员,一名以上持有资格证书的专职统计人员;

(三)与专业技术人员签订了劳动合同并缴纳了社会保险费;

(四)法律、行政法规规定的其他条件。

第七条 设立房地产开发企业,应当向工商行政管理部门申请登记注册。

工商行政管理部门在对设立房地产开发企业申请登记进行审查时,应当听取同级房地产开发主管部门的意见。

第八条 房地产开发企业实行资质管理制度。未取得资质证书的,不得从事房地产开发经营活动。

房地产开发企业不得隐瞒真实情况,弄虚作假骗取资质证书;不得伪造、涂改、转让、出租、出借资质证书。

第九条 新设立的房地产开发企业应当申请核发暂定资质证书。

暂定资质证书有效期为一年。开发项目未完成的,可以延长有效期,但延长期限不得超过二年。

房地产开发企业应当在暂定资质证书有效期满前三十日内向房地产开发主管部门提出核定资质等级申请;房地产开发主管部门应当根据企业开发经营业绩核定相应的资质等级。

第十条 房地产开发企业申请核定资质等级，应当提交下列文件：

（一）资质等级申报表；

（二）暂定资质证书；

（三）营业执照复印件；

（四）资产负债表和验资证明；

（五）法定代表人的身份证明和专业技术人员的资格证书及聘用合同；

（六）房地产开发项目手册及住宅质量保证书、住宅使用说明书的执行情况报告；

（七）已开发经营项目的有关证明材料。

第十一条 房地产开发企业资质按照企业条件分为一级资质、二级资质、三级资质、四级资质，承担相应规模的房地产开发项目：

（一）一级资质的房地产开发企业承担的开发项目规模不受限制；

（二）二级资质的房地产开发企业承担的开发项目建筑面积不得超过二十五万平方米；

（三）三级资质的房地产开发企业承担的开发项目建筑面积不得超过十万平方米；

（四）四级资质的房地产开发企业承担的开发项目建筑面积不得超过三万平方米。

暂定资质的房地产开发企业应当依据资质证书的要求承担相应规模的开发项目。

房地产开发项目分期开发的，其建筑面积按总规模计算。

房地产开发企业不得越级承担开发项目。

房地产开发企业的资质等级核定标准，按照国家和自治区有关规定执行。

第十二条 房地产开发企业资质等级按照下列规定核定：

（一）一级资质，由自治区建设行政主管部门初审同意后，按照有关规定报国务院建设行政主管部门办理审批；

（二）二级资质及二级资质以下企业的审批办法由自治区人民政府建设行政主管部门制定。

第十三条 房地产开发企业分立、合并，变更名称、地址、法定代表人的，应当在营业执照变更后三十日内，向原资质审批部门办理变更手续。

房地产开发企业终止业务活动的，应当向原资质审批部门办理注销资质证书。

第十四条　对资质条件发生变化或者有不良经营行为的房地产开发企业，原资质审批部门应当按照有关规定调整其资质等级或者注销其资质证书。

第十五条　自治区外房地产开发企业进入自治区行政区域内从事房地产开发经营活动，应当持资质证书到自治区建设行政主管部门办理登记、备案手续，并接受房地产开发项目所在地房地产开发主管部门的监督管理。

第十六条　从事房地产开发经营活动的专业技术人员，实行执业资格注册管理制度。

专业技术人员执业资格注册及管理，由自治区建设行政主管部门按照国家和自治区有关规定办理。

第十七条　房地产开发企业的合法权益受法律保护。任何单位和个人不得非法向企业收取费用，不得无偿占用或者强迫压价购买开发企业的商品房。

第三章　房地产开发建设

第十八条　房地产开发，是指房地产开发企业在依法取得的房地产开发项目用地上进行基础设施建设、房屋建设的行为。

第十九条　确定房地产开发项目，应当符合土地利用总体规划、年度建设用地计划和城市规划、房地产开发年度计划的要求。

确定房地产开发项目，应当控制零星项目建设，坚持旧区改建和新区建设相结合的原则，注重开发基础设施薄弱、交通拥挤、环境污染严重以及危旧房屋集中的区域，保护和改善城市生态环境，保护历史文化遗产。

房地产开发主管部门应当会同有关部门编制本行政区域的房地产开发规划和城市危(旧)房屋改造规划，报本级人民政府批准；未列入规划的，不得进行开发建设。

第二十条　房地产开发企业从事房地产开发建设，应当依法办理土地使用权审批手续。

房地产开发用地应当以出让方式取得；法律和国务院规定可以采用划拨方式的除外。

第二十一条　房地产开发用地使用权出让，应当依法实行招标、拍卖。确实不能采用招标、拍卖的，可以采用协议方式。采用协议方式的，必须进行地价评估，集体审核确定协议价格，并向社会公布协议结果。

市、县人民政府应当建立房地产开发建设用地收购储备制度。

第二十二条 房地产开发项目应当建立资本金制度，资本金占项目总投资的比例不得低于百分之二十。

房地产开发主管部门应当按照国家有关规定，对项目资本金投入使用情况实施监督管理。

第二十三条 房地产开发项目建设工程应当依法进行招标。

第二十四条 房地产开发企业应当在土地使用权出让合同签订之日起十五日内，或者收到划拨土地使用权批准文件之日起十五日内，到开发项目所在地房地产开发主管部门领取房地产开发项目手册，并依法办理其他手续后，方可进行房地产项目开发建设。

第二十五条 房地产开发企业应当按照土地使用权出让合同约定的土地用途、动工开发期限进行项目开发建设。出让合同约定的动工开发期限满一年未动工开发的，可以由土地管理部门征收相当于土地使用权出让金百分之二十以下的土地闲置费；满二年未动工开发的，可以由土地管理部门无偿收回土地使用权；因不可抗力或者政府、政府有关部门的行为造成动工迟延的除外。

第二十六条 房地产开发企业应当将房地产开发项目建设过程中的主要事项和有关部门对房地产开发活动的审查处理意见，记录在房地产开发项目手册中，并每半年向房地产开发项目所在地房地产开发主管部门报送备案。

房地产开发主管部门应当对房地产开发项目手册记录的内容进行监督检查，并将检查结果作为房地产开发企业资质评定的依据之一。

第二十七条 房地产开发主管部门应当组织、指导房地产开发企业和施工单位在房地产开发项目建设中，推广使用新技术、新材料、新设备和新工艺。

第二十八条 房地产开发企业应当对其开发建设的房地产开发项目的质量承担责任。

勘察、设计、施工、监理等单位应当依照有关法律、法规的规定或者合同的约定，承担相应的责任。

第二十九条 房地产开发项目工程竣工后，房地产开发企业应当进行竣工验收。未经验收或者验收不合格的，不得交付使用。

第三十条 住宅小区等群体房地产开发项目竣工，房地产开发主管部门应当组织工程质量监督、规划、消防、人防等有关部门或者单位对下列内容进行综合验收：

（一）城市规划设计条件的落实情况；

（二）城市规划要求配套的基础设施和公共设施的建设情况；

（三）单项工程的工程质量验收情况；

（四）征收补偿的落实情况；

（五）物业管理的落实情况。

第三十一条　房地产开发企业应当收集、整理房地产开发项目各环节的文件资料，建立、健全房地产开发项目档案，并在房地产开发项目验收合格后十五日内，向项目所在地房地产开发主管部门或者有关部门移交房地产开发项目档案。

第四章　房地产经营

第三十二条　房地产经营，是指房地产开发企业将其开发的房地产开发项目或者商品房依法转让或者销售、出租给他人的行为。

第三十三条　以出让方式取得土地使用权的，转让房地产时，应当符合下列条件：

（一）按照出让合同约定已经支付全部土地使用权出让金，并取得土地使用权证书；

（二）按照出让合同约定进行投资开发，属于房屋建设工程的，完成开发投资总额的百分之二十五以上，属于成片开发土地的，形成工业用地或者其他建设用地条件。

转让房地产时房屋已经建成的，应当持有房屋所有权证书。

以出让方式取得土地使用权的，转让房地产时，土地收益的缴纳和处理按照国家有关规定办理。

第三十四条　以划拨方式取得土地使用权的，转让房地产时，应当按照国务院规定，报有批准权的人民政府审批。有批准权的人民政府准予转让的，应当由受让人办理土地使用权出让手续，并依照国家有关规定缴纳土地使用权出让金。

以划拨方式取得土地使用权的，转让房地产项目报批时，有批准权的人民政府按照国务院规定决定可以不办理土地使用权出让手续的，转让人应当按照国务院规定将转让房地产项目所获得收益中的土地收益上缴国家或者做其他处理。

第三十五条 转让房地产开发项目,转让人和受让人应当签订房地产开发项目转让合同,并自办理土地使用权变更登记之日起三十日内,持下列材料到项目所在地房地产开发主管部门备案:

(一)房地产开发项目转让合同;

(二)土地使用权变更批准文件;

(三)项目的立项计划、规划、建设用地等审批文件;

(四)项目进展情况的证明材料;

(五)双方房地产开发企业的资质证书;

(六)房地产开发主管部门需要提供的其他证明材料。

第三十六条 销售商品房,包括预售商品房和现售商品房。

房地产开发企业可以自行销售商品房,也可以委托依法成立的房地产中介服务机构销售商品房。房地产中介服务机构销售商品房的,应当向商品房购买人出具商品房的有关证明文件和商品房销售委托书。

第三十七条 预售商品房,实行预售许可制度。

预售商品房,房地产开发企业应当向商品房所在地房地产开发主管部门申请办理预售登记,取得商品房预售许可证。未取得商品房预售许可证的,不得有任何性质预售行为,不得向预购人收取任何预定性质的费用。

预售商品房,房地产开发企业应当向预购人出示商品房预售许可证,并与预购人签订商品房预售合同。

第三十八条 预售商品房,应当符合下列条件:

(一)具有企业法人营业执照和房地产开发企业资质证书;

(二)已交付全部土地使用权出让金,取得土地使用权证书;

(三)持有建设工程规划许可证和施工许可证;

(四)按提供的预售商品房工程施工进度计算,地上建筑设计层数三层以下的建筑主体完工,地上建筑设计层数四层以上七层以下的完成建筑主体的三分之二,地上建筑设计层数八层以上的完成建筑主体的二分之一,并已确定施工进度和竣工交付日期;

(五)已办理预售登记,取得商品房预售许可证。

第三十九条 现售商品房,应当符合下列条件:

(一)具有企业法人营业执照和房地产开发企业资质证书;

(二)取得土地使用权证书;

(三)持有建设工程规划许可证和施工许可证;

(四)已通过竣工验收;

（五）配套基础设施和公共设施具备交付使用条件或者已确定施工进度和交付日期；

（六）前期物业管理方案已经落实。

第四十条 销售商品房，房地产开发企业应当与购买人签订商品房销售合同，并将商品房销售合同、房地产开发项目手册及符合商品房销售条件的有关证明文件，报商品房所在地房地产开发主管部门备案。

商品房销售合同应当载明所售商品房的位置、结构、建筑面积、分摊面积、价格、交付日期、质量要求、前期物业管理方式以及违约责任等。

第四十一条 房地产开发企业、房地产中介服务机构不得进行虚假广告宣传，商品房预售广告中必须载明商品房预售许可证的文号。

第四十二条 房地产开发项目转让和商品房销售价格，由当事人协商议定。经济适用住房实行政府指导价或者政府定价。

第四十三条 房地产开发企业应当按照商品房买卖合同的约定，将符合交付使用的商品房按期交付购买人。未能按期交付使用的，房地产开发企业应当承担违约责任。

因不可抗力或者双方当事人在合同中约定的其他原因，确需延期交付的，房地产开发企业应当通知购买人。

第四十四条 房地产开发企业应当在商品房交付使用前，委托具有房地产测绘资格的单位对商品房面积实施测绘，并将测绘结果及有关房屋权属登记的资料报送商品房所在地房地产开发主管部门备案，并向购买人出示测绘结果。

第四十五条 房地产开发企业交付商品房时，应当向购买人提供住宅质量保证书和住宅使用说明书。

房地产开发企业应当按照住宅质量保证书的内容，对所销售的商品房承担质量保修责任。保修期内，因房地产开发企业对商品房进行维修，造成房屋原有功能的损害，给购买人造成损失的，应当依法承担赔偿责任。商品房购买人应当按照住宅使用说明书的要求使用商品房。

商品房质量保修期从商品房交付之日起计算。

商品房购买人认为商品房主体结构质量不合格的，可以向工程质量监督管理机构申请核验；经核验，原商品房主体结构质量不合格的，购买人有权退房；给购买人造成损失的，房地产开发企业应当依法承担赔偿责任。

第四十六条 购买人购买商品房后，应当依法办理土地使用权变更和房屋所有权登记手续。具体办法由自治区人民政府另行制定。

第五章 法律责任

第四十七条 违反本条例规定，未取得营业执照，擅自从事房地产开发经营的，由工商行政管理部门责令其停止房地产开发经营活动，没收违法所得，可以并处违法所得五倍以下的罚款。

第四十八条 违反本条例规定，未取得资质证书或者超越资质等级从事房地产开发经营的，由县级以上人民政府房地产开发主管部门责令限期改正，处五万元以上十万元以下的罚款；逾期不改正的，由工商行政管理部门依照国务院《城市房地产开发经营管理条例》的规定，吊销营业执照。

第四十九条 违反本条例规定，将未经验收的房屋交付使用的，由县级以上人民政府房地产开发主管部门责令限期补办验收手续；逾期不补办验收手续的，由县级以上人民政府房地产开发主管部门组织有关部门和单位进行验收，并处十万元以上三十万元以下的罚款。

第五十条 违反本条例规定，将验收不合格的房屋交付使用的，由县级以上人民政府房地产开发主管部门责令限期返修，并处交付使用的房屋总造价百分之二以下的罚款；情节严重的，由工商行政管理部门依照国务院《城市房地产开发经营管理条例》的规定，吊销营业执照；给购买人造成损失的，应当依法承担赔偿责任；造成重大伤亡事故或者其他严重后果，构成犯罪的，依法追究刑事责任。

第五十一条 违反本条例规定，擅自转让房地产开发项目的，由县级以上人民政府负责土地管理工作的部门责令停止违法行为，没收违法所得，可以并处违法所得五倍以下的罚款。

第五十二条 违反本条例规定，房地产开发企业有下列行为之一的，由县级以上人民政府房地产开发主管部门责令停止违法行为，没收违法所得，并处一万元以上三万元以下的罚款：

（一）隐瞒真实情况，弄虚作假骗取资质证书的；

（二）伪造、涂改、出租、出借、转让、出卖资质证书的。

第五十三条 违反本条例规定，擅自预售商品房的，由县级以上人民政府房地产开发主管部门责令停止违法行为，没收违法所得，可以并处已收取的预付款百分之一以下的罚款。

第五十四条 违反本条例规定，房地产开发企业不履行保修义务或者拖延履行保修义务的，由县级以上人民政府房地产开发主管部门责令限期改正,处五千元以上一万元以下的罚款。

第五十五条 当事人对行政处罚决定不服的,可以依法申请行政复议或者向人民法院提起行政诉讼。当事人逾期不申请行政复议,也不提起行政诉讼,又不履行处罚决定的,由作出行政处罚决定的机关申请人民法院强制执行。

第五十六条 国家工作人员在房地产开发经营管理工作中,玩忽职守,滥用职权,徇私舞弊,构成犯罪的,依法追究刑事责任;尚不构成犯罪的,依法给予行政处分。

第六章 附 则

第五十七条 在城市规划区外国有土地上从事房地产开发经营,实施房地产开发经营监督管理,参照本条例执行。

第五十八条 城市规划区内集体所有的土地,经依法征用转为国有土地后,方可用于房地产开发经营。

第五十九条 本条例自2002年10月15日起施行。

宁夏回族自治区环境保护条例

（1990年4月17日宁夏回族自治区第六届人民代表大会常务委员会第十二次会议通过　2009年11月19日宁夏回族自治区第十届人民代表大会常务委员会第十四次会议修订　根据2012年3月29日宁夏回族自治区第十届人民代表大会常务委员会第二十九次会议《关于修改十五件地方性法规的决定》修正　根据2016年5月27日宁夏回族自治区第十一届人民代表大会常务委员会第二十四次会议《关于修改〈宁夏回族自治区公路路政管理条例〉等四件地方性法规的决定》第二次修正）

第一章　总　则

第一条　为了保护、改善生活环境和生态环境，促进经济社会全面协调可持续发展，根据环境保护法律、行政法规，制定本条例。

第二条　本条例适用于自治区行政区域内的环境保护及其相关管理活动。

第三条　县级以上人民政府应当将环境保护规划纳入国民经济和社会发展规划，并对环境质量负责。

县级以上人民政府应当将环境保护投入纳入本级财政预算。

第四条　自治区实行环境保护目标责任制，将环境保护目标责任制完成情况作为对各级人民政府及其主要负责人工作考核评价的内容。

上级人民政府对下一级人民政府落实环境保护目标责任制的情况进行考核。考核结果应当向社会公布。

第五条　各级人民政府应当组织开展全民环境保护教育，提高全社会环境保护意识，鼓励公民和各类社会组织参与环境保护事业。

广播、电视、网络、报刊等新闻媒体应当开展公益性环境保护宣传教育，并对环境污染行为进行舆论监督。

第六条 县级以上人民政府环境保护行政主管部门对环境保护工作实行统一监督管理，可以委托其所属的环境执法监察机构负责具体环境监察工作。

发展和改革、财政、住房和城乡建设、国土资源、农牧、水利、林业、公安、经济和信息化、质量监督等有关行政管理部门依照各自职责，依法做好相关的环境保护监督管理工作。

第七条 任何组织和个人有享受良好环境的权利和履行保护环境的义务，有权检举、控告违反环境保护法律法规的行为，有权对环境保护工作提出意见和建议。

县级以上人民政府对在环境保护中做出突出贡献的单位和个人，应当给予表彰和奖励。

第二章 环境监督管理

第八条 自治区依法实施下列环境保护制度：

（一）环境影响评价制度；

（二）建设项目需要配套建设的环境保护设施应当与主体工程同时设计、同时施工、同时投产使用的制度；

（三）主要污染物排放总量控制制度；

（四）排污申报、许可、审核和收费制度；

（五）限期治理制度；

（六）法律、行政法规规定的其他环境保护制度。

第九条 环境保护行政主管部门应当会同有关部门编制城市环境功能区划，报本级人民政府批准后实施。

县级以上人民政府及其环境保护行政主管部门应当及时公开排污标准、总量控制指标、重大环境违法案件和环境突发事件处理情况等信息。

环境保护行政主管部门和其他有关行政管理部门应当向单位和个人提供防治污染技术咨询服务、指导和帮助。

第十条 县级以上人民政府应当加强污染源自动监控、信息传输与统计、环境质量监测等方面的建设。建立环境监测预警体系，配备监测设施设备和专业技术人员，提高污染源监督性监测和应急监测能力。

环境保护行政主管部门应当推广实用监测技术，保证监测数据的规范性和科学性。

第十一条 建设项目的环境影响评价文件未经依法审查批准的，该项目审批部门不得批准建设，建设单位不得开工建设。

第十二条 环境保护行政主管部门应当及时纠正或者直接查处下级环境保护行政主管部门违法或者不当的环境执法行为。

第十三条 有下列情形之一的流域、区域，环境保护行政主管部门应当暂停审批该流域、区域的建设项目环境影响评价文件，但防治污染、节能减排和循环经济项目除外：

（一）未完成本行政区域主要污染物排放总量控制指标的；

（二）生态破坏严重或者重大建设项目尚未完成生态恢复任务的；

（三）未完成限期淘汰落后工艺、设备任务的；

（四）不符合国家产业政策的项目未关闭、取缔的；

（五）工业园区、大型养殖区域等未进行规划环评的；

（六）国家规定暂停审批环境影响评价文件的其他情形。

第十四条 下列建设项目，环境保护行政主管部门不得审批：

（一）国家明令淘汰、禁止建设的；

（二）对环境污染严重的；

（三）污染物不能达标排放的；

（四）国家和自治区规定的其他污染环境的项目。

环境保护、经济和信息化行政管理部门应当公布经核查后关闭的企业、淘汰的生产线，落后工艺，设备等名录，接受社会监督。

第十五条 排污单位应当向有管辖权的环境保护行政主管部门申请领取污染物排放许可证或者污染物排放临时许可证。

未取得污染物排放许可证或者污染物排放临时许可证的排污单位，不得排放污染物。

排污单位应当按照许可证核定的污染物种类、控制指标和规定的方式排放污染物。

第十六条 禁止超过国家、地方污染物排放标准排放污染物。

排放污染物超过国家或者自治区规定的排放标准，或者超过主要污染物和其他重点污染物排放总量控制指标，或者对环境造成严重污染的排污单位，应当进行限期治理。

国家重点监控的企业的限期治理，由自治区环境保护行政主管部门决定；自治区重点监控的企业的限期治理，由有管辖权的设区的市环境保护行政主管部门决定；其他排污单位的限期治理，由污染源所在地的市、县（市、区）环境保护行政主管部门决定，并报自治区环境保护行政主管部门备案。

第十七条　限期治理的期限应当根据排污单位的工艺特点和污染治理要求确定，不得超过十二个月。但因不可抗力的原因，导致不能限期完成治理的除外。环境保护行政主管部门不得通过重复下达限期治理决定等形式，变相延长限期治理期限。

限期治理期间，排污单位应当限产限排或者停产整治，不得建设增加污染物排放总量的项目，并定期报告治理进度，环境保护行政主管部门应当跟踪检查。

第十八条　限期治理期间，环境保护行政主管部门应当收回被决定限期治理的排污单位的污染物排放许可证，核发污染物排放临时许可证。排污单位应当按期完成限期治理任务，经验收合格，重新申请取得污染物排放许可证后，方可恢复正常生产。

第十九条　环境保护行政主管部门对排污单位污染物排放、污染防治设施运行、环境风险防范等情况，应当采取采样、监测、摄影、文字记录、查阅和复制有关资料等方式，进行现场检查。被检查的单位和个人应当予以配合，如实反映情况，不得隐瞒、拒绝或者阻挠。

第三章　生活环境保护

第二十条　县级以上人民政府应当将水污染、大气污染、固体废弃物污染、噪声污染等影响人体健康的污染治理，纳入本行政区域污染防治规划和年度计划，实施目标责任制管理，并应当将实施污染防治规划、年度计划的情况和目标责任制管理情况，向社会公布，并接受监督。

第二十一条　在居民区、文化教育医疗卫生区、城乡景观区等环境敏感区，禁止新建、扩建污染环境的工业项目，已经建成的应当限期搬迁。

禁止在城市住宅楼、以居住为主的综合楼内，设立产生油烟污染的饮食业和产生环境噪声、振动污染的饮食、娱乐业等经营项目，原有项目应当达到国家和地方污染排放标准。

第二十二条　在城市市区范围内，不得有下列行为：

（一）在居住区、机关、学校、医院等环境敏感区域从事切割、机械锤击，露天装卸或者堆放水泥、石灰、粉煤，露天喷漆或者屠宰、水产品加工、塑料制品生产、生物发酵等产生环境噪声、粉尘、恶臭污染的营业活动。

（二）在居住区、机关、学校、医院等环境敏感区域，夜间二十二点至次日六点进行产生环境噪声污染的建筑施工作业。

（三）国家和自治区统一组织的中考、高考考试期间，在考点周围二百米范围内从事产生或者可能产生环境噪声污染影响考试环境的活动；因抢险作业或者生产工艺确需作业的，应当报经所在地环境保护行政主管部门批准，并在一定范围内予以公告。

（四）排污单位将废油、潲水油以及其他含油废物，排入下水道或者随地倾倒。

（五）在城市住宅楼、以居住为主的综合楼内，在中午和夜间进行产生环境噪声污染的室内装饰、装修等活动。

（六）在城市居住区、机关、学校、医院等区域使用高音广播喇叭或者使用其他产生高噪声的音响器材。

（七）在城市公共场所组织娱乐、集会等活动，使用音响器材，产生干扰周围生活环境的噪声。

（八）使用家用电器、乐器或者进行其他家庭娱乐、聚会等活动，干扰周围居民生活环境。

（九）文化娱乐场所的边界噪声超过国家规定的环境噪声排放标准。

（十）商业空调器、冷却塔等设备、设施的边界噪声超过国家规定的环境噪声排放标准。

第二十三条 县级以上人民政府应当根据城市环境功能区划，限制新建、扩建产生烟 （粉）尘的燃煤设施。

工程施工、建筑拆除、道路运输、园林绿化、清扫保洁等作业，应当采取措施，防止扬尘污染环境。

第二十四条 禁止生产、销售、使用超薄塑料购物袋；限制生产、销售和使用其他塑料购物袋，防止塑料制品污染环境。

第二十五条 人口密集区域的建筑物整体或者墙面使用的外墙体材料应当符合环保要求，不得产生污染。

第二十六条 建设、环保、质监、工商等行政管理部门应当加强对建筑材料、装饰装修材料、家具生产、销售的监督管理，防止挥发性有机溶剂等有害物质危害人体健康。

公共场所建筑物的室内装修等，应当符合国家室内空气质量标准。

任何单位和个人不得生产、销售挥发性有机溶剂等有害物质超过国家标准的装饰装修材料和家具。

第二十七条 县、乡人民政府应当统筹建设农村生活垃圾收集、运输、处置设施，建立和完善农村生活垃圾污染防治体系。

建设城镇污水集中处理设施及配套管网时，应当考虑周边农村生活污水和畜禽养殖场等企业污水的接纳和处理，加强农村水污染防治。

第二十八条　村民委员会应当制定生产生活环境保护的村规民约，保护农村环境，并监督实施。

县级人民政府及其环境保护行政主管部门、乡（镇）人民政府应当支持村民委员会开展生产生活环境保护。

鼓励社会投资建设农村环境保护事业。

第四章　生态环境保护

第二十九条　县级以上人民政府应当将自然保护区、风景名胜区、湖泊湿地和封山围栏禁牧、退耕还林还草、小流域治理和其他需要保护的生态区域，划定为生态功能保护区，采取措施防止生态环境破坏和荒漠化、沙化，恢复生态。禁止在生态功能保护区内从事可能导致生态功能退化的开发建设活动。

在饮用水源保护区、自然保护区、风景名胜区、重要生态功能保护区等环境敏感区，环境保护行政主管部门和相关行政管理部门应当严格限制审批建设项目。

第三十条　自治区人民政府应当组织编制黄河宁夏段流域水污染防治规划。黄河宁夏段流域的市、县人民政府应当根据自治区黄河流域水污染防治规划，组织制定本行政区域的黄河水污染防治规划，实施综合防治，削减主要水污染物排放量，改善黄河宁夏段水质量。

水污染物排放标准，国家未作规定的，制定地方水污染物排放标准；国家已作规定的，可以制定严于国家水污染物排放标准的地方水污染物排放标准。

第三十一条　环境保护行政主管部门应当会同有关部门组织开展生态环境质量调查，进行生态环境质量分析和评估。

单位和个人开发利用自然资源，应当依法进行环境保护影响评价。对开发利用过程中产生的污染物和废弃物进行综合治理，采取有效措施防治扬尘、粉尘，妥善处理尾矿、矸石等，防止对环境以及土壤和水的污染，破坏生态环境。

第三十二条　开发利用自然资源的单位和个人，造成生态环境破坏的，应当缴纳生态环境补偿费，用于保护和恢复生态环境。

生态环境补偿费征收管理办法，由自治区人民政府制定。

第三十三条 县级以上人民政府应当加强生物安全管理，防止有害生物物种入侵；对已经侵入的，应当采取措施清除，防止扩散。

环境保护、农牧、林业、水利、海关、食品药品监督、出入境检验检疫等行政管理部门，应当加强对物种引进、转基因技术或者产品的生产、应用环节的监督管理，做好生物技术环境安全工作。

第三十四条 自治区严格保护野生动物、植物及水生生物，保护生物的多样性。

禁止非法捕猎、杀害、采集、采伐、加工、买卖、运输野生动物、植物及水生生物。

第三十五条 各级人民政府应当制定农村环境综合整治规划，将防治农村面源污染工作列入环境保护目标责任制，并落实到乡（镇）和村。

鼓励发展生态农业，综合利用农业废弃物，推广沼气、秸秆汽化、太阳能等清洁能源，推广科学使用化肥、农药、植物生长调节剂等农用化学制品的技术和方法，及时回收使用后的塑料薄膜。

第三十六条 县级以上人民政府应当划定畜禽禁养区域和限养区域，加强畜禽养殖污染防治工作，推广生物环保养殖、无害养殖等技术，防止畜禽养殖废弃物、污水对环境造成污染。

畜禽养殖业污染防治管理办法，由自治区人民政府制定。

第五章　环境风险防范与应急处置

第三十七条 县级以上人民政府应当制定环境突发事件应急预案，明确相关部门职责权限，设立应急指挥机构，统一领导环境突发事件应对工作，确保环境安全。

第三十八条 环境保护行政主管部门应当对不同性质的环境应急事故状况，定期组织演练，提高应对环境突发事件的处置能力。

安监、农牧、卫生、交通、公安等有关行政管理部门，在处置安全生产、火灾、交通等事故或者其他突发事件时，应当监督事故责任单位采取防止、减轻和消除环境污染危害的措施。

第三十九条 重点控制的排污单位、危险化学品生产使用单位、放射源使用单位等是环境风险防范的责任主体，应当按照以下规定落实环境风险防范措施：

（一）进行环境风险评估，编制环境突发事件应急预案，并将评估报告和应急预案报当地环境保护行政主管部门备案；

（二）对可能出现的环境突发事件，配备必要的应急设施、设备、物资和器材，组织人员培训和应急演练；

（三）建立环境安全管理制度，定期排查环境污染事故与辐射事故隐患，定期检测、维护有关报警装置、应急设施设备，确保正常使用。

第四十条 发生环境突发事件时，事故责任单位应当立即启动环境突发事件应急预案，采取处置措施，向所在地环境保护行政主管部门、安监等有关行政管理部门和县级人民政府报告，并由县级人民政府报告自治区人民政府及其环境保护行政主管部门。

第四十一条 环境保护等行政主管部门应当监督事故责任单位开展环境突发事件后评估，跟踪监测，提出环境恢复技术和对策，消除环境突发事件造成的环境污染。

第六章 法律责任

第四十二条 违反本条例第十五条第二款规定，未取得污染物排放许可证的排污单位排放污染物的，由环境保护行政主管部门责令改正，属于餐饮娱乐业的，处五千元以上五万元以下罚款；属于生产企业的，处二万元以上十万元以下罚款。

违反第十五条第三款规定，超出许可证核定的污染物种类、控制指标排放污染物的，由环境保护行政主管部门责令改正，属于餐饮娱乐业的，处一千元以上一万元以下罚款；属于生产企业的，处二万元以上十万元以下罚款。

第四十三条 违反本条例第十七条规定，限期治理单位在限期治理期间不执行限产限排或者停产整治规定，排放污染物超标或者超过总量的，由环境保护行政主管部门责令限期改正，给予警告；逾期不改正的，处以五万元以上十万元以下罚款。

限期治理单位在限期治理期间建设增加污染物排放总量的项目的，由环境保护行政主管部门责令限期拆除，逾期不拆除的，处以五万元以上十万元以下罚款，并申请人民法院强制执行。

排污单位违法排污拒不改正的，环境保护行政主管部门可以按照本条例规定的处罚额度按日累加处罚；逾期未完成治理任务的，由环境保护行政主管部门报经本级人民政府批准，责令停产整顿或者关闭。

第四十四条 违反本条例第二十二条(一)、(二)项规定之一的,由环境保护行政主管部门责令限期改正,给予警告;逾期不改正的,处一万元以上五万元以下罚款。

第四十五条 违反本条例第二十一条第二款、第二十二条(三)、(四)、(五)、(九)、(十)项规定之一的,由环境保护行政主管部门责令限期改正,给予警告;逾期不改正的,处二千元以上二万元以下罚款。

违反本条例第二十二条(六)至(八)项规定之一的,由公安机关依据有关规定予以处罚。

第四十六条 违反本条例第二十三条规定,在工程施工、建筑拆除、道路运输、园林绿化、清扫保洁等作业中,产生扬尘污染的,由建设行政管理部门或者环境保护行政主管部门依据职权责令限期改正,给予警告;逾期不改正的,处二千元以上二万元以下罚款。

第四十七条 违反本条例第二十六条第三款规定,生产、销售挥发性有机溶剂等有害物质超过国家标准的建筑材料、装饰装修材料和家具的,由质量技术监督部门或者工商行政管理部门依法予以处罚。

第四十八条 国家机关及其工作人员、企业事业单位中由国家机关任命的人员有下列行为之一的,由其上级机关、主管部门或者监察机关按照有关规定给予处分;构成犯罪的,依法追究刑事责任:

(一)人民政府不履行环境保护组织领导职责或履行职责不力,致使环境质量下降和重大环境问题长期得不到解决的。

(二)环境保护行政主管部门和有关监督管理部门敷衍塞责、弄虚作假,不履行监督管理职责或履行职责不力的。

(三)国有企业事业单位违法受到责令停止生产、吊销有关证照和较大数额罚款处罚的。

(四)环境保护监督管理人员或者其他有关部门工作人员以权谋私、滥用职权、玩忽职守、徇私舞弊的。

第七章 附 则

第四十九条 本条例自2010年1月1日起施行。

宁夏回族自治区村庄和集镇规划建设管理实施办法

（1994年12月6日宁政发〔1994〕131号公布　根据1998年9月27日《宁夏回族自治区人民政府关于修改〈宁夏回族自治区民间美术、民间美术艺人、传承人保护办法〉等十九件规章的决定》第一次修正　根据2010年11月4日《宁夏回族自治区人民政府关于修改部分自治区人民政府规章的决定》第二次修正　根据2014年5月27日《自治区人民政府关于废止和修改部分政府规章的决定》第三次修正）

第一章　总　则

第一条　根据国务院发布的《村庄和集镇规划建设管理条例》(以下简称《条例》)的规定，结合我区实际，制定本办法。

第二条　本办法适用于在自治区行政区域内制定和实施村庄、集镇(以下简称村镇)规划，在村镇规划区内进行居民住宅、乡(镇)村企业、乡(镇)村公共设施和公益事业建设，以及国家机关、事业、企业单位在村镇规划区内进行的各项建设。国家重点建设项目征收、征用集体所有的土地进行的建设除外。

城市规划区内的村镇规划的制定和实施，依照《中华人民共和国城市规划法》和《宁夏回族自治区实施〈城市规划法〉办法》的规定进行。

第三条　自治区人民政府建设行政主管部门负责全区的村镇规划建设管理工作。

行署和市、县(区)人民政府建设行政主管部门负责本行政区域内的村镇规划建设管理工作。

乡级人民政府负责本行政区域内的村镇规划建设管理工作，并应当建立相应的管理机构；暂不能建立管理机构的，应当配备专职管理人员。

第四条 乡级人民政府村镇规划建设管理机构或者专职管理人员的主要职责：

（一）宣传、贯彻有关村镇建设的法律、法规、规章和政策；

（二）组织本行政区域内村镇规划的编制、报批及实施；

（三）负责本行政区域内私人建房和乡（镇）村公共设施、公益事业建设的申请及开工申请审核和定点放线工作；

（四）依法对村镇建设工作和房屋、公共设施及其环境卫生进行监督管理；

（五）调解村镇建设管理纠纷，配合有关部门查处违法行为；

（六）管理村镇建设档案；

（七）办理上级建设行政主管部门或者乡人民政府交办的其他事项。

第二章 村镇规划的制定

第五条 村镇建设必须编制规划。村镇规划由乡级人民政府负责组织编制，并监督实施。

第六条 村镇规划的编制，应当以县域规划、农业区划、土地利用总体规划为依据，并同交通、邮电、供电、水利、环保等专业规划相协调。

第七条 村镇规划分为村镇总体规划和村镇建设规划。村镇建设规划应当在村镇总体规划指导下，具体安排村庄和集镇的各项建设。

第八条 村镇总体规划和集镇建设规划，必须经乡级人民政府代表大会审查同意，由乡级人民政府持下列文件到县级人民政府审批：

（一）送审报告；

（二）规划图，现状分析图；

（三）说明书。

第九条 村庄建设规划，必须经村民会议讨论同意，由乡级人民政府持下列文件到县级人民政府审批：

（一）送审报告；

（二）规划图，现状分析图；

（三）说明书。

第十条 村镇规划的期限一般为十年至二十年，近期村镇建设规划的期限一般为三年至五年。

第十一条 村镇规划经批准后，由乡级人民政府公布。

村镇规划一经批准，具有法律效力，受法律保护，任何单位和个人不得随意进行调整或者变更。确需调整、变更的，必须依照《条例》和本办法规定的程序办理。

第三章　村镇规划的实施

第十二条　在村镇规划区内进行建设，必须依照《条例》第十八条、第十九条和第二十条规定的审批程序，报经有关部门批准。

第十三条　在村镇规划区进行各项建设，实行选址意见书制度。

农村村民使用原有宅基地、村内空闲地和其他土地建住宅的，由乡级人民政府根据村镇规划和土地利用规划批准后出具选址意见书。

第十四条　选址意见书不得伪造、骗取、涂改、租借、买卖和转让。选址意见书的内容不得擅自变更；确需变更的，须经核发单位同意，并按照本办法第十二条的规定办理变更手续。

第四章　村镇建设的设计、施工管理

第十五条　在村镇规划区内，建设二层（含二层）以上楼房和跨度、跨径超过6米（含6米）或者高度超过4.5米（含4.5米）的各项建设工程，必须由取得相应设计资质证书的单位设计，或者选用标准设计、通用设计。

第十六条　承担村镇规划区内建筑工程施工的单位，必须具有相应的施工资质等级证书或者资质审查证书，方可按照规定的经营范围承担施工任务。

施工单位不得将工程发包或者分包给不具备前款规定条件的施工单位。

在村镇规划区从事建筑施工的个体工匠，必须持有县级以上人民政府建设行政主管部门培训并颁发的上岗证书，方可承担高度4.5米以下（不含4.5米）和跨度、跨径六米以下（不含六米）的建设工程。

第十七条　施工单位应当按照设计图纸施工。任何单位和个人不得擅自修改设计图纸；确需修改的，须经原设计单位出具变更设计通知单或者图纸。

第十八条　施工单位应当按照有关技术规范施工，确保工程质量。不得使用不符合工程质量要求的建筑材料和建筑构件。

第十九条 村镇规划区内的建设实行开工审批制度。未经审批的,一律不得开工。

第二十条 乡(镇)村企业、公共设施和公益事业建设,在开工前应当具备下列条件,并由建设单位或者个人向县级人民政府建设行政主管部门提出开工申请:

(一)具有选址意见书和建设用地批准文件;

(二)具有符合有关技术要求、标准和村镇规划的建筑设计图纸;

(三)确定了持有相应资质证书的施工单位;

(四)具有建设资金。

对于具备前款规定条件的建设单位和个人提出的开工申请,县级人民政府建设行政主管部门应当予以批准并发给开工许可证,同时会同同级土地管理部门实地定点放线,界定用地范围。

农村居民经批准,新建、改建、翻建住宅,开工前必须向乡级人民政府提出开工申请。乡级人民政府对其建房批准文件以及设计图纸、施工条件等进行审查。审查合格的,发给开工许可证,并由乡人民政府村镇建设管理员、土地管理员会同村委会实地定点放线,界定用地范围。

第二十一条 建设单位或者个人在取得开工许可证一年内未开工,又未办理延期手续的,开工许可证自行失效。

第二十二条 建筑工程竣工后,施工单位和个体工匠应当及时拆除临时建筑物、构筑物和其他施工设施,并清理平整施工现场。

第五章 房屋、公共设施村容镇貌和环境卫生管理

第二十三条 任何单位和个人都必须遵守国家和本自治区有关村镇的房屋、公共设施的管理规定,确保房屋的使用安全和公共设施的正常使用。不得破坏村镇的道路、桥梁、供水、排水、供电、邮电、绿化等设施。

第二十四条 临时建设不得占用耕地。禁止随意占用村镇规划区内公共场所的行为。因特殊需要在公共场所建设临时建筑物、构筑物和其他设施的,必须经乡级人民政府批准,并在批准使用期限内拆除。

临时建筑的使用期限最长为一年。

第二十五条 乡级人民政府和村民委员会应当加强村容镇貌、环境卫生的宣传、管理工作,组织制定以村民小组为单位的环境卫生治理措施,并定期检查落实情况。

第二十六条　禁止在村镇规划区内的公共场所堆放垃圾、粪便、柴草和建筑材料。

第六章　罚　则

第二十七条　在村镇规划区内，未按规划审批程序批准，或者违反规划规定和开工审批制度进行乡（镇）村企业、公共设施和公益事业建设，严重影响村镇规划的，由县级人民政府建设行政主管部门责令停止建设、限期拆除或者没收违法建筑物、构筑物和其他设施；影响村镇规划，尚可采取改正措施的，由县级人民政府建设行政主管部门责令限期改正，并处以工程造价百分之十至百分之二十的罚款。

农村居民未经批准或者违反规划规定和开工审批制度建住宅的，由乡级人民政府依照前款规定处罚。

第二十八条　有下列行为之一的，由县级人民政府建设行政主管部门责令停止设计或者施工，限期改正，并可处以工程造价百分之十至百分之二十的罚款：

（一）未取得设计资质证书，承担二层以上住宅以及建筑跨度、跨径、高度超出规定范围工程的设计任务，或者未按设计资质证书规定的经营范围承担设计任务的；

（二）未取得施工资质等级证书或者资质审查证书，或者未按规定的经营范围承担施工任务的；

（三）不按有关技术规定施工，或者使用不符合工程质量要求的建筑材料和建筑构件的；

（四）未按设计图纸施工或者擅自修改设计图纸的。

第二十九条　有下列行为之一的，由乡级人民政府责令停止侵害，并可处以一百元以上二千元以下的罚款；造成损失的，应当予以足额赔偿：

（一）损坏村镇房屋、公共设施的；

（二）乱堆粪土、垃圾、柴草，破坏村容镇貌和环境卫生的。

第三十条　擅自在村镇规划区的公共场所修建临时建筑物、构筑物和其他设施的，由乡级人民政府责令限期拆除，并可处以一千元以上四千元以下的罚款。

经批准修建的临时建筑物、构筑物和其他设施，使用期满不拆除的，由乡级人民政府责令限期拆除。

第七章　附　则

第三十一条　选址意见书和开工许可证由自治区人民政府建设行政主管部门统一印制。

第三十二条　本办法自发布之日起施行。

宁夏回族自治区城市建设档案管理办法

（1996年3月1日宁政发〔1996〕29号公布　根据2014年5月27日《自治区人民政府关于废止和修改部分政府规章的决定》修正）

第一条　为了做好城市建设档案的收集、管理和利用工作，适应城市规划、建设和管理的需要，根据《中华人民共和国档案法》和国务院批准发布的《科学技术档案工作条例》，结合我区实际，制定本办法。

第二条　本办法所称城市建设档案（以下简称城建档案）是指在城市规划区范围内（包括经济开发区、高新技术产业开发区、风景旅游区等，下同）的城市规划、建设及其管理工作中形成的，具有归档保存价值的文字、图表、数据声像、模型等各种形式的历史记录。

第三条　自治区人民政府建设行政主管部门主管全区城建档案工作；各市、县（区）人民政府建设行政主管部门负责本行政区域内城建档案的管理工作。

自治区和市、县（区）城建档案管理工作，业务上受同级档案部门的指导、监督。

第四条　各市、县（区）人民政府应当加强对城建档案工作的领导，配备必要的人员和装备，保证城建档案工作与城市规划、建设、管理同步发展。

各市、县（区）人民政府建设行政主管部门应当设立城建档案室，负责城建档案的收集、管理和开发利用；有条件的可以设立城建档案馆。

第五条 城市规划区范围内的下列档案属于城建档案：

（一）城市规划档案，包括城市现状、已批准的总体规划、分区规划、详细规划、专业规划、小城镇规划、近期规划等方面的资料；

（二）城市勘察测量档案，包括城市勘察、城市测量等方面的资料；

（三）环境保护档案，包括环境监测、环境治理、环境评价等方面的资料；

（四）城市建设管理档案，包括城市建设工程施工、城市建设管理、城市建设用地、建筑管理等方面的文件、图纸等资料；

（五）房地产管理档案，包括房地产地籍图（含平面图）及相关资料；

（六）城市建设科研档案，包括城市建设的专著、研究报告、论文、新技术、新工艺等方面的资料；

（七）其他与城市规划、建设、管理有关的档案。

第六条 凡属本办法第五条规定范围内的城建档案，其所在单位或者主管部门应当配备专职或者兼职工作人员，做好档案的收集、管理和利用工作。除建设工程竣工档案外，应当自档案形成之日起，在本单位或者主管部门保存三年后，向所在地市、县（区）城建档案室移交（以下简称"城建档案室"）。不得损坏、遗失或者占为己有。

建设工程竣工档案依照本办法第七条规定报送。

第七条 在城市规划区范围内的下列建设工程，建设单位应当在工程竣工验收合格之日起六个月内，向城建档案室报送工程竣工档案：

（一）市政建设工程，包括道路、桥梁、涵洞、隧道、排水、环境卫生等建设工程；

（二）公用建设建设工程，包括给水、供气、供热、供电、电信、邮政、公共交通等建设工程；

（三）交通运输建设工程，包括铁路、公路等建设工程；

（四）工业与民用建筑建设工程，包括各类工业建筑和住宅、办公、文化、教育、科研、卫生、体育、商业、金融、保险等建设工程；

（五）环境保护、人防、城市防洪、抗震、防灾建设工程；

（六）名胜古迹、园林绿化建设工程，包括公园、动物园、植物园、绿地、纪念性建筑、城市雕塑建设工程以及名木古树、名胜古迹、古建筑的维修保护工程。

第八条 城市规划区范围内已建成投入使用的重要建筑物、构筑物和各种管线，凡无竣工图或者竣工图不完整、不准确的，工程设施管理单位或者使用单位应当按照所在地县级人民政府建设行政主管部门要求的期限和内容进行补测、补绘，并将绘制成果移交城建档案室；对建筑物、构筑物和管线进行改建、扩建或者维修后使原设施有变更的，应当及时对档案进行相应的修改、补充，并移交城建档案室。

第九条 建筑物、构筑物和各种管线移交新单位管理使用时，其建设工程档案必须随同移交。停建、缓建工程的档案，由建设单位集中保管。被撤销单位的建设工程档案，由建设工程主管部门向城建档案室移交。

第十条 移交或者报送城建档案室的档案必须符合下列要求：

（一）系统完整，准确可靠，字迹清楚，图面整洁，纸质优良，规格统一，密级和保管期限明确，并有本单位技术负责人的签字；

（二）层次分明，符合其形成规律；

（三）建设工程竣工档案中必须有竣工图，竣工图必须在施工过程中按照落成实体同步编制，不得在工程竣工后补给；

（四）隐蔽建设工程的档案应当附有重要部位状况的照片或者录像；

（五）城市档案一般移交或者报送一式一份，比较重要的或者利用频繁的，应当适当增加移交或者报送份数。

第十一条 建设工程竣工验收，必须有档案部门和城建档案室参加，负责对建设工程竣工档案审查验收。

第十二条 城建档案室对接收的城建档案应当采取下列管理措施：

（一）及时登记、整理，编制档案分类方案和保管期限表；编制档案总目录、分类目录、底图目录和特殊载体目录。有条件的，应当按照国家档案著录规则进行档案著录工作。

（二）定期清理核对档案。对破损及载体变质的档案，应当及时修补或者复制。

（三）定期对档案进行密级审查及价值鉴定。经鉴定确定销毁的档案，依照档案管理法律、法规有关规定销毁；保密档案的管理和利用，密级的变更和解密，依照国家有关法律、法规规定办理。

（四）定期对档案的接收、保管、利用、鉴定以及利用效果等情况进行统计。

第十三条 城建档案室保存档案，必须具有专门库房和专用柜架，并具有防盗、防火、防光、防尘、防潮、防有害生物和污染等安全措施。有条件的，应当采用新技术、新设备，实现档案管理技术的规范化、标准化和现代化。

档案库房应当整洁，不得堆放杂物，必须与城建档案室及工作人员办公室、阅览室分设。新建、扩建、改建的档案库房，应当符合国家档案馆建筑设计规范。

第十四条　城建档案室应当根据城市规划、建设和管理的需要，向有关单位收集基础资料，包括城市历史沿革、城市经济、人口、地名、科学文化、教育、宣传、医疗卫生、资源、气象、水文地质、地震等有关资料，国家和自治区有关城市建设的法律、法规、规章、政策，专题调研与科研成果，技术手册（含照片、幻灯片、录像带）等，开发档案信息资源。

第十五条　城建档案室应当加强档案的咨询服务工作，编制档案数据手册、图表手册、文摘手册等检索工具。有条件的，应当采用现代化检索设施，为档案的利用创造条件，简化手续，提供方便。

第十六条　需要利用城建档案的单位和个人，可以直接向城建档案申请。城建档案室根据单位和个人的申请，依照档案管理法律、法规、规章的有关规定，提供所需要的档案资料及有关数据。

第十七条　违反本办法，未按规定的时间和内容移交城建档案的，由市、县（区）人民政府建设行政主管部门予以催交和限期移交；逾期仍未移交的，给予警告，并可处一百元至一千元的罚款。

第十八条　城建档案管理人员在工作中造成城建档案丢失、损坏或者其他事故的，由其所在单位或者上级主管部门给予行政处分；构成犯罪的，由司法机关依法追究刑事责任。

第十九条　本办法自发布之日起施行。

自治区人民政府关于废止《宁夏回族自治区建筑工程劳动保险费管理办法》的决定

（2015年10月12日宁夏回族自治区人民政府令第75号公布　自公布之日起施行）

自治区人民政府决定废止《宁夏回族自治区建筑工程劳动保险费管理办法》（2011年2月28日自治区人民政府令第31号公布）。

本决定自公布之日起施行。

宁夏回族自治区工程建设标准化管理办法

（2015年12月8日宁夏回族自治区人民政府令第79号公布　自2016年2月1日起施行）

第一章　总　则

第一条　为了加强工程建设标准化工作，保障工程建设质量，根据《中华人民共和国标准化法》《建设工程质量管理条例》等法律、法规规定，制定本办法。

第二条　本办法所称工程建设标准，是指工程建设的勘察、设计、施工、监理的技术要求和方法，包括国家标准、行业标准、地方标准以及团体标准和企业标准。

第三条　本办法适用于自治区行政区域内工程建设标准的制定、实施及其监督管理活动。

第四条　住房城乡建设主管部门负责工程建设标准化监督管理工作，其所属工程建设标准化管理机构负责实施。

标准化主管部门应当做好工程建设标准化管理相关工作。

财政部门应当将工程建设标准化工作经费纳入本级财政预算。

第二章　标准的制定

第五条　对没有国家标准、行业标准或者国家标准、行业标准规定不具体，需要在本自治区行政区域内作出统一规定的工程建设技术要求，可以制定相应的地方标准。

第六条　设区的市、县（市、区）住房城乡建设主管部门应当开展工程建设国家标准、行业标准实施情况分析评估工作，建立地方标准实施效果评价制度，认为需要制定或者修改地方标准的，可以向自治区住房城乡建设主管部门提出建议。

从事工程建设勘察、设计、施工、监理等活动的单位、个人以及从事工程建设研究、教学的单位和个人，认为相关工程建设内容需要制定地方标准的，可以向住房城乡建设主管部门提出建议。

第七条　自治区住房城乡建设主管部门应当组织工程建设技术专家、有关单位对制定地方标准的建议进行论证；需要制定地方标准的，应当立项制定。

第八条　自治区住房城乡建设主管部门应当公布需要制定地方标准的项目，并组织或者监督指导设区的市、县（市、区）住房城乡建设主管部门、具有相应专业技术水平的单位和个人开展制定工作。

第九条　地方标准的制定应当符合下列规定：

（一）不得低于国家标准和行业标准；

（二）不得与国家标准、行业标准相抵触、交叉重复；

（三）满足本自治区自然条件和民族风俗习惯的特殊技术要求；

（四）符合新技术、新材料、新工艺、新设备发展要求；

（五）采用的新技术、新材料、新工艺、新设备通过鉴定、评审并推广应用；

（六）采用专利技术的，应当取得专利权所有人许可。

第十条　地方标准由自治区质量技术监督管理部门统一编号，并会同自治区住房城乡建设主管部门公布。

地方标准应当自公布之日起三十日内报国务院住房城乡建设主管部门备案。

第十一条　地方标准低于新制定的国家标准或者行业标准的，应当修订或者废止。

第十二条　鼓励具备相应能力的社会团体、科研机构等组织，制定满足市场和创新需要的工程建设团体标准，供市场自愿选用。

团体标准应当严于国家标准、行业标准和地方标准。

团体标准由社会组织自主制定发布。

第十三条　企业根据需要可以自主制定工程建设企业标准并实施。

鼓励企业制定严于国家标准、行业标准、地方标准要求的工程建设企业标准。

第十四条　住房城乡建设主管部门应当为社会组织、企业制定工程建设标准提供信息、咨询等服务，并向国家有关部门、社会推介本自治区具有竞争力的团体标准和企业标准。

第三章　标准的实施

第十五条　建设、勘察、设计、施工、工程监理等单位及其他与工程建设有关的单位，必须执行工程建设强制性国家标准，强制性行业标准和强制性地方标准(以下称强制性标准)，依法承担工程建设质量责任。

前款规定的单位签订相关合同时，应当明确相关强制性标准内容。

第十六条　住房城乡建设主管部门应当制定强制性标准实施计划，监督工程建设各环节实施强制性标准。

住房城乡建设主管部门应当免费向社会公开强制性标准文本。

第十七条　建设单位不得明示或者暗示设计单位或者施工单位违反强制性标准，降低工程建设质量。

第十八条　勘察、设计单位必须按照强制性标准进行勘察、设计，并对其勘察、设计的质量负责。

第十九条　施工单位必须按照工程设计图纸和施工技术标准施工，不得擅自修改工程设计，不得偷工减料。

第二十条　工程监理单位应当依照法律、法规以及有关技术标准、设计文件和工程建设承包合同，代表建设单位对施工质量实施监理，并对施工质量承担监理责任。

第二十一条　施工、监理、施工图设计文件审查等单位，发现工程建设勘察、设计文件不符合强制性标准的，应当报告建设单位，建设单位有权要求工程建设勘察、设计单位对工程建设勘察、设计文件进行补充、修改。

工程建设勘察、设计文件中规定采用的新技术、新材料、新工艺，可能影响建设工程质量和安全，且没有国家技术标准的，勘察单位或者设计单位应当提请自治区住房城乡建设主管部门组织的工程建设技术专家委员会审定后，方可使用。

第二十二条　工程建设实施过程中，建设、勘察、设计、施工、监理单位，应当在相关报告中记录执行强制性标准的情况，并由单位负责人签名。

从事勘察、设计、施工、监理等工程建设活动的单位，应当建立执行强制性标准规章制度。

第二十三条　社会团体或者企业应当组织对其制定的标准开展试验验证，并对标准的实施情况进行跟踪评价。

住房城乡建设主管部门和标准化主管部门，应当对团体标准的制定、实施进行必要的规范、引导和监督。

鼓励标准化专业机构对企业公开的标准开展比对和评价，接受社会监督。

第二十四条　住房城乡建设主管部门应当对本单位人员以及所属工程建设监督管理机构人员进行强制性标准教育培训，并向社会宣传推广强制性标准。

第二十五条　从事勘察、设计、施工、监理等工程建设活动的单位，应当建立健全强制性标准教育培训制度，加强对职工的教育培训。

鼓励工程建设领域的社会团体、科研机构、企业等组织实施推广强制性标准，开展强制性标准信息咨询、技术指导、宣传培训。

第四章　监督检查

第二十六条　住房城乡建设主管部门和其他有关部门，应当加强对强制性标准执行情况的监督检查。

自治区住房城乡建设主管部门应当建立强制性标准实施情况统计分析制度，开展实施效果评价。

第二十七条　住房城乡建设主管部门应当对下列工程建设内容进行检查：

（一）有关工程技术人员是否熟悉、掌握强制性标准；

（二）工程项目的规划、勘察、设计、施工、监理、验收等是否符合强制性标准；

（三）工程项目采用的材料、设备是否符合强制性标准；

（四）工程项目的质量是否符合强制性标准；

（五）工程中采用的导则、手册、计算机软件的内容是否符合强制性标准；

（六）相关报告关于强制性标准执行情况记录是否完整；

（七）其他涉及强制性标准的内容。

住房城乡建设主管部门应当公布检查结果，将不执行强制性标准的单位和人员纳入建筑行业信用体系管理系统。

第二十八条　不符合强制性标准的建设项目规划设计、工程勘察成果报告、施工图设计文件，不得批准和使用。

达不到强制性标准要求的工程建设材料、设备，禁止在工程建设中使用。

违反强制性标准施工的工程，不得验收。

第二十九条 从事勘察、设计、施工、监理等活动的单位，应当建立内部执行强制性标准审查制度，并在相关文件、报告、施工现场明示强制性标准，接受社会询问和监督。

第三十条 任何单位和个人有权检举、投诉违反强制性标准的行为，住房城乡建设主管部门应当及时调查处理，并将调查处理结果反馈检举人、投诉人。

第五章 法律责任

第三十一条 违反本办法第十七条规定，建设单位明示或者暗示设计单位或者施工单位违反强制性标准，降低工程质量的，责令改正后，处二十万元以上五十万元以下的罚款。

第三十二条 违反本办法第十八条规定，勘察单位未按照强制性标准进行勘察，设计单位未按照强制性标准进行设计的，责令改正后，处十万元以上三十万元以下的罚款。

勘察单位或者设计单位有前款规定行为，造成工程质量事故的，责令停业整顿，降低资质等级；情节严重的，吊销资质证书；造成损失的，依法承担赔偿责任。

第三十三条 违反本办法第十九条规定，施工单位在施工中偷工减料的，使用不合格的建筑材料、建筑构配件和设备的，或者有不按照工程设计图纸或者施工技术标准施工的其他行为的，责令改正后，处工程合同价款百分之二以上百分之四以下的罚款；造成工程建设质量不符合规定的质量标准的，负责返工、修理，并赔偿因此造成的损失；情节严重的，责令停业整顿，降低资质等级或者吊销资质证书。

第三十四条 工程监理单位违反强制性标准，将不合格的建设工程、建筑材料、建筑构配件和设备按照合格签字的，责令改正后，处五十万元以上一百万元以下的罚款，降低资质等级或者吊销资质证书；有违法所得的，予以没收；造成损失的，承担连带赔偿责任。

第三十五条 依照本办法规定，给予单位罚款处罚的，对单位直接负责的主管人员和其他直接责任人员处单位罚款数额百分之五以上百分之十以下的罚款。

第三十六条 建设单位、设计单位、施工单位、工程监理单位违反国家规定，降低工程质量标准，造成重大安全事故，构成犯罪的，对直接责任人员依法追究刑事责任。

第三十七条　住房城乡建设主管部门及所属工程建设标准化管理、工程质量等机构的工作人员在工程建设标准化工作中，玩忽职守、滥用职权、徇私舞弊的，对直接负责的主管人员和其他直接责任人员依法给予处分；构成犯罪的，依法追究刑事责任。

第六章　附　则

第三十八条　本办法自2016年2月1日起施行。

宁夏回族自治区建设项目环境保护管理办法

（2002年8月27日宁夏回族自治区人民政府令第51号公布　根据2007年10月31日《宁夏回族自治区人民政府关于修改部分政府规章的决定》第一次修正　根据2016年6月15日《自治区人民政府关于废止和修改部分政府规章的决定》第二次修正）

第一章　总　则

第一条　为了加强对建设项目环境保护的监督管理，防止建设项目产生新的污染、破坏生态环境，根据国务院发布的《建设项目环境保护管理条例》（以下简称《条例》）以及有关法律、法规的规定，结合自治区实际，制定本办法。

第二条　凡在本自治区行政区域内建设对环境有影响的建设项目，均应遵守本办法。

第三条　本办法所称对环境有影响的建设项目，是指国务院环境保护行政主管部门发布的《建设项目环境保护分类管理名录》（以下简称《分类管理名录》）中所列的建设项目。

第四条 自治区实行建设项目环境影响评价和环境保护设施与主体工程同时设计、同时施工、同时投产使用的制度。

第五条 县级以上人民政府环境保护行政主管部门负责对本行政区域内建设项目环境保护实施监督管理。

计划、建设、经贸、国土资源、水利等行政主管部门,应当按照各自的职责,做好建设项目环境保护工作。

第二章 环境影响评价

第六条 环境保护行政主管部门应当根据建设项目对环境的影响程度和《分类管理名录》的要求,按照下列规定对建设项目的环境保护实行分类管理:

(一)建设项目对环境可能造成重大影响的,编制环境影响报告书,对建设项目产生的污染和对环境的影响进行全面、详细的评价;

(二)建设项目对环境可能造成轻度影响的,编制环境影响报告表,对建设项目产生的污染和对环境的影响进行分析或者专项评价;

(三)建设项目对环境影响很小,不需要进行环境影响评价的,填报环境影响登记表。《分类管理名录》中未列入的建设项目,环境保护行政主管部门应当根据国家有关规定确定该建设项目的环境影响评价类别并书面通知建设单位。

第七条 建设单位应当根据环境保护行政主管部门提出的建设项目环境影响评价类别,依法选择具有环境影响评价资质的单位,编制环境影响报告书、环境影响报告表(以下简称"环境影响报告书(表)")或者填报环境影响登记表,对建设项目进行环境影响评价。

第八条 环境影响评价单位应当对编制环境影响报告书的建设项目,编写建设项目环境影响评价大纲,由建设单位报送有审批权的环境保护行政主管部门审核。

环境保护行政主管部门应自收到建设项目环境影响评价大纲之日起十五日内,作出审核意见并书面通知建设单位。

经审核批准的建设项目环境影响评价大纲,是建设项目环境影响评价的依据。

第九条 从事建设项目环境影响评价活动的单位,应当取得国务院环境保护行政主管部门颁发的资格证书,按照资格证书规定的资质等级和范围,开展建设项目环境影响评价工作，并对其评价结论负责。

环境影响评价单位从事环境影响评价活动，应当执行国家规定的收费标准。

第十条 建设单位应当在建设项目可行性研究阶段，向有审批权的环境保护行政主管部门报批建设项目环境影响报告书（表）或者环境影响登记表；建设项目有行业主管部门的，其环境影响报告书（表）或者环境影响登记表应当经行业主管部门审核后，报有审批权的环境保护行政主管部门审批。

按照国家有关规定，不需要进行可行性研究的建设项目，建设单位应当在建设项目开工前报批建设项目环境影响报告书（表）或者环境影响登记表；其中，需要办理营业执照的，建设单位应当在办理营业执照前报批建设项目环境影响报告书（表）或者环境影响登记表。

《条例》对建设项目环境影响评价另有规定的，从其规定。

第十一条 建设项目环境影响评价实行分级管理。

环境保护行政主管部门应当按照本办法第七条规定的审批权限，审批建设项目环境影响报告书（表）或者环境影响登记表。建设项目造成跨行政区域环境影响，有关环境保护行政主管部门对环境影响评价结论有争议的，其环境影响报告书（表）由共同上一级环境保护行政主管部门审批。

环境保护行政主管部门应当在法定的时间内作出审批决定，书面通知建设单位并对建设项目环境影响评价审批决定承担责任。

第十二条 建设项目环境影响报告书（表）或者环境影响登记表经批准后，建设项目的性质、规模、地点以及采用的生产工艺或者污染排放情况发生重大变化的，建设单位应当修改或者重新编制环境影响报告书（表）或者填报环境影响登记表，并按照本办法规定的审批程序重新报批。

建设项目环境影响报告书（表）或者环境影响登记表自批准之日起满五年，该建设项目方开工建设的，其环境影响报告书（表）或者环境影响登记表应当报原审批机关重新审核。

第十三条 建设项目环境影响报告书（表）或者环境影响登记表未报批或者报批未批准的，项目审批部门不得批准该建设项目可行性研究报告。

第三章 环境保护设施

第十四条 建设项目需要配套建设的环境保护设施，必须与主体工程同时设计、同时施工、同时投产使用。

第十五条 建设单位应当在建设项目进行初步设计时,依法选择具有环境保护设施设计资质的单位,对建设项目需要配套建设的环境保护设施同时进行设计。

第十六条 建设项目的初步设计,应当按照环境保护设计规范的要求,编制环境保护篇章。环境保护篇章应包括下列内容:

(一)环境保护设计依据;

(二)主要污染源和主要污染物的种类、名称、数量、浓度或强度及排放方式;

(三)规划采用的环境保护标准;

(四)环境保护工程设施及其处理工艺流程、预期效果;

(五)对建设项目引起的生态变化所采取的防范措施;

(六)绿化设计;

(七)环境保护投资概算;

(八)环境管理机构及环境监测机构;

(九)存在的问题及建议。

第十七条 环境保护篇章编制完成后,建设单位应当报审批该建设项目环境影响报告书(表)的环境保护行政主管部门进行审核。

环境保护行政主管部门应自收到建设项目环境保护篇章之日起十五日内,作出审核意见并书面通知建设单位。

第十八条 施工单位应当按照环境保护设计文件要求进行施工,并采取措施,防止和减轻施工噪声、粉尘、污水、废气等对环境的污染以及对水源保护区、自然保护区等自然环境的破坏。

环境保护行政主管部门应当对建设项目施工中的环境保护设施进行监督检查。

第十九条 建设项目试生产期间,建设单位应当委托负责建设项目环境保护设施竣工验收的环境保护行政主管部门所属的环境监测机构,对环境保护设施运行情况和建设项目对环境的影响进行监测。

环境监测机构对环境保护设施运行情况和建设项目对环境的影响进行监测,应当向建设单位出具监测报告,并对监测结论负责。

第二十条 建设项目试生产期间,建设单位应当向审批该建设项目环境影响报告书(表)或者环境影响登记表的环境保护行政主管部门报告环境保护设施运行状况、污染物排放标准以及污染物排放总量等情况。

环境保护行政主管部门对建设项目试生产期间造成环境严重污染和生

态破坏的，应当责令建设单位限期治理。

第二十一条　建设项目竣工后或者需要进行试生产的建设项目自投入试生产之日起九十日内，建设单位应当持环境保护设施竣工验收申请报告和环境保护设施监测报告及有关资料，向审批该建设项目环境影响报告书(表)或者环境影响登记表的环境保护行政主管部门，申请该建设项目需要配套建设的环境保护设施竣工验收。

第二十二条　建设项目环境保护设施竣工验收应当符合下列条件：

(一)建设项目环境影响评价审批、审核手续完备，技术资料齐全；

(二)环境保护设施已按规定建成，环境保护设施安装质量符合有关工程验收规范和检验评定标准；

(三)环境保护设施与主体工程同时试运行，其防治污染能力适应主体工程的需要；

(四)环境保护设施正常运转，符合交付使用的条件；

(五)污染物排放符合国家标准和地方标准，在实施重点污染物排放总量控制的区域内，还必须符合重点污染物排放总量控制的要求；

(六)建设项目施工中受到破坏，可恢复的环境已经得到修整；

(七)环境保护管理制度和环境监测制度已建立健全；

(八)国家和自治区规定的其他条件。

第二十三条　环境保护行政主管部门应当自收到环境保护设施竣工验收申请报告之日起三十日内，按照国家和自治区有关规定组织验收，并对验收合格的建设单位颁发建设项目环境保护设施验收合格证。

第二十四条　建设项目需要配套建设的环境保护设施未建成、未验收或者经验收不合格的，该建设项目不得投入生产或者使用。

第二十五条　建设项目正式投入生产或者使用后，环境保护设施停止运行的，建设单位应当向环境保护行政主管部门申报，并采取相应措施防治环境污染和生态环境破坏。环境保护行政主管部门认定环境保护设施停止运行造成环境严重污染和生态环境破坏的，建设项目的主体工程应同时停止生产或者使用。

第四章　罚　则

第二十六条　违反本办法规定，有下列行为之一的，由负责审批建设项目环境影响报告书(表)或者环境影响登记表的环境保护行政主管部门依据

《条例》第二十四条的规定给予处罚：

（一）未报批建设项目环境影响报告书（表）或者环境影响登记表的；

（二）建设项目的性质、规模、地点以及采用的生产工艺或者污染物排放情况发生重大变化，未重新报批建设项目环境影响报告书（表）或者环境影响登记表的；

（三）建设项目环境影响报告书（表）或者环境影响登记表自批准之日起满五年，建设项目方开工建设的，其环境影响报告书（表）或者环境影响登记表未报原审核机关重新审核的。

第二十七条 违反本办法规定，有下列行为之一的，由负责审批建设项目环境影响报告书（表）或者环境影响登记表的环境保护行政主管部门按照下列规定给予处罚：

（一）建设项目环境影响报告书（表）或者环境影响登记表未批准或者未经原审批机关重新审核同意，擅自开工建设的，依据《条例》第二十五条的规定给予处罚。

（二）需要进行试生产的建设项目配套建设的环境保护设施未与主体工程同时投入试运行的，依据《条例》第二十六条的规定给予处罚。

（三）建设项目投入试生产超过九十日，建设单位未申请环境保护设施竣工验收的，依据《条例》第二十七条的规定给予处罚。

（四）建设项目需要配套建设的环境保护设施未建成、未验收或者经验收不合格，主体工程正式投入生产或者使用的，依据《条例》第二十八条的规定给予处罚。

第二十八条 从事建设项目环境影响评价的单位，在环境影响评价工作中弄虚作假的，依据《条例》第二十九条的规定给予处罚。

第二十九条 当事人对行政处罚决定不服的，可以依法申请行政复议或者向人民法院提起行政诉讼。当事人逾期不申请行政复议，又不提起行政诉讼，也不履行行政处罚决定的，由作出行政处罚决定的机关申请人民法院强制执行。

第三十条 环境保护行政主管部门以及有关项目审批部门的工作人员，在建设项目环境保护管理工作中徇私舞弊、滥用职权、玩忽职守的，由其所在单位或者主管部门依法给予行政处分；构成犯罪的，依法追究刑事责任。

第五章 附 则

第三十一条 本办法自2002年10月1日起施行。

劳动人事

宁夏回族自治区人民代表大会常务委员会关于废止《宁夏回族自治区劳动监察条例》的决定

（2015年3月31日宁夏回族自治区第十一届人民代表大会常务委员会第十六次会议通过）

宁夏回族自治区第十一届人民代表大会常务委员会第十六次会议决定，废止《宁夏回族自治区劳动监察条例》。

本决定自公布之日起施行。

宁夏回族自治区人才市场条例

（2007年7月26日宁夏回族自治区第九届人民代表大会常务委员会第二十九次会议通过　根据2015年5月20日宁夏回族自治区第十一届人民代表大会常务委员会第十七次会议《关于修改〈宁夏回族自治区建筑管理条例〉等五件地方性法规的决定》修正）

第一章　总　则

第一条　为了促进人才合理流动，规范人才市场活动，根据国家有关法律、法规的规定，结合自治区实际，制定本条例。

第二条　本条例所称人才市场，是指人才中介服务机构从事中介服务、人事代理、用人单位招聘人才、个人应聘以及政府部门监督管理和提供公共服务等活动的总称。

人才市场的服务对象,是指具有专业知识和承担专业技术、管理工作相应资格或者能力的人员以及各类用人单位。

第三条 人才市场活动应当遵守法律、法规和国家有关政策,坚持双向选择、公平竞争、诚实信用的原则。

第四条 县级以上人民政府应当把人才市场发展纳入国民经济和社会发展总体规划,所需经费纳入财政预算。建立和完善布局合理、机制健全、运行规范、监管有力的人才市场体系,为人才的有序流动和合理配置创造良好环境。

第五条 县级以上人民政府人事行政部门主管本行政区域内人才市场工作。

工商行政管理、教育、物价等部门按照各自职责做好人才市场的相关工作。

第二章 人才中介服务机构

第六条 本条例所称人才中介服务机构,是指通过提供信息、场地等形式为人才和用人单位服务的机构。

第七条 人才中介服务机构不受区域和所有制等限制,为各类人才和用人单位提供服务。

第八条 设立人才中介服务机构应当具备下列条件:

(一)具有明确的机构名称、业务范围和机构章程;

(二)有开展中介服务活动的固定场所、设施和相应的资金;

(三)有三名以上经过岗位培训并取得自治区人民政府人事行政部门颁发的人才中介服务资格证书的专职人员;

(四)能够独立承担民事责任;

(五)其他依法应当具备的条件。

第九条 设立人才中介服务机构,应当向人事行政部门申请《宁夏回族自治区人才中介服务许可证》(以下简称许可证)。

人才中介服务机构的审批权限:

(一)自治区直属企业事业单位、中央驻宁单位、外省(自治区、直辖市)、跨设区的市设立人才中介服务机构的,设立冠有“宁夏”名称的人才中介服务机构的,由自治区人事行政部门审批。

（二）设区的市、县（市、区）设立人才中介服务机构的，由同级人事行政部门审批。

（三）人才中介服务机构设立分支机构的，应当在征得原审批机关书面同意后，由分支机构所在地县（市、区）人事行政部门审批。

第十条 互联网信息服务提供者专营或者兼营人才中介服务的，应当向自治区人事行政部门申请许可证。

第十一条 人事行政部门应当自受理许可证申请之日起二十个工作日内作出行政许可决定。决定批准的，发给许可证；需要延期批准或者不批准的，应当书面说明理由。

申请设立人才中介服务机构，应当依法到有关部门办理注册登记手续。

未取得许可证的，不得从事人才市场中介服务活动。

第十二条 人才中介服务机构要求变更名称、场所、经营范围或者停业的，应当向原核发许可证的人事行政部门提出申请，依法办理变更或者注销手续。

第十三条 人才中介服务机构可以开展下列人才中介服务：

（一）人才供求信息的收集、整理、储存、发布和咨询；

（二）人才推荐、招聘、培训、测评；

（三）人才信息网络服务；

（四）举办人才交流会；

（五）其他有关业务。

第十四条 人才中介服务机构应当将其服务内容、工作程序、收费项目和标准在办公场所公布，接受咨询、监督和检查。

第十五条 人才中介服务机构开展业务不得有下列行为：

（一）擅自增加收费项目或者提高收费标准；

（二）超越许可证核准的范围开展经营活动；

（三）伪造、涂改、转借、转让、出租、变卖许可证；

（四）提供虚假人才市场信息或者作虚假承诺；

（五）以转让、挂靠、承包等方式经营；

（六）其他违法经营行为。

第十六条 人才中介服务机构举办人才交流会，应当向县级以上人民政府人事行政部门提出书面申请，并提交有关材料。县级以上人民政府人事行政部门应当自收到申请之日起二十个工作日内作出决定。对符合条件的，予以批准，并对招聘活动进行监督管理；对不符合条件的，作出不予批准的书面决定。

第十七条 人才市场行业协会应当为人才市场中介组织提供咨询、培训、信息等服务，制定行业标准和服务规范，监督、指导成员单位的经营管理行为，维护行业利益，提高人才中介服务水平和质量。

第三章 人事代理

第十八条 本条例所称人事代理，是指人才中介服务机构受人事行政部门的授权，或者受用人单位、个人的委托，代理完成人事管理的有关事项。

未经授权或者委托，任何人才中介服务机构不得开展人事代理。

第十九条 人才中介服务机构开展以下人事代理业务，必须经过人事行政部门的授权（以下简称授权代理）：

（一）流动人员人事档案管理；

（二）在规定的范围内申报或者组织评审专业技术职务任职资格；

（三）配合企业事业单位人事制度改革，开展单位人事管理集体代理业务；

（四）转正定级和工龄核定；

（五）大中专毕业生接收手续；

（六）流动人才户口办理和因私出国审查；

（七）辞职辞退人员身份认定。

第二十条 人才中介服务机构受用人单位和个人的委托，可以开展代理招聘人才、员工管理、薪酬设计等服务项目（以下简称委托代理）。

第二十一条 人才中介服务机构开展授权代理或者委托代理业务，应当遵守法律、法规和国家政策，制定并实施规范化管理制度，提高服务水平和质量，不得超出授权代理或者委托代理的范围开展活动。

第四章 人才招聘与应聘

第二十二条 国家机关、社会团体、企业事业单位考试录用、聘用工作人员，应当向社会开放公共职位，录用、聘用社会人才。

第二十三条 用人单位不分规模、区域和所有制形式，都可以依法招聘所需人才。

用人单位跨行政区域招聘人才的,有关部门应当提供便利条件。

第二十四条 用人单位招聘人才,应当出具营业执照或者其他相关资质证明文件。

用人单位可以通过下列方式招聘人才:

(一)人才市场中介服务;

(二)人才交流会;

(三)新闻媒体刊播招聘广告;

(四)网上招聘;

(五)双向直接联系;

(六)其他合法方式。

第二十五条 用人单位招聘人才应当如实公布下列内容:

(一)单位名称、地址、性质以及业务范围;

(二)招聘人数、条件、工种、岗位;

(三)工资报酬和社会保险待遇;

(四)招聘时间、地点和联系方式;

(五)其他相关内容。

第二十六条 通过新闻媒体发布招聘人才广告的,广告经营者、广告发布者应当查验用人单位的营业执照和其他生产、经营资格的证明文件,保证广告内容的真实、合法。

第二十七条 用人单位和个人协商一致,确立聘用关系的,应当依法签订书面聘用合同或者劳动合同。用人单位通过兼职或者定期服务等形式聘用人才的,可以以书面方式约定双方的权利和义务。

第二十八条 用人单位招聘人才不得有下列行为:

(一)未经财政、物价部门同意,向应聘者收取报名、登记等费用;

(二)以交纳押金、保证金等形式作为聘用的条件;

(三)扣押应聘人员的身份证、资格证、学历证明等证件;

(四)采取欺诈、胁迫等手段招聘人才或者借招聘人才牟取非法利益;

(五)法律、法规、规章禁止的其他行为。

第二十九条 各类人才不分城乡、区域、民族、性别等,均有权通过人才市场自主择业。

人才自主择业,其合法权益受法律保护。

第三十条 人才应聘,应当向招聘单位如实提供本人的基本情况和相关证明材料。

第三十一条　在职人员要求另行择业的，应当向所在单位提出书面申请。所在单位同意另行择业的，应当为其办理有关手续；不同意另行择业的，应当说明理由。

任何单位和个人不得故意刁难、阻挠人才的合理流动。

第三十二条　人才流动发生争议，当事人有合同约定的，按合同约定处理；当事人没有合同约定的，协商解决；协商不成的，当事人应当在争议发生之日起六十日内，以书面形式向人事、劳动争议仲裁机构申请仲裁；对仲裁不服的，可以向人民法院提起诉讼。

第五章　服务和监督

第三十三条　县级以上人民政府人事行政部门应当履行下列服务职责：

（一）制定并实施人才市场发展规划；

（二）依法规范人才市场秩序；

（三）制定优惠政策，鼓励和引导人才向国家和自治区重点建设项目、技术研究项目、支柱产业、艰苦地区和行业流动；

（四）积极引导和扶持人才中介服务机构的建设与发展，促进专业化、信息化、产业化人才市场服务体系建设；

（五）调解、仲裁人才流动中引起的争议；

（六）其他人才市场服务监管职责。

第三十四条　人事行政部门应当建立人才流动违法行为举报、投诉制度，及时查处人才市场活动中的违法行为，并将查处情况反馈举报、投诉人。

第三十五条　人事行政、工商、物价等主管部门应当适时对人才市场进行监督检查，对无证经营、违规经营、虚假招聘、乱收费、就业歧视等侵犯人才和用人单位合法权益、扰乱市场秩序的行为依法进行查处。

第六章　法律责任

第三十六条　人才中介服务机构违反本条例第十一条第二款规定，不依法办理注册登记手续，而从事人才中介服务活动的，由有关部门依法处罚。

第三十七条　违反本条例第十一条第三款规定，未取得许可证，擅自从事人才中介服务活动的，由人事行政部门给予警告，责令限期改正；逾期不改正的，处以二千元以上一万元以下罚款；有违法所得的，没收违法所得。

第三十八条 人才中介服务机构违反本条例，有第十五条第一项禁止行为的，由物价部门依法予以处罚；有第二项至第六项禁止行为之一的，由人事行政部门给予警告，责令限期改正；逾期不改正的，处以二千元以上二万元以下的罚款；有违法所得的，没收违法所得；情节严重的，责令停业整顿或者吊销许可证。

第三十九条 违反本条例第十八条第二款规定，人才中介服务机构未经授权或者委托开展人事代理业务的，由人事行政部门给予警告，责令限期改正；逾期不改正的，处以二千元以上二万元以下的罚款；有违法所得的，没收违法所得；情节严重的，责令停业整顿或者吊销许可证。

第四十条 广告经营者、广告发布者违反本条例第二十六条规定，发布虚假广告，致使应聘人员的合法权益受到损害的，应当依法承担赔偿责任。

第四十一条 用人单位违反本条例，有第二十八条第一项至第四项禁止行为之一的，由人事行政部门责令退还违法收取的费用、押金、保证金、证件；有违法所得的，没收违法所得，并处以违法所得一倍以上五倍以下的罚款。因欺诈行为，给应聘人员造成损失的，应当依法承担赔偿责任。

第四十二条 单位和个人违反本条例第三十一条第二款规定，故意刁难、阻挠人才合理流动的，由人事行政部门责令限期改正；逾期不改正的，给予警告，并通报批评。

第四十三条 当事人对人事行政部门作出的行政处罚决定、延期作出或者不作出行政许可决定等具体行政行为不服的，可以依法申请行政复议或者提起行政诉讼。

第四十四条 人事行政部门的工作人员在人才市场服务管理工作中滥用职权、徇私舞弊、玩忽职守，侵犯人才、用人单位和人才中介服务机构合法权益的，依法给予处分；构成犯罪的，依法追究刑事责任。

第七章 附 则

第四十五条 本条例自2007年9月1日起施行。2000年8月28日自治区人民政府公布的《宁夏回族自治区人才市场管理规定》同时废止。

宁夏回族自治区创业与就业促进条例

（2009年5月27日宁夏回族自治区第十届人民代表大会常务委员会第十次会议通过　根据2012年3月29日宁夏回族自治区第十届人民代表大会常务委员会第二十九次会议《关于修改十五件地方性法规的决定》第一次修正　根据2016年3月24日宁夏回族自治区第十一届人民代表大会常务委员会第二十三次会议《关于修改〈宁夏回族自治区煤炭资源勘查开发与保护条例〉等三件地方性法规的决定》第二次修正）

第一章　总　则

第一条　为了促进创业和就业，以创业带动就业，促进经济发展和社会和谐稳定，根据《中华人民共和国就业促进法》和相关法律、行政法规规定，结合自治区实际，制定本条例。

第二条　自治区行政区域内促进创业和就业及其相关活动，适用本条例。

第三条　各级人民政府应当贯彻国家就业政策，实行劳动者自主择业、市场调节就业、政府促进就业的方针，统筹城乡就业，多渠道扩大就业，以创业带动就业，逐步建立和完善市场创业和就业机制。

第四条　县级以上人民政府应当把创业和扩大就业作为经济社会发展的重要目标，完善创业和就业政策，统筹协调创业和就业工作中的重大问题，创造公平的创业和就业环境。

第五条　县级以上人民政府人力资源和社会保障行政主管部门具体负责本行政区域内的促进创业和就业工作。

发展和改革、经济和信息化、教育、财政、住房和城乡建设、工商、税务等有关部门，按照职责分工，共同做好促进创业和就业工作。

工会、共青团、妇联、工商联、残联以及其他社会组织，应当协助政府及其有关部门开展促进创业和就业工作,依法维护劳动者的劳动权利。

第二章　政策支持

第六条　各级人民政府应当鼓励劳动者自主创业,有关部门应当简化立项、审批、办证等程序,提高办事效率,为劳动者自主创业提供便利。

第七条　县级以上人民政府应当在本级财政预算中安排创业发展资金和就业专项资金。

创业发展资金用于创业的贷款担保基金、贷款贴息、创业培训补贴、创业服务补贴以及创业奖励等。

就业专项资金用于职业介绍、职业培训、公益性岗位、职业技能鉴定、特定就业政策和社会保险等的补贴,小额贷款担保基金和微利项目的贷款贴息,以及扶持公共就业服务等。

任何单位和个人不得截留、挤占、挪用和虚报、冒领创业发展资金或者就业专项资金。

第八条　县级以上人民政府应当建立创业项目评估和推介制度。建立创业项目库,定期发布创业项目信息,为劳动者创业提供服务。

第九条　各级人民政府应当统筹规划,安排建设适宜劳动者创业的创业园区、街区等创业基地,搞好基础设施及配套设施建设。

第十条　各级人民政府应当引导金融机构、保险机构为创业者提供信贷、保险,鼓励区内外民营资本进入担保行业,发展多种出资方式的担保机构,为创业者贷款提供担保服务。

第十一条　大中专毕业生、复退军人、就业困难人员等城乡劳动者自主创业、自谋职业的,享受国家和自治区的税收、行政事业性收费等优惠政策,并按规定给予贷款贴息扶持。

第三章　服务和管理

第十二条　县级以上人民政府应当培育和完善统一开放、竞争有序的人力资源市场,建立健全城乡创业和就业公共服务体系,设立创业和就业公共服务机构,服务网点应当覆盖乡镇和城市街道、社区。

人力资源和社会保障行政部门应当加强对创业和就业公共服务工作的

指导和管理。

第十三条　创业和就业公共服务机构应当建立创业和就业信息管理服务系统，设立创业和就业服务热线，为劳动者和用人单位提供创业和就业服务。

第十四条　创业和就业公共服务机构按照国家规定免费为劳动者提供以下服务：

（一）创业就业政策法规咨询；

（二）创业项目推介；

（三）创业指导、职业指导和职业介绍服务；

（四）职业供求信息、市场工资指导价位和职业培训信息发布；

（五）公益性就业岗位信息；

（六）对就业困难人员实施就业援助；

（七）办理就业登记、失业登记等事务；

（八）为符合条件的创业者和中小企业提供小额贷款担保服务；

（九）其他创业和就业公共服务。

第十五条　创业和就业公共服务机构可以根据用人单位委托提供档案代管、代理招聘、跨地区人员招聘、劳动保障事务代理等服务。

第十六条　鼓励具备条件的单位、社会组织和个人依法成立职业中介机构，开展职业介绍服务。

各级人力资源和社会保障行政主管部门应当加强对职业中介机构的管理，提高职业中介服务的质量。

第十七条　设立职业中介机构应当具备下列条件：

（一）有明确的章程和管理制度；

（二）有开展业务必备的固定场所、办公设施和不少于三万元的开办资金；

（三）有三名以上具备相应职业资格的专职工作人员；

（四）法律、法规规定的其他条件。

第十八条　单位或个人申请设立职业中介机构，应当向所在地县级以上人民政府人力资源和社会保障行政主管部门提交申请书和相关证明资料。人力资源和社会保障行政主管部门应当自受理申请之日起十五个工作日内作出决定。对符合条件的，发给职业介绍许可证；对不符合条件的，应当书面说明理由。

设立职业中介机构应当在工商行政管理部门办理登记后，向人力资源和社会保障行政主管部门申请行政许可。未经依法登记和许可的机构，不得从事职业中介活动。

第十九条 职业中介机构应当在服务场所显著位置公示许可证照、服务范围，收费依据、标准和监管部门的投诉、举报监督电话，接受人力资源和社会保障行政部门的监督。

第二十条 各级人民政府应当加强劳动力转移就业管理，做好转出地和转入地的信息沟通、政策协调、权益保障工作；支持和指导劳务中介组织、劳务派遣单位做好外出就业人员的培训、服务和维权工作。

第二十一条 实施人力资源调查统计和就业、失业登记制度，具体办法由自治区人民政府制定。

第二十二条 县级以上人民政府应当建立和完善失业预警制度，制订失业调控预案，实施失业预防、调节和控制。

第四章 创业和就业培训

第二十三条 县级以上人民政府应当加强职业教育和培训工作，建立适应市场需求、结构合理、形式多样、自主发展的现代职业教育培训体系，加强城乡职业教育师资、实训基地等建设。

第二十四条 鼓励社会组织和公民个人依法设立职业技能培训机构，开展职业技能培训。

各类职业培训机构应当依法开展职业技能和职业资格培训活动，增强培训的针对性和实用性，提高培训质量。

鼓励各类培训机构按照企业用工需求，开展定向、订单培训，为企业提供适用人才。

县级以上人民政府应当对城镇登记失业人员以及进城务工的农村劳动者参加就业培训的，给予一次性就业培训补贴。

第二十五条 普通高校和职业技术院校应当加强创业课程设置和师资配备，开展创业培训和创业实训，提高学生的创业和就业能力。

职业技术院校对接受正规职业技术教育培训的初、高中毕业生，应当设立助学金或者协助学生申请助学补贴、助学贷款，帮助家庭困难学生完成职业教育。

第二十六条 企业应当建立职工培训制度，按照国家规定足额提取职工教育培训经费，有计划地对职工进行岗前培训、在职培训，提高职工技能素质,实现稳定就业;对企业富余人员应当开展转岗培训,为其实现再就业提供条件。

第二十七条 县级以上人民政府应当推行国家职业资格证书制度,加强劳动者职业技能鉴定和专业技术人员职称评定考核工作,为劳动者创业和就业创造有利条件。

鼓励进城创业和就业的农村劳动者参加职业技能培训和职业技能鉴定,获取国家职业资格证书。

第五章 就业援助

第二十八条 县级以上人民政府应当有计划地投资开发公益性岗位,安排就业困难人员就业,并依照国家规定给予岗位补贴。就业困难人员的具体范围由自治区人民政府规定。

鼓励社会各界通过开展有针对性的就业援助活动,帮助就业困难人员实现就业。

第二十九条 行政机关、事业单位应当开发下列公益性岗位,帮助就业困难人员实现就业:

(一)政府投资建设的公共设施的管理、维护所需岗位;

(二)政府及其部门组织社会公益活动所需岗位;

(三)机关、事业单位的工勤服务岗位;

(四)街道、乡镇、社区开发的便民、利民服务岗位;

(五)政府及其部门开发的其他适合就业困难人员就业的岗位。

各级人民政府应当建立零就业家庭就业专项援助制度,保证零就业家庭至少有一人实现就业。

第三十条 企业新招就业困难人员并与其签订一年以上期限劳动合同,依法缴纳社会保险费的,政府在相应期限内按实际新招人数给予社会保险补贴和岗位补贴,并可以享受贷款担保和贴息。

社会保险补贴和岗位补贴期限,除对距法定退休年龄不足五年的人员可延长至退休外,其余人员不超过三年。

第三十一条 利用企业的非主业资产、闲置资产和关闭破产企业的有效资产,改制创办独立核算、自负盈亏的法人经济实体,安置企业富余人员或者就业困难人员达到百分之三十以上,与其签订一年以上劳动合同,并依法缴纳社会保险费的,三年内免征地方分享部分企业所得税。法律、行政法规另有规定的，从其规定。

第三十二条 人力资源和社会保障行政主管部门应当对进城就业的农村劳动者和就业困难人员较为集中的用人单位实施工资支付监控制度，保证用人单位执行工资制度和按时足额发放工资。对有拖欠工资行为的单位，责令其在开户银行按期预存工资保证金，实行专户管理。

第三十三条 各级司法行政部门和行业协会应当做好对进城就业的农村劳动者和就业困难人员的法律服务工作。对申请支付劳动报酬、工伤赔偿及其他社会保险赔偿的，及时提供法律援助。

第六章 监督检查

第三十四条 县级以上人民政府和相关部门应当建立促进创业和就业目标责任制和监督考核制度，按照促进创业和就业目标责任制的要求，对所属的有关部门和下一级人民政府进行考核和监督。

第三十五条 审计机关、财政部门应当依法对创业资金和就业专项资金的管理和使用情况进行监督检查。

第三十六条 人力资源和社会保障行政主管部门应当对创业和就业情况进行监督检查，建立举报、投诉制度，公开举报投诉电话和电子信箱，受理举报、投诉，并及时予以核实处理。

第七章 法律责任

第三十七条 违反本条例规定，行政机关或者事业单位及其工作人员有截留、挤占、挪用和虚报、冒领创业发展资金或者就业专项资金行为之一的，由上级主管部门责令改正，追回有关资金，对单位给予警告，并通报批评，对直接负责的主管人员和其他直接责任人员依法给予处分；构成犯罪的，依法追究刑事责任。

第三十八条 违反本条例规定，各级人民政府和有关部门、公共就业服务机构及其工作人员，有下列行为之一的，由上级主管部门、监察部门责令改正，对单位给予警告，并通报批评，对直接负责的主管人员和其他直接责任人员依法给予处分：

（一）拒不实施政府有关促进创业和就业扶持政策和措施的；

（二）对投诉举报推诿、拖延或者对侵犯劳动者创业和就业权益的违法行为不予查处的；

（三）对拖欠劳动者工资的单位不履行监控职责的；

（四）虚报促进创业和就业考核指标的；

（五）不履行失业预警职责的；

（六）不依法履行促进创业和就业工作职责的。

第三十九条 违反本条例规定，侵害劳动者合法权益，造成财产损失或者其他损害的，依法承担民事责任；构成犯罪的，依法追究刑事责任。

第八章 附 则

第四十条 本条例自2009年7月1日起施行。

宁夏回族自治区劳动保障监察条例

（2006年3月31日宁夏回族自治区第九届人民代表大会常务委员会第二十一次会议通过 根据2012年3月29日宁夏回族自治区第十届人民代表大会常务委员会第二十九次会议《关于修改十五件地方性法规的决定》修正 根据2016年5月27日宁夏回族自治区第十一届人民代表大会常务委员会第二十四次会议《关于修改〈宁夏回族自治区公路路政管理条例〉等四件地方性法规的决定》第二次修正）

第一章 总 则

第一条 根据《中华人民共和国劳动法》和国务院发布的《劳动保障监察条例》等法律、法规，结合自治区实际，制定本条例。

第二条 本自治区行政区域内对与劳动者建立或者形成劳动关系的各类企业、个体工商户、民办非企业单位以及国家机关、事业单位和社会团体

（以下统称用人单位）进行劳动保障监察，适用本条例。

对职业介绍机构、职业技能培训机构、职业技能考核鉴定机构和基本医疗保险、工伤保险、生育保险的医药服务机构进行劳动保障监察，依照本条例执行。

第三条 县级以上人民政府的劳动保障行政部门主管本行政区域内的劳动保障监察工作。

公安、工商、财政、建设、卫生、安全生产监督等有关行政主管部门，按照各自职责，依法做好劳动保障监察工作。

第四条 县级以上人民政府劳动保障行政部门设立的劳动保障监察机构，应当配备与工作任务相适应的专职劳动保障监察员。

劳动保障监察机构具体负责劳动保障监察工作。

第五条 工会、妇联和共青团组织应当依法维护劳动者的合法权益，对用人单位遵守劳动保障法律、法规和规章的情况进行监督。

第六条 任何组织和个人对于违反劳动保障法律、法规或者规章的行为，有权向劳动保障行政部门举报、投诉。

任何组织和个人不得打击报复举报人、投诉人。

第二章 职责与管辖

第七条 劳动保障行政部门履行下列劳动保障监察职责：

（一）宣传劳动保障法律、法规和规章，并监督用人单位贯彻执行；

（二）检查用人单位遵守劳动保障法律、法规和规章的情况；

（三）受理对违反劳动保障法律、法规或者规章行为的举报、投诉；

（四）依法纠正和查处违反劳动保障法律、法规或者规章的行为；

（五）对劳动保障监察机构进行监督管理，对劳动保障监察人员进行培训；

（六）法律、法规和规章规定的其他职责。

第八条 劳动保障行政部门对下列事项实施劳动保障监察：

（一）制定内部劳动保障规章制度的情况；

（二）与劳动者订立和履行劳动合同的情况；

（三）用人单位与工会组织或者职工代表平等协商，订立和履行集体合同的情况；

（四）遵守禁止使用童工规定的情况；

（五）遵守女职工和未成年工特殊劳动保护规定的情况；

（六）遵守工作时间和休息休假规定的情况；

（七）支付劳动者工资和执行最低工资标准的情况；

（八）参加各项社会保险和缴纳社会保险费的情况；

（九）遵守国家有关职业介绍、职业技能培训和职业技能考核鉴定的规定的情况；

（十）遵守基本医疗保险、工伤保险、生育保险医药服务的相关规定的情况；

（十一）法律、法规和规章规定的其他劳动保障监察事项。

第九条　劳动保障行政部门按照下列权限范围实施劳动保障监察：

（一）自治区劳动保障行政部门负责中央驻宁机关、企业事业单位，自治区级机关、事业单位和社会团体的劳动保障监察工作；

（二）设区的市劳动保障行政部门负责本行政区域内的各类市属用人单位和在自治区、市工商行政管理部门登记注册的其他用人单位的劳动保障监察工作；

（三）县（市、区）劳动保障行政部门负责本行政区域内县（市、区）属各类用人单位和在本县（市、区）工商行政管理部门登记注册的其他用人单位的劳动保障监察工作。

用人单位的生产经营场所与该用人单位注册登记地不同的，由用人单位的生产经营场所所在地的县（市、区）劳动保障行政部门实施劳动保障监察。

对职业介绍机构、职业技能培训机构、职业技能考核鉴定机构的劳动保障监察，由核发其许可证件的劳动保障行政部门负责。

第十条　下级劳动保障行政部门对其负责的劳动保障监察事项，认为需要上一级劳动保障行政部门监察的，可以提请上一级劳动保障行政部门监察；上级劳动保障行政部门认为必要时，可以直接监察下级劳动保障行政部门负责的劳动保障监察事项，也可以将本级负责的劳动保障监察事项委托下级劳动保障行政部门监察。

劳动保障行政部门之间因劳动保障监察管辖发生争议的，报请共同的上一级劳动保障行政部门指定管辖。

第十一条　劳动保障行政部门没有法律、法规、规章依据或者超越职权对用人单位进行监察的，用人单位有权拒绝。

第三章　劳动保障监察的实施

第十二条　劳动保障行政部门实施劳动保障监察，可以采取以下方式：

（一）日常巡视检查；

（二）审查用人单位报送的书面材料；

（三）受理举报、投诉；

（四）专项检查；

（五）劳动保障行政部门决定的其他形式。

第十三条　劳动保障行政部门开展日常巡视检查应当制定日常巡视检查计划，建立目标管理考核制度，确定日常巡视检查的主要内容和范围。

第十四条　劳动保障行政部门根据劳动保障监察工作的需要，可以要求用人单位报送书面材料并审查。用人单位应当按照劳动保障行政部门的要求报送材料。

第十五条　劳动保障行政部门应当受理符合下列条件的举报、投诉：

（一）有明确的被举报人和被投诉的单位；

（二）有具体的违反劳动保障法律、法规或者规章的事实；

（三）属于劳动保障监察的事项；

（四）属于接受举报、投诉的劳动保障行政部门管辖。

第十六条　劳动保障行政部门对组织和个人的举报、投诉，应当根据下列情况分别作出处理：

（一）对不属于本部门管辖范围的，应当告知举报人、投诉人向有处理权的机关反映；

（二）对属于劳动争议纠纷的，应当告知举报人或者投诉人可以依法申请调解、仲裁或者提起诉讼；

（三）对用人单位可能存在违反劳动保障法律、法规、规章的行为，需要进行调查处理的，应当立案。

（四）违法行为涉嫌犯罪的，应当移送司法机关处理。

劳动保障行政部门依照前款（三）、（四）项规定作出的处理，举报人、投诉人要求告知处理结果的，劳动保障行政部门应当告知举报人、投诉人。

第十七条　违反劳动保障法律、法规或规章的行为在二年内未被劳动保障行政部门发现，也未被举报、投诉的，劳动保障行政部门不再查处。

前款规定的期限，自违反劳动保障法律、法规或者规章的行为发生之日起计算;违反劳动保障法律、法规或者规章的行为有连续或者继续状态的,自行为终了之日起计算。

第十八条　劳动保障行政部门对违反劳动保障法律、法规或者规章的行为的调查,应当自立案之日起六十个工作日内结案。对有下列情形之一的,经劳动保障行政部门负责人批准,可以延长三十个工作日:

(一)用人单位欠薪逃匿的;

(二)需要异地调查的;

(三)非法用工的;

(四)违法行为时间跨度较长的;

(五)其他情节复杂确需延长的。

第十九条　劳动保障行政部门作出的重大劳动保障监察决定,应当自决定作出之日起十日内报送上一级劳动保障行政部门备案。

上级劳动保障行政部门发现下级劳动保障行政部门作出的劳动保障监察决定违法或者不当时,有权依法予以纠正或者责令下级劳动保障行政部门自行纠正。

第二十条　劳动保障行政部门应当建立用人单位劳动保障守法诚信档案。用人单位有重大违反劳动保障法律、法规或者规章的行为的,由有关的劳动保障行政部门向社会公布。

第四章　法律责任

第二十一条　对于违反本条例规定的行为,依照国务院《劳动保障监察条例》的规定处罚。本条例规定的劳动保障监察事项,法律、行政法规对处罚另有规定的,从其规定。

第二十二条　劳动保障行政部门及其劳动保障监察机构的工作人员违反本条例规定,有下列行为之一的,由劳动保障行政部门对直接负责的主管人员和直接责任人员给予行政处分;构成犯罪的,依法追究刑事责任;给当事人造成损失的,应当依法予以赔偿:

(一)擅自查封、扣押用人单位财物的;

(二)泄露用人单位商业秘密或者举报人情况的;

(三)有其他滥用职权、玩忽职守或者徇私舞弊行为的。

第二十三条　劳动保障行政部门对用人单位违反劳动保障法律、法规、规章的行为作出行政处罚或者行政处理决定前,应当听取用人单位的陈述、申辩;作出行政处罚、行政处理,应当告知用人单位依法享有行政复议或者提起行政诉讼的权利。

第五章　附　则

第二十四条　对无营业执照或者已被依法吊销营业执照,有劳动用工行为的,由劳动保障行政部门依照本条例实施劳动保障监察,并及时通报工商行政管理部门予以查处取缔。

第二十五条　劳动安全卫生的监督检查,由卫生部门、安全生产监督管理部门、特种设备安全监督管理部门等有关部门依照有关法律、行政法规的规定执行。

第二十六条　本条例自2006年5月1日起施行。

宁夏回族自治区企业工资集体协商办法

(2014年12月20日宁夏回族自治区人民政府令第71号公布　自2015年2月1日起施行)

第一章　总　则

第一条　为推进企业工资集体协商,保障职工和企业的合法权益,维护劳动关系和谐稳定,根据《中华人民共和国劳动合同法》《宁夏回族自治区企业民主管理条例》等法律法规规定,制定本办法。

第二条　本办法所称企业工资集体协商,是指企业职工代表与企业或者企业代表组织就工资福利收入相关事项共同商量的活动。

第三条　自治区行政区域内开展企业工资集体协商,适用本办法。

第四条　企业工资集体协商应当遵循合法、公开、平等、兼顾职工和企业双方利益的原则,保障职工实际工资水平与劳动生产率、企业经济效益和当地社会经济发展水平相适应。

第五条 企业应当与职工开展工资集体协商。

职工应当支持企业依法进行生产经营管理和开展工资集体协商。

第六条 县级以上人民政府应当加强对本行政区域内企业工资集体协商工作的组织领导,推动各类企业做好工资集体协商工作。

人力资源和社会保障部门依法对企业工资集体协商工作的开展、工资专项集体合同的签订及履行情况进行监督检查,会同工会、工商业联合会、企业联合会、行业协会、商会研究处理企业工资集体协商中的重大问题。

第七条 地方工会、行业工会应当对企业开展工资集体协商工作进行指导、协调和监督,维护职工合法权益。

工商业联合会、企业联合会、行业协会、商会(以下称企业代表组织),应当引导、支持和帮助企业开展工资集体协商。

工会、企业代表组织,可以聘任熟悉劳动工资、企业管理、法律的专业人员作为企业工资集体协商指导员,具体指导企业工资集体协商工作。

第二章 工资集体协商代表

第八条 开展企业工资集体协商,由依法推选或者指派的职工方代表与企业方代表进行,一般每方为三至九人,双方人数应当对等,不得相互兼任。

第九条 建立工会的企业,职工方代表由企业工会推荐,并经职工大会或者职工代表大会过半数同意,首席代表由工会主席担任。工会主席因故不能参加协商的,可以书面委托职工方其他代表担任。

尚未建立工会的企业,职工方代表可以由上一级工会指导职工民主推选产生,并经半数以上职工同意。职工方首席代表从职工方代表中民主推选产生。

职工方代表产生后,应当公示。

尚未建立工会或者工会组织力量薄弱难以开展工资集体协商的企业,上级工会可以代表职工方与企业进行平等协商。

第十条 企业方首席代表由法定代表人担任,其他代表由法定代表人书面指派。法定代表人因故不能参加协商的,可以书面委托其他管理人员担任。

第十一条 产业比较集中的地区和中小企业比较集中的地区,可以开展区域性、行业性工资集体协商。

区域性、行业性工资集体协商,职工方协商代表由行业工会组织或者区域内的工会组织选派，首席代表由区域工会联合会或者行业工会负责人担任；尚未建立区域、行业工会组织的，在上级工会指导下，由区域或者行业内企业职工民主推选产生职工方代表，职工方首席代表从职工方代表中民主推选产生。

企业方协商代表可以由区域、行业内的企业代表组织直接选派，或者由区域、行业内企业经民主推选、授权委托等方式产生，首席代表由企业方的协商代表推选产生。

第十二条 工资集体协商代表任期自产生之日起至工资集体合同履行期限届满之日止。

协商代表出现空缺的，应当按照本办法第九条、第十条、第十一条的规定进行补选、指派。

第十三条 工资集体协商的双方可以聘请工资集体协商指导员、律师等有关专业人员作为本方协商顾问参与协商。

职工方可以要求上级工会派出的代表参加工资集体协商，人数不得超过本方协商代表的三分之一；企业方可以要求企业代表组织派出的代表参加工资集体协商，人数不得超过本方协商代表的三分之一。

第十四条 职工工资集体协商代表应当履行下列职责：

（一）参加职工工资集体协商；

（二）向本方人员公布协商情况并征求意见，解答询问；

（三）提供与职工工资集体协商有关的真实情况和资料；

（四）参加职工工资集体协商争议的处理；

（五）监督工资专项集体合同的履行；

（六）其他与职工工资集体协商有关的职责。

第十五条 企业应当保证职工协商代表履行代表职责的时间。职工协商代表因履行代表职责占用劳动时间的，其享受的工资、奖金、津贴、补贴、社会保险、福利等待遇不变。

职工协商代表履行代表职责期间，企业无正当理由不得调整其工作岗位或者解除劳动合同。

第十六条 在职工工资集体协商中，职工协商代表应当维护企业的正常生产、工作秩序，保守知悉的企业商业秘密；协商代表任何一方不得有威胁、收买、欺骗等行为。

第三章 工资集体协商内容

第十七条 工资集体协商双方可以就以下内容进行协商：

（一）工资分配制度、工资标准；

（二）工资支付办法、支付时间；

（三）年度工资总额和职工平均工资水平；

（四）工资调整幅度和调整办法；

（五）奖金、津贴、补贴发放标准和办法；

（六）学徒期、见习期、试用期的工资待遇；

（七）劳动定额标准、计件单价、计件工资；

（八）职工病事假等假期以及参加社会活动等特殊情况下的工资待遇；

（九）职工福利；

（十）工资集体合同的期限、变更和解除的程序，终止条件及违约责任；

（十一）双方认为应当协商的其他有关事项。

工资集体协商双方确定的劳动定额标准，应当是百分之九十以上的职工在法定工作时间或者劳动合同约定的时间内能够完成的工作量。

第十八条 协商确定职工年度工资总额及调整幅度应当参考下列因素：

（一）地区、行业、企业的人工成本水平；

（二）地区、行业的职工平均工资水平；

（三）政府发布的工资指导线、劳动力市场工资指导价位；

（四）本地区城镇居民消费价格指数；

（五）企业劳动生产率和经济效益；

（六）上年度企业职工工资总额和职工平均工资水平；

（七）其他有关因素。

第十九条 生产经营正常运行和经济效益增长的企业，应当通过工资集体协商建立工资正常增长和调整机制；经济效益下降的企业应当通过工资集体协商建立工资支付保障机制。

第四章 工资集体协商

第二十条 开展企业工资集体协商的，企业和职工任何一方应当以书面形式提出要约，相对方应当自接到协商要约书之日起二十日内予以书面答复，无正当理由不得拖延、拒绝。同意协商的，双方应当约定协商开始的日期以及其他相关事项。

工会代表职工一方向企业提出工资集体协商要约或者应约；未建立工会的，可以由上级工会代表或者组织职工向企业提出工资集体协商要约或者应约。

工会代表职工一方向企业提出工资集体协商要约的，应当广泛征求职工意见；有劳务派遣用工的，应当听取劳务派遣职工的意见。

第二十一条 在工资集体协商会议召开十日前，提出协商要约的一方应当向对方提供协商方案；企业方应当向职工方提供准确的财务报表、职工工资信息以及其他与工资集体协商有关的资料与信息。

第二十二条 工资集体协商采取会议协商形式，由双方首席代表轮流主持；首次会议由提出要约方主持。

第二十三条 工资集体协商双方达成一致意见后，企业方应当在七日内制作工资集体合同草案。

工资集体合同草案应当提交职工大会或者职工代表大会审议通过。讨论工资集体合同草案应当有三分之二以上的职工或者职工代表参加，并经参加的职工或者职工代表过半数同意方获通过，自通过之日起五日内由双方首席代表签字或者盖章确认。

工资集体合同草案未获通过的，协商双方应当进行协商修改，并在二十日内再次提交审议。

第二十四条 依法签订的工资集体合同对企业或者本区域、行业内的企业以及与企业形成劳动关系的全体职工具有约束力，企业和职工应当全面履行。

第二十五条 工资集体合同约定的劳动报酬不得低于当地人民政府规定的最低工资标准；企业与职工个人订立的劳动合同中关于工资报酬的标准，不得低于工资集体合同规定的标准。

第二十六条 企业应当在工资集体合同签订后七日内向有管辖权的人力资源和社会保障部门报送下列资料：

（一）工资集体合同文本及有关问题的说明；

（二）企业方的营业执照复印件；

（三）职工方协商代表与企业签订的劳动合同书的复印件及双方协商代表名单；

（四）双方首席代表身份证复印件；

(五)职工大会或者职工代表大会通过工资专项集体合同草案的决议。

首席代表委托他人参加协商的,除报送前款规定资料外,还应当报送授权委托书。

第二十七条　人力资源和社会保障部门应当在收到企业报送的材料后,对工资集体协商双方代表资格、工资集体协商的程序和内容进行审查,并在十五日内向协商双方出具《工资专项集体合同审查意见书》。

人力资源和社会保障部门有审查意见的,应当及时通知协商双方。协商双方应当根据审查意见,及时协商、修改后重新报人力资源和社会保障部门审查。

人力资源和社会保障部门没有审查意见,或者逾期未出具《工资专项集体合同审查意见书》的,工资专项集体合同即行生效,人力资源和社会保障部门应当对生效的工资专项集体合同进行备案登记。

第二十八条　工资集体合同生效后,企业应当在五日内向全体职工公布。企业工会应当将生效后的工资集体合同报送上一级工会备案。

第二十九条　工资专项集体合同的期限一般为一年。协议双方均可以在工资集体合同期满前六十日内,向对方书面提出下一年度工资集体协商的要约。

第三十条　职工方和企业方协商一致,可以变更或者解除工资集体合同。变更或者解除工资集体合同适用本办法规定的工资集体协商程序。

第三十一条　有下列情形之一的,职工方或者企业方可以解除工资集体合同:

(一)因不可抗力或者企业因兼并、解散、破产等原因,致使工资集体合同无法履行的;

(二)工资集体合同约定的解除条件出现的;

(三)法律法规规定可以解除工资集体合同的其他情形。

第三十二条　区域性、行业性工资集体协商的内容、程序参照企业工资集体协商的规定执行。

第五章　监督措施

第三十三条　县级以上人民政府应当建立健全劳动关系协调机制,及时研究解决工资集体协商工作中的重大问题。

第三十四条　人力资源和社会保障部门应当加强对工资集体协商工作

的监督检查,并将监督检查情况书面报告上一级人力资源和社会保障部门。

第三十五条 企业应当每年至少向职工大会或者职工代表大会报告一次工资集体合同履行情况,接受职工监督。

第三十六条 职工认为企业有违反本办法规定或者工资集体合同约定的行为的,可以向工会反映或者向人力资源和社会保障部门举报。

第三十七条 企业违反工资集体合同约定的,地方总工会或者区域、行业工会组织有权要求企业予以改正,企业应当在十日内改正并作出书面答复;逾期不改正的,地方总工会或者区域、行业工会组织可以提请人力资源和社会保障部门处理。

第六章 争议处理

第三十八条 工资集体协商过程中发生争议时,经双方协商不能达成一致的,一方或者双方可以向有管辖权的人力资源和社会保障部门申请协调处理。人力资源和社会保障部门应当及时进行协调处理或者会同同级工会与企业代表组织,共同协调处理工资集体协商争议。

第三十九条 因履行工资集体合同发生争议,双方约定了争议解决途径的,按约定解决;未约定争议解决途径的,双方应当协商解决。协商不成的,可以依法申请仲裁;对仲裁裁决不服的,可以依法向人民法院提起诉讼。

第七章 法律责任

第四十条 违反本办法规定,企业有下列情形之一的,由人力资源和社会保障部门给予警告,责令限期改正;逾期不改正的,处以一万元以上三万元以下的罚款,对企业法定代表人或者主要负责人处以三千元至五千元的罚款:

(一)拒绝或者拖延协商、签订工资集体合同的;

(二)不提供或者不如实提供协商、签订工资集体合同所需财务报表、职工工资信息以及其他有关资料与信息的;

(三)不提供职工协商代表履行代表职责工作时间的;

(四)扣发职工协商代表履行代表职责期间工资、奖金、津贴、补贴、社会保险、福利等待遇的;

(五)在职工协商代表履行代表职责期间,无正当理由调整其工作岗位或者解除劳动合同的;

(六)不履行工资集体合同的。

第四十一条 企业违反本办法规定被给予行政处罚的,人力资源和社会保障部门应当通过企业信用信息公示系统或者其他系统公示处罚信息,并记入企业诚信档案,该企业及其经营者三年内不得参与文明单位、劳动模范、优秀企业家等评先选优活动。

第四十二条 职工方协商代表违反本办法规定,扰乱企业正常生产、工作秩序,或者泄露企业商业秘密的,由工会提请职工大会或者职工代表大会罢免其协商代表资格;给企业造成损失的,依法承担赔偿责任;违反《中华人民共和国治安管理处罚法》规定的,由公安机关依法给予治安管理处罚;构成犯罪的,依法追究刑事责任。

第四十三条 企业工会负责人及其工作人员违反本办法规定,损害职工权益的,由同级工会或者上级工会责令改正;情节严重的,依照《中国工会章程》予以罢免;构成犯罪的,依法追究刑事责任。

第四十四条 人力资源和社会保障部门及其工作人员在指导、组织和监督检查工资集体协商工作过程中玩忽职守,不履行或者不正确履行职责的,对直接负责的主管人员及其他责任人员依法给予记过、记大过处分;情节较重的,给予降级或者撤职处分。

第八章 附 则

第四十五条 企业化管理的事业单位、民办非企业单位和个体经济组织开展工资集体协商的,参照本办法执行。

第四十六条 本办法自2015年2月1日起施行。

宁夏回族自治区女职工劳动保护办法

（2016年8月17日宁夏回族自治区人民政府令第85号公布　自2016年10月1日起施行）

第一章　总　则

第一条　为了加强女职工劳动保护，维护其安全与健康，根据国务院《女职工劳动保护特别规定》等有关法律法规，结合自治区实际，制定本办法。

第二条　机关、企业、事业单位、社会团体、个体经济组织以及其他社会组织等用人单位，应当遵守本办法。

第三条　县级以上人民政府应当加强对女职工劳动保护工作的领导，将女职工劳动保护工作纳入妇女发展规划并监督落实。

县级以上人民政府人力资源社会保障、安全生产监督管理等主管部门，按照各自职责对用人单位女职工劳动保护工作进行监督检查。

工会、妇女组织依法对用人单位女职工劳动保护工作进行监督。

第二章　劳动保护

第四条　用人单位主要负责人应当对本单位的女职工劳动保护工作负责。

第五条　用人单位应当遵守下列规定：

（一）建立健全女职工劳动保护制度。

（二）改善女职工劳动安全卫生条件，对女职工进行劳动安全、职业卫生和心理健康知识培训。

（三）遵守国家对女职工禁忌从事劳动范围的规定。

（四）依法为女职工缴纳社会保险费。

（五）依法告知女职工工作过程中可能产生的职业危害及其后果，落实职业危害防护措施和待遇。

（六）采取措施保护夜班劳动的女职工安全。

（七）法律法规规章关于女职工劳动保护的其他规定。

第六条　用人单位不得有下列损害女职工劳动保护权益的行为：

（一）拒绝录用女性或者提高对女性的录用标准（不适合女性的工种或者岗位除外）。

（二）以劳动合同、聘用合同等形式限制或者变相限制女职工结婚、生育。

（三）因女职工结婚、怀孕、生育、哺乳等情形降低其工资，限制晋级、晋职、评定专业技术职务，辞退或者单方解除劳动合同。

（四）其他损害女职工劳动保护权益的行为。

第七条　职工方与用人单位订立的集体合同、女职工权益保护专项集体合同，应当明确女职工劳动保护内容。

第八条　被派遣劳动者中有女职工的，劳务派遣单位与用工单位订立的劳务派遣协议中，应当明确约定女职工劳动保护的内容。

第九条　用人单位应当给予经期女职工下列保护：

（一）向女职工每人每月发放不低于三十五元的卫生保健费。

（二）连续站立劳动四小时以上的，每两小时安排二十分钟工间休息。

（三）患有重度痛经或者经量过多的女职工不能坚持正常工作的，可以给予一至二天的休假。

第十条　经待孕女职工申请，用人单位可以按照孕期禁忌从事的劳动范围对其予以保护。

第十一条　用人单位应当给予孕期女职工下列保护：

（一）在劳动时间内按照规定进行产前检查的，所需检查时间计入劳动时间。

（二）对不适宜原劳动岗位的，根据医疗机构证明，适当减轻劳动量或者安排其他适宜的劳动岗位。

（三）对怀孕不满三个月且妊娠反应严重的，在劳动时间内安排一定的休息时间。

（四）对怀孕七个月以上的女职工，不得延长劳动时间或者安排夜班劳动，并在劳动时间内安排一定的休息时间；有劳动定额的，适当减少劳动量。

第十二条　用人单位应当给予产期女职工下列保护：

（一）女职工生育依法享受158天产假（其中国家规定的产假98天，自治区增加的产假60天），并依法给予其配偶25天护理假。

（二）女职工产前休假的，给予不超过15天的产假（计入法定产假）。

（三）女职工难产的，增加产假15天；生育多胞胎的，每多生育一个婴儿，增加产假15天。

（四）怀孕未满四个月流产的，给予15天产假；怀孕满四个月流产的，给予42天产假。

怀孕满七个月引产的女职工，除给予42天产假外，经与用人单位协商还可以享受最长为56天的延长假。延长假的待遇执行企业女职工权益保护专项集体合同、工资集体合同确定的待遇标准；未签订企业女职工权益保护专项集体合同、工资集体合同的，延长假的待遇由双方协商确定。

女职工生育或者妊娠满七个月引产的，用人单位可以发给适当的营养补助费。

第十三条 用人单位应当给予实施计划生育手术的女职工下列保护：

（一）放置宫内节育器的，休息2天，术后一周内不安排从事重体力劳动，产假期间放置的，产假顺延；摘取宫内节育器的，休息1天。

（二）放置皮下埋植剂的，休息2天；取出皮下埋植剂的，休息2天。

（三）结扎输卵管的，休息21天，产假期间结扎的，产假顺延；施行输卵管复通术的，休息21天。

（四）国家规定的其他计划生育手术保护事项。

第十四条 女职工生育、实施计划生育手术，用人单位参加生育保险的，女职工按照国家和自治区规定享受生育保险待遇；未参加生育保险的，由用人单位支付。

第十五条 用人单位应当给予哺乳（含人工喂养）未满一周岁婴儿的女职工下列保护：

（一）不得延长劳动时间或者安排夜班劳动。

（二）在每天的劳动时间内安排一小时哺乳时间；生育多胞胎的，每多哺乳一个婴儿每天增加一小时哺乳时间。每天哺乳时间可以合并使用，也可以分次使用。哺乳时间不包含因哺乳往返路途时间。实行劳动定额的，相应减少工作量。

（三）对距离用人单位较远无法回家哺乳的女职工，经本人提出，产假后的哺乳时间可以折算成一定天数，与产假合并使用或者单独使用。

哺乳期满一年后，经医疗机构确诊为体弱儿需要延长哺乳期的，可以延长不超过六个月的哺乳期。

第十六条 经女职工申请，用人单位可以给予其哺乳假至婴儿满一周岁，请假期间的待遇执行企业女职工权益保护专项集体合同、工资集体合同确定的待遇标准；未签订企业女职工权益保护专项集体合同、工资集体合同的，待遇标准由双方协商确定。

哺乳假期满上班的，用人单位可以给予女职工一至二周的适应时间。

第十七条 女职工因更年期综合症不能适应原劳动岗位的，用人单位根据医疗机构证明可以适当减轻其劳动量或者安排其他适宜的劳动岗位。

第十八条 用人单位应当每年组织女职工进行妇科保健检查，对三十周岁以上的女职工增加防子宫癌、防乳腺癌检查内容，检查费用由用人单位承担。

第十九条 女职工较多的用人单位，应当按照规定建立女职工卫生室、孕妇休息室、哺乳室等设施，妥善解决女职工在生理卫生、哺乳方面的困难。

第二十条 鼓励用人单位给予女职工除本办法规定之外的劳动保护。

第三章 监督检查

第二十一条 人力资源社会保障、安全生产监督管理等主管部门以及工会、妇女组织，应当建立健全女职工劳动保护协调配合机制和纠纷调处机制。

第二十二条 任何组织和个人对违反本办法的行为，可以向人力资源社会保障、安全生产监督管理等主管部门举报，有关主管部门应当及时核实、处理，并将处理情况告知举报人。

人力资源社会保障、安全生产监督管理等主管部门可以会同工会、妇女组织，抽查用人单位女职工劳动保护工作，查处损害女职工劳动保护权益的行为。

第二十三条 用人单位违反本办法规定，侵害女职工合法权益，情节严重的，由人力资源社会保障部门记入社会保障守法诚信档案并向社会公布。

第二十四条 用人单位违反本办法规定，侵害女职工劳动保护权益的，基层工会、地方产业工会可以向用人单位提出《女职工劳动保护监督意见书》，要求其改正，用人单位应当及时改正；拒不改正的，地方工会可以向有管辖权的人力资源社会保障、安全生产监督管理部门提出《女职工劳动保护监督建议书》，有关主管部门应当按照各自权限依法处理，并及时将处理情况书面告知工会。

第四章　法律责任

第二十五条　用人单位违反本办法规定，有下列情形之一的，由人力资源社会保障部门责令限期改正，按照受侵害女职工每人一千元以上五千元以下的标准，处以罚款：

（一）对怀孕七个月以上的女职工延长劳动时间、安排夜班劳动，或者未在劳动时间内安排休息时间的。

（二）减少女职工法定产假时间或者限制女职工休产假的。

（三）对哺乳未满一周岁婴儿的女职工延长劳动时间或者安排夜班劳动的。

第二十六条　用人单位违反国家对女职工禁忌从事劳动范围规定的，由安全生产监督管理部门责令改正，并依照《女职工劳动保护特别规定》予以处罚。

第二十七条　用人单位不履行集体合同、女职工权益保护专项集体合同，侵害女职工合法权益的，工会可以监督用人单位改正并依法要求其承担责任；因履行集体合同、女职工权益保护专项集体合同发生争议，经协商无法解决的，工会可以依法申请仲裁、提起诉讼。

第二十八条　人力资源社会保障、安全生产监督管理等主管部门及其工作人员在女职工劳动保护监督检查工作中，滥用职权、玩忽职守、徇私舞弊的，对直接负责的主管人员和其他直接责任人员，依法给予处分。

第二十九条　用人单位违反本办法规定，侵害女职工劳动保护权益的，女职工可以依法投诉、举报、申诉，依法向劳动人事争议调解仲裁机构申请调解仲裁，对仲裁裁决不服的，依法向人民法院提起诉讼。

第三十条　用人单位违反本办法规定，侵害女职工劳动保护权益，造成女职工损害的，依法给予赔偿；用人单位及其直接负责的主管人员和其他直接责任人员构成犯罪的，依法追究刑事责任。

第五章　附　则

第三十一条　本办法自2016年10月1日起施行。1989年12月20日自治区人民政府公布的《宁夏回族自治区女职工劳动保护实施办法》（宁政发〔1989〕132号）同时废止。

公安民政

宁夏回族自治区实施《中华人民共和国村民委员会组织法》办法

（2000年11月17日宁夏回族自治区第八届人民代表大会常务委员会第十六次会议通过　2014年7月23日宁夏回族自治区第十一届人民代表大会常务委员会第十一次会议修订通过　2014年7月23日宁夏回族自治区人民代表大会常务委员会公告第11号公布　自2014年9月1日起施行）

第一章　总　则

第一条　根据《中华人民共和国村民委员会组织法》（以下简称组织法），结合自治区实际，制定本办法。

第二条　村民委员会是村民自我管理、自我教育、自我服务的基层群众性自治组织，实行民主选举、民主决策、民主管理、民主监督。

村民委员会向村民会议、村民代表会议负责并报告工作。

第三条　中国共产党在农村的基层组织，按照中国共产党章程进行工作，发挥领导核心作用，领导和支持村民委员会行使职权；依照宪法和法律，支持和保障村民开展自治活动、直接行使民主权利。

第四条　乡、镇人民政府对村民委员会的工作给予指导、支持和帮助，但不得干预依法属于村民自治范围内的事项。

村民委员会协助乡、镇人民政府开展工作。

第二章　村民委员会和村民小组

第五条　村民委员会由主任、副主任和委员共三至七人组成。

村民委员会成员依法选举产生。

第六条 村民委员会应当履行下列职责:

(一)遵守宣传宪法、法律、法规和国家政策,教育和引导村民依法行使权利、履行义务。遵守村民自治章程和村规民约。执行村民会议和村民代表会议作出的决定、决议。及时向人民政府反映村民意见、要求和提出建议。

(二)组织村民发展家庭经营,推进集体经营、合作经营、企业经营等农业经营方式,保障集体经济组织和村民、承包经营户、联户或者合伙的合法财产权和其他合法权益。承担本村生产的服务和协调工作,依法管理本村集体所有的土地和其他财产,维护村民土地承包经营权,引导村民合理利用自然资源,保护和改善生态环境。

(三)办理本村的公共事务和公益事业,调解民间纠纷,协助维护社会治安,教育和引导村民互相尊重、互相帮助,增进平等、团结、和谐的民族关系,发展文化教育,普及科技知识,促进男女平等,做好计划生育工作,开展多种形式的社会主义精神文明建设活动。支持服务性、公益性、互助性社会组织依法开展活动,推动农村社区建设。

(四)其他依法应当履行的职责。

第七条 村民委员会可以根据村民居住状况、集体土地所有权关系等分设若干村民小组。

第八条 村民小组组长应当在村民委员会换届选举后五日内,依法推选产生。

村民小组组长任期与村民委员会的任期相同,可以连选连任。

第九条 村民小组组长应当履行下列职责:

(一)主持召开村民小组会议;

(二)执行村民小组会议的决定,办理本村村民小组相关事项;

(三)收集并向村民委员会反映本组村民的意见、建议;

(四)向本组村民传达村民代表会议作出的有关决定;

(五)协助村民委员会办理本村的公共事务和公益事业;

(六)完成村民委员会布置的工作任务。

第三章 村民会议和村民代表会议

第十条 村民会议由本村十八周岁以上的村民组成。

村民会议由村民委员会召集。有十分之一以上的村民或者三分之一以上的村民代表提议,应当召集村民会议。召集村民会议,应当提前十天通知村民拟讨论的具体事项。

召开村民会议，应当有本村十八周岁以上村民的过半数，或者本村三分之二以上的户的代表参加，村民会议所作决定应当经到会人员的过半数通过。法律对召开村民会议及作出决定另有规定的，从其规定。

第十一条 村民会议依法讨论决定涉及村民利益的村务事项，也可以依照法律规定，授权村民代表会议讨论决定有关村务事项。法律另有规定的，从其规定。

村民会议可以一次性授权村民代表会议讨论决定若干村务事项，也可以授权村民代表会议讨论决定某个村务事项。

村民会议有权撤销或者变更村民代表会议不适当的决定。

第十二条 人口较多或者居住分散的村，可以设立村民代表会议，讨论决定村民会议授权的事项。村民代表会议由村民委员会成员和村民代表组成。村民代表应当占村民代表会议组成人员的五分之四以上，妇女代表应当占村民代表会议组成人员的三分之一以上，多民族居住的村，应当有人数较少的民族的代表。

第十三条 村民委员会换届选举后的五日内，村民委员会应当组织村民推选村民代表。户数较少的村每五户至九户推选一人；户数较多的村每十户至十五户推选一人；或者由每个村民小组推选五至十人。村民代表总人数一般不少于三十人。村民代表的任期为三年，可以连选连任。

村民代表应当向其推选户或者村民小组负责，接受村民监督。

原推选户或者村民小组有权更换其推选的村民代表。其他任何组织和个人不得指定或者撤换村民代表。

第十四条 有下列情形之一的，推选户或者村民小组可以更换村民代表：

（一）村民小组或者三分之一以上推选户要求更换的；

（二）受到刑事处罚的；

（三）户口迁出、不在本村长期居住、丧失行为能力等不能正常履行职责的；

（四）主动辞职的；

（五）无故不履行职责或者无正当理由连续三次不参加村民代表会议的。

第十五条 村民代表的主要职责：

（一）参加村民代表会议，讨论决定村民会议授权的事项；

（二）与推选户或者本村民小组村民联系，征求并反映村民的意见和建议；

（三）向推选户或者本村民小组村民传达村民代表会议所作决定，并动员村民遵守执行。

第十六条 村民代表会议由村民委员会召集。村民代表会议每季度召开一次，也可根据工作需要临时召开。有五分之一以上的村民代表提议，应当召集村民代表会议，村民代表会议有三分之二以上的组成人员参加方可召开，所作决定应当经到会人员的过半数同意。

村民委员会负责村民代表会议记录。村民代表会议记录应当包括时间、地点、会议内容、村民代表意见和建议、决定事项的表决情况、参加会议人员签名等内容。

第十七条 召开村民小组会议，应当有本村民小组十八周岁以上的村民三分之二以上，或者本村民小组三分之二以上的户的代表参加，所作决定应当经到会人员的过半数同意。

召开村民小组会议，村民小组组长应当提前通知村民拟讨论的具体事项，并做好村民小组会议记录。村民小组会议记录应当包括时间、地点、会议内容、决定事项等。

属于村民小组集体所有的土地、企业和其他财产的经营管理以及公益事项的办理，由村民小组会议依照法律规定讨论决定，所作决定及实施情况应当及时向本村民小组的村民公布。

第四章 民主管理和民主监督

第十八条 村民委员会应当实行少数服从多数的民主决策机制和公开透明的工作原则，建立健全各项工作制度。

第十九条 村民委员会实行村务公开制度。村务公开的时间、事项、程序、方式等，按照国家和自治区的有关规定执行。

村民委员会应当保证所公布的村务事项的真实性，听取村民的意见，并接受村民的查询。

第二十条 村民委员会不及时公布应当公布的村务事项或者公布的村务事项不真实的，村民有权向乡、镇人民政府或者县级人民政府及其有关主管部门反映，有关人民政府或者主管部门应当进行调查核实，责令依法公布；经查证确有违法行为的，有关人员应当依法承担责任。

第二十一条 村应当建立村民监督委员会，负责村民民主理财，监督村务公开等制度的落实,对村民会议和村民代表会议负责并报告工作。

村民监督委员会由三至五人组成,设主任一人。村民监督委员会应当有妇女成员。村民监督委员会成员由村民会议或村民代表会议在村民中推选产生,任期与村民委员会相同。村民监督委员会成员应当列席村民委员会会议。

第二十二条　村民会议或者村民代表会议,每年对村民委员会成员以及由村民或者村集体承担误工补贴的聘用人员(以下称被评议人员)的下列情况进行民主评议:

(一)遵守法律法规、贯彻执行政策,实行民主选举、民主决策、民主管理、民主监督情况;

(二)执行村民会议、村民代表会议和村民委员会决定情况;

(三)分工任务完成情况;

(四)遵纪守法、廉洁自律情况;

(五)开展生产服务协调工作,促进本村生产建设和经济发展情况;

(六)联系村民,为村民服务情况;

(七)其他应当评议的情况。

第二十三条　被评议人员应当依据本办法第二十二条规定的内容述职。民主评议由村民监督委员会主持。

村民通过无记名投票的形式对被评议人员进行评议。得称职票超过到会村民或者村民代表半数为称职。投票结果应当当场公布。

村民委员会成员连续两次被评议不称职的,其职务终止。由村民或者村集体承担误工补贴的聘用人员连续两次被评议为不称职的,予以解聘。被评议人员不参加投票。

第二十四条　县级人民政府农业部门、财政部门或者乡(镇)人民政府,应当依法组织对村民委员会成员进行任期和离任经济责任审计,审计结果应当予以公布,其中离任经济责任审计结果应当在下一届村民委员会选举之前公布。

第五章　附　则

第二十五条　人民政府对村民委员会协助政府开展工作应当提供必要的条件;人民政府有关部门委托村民委员会开展工作需要经费的,由委托部门承担。

村民委员会办理本村公益事业、开展社区建设所需的经费，由村民会议通过筹资筹劳解决；经费确有困难的，由人民政府给予支持。

第二十六条　县级人民政府民政等有关部门和乡、镇人民政府负责制定和实施村民委员会成员和村民监督委员会成员培训计划。每届村民委员会主任、副主任任期内至少应当培训两次，村民委员会委员、村民监督委员会成员任期内至少培训一次。培训经费由县级人民政府解决。

第二十七条　对村民委员会成员、村民监督委员会成员，根据工作情况，给予适当补贴。补贴经费应当纳入财政预算，具体补贴标准，由设区的市或者县级人民政府制定。

第二十八条　本办法自2014年9月1日起施行。2000年11月17日宁夏回族自治区第八届人民代表大会常务委员会第十六次会议通过的《宁夏回族自治区实施〈中华人民共和国村民委员会组织法〉办法》同时废止。

宁夏回族自治区养老服务促进条例

（2016年11月30日宁夏回族自治区第十一届人民代表大会常务委员会第二十八次会议通过　2016年11月30日宁夏回族自治区人民代表大会常务委员会公告第41号公布　自2017年1月1日起施行）

第一章　总　则

第一条　为了促进养老服务事业健康发展，保障老年人生活、健康和安全，根据《中华人民共和国老年人权益保障法》和有关法律、行政法规的规定，结合自治区实际，制定本条例。

第二条　本条例适用于自治区行政区域内的养老服务及其监督管理工作。

本条例所称养老服务，是指为老年人提供生活照料、医疗护理、文化娱乐、精神慰藉、救援服务等活动。

第三条 养老服务坚持政府主导、社会参与、市场运作、统筹发展、保障基本、适度普惠的原则，推进以居家为基础、社区为依托、机构为补充、医养相结合的多层次养老服务体系建设。

第四条 县级以上人民政府应当将养老服务事业纳入国民经济和社会发展规划，制定专项规划和年度计划。

县级以上人民政府应当将养老服务事业经费列入本级财政预算，建立稳定经费保障机制。

县级以上人民政府应当建立养老服务工作协调机制，协调解决养老服务发展中的困难和问题。

第五条 县级以上人民政府民政部门负责养老服务的业务指导、行业规范、综合协调和监督管理。

发展改革、财政、人力资源社会保障、国土资源、住房城乡建设、卫生计生、环境保护、税务等主管部门，按照各自职责，做好养老服务相关工作。

乡（镇）人民政府、街道办事处负责本区域内的养老服务工作，指导村（居）民委员会和其他社会组织开展养老服务。

工会、共青团、妇联、残联等人民团体，养老服务行业协会、志愿者服务组织等，根据职责或者章程，参与相关养老服务工作。

第六条 新闻媒体应当加强敬老、养老、助老等公益性宣传，树立尊重、关心、帮助老年人的社会风尚。

第七条 家庭成员应当尊重、关心、照料老年人。子女有赡养、保护和照顾父母的义务。

不得歧视、侮辱、虐待或者遗弃老年人。

第八条 县级以上人民政府对在养老服务中做出显著成绩的单位和个人给予表彰和奖励。

第二章　规划与建设

第九条 民政部门应当会同发展改革、财政、住房城乡建设、国土资源、环境保护、卫生计生等主管部门，编制本地区养老服务设施布局规划，经本级人民政府批准后实施。

县级以上人民政府在制定城乡总体规划、控制性详细规划时，应当按照规定和标准，分区分级规划安排养老服务设施用地。

第十条 养老服务设施的规划和建设应当充分考虑老年人口数量、服务便利性和服务半径等因素，符合国家和自治区老年人设施建设规范和标准，满足环境保护、消防安全、卫生防疫、食品安全等要求。

第十一条 新建城区和居住（小）区应当按标准配套建设养老服务设施，并同步规划、同步建设、同步验收、同步交付使用。

老城区和已建成居住（小）区无养老服务设施或者现有设施不能满足老年人需要的，应当增建或者通过购置、置换、租赁等方式建设养老服务设施。

第十二条 县、乡（镇）人民政府应当依托行政村、较大自然村，建设老年人日间照料中心、农村幸福院、农村互助养老院等农村老年人服务设施。

第十三条 县级以上人民政府应当加强居住区、城市道路、商业网点、文化体育场馆、旅游景点、交通等公共场所的无障碍设施建设和改造。

第十四条 闲置的国有宾馆、招待所、培训中心、办公楼等适宜改造为养老服务设施的，财政、国有资产管理、国土资源等主管部门应当按照有关规定办理相关手续。

第十五条 任何组织和个人不得擅自改变养老服务设施建设用地用途或者养老服务设施使用性质，不得侵占、损坏养老服务设施。

第三章 养老服务

第十六条 县级人民政府应当建立养老服务评估制度，对老年人定期免费体检，建立健全老年人健康档案，实施分级分类管理和服务。

第十七条 县级以上人民政府应当建立健全居家养老扶持政策，支持社区老年人日间照料中心、老年人活动中心等开展养老活动，并通过签约、购买服务等方式为老年人提供生活照护等服务。

第十八条 支持各类养老服务组织为居家老年人提供生活照料、家政服务、餐饮配送、医疗护理、精神慰藉、应急救助等服务。

第十九条 鼓励有条件的单位和其他社会组织开放所属场所，为居家老年人提供就餐、文化、健身、娱乐等服务。

鼓励养老机构利用自身资源优势，为居家的老年人提供服务。

第二十条 县级以上人民政府应当推广便民信息网、远程监控、无线呼叫等智能化技术方式，方便居家养老。

鼓励、支持养老服务组织运用互联网、物联网等技术手段，为居家老年人提供紧急呼叫、家政预约、健康咨询、物品代购、服务缴费等服务项目。

第二十一条 村（居）民委员会应当教育和引导家庭成员履行赡养、扶养义务，并组织开展各类活动，丰富居家老年人的精神文化生活。

第二十二条 鼓励邻里互助养老和居家老年人互助服务。

第二十三条 养老机构应当依法设立。

养老机构因暂停或者终止养老服务的，应当提前六十日向民政部门提交老年人安置方案。民政部门、养老机构所在社区，应当协调监督做好相关事宜。

第二十四条 政府投资举办的养老机构应当保障特困供养人员的养老服务需求。

在保障特困供养老年人养老服务需求的前提下，政府投资举办的养老机构可以向社会开放，提供有偿养老服务。最低生活保障家庭中的失能、失智、高龄、独居以及高龄优抚对象、计划生育特殊家庭、劳动模范等有特殊困难的老年人，应当优先收住。

第二十五条 鼓励、支持企业、个人和其他社会组织投资建设养老机构，提供养老服务。

第二十六条 养老机构应当与收住的老年人或者其代理人订立养老服务合同，明确双方的权利和义务。

养老机构应当按照养老服务合同的约定和服务标准，为收住的老年人提供服务。

第二十七条 政府投资举办的养老机构的基本服务收费，按照国家和自治区有关规定实行政府指导价；其他养老机构的服务收费实行自主定价。

养老机构应当公示各类服务项目的收费标准和依据。

第二十八条 县级以上人民政府应当建立健全医疗卫生机构与养老机构医养结合工作机制，为老年人提供医疗服务。

第二十九条 养老机构可以与医疗机构签订合作协议，为入住老年人开通预约就诊绿色通道，提供医疗巡诊、健康管理、医疗护理、预约就诊、急诊急救、中医养生、精神慰藉等服务。

建立医疗机构、社区卫生服务机构与居家老年人开展家庭医生签约服务机制，为老年人提供上门巡诊和家庭病床等服务。

第三十条 养老机构可以依法设立内部医疗机构（诊所、卫生室、医疗室），符合基本医疗保险协议机构准入条件的，纳入基本医疗保险协议机构管理范围。

第四章　养老扶持

第三十一条　自治区财政应当每年统筹安排一定资金，用于养老服务设施建设和养老服务工作。

对符合条件的养老机构及其他养老服务组织，县级以上人民政府应当给予建设补贴和运营补贴。

县级以上人民政府本级福利彩票公益金的百分之五十以上应当用于发展养老服务业。

第三十二条　县级以上人民政府应当通过公建民营、合资合作等方式，支持社会力量运营政府投资建设的养老服务设施；或者通过民办公助、特许经营、购买服务、提供补贴等方式，鼓励和支持社会力量举办养老机构和老年康复医院、老年护理院等医养结合机构。

第三十三条　县级以上人民政府应当对生活长期不能自理、经济困难的老年人给予护理补贴。

县级以上人民政府应当对经济困难的老年人给予养老服务补贴。

对特困供养老年人和经济困难的高龄、失能、失智的居家老年人，由所在地县级人民政府依照有关规定给予救助。

鼓励养老机构投保责任保险，保险公司承保责任保险。

第三十四条　非营利性养老机构申请养老服务设施建设用地，可以依法划拨供应。

营利性养老机构申请建设用地，按照国家经营性用地有偿使用的规定，优先保障供应。

利用城乡空闲厂房、学校、社区用房等设施，投资兴办民营养老服务机构的，依法享受有关用地优惠政策。

国有公益性用地应当安排部分用地作为养老服务设施建设用地，并纳入国有建设用地供应计划。

第三十五条　养老机构等养老服务组织享受国家和自治区税费优惠政策。

企事业单位、社会团体和个人向非营利性养老机构的捐赠，符合相关规定的，在计算其应纳税所得额时，按税收法律、行政法规规定比例扣除。

养老机构建设和养老服务组织提供养老服务，应当免除行政事业性收费；养老机构用电、用水、用气、用热，应当执行居民生活类价格。

第三十六条　县级以上人民政府应当建立养老服务人才培养、使用、评价和激励机制，依法规范养老服务用工，促进养老服务从业人员劳动报酬合理增长。

第三十七条　支持高等学校、中等职业学校和培训机构，设置老年医学、康复、护理、社会工作等养老服务相关专业或者培训项目，在养老机构设立实习基地，培养养老服务专业人才。

鼓励养老机构、医疗卫生机构对养老护理人员进行免费职业技能培训。

第三十八条　专业养老护理人员应当参加职业技能培训和职业道德教育，提高业务能力和职业道德素养。

专业养老护理人员参加养老服务护理职业技能培训和职业技能鉴定的，按照自治区有关规定享受培训和鉴定补贴。

第三十九条　鼓励志愿者利用自己的时间、技能、体能、物质为邻居、社区、养老服务组织的老年人提供服务。

养老服务主管部门应当建立为老年人志愿服务时间储蓄制度，志愿者可以根据其志愿服务时间储蓄优先享受社会养老服务。

第四十条　鼓励社会组织和个人以捐赠、捐助等方式支持养老服务发展。

第五章　养老监管

第四十一条　自治区人民政府标准化主管部门应当会同民政部门，组织制定养老服务地方标准。鼓励养老机构制定高于地方标准的行业服务标准。

养老服务组织应当执行养老服务标准。

第四十二条　民政部门应当定期组织专家或者委托第三方专业机构，对养老机构进行综合评估，并将评估结果向社会公布。

第四十三条　民政部门应当建立养老机构诚信档案，向社会公开，接受社会查询和监督。

民政部门应当公开举报投诉电话、电子邮箱、网络平台等，受理对养老服务的举报和投诉，及时核实处理，并将处理结果告知举报人、投诉人。

第四十四条　民政、食品药品监督管理、公安消防等主管部门应当对养老服务组织举办者和服务人员进行安全教育，对养老服务组织食品加工、服务场所进行检查，督促消除安全隐患。

第四十五条　审计、财政部门应当按照国家有关规定，对政府投资设立或者接受政府补助、补贴的养老机构的资金使用情况进行监督，并依法向社会公布。

价格主管部门应当依法开展价格管理监督，查处价格违法行为。

第六章 法律责任

第四十六条 对养老机构负有管理和监督职责的部门及其工作人员滥用职权、玩忽职守、徇私舞弊的，对直接负责的主管人员和其他直接责任人员依法给予处分；构成犯罪的，依法追究刑事责任。

第四十七条 擅自改变养老服务设施使用性质的，由民政部门责令限期改正；逾期拒不改正的，责令退回政府建设补贴资金，处以一万元以上三万元以下的罚款。

第四十八条 单位或者个人骗取养老服务补贴的，由民政部门责令退回，并处骗取养老服务补贴数额二倍的罚款；构成犯罪的，依法追究刑事责任。

第四十九条 违反本条例规定，侵占、损坏养老服务设施的，由公安机关依法处罚；造成财产损失的，依法承担赔偿责任；构成犯罪的，依法追究刑事责任。

第五十条 歧视、侮辱、虐待或者遗弃老年人以及其他侵犯老年人合法权益的，由有关单位给予批评教育；违反治安管理处罚的，依法给予治安管理处罚；构成犯罪的，依法追究刑事责任。

第七章 附 则

第五十一条 本条例下列用语的含义是指：

（一）养老服务组织，是指包括养老机构、社区养老护理服务机构、老年人日间照料中心、农村老年关爱之家、老年护理院、康复疗养机构，以及其他为老年人提供助餐、助浴、助行、助洁、助购、助医、助急等养老服务的组织。

（二）养老机构，是指经民政部门许可依法设立的为老年人提供集中饮食起居和照料护理等养老服务的机构。

（三）养老服务设施，是指专门为老年人提供生活照料、康复护理、文体娱乐、托养等服务的房屋和场地设施。

（四）特困供养老年人，是指经民政部门认定的无劳动能力、无生活来源、无赡养和扶养人，或者其赡养人和扶养人确无赡养能力或者扶养能力的，给予提供生活照料、疾病治疗等供养的老年人。

第五十二条 本条例自2017年1月1日起施行。

宁夏回族自治区按比例安排残疾人就业规定

（2001年6月6日宁夏回族自治区人民政府令第30号公布 根据2014年5月27日《自治区人民政府关于废止和修改部分政府规章的决定》修正）

第一条 为了维护残疾人的劳动就业权利，保障残疾人共享社会物质文化成果，根据《中华人民共和国残疾人保障法》和《宁夏回族自治区实施〈中华人民共和国残疾人保障法〉办法》的有关规定，结合本自治区实际，制定本规定。

第二条 按比例安排残疾人就业的对象，是指具有本自治区常住户口，持有中华人民共和国残疾人证，符合法定就业年龄，有就业要求和具有一定劳动能力的无业残疾人。

第三条 自治区行政区域内的机关、团体、各类企业、事业组织和城乡集体经济组织（以下简称各单位）以及符合按比例安排残疾人就业的对象，均须遵守本规定。

第四条 县级以上人民政府残疾人工作协调委员会，负责制定残疾人就业工作规划或计划；协调有关部门做好残疾人就业工作；解决残疾人就业工作中的重大问题；督促、检查残疾人就业工作的规划或计划实施。

各级残疾人联合会受同级人民政府的委托，负责本行政区域内按比例安排残疾人就业工作的实施。计划、劳动、财政、民政、工商、税务、统计等部门以及金融机构应当按照各自的职责，做好按比例安排残疾人就业工作。

第五条 县以上残疾人联合会设立的残疾人劳动就业服务机构，业务上接受同级劳动行政部门的指导和监督，具体负责按比例安排残疾人就业的组织、服务工作，主要职责是：

(一)负责残疾人待业调查、就业登记、能力评估、职业培训和就业介绍。

(二)组织残疾人开办集体企业或者从事个体经营。

(三)为农村残疾人生产劳动提供服务。

(四)协助劳动争议调解委员会或者劳动争议仲裁委员会处理残疾职工劳动争议。

(五)检查各单位按比例安排残疾人就业情况。

(六)残疾人就业保障金(以下简称保障金)的收缴和管理。

(七)办理残疾人工作协调委员会或者残疾人联合会交办的其他事项。

第六条 各单位应当按在职职工总人数百分之一点五的比例安排残疾人就业；超过0.5人的，按一人计算；不足0.5人的，可免于安排，但需依照规定按比例缴纳保障金。

安排一名盲人就业的，可以按安排二名残疾人就业计算。

福利性企业中的残疾人可以计入该单位按比例安排残疾人就业的总人数。

在自治区大、中专院校就读的本区残疾学生，在校学习期间，每二名学生按一人计入该学校按比例安排残疾人就业人数。

伤残军人必须持有中华人民共和国残疾人证方可计入所在单位按比例安排残疾人就业人数；离休、退休的残疾人和工伤后不符合国务院发布的《全国残疾人抽样调查标准》的工伤职工不计入本单位按比例安排残疾人就业人数。

第七条 各单位应当依照本规定第六条规定的比例，制定本单位安排残疾人就业计划，并报送所在地残疾人劳动就业服务机构。该计划应当包括计划安排残疾人的名额、工种以及有关的要求。

第八条 残疾人劳动就业服务机构应当根据各单位报送的安排残疾人就业计划和劳动力市场的需求，组织待业残疾人进行职业培训。

各类职业培训机构，应当为残疾人提供各种职业培训，并给予适当照顾。

残疾人应当积极参加和接受职业培训，增强就业能力。

第九条 各单位可以同残疾人劳动就业服务机构订立定向培训待业残疾人协议。协议内容由双方商定。协议一经签订，双方应当自觉履行。

第十条 按比例安排残疾人就业应当遵循就地就近安置的原则。

各单位按比例安排残疾人就业，可以由当地残疾人劳动就业服务机构推荐，也可以向社会招收。

接收单位对本单位职工的残疾近亲属应当优先录用;对大、中专院校、技校毕业的残疾学生,在适宜的工作岗位上应当优先录用。

开展按摩业务的医疗单位,应当优先录用有按摩技术资格证的盲人从事按摩工作。

第十一条 残疾人被录用后,应当和其他在职职工一样,依法订立劳动合同,办理各种社会保险,并到当地劳动行政部门办理录用手续和劳动合同鉴证手续。

第十二条 各单位应当对残疾职工进行岗位技术培训,并根据其残疾程度,安排适宜的工种和岗位;在转正、定级、晋升、职称评定、劳动报酬、生活福利、劳动保险等方面,与其他职工同等对待。

第十三条 各级人民政府及有关部门应当鼓励有条件的企业、事业单位和个人直接投资兴办残疾人福利性企业,帮助残疾人集体从业、个体经营,并按照国家和自治区有关规定给予税收减免优惠和其他方面的扶持。

第十四条 建立按比例安排残疾人就业情况年报制度。各单位应当于每年3月20日前将“宁夏回族自治区按比例安排残疾人就业情况统计表”(以下简称统计表)报送同级统计部门和残疾人劳动就业服务机构。

统计表属于统计部门报表范畴,各单位填报时,必须如实提供统计资料,不得虚报、瞒报、拒报、迟报,不得伪造、篡改。

统计表由自治区残疾人联合会会同自治区统计部门统一印制。

第十五条 安排残疾人就业达不到本规定第六条规定比例的单位,应当按年度缴纳保障金。每少安排一名残疾人,按所在地统计部门公布的上年度职工平均工资标准的百分之百缴纳保障金。

第十六条 保障金按照下列规定收缴:

(一)自治区残疾人劳动就业服务机构负责中央驻宁单位、自治区区属单位、外省驻宁单位以及在自治区工商行政管理部门登记注册的企业保障金的收缴。

(二)行署(市)残疾人劳动就业服务机构负责行署(市)所属单位以及在行署(市)工商行政管理部门登记注册的企业保障金的收缴。

(三)县(市、区)残疾人劳动就业服务机构负责县(市、区)所属单位以及在县(市、区)工商行政管理部门登记注册的企业保障金的收缴。

自治区、行署(市)残疾人劳动就业服务机构,可以分别委托有关单位或者下级残疾人劳动就业服务机构代收前款第一项、第二项规定的各单位应当缴纳的保障金。

第十七条　保障金必须专项用于下列开支：

（一）补贴残疾人职业技术培训。

（二）有偿扶持残疾人集体从业或个体经营。

（三）奖励超比例安排残疾人就业的单位及为安排残疾人就业做出显著成绩的单位和个人。

（四）补助残疾人劳动就业服务机构的经费开支。

（五）直接用于残疾人就业工作的其他开支。

第十八条　保障金应当纳入财政专户，实行“收支两条线管理”，其使用由各级残疾人劳动就业服务机构做出计划，经同级残疾人联合会审核同意后，报同级财政部门审批。

任何单位和个人不得截留、挪用保障金。

残疾人劳动就业服务机构应当建立健全保障金财务管理制度，配备专人负责保障金的收支管理，并接受财政和审计部门的检查、监督。

收取保障金，应当使用自治区财政部门统一印制的《行政事业性收费、政府性基金缴款通知单》（以下简称《缴款通知单》）。

第十九条　残疾人劳动就业服务机构应当对各单位按比例安排残疾人就业情况进行检查。对安排残疾人未达到规定比例的单位，发出《缴款通知单》。单位自接到《缴款通知单》之日起十日内，将保障金汇入同级财政专户。

财政、工商、税务等部门以及金融机构应当协助残疾人劳动就业服务机构收缴保障金。

第二十条　企业、城乡集体经济组织缴纳保障金从管理费用中列支；机关、团体和事业单位缴纳保障金从行政经费和事业经费中列支。

第二十一条　保障金原则上不能减免、缓缴。确需减免或者缓缴的，由单位提出申请，报同级财政部门和残疾人联合会审批。

中央驻宁单位确因经费困难或企业政策性亏损等原因，需减免保障金的，由中央驻宁单位的主管部门提出申请，报财政部和中国残疾人联合会审批。

第二十二条　对在按比例安排残疾人就业工作中做出显著成绩的单位和个人，各级人民政府及有关部门应当给予表彰和奖励。

第二十三条　违反本规定第十二条规定，侵犯残疾职工合法权益的，由劳动行政部门责令改正，并按侵害程度，处以一百元以上一千元以下罚款；对残疾职工造成损害的，由用人单位承担赔偿责任或者承担其他民事责任。

第二十四条 违反本规定第十四条第二款规定，单位虚报、瞒报、拒报、迟报或者伪造、篡改统计资料的，由统计部门依法处罚。

第二十五条 违反本规定，未按比例安排残疾人就业，在规定期限内不缴纳或者不足额缴纳保障金，又不申请减免、缓缴，或者减免、缓缴申请未获批准而不缴纳保障金的单位，给予警告，责令其限期缴纳；逾期仍未缴纳的，处以五百元至一千元的罚款，并每逾期一日，加收千分之五的滞纳金。

第二十六条 当事人对行政处罚决定不服的，可以依法申请行政复议或者提起行政诉讼。当事人在法定期限内既不申请复议，也不提起诉讼，又不履行处罚决定的，由作出处罚决定的机关申请人民法院强制执行。

第二十七条 违反本规定，截留、挪用保障金或者不按规定使用保障金的，由有关部门依法处理；构成犯罪的，由司法机关依法追究刑事责任。

残疾人劳动就业服务机构的工作人员在按比例安排残疾人就业工作中徇私舞弊、弄虚作假、滥用职权的，由残疾人联合会给予行政处分；构成犯罪的，由司法机关依法追究刑事责任。

第二十八条 本规定自公布之日起施行。宁夏回族自治区人民政府1996年1月23日公布的《宁夏回族自治区安排残疾人按比例就业规定》同时废止。

宁夏回族自治区医疗救助办法

（2015年11月14日宁夏回族自治区人民政府令第78号公布　自2015年12月1日起施行）

第一章　总　则

第一条 为了规范和加强医疗救助工作，根据国务院《社会救助暂行办法》等规定，制定本办法。

第二条 本办法所称医疗救助，是指对符合救助条件的困难居民，依据规定的方式、程序和标准，给予城乡居民基本医疗保险缴费补贴和医疗费用补助的制度。

第三条　医疗救助应当遵循托住底线、统筹衔接、公开公正、高效便捷的原则。

第四条　民政部门负责医疗救助的具体管理工作。

人力资源和社会保障部门负责基本医疗保险、大病医疗保险等制度与医疗救助制度的衔接工作。

卫生和计划生育部门负责对定点医疗服务机构的医疗服务行为进行监督管理，配合民政部门做好医疗救助“一站式”即时结算工作。

财政部门、审计机关负责对医疗救助资金进行监督。

第五条　鼓励社会力量对困难居民开展医疗救助。

第二章　救助对象

第六条　具有自治区户籍的下列居民，可以申请获得医疗救助：

（一）特困供养人员；

（二）最低生活保障对象；

（三）孤儿；

（四）高龄低收入老年人；

（五）低收入家庭重度残疾人；

（六）重点优抚对象；

（七）因病致贫家庭患病人员。

第七条　有下列情形之一的，不予救助：

（一）因犯罪、自杀、自残、打架斗殴、酗酒、吸毒等发生的医疗费用；

（二）因交通肇事、医疗事故等责任事故发生的医疗费用；

（三）因镶牙、整容、矫形、配镜等发生的费用；

（四）因婚前检查、保健，购买滋补品、营养品等发生的费用；

（五）因使用基本医疗保险目录以外的药品、医用耗材以及自费诊疗项目产生的费用；

（六）伪造、涂改相关票证的；

（七）有法定赡养、抚养、扶养义务人，且法定赡养、抚养、扶养义务人有能力承担其医疗费用的；

（八）医疗救助申请人本人及其共同生活的家庭成员名下拥有两套以上商品房的（因拆迁或者棚户区改造等补偿的安置房、经济适用住房除外）；

(九)医疗救助申请人及其共同生活的家庭成员名下拥有生活用机动车辆(残疾人用于功能性补偿代步的机动车辆和普通二轮摩托车除外)等非生活必需的高档消费品的。

第三章　救助方式和标准

第八条　医疗救助采取城乡居民基本医疗保险缴费补贴、门诊大病补助、住院补助和重特大疾病住院补助等方式。

第九条　特困供养人员、最低生活保障对象、孤儿、高龄低收入老年人、低收入家庭重度残疾人和重点优抚对象参加城乡居民基本医疗保险的,其户籍所在地县(市、区)民政部门应当对其个人缴费部分给予补贴。

第十条　特困供养人员、最低生活保障对象、孤儿、高龄低收入老年人在自治区内定点医疗机构治疗门诊大病,在扣除各类医疗保险支付部分和非医保药品价款后,对剩余费用按照下列标准给予补助:

(一)特困供养人员和孤儿给予百分之九十补助,每人每年累计不超过三千元;

(二)最低生活保障对象、高龄低收入老年人给予百分之五十的补助,每人每年累计不超过二千元。

第十一条　特困供养人员、最低生活保障对象、孤儿、高龄低收入老年人、低收入家庭重度残疾人和重点优抚对象在自治区内定点医疗机构住院治疗的,住院总费用在扣除各类医疗保险支付部分、重点优抚医疗补助报销部分和非医保药品价款后,对剩余费用按照下列标准给予补助,每人每年累计不超过三万元:

(一)特困供养人员和孤儿给予百分之九十补助;

(二)最低生活保障对象、低收入家庭重度残疾人、高龄低收入老年人和重点优抚对象给予百分之七十补助。

第十二条　本办法第六条规定的救助对象患有重特大疾病,年住院总费用累计超过年度家庭可支配收入的,在扣除各类医疗保险支付部分、民政医疗救助部分和非医保药品价款后,对剩余费用按照下列标准给予补助,每人每年救助一次,最高补助金额不超过八万元:

(一)剩余费用在三万元至十万元的,给予百分之五十的补助;

(二)剩余费用在十万元以上的(含本数),给予百分之六十的补助。

第十三条　住院医疗补助实行单笔结算,不限定住院次数。

救助对象住院治疗未达到城乡居民大病医疗保险支付条件的，扣除各类医疗保险支付部分和非医保药品价款后，由民政部门直接给予救助；对达到城乡居民大病医疗保险条件的，应当经大病保险经办机构结算后，扣除各类医疗保险支付部分和非医保药品价款后，由民政部门给予救助。

第十四条　救助对象未参加城乡居民基本医疗保险或者职工基本医疗保险申请医疗救助的，按照医疗总费用的百分之十给予补助，每人每年救助一次，最高补助金额不超过八万元。

第十五条　医疗救助标准应当根据经济社会发展水平适时调整，具体调整标准由自治区民政部门商同级财政部门拟订，报自治区人民政府批准后执行。

第四章　救助程序

第十六条　对救助对象参加城乡居民基本医疗保险的补贴，由县（市、区）民政部门按年度向同级财政部门和医疗保险经办机构提供补贴对象名册和补贴标准，财政部门审核后，从医疗救助基金中按资助标准拨付。

第十七条　特困供养人员、最低生活保障对象、孤儿和高龄低收入老年人申请门诊大病医疗救助，或者因病情需要在非定点医疗机构住院治疗申请医疗救助的，由其本人或者家属向户籍所在地县（市、区）民政部门提出申请，并提交下列申请材料：

（一）居民户口簿、本人身份证；

（二）特困人员供养（五保）证、低保证、儿童福利证、高龄低收入老年人基本生活津贴证；

（三）医疗机构出具的诊断证明、住院费用结算单；

（四）城乡居民基本医疗保险、城乡居民大病医疗保险、商业保险结算单。

第十八条　低收入家庭重度残疾人、重点优抚对象、因病致贫家庭患病人员住院治疗申请医疗救助的，应当向户籍所在地乡镇人民政府、街道办事处提出，并提交下列申请材料：

（一）居民户口簿、本人身份证；

（二）残疾证、优抚证；

（三）医疗机构出具的诊断证明、住院费用结算单；

（四）城乡居民基本医疗保险、城乡居民大病医疗保险以及商业保险等保险结算单。

乡镇人民政府、街道办事处应当自收到申请材料之日起五个工作日内对申请人患病情况及家庭收入和财产状况进行调查、审核；经审核符合救助条件的，出具符合救助条件的证明，报送县（市、区）民政部门审批。

第十九条 县（市、区）民政部门应当自收到申请材料之日起五个工作日内进行审查。

县（市、区）民政部门同意救助的，应当在作出决定后五个工作日内将救助资金通过银行直接汇入被救助人个人账户；不同意救助的，应当在作出决定后二个工作日内，书面告知申请人或者其代理人，并说明理由。

第二十条 特困供养人员、最低生活保障对象、孤儿、高龄低收入老年人在户籍所在地定点医疗机构住院治疗申请医疗救助的，应当在办理出院结算手续时向定点医疗机构“一站式”服务窗口提出申请，并提交下列材料：

（一）居民户口簿、本人身份证；

（二）低保证、特困人员供养（五保）证、儿童福利证、高龄低收入老年人基本生活津贴证。

定点医疗机构对符合救助条件的，应当按照规定的救助标准垫付住院医疗救助资金。

第二十一条 县（市、区）民政部门应当建立与定点医疗机构信息互通的台账管理制度。

对医疗救助支出费用较大，定点医疗机构垫付存在困难的，民政部门可以向定点医疗机构预付一定额度的医疗费用，通过银行汇入救治定点医疗机构。

第二十二条 医疗救助费用按年度结算，当年第四季度发生的住院医疗费用，可以在次年第一季度内结算。

第五章 救助基金筹集与管理

第二十三条 县级以上人民政府建立医疗救助基金。医疗救助基金来源包括：

（一）中央和自治区财政补助的城乡医疗救助资金；

（二）设区的市、县（市、区）按照当年所需的城乡医疗救助资金安排的本级财政资金；

（三）从自治区福利彩票公益金中安排的资金；

（四）社会捐助的资金；

(五)基金形成的利息收入。

第二十四条 医疗救助基金应当纳入社会保障基金财政专户,实行专账核算,专款专用,统一筹集,统一使用。

财政部门应当在社会保障基金财政专户中建立“医疗救助基金专账”,用于办理基金的汇集、核拨、支付等业务,并按照同级民政部门提出的使用计划进行审核和拨付。

任何单位和个人不得从基金中提取管理费或者列支其他费用。

第二十五条 医疗救助基金应当保持收支平衡,略有结余。县(市、区)医疗救助基金年度内累计结余资金不超过当年筹集资金总额的百分之十五,结余资金结转下年度使用;结余超过百分之十五的,自治区财政可以适当减少拨付救助资金。

第二十六条 县(市、区)民政部门应当会同财政部门每年公布一次救助资金使用情况和医疗救助对象名单及救助金额,接受社会监督。

第六章 救助服务与监督

第二十七条 民政部门应当会同人力资源和社会保障部门,建立与城乡居民基本医疗保险、城乡居民大病医疗保险、商业保险、应急医疗救助相衔接的医疗救助统一结算系统,逐步实现在定点医疗机构同步结算城乡基本医疗保险、城乡居民大病医疗保险和医疗救助费用。

第二十八条 定点医疗服务机构应当加强对医疗救助“一站式”服务窗口的管理,按规定办理审核、诊疗、结算手续。

定点医疗服务机构应当按照基本医疗保险三项目录、城乡居民大病医疗保险目录以及单病种限价等规定,及时为救助对象提供诊疗服务;使用目录以外的药品、医用耗材以及自费诊疗项目的,应当注明自费药品,并经救助对象或者其家属签字。

第二十九条 民政部门应当会同卫生和计划生育、人力资源和社会保障部门,定期对定点医疗机构“一站式”服务窗口办理审核、诊疗、结算情况进行监督检查,发现不符合规定的行为,应当及时予以纠正。

第三十条 申请医疗救助的人员应当如实提供相关证明材料,不得弄虚作假,不得骗取医疗救助金。

第七章 法律责任

第三十一条 违反本办法规定，民政、财政等部门及其工作人员，有下列情形之一的，由上级行政机关或者监察机关责令改正；对直接负责的主管人员和其他直接责任人员依法给予处分：

（一）对符合申请条件的救助申请不予受理或者不予批准的；

（二）对不符合救助条件的救助申请予以批准的；

（三）泄露在工作中知悉的公民个人信息，造成不良后果的；

（四）丢失、篡改接受社会救助款物、服务记录等数据的；

（五）不按照规定发放救助资金或者提供相关服务的；

（六）在履行医疗救助职责过程中有其他滥用职权、玩忽职守、徇私舞弊行为的。

第三十二条 违反本办法规定，民政、财政等部门及其工作人员截留、挤占、挪用、私分医疗救助资金的，由有关部门责令追回；有违法所得的，没收违法所得；对直接负责的主管人员和其他直接责任人员依法给予处分。

第三十三条 违反本办法规定，定点医疗机构未按规定办理审核、诊疗、结算手续的，由有关部门责令改正；情节严重的，取消其定点医疗机构资格；对超出医疗救助政策范围结算的医疗救助资金，由医疗机构承担。

第三十四条 违反本办法规定，救助对象采取虚报、隐瞒、伪造等手段，骗取医疗救助资金的，由民政部门决定停止救助，责令退回非法获取的救助资金，可以处非法获取的救助金额一倍以上三倍以下的罚款。

第八章 附 则

第三十五条 本办法下列用语的含义：

（一）特困供养人员，是指无劳动能力、无生活来源且无法定赡养、抚养、扶养义务人，或者其法定赡养、抚养、扶养义务人无赡养、抚养、扶养能力的老年人、残疾人。

（二）最低生活保障对象，是指享受最低生活保障待遇的居民。

（三）孤儿，是指民政部门认定的失去父母、查找不到生父母的未满十八周岁的未成年人或者年龄在十八周岁以下且父母一方死亡，另一方失踪、改嫁或者服刑等导致事实上无人抚养的未成年人。

（四）高龄低收入老年人，是指享受民政部门发放高龄低收入老年人津贴的低收入老年人。

（五）低收入家庭重度残疾人，是指月人均收入低于当地最低生活保障标准百分之一百五十的低收入家庭中二级以上（含二级）重度残疾人。

（六）重点优抚对象，是指具有自治区城乡居民户籍，且在自治区范围内领取定期抚恤金或者定期定量补助的已退出现役的残疾军人、在乡复员军人、带病回乡退伍军人、在乡退伍老红军战士（含在乡西路红军战士、红军失散人员）、烈士遗属、因公牺牲军人遗属、病故军人遗属、参战涉核退役人员、六十周岁以上农村籍退役士兵、六十周岁以上烈士子女（含建国前错杀后被平反人员子女）、直接参与铀矿开采的军队退役人员。

（七）因病致贫家庭患病人员，是指患重特大疾病，年住院总费用超过年度家庭可支配收入，且在扣除各类医疗保险支付部分、民政医疗救助部分和非医保药品价款后，剩余费用达到三万元以上的人员。

（八）门诊大病，是指依据自治区城乡居民基本医疗保险确定的大病病种。

（九）各类医疗保险，是指城乡居民基本医疗保险、城乡居民大病医疗保险、职工基本医疗保险、职工大额医疗补助、企业补充医疗保险、商业医疗保险等保险。

（十）医疗救助"一站式"即时结算，是指符合医疗救助条件的救助对象在定点医疗机构看病就医，在出院结算医疗费用的同时，享受城乡居民基本医疗保险报销补偿和民政部门的医疗救助补助的结算制度。

第三十六条 救助对象患按单病种付费的重特大疾病住院治疗的，其住院费用按自治区相关政策给予医疗救助，不受本办法规定救助比例和年累计救助最高限额的限制。

第三十七条 设区的市、县（市、区）可以根据当地经济社会发展水平和财政收支情况，制定高于本办法规定的救助标准。

第三十八条 本办法自2015年12月1日起施行。2009年11月19日自治区人民政府办公厅公布的《宁夏回族自治区城镇医疗救助办法（试行）》和《宁夏回族自治区农村医疗救助办法（试行）》（宁政办发〔2009〕242号）同时废止。

宁夏回族自治区个体经营场所消防安全管理办法

（2015年12月8日宁夏回族自治区人民政府令第80号公布　自2016年2月1日起施行）

第一条　为了加强个体经营场所消防安全管理工作，预防火灾和减少火灾危害，保护人身、财产安全，根据《中华人民共和国消防法》《宁夏回族自治区实施〈中华人民共和国消防法〉办法》等法律、法规，制定本办法。

第二条　本办法所称个体经营场所，是指个体工商户从事工商业经营的固定场所。

第三条　自治区行政区域内个体经营场所消防安全管理工作，适用本办法。

第四条　县（市、区）人民政府应当将个体经营场所消防安全管理工作纳入本行政区域消防工作规划、计划并组织实施。

第五条　公安机关对个体经营场所消防安全工作实施监督管理，并由公安机关消防机构和公安派出所负责实施。

街道办事处以及村（居）民委员会，协助公安机关消防机构和公安派出所做好辖区内个体经营场所消防安全管理工作。

第六条　个体经营者对其经营场所的消防安全负责，应当遵守消防法律法规和防火安全公约，配置必要的消防设施、器材，接受消防监督检查。

第七条　公安机关消防机构应当履行下列消防监督管理职责：

（一）指导公安派出所开展消防监督检查工作；

（二）开展消防安全宣传教育；

（三）其他消防监督管理职责。

第八条　公安派出所应当履行下列消防监督管理职责：

（一）对本辖区个体经营场所进行消防监督抽查；

（二）对村（居）民委员会履行消防安全职责的情况进行检查；

（三）指导消防安全重点场所进行火灾预防和灭火演练；

（四）向个体经营者宣传消防安全知识；

（五）其他消防监督管理职责。

第九条　村（居）民委员会应当履行下列消防安全管理职责：

（一）宣传消防安全常识；

（二）开展消防安全巡查，向公安机关消防机构或者公安派出所报告发现的火灾隐患；

（三）指导个体经营场所开展消防安全区域联防工作；

（四）配合公安机关消防机构和公安派出所开展消防监督抽查。

第十条　个体经营者应当履行下列消防安全义务：

（一）依法配置符合标准的消防设施、器材，设置消防安全标志，并保持完好有效；

（二）保持疏散通道、安全出口畅通；

（三）遵守用电用气用火用油安全规程；

（四）定期对本经营场所进行消防安全检查，及时消除火灾隐患；

（五）接受消防安全培训并对本场所工作人员进行消防安全常识教育；

（六）发生火灾时及时报警、扑救并疏散人员；

（七）配合公安机关消防机构扑救火灾、调查火灾原因。

鼓励个体经营者制定符合经营实际需要的消防安全措施。

第十一条　县（市、区）公安消防机构应当将娱乐、餐饮、住宿等个体经营场所，以及个体经营易燃易爆危险品、油气的场所，确定为消防安全重点场所，并以统一方式在个体经营场所明示。

前款规定场所的个体经营者除应当履行本办法第十条规定的消防安全义务外，还应当履行下列消防安全义务：

（一）在经营场所明显位置明示防火警示；

（二）定期开展消防安全演练；

（三）与相邻生产经营场所、单位开展消防安全区域联防。

第十二条　相关行业主管部门开展专项监督检查时，应当对个体经营者履行消防安全义务的情况进行检查，责令其改正不符合消防安全的行为。

第十三条　个体经营场所集中的建筑物，产权单位或者受委托的物业服务企业，应当对共用的疏散通道、安全出口、建筑消防设施和消防车通道等进行统一管理。

第十四条　个体劳动者协会、行业协会、市场开办者等组织，应当向个体经营者宣传消防安全常识。

鼓励志愿服务者向个体经营者宣传消防安全常识。

第十五条 公安派出所应当制定本辖区年度个体经营场所消防监督抽查计划并实施。

公安派出所开展消防监督抽查时,应当出示执法身份证件,并不得影响个体经营者的正常经营活动。

第十六条 公安派出所对个体经营场所下列事项进行消防监督抽查:

(一)用电用气用火用油是否规范;

(二)是否开展消防安全宣传教育、灭火和应急疏散演练;

(三)疏散通道、安全出口是否畅通,室内消火栓、疏散指示标志、应急照明、灭火器是否完好有效;

(四)生产、储存、经营易燃易爆危险品的场所是否与居住场所设置在同一场所内。

公安派出所发现个体经营场所存在消防安全违法行为的,应当责令改正,并将抽查情况在抽查记录中载明,自抽查结束之日起两个工作日内,将抽查记录录入网上消防监督管理系统。

第十七条 公安机关消防机构应当在火灾多发季节,重大节日、重大活动前或者期间组织监督抽查。

第十八条 公安机关消防机构和公安派出所,可以在一定范围公开存在火灾隐患的个体经营场所名单。

第十九条 县(市、区)公安机关消防机构应当向社会公开消防安全服务事项,为个体经营场所提供消防安全服务。

第二十条 工商行政管理部门和公安机关消防机构,应当建立个体经营登记信息共享机制。

第二十一条 公民发现个体经营场所存在火灾隐患的,可以向公安机关消防机构或者公安派出所举报;接到举报的公安机关消防机构或者公安派出所应当及时调查处理。

第二十二条 个体经营场所有下列情形之一的,由公安机关消防机构给予警告,责令限期改正;逾期未改正的,对个体经营者处一百元以上五百元以下罚款;情节严重的,处五百元以上一千元以下罚款,并监督改正:

(一)电器产品、燃气用具的安装使用及其线路、管路的敷设不符合消防安全管理规定,存在火灾隐患的;

(二)储存、经营易燃易爆危险品的场所与居住场所设置在同一场所内的;

（三）占用、堵塞、封闭疏散通道、安全出口的；

（四）消防设施、器材未保持完好有效的。

第二十三条 公安机关消防机构和公安派出所及其工作人员，对监督抽查中发现的火灾隐患或者违法行为未依法责令个体经营者改正，造成严重后果的，对直接负责的主管人员和其他直接责任人员依法给予处分。

第二十四条 本办法自2016年2月1日起施行。

发改财政

宁夏回族自治区政府非税收入管理条例

（2014年7月23日宁夏回族自治区第十一届人民代表大会常务委员会第十一次会议通过　2014年7月23日宁夏回族自治区人民代表大会常务委员会公告第12号公布　自2014年9月1日起施行）

第一条　为了规范政府非税收入管理，健全公共财政职能，根据《中华人民共和国预算法》和有关法律、法规规定，结合自治区实际，制定本条例。

第二条　自治区行政区域内政府非税收入的管理适用本条例。

第三条　本条例所称政府非税收入（以下简称非税收入），是指除税收收入以外，国家机关、事业单位、代行政府职能的社会团体和其他组织依法履行公共事务管理职能，行使政府权力，利用政府信誉、国有资产、国有资源，或者提供特定公共服务取得的财政资金。主要包括下列项目：

（一）政府性基金收入；

（二）专项收入；

（三）彩票公益金；

（四）行政事业性收费收入；

（五）罚没收入；

（六）国有资本经营收益；

（七）国有资产有偿使用收入；

（八）国有资源有偿使用收入；

（九）以政府名义接受的各种捐赠资金；

（十）其他应当纳入非税收入管理的资金。

社会保障基金、住房公积金不纳入非税收入的管理范围。

第四条　非税收入的项目和标准应当依法设定。任何单位和个人不得擅自设定、调整非税收入的项目和标准。

自治区依法设定的行政事业性收费项目，应当报自治区人大常委会备案。

非税收入的项目目录，由自治区财政部门定期向社会公布。

第五条　县级以上人民政府应当将非税收入纳入预算，统筹安排。

第六条　县级以上人民政府财政部门负责非税收入管理工作。

审计、价格、监察等部门应当按照各自职责，做好非税收入监督管理的相关工作。

第七条　非税收入的管理应当接受社会公众和新闻媒体的监督。

任何单位和个人有权举报非税收入管理中的违法行为。

第八条　非税收入的执收单位应当依法确定。法律、法规没有规定执收单位的非税收入，由县级以上人民政府财政部门征收。

第九条　执收单位依法委托其他单位征收的，应当将委托事项报自治区财政部门备案。

执收单位应当监督受委托单位的征收行为，并对征收行为的后果承担法律责任；受委托单位应当在委托范围内以执收单位的名义征收非税收入，不得转委托。

第十条　执收单位应当遵守下列规定：

（一）向社会公布本单位征收的非税收入的依据、项目、标准、对象、期限和程序；

（二）及时、足额收缴非税收入；

（三）记录、汇总、核对非税收入收缴情况，并定期报送同级财政部门；

（四）接受财政、审计、价格等部门的检查，如实提供资料、反映情况；

（五）其他非税收入管理的有关规定。

第十一条　执收单位不得多收或者擅自缓收、减收、免收非税收入；不得征收明令取消、暂停执行的非税收入；不得擅自销毁或者转借、串用、代开、买卖、伪造、使用伪造财政收入票据。

第十二条　非税收入实行收缴分离制度，由执收单位开具财政收入票据，缴款义务人及时到非税收入收缴的代理银行足额缴纳非税收入款项。法律、法规另有规定的，从其规定。

第十三条　财政收入票据应当由自治区财政部门统一印（监）制。

任何单位和个人不得擅自印制财政收入票据。

第十四条　财政部门、执收单位和受委托单位应当建立财政收入票据申领、开具、使用、保管、核销、稽查等制度，合法、安全使用财政收入票据。

财政收入票据损毁、灭失、被盗或者遗失的，执收单位应当在三日内以书面形式报告原核发财政收入票据的财政部门，并公告声明作废。

第十五条　缓收、减收、免收非税收入的，应当由自治区人民政府或者自治区人民政府授权的有关部门批准。

第十六条　经确认属于误缴误征、多缴多征非税收入的，以及符合其他需要退付情形的，财政部门、执收单位应当在十日内办理退付。

第十七条　非税收入收缴的代理银行，应当由县级以上人民政府财政部门按照公开、公平、公正和方便缴款的原则，在人民银行认定的具有代理国库集中收付业务资格的银行中确定，并向社会公布。

第十八条　非税收入应当直接缴入国库，或者通过财政汇缴结算账户按照规定期限划转国库。国家和自治区规定缴入财政专户的除外。

任何单位和个人不得隐瞒、截留、滞留、挤占、坐支、挪用、私分或者变相私分非税收入资金。

第十九条　县级以上人民政府财政部门应当按照非税收入资金的性质实行分类管理，建立健全管理制度。

上下级政府分成的非税收入，由财政部门按照就地缴款、分级划解、及时结算的原则划解、结算。

第二十条　县级以上人民政府财政部门应当加强对非税收入管理的日常监督、专项监督和年度稽查，并接受审计等部门的监督检查。

第二十一条　违反本条例规定，执收单位有下列行为之一的，由县级以上人民政府财政部门责令补收应当征收的非税收入，退还违法所得。对直接负责的主管人员和其他直接责任人员依法给予处分；构成犯罪的，依法追究刑事责任：

（一）擅自设定非税收入项目；

（二）擅自改变非税收入项目的标准、对象和期限；

（三）多收或者擅自缓收、减收、免收非税收入；

（四）征收明令取消、暂停执行的非税收入。

第二十二条　违反本条例规定，擅自印制、销毁或者转借、串用、代开、买卖、伪造、使用伪造财政收入票据的，由县级以上人民政府财政部门销毁非法印制的票据，没收违法所得，对单位处以五千元以上十万元以下罚款；对直接负责的主管人员和其他直接责任人员处以三千元以上五万元以下罚款；构成犯罪的，依法追究刑事责任。

前款规定中直接负责的主管人员和其他直接责任人员属于国家工作人员的，应当依法给予处分。

第二十三条 违反本条例规定,隐瞒、截留、滞留、挤占、坐支、挪用、私分或者变相私分非税收入资金的,由县级以上人民政府财政部门收缴应当上缴的非税收入,责令退还违法所得。对直接负责的主管人员和其他直接责任人员依法给予处分;构成犯罪的,依法追究刑事责任。

第二十四条 财政部门和其他相关部门的工作人员在非税收入管理工作中,玩忽职守、徇私舞弊、滥用职权的,由其所在单位或者上级主管部门、监察机关对直接负责的主管人员和其他直接责任人员依法给予处分;构成犯罪的,依法追究刑事责任。

第二十五条 本条例自2014年9月1日起施行。1998年12月4日宁夏回族自治区第八届人民代表大会常务委员会第四次会议通过的《宁夏回族自治区预算外资金管理条例》同时废止。

宁夏回族自治区空间发展战略规划条例

(2014年11月25日宁夏回族自治区第十一届人民代表大会常务委员会第十三次会议通过 2014年11月25日宁夏回族自治区人民代表大会常务委员会公告第15号公布 自2015年1月1日起施行)

第一章 总 则

第一条 为了规范和保障空间发展战略规划的编制、实施,维护规划的科学性、稳定性,促进经济社会全面协调可持续发展,建设开放、富裕、和谐、美丽宁夏,根据有关法律、行政法规规定,结合自治区实际,制定本条例。

第二条 空间发展战略规划的编制、实施、修改和监督管理,适用本条例。

第三条 空间发展战略规划是自治区对城乡功能定位、产业发展、基础设施建设、生态环境保护等重大事项作出的空间布局和战略部署,是自治区发展的基础性、宏观性、战略性规划。

第四条 空间发展战略规划应当作为经济社会发展规划、城乡规划、土地利用规划等规划的编制依据。

第五条 自治区人民政府负责空间发展战略规划的编制、实施和监督管理工作。

设区的市、县(市)人民政府负责空间发展战略规划在本行政区域内的实施工作。

自治区人民政府规划协调管理机构负责空间发展战略规划日常工作。

第六条 县级以上人民政府应当将空间发展战略规划所需工作经费纳入本级财政预算。

第二章 规划编制

第七条 编制空间发展战略规划,应当遵循国家发展战略,统筹区域、城乡协调发展,突出发展特色和优势,保护历史文化遗产,促进资源集约节约利用,建立结构合理、分工明确、功能互补、产城融合、生态文明的空间格局。

第八条 编制空间发展战略规划应当遵循下列程序:

(一)对自治区空间布局现状和发展趋势进行评估;

(二)组织设区的市和自治区有关部门编制规划方案;

(三)组织专家进行科学论证;

(四)向社会公示,公开征求意见;

(五)对专家和公众意见进行研究,并采取适当方式予以反馈说明。

第九条 空间发展战略规划由自治区人民政府编制完成后,提请自治区人民代表大会审议批准。

自治区人民政府应当将经批准的空间发展战略规划向社会公布,接受社会监督。

第十条 自治区应当根据发展需要编制空间发展战略规划的配套规划,建立层级分明、衔接紧密、科学合理的空间发展战略规划体系。

第三章 规划实施

第十一条 各级人民政府应当严格实施空间发展战略规划,不得擅自改变空间发展战略规划确定的空间布局。

第十二条 自治区人民政府应当建立实施空间发展战略规划的协调制度，统筹解决实施空间发展战略规划中的重大问题。

自治区人民政府应当建立科学合理的利益调整补偿机制，兼顾各方利益，促进区域、城乡均衡发展。

第十三条 自治区人民政府应当建立各类规划的联席审查机制，推进经济社会发展规划、城乡规划、土地利用规划等规划的相互协调、相互衔接，多规融合。

第十四条 县级以上人民政府应当组织编制有关规划设计导则，发挥规划设计导则控制作用，加强对建筑、景观、生态环境、空间廊道等的规划管理，体现地域和文化特色。

第十五条 实施空间发展战略规划应当推进基础设施、公共服务设施共建共享，加强产业、交通、能源、生态保护、水资源、信息资源、公共服务资源等方面的跨区域协调合作，促进区域一体化发展。

设区的市人民政府应当根据空间发展战略规划确定的发展目标和功能布局，建立本行政区域建设项目规划、选址、技术标准的协调机制，促进同城化管理。

第十六条 建设项目审批机关在作出项目审批决定前，应当根据空间发展战略规划进行合规性审查；对建设项目规划与空间发展战略规划确定的内容不一致的，由自治区人民政府规划协调管理机构审查。

第十七条 自治区人民政府应当建立空间发展战略规划信息化平台，建设规划信息数据库，实现区域、城乡、部门之间信息资源共享。

第四章 规划修改

第十八条 自治区人民政府应当建立空间发展战略规划的评估机制，定期组织对空间发展战略规划进行评估，并采取论证会、听证会或者其他形式广泛征求公众意见。

第十九条 有下列情形之一的，可以修改空间发展战略规划：

（一）国家或者自治区发展战略、发展布局作出重大调整的；

（二）行政区划调整确需修改规划的；

（三）因国家批准重大建设工程确需修改规划的；

（四）经评估确需修改规划的。

第二十条 修改空间发展战略规划，应当按照本条例规定的编制程序进行，提请自治区人民代表大会或者自治区人民代表大会常务委员会审议批准。

未经法定程序，任何单位和个人不得修改空间发展战略规划。

第五章　监督与责任

第二十一条　县级以上人民代表大会常务委员会应当对本级人民政府实施空间发展战略规划的情况进行监督检查。

县级以上人民政府应当定期向本级人民代表大会常务委员会和上一级人民政府报告空间发展战略规划实施情况。

第二十二条　自治区人民政府应当建立考核评价制度，对设区的市、县（市）人民政府和自治区人民政府有关部门实施空间发展战略规划情况进行考核评价。

第二十三条　县级以上人民政府应当加强对下级人民政府及有关部门实施空间发展战略规划情况的监督检查，及时查处违反空间发展战略规划的行为。

第二十四条　空间发展战略规划的实施、监督检查情况和处理结果应当依法公开，接受公众监督。

任何单位和个人对违反空间发展战略规划的行为，有权向县级以上人民政府及其有关部门举报，接受举报单位应当及时处理。

第二十五条　县级以上人民政府及有关部门的主要负责人或者其他责任人员，有下列行为之一的，由上一级人民政府、任免机关或者监察机关依据职权责令改正，通报批评，给予警告、记过或者记大过处分；情节较重的，给予降级或者撤职处分；情节严重的，给予开除处分；构成犯罪的，依法追究刑事责任：

（一）擅自改变空间发展战略规划确定的空间布局的；

（二）审批的有关项目违反空间发展战略规划，责令改正而拒不改正的；

（三）有其他违反空间发展战略规划行为，造成严重后果的；

（四）编制、实施、修改、监督空间发展战略规划及其配套规划工作中，滥用职权、玩忽职守、徇私舞弊的。

第六章　附　则

第二十六条　本条例自2015年1月1日起施行。

宁夏回族自治区煤炭资源勘查开发与保护条例

（2008年9月19日宁夏回族自治区第十届人民代表大会常务委员会第五次会议通过　根据2012年3月29日宁夏回族自治区第十届人民代表大会常务委员会第二十九次会议《关于修改十五件地方性法规的决定》第一次修正　根据2016年3月24日宁夏回族自治区第十一届人民代表大会常务委员会第二十三次会议《关于修改〈宁夏回族自治区煤炭资源勘查开发与保护条例〉等三件地方性法规的决定》第二次修正）

第一章　总　则

第一条　为了合理开发利用和保护煤炭资源，促进煤炭工业健康和可持续发展，根据有关法律、法规规定，结合自治区实际，制定本条例。

第二条　在自治区行政区域内从事煤炭资源的规划、勘查、开采、利用、管理、保护和煤田火区灭火等活动，应当遵守本条例。

第三条　自治区对煤炭资源的开发实行统一规划、合理布局、有序开发、综合利用、保护环境和资源有偿使用的原则。

第四条　县级以上人民政府应当加强对煤炭资源开发保护的指导、监督工作，协调、解决煤炭行业管理中存在的问题。

自治区煤炭行业管理部门依法负责煤炭行业的监督管理工作。自治区发展和改革、国土资源、环境保护等有关部门应当依据各自的职责，依法履行相应的职责。

第五条　自治区对太西煤资源的开采实行总量控制、限量开采的保护性开采措施。

第六条 自治区鼓励煤矿企业采用先进采煤技术和工艺，优化开采方式，开采难采煤层、极薄煤层和边角煤或者进行复采，提高煤炭资源回采率。

第七条 自治区建立煤炭资源储备制度，规范煤炭资源储备建设和管理，强化对煤炭资源的控制，保障煤炭资源供应安全。

煤矿企业应当对煤炭资源及其煤层气、煤矸石、矿井水和伴生资源进行综合开发利用，保护生态环境和水资源，防治灾害，恢复和治理因开采煤炭压占土地和地表塌陷区。

第八条 自治区对取得探矿权、采矿权的矿权人，按照资源高效利用、保障安全、合理补偿、以优并劣、以大并小的原则，依据探矿权、采矿权的设置方案，通过兼并、转让等方式，实施煤炭资源的整合和优化配置。

第九条 县级以上人民政府及其有关部门应当加强对煤矿安全生产的监督管理。

煤矿企业应当坚持安全第一、预防为主、综合治理的方针，建立健全安全生产责任制度，采取有效措施，防止伤亡和其他安全生产事故的发生。

第二章 规 划

第十条 自治区发展和改革部门负责组织编制列入国家大型煤炭基地的矿区总体规划，组织专家预审后，报国家发展和改革部门审批。

第十一条 自治区煤炭行业管理部门负责组织编制自治区煤炭生产开发规划和列入国家大型煤炭基地以外的矿区总体规划，报自治区发展和改革部门批准后实施。

第十二条 自治区国土资源行政主管部门组织编制煤炭资源勘查规划，报自治区人民政府批准后实施。

自治区国土资源行政主管部门应当根据煤炭生产开发规划、矿区总体规划，组织编制采矿权设置方案，并应当征求自治区发展和改革、煤炭行业管理和环境保护部门的意见，报自治区人民政府批准后实施。

第十三条 自治区国土资源行政主管部门根据全国矿产资源中、长期勘查规划和自治区矿产资源总体规划，组织有关主管部门编制自治区煤炭资源年度勘查计划，报自治区人民政府批准后实施。

第十四条 煤炭资源采矿权采用招标、拍卖、挂牌或者其他方式出让；出让采矿权应当根据国家煤炭产业政策和市场需求，按照批准的设置方案进行。

开发太西煤资源，除国家危机矿山接替资源找矿项目外，不得批准新的采矿权。

第三章 勘 查

第十五条 自治区对煤炭资源探矿权实行招标、拍卖或者挂牌等方式有偿出让；对由国家或者自治区出资勘查形成的煤炭资源矿产地，应当委托具有评估资质的评估机构进行评估后，有偿出让。

第十六条 煤炭资源的勘查项目应当由具有地质勘查资质的地质勘查单位承担。由国家和自治区出资勘查的项目，由自治区地质勘查单位承担。商业性勘查项目，应当采用市场竞争方式，确定地质勘查单位。

第十七条 地质勘查单位应当遵守勘查工作规程和技术规范，编制勘查设计方案，按照国土资源行政主管部门批准的勘查设计方案施工。

地质勘查单位应当对勘查区内的矿产资源进行综合勘查和评价，向国土资源行政主管部门提交勘查报告。

第十八条 由自治区国土资源行政主管部门审批的探矿权，自治区国土资源行政主管部门应当自收到勘查报告后，对大中型勘查项目报告在三个月内、小型勘查项目报告在二个月内完成储量评审、备案工作。地质勘查单位应当在收到国土资源行政主管部门的勘查报告评审意见和储量备案材料后，一个月内汇交勘查报告和相关资料。

地质勘查报告未经评审，不得作为矿山设计、建设的依据。

第四章 开 发

第十九条 自治区投资主管部门负责新建、改建和扩建煤矿项目的预审或者核准。新建或者改建、扩建煤矿项目按照国家规定的分级管理权限，依法由国家或者自治区投资主管部门核准。

国家规划矿区内煤矿建设项目，由企业向自治区投资主管部门提出申请，经预审同意后，依法报国家发展和改革部门核准。

国家规划矿区以外、矿井建设规模在限额内，新建或者改建、扩建的煤矿建设项目的，由企业向自治区投资主管部门提出申请，由自治区投资主管部门依据批准的矿区总体规划核准。

第二十条 新建或者改建、扩建煤矿项目,建设单位应当依据煤炭资源综合利用开发方案和评审备案的井田勘查地质报告进行煤矿设计。建设单位应当根据建设规模委托具有相应资质的设计单位承担设计。煤矿初步设计由自治区煤炭行业管理部门审查,确定煤矿设计生产能力;安全设施设计由煤矿安全监察机构审查批准。

任何单位和个人不得擅自变更经批准的煤炭资源综合利用开发方案和工程设计方案。

第二十一条 新建或者改建、扩建煤矿项目,煤矿安全监察、环境保护、国土资源行政主管部门应当依法开展安全评价、环境影响评价和地质灾害危险性评估。安全设施、环保设施应当与主体工程同时设计、同时施工、同时投入生产和使用。

第二十二条 自治区国土资源行政主管部门受理申请人申请煤炭采矿权,申请人应当报送经批准的煤炭资源综合利用开发方案。未按照规定编报开发利用方案或者方案经审查不合格的,不得进行煤矿设计,不得颁发采矿许可证。

第二十三条 太西煤的产量限额指标由自治区煤炭行业管理部门制定,报自治区人民政府批准后实施。

太西煤生产企业应当按照核定的生产能力和下达的限产指标组织生产,限量开采,不得超过核定的生产能力和生产指标进行生产。

第二十四条 煤炭生产能力发生变化的,应当及时委托具备资质的生产能力核定单位组织生产能力核定,报自治区煤炭行业管理部门确定,并对采矿许可证等相关证件进行变更登记。

第二十五条 自治区煤炭资源开发应当实行规模化、集约化开采;新建单个矿井设计生产能力不得低于年三十万吨生产规模和建设标准。

对边角煤、极薄煤层等零星煤炭资源开采,应当由煤矿企业开采,矿井设计能力不得低于自治区规定的年生产规模和建设标准。

第二十六条 宁东煤炭基地内煤炭资源的开发实行一个矿区一个开发主体,由符合煤炭开发准入条件的大型企业集团作为开发主体,与配置煤炭资源的企业合作,实行投资多元化联合开发。

第五章 利 用

第二十七条 自治区对煤炭资源配置坚持市场调节与政府宏观调控相

结合和有偿使用的原则。对国家规划矿区未设置采矿权的煤炭资源实行统一配置，提高煤炭资源的转化和利用效率。

煤炭资源有偿使用具体办法，由自治区人民政府制定。

第二十八条　宁东煤炭基地内的煤炭资源优先配置给大型煤化工、煤电铝一体化等煤炭深加工项目。

煤炭资源的配置量应当依据配置资源项目的建设规模和煤炭消耗定额确定。

第二十九条　配置煤炭资源，由企业提出申请，经自治区发展和改革部门会同自治区煤炭行业管理部门核实确认后，报自治区人民政府批准。

第三十条　自治区对煤炭资源的配置实行动态管理。配置煤炭资源的项目自核准后一年内主体工程未开工的，自治区人民政府应当收回承诺配置的煤炭资源。

自治区人民政府配置给煤化工、煤电铝一体化项目的煤炭资源，不得擅自转让。

第六章　保　护

第三十一条　煤矿企业开采煤炭资源，其回采率应当达到国家规定的标准。因地质条件、安全条件等原因，造成采区或者工作面煤炭资源无法开采回收的，煤矿企业应当及时制定处理方案，报自治区国土资源行政主管部门和煤炭行业管理部门审核批准后，方可核销。

第三十二条　煤矿企业应当建立矿山档案和资源储量台账，每年向自治区国土资源行政主管部门和煤炭行业管理部门提交上年度动用资源储量报告。煤矿企业年度动用、消耗、损失的资源储量应当由具有相应资质的单位进行检测；自治区国土资源行政主管部门会同煤炭行业管理部门应当对年度资源利用报告和检测报告进行审查核实。储量检测经费列入自治区财政预算。

第三十三条　太西煤生产企业应当加强生产矿井的安全技术改造，未经批准，不得扩大生产能力，不得新建生产矿井。

第三十四条　经批准开采范围的煤炭资源已经枯竭的，煤矿企业应当办理闭坑手续。关闭前应当报煤炭行业管理部门批准，并向国土资源行政主管部门提交煤矿闭坑地质报告，经批准后办理采矿许可证注销手续，并按照国家有关规定汇交地质资料。

批准的储量已经开采完毕，符合接续条件的，由自治区国土资源行政主管部门会同煤炭行业管理部门审查批准。

第三十五条 宁东煤炭基地内已经批准开办的小煤矿，不得配置新的资源量，不得进行扩建。对适宜大型煤矿企业开采的资源，应当按照规划进行资源整合和矿井改造；对影响大型煤矿企业开采的，由原审批机关责令关闭，依法给予经济补偿或者折价入股；属于浪费资源严重、没有安全保障的小煤矿，由原审批机关责令关闭。

宁东煤炭基地以外达不到最低生产规模标准，但依法已取得相关证照的小煤矿，可以采取由大型煤矿企业收购、兼并，或者小煤矿之间实施资源整合、联合重组等方式进行改造；对不具备安全生产标准和整合改造条件的小煤矿，由原审批机关责令关闭。

第三十六条 煤矿企业应当在批准的井田范围内，按照综合利用开发方案和煤矿设计批准的开采方式、开采顺序和开采方法开采，不得超越批准的开采范围越层、越界开采；不得采厚弃薄、采富弃贫，浪费资源。

第三十七条 煤矿企业应当按照国家和自治区有关规定，缴纳采矿权价款、采矿权使用费和矿产资源补偿费。

第三十八条 对煤矿企业实行矿山地质环境治理保证金制度。煤矿企业应当按规定缴纳矿山地质环境治理保证金，用于矿山环境治理和生态恢复。

矿山地质环境治理保证金管理办法，由自治区人民政府制定。

第七章 灭火工程管理

第三十九条 煤田火区应当科学划定。煤田火区的范围由自治区发展和改革部门组织国土资源、煤炭行业管理等有关部门和专家进行论证后划定。

任何单位和个人不得以灭火为借口，采挖太西煤和其他煤炭资源。

第四十条 煤田火区由大型国有煤炭生产企业负责灭火方案的编制、施工、火区监测、火区后期管理。

原批准的灭火工程到期后，不得批准和接续新的灭火工程。

第四十一条 对直接影响灭火工程质量和灭火成果的矿井或者涉及矿井自身安全的，应当暂停生产活动，煤田火区灭火工程竣工后方可恢复生产。

第四十二条 煤田火区灭火工程施工到期后，大型国有煤炭生产企业应当组织专业人员进行不少于三年的监测管理;发生复燃等异常情况,应当及时治理。

第四十三条 煤田火区灭火工程开采煤炭资源,应当按照国家和自治区人民政府规定缴纳资源税和矿产资源补偿费。

监察、财政、审计机关应当加强对涉及煤炭资源税费的监察、监督、审计力度,确保各项税费依法征收、管理和使用。

第八章 法律责任

第四十四条 违反本条例规定,超越批准的矿区范围开采的,由国土资源行政主管部门责令退回本矿区范围内,没收越界开采的煤炭产品和违法所得,处以违法所得一倍以上五倍以下的罚款。

第四十五条 违反本条例规定,有下列行为之一的,由国土资源行政主管部门责令停止开采,没收煤炭产品和违法所得,处以违法所得一倍以上五倍以下的罚款;构成犯罪的,依法追究刑事责任:

(一)未取得采矿许可证擅自采煤的;

(二)擅自进入国家规划矿区、对国民经济具有重要影响价值的矿区范围采煤的;

(三)单位和个人进入依法设立的国有矿山企业和其他矿山企业矿区范围内采煤的;

(四)擅自变更经批准的煤炭资源综合利用开发方案的。

第四十六条 违反本条例规定,开采煤炭资源达不到核定开采回采率的,由自治区煤炭行业、国土资源行政主管部门依照职权责令限期改正;逾期仍达不到核定开采回采率的,责令停止生产。

第四十七条 违反本条例规定,擅自变更经批准的工程设计方案从事煤炭生产的,由自治区煤炭行业管理部门责令停止生产,没收违法所得,处以违法所得一倍以上五倍以下的罚款。

第四十八条 违反本条例规定,擅自开采或者扩大太西煤生产能力和限产指标进行生产的,由自治区煤炭行业管理部门责令停产整顿,没收违法所得,并处超产所得收入一倍以上五倍以下的罚款。

第四十九条 企业擅自转让煤炭资源配置的,转让无效,由自治区发展和改革部门没收违法所得,并取消煤炭资源的配置。

第五十条 煤炭资源的行政管理部门的工作人员,玩忽职守、徇私舞弊、滥用职权的，依法给予行政处分；构成犯罪的，依法追究刑事责任。

第五十一条 当事人对行政处罚决定不服的，可以依法申请行政复议或者提起行政诉讼；逾期不申请复议，不提起诉讼，又不履行行政处罚决定的，由作出行政处罚决定的机关申请人民法院强制执行。

第九章 附 则

第五十二条 本条例中所称国家规划矿区，是指国家根据建设规划和资源规划，为建设大、中型矿山划定的资源分布区域，包括石嘴山、石炭井、灵武、鸳鸯湖、横城、韦州、马家滩、积家井、萌城等矿区。

本条例中所称太西煤，是指石嘴山市行政区域内汝箕沟等矿区的无烟煤资源，包括汝箕沟井田、白芨沟井田、二道岭井田和大峰井田。

本条例中所称宁东煤炭基地，是指灵武、鸳鸯湖、横城、韦州、马家滩、积家井、萌城等矿区和石沟驿井田。

第五十三条 本条例自2008年11月1日起施行。

宁夏回族自治区太西煤资源保护办法

（2005年3月22日宁夏回族自治区人民政府令第76号公布 根据2014年5月27日《自治区人民政府关于废止和修改部分政府规章的决定》修正）

第一章 总 则

第一条 为了合理开发利用和保护太西煤资源，根据《中华人民共和国矿产资源法》《中华人民共和国煤炭法》等有关法律、法规的规定，结合本自治区实际，制定本办法。

第二条 在本自治区行政区域内对太西煤资源（以下简称太西煤）实施的规划、勘查、开采、利用、生产经营、管理和保护活动，必须遵守本办法。

第三条　本办法所称太西煤，是指石嘴山市行政区域内汝箕沟等矿区的无烟煤资源，包括汝箕沟井田、白芨沟井田、二道岭井田、大峰井田范围内的无烟煤。

第四条　自治区对太西煤的保护实行“统一规划、限量开采、综合利用”的原则。

自治区鼓励对太西煤实行综合利用，支持、引导矿山企业推广太西煤煤化工等深加工综合利用技术。太西煤主要用于冶金、化工等行业，限制以太西煤作为民用燃料。禁止任何乱采、滥挖和破坏太西煤的行为。

第五条　自治区国土资源行政主管部门负责太西煤勘查、开采的监督管理工作。

自治区煤炭管理部门负责太西煤生产经营的监督管理工作。

自治区设立资源委员会，负责太西煤资源规划、生产规模等重大事项的审定工作。

自治区安全生产监督、环境保护、工商、林业、水利、公安等部门依照各自的职责，负责太西煤的保护工作。

太西煤产地的市、县人民政府应当加强对太西煤的保护工作，确保本办法的贯彻实施。

第六条　县级以上人民政府应当对在太西煤保护工作中做出突出贡献的单位和个人予以奖励。

第二章　保护措施

第七条　自治区国土资源行政主管部门和自治区煤炭管理部门应当根据全国和自治区矿产资源总体规划，分别组织编制太西煤开发利用规划和生产开发规划。

第八条　开办太西煤矿山企业除应当依法具备开办煤炭生产企业的法定基本条件外，还应当具备本办法规定的下列条件：

（一）符合太西煤开发利用规划；

（二）具备对太西煤进行煤化工等深加工综合开发利用条件；

（三）年产量十五万吨以上。

对不具备上述条件的，国土资源行政主管部门不得审批和颁发勘查许可证、采矿许可证，煤炭管理部门不得办理开矿审批手续。

第九条　国土资源行政主管部门在受理太西煤采矿权申请时，应当严格审查申请人报送的太西煤开发利用方案，未按照规定编报对太西煤进行煤化工等深加工利用方案和方案经审查不合格的，不予颁发采矿许可证。

第十条 太西煤生产应当按照核定的生产能力实行限量开采，各太西煤生产企业的产量限额由煤炭管理部门制定，报自治区资源委员会批准后实施。太西煤生产企业不得超过设计能力进行生产。

第十一条 自治区对太西煤用户征收价格调节基金。具体征收使用管理办法，由自治区财政厅会同有关部门制定。

第十二条 进行太西煤矿山建设应当按照国家和自治区批准的开发利用规划和井田范围及煤炭管理部门批准的采矿设计或者开采设计方案进行。

正在进行开采太西煤的煤矿，其被批准的储量已经采完，且本矿区又无接续资源的，应当关闭撤出。在撤出之前应当报煤炭管理部门批准，并向国土资源行政主管部门提交煤矿闭坑地质报告，经批准后方可闭坑并按照《地质资料汇交管理条例》汇交地质资料。

第十三条 县级以上人民政府应当加强对煤田火区的监控工作。

对太西煤煤田火区的勘查、规划、设计以及灭火工程的施工、监测、验收、后期管理和火区残留煤炭资源的处置等工作，由自治区灭火管理机构进行管理。

第十四条 太西煤生产应当依法在批准开采的范围内进行，不得超越批准的开采范围越界、越层开采。

采煤作业不得擅自开采保安煤柱。

禁止以灭火为借口，采挖太西煤。

第十五条 太西煤矿山企业必须根据矿山设计、采矿程序以及贫富、厚薄、难易兼采的要求，制定切实可行的技术措施和作业程序，淘汰落后的生产工艺。禁止实施采富弃贫、采厚弃薄等违规开采行为。

开采太西煤必须符合煤矿开采规程，遵循合理的开采顺序，达到规定的回采率。

第十六条 太西煤矿山企业对太西煤储量的非正常消耗，应当提出注销报告，报自治区国土资源行政主管部门审查批准。

未经批准，太西煤矿山企业不得核减太西煤储量。

第三章　保护义务

第十七条 任何单位或者个人需要在太西煤采区范围内进行可能危及

煤矿安全作业时，应当经煤矿企业同意，报煤炭管理部门批准，并采取安全措施后，方可进行作业。

第十八条　在煤矿矿区范围内需要建设公用工程或者其他工程的，有关单位应当事先与煤矿企业协商并达成协议后，方可施工。

第十九条　太西煤矿业权人应当按照国家和自治区的矿产资源保护要求，建立健全合理开发利用和保护太西煤的各项规章制度，并履行下列保护义务：

（一）按照批准的方案进行勘查、开采；

（二）执行合理开发利用和保护的技术经济指标；

（三）进行矿山地质测量和选矿监测工作，对开采损失提出改进措施；

（四）定期测制和交换井上井下工程对照图、采掘工程平面图；

（五）建立健全储量管理台账和开采回采率考核指标；

（六）及时、如实地向国土资源行政主管部门和煤炭管理部门报送太西煤开发利用统计资料。

第二十条　从事太西煤收购、洗选、加工及其他用煤单位应当履行下列义务：

（一）不得收购无采矿许可证的企业（或个人）供应的太西煤；

（二）严格执行国家规定的选矿回收率等技术指标。

第四章　罚　则

第二十一条　违反本办法规定，有下列行为之一的，由国土资源行政主管部门或者煤炭管理部门分别按照有关法律、法规和规章的规定予以处罚：

（一）未取得采矿许可证，擅自进入矿区进行采挖太西煤的；

（二）超越批准的开采范围越界、越层开采的；

（三）擅自开采保安煤柱的；

（四）达不到规定的开采回采率的；

（五）擅自核减太西煤储量的。

第二十二条　违反本办法规定，太西煤矿山企业超过产量限额进行生产的，由煤炭管理部门责令限期改正；逾期不改正的，对超过限额生产的太西煤依法予以封存，并处以一万元以上三万元以下的罚款，对负有直接责任的主管人员和其他直接责任人员，依法给予降级或者撤职的行政处分。

第二十三条　违反本办法规定，收购无采矿许可证的企业（或个人）供应的太西煤的，由煤炭管理部门责令限期改正；逾期不改正的，处以一万元以上三万元以下的罚款。

第二十四条 违反本办法规定，有下列行为之一的，由国土资源行政主管部门责令限期改正；逾期不改正的，处以二万元以上三万元以下的罚款，对负有直接责任的主管人员和其他直接责任人员，依法给予行政处分：

(一)以灭火为借口，采挖太西煤的；

(二)在开采过程中，有采富弃贫、采厚弃薄等行为的。

第二十五条 太西煤矿山企业井田范围内凡再出现火点(区)的，所在企业必须立即上报自治区灭火管理机构，并负责治理；对不采取灭火治理措施或者因措施不力造成火灾扩大的，对负有直接责任的主管人员和其他直接责任人员以及责任企业，依法追究法律责任。

第二十六条 对太西煤负有保护责任的主管部门的工作人员，玩忽职守、徇私舞弊、滥用职权的，依法给予行政处分；构成犯罪的，由司法机关依法追究刑事责任。

第二十七条 当事人对行政处罚决定不服的，可以依法申请行政复议或者提起行政诉讼，逾期不申请复议，不提起诉讼，又不履行行政处罚决定的，由作出行政处罚决定的机关申请人民法院强制执行。

第五章 附 则

第二十八条 对本自治区行政区域内除太西煤以外的中宁碱沟山煤等其他优质无烟煤的保护，参照本办法执行。

第二十九条 本办法自2005年5月1日起施行。

宁夏回族自治区发展规划管理办法

（2014年8月28日宁夏回族自治区人民政府令第68号公布 自2014年10月1日起施行）

第一章 总 则

第一条 为规范发展规划编制工作，发挥发展规划在经济社会发展中的指导和调控作用，根据国家有关规定，制定本办法。

第二条 本办法所称发展规划，是指县级以上人民政府及其有关部门组织编制的经济社会发展领域的各类规划，发展规划是建立经济和社会稳定发展预期的重要基础。

第三条 编制和实施发展规划，应当坚持以人为本、符合实际、统筹兼顾、科学民主、协调统一的原则。

第四条 发展规划确定的任务、目标和指标体系应当具体、明确，具有科学性、指导性、可行性和可操作性。

第五条 县级以上人民政府应当加强对发展规划编制和实施工作的组织领导。发展规划的编制、实施和监督管理经费应当列入本级财政预算。

县级以上人民政府发展改革部门负责发展规划编制的协调和相关管理工作，并依照职责组织起草、编制有关发展规划并组织实施；其他有关部门在职责范围内负责组织编制本行政区域有关专项规划并组织实施。

第二章 发展规划体系与编制主体

第六条 发展规划分为国民经济和社会发展总体规划、主体功能区规划、区域规划、专项规划、国民经济和社会发展年度计划。

除主体功能区规划外，前款规定的各类规划分为自治区级、设区的市级和县级规划。

第七条 国民经济和社会发展总体规划是对国民经济和社会发展作出的战略性、纲领性、综合性部署，是县级以上人民政府有关部门编制区域规划、各类专项规划，以及编制国土规划、土地利用规划、城乡规划和制定有关政策和年度计划的依据。总体规划的规划期一般为五年。

国民经济和社会发展总体规划包括下列内容：

（一）本规划期的发展环境和条件；

（二）指导思想、发展目标及其指标体系；

（三）主要任务、发展重点、空间布局、重大项目和重大改革；

（四）实施规划的保障措施；

（五）其他需要安排的重要事项。

前款第二项规定的指标体系包括预期性指标和约束性指标。预期性指标是指主要通过市场调控达到的目标，约束性指标是指通过行政、法律、经济手段必须达到的目标。其他发展规划的指标应当与国民经济和社会发展总体规划的主要预期性指标和约束性指标名称一致，指标值应当衔接。

县级以上人民政府组织编制本级国民经济和社会发展总体规划，本级发展改革部门会同有关部门负责起草。

第八条 主体功能区规划，是指以不同区域的功能为对象编制的战略性、基础性和约束性规划，是各类发展规划在空间开发和布局方面的基本依据。主体功能区规划的规划期一般为十年，可以展望到十五年以上。主体功能区规划由自治区发展改革部门组织有关部门编制，提请自治区人民政府批准。

主体功能区规划应当以国家主体功能区规划和自治区空间发展战略规划为依据。

主体功能区规划包括下列内容：

（一）对人口分布、资源环境承载能力、现有开发密度、发展潜力的分析评价；

（二）各类主体功能区的数量、位置和范围；

（三）各主体功能区的定位、发展方向、开发时序和管制原则；

（四）财政、投资、产业、土地、人口、生态环境、绩效评价等相关配套政策；

（五）规划实施的保障措施以及其他内容。

第九条 区域规划，是指以跨行政区的国民经济和社会发展为对象编制的规划，是国民经济和社会发展总体规划在特定区域的细化和落实，是区域内各行政区编制国民经济和社会发展总体规划和专项规划的依据。区域规划的规划期一般为五年，可以展望到十年以上。

下列区域可以编制区域规划：

（一）自治区空间发展战略规划、国民经济和社会发展总体规划、自治区空间发展战略规划确定的重点开发区域或者保护区域；

（二）经济和社会发展联系紧密的城镇密集地区；

（三）以中心城市为依托的经济圈、经济带；

（四）本级人民政府确定的其他区域。

涉及两个以上设区的市的区域规划，由自治区发展改革部门组织自治区有关部门、区域内设区的市人民政府编制；涉及两个以上县的区域规划，由有关设区的市人民政府发展改革部门组织设区的市有关部门、区域内县级人民政府编制；涉及两个以上乡镇的区域规划，由有关县级人民政府发展改革部门组织有关部门和区域内有关乡镇人民政府编制。

第十条 专项规划，是指以国民经济和社会发展特定领域为对象编制的规划，是国民经济和社会发展总体规划在特定领域的细化，也是县级以上人民政府指导特定领域发展、布局重大项目、安排财政支出预算、制定相关政策的依据。

除法律、法规对专项规划的规划期另有规定的外，专项规划的规划期原则上应当与国民经济和社会发展总体规划保持一致。

专项规划由县级以上人民政府有关部门在其职责范围内组织编制；专项规划涉及多个部门职责且关系相关领域的，由同级发展改革部门会同有关部门共同编制。

第十一条 自治区人民政府有关部门已经编制专项规划，或者国民经济和社会发展总体规划关于特定领域的内容比较详尽的，市、县人民政府有关部门可以不编制专项规划。

第十二条 自治区对专项规划的编制实行计划管理。未纳入计划的专项规划，不得编制。专项规划编制计划每五年制定一次。

自治区发展改革部门负责拟定专项规划编制计划，报自治区人民政府审批后执行。临时增加专项规划项目的，需经自治区人民政府同意。具体管理办法由自治区发展改革部门制定。

第十三条 国民经济和社会发展年度计划是对国民经济和社会发展所作出的年度安排，是国民经济和社会发展总体规划在年度中需要付诸实施的具体工作安排。

国民经济和社会发展年度计划包括下列内容：

（一）上年度计划执行情况和本年度计划目标；

（二）本年度国民经济和社会发展的主要任务和政策措施；

（三）与本年度计划相配套的专项计划；

（四）其他需要安排的重要事项。

县级以上人民政府组织编制本级国民经济和社会发展年度计划，本级发展改革部门会同有关部门负责起草。

第三章 发展规划编制与批准

第十四条 发展规划的编制应当符合下列规定：

（一）下级规划服从上级规划；

（二）各级国民经济和社会发展总体规划、自治区主体功能区规划、区域规划、专项规划，应当与自治区空间发展战略规划相衔接；区域规划和专项规划应当与土地利用总体规划和城乡规划相衔接；

（三）同级区域规划、专项规划的衔接，由本级发展改革部门负责，不能达成一致意见的，报本级人民政府决定；

（四）国民经济和社会发展年度计划应当体现和落实本级总体规划提出的目标和重大任务，并可根据年度形势变化进行必要的调整。

第十五条 自治区人民政府应当对一个发展规划编制期的编制指导思想、主要任务、组织领导等事项作出统一安排。

自治区发展改革部门应当对市、县国民经济和社会发展总体规划的编制进行指导，并会同自治区人民政府其他有关部门对市、县专项规划的编制进行指导和培训。

第十六条 发展规划编制部门应当拟订规划编制工作方案，明确规划编制的必要性、衔接部门和单位、论证方式、进度安排等事项，并送有关部门征求意见。

发展规划编制部门应当做好基础调查、信息搜集、课题研究以及对拟纳入规划的重大项目进行论证等工作。

第十七条 发展规划编制部门应当做好下列衔接工作：

（一）国民经济和社会发展总体规划草案在送本级人民政府审定前，由发展改革部门送上一级发展改革部门与上一级总体规划进行衔接，必要时与主体功能区规划、区域规划和专项规划进行衔接；

（二）自治区发展改革部门应当做好主体功能区规划草案与本级总体规

划、上一级主体功能区规划的衔接；

（三）发展改革部门应当做好区域规划草案与本级国民经济和社会发展总体规划的衔接，必要时送本级人民政府有关部门与相关专项规划进行衔接。送上一级人民政府有关部门与国民经济和社会发展总体规划、主体功能区规划、相关区域规划进行衔接，必要时，送上一级有关部门与相关专项规划进行衔接；

（四）专项规划草案由编制部门送本级人民政府发展改革部门与国民经济和社会发展总体规划进行衔接，送上一级人民政府有关部门与相关专项规划进行衔接，涉及其他领域时还应当送本级人民政府有关部门与其编制的专项规划进行衔接。

有关部门应当配合发展规划编制部门做好衔接工作，并应当自收到规划草案之日起三十日内，向发展规划编制部门反馈书面意见。

第十八条 发展规划编制部门应当遵守下列规定：

（一）在发展规划起草准备阶段，征求本级人民政府有关部门、下一级人民政府以及其他有关单位、个人的意见；

（二）在发展规划的编制过程中，应当听取专家意见；形成规划草案后应当组织专家进行论证，并由专家共同出具论证报告；

（三）依法需要组织环境影响评价的，应当组织进行环境影响评价，编写该规划有关环境影响的篇章、说明或者报告书；

（四）除涉及国家秘密的外，应当公布规划草案，通过媒体或者举行听证会、论证会等形式，广泛听取社会各界和公众的意见；

（五）国民经济和社会发展总体规划（计划）草案在报送审批前，应当听取本级人民代表大会、政治协商会议有关专门委员会和自治区规划委员会的意见。

起草部门对合理、合法的意见建议应当采纳；不予采纳的，应当统一说明理由。

第十九条 主体功能区规划由自治区发展改革部门报送自治区人民政府审批，报送审批前，应当听取自治区规划委员会的意见。

区域规划由区域内各市县人民政府共同的上一级人民政府审批。

除法律、法规对专项规划的审批另有规定的外，专项规划由本级人民政府审批。

国民经济和社会发展总体规划和年度计划，由县级以上人民政府提请本级人民代表大会审批。

第二十条 发展规划草案报送审批时，发展规划编制部门应当同时报送发展规划草案编制说明和专家论证报告。发展规划草案编制说明应当包括规划编制过程、规划衔接和专家论证情况、对社会各界和公众意见采纳的情况及未采纳的理由等内容。

发展规划编制部门应当按照发展规划审批机关提出的意见进行修改、完善。

第二十一条 未经衔接、未经专家论证、未征求社会各界和公众意见的发展规划,不得报请审批。

第二十二条 除法律、法规另有规定外,审批后的发展规划由发展规划编制部门自审批之日起三十日内向社会公布。

第四章 发展规划的实施、评估与修改

第二十三条 发展规划经审批后,县级以上人民政府及其有关部门应当明确任务分工,确定实施时序进度。

县级以上人民政府及其有关部门应当按照任务分工,组织发展规划的实施,并及时协调解决发展规划实施中遇到的重大问题。

第二十四条 建立发展规划实施情况报告制度。负有实施发展规划职责的县级以上人民政府,应当向本级人民代表大会常务委员会和上级人民政府报告本地区实施发展规划的情况;负有实施发展规划职责的县级以上人民政府有关部门,应当向本级人民政府报告本部门实施发展规划的情况。县级以上人民政府及其有关部门,应当采取便于公众知晓的方式公开发展规划实施信息。

第二十五条 县级以上人民政府及其有关部门应当依据发展规划实施项目。不符合发展规划的项目,不予审批、核准或者备案。

第二十六条 县级以上人民政府及其有关部门,在制定政策、审批、核准或者备案投资项目、开发利用资源、安排财政支出时,不得违反发展规划的约束性规定。

第二十七条 发展规划编制部门应当组织对五年规划期以上的发展规划的实施情况进行中期评估,及时发现问题并分析产生问题的原因,并向本级人民政府提出有针对性的对策建议。评估工作可以由发展规划编制部门承担,也可以委托有资质的社会中介机构进行评估。评估结果应当形成报告,作为修订规划的重要依据。

国民经济和社会发展总体规划的中期评估报告应当提请本级人民代表

大会常务委员会审议。县级以上各级人民政府应在每年年中,向本级人民代表大会常务委员会报告年度计划的执行情况。

第二十八条 负责实施发展规划的人民政府及其有关部门,应当跟踪分析发展规划实施情况,及时向发展规划编制部门反馈意见。发展规划实施期满后,发展规划编制部门应当组织对规划实施情况进行总结评估,评估报告报发展规划审批机关审查。

第二十九条 经审批后的发展规划,任何单位和个人不得擅自修改。但是,有下列情形之一的,可以修改发展规划:

(一)国家或者自治区发展战略、发展布局做出重大调整的;

(二)发展规划存在确需修改的重大问题的;

(三)发展规划存在重大疏漏,确需补充有关内容的;

(四)行政区划发生重大调整的;

(五)发生重大自然灾害致使发展规划难以继续实施的。

第三十条 有本办法第二十九条规定情形之一的,由发展规划编制部门向发展规划审批机关提出修改建议,经同意后,正式启动修改程序。

拟定修改发展规划的,发展规划编制部门应当起草发展规划修正案,并依据本办法第三章有关规定正式启动发展规划修正程序。

第三十一条 发展规划修正案报请审批时,应当同时提交书面审查报告。书面审查报告应当包括下列内容:

(一)修改的内容、理由和依据;

(二)对修正案进行衔接、公开征求意见及专家论证、合法性审查情况。

修改中长期发展规划的,应当具有依据本办法第二十七条作出的评估报告。

经审批的发展规划修正案应当公布。

第五章 监督措施

第三十二条 县级以上人民政府应当加强对下级人民政府及其有关部门编制、审批、修改发展规划情况的监督检查,及时纠正违反发展规划的行为。监督检查情况和处理结果应当依法公开,供公众查阅和监督。

第三十三条 县级以上人民政府及其有关部门,应当跟踪检查下级人民政府实施发展规划的情况,并通报跟踪检查情况。对于任务进展缓慢的地区或者部门，有管理权限的人民政府可以要求其作出说明；情节严重的，予以通报批评。

第三十四条 公民、法人或者其他组织认为发展规划之间存在矛盾的，可以向发展改革部门或者其他有关部门提出意见，有关部门应当自接到意见之日起五个工作日内进行研究处理，并将研究处理结果反馈有关当事人。

第三十五条 对未依照本办法规定编制、审批、实施、修改发展规划的行为，公民、法人或者其他组织有权举报。受理举报的部门应当自收到举报之日起十个工作日内进行调查处理，并将处理结果反馈有关当事人。

第六章 法律责任

第三十六条 违反本办法规定，应当编制发展规划而未组织编制，或者未按照规定程序编制、衔接、审批、修改发展规划的，由规划审批机关责令改正，通报批评；对直接负责的主管人员和其他责任人员依法给予处分。

第三十七条 违反本办法规定，在制定政策、审批、核准或者备案投资项目、开发利用资源、安排财政支出时，违反发展规划约束性规定的，由有管理权限的人民政府责令改正，通报批评；对直接负责的主管人员和其他直接责任人员依法给予处分。

第三十八条 发展改革部门和其他部门的工作人员在编制、实施、修改发展规划及其管理工作中，滥用职权、玩忽职守、徇私舞弊的，对直接负责的主管人员和其他直接责任人员依法给予处分。

第七章 附 则

第三十九条 本办法自2014年10月1日起施行。

自治区人民政府关于废止《宁夏回族自治区非经营性政府投资项目代建制管理办法》的决定

（2015年12月17日宁夏回族自治区人民政府令第81号公布　自公布之日起施行）

自治区人民政府决定废止《宁夏回族自治区非经营性政府投资项目代建制管理办法》（2009年2月24日自治区人民政府令第13号公布）。

本决定自公布之日起施行。

宁夏回族自治区招标投标管理办法

（2009年2月24日宁夏回族自治区人民政府令第12号公布　根据2016年6月15日《自治区人民政府关于废止和修改部分政府规章的决定》修正）

第一章　总　则

第一条　为了保证招标项目的质量，提高经济效益，保护国家利益、社会公共利益和招标投标活动当事人的合法权益，根据《中华人民共和国招标投标法》（以下简称招标投标法）和有关法律、行政法规的规定，结合本自治区实际，制定本办法。

第二条 在本自治区行政区域内进行招标投标活动,对招标投标活动实施监督,应当遵守本办法。

其他规章的规定与本办法不一致的,依照本办法的规定执行。

第三条 招标投标活动应当遵循公开、公平、公正和诚实信用的原则。

第四条 发展改革部门统一指导、协调、监督本行政区域的招标投标工作。

建设、财政、交通、水利、卫生、商务等行政主管部门,负责相关项目招标投标活动的监督工作。

监察、审计机关依法对招标投标相关活动实施监督。

第五条 达到本办法规定数额标准的招标项目,必须在政府设立的招标投标交易服务中心进行招标投标活动,禁止任何形式的场外交易。

第六条 依法必须进行招标的项目,其招标投标活动当事人的合法权益受法律保护。

对违反招标投标法和本办法规定的行为,任何单位和个人都有权向有关行政监督部门举报、投诉。

第二章 组织管理

第七条 自治区发展改革部门履行下列招标投标工作职责:

(一)按照招标投标法律、行政法规和国家有关规定,会同有关部门拟订招标投标规章制度,报自治区人民政府批准后实施;

(二)会同有关部门制定评标专家的遴选、评审、回避制度,建立自治区综合评标专家库并与市、县(市)和行业评标专家库联网运行,监督管理评标专家及评标活动;

(三)对必须招标的重大建设项目进行审批并核准项目的具体招标范围和招标方式;

(四)负责对重大建设项目招标投标活动的监督检查;

(五)招标投标法律、法规规定的其他工作职责。

第八条 对招标投标活动实施监督,执行下列规定:

(一)建设行政主管部门负责各类房屋建筑及其附属设施的建造和与其配套的线路、管道、设备的安装项目和市政工程项目的招标投标活动的监督。

(二)水利、交通、商务、工业与信息产业行政主管部门,分别负责行业和产业项目招标投标活动的监督。

（三）卫生行政主管部门负责医疗器械、医用耗材和药品集中采购项目招标投标活动的监督。

（四）财政部门负责政府采购项目招标投标活动的监督。

对前款规定以外的招标投标活动的监督管理工作，按照行政管理权限，由相关行政主管部门依法负责。

第九条　从事工程建设等项目招标代理业务的招标代理机构，其资格由自治区建设等行政主管部门认定。

有关行政主管部门应当向社会公布经其依法认定的招标代理机构名单，并加强对招标代理机构招标代理活动的监督。

第十条　招标投标活动的相关执法监督部门，应当公开招标事项核准、招标公告、中标候选人、中标结果、招标代理机构代理活动等信息，并及时对违法违规招标投标行为的处理结果、招标投标活动当事人不良行为记录等相关信息予以公告。

第十一条　各有关执法监督部门应当将发现的问题及时通知项目审批部门，项目审批部门可以依法暂停项目的执行或者暂停项目资金的拨付。

第十二条　监察机关和招标投标相关执法监督部门，应当建立招标投标投诉处理机制，公正、高效地受理投诉并查处违法行为。

第十三条　自治区和设区的市设立招标投标交易服务中心，有条件的县级人民政府可以设立招标投标交易服务中心。

招标投标交易服务中心是政府为招标投标当事人、中介机构、相关执法监督部门无偿提供公共服务的专门机构，是政府设立的综合招标投标有形交易市场。招标投标交易服务中心的经费列入财政预算。

第十四条　中央驻宁单位，自治区所属部门、单位的招标投标活动，在自治区招标投标交易服务中心进行。设区的市和没有设立招标投标交易服务中心的县（市、区）人民政府及其所属部门、单位的招标投标的活动，在设区的市招标投标交易服务中心进行。

第十五条　招标投标交易服务中心履行下列职责：

（一）为招标投标活动当事人及相关执法监督部门提供场地、设施和相关服务；

（二）建立和完善网络信息管理系统，为招标投标当事人提供信息化服务；

（三）向社会公开有关招标投标的法律、法规、规章以及相关政策和规章制度；

（四）管理招标投标文件档案，并提供相关档案查询服务；

（五）向有关行政主管部门报告招标投标活动中发现的违法违纪行为，并协助调查；

（六）负责招标投标的统计、分析工作；

（七）建立招标投标信誉档案；

（八）其他招标投标服务工作职责。

第十六条 招标投标交易服务中心及其工作人员不得与招标代理机构有隶属关系或者经济利益关系；不得从事招标项目代理活动；不得以任何方式非法干涉依法进行的招标投标活动。

第十七条 招标投标当事人、招标代理机构和相关执法监督部门，应当遵守招标投标交易服务中心依法规定的管理制度。

第三章 招标的范围和标准

第十八条 自治区行政区域内下列工程建设项目（包括项目的勘察、设计、施工、监理以及与工程建设有关的重要设备、材料等的采购）达到本办法第二十四条规定标准之一的，必须进行招标：

（一）大型基础设施、公用事业等关系社会公共利益、公众安全的项目；

（二）全部或者部分使用国有资金投资或者国家融资的项目；

（三）使用国际组织或者外国政府贷款、援助资金的项目。

第十九条 关系社会公共利益、公众安全的基础设施项目的范围包括：

（一）煤炭、石油、天然气、电力、新能源等能源项目；

（二）铁路、公路、管道、航空以及交通运输等交通运输项目；

（三）邮政、电信枢纽、信息网络等邮电通讯项目；

（四）灌溉、引（供）水、水土保护、水利设施等水利项目；

（五）道路、污水排放及处理、垃圾处理、地下管道、公共停车场等城市设施项目；

（六）生态环境保护项目；

（七）其他基础设施项目。

第二十条 关系社会公共利益、公众安全的公用事业项目的范围包括：

（一）供水、供电、供气、供热与市政工程项目；

（二）科技、教育、文化、卫生、社会福利等项目；

（三）体育、旅游等项目；

（四）医疗器械、耗材和药品集中采购等项目；

（五）商品住宅（包括廉租住房和经济适用住房）；

（六）其他公用事业项目。

第二十一条 使用国有资金投资项目的范围包括：

（一）使用各级财政预算资金的项目；

（二）使用纳入财政管理的各种政府性专项基金的项目；

（三）使用国有企业事业单位自有资金，并且国有企业事业单位实际拥有控制权的项目。

第二十二条 国家融资项目的范围包括：

（一）使用各级财政预算资金的项目；

（二）使用纳入财政管理的各种政府性专项基金的项目；

（三）使用国有企业事业单位自有资金，并且国有企业事业单位实际拥有控股权的项目；

（四）使用国家发行债券所筹资金的项目；

（五）使用国家对外借款或者担保所筹资金的项目；

（六）使用国家政策性贷款的项目；

（七）国家授权投资主体融资的项目；

（八）国家特许的融资项目。

第二十三条 使用国际组织或者外国政府资金的项目的范围包括：

（一）使用世界银行、亚洲开发银行等国际组织贷款资金的项目；

（二）使用外国政府及其机构贷款资金的项目；

（三）使用国际组织或者外国政府援助资金的项目。

第二十四条 必须进行招标的工程建设项目的标准为：

（一）施工单项合同估算价在一百万元人民币以上的；

（二）重要设备、材料等货物的采购，单项合同估算在五十万元人民币以上的；

（三）勘察、设计、监理等服务单位的选用，单项合同估算在二十万元人民币以上的；

（四）单项合同估算价低于本条第一、二、三项规定标准，但项目总投资额在一千万元人民币以上的。

国有土地使用权出让、机电产品国际招标，医疗器械、耗材及药品集中采购，政府采购等项目的招标范围和标准，依照国家和自治区的有关规定执行。

第二十五条 必须进行招标的工程建设项目的标准需要进行调整的，由自治区发展改革部门会同有关部门提出意见,报自治区人民政府批准后,公布执行。

第二十六条　下列项目可以不进行招标,但在报告工程建设项目时,应当提出不招标申请,说明原因,并按投资管理权限,由发展改革行政主管部门会同有关部门核准:

(一)涉及国家安全、国家秘密或者其他有保密要求的项目;

(二)抗洪、抢险、救灾的应急工程项目;

(三)利用扶贫资金实行以工代赈的项目;

(四)建设项目的勘测、设计采用特定专利或者专有技术的,或者其建筑艺术造型有特殊要求的;

(五)国家规定可以不进行招标的其他项目。

第四章　招标、投标

第二十七条　招标人必须依照项目审批部门核准的事项进行招标。

纳入政府采购范围的项目,在招标活动开始前,必须向本级财政部门报送政府采购计划。

第二十八条　招标分为公开招标和邀请招标。

第二十九条　全部使用国有资金投资、国有资金投资控股或者占主导地位的必须进行招标的项目,应当公开招标。

自治区人民政府确定的重点建设项目不适宜公开招标的,经自治区人民政府批准,可以进行邀请招标。

第三十条　依法进行公开招标的项目,招标人应当在国家或者自治区指定的媒介发布招标公告。被指定的媒介应当在规定或者约定的时间内发布招标公告。

任何单位和个人不得违法指定或者限制招标公告的发布地点和发布范围。除国家另有规定外,在指定媒介发布依法必须招标项目的招标公告,不得收取费用。

第三十一条　招标公告应当载明下列事项:

(一)招标人及其代理机构的名称、地址、联系方式;

(二)招标项目的性质、内容、数量、实施地点和时间;

(三)投标人应当具备的资格条件;

(四)报名时需要携带的证件或者相关资料;

(五)报名期限;

(六)开标的时间、地点;

(七)其他须知事项。

前款第五项规定的报名期限不得少于五天。

第三十二条 依法进行邀请招标的项目,招标人应当从符合资质条件的法人或者其他组织中随机选择三个以上资信良好的潜在投标人,向其发出投标邀请书,并在招标投标交易服务中心公布受邀人名单及其相关信息。

招标人或者招标代理机构应当保证招标公告或者投标邀请书的内容真实、准确和完整。

第三十三条 项目建设单位按照工程建设项目审批管理规定报送项目审批部门审批的项目,在报送项目可行性研究报告时,应当同时报送项目的招标范围和拟采用的招标方式。

第三十四条 项目审批部门在审批项目可行性研究报告时,应当核准项目的招标范围和拟采用的招标方式,并将核准的结果书面通知项目建设单位,同时抄送有关行政主管部门。

自治区人民政府确定的重点建设项目拟采用邀请招标方式的,由审批部门报送自治区人民政府批准。

第三十五条 工程建设项目招标应当具备下列条件:

(一)按照国家和自治区有关规定需要履行项目审批手续的,已履行了审批手续,并获得批准;

(二)招标人应当有实施招标项目的相应资金或者资金来源已经落实;

(三)有能够满足招标需要的施工图纸、设备清单及技术资料;

(四)已经项目所在地规划部门批准,建设用地的征用工作和施工现场的“三通一平”已经完成;

(五)法律、法规、规章规定的其他条件。

第三十六条 招标人可以自行办理招标事宜,也可以委托依法设立的招标代理机构办理招标事宜。但政府采购项目中的采购人不得自行办理招标事宜。

任何单位和个人不得以任何方式为招标人指定招标代理机构。

招标代理机构与行政机关及其他国家机关不得存在隶属关系或者其他利益关系。

第三十七条 招标人自行办理招标事宜,应当具有编制招标文件和组织评标的能力,具体包括下列条件:

（一）有项目法人资格；

（二）有与招标项目规模和复杂程度相适应的工程技术、概预算、财务和工程管理等方面的专业技术人员；

（三）有从事同类工程建设项目招标的经验；

（四）设有专门的招标机构或者拥有三名以上专职招标业务人员；

（五）法律、法规、规章规定的其他条件。

招标人自行办理招标事宜的，应当向有关执法监督部门备案。

第三十八条　招标代理机构办理招标事宜，应当遵守下列规定：

（一）与招标人签订书面委托代理合同，并在招标人委托的范围内办理招标事宜；

（二）未经招标人同意，不得向他人转让招标代理业务；

（三）不得从事同一招标项目的投标咨询服务；

（四）不得向他人透露与招标投标活动有关的情况和资料；

（五）不得与招标人、投标人串通损害国家利益、社会利益和他人的合法权益；

（六）招标投标法规定的有关招标人的其他规定。

第三十九条　招标项目设有标底的，招标人或者招标代理机构应当按照国家和自治区有关规定，并结合市场供求状况进行编制。

一个招标项目只能编制一个标底。

第四十条　招标人应当根据招标项目的特点和需要，依法编制、澄清或者修改招标文件，并遵守下列规定：

（一）不得泄露保密资料、泄露标底，串通招标；

（二）不得以获得本地区、本系统奖项等不合理的条件限制或者排斥潜在投标人；

（三）不得向他人透露已获得招标文件的潜在投标人的名称、数量等情况；

（四）不得强制投标人组成联合体共同投标，不得限制投标人之间的竞争；

（五）不得要挟或者暗示投标人中标后分包部分工程给本地区、本系统的承包商、供货商；

（六）在确定中标人之前，不得与投标人就投标价格、投标方案等实质性内容进行谈判；

（七）法律、法规、规章有关招标投标的其他规定。

第四十一条　投标人应当具备下列条件：

（一）依法注册，具有独立法人资格；

（二）经营范围和资质等级与招标项目相适应；

（三）具有承担招标项目的技术、专业人员和机械设备、财务能力；

（四）具有良好的信誉和业绩。

国家对投标人资格条件另有规定的，从其规定。

第四十二条　投标人应当按照招标文件的要求编制投标文件，并遵守下列规定：

（一）不得挂靠有资质或者高资质单位并以其名义投标，不得租借他人资质证书投标；

（二）不得相互串通投标报价，不得排挤其他投标人的公平竞争；

（三）不得与招标人串通投标；

（四）不得以低于成本的报价竞标，或者弄虚作假，骗取中标；

（五）不得在中标后违法转包或者分包工程建设项目。

禁止投标人以向招标人或者评标委员会成员行贿的手段谋取中标。

第四十三条　投标人应当在规定的提交投标文件截止日期前将投标文件密封后送达投标地点。招标人应当向投标人出具标明签收人和签收时间的书面凭证。超过截止日期送达的投标文件为无效投标文件。

招标人应当妥善保管投标文件。在开标前，任何单位和个人不得开启投标文件。

第五章　开标、评标和中标

第四十四条　开标必须采用公开方式，由招标人或者招标代理机构主持，邀请所有投标人和相关执法监督部门参加，按照法定程序进行。

第四十五条　开标时，投标文件有下列情形之一的为无效投标：

（一）逾期送达投标文件的；

（二）招标文件未密封的；

（三）投标文件未加盖投标人及其法定代表人或者委托代理人印鉴的；

（四）组成联合体投标的，投标文件未附联合体各方共同投标协议的；

（五）未按照规定格式填写或者填写字迹模糊的；

（六）法律、法规和规章规定的其他情形。

第四十六条　投标人有下列情形之一的，取消其投标资格：

(一)不具有法人资格的;

(二)为本招标项目的监理人、代建人或者提供招标代理服务的;

(三)与本招标项目的监理人、代建人或者招标代理机构同为一个法定代表人的;

(四)与本招标项目的监理人、代建人或者招标代理机构相互控股或者参股的;

(五)投标人被责令停业的;

(六)投标人被暂停或者取消投标资格的;

(七)投标人财产被接管或者冻结的;

(八)投标人在最近三年内有骗取中标、严重违约或者重大工程质量问题的;

(九)法律、法规和规章规定的其他情形。

第四十七条 评标专家由招标人在有关执法监督部门的监督下,从综合评标专家库中随机抽取。

项目主管部门和执法监督部门的工作人员,不得作为专家和评标委员会成员参与评标。

第四十八条 评标专家与投标人及其招标代理机构有利害关系的,应当回避。

评标专家应当独立、公正地履行职责,不得收受任何单位或者个人的礼品或者其他财物,不得向他人透露与招标投标活动有关的情况和资料。

第四十九条 评标委员会应当按照法定程序进行评标,客观、公正履行法定职责,并对所提出的评标意见承担法律责任。

评标应当在严格保密的情况下进行,与评标无关的人员不得进入评标现场。

任何单位和个人不得非法干预、影响评标过程和结果。

第五十条 评标委员会完成评标后,应当向招标人提出书面评标报告,推荐合格的中标候选人。评标报告应当由评标委员会全体成员签字。

第五十一条 中标人的投标应当符合下列条件之一:

(一)能够最大限度地满足招标文件中规定的各项综合评价标准;

(二)能够满足招标文件的实质性要求,经评审的投标价格最低或者合理;但是投标价格低于成本的除外。

第五十二条 招标人应当自中标通知书发出之日起三十日内,与中标人依法订立书面合同,并应当自确定中标人之日起十五日内,向有关执法监督部门提交有关招标投标情况的书面报告。

书面报告应当包括下列内容：

（一）项目的招标范围、招标方式；

（二）发布招标公告的时间；

（三）招标文件与投标文件；

（四）开标时间和地点；

（五）投标人签到名单；

（六）评标委员会成员名单；

（七）评标标准及评标方法；

（八）开标、评标记录及评标报告；

（九）中标结果；

（十）招标投标交易服务中心出具的进场交易情况说明。

第五十三条 招标文件要求中标人提交履约保证金的，保证金数额不得超过中标合同价的百分之十。中标人应当在订立书面合同前提交。中标人拒绝缴纳履约保证金的，视为放弃中标项目，并依法承担违约责任。

招标人应当在合同完全执行后三十日内，向中标人退还履约保证金及利息，并按照合同约定支付工程款。

第五十四条 中标人在规定时限内拒不签订合同或者不按照约定交纳履约保证金或者不按照合同约定履行义务的，由招标投标交易服务中心将其行为记入档案并向社会公布。该中标人在三年内不得进入本自治区招标投标有形市场参与投标活动，招标人不得接受其投标。

第六章 罚 则

第五十五条 违反本办法规定，有违反招标投标法行为的，依据招标投标法的有关规定给予处罚。

第五十六条 违反本办法第三十三条规定，项目建设单位在报批项目可行性研究报告时，未同时报送项目的招标范围、拟采用的招标方式等有关招标内容的，由项目审批部门给予警告，责令改正；逾期不改正的，暂停审批项目可行性研究报告。

第五十七条 违反本办法第三十八条第二、三项规定，招标代理机构未经招标人同意，擅自转让招标代理业务或者从事同一招标项目的投标咨询服务的，由认定招标代理机构资格的执法监督部门给予警告，并处以一万元至三万元的罚款；情节严重的，吊销其招标代理机构的资格；给他人造成经济损失的，依法承担赔偿责任。违反第四、五项规定，向他人透露与招标投标活动有关的情况和资料或者相互串通损害国家利益、社会利益和他人合法权益的，依照招标投标法第五十条规定处罚。

第五十八条 违反本办法第三十条规定，被指定媒介拒绝发布招标公告，或者无正当理由延误招标公告发布时间，或者违法收取费用的，由自治区发展改革部门给予警告，责令限期改正，逾期不改正的，处以五千元至二万元的罚款。

第五十九条 违反本办法第四十二条第五项规定，投标人在中标后违法转包或者分包工程建设项目的，由有关行政执法监督部门处以一万元至三万元的罚款。

第六十条 违反本办法第四十八条规定，评标专家应当回避而不回避，或者收受礼品或者其他财物，或者向他人透露与招标投标活动有关的情况和资料的，由发展改革部门依法给予警告，没收收受的财物，并处以五千元至二万元的罚款；情节严重的，取消其评标委员会成员资格；构成犯罪的，依法追究刑事责任。

第六十一条 违反本办法规定，招标人不按规定进入招标投标交易服务中心招投标的，招标无效，由发展改革部门责令限期改正，并对招标人处以一万元至三万元的罚款；对全部或者部分使用国有资金的项目，由有关行政执法监督部门按照职责范围暂停项目执行或者暂停资金拨付。

第六十二条 违反本办法规定，招标投标交易服务中心及其工作人员从事招标代理业务，或者有其他影响招标投标活动公平、公正进行的盈利性活动，或者违反规定收费的，由行政监察部门没收违法所得，对中心主管人员和直接责任人依法给予记过或者记大过处分；情节严重的，依法给予撤职或者开除处分。

第六十三条 对招标投标活动依法负有执法监督职责的国家机关工作人员有下列行为之一的，由行政监察机关或者任免机关依法给予处分；构成犯罪的，依法追究刑事责任：

（一）不依法履行招标投标监管职责的；

（二）对不符合法定条件的招标代理机构给予资格认定的；

（三）索贿受贿的；

（四）违法参与评标活动或者非法干预、影响评标过程和结果的；

（五）有其他徇私舞弊、玩忽职守、滥用职权行为的。

第七章　附　则

第六十四条　本办法自2009年4月1日起施行。2002年3月20日自治区人民政府发布的《宁夏回族自治区招标投标管理办法》同时废止。

工商安监

宁夏回族自治区人民代表大会常务委员会关于废止《宁夏回族自治区经纪人管理条例》的决定

（2014年4月9日宁夏回族自治区第十一届人民代表大会常务委员会第九次会议通过）

宁夏回族自治区第十一届人民代表大会常务委员会第九次会议决定，废止《宁夏回族自治区经纪人管理条例》。

本决定自公布之日起施行。

宁夏回族自治区人民代表大会常务委员会

2014年4月9日

宁夏回族自治区商品交易市场管理条例

（1996年2月14日宁夏回族自治区第七届人民代表大会常务委员会第十七次会议通过　2010年10月15日宁夏回族自治区第十届人民代表大会常务委员会第二十次会议修订　根据2015年5月20日宁夏回族自治区第十一届人民代表大会常务委员会第十七次会议《关于修改〈宁夏回族自治区建筑管理条例〉等五件地方性法规的决定》修正）

第一章　总　则

第一条　为了维护商品交易市场秩序，规范市场经营管理行为，促进市场健康发展，根据有关法律、法规的规定，结合自治区实际，制定本条例。

第二条　在自治区行政区域内开办经营商品交易市场，从事市场内商品交易，对市场进行监督管理，适用本条例。

第三条　本条例所称商品交易市场（以下简称市场），是指有固定商位和相应设施，有多个场内经营者入场经营，独立、公开进行商品交易的固定场所。

本条例所称市场开办经营者，是指投资建设、经营市场或者受委托经营市场，通过出租市场场地和设施获取租金，从事市场经营、服务和管理，依法代表市场进行民事活动的组织和个人。

本条例所称场内经营者，是指在市场内以自己的名义从事商品交易的组织和个人。

第四条　市场监督管理应当遵循依法、公开、公平、公正的原则。

场内商品交易应当遵守商业道德，遵循自愿平等、公平竞争、诚实信用的原则。

第五条　依法设立的市场的合法权益和正当交易活动受法律保护，任何单位和个人不得非法占用市场的场地和设施，不得非法干预市场的经营活动。

场内经营者的合法权益受法律保护，市场开办经营者不得非法干预场内经营者的正常经营活动。

消费者的合法权益受法律保护，因市场开办经营者、场内经营者的过错，给消费者造成损害的，依法承担赔偿责任。

第六条　各级人民政府应当加强对市场建设发展的统筹规划，组织、协调、督促有关部门做好市场建设、管理和服务工作。鼓励社会各方采取多种形式兴办各类市场。

第七条　各级工商行政管理部门是市场的登记和监督管理部门。

住房和城乡建设、公安、消防、卫生、商务、税务、质监、物价、食品药监、农牧、环保、文化等部门应当按照各自职责，依法对市场进行监督管理。

第二章　市场开办

第八条　县级以上人民政府应当根据有利生产、方便生活、活跃流通、合理布局的原则，结合土地利用规划、城镇建设总体规划，编制市场设置建设规划。

县级以上人民政府商务主管部门负责制定市场规划方案，合理确定网点布局、规模和功能；对市场建设进行政策性扶持，指导市场开办经营者完成市场升级改造。

第九条 公民、法人和其他组织可以依法开办市场。

第十条 开办市场应当具备下列条件：

（一）有与经营规模和经营范围相适应的场地、资金和仓储、冷链等设施、设备；

（二）具备必要的交通、治安、消防、卫生条件；

（三）有相应的服务管理机构和管理制度；

（四）设立市场的可行性论证报告；

（五）法律、法规规定的其他条件。

第十一条 开办市场应当申请名称预先核准。市场名称经核准后，市场开办经营者应当依法办理登记注册，领取营业执照。

第十二条 市场登记或者开业前依法需要向有关行政管理部门办理其他审批手续的，依照相关法律、法规规定执行。

第十三条 市场在投入使用前应当依法组织验收。涉及消防安全、卫生、电梯等专项验收的，由审批部门依法组织验收。

第十四条 市场改建、扩建、合并、分立、迁移、歇业、关闭或者改变登记事项的，市场开办经营者应当在作出变动决定或者清算结束之日起三十日内到原登记机关办理开业、变更或者注销登记。

第三章 市场经营管理

第十五条 市场开办经营者经营管理市场，应当遵守下列规定：

（一）依法在核准经营范围内，开展市场招商活动；

（二）履行市场经营管理职责，负责市场保洁和经营设施、卫生设施、安全设施的建设、维护等工作，根据市场经营规模配备安全保卫人员和消防管理人员；

（三）接受有关行政管理部门的监督管理，协助有关行政管理部门维护市场交易秩序；

（四）建立场内经营者管理档案；

（五）不得为非法交易提供场地、仓储、运输等设施和条件；对场内经营者违法销售商品或者有其他违法行为的，应当制止并向有关行政管理部门报告；

（六）对市场进行委托经营管理的，委托方对受委托方的经营行为承担法律责任。

第十六条 市场开办经营者应当为场内经营者、消费者提供下列服务：

（一）在市场显著位置设立公告公示栏或者电子显示屏，公布市场管理制度、管理服务项目及收费标准，市场内商品的价格和商品质量检测等情况；

（二）设置合格的复检计量器具，并进行日常维护和管理；

（三）根据需要，为设立邮政、通讯、金融、保险和运输等服务机构提供条件。农产品批发市场应当为农产品质量安全检测机构提供检测服务条件。

第十七条 市场开办经营者应当建立消费纠纷先行赔偿制度。

向消费者先行赔偿，应当由市场开办经营者从场内经营者交纳的场地、设施租金和其他相关服务费用中先行垫付。

第十八条 市场开办经营者应当建立场内经营者信用记录制度，每月定期在市场内公布，并向工商行政管理部门备案。

第四章 市场商品交易

第十九条 场内经营者承租市场商铺或者摊位，应当与市场开办经营者签订书面合同。

第二十条 场内经营者应当在核准的经营范围内依法自主经营，有权拒绝乱收费和各种形式的摊派。

第二十一条 场内经营者应当遵守市场经营管理制度，自觉维护市场秩序。对场内管理秩序和安全隐患，有权向市场开办经营者提出改进意见和向有关行政管理部门报告。

第二十二条 场内经营者销售商品，应当遵守下列规定：

（一）建立购货销货台账；

（二）对应当检验检疫的商品，按照产品批次向供货商索取检验报告；

（三）以"总代理""总经销""特约经销""厂家直销"等名义进行经营的，持有授权证书或者相关证明材料；

（四）对应当检测的商品，持有检测合格证明；

（五）销售国家实行专卖、专营和许可证管理的商品，持有相关许可证。

第二十三条 市场内的商品应当符合国家有关质量、计量、价格、环保、卫生、安全方面的规定，具有厂名、厂址、合格证等标识。

食品类等商品应当标注生产日期、有效期和保质期。

第二十四条 市场内商品交易禁止下列行为：

(一)使用不规范或者不合格的计量器具；

(二)强买强卖，欺行霸市，迫使他人接受不合法的交易条件；

(三)垄断货源、囤积商品、相互串通操纵商品价格；

(四)以假充真、以次充好，在商品的质量、性能、规格、技术标准上欺骗消费者；

(五)法律、法规禁止的其他交易行为。

第二十五条 市场内禁止销售下列物品和商品：

(一)国家明令淘汰的商品和过期失效的商品；

(二)毒品、走私物品、赃物和来历不明的物品；

(三)假冒伪劣以及质量不符合法定要求的商品；

(四)未按规定进行检验、检疫或者检验、检疫不合格的农副产品和有毒有害、腐烂变质的食品；

(五)国家实行许可证制度而未取得许可证的商品；

(六)淫秽、封建迷信出版物和其他非法出版物；

(七)法律、法规禁止销售的动植物及其制成品；

(八)法律、法规禁止销售的其他物品和商品。

第五章 市场监督管理

第二十六条 工商行政管理部门对市场进行监督管理，受理消费者投诉，保护消费者合法权益，依法查处违法行为，维护市场交易秩序。

对市场实行分级管理。市场的具体分级标准由自治区工商行政管理部门会同有关部门制定。

第二十七条 质量技术监督管理部门依法对市场内产品质量、产品标准化、计量实施监督管理。

第二十八条 物价管理部门依法对市场的行政事业性收费、经营性收费、商品经营价格以及商品的明码标价实施监督管理。

第二十九条 公安机关负责市场的治安、消防管理，督促市场开办经营者建立健全治安、消防管理制度。

第三十条 工商、质监、卫生和食品药监等行政管理部门应当建立市场巡查制度，对市场商品质量、经营管理和场内交易行为进行监督检查。

第三十一条 市场巡查的内容包括：

（一）市场开办经营者和场内经营者的经营资格和服务、交易行为；

（二）受理消费者投诉，保护消费者权益；

（三）法律、法规规定的其他应当查处的行为。

第三十二条 工商行政管理部门应当会同质监、卫生、食品药监等行政管理部门，建立市场开办经营者信用记录制度。

信用记录由工商行政管理部门适时在主要媒体向社会公示。

第三十三条 工商、质监、卫生和食品药监等行政管理部门应当建立市场预警管理制度。对市场开办经营者和场内经营者，在市场经营管理和场内经营中情节轻微的违法行为，进行警示并限期整改。

第三十四条 警示方式分为口头警示、书面警示、公告警示。当场整改的，予以口头警示；不能当场整改的，予以书面警示；对书面警示后，不予整改的，实施公告警示；对公告警示后未能及时整改，继续从事违法行为的，依法予以处理。对在规定期限内整改完毕、检查合格的，解除警示。

第三十五条 工商、安监、公安、农牧、卫生、食品药监、质监和商务等行政管理部门应当制定市场内重大安全事故、公共卫生事件以及其他突发性事件的市场应急工作预案。

市场开办经营者应当制定市场应急工作预案，及时报告市场内发生的重大突发事件，并配合相关部门做好应急处置工作。

第三十六条 有监督管理职责的行政管理部门应当在市场内公示本部门投诉举报电话、联系方式等信息，方便群众投诉、举报。

第三十七条 有监督管理职责的行政管理部门接到举报或者投诉后应当及时调查处理，并回复举报投诉人。

对不属于本部门职责的投诉、举报，应当先予受理，并在五日内转送相关部门处理，同时通知举报人或者投诉人。

第六章 法律责任

第三十八条 违反本条例规定，有关法律、法规对处罚机关和处罚方式有规定的，依照法律、法规的规定执行。

第三十九条 市场开办经营者有下列行为之一的，由工商、质监等行政管理部门按照权限进行处罚：

（一）违反本条例第十五条第一项规定，超出核准经营范围开展市场招商活动的，由工商行政管理部门责令改正，可以处二千元以上一万元以下的罚款。

（二）违反本条例第十五条第二项规定，未履行市场经营管理职责的，由工商和相关行政管理部门责令限期改正；逾期未改正的，处二千元以上五千元以下的罚款。

（三）违反本条例第十五条第三项规定，拒绝接受有关行政管理部门依法进行监督检查的，由工商行政管理部门和有关行政管理部门责令改正；拒不改正的，处二千元以上五千元以下的罚款。

（四）违反本条例第十五条第四项规定，未建立场内经营者管理档案的，由工商行政管理部门责令限期改正；逾期不改正的，处五百元以上一千元以下的罚款。

（五）违反本条例第十五条第五项规定，为非法交易提供场地、仓储和运输等便利条件的，由工商行政管理部门没收全部运输、仓储收入，并处违法收入一倍以上三倍以下罚款；构成犯罪的，依法追究刑事责任。

（六）违反本条例第十六条第二项规定，未设置或者设置不合格的复检计量器具的，由质量技术监督部门责令限期改正；逾期不改正的，处五百元以上二千元以下的罚款。

（七）违反本条例第十七条规定，未建立消费纠纷先行赔偿制度的，由工商行政管理部门责令限期改正；逾期未改正的，处五百元以上一千元以下的罚款。

（八）违反本条例第十八条规定，未建立场内经营者信用记录制度或者未向工商行政管理部门备案的，由工商行政管理部门责令限期改正；逾期未改正的，处五百元以上二千元以下的罚款。

第四十条 场内经营者违反本条例第二十二条第一项至五项规定的，由工商行政管理部门责令限期改正；逾期不改正的，处一百元以上一千元以下罚款。

第四十一条 工商行政管理部门和其他有关行政管理部门及其工作人员滥用职权、玩忽职守、徇私舞弊的，依法给予处分；构成犯罪的，依法追究刑事责任。

第四十二条 当事人对具体行政行为不服的，可以依法申请行政复议或者向人民法院提起诉讼。

第七章 附 则

第四十三条 由若干商品经营者为便于群众生产、生活消费而形成的城乡早市、晚市、摊点区和集市等其他临时性商品交易场所，由工商、城管等部门参照本条例实施监督管理。

第四十四条 本条例自2010年12月1日起施行。1996年2月14日宁夏回族自治区第七届人民代表大会常务委员会第十七次会议通过的《宁夏回族自治区商品交易市场管理条例》同时废止。

宁夏回族自治区安全生产条例

（2006年9月27日宁夏回族自治区第九届人民代表大会常务委员会第二十四次会议通过 2015年11月26日宁夏回族自治区第十一届人民代表大会常务委员会第二十次会议修订 2015年11月26日宁夏回族自治区人民代表大会常务委员会公告第29号公布 自2016年1月1日起施行）

第一章 总 则

第一条 为了加强安全生产工作，防止和减少生产安全事故，保障人民群众生命、财产安全，促进经济社会持续健康发展，根据《中华人民共和国安全生产法》和有关法律、法规的规定，结合自治区实际，制定本条例。

第二条 在自治区行政区域内从事生产经营活动的单位（以下统称生产经营单位）的安全生产及其监督管理活动，适用本条例。

法律、法规对消防安全和道路交通安全、铁路交通安全、水上交通安全、民用航空安全以及核与辐射安全、特种设备安全等另有规定的，适用其规定。

第三条 安全生产工作应当以人为本，坚持安全第一、预防为主、综合治理的方针，建立生产经营单位负责、职工参与、政府监管、行业自律和社会监督的机制。

第四条 县级以上人民政府应当加强对安全生产工作的领导，将安全生产工作纳入国民经济和社会发展规划，支持、督促有关部门依法履行安全生产监督管理职责，建立健全安全生产工作责任制度、考核制度、奖惩制度和安全生产工作协调机制，并将安全生产经费列入本级财政预算。

乡、镇人民政府以及街道办事处应当加强对本行政区域内生产经营单位安全生产状况的监督检查，协助上级人民政府有关部门依法履行安全生产监督管理职责。

开发区（工业园区）管理机构按照批准权限履行安全生产监督管理职责。

第五条 县级以上人民政府安全生产监督管理部门对本行政区域内的安全生产工作实施综合监督管理，指导、协调、监督、检查同级人民政府有关部门和下级人民政府依法履行安全生产监督管理职责。

县级以上人民政府有关部门依法在各自职责范围内对有关行业、领域的安全生产工作实施监督管理。

安全生产监督管理部门和对有关行业、领域的安全生产工作实施监督管理的部门，统称负有安全生产监督管理职责的部门。

第六条 各级人民政府及其有关部门的主要负责人是本行政区域、本部门职责范围内安全生产工作的第一责任人，对安全生产工作全面负责；分管安全生产的负责人对安全生产工作负直接责任；其他负责人对分管范围内的安全生产工作负责。

第七条 生产经营单位是安全生产的责任主体。生产经营单位的主要负责人对本单位的安全生产负全面责任，分管安全生产的负责人协助主要负责人履行安全生产管理职责，其他负责人对分管业务范围内的安全生产履行相应职责。

第八条 工会应当依法组织职工参加安全生产工作的民主管理和民主监督，维护职工在安全生产方面的合法权益；对生产经营单位执行安全生产法律、法规的情况进行监督，提出安全生产意见和建议；参与事故调查，并向有关部门提出处理意见。

生产经营单位应当支持工会依法对安全生产工作进行监督，听取工会提出的意见和建议，并及时处理。

第九条 各级人民政府及其有关部门应当对生产经营单位主要负责人和安全生产管理人员进行安全培训，加强全社会的安全生产宣传教育，培养、提高全民安全意识和安全素质。

新闻、出版、广播、电影、电视等单位应当通过多种形式开展安全生产法律、法规的公益宣传教育，对安全生产活动进行舆论监督。

第十条　各级人民政府及其有关部门应当鼓励和支持安全生产科学技术研究、专业技术和技能人才培养，推广应用先进的安全生产技术、管理经验和科技成果，培育、发展与安全生产有关的行业协会以及其他社会组织。

与安全生产有关的行业协会以及其他社会组织应当加强行业自律和内部管理，依法为生产经营单位提供安全生产服务，并接受负有安全生产监督管理职责的部门的指导和监督。

第十一条　各级人民政府及其有关部门应当对在落实安全生产责任、改善安全生产条件、防止事故发生、开展应急救援、举报安全生产违法行为、报告重大事故隐患、研究和推广应用安全生产先进技术等方面取得显著成绩的单位和个人给予奖励。

第十二条　任何单位和个人对生产安全事故隐患、事故或者安全生产违法行为，均有权向负有安全生产监督管理职责的部门报告或者举报。

负有安全生产监督管理职责的部门应当建立值班制度，公开报告和举报的途径、方式，受理有关安全生产的报告或者举报。

负有安全生产监督管理职责的部门接到举报、报告后，应当及时调查核实，督促有关单位落实整改措施，并为报告人或者举报人保密。

第二章　生产经营单位的安全生产保障

第十三条　生产经营单位应当推进安全生产标准化建设，执行保障安全生产的国家标准或者行业标准。

没有国家标准和行业标准的，生产经营单位应当执行自治区有关部门依法制定的地方标准。

鼓励生产经营单位制定并执行严于国家标准、行业标准或者地方标准的企业标准。

第十四条　生产经营单位应当建立健全下列安全生产制度：

（一）安全生产责任制度和考核、奖惩制度；

（二）安全生产资金和设施、设备投入保障制度；

（三）安全生产教育、培训制度；

（四）安全生产职业卫生保障制度和劳动防护用品配备、使用、管理制度；

（五）岗位安全检查、日常安全检查和专业性安全检查制度；

（六）生产安全事故隐患排查治理制度和安全生产档案制度；

（七）具有较大危险因素的生产经营场所以及设施、设备的安全管理制度和危险作业管理制度；

（八）生产安全事故报告、应急救援和调查处理制度；

（九）法律、法规规定的其他制度。

第十五条 生产经营单位应当对从业人员进行安全生产教育和培训，培训结束后，应当进行考核。未经安全生产教育、培训或者考核不合格的从业人员，不得上岗作业。

生产经营单位应当建立从业人员安全生产教育、培训档案，档案的保存期限不得少于三年。

第十六条 生产经营单位的从业人员享有下列安全生产权利：

（一）在劳动合同中载明保障劳动安全、防止职业危害、办理工伤保险等事项；

（二）了解作业场所、工作岗位存在的危险因素以及防范、应急措施，获得符合国家标准或者行业标准的劳动防护用品；

（三）对本单位安全生产工作中存在的问题提出批评、检举和控告；

（四）拒绝违规指挥和强令冒险作业；

（五）发现直接危及人身安全紧急情况时，停止作业或者采取可能的应急措施后撤离作业场所；

（六）因生产安全事故受到损害后依法要求赔偿；

（七）法律、法规规定的其他权利。

生产经营单位应当保障从业人员依法享有的安全生产权利。

第十七条 生产经营单位的从业人员应当履行下列安全生产义务：

（一）遵守本单位安全生产规章制度和安全操作规程；

（二）接受安全生产教育、培训，参加应急演练；

（三）掌握本岗位安全操作技能，熟悉工作衔接配合的安全事项，具备作业场所危险因素防范和事故应急能力；

（四）及时报告事故隐患或者事故；

（五）配合事故调查，如实提供情况；

（六）法律、法规规定的其他义务。

第十八条 矿山、金属冶炼、建筑施工、道路运输单位和危险物品的生产、经营、储存等单位，应当按照规定提取安全生产费用，并设置安全生产管理机构或者配备专职安全生产管理人员。提取的安全生产费用应当专户核算，专门用于改善安全生产条件，不得挤占、挪用。

前款规定以外的其他生产经营单位，从业人员超过一百人的，应当设置安全生产管理机构或者配备专职安全生产管理人员；从业人员在一百人以下的，应当配备专职或者兼职的安全生产管理人员。

第十九条 鼓励生产经营单位投保安全生产责任保险。

矿山、建筑施工、道路运输、危险化学品、烟花爆竹等生产经营单位，未投保安全生产责任保险的，应当按照国家有关规定缴纳安全生产风险抵押金。

第二十条 安全设备的设计、制造、安装、使用、检测、维修、改造和报废，应当符合国家标准或者行业标准。

生产经营单位使用的危险物品的容器、运输工具，以及涉及人身安全、危险性较大的矿山井下特种设备，必须按照国家有关规定由专业生产单位生产，并经具有专业资质的检测、检验机构检测、检验合格，取得安全使用证或者安全标志后，方可投入使用。

第二十一条 生产经营单位应当在具有较大危险因素的生产经营场所和设施、设备上设置明显的安全警示标志，配备必要的应急救援器材，并定期检测、检验、维护。

生产经营单位应当对重大危险源登记建档，定期进行安全评价、评估，并将重大危险源安全运行保障措施的实施情况向当地负有安全生产监督管理职责的部门每半年报告一次。

第二十二条 生产经营单位应当定期组织开展生产安全事故隐患排查，采取有效措施消除隐患，并如实记录隐患排查治理情况。记录档案保存期限不得少于三年。

第二十三条 生产经营单位应当建立健全安全生产管理信息系统，利用信息技术加强安全生产能力建设。

矿山、金属冶炼、建筑施工、道路运输单位和危险物品的生产、经营、储存等单位应当建立重大危险源和重大生产安全事故隐患点实时监控系统，定期向当地负有安全生产监督管理职责的部门报送安全生产数据信息，建立安全生产风险分析、生产安全事故预警预报等制度。

第二十四条 生产经营单位进行爆破、吊装、悬吊、挖掘、建设工程拆除、有限空间内作业，以及临近重大危险源、高压输电线路、输油（气）管道、地下电缆通道等危险作业，应当遵守相关规定，安排专门人员进行现场安全管理。

生产经营单位委托其他具有专业资质的单位进行危险作业的，应当在作业前与受委托方签订安全生产管理协议，明确各自安全生产管理职责。

第二十五条 矿山、金属冶炼等生产经营单位应当将生产过程中产生的废渣、废料等废弃物品储存在专用的排放场所和设施、设备内,危险物品的生产、经营、储存、运输单位应当对易燃、易爆、放射性、有毒、有害废弃物品进行妥善处理,按照国家有关规定采取安全措施,防止发生生产安全事故或者环境污染事故。

第二十六条 大型经贸、文化、体育等群众性活动的承办者应当对承办活动的安全负责,制定符合安全要求的活动方案和事故应急救援预案,并按照规定履行审批手续,落实各项安全措施。

大型群众性活动的场所管理者应当保证活动场所的设施、设备符合国家安全标准和安全规定,配备与活动规模相应数量的工作人员维持现场秩序。

第二十七条 休闲娱乐场所以及旅游景区、影剧院、体育场(馆)、宾馆、饭店、商场、机场、车站、集贸市场、学校、幼儿园、养老机构等公众聚集场所,应当符合下列规定:

(一)重点安全防范部位设置明显的安全警示标志,配置安全设施、设备,并保障正常使用;

(二)保持安全出口、疏散通道以及消防车通道畅通;

(三)配备应急广播、指挥系统和应急照明、消防等设施、设备、器材,并保障正常使用;

(四)按照标准设置备用电源;

(五)容纳人数符合核定数量;

(六)法律、法规其他有关规定。

第二十八条 学校、幼儿园应当加强安全管理和安全知识教育,制定事故应急救援预案并定期组织演练。

学校、幼儿园组织社会实践活动应当保证师生安全。除必要的教学用途外,禁止组织学生参加接触易燃、易爆、放射性、有毒、有害物品的危险性活动。

校园房屋、场地不得作为易燃、易爆、放射性、有毒、有害等危险物品的生产、经营、储存场所或者作为机动车停车场出租、出借。

第三章 安全生产的监督管理

第二十九条 县级以上人民政府应当制定与城乡规划相衔接的安全生产规划,建立安全生产控制指标体系,对安全生产工作实行目标管理,维护安全生产秩序。

第三十条 县级以上人民政府负有安全生产监督管理职责的部门应当建立安全生产巡查制度,定期对本行政区域内的生产经营单位进行巡查;可以委托安全检测、检验机构对危险性较大的安全设施、设备进行抽查,并向社会公布抽查结果。

第三十一条 县级以上人民政府负有安全生产监督管理职责的部门应当建立健全隐患排查治理监督管理制度,对重大事故隐患及其治理情况及时登记,并督促生产经营单位制定整改方案。

负有安全生产监督管理职责的部门接到生产安全事故隐患报告,调查核实后,应当责令生产经营单位排除事故隐患;属于重大生产安全事故隐患的,应当及时报告本级人民政府;不属于本级人民政府管理权限内的事故隐患,应当及时报告上一级人民政府。

设区的市、县(市、区)人民政府应当将治理重大生产安全事故隐患的有关事项向自治区负有安全生产监督管理职责的部门报告。

第三十二条 县级以上人民政府负有安全生产监督管理职责的部门应当加强安全生产信息化建设,建立安全生产执法监察、决策分析、预防预警、隐患排查治理、应急管理等信息保障体系。

第三十三条 县级以上人民政府负有安全生产监督管理职责的部门应当建立安全生产不良信用记录制度和诚信分类评价制度,对违法行为情节严重的生产经营单位及时向社会公告,并实施重点监督管理。

第三十四条 开发区(工业园区)管理机构应当建立安全风险评估制度,每年开展一次整体性安全风险评估,提出消除、降低或者控制安全风险的措施,并督促有关单位落实、整改。

第三十五条 新建、改建、扩建危险物品的生产、经营、储存场所或者使用数量构成重大危险源的设施、设备,必须与水源地、居民区(楼)、学校、幼儿园、医院、集贸市场以及其他公众聚集的建筑物保持规定的安全距离。

在重大危险源、高压输电线路、输油(气)管道和地下电缆通道等场所、设施的安全距离范围内,不得建设建筑物、构筑物。

矿山、尾矿库、采空区、化工园区等危险区域内,不得建设居民区(楼)、学校、幼儿园、医院、集贸市场以及其他公众聚集的建筑物。

对不符合前三款规定已建成的建筑物、构筑物或者设施、设备,当地人民政府应当制定整治方案,依法进行搬迁或者采取必要的安全保障措施。

第三十六条 承担安全评价、认证、检测、检验工作的机构,应当在资质证书确定的业务范围内从事安全生产专业服务活动,并对其作出的安全评价、认证、检测、检验结果负责,不得出具虚假证明。

对安全生产专业服务机构负有监督管理职责的部门应当加强监督检查,规范安全生产专业服务市场,查处安全生产专业服务机构的违法行为。

第四章 生产安全事故的应急救援与调查处理

第三十七条 县级以上人民政府应当组织有关部门制定本行政区域内生产安全事故应急救援预案,建立健全安全生产应急救援体系,完善应急救援机制,建立安全生产应急救援队伍,并定期组织有关部门和单位进行应急演练。

第三十八条 县级以上人民政府安全生产监督管理部门可以根据需要建立安全生产专家库,组织专家为生产安全事故预防、应急救援等提供技术支持。

第三十九条 生产经营单位应当制定本单位生产安全事故应急救援预案,定期开展应急救援培训活动,并每年至少组织一次应急演练。

鼓励生产经营单位和其他社会力量建立专业应急救援队伍,配备相应的应急救援装备和物资,提高应急救援专业化水平。

第四十条 生产安全事故发生后,事故现场有关人员应当立即向本单位负责人报告,情况紧急时可以直接向事故发生地负有安全生产监督管理职责的部门报告;事故发生单位应当按照规定立即如实向事故发生地负有安全生产监督管理职责的部门报告;负有安全生产监督管理职责的部门接到事故报告后,应当按照规定如实上报事故情况。

事故发生单位的负责人接到事故报告后,应当迅速启动事故应急救援预案,采取有效措施组织抢救,防止事故扩大,减少人员伤亡和财产损失。

事故发生地县级以上人民政府以及负有安全生产监督管理职责的部门的负责人接到事故报告后,应当按照生产安全事故应急救援预案的要求立即到达事故现场,组织事故抢救。

第四十一条 依照法定权限负责事故调查的人民政府可以直接组织事故调查组进行调查,也可以授权或者委托有关部门组织事故调查组进行调查。未造成人员伤亡的一般事故,县级人民政府也可以委托事故发生单位组织事故调查组进行调查。

上级人民政府认为必要时,可以调查下级人民政府负责调查的事故。

任何单位和个人不得阻挠和干涉对事故的依法调查处理。

第四十二条 有关机关应当按照人民政府的批复，依照法定权限和程序，对事故发生单位和有关人员进行行政处罚，对负有事故责任的国家工作人员进行处分。

事故发生单位应当按照负责事故调查的人民政府的批复，对本单位负有事故责任的人员进行处理，并及时、全面落实整改措施。

第四十三条 县级以上人民政府安全生产监督管理部门应当定期统计本行政区域内发生生产安全事故的情况，并采用公告、新闻发布会等形式，定期向社会公布。

第五章 法律责任

第四十四条 生产经营单位及其主要负责人、其他责任人违反安全生产法律、法规和本条例规定的，依照《中华人民共和国安全生产法》和有关法律、法规予以处罚。

第四十五条 各级人民政府主要负责人和其他责任人因工作失误、失职造成重大损失和恶劣社会影响的，或者对重特大生产安全事故负有领导责任的，应当依法给予处分；构成犯罪的，依法追究刑事责任。

第四十六条 负有安全生产监督管理职责的部门的工作人员在安全生产监督管理工作中，玩忽职守、徇私舞弊、滥用职权的，由其所在单位或者上级主管部门、监察机关按照管理权限对直接负责的主管人员和其他直接责任人员依法给予处分；构成犯罪的，依法追究刑事责任。

第四十七条 承担安全评价、认证、检测、检验工作的机构出具虚假证明的，没收违法所得；违法所得在十万元以上的，并处违法所得二倍以上五倍以下的罚款；没有违法所得或者违法所得不足十万元的，单处或者并处十万元以上二十万元以下的罚款；对其直接负责的主管人员和其他直接责任人员处二万元以上五万元以下的罚款；给他人造成损害的，承担赔偿责任；构成犯罪的，依法追究刑事责任。

第六章 附 则

第四十八条 本条例自2016年1月1日起施行。

宁夏回族自治区安全生产行政责任规定

（2014年11月22日宁夏回族自治区人民政府令第70号公布　自2015年1月1日起施行）

第一章　总　则

第一条　为了加强安全生产监督管理工作，防止和减少生产安全事故，保障人民群众生命和财产安全，促进经济社会发展，根据《中华人民共和国安全生产法》《宁夏回族自治区安全生产条例》等有关法律、法规的规定，结合自治区实际，制定本规定。

第二条　自治区行政区域内各级人民政府，县级以上人民政府安全生产监督管理部门和对有关行业、领域的安全生产工作实施监督管理的部门（以下统称负有安全生产监督管理职责的部门）履行安全生产监督管理职责及对相关责任人进行行政责任追究，适用本规定。

第三条　各级人民政府及负有安全生产监督管理职责的部门应当按照属地管理和分级负责相结合、综合监督管理和行业监督管理相结合的原则，落实安全生产监督管理责任。

第四条　安全生产监督管理行政责任追究，应当坚持谁主管谁负责、谁审批谁负责、谁监管谁负责和实事求是、惩教结合的原则。

第五条　安全生产监督管理工作实行一岗双责制度。

各级人民政府及负有安全生产监督管理职责的部门的主要负责人是安全生产监督管理工作的第一责任人，全面承担安全生产领导责任；分管安全生产的负责人对安全生产工作负直接领导责任；其他负责人按照一岗双责制度，对分管范围内的安全生产工作负领导责任。

第二章　政府责任

第六条　县级以上人民政府应当履行下列安全生产监督管理职责：

（一）根据国民经济和社会发展规划制定并组织实施安全生产规划，将安全生产指标纳入国民经济和社会发展考核指标体系。

（二）督促负有安全生产监督管理职责的部门和下级人民政府加强安全生产监督管理工作，及时协调、解决安全生产工作中存在的重大问题。

（三）建立健全安全生产责任制，明确相关责任人的工作职责，确保安全生产监督管理工作所需经费。

（四）组织有关部门对本行政区域内容易发生重大生产安全事故的生产经营单位进行监督检查，依法关闭违法生产经营单位。

（五）建立健全生产安全事故应急救援体系，组织有关部门制定重特大生产安全事故应急救援预案。

（六）根据生产安全事故等级等有关规定，报告、调查、处理辖区内生产安全事故，组织协调重大生产安全事故伤员救治和事故善后工作。

（七）法律、法规规定的其他职责。

第七条　县级以上人民政府的安全生产委员会应当制定年度安全生产管理目标，定期召集全体会议，研究解决安全生产工作中存在的重大问题，安排部署安全生产工作。

第八条　乡（镇）人民政府以及街道办事处、开发区管理机构等政府的派出机关应当按照职责，对本行政区域内生产经营单位安全生产状况进行监督检查，协助上级人民政府有关部门依法履行安全生产监督管理职责。

第三章　部门责任

第九条　安全生产监督管理部门对安全生产工作实施综合监督管理，指导和协调其他负有安全生产监督管理职责的部门对本行业安全生产工作实施监督管理；对非煤矿山企业，危险化学品生产、经营和储存企业，烟花爆竹生产和经营企业实施专项安全监督管理；负责监督管理煤矿及其他工矿企业安全生产工作，法律、法规规定的其他职责。

第十条　其他负有安全生产监督管理职责的部门应当履行下列安全生产监督管理职责：

（一）发展改革部门：负责将安全生产工作纳入国民经济和社会发展规划和计划，在新建建设项目审批、核准和竣工验收时，督促生产经营单位落实安全生产措施；指导煤矿企业、石油天然气长输管道企业做好安全生产工作。

（二）经济和信息化部门：负责指导工业企业的安全生产工作，负责民用爆炸物品生产、销售的安全监督管理；在改、扩建建设项目审批、核准和竣工验收时，督促生产经营单位落实安全生产措施。

（三）公安部门：负责道路交通，消防，民用爆炸物品购买、运输和爆破作业，烟花爆竹运输、焰火晚会以及其他大型焰火燃放活动的安全监督管理，负责危险化学品运输车辆的道路交通安全管理。

（四）交通运输部门：负责道路、水上交通运输行业安全监督管理，对公路、水路建设项目的施工安全及公路安全保障实施监督管理。

（五）国土资源部门：负责矿业秩序整顿和资源整合工作，查处无证开采、乱采滥挖、越界开采等违法采矿行为；配合有关部门做好矿山、地质勘探和废弃矿点的安全监督管理工作。

（六）住房城乡建设部门：负责房屋建筑和城市道桥、燃气、供水、供热、污水及垃圾处理等市政基础设施的安全监督管理；监督检查工程参建各方的安全责任履行情况，定期对工程建设相关单位进行安全监督检查。

（七）商务部门：指导、督促商场、成品油销售网点的安全生产工作，负责物流和商贸服务业（含餐饮业、住宿业）的安全监督管理；协调、配合有关部门对大型商务活动进行安全监督管理，配合有关部门指导、管理外商投资企业的安全生产工作。

（八）质量技术监督部门：负责特种设备、安全防护计量器具的安全监督管理，对实行工业产品生产许可证制度涉及的产品质量安全进行质量监督。

（九）教育部门：负责各类学校和学生在校活动的安全监督管理，督促学校加强对师生的安全教育，配合有关部门做好校车安全监督管理工作。

（十）水利部门：负责水库、大坝、河道堤防、水闸、渠道等水利工程设施的安全监督管理，组织实施水利建设工程的安全监督管理。

（十一）农牧部门：负责农牧系统的安全监督管理，负责农药、农业机械的安全监督管理，组织实施草原防火的安全监督管理。

（十二）环境保护部门：负责危险废物（含废弃危险化学品）和放射性物质处置的安全监督管理，对环境污染事故的环境影响程度进行监测评价。

（十三）旅游部门：负责旅游安全监督管理，负责各类旅游景区、度假区、旅游住宿、旅行社、车船等旅游设施和特种旅游项目的安全监督管理。

（十四）卫生计生部门：负责职业病诊断、鉴定以及管理职业健康体检机构等职业卫生相关工作，督促指导、监督检查医疗卫生机构的安全管理和教育工作。

（十五）人力资源社会保障部门：负责督促用人单位参加工伤保险，会同安全生产监督管理等部门做好工伤预防的宣传和教育工作。

（十六）国有资产监督管理部门：按照出资人职责，负责督促所监管的企业落实安全生产主体责任，对企业负责人履行安全生产责任进行考核。

（十七）工商行政管理部门：对涉及安全生产的市场主体依法登记并监督管理，配合有关部门依法取缔不具备安全生产条件的市场主体。

（十八）林业、文化、体育等其他相关部门依照法律、法规的规定，对本行业、本领域的安全生产工作实施监督管理。

第十一条　负有安全生产监督管理职责的部门的主要负责人对本部门监督管理的安全生产工作负下列领导责任：

（一）贯彻执行安全生产的法律法规，将安全生产纳入本部门、本系统整体工作规划，研究解决工作中涉及安全生产的重大问题，组织审定加强安全生产监督管理的政策和措施。

（二）支持、督促分管负责人做好安全生产工作，协调解决工作中存在的重大问题。

（三）健全完善本部门、本系统安全生产监督管理机构，建立健全安全生产责任制。

第十二条　负有安全生产监督管理职责部门的分管安全生产的负责人负下列领导责任：

（一）贯彻落实政府关于安全生产工作的政策措施，研究解决本系统、本行业安全生产工作中存在的突出问题。

（二）制定安全生产工作计划、工作目标和工作措施，并组织实施。

（三）定期组织安全生产检查，督促生产经营单位落实安全生产主体责任，建立健全安全生产管理机构和管理制度，加强安全生产保障，改善安全生产条件，排查治理事故隐患。

（四）按照规定上报生产安全事故。发生事故时，及时赶赴现场组织抢救。

（五）配合、参与相关事故调查处理。

第四章　责任追究

第十三条　相关责任人有下列情形之一的,应当实行问责:

(一)因工作失职,致使本地区、本部门、本系统或者本单位发生特别重大、重大生产安全事故,或者一年内发生多起较大生产安全事故的。

(二)违反规定干预安全生产,造成生产安全事故发生的。

(三)未能有效组织抢救致使人员伤亡或者财产损失加重的。

(四)拒报、瞒报、谎报、拖延不报生产安全事故的。

(五)其他不依法履行安全生产监督管理职责的行为。

第十四条　相关责任人有下列行为之一的,给予警告、记过或者记大过处分;情节较重的,给予降级或者撤职处分;情节严重的,给予开除处分:

(一)不执行国家和自治区安全生产方针政策和安全生产法律、法规、规章以及上级机关、主管部门有关安全生产的决定、命令、指示的。

(二)制定或者采取与国家和自治区安全生产方针政策以及安全生产法律、法规、规章相抵触的规定或者措施,造成不良后果或者经上级机关、有关部门指出仍不改正的。

(三)未按规定召开安全生产工作会议,造成严重后果的。

(四)未按规定督促落实相关生产经营单位依法设置安全生产管理机构、配备安全生产管理人员、保证经费投入,造成严重后果的。

第十五条　相关责任人有下列行为之一的,给予警告、记过或者记大过处分;情节较重的,给予降级或者撤职处分;情节严重的,给予开除处分:

(一)违法委托单位或者个人实施有关安全生产的行政许可或者审批的。

(二)批准向合法的生产经营单位或者经营者超量提供剧毒品、火工品等危险物资,造成后果的。

(三)批准向非法或者不具备安全生产条件的生产经营单位或者经营者,提供剧毒品、火工品等危险物资或者其他生产经营条件的。

第十六条　相关责任人有下列行为之一的,给予降级或者撤职处分:

(一)对不符合法定安全生产条件的涉及安全生产的事项予以批准或者验收通过的。

(二)发现未依法取得批准、验收的单位擅自从事有关活动或者接到举报后不予取缔或者不依法予以处理的。

(三)对已经依法取得批准的单位不履行监督管理职责,发现不再具备安全生产条件而不撤销原批准或者发现安全生产违法行为不予查处的。

(四)在监督检查中发现重大事故隐患,不依法及时处理的。

第十七条 相关责任人有下列行为之一的,给予警告、记过或者记大过处分;情节较重的,给予降级或者撤职处分;情节严重的,给予开除处分:

(一)对发生的生产安全事故拒报、瞒报、谎报、拖延不报或者组织、参与拒报、瞒报、谎报、拖延不报的。

(二)生产安全事故发生后,不及时组织抢救的。

(三)拒绝接受调查或者拒绝提供有关情况和资料的。

(四)阻挠、干涉事故调查工作的。

(五)在事故调查中做伪证或者指使他人做伪证的。

第十八条 有下列情形之一的,应当从重处分:

(一)在两人以上的共同违法行为中起主要作用的。

(二)隐匿、伪造、销毁证据的。

(三)串供或者阻止他人揭发检举、提供证据材料的。

(四)包庇同案人员的。

(五)法律、法规、规章规定的其他从重情节。

第十九条 有下列情形之一的,应当从轻处分:

(一)主动交代违法行为的。

(二)主动采取措施,有效避免或者挽回损失的。

(三)检举他人重大违法行为,情况属实的。

主动交代违法行为,并主动采取措施有效避免或者挽回损失的,应当减轻处分;违法行为情节轻微,经过批评教育后改正的,可以免予处分。

第二十条 对相关责任人的行政责任追究实行跟踪责任追究制度。已调离工作岗位的相关责任人在任职期间有责任追究情形的,应当依法追究责任。

第二十一条 安全生产监督管理行政责任追究的权限和程序,依照《中华人民共和国行政监察法》《行政机关公务员处分条例》等有关规定执行。

第五章 附 则

第二十二条 法律、法规授权的具有管理公共事务职能的组织和行政机关依法委托的组织履行安全生产监督管理职责及对相关责任人进行行政责任追究,参照本规定执行。

第二十三条 本规定自2015年1月1日起施行。

气象地震

宁夏回族自治区气象条例

（2001年7月20日宁夏回族自治区第八届人民代表大会常务委员会第二十次会议通过　根据2006年3月31日宁夏回族自治区第九届人民代表大会常务委员会第二十一次会议《关于修改〈宁夏回族自治区矿产资源管理条例〉等12件地方性法规的决定》第一次修正　根据2016年3月24日宁夏回族自治区第十一届人民代表大会常务委员会第二十三次会议《关于修改〈宁夏回族自治区煤炭资源勘查开发与保护条例〉等三件地方性法规的决定》第二次修正）

第一条　为了发展自治区气象事业，规范气象工作，准确、及时地制作发布气象预报，开展气候预测，防御和减轻气象灾害，合理开发利用和保护气候资源，根据《中华人民共和国气象法》和有关法律、行政法规，结合自治区实际，制定本条例。

第二条　在自治区行政区域内从事气象探测、预报、服务和气象灾害防御、气候资源开发利用、气象科学技术研究等活动，应当遵守本条例。

第三条　县级以上气象主管机构在上级气象主管机构和本级人民政府领导下，负责本行政区域内的气象工作，并对其他部门的气象工作实施行业管理。

第四条　县级以上人民政府应当加强对气象工作的领导和协调，加强气象基础设施的建设，将地方气象事业项目所需的固定资产投资、事业经费和专项经费等纳入国民经济和社会发展计划及财政预算，并逐步增加对地方气象事业的投资。

各级人民政府应当关心和支持少数民族聚居地区、边远贫困地区的气象台站的建设和运行。

第五条　对在气象工作中做出突出贡献的单位和个人，由县级以上人民政府或者气象主管机构予以表彰和奖励。

第六条 县级以上气象主管机构负责编制地方气象事业项目计划，报同级人民政府批准后组织实施。

非国家统一布局，专为当地经济建设和人民生活服务的地方气象事业项目主要包括：

（一）天气、气候监测预报系统（含中尺度灾害性天气监测预警系统）及其气候资料信息处理、分析服务系统，电视气象预报制作系统，气象防灾减灾服务体系和城乡气象科技服务网；

（二）为农业综合开发、生态环境保护、城市大气污染防治及气候资源和水资源合理开发利用等开展的气象科学研究和气象服务项目；

（三）人工影响天气作业和试验研究项目；

（四）气象卫星遥感技术在森林火险、生态环境、农作物长势监测及产量预报中的开发应用；

（五）根据当地经济建设需要而设置的气象台站；

（六）地方人民政府需要建设的其他气象事业项目。

第七条 气象台站的探测场地、仪器、设施、标志和气象通信线路受法律保护，任何组织或者个人不得侵占、损毁或者擅自移动。

第八条 气象探测环境应当符合下列要求：

（一）气象台站观测场围栏与四周孤立障碍物的边沿距离，国家基准气候站、国家基本气象站、一般气象站分别为该障碍物高度的十倍以上、八倍以上、三倍以上；

（二）国家基准气候站、基本气象站观测场围栏与四周为成排障碍物的距离，为该障碍物高度的十倍以上，一般气象站为该障碍物高度的八倍以上；

（三）观测场围栏与公路路基近边沿距离为三十米以上，观测场四周十米范围内，不得种植一米以上的高秆作物；

（四）高空观测场四周障碍物的仰角不得超过五度，半径二十米范围内应平坦，五十米范围内不得有架空电线、高大建筑物和树木等障碍物，附近不应有无线电台和其他影响探空讯号的干扰源；

（五）天气雷达探测方向的遮挡物，对雷达天线的挡角不大于零点五度，雷达站周围应当避免电磁等干扰源。

第九条 当地人民政府应当按照法定标准划定气象探测环境保护范围，并纳入土地利用总体规划、城市规划或者村庄和集镇规划。

禁止在气象探测环境保护范围内进行对气象探测不利的工程建设或者其他活动。因特殊情况需进行新建、扩建、改建建设工程的，建设单位应当事先征得自治区气象主管机构同意,并采取相应措施,方可建设。

第十条 气象台站的站址及其设施未经批准,任何组织和个人不得擅自迁移。因工程建设、城镇规划确需迁移一般气象台站或者其设施的,建设单位必须提前报自治区气象主管机构批准,待新站建成并经一年的对比观测后方可开工建设。确需迁移国家基准气候站、基本气象站的,建设单位必须提前两年报自治区气象主管机构审核同意后报国务院气象主管机构批准。迁移和重建气象台站及其设施所需的费用,由建设单位承担。

第十一条 公众气象预报、灾害性天气警报,由自治区气象主管机构管辖的各级气象台站按照责任区划分,负责制作和向社会公开发布。

农业气象预报、城市环境气象预报和火险气象等级预报等专业气象预报,由自治区气象主管机构管辖的各级气象台站根据需要发布。

其他组织和个人不得向社会公开发布公众气象预报和灾害性天气警报。

第十二条 广播、电视、报刊等新闻单位以及声讯服务系统、计算机网络、无线寻呼系统、电子屏幕等媒介,公开向社会播发、刊登和传播气象预报和灾害性天气警报,必须使用当地气象主管机构所属的气象台站直接提供的适时气象信息,并标明发布气象台站的名称和发布时间。通过传播气象信息获得的收益,应当提取一部分支持气象事业的发展。

第十三条 广播、电视播出机构应当保证气象预报节目的定时播出,具体播出时间、时限和次数,由其主管部门与同级气象主管机构商定。在特殊情况下,如需改变播出时间的,应当事先征得发布该气象预报的气象台站同意。对当地气象台站发布的具有重大影响的灾害性天气警报和补充、订正的气象预报,应当及时增播或者插播。

电视天气预报节目,由发布该预报的气象台站制作。

天气预报节目的制作,应当符合广播电视的播发要求,保证制作质量。

第十四条 各级人民政府指挥生产、组织防灾减灾和军事、国防科学试验及其他特殊任务所需常规的气象服务和通过广播、电视、报刊等方式向社会提供的公众天气预报等公益性气象服务,由气象主管机构无偿提供。

第十五条 信息产业部门应当与同级气象主管机构密切合作,确保气象通信畅通,及时、准确地传递各种气象情报、气象预报和灾害性天气警报。

气象无线电专用频道和信道受国家保护,任何组织和个人不得挤占和干扰。

第十六条 各级气象台站在确保公益性气象无偿服务的前提下,根据用户需要,可以依法开展以下气象科技有偿服务:

（一）专为用户需要加工制作的专业、专项气象预报、警报，气象情报；

（二）为诉讼、保险索赔以及为非气象机构气象探测数据提供气象鉴证；

（三）专为工程项目设计、建设提供气候论证和为大气环境影响评价提供的统计、加工、分析的气象资料；

（四）气象专用计量器具、设备的检定和维修；

（五）防雷、防静电及其相关工程的服务；

（六）气象科技培训、咨询，气象科研成果转让。

第十七条 对升放无人驾驶自由气球或者系留气球的单位由自治区和设区的市的气象主管机构进行资质认定。

第十八条 气象台站对可能影响当地的干旱、大风、沙尘暴、寒潮、霜冻、冰雹、暴雨（雪）等灾害性天气，应当加强监测和预报，及时报告当地人民政府，并提出防灾减灾建议。

第十九条 各级人民政府和有关部门在接到可能发生气象灾害的预测信息时，应当提前采取防御措施，防止或减轻可能造成的损失。

气象灾害发生后，气象台站应当加强监测和预报，并将信息及时报告当地人民政府和有关部门。

第二十条 县级以上人民政府应当建立和完善防御、减轻气象灾害的工作体系和相应的管理制度，制定气象灾害防御方案，并组织实施。

第二十一条 自治区气象主管机构统一管理全区人工影响天气工作。负责人工增雨作业区域和防雹布点的审核、报批及作业资格审查；组织购置和调配人工影响天气所需专用物资和装备；监督作业安全，提供技术指导，组织作业效果的分析、验证。

县级以上气象主管机构负责所辖区域人工影响天气工作的组织和管理。民航、通信、交通等部门应当为人工影响天气作业提供必要的条件和保障。

实施人工影响天气的组织，必须具备自治区气象主管机构规定的资格条件，使用国务院气象主管机构认定的作业设备，遵守作业规范。

未经自治区气象主管机构批准，任何组织和个人不得在自治区行政区域内从事人工影响局部天气作业。

第二十二条 自治区气象主管机构或者设区的市气象主管机构负责组织当地防雷、防静电安全设施的设计审核、施工监督和工程竣工验收。

高层建筑、易燃易爆物仓储场所、计算机网络设备、电子设施和其他需要防雷、防静电的建筑物、构筑物等场所，必须按国家有关规定安装防雷、防静电设施，其中新建工程的防雷、防静电设施应当与主体工程同时设计、同时施工、同时投入使用。

从事防雷装置检测、防雷工程专业设计、施工单位应当具备由国务院气象主管机构或自治区气象主管机构颁发的资质证书。

第二十三条 自治区气象主管机构或者设区的市气象主管机构负责管理当地防雷、防静电装置的检测工作。经自治区气象主管机构或者设区的市气象主管机构授权，县级气象主管机构可以在本辖区内对防雷、防静电安全设施进行检测。其他部门可以根据当地气象主管机构的授权，负责本部门或者本行业防雷、防静电装置的检测，并接受气象主管机构的监督和检测质量抽查。

从事防雷、防静电检测的组织和工作人员，必须具备相应的资质和资格证书。

防雷、防静电装置应当每年检测一次，其中易燃、易爆场所的防雷、防静电装置，应当每半年检测一次。防雷、防静电装置所在单位应当主动申报检测。对申报检测的防雷、防静电装置，气象主管机构和经授权的机构，应当及时检测。

第二十四条 县级以上人民政府应当对气象资源开发利用的方向和保护的重点作出规划。

自治区气象主管机构统一组织全区气候资源的调查、区划和保护工作。

第二十五条 自治区行政区域内大中型建设项目环境影响评价使用的基本气象资料，应当由自治区气象主管机构会同自治区环境保护主管部门指定的气象主管机构提供。

非气象主管机构承担大气环境影响评价，进行现场气象观测（包括污染气象观测），应当符合气象业务规范，接受自治区气象主管机构与自治区环境保护主管部门共同指定的气象主管机构的监督，所获取与使用的气象资料必须经该气象主管机构审查和鉴证。

第二十六条 违反本条例第七条、第九条第二款、第十条规定的，由县级以上气象主管机构按照权限责令停止违法行为，限期恢复原状或者采取其他补救措施，可以并处五万元以下罚款；造成损失的，依法承担赔偿责任；构成犯罪的，依法追究刑事责任。

第二十七条 违反本条例第十一条第二款、第十二条规定的，由县级以上气象主管机构按照权限责令改正，给予警告，可以并处五万元以下罚款。

第二十八条 违反本条例第二十一条第三款规定的，由县级以上气象主管机构按照权限责令改正，给予警告，可以并处十万元以下罚款；给他人造成损失的，依法承担赔偿责任；构成犯罪的，依法追究刑事责任。

第二十九条 违反本条例第二十二条、第二十三条规定，安装不符合使用要求的雷电灾害防护装置的，由县级以上气象主管机构按照权限责令改正，给予警告。使用不符合要求的雷电灾害防护装置给他人造成损失的，依法承担赔偿责任。

第三十条 违反本条例第二十五条规定，从事大气环境影响评价的单位进行工程项目大气环境评价时，使用的气象资料不是气象主管机构提供或者审查的，由县级以上气象主管机构责令改正，给予警告，可以并处五万元以下罚款。

第三十一条 气象主管机构及其所属台站的工作人员玩忽职守，造成重大漏报、错报公众天气预报、灾害性天气警报，以及丢失或者损毁原始气象探测资料、伪造气象资料的，依法给予行政处分；给国家利益和人民生命财产造成重大损失，构成犯罪的，依法追究刑事责任。

第三十二条 本条例自2001年10月1日起施行。

宁夏回族自治区地震安全性评价管理办法

（2003年12月11日宁夏回族自治区人民政府令第58号公布 根据2016年6月15日《自治区人民政府关于废止和修改部分政府规章的决定》修正）

第一条 为了加强对地震安全性评价的管理，防御与减轻地震灾害，保护人民生命和财产安全，依据国务院发布的《地震安全性评价管理条例》以及有关法律、法规的规定，结合本自治区实际，制定本办法。

第二条 本办法所称地震安全性评价，是指根据建设工程场地和场地周围的地震活动与地震地质环境的分析，按照工程设防的风险水准，给出与工程抗震设防要求相应的地震动参数或者地震烈度，以及场地的地震地质灾害预测结果。

本办法所称抗震设防要求，是指建设工程抗御地震破坏的准则和在一定风险水准下抗震设计采用的地震动参数或者地震烈度。

第三条 在自治区行政区域内从事地震安全性评价活动，确定抗震设防要求，实施对地震安全性评价活动的监督管理，必须遵守本办法。

第四条 自治区地震行政主管部门负责对自治区行政区域内的地震安全性评价工作实施统一监督管理。

市、县（区）人民政府管理地震工作的部门，负责本行政区域内地震安全性评价的监督管理工作。

第五条 各级人民政府应当将地震安全性评价工作纳入本行政区域内基本建设管理程序和建设投资计划，并负责组织实施。

第六条 下列建设工程必须进行地震安全性评价：

（一）对社会有重大价值或者有重大影响的建设工程；

（二）受地震破坏后可能引发水灾、火灾、爆炸、剧毒或者强腐蚀性物质大量泄漏、放射性污染或者其他严重次生灾害的建设工程；

（三）本办法第九条规定的需要进行地震安全性评价的其他建设工程。

第七条 对社会有重大价值或者有重大影响的建设工程的范围包括：

（一）铁路主要干线上地震地质情况复杂的桥梁、隧道、Ⅱ级铁路干线枢纽的行车调度，火车站、飞机场，高速公路、一级公路、一级汽车客运站等的监控室；

（二）单机容量为300兆瓦以上或者规划容量为800兆瓦以上的火力发电厂，装机容量超过200兆瓦的水电厂，220千伏以上变电站（所）、电力调度中心，位于地震重点监视防御区的110千伏以上变电站（所）；

（三）自治区、设区的市的长途电信枢纽建筑、微波通讯站、一级邮件处理中心，电视中心或者卫星、广播电视接收站，10千瓦以上的广播、电视发射塔；

（四）位于地震重点监视防御区内建筑面积超过一万平方米的国家机关、金融机构的办公用建筑物、博物馆、体育场（馆）、影剧院及会堂、商场、宾馆、地下公共建筑及其主要设施，大中型企业的重要生产用建筑物、国防单位、公安消防指挥机构；

（五）医院、急救中心，大中型供水、供气、供热的主要干线工程和粮油仓库；

（六）法律、法规和国家有关行业主管部门规定必须进行地震安全性评价的建设工程。

第八条　受地震破坏后可能引发水灾、火灾、爆炸、剧毒或者强腐蚀性物质大量泄漏、放射性污染或者其他严重次生灾害的建设工程的范围包括：

（一）蓄水量为三千万立方米及其以上的水库大坝和位于城市市区内或者上游的Ⅰ级挡水建筑及防护堤工程；

（二）输油、输气长输管道的首末站及其中间加压泵站；

（三）易燃、易爆、剧毒、强腐蚀性以及放射性、人工细菌、病菌的生产、存储工程。

第九条　需要进行地震安全性评价的其他建设工程的范围包括：

（一）坚硬、中硬场地高度达到六十米以上的高层建筑物，中软场地高度达到五十米和软弱场地高度达到三十米以上的高层建筑物；

（二）位于地震动参数区划分界线附近的新建、扩建、改建的建设工程以及复杂工程地质条件区域内新建的开发区。

第十条　与已经作过地震安全性评价的建设工程场地地质条件相同、建设规模相当的邻近建设工程，可以不再进行单项工程地震安全性评价，但必须按照国家有关规定进行抗震设防。

第十一条　地震安全性评价单位实行资质管理制度。

从事地震安全性评价的单位，应当依法取得地震安全性评价资质证书（以下简称资质证书），方可进行地震安全性评价。

地震安全性评价资质的管理，按照国家有关规定办理。

第十二条　地震安全性评价单位在自治区行政区域内承揽地震安全性评价业务的，应当持资质证书到建设工程所在地管理地震工作的部门办理备案手续。

第十三条　地震安全性评价单位不得有下列行为：

（一）超越其资质许可的范围承揽地震安全性评价业务；

（二）以其他地震安全性评价单位的名义承揽地震安全性评价业务；

（三）允许其他单位以本单位的名义承揽地震安全性评价业务；

（四）伪造、涂改、转让、出租（借）资质证书。

第十四条　从事地震安全性评价工作的专业技术人员，应当取得地震安全性评价执业资格。未取得地震安全性评价执业资格的，不得从事地震安全性评价活动。

地震安全性评价执业资格的管理，按照国家有关规定办理。

第十五条　必须进行地震安全性评价的建设工程，建设单位应当在建设项目可行性研究阶段，到县级以上人民政府管理地震工作的部门办理建设工程地震安全性评价和抗震设防要求确认手续。

一般工业与民用建筑工程，必须按照国家颁布的地震动参数区划图或者地震烈度区划图规定的抗震设防要求，进行抗震设防。

第十六条 县级以上地震行政主管部门应当委托具有相应资质的地震安全性评价单位，对建设工程进行地震安全性评价。

第十七条 地震安全性评价单位应当按照国家有关地震安全性评价的工作规范，对建设工程进行地震安全性评价，编制地震安全性评价报告。

地震安全性评价报告编制完成后，应当报送自治区地震行政主管部门审定。

第十八条 自治区地震行政主管部门下设的地震安全性评定委员会，应当对地震安全性评价报告进行评审。

地震安全性评价报告经评审不合格的，自治区地震行政主管部门有权责成地震安全性评价单位重新评价，并书面通知建设单位。

第十九条 自治区地震行政主管部门应当自收到地震安全性评价报告之日起十五日内进行审定，确定建设工程的抗震设防要求，以书面形式通知建设单位，并告知建设工程所在地管理地震工作的部门。

自治区地震行政主管部门应当将其确定的建设工程抗震设防要求，报国务院地震工作主管部门备案。

第二十条 县级以上人民政府负责项目审批的部门，应当将抗震设防要求纳入建设工程可行性研究报告的审查内容，对可行性研究报告中未包含抗震设防要求的项目，不予批准。

第二十一条 各级建设行政主管部门应当建立健全建设工程抗震设计、施工专项审查制度。

勘察设计单位必须按照抗震设防要求和抗震设计规范进行抗震设计。

施工单位必须按照抗震设计进行施工，遵守有关施工规程和规范，不得任意更改抗震设防设计。

工程监理单位应当对抗震设防措施进行监理。

承担建设工程的建设、勘察、设计、施工、监理等单位必须按照各自的职责，对建设工程抗震设防质量负终身责任。

第二十二条 县级以上人民政府管理地震工作的部门，应当会同有关行业主管部门，加强对地震安全性评价工作的监督检查。

必须进行地震安全性评价的建设工程竣工后，县级以上人民政府管理地震工作的部门应当参与该项建设工程的综合验收。

第二十三条 违反本办法规定应当给予处罚的行为，由县级以上人民政府管理地震工作的部门或者其他有关专业主管部门按照有关法律、法规的规定给予处罚。

第二十四条 本办法自2004年3月1日起施行。1995年6月9日自治区人民政府发布的《宁夏回族自治区工程建设场地地震安全性评价工作管理规定》同时废止。

宁夏回族自治区防雷减灾管理办法

（2006年12月29日宁夏回族自治区人民政府令第94号公布 根据2016年6月15日《自治区人民政府关于废止和修改部分政府规章的决定》修正）

第一章 总 则

第一条 为了防御和减轻雷电灾害，保障公共安全和人民生命财产安全，根据《中华人民共和国气象法》和《宁夏回族自治区气象条例》等有关法律、法规的规定，结合本自治区实际，制定本办法。

第二条 在本自治区行政区域内从事防御和减轻雷电灾害（以下简称防雷减灾）活动的单位和个人，应当遵守本办法。

第三条 本办法所称防雷减灾，是指防御和减轻雷电灾害的活动，包括防御雷电灾害活动的研究、监测、预警；防雷装置检测、防雷工程专业设计、施工单位资质认定；防雷装置设计审核和竣工验收；防雷装置的检测与维护等。

本办法所称雷电灾害，是指因直击雷、雷电感应、雷电波侵入等造成的人员伤亡或者财产损失。

第四条 各级人民政府应当加强对防雷减灾工作的领导，按照预防为主、防治结合的原则，将防雷减灾工作纳入安全生产监督管理的工作范围。

第五条 自治区气象主管机构应当按照合理布局、信息共享、有效利用的原则，编制全区雷电灾害防御规划，组建全区雷电监测网，并组织开展防雷减灾技术以及雷电监测系统的研究、开发和应用。

各级气象主管机构所属气象台站应当开展雷电监测，有条件的地方应当开展雷电预报，并及时向社会发布。

第六条 县以上气象主管机构在上级气象主管机构和本级人民政府的领导下，负责本行政区域内的防雷减灾工作。

气象主管机构所属的防雷减灾机构具体负责本行政区域内防雷减灾的日常工作。

第七条 各级人民政府其他有关部门应当按照职责做好本部门和本单位的防雷减灾工作，并接受同级气象主管机构的监督管理。

第二章 防雷装置

第八条 新建、扩建、改建建(构)筑物和其他设施安装的雷电灾害防护装置(以下简称防雷装置)，应当符合国务院气象主管机构规定的使用要求，并由具有相应防雷工程专业设计或者施工资质的单位承担设计或者施工。

前款所称防雷装置，是指接闪器、引下线、接地装置、电涌保护器及其他连接导体的总称。

第九条 下列场所或者设施应当安装防雷装置：

(一)《建筑物防雷设计规范》规定的一、二、三类防雷建(构)筑物；

(二)石油、化工等易燃易爆物资的生产和贮存场所；

(三)电力、通信、交通运输、广播电视、医疗卫生、金融证券，教育、文物保护单位和体育、旅游、游乐、宾馆等人员聚集场所以及计算机信息系统等社会公共服务设施；

(四)法律、法规、规章和技术规范规定的其他场所和设施。

第十条 防雷工程专业设计或者施工单位资质认定，由自治区气象主管机构按照法律、法规和国务院气象主管机构颁布的《防雷工程专业资质管理办法》的规定执行。

第十一条 本自治区外具有防雷工程专业设计、施工资质的单位，在本自治区行政区域内从事防雷装置设计或施工的，应当接受当地气象主管机构的监督管理。

第十二条 新建、改建、扩建工程的防雷装置必须与主体工程同时设计、同时施工、同时投入使用。

第三章 防雷装置设计审核与竣工验收

第十三条 防雷装置实行设计审核和竣工验收制度。

县以上气象主管机构应当按照国务院气象主管机构颁布的《防雷装置设计审核和竣工验收规定》，负责本行政区域内的防雷装置的设计审核和竣工验收。

第十四条 防雷装置设计审核和竣工验收工作应当遵循公开、公平、公正、便民、高效和信赖保护的原则。

第十五条 县以上气象主管机构应当将防雷装置设计审核和竣工验收的依据、条件、程序以及需要提交的全部材料的目录和申请示范文书等依法予以公示。情况复杂的，应当印制申请说明，免费提供给申请人。

第十六条 县以上气象主管机构，不得要求申请人提交与其申请审核设计方案和竣工验收无关的技术资料和有关材料。申请材料存在错误可以当场更正的，应当允许申请人当场更正；申请材料不齐全或者不符合法定形式的，应当当场或者在五日内一次告知申请人需要补正的全部内容，并出具《防雷装置设计审核资料补正通知》或《防雷装置竣工验收资料补正通知》，逾期不告知的，自收到申请材料之日起即视为受理。

第十七条 县以上气象主管机构应当在收到全部申请材料之日起五个工作日内，按照《中华人民共和国行政许可法》第三十二条的规定，根据受理条件作出受理或者不予受理的书面决定，并对决定受理的申请出具《防雷装置设计审核受理回执》或《防雷装置竣工验收受理回执》。对不予受理的，应当书面说明理由，并告知申请人享有依法申请行政复议或者提起行政诉讼的权利。

第十八条 县以上气象主管机构应当在受理防雷装置设计申请之日起二十个工作日内作出审核决定。经审核合格的，办结有关审核手续，颁发《防雷装置设计核准书》；经审核不合格的，出具《防雷装置设计修改意见书》。申请单位进行设计修改后，按照原程序报审。

第十九条 防雷装置施工单位应当按照经核准的设计图纸进行施工，并主动接受当地气象主管机构的监督管理。在施工中需要变更和修改防雷装置设计的，必须按照原程序报审。

防雷装置设计未经审核同意的，不得交付施工。

第二十条 县级以上气象主管机构在受理防雷装置竣工验收申请之日

起五个工作日内，应当根据具有相应资质的防雷检测单位出具的检测报告进行核实。验收合格的，办结有关验收手续，颁发防雷装置验收合格证；验收不合格的，出具《防雷装置整改意见书》。整改完成后，按照原程序进行验收。

未取得合格证书的，防雷装置不得投入使用。

第二十一条 出具检测报告的防雷检测单位，应当对隐蔽工程进行逐项检测，并对检测结果负责。检测报告作为竣工验收的技术依据。

第二十二条 防雷装置建设或施工单位使用的防雷产品应当符合国家质量标准，具有产品合格证书和使用说明书，并接受自治区气象主管机构的监督检查。

第四章 防雷装置的检测

第二十三条 县以上气象主管机构应当会同安全生产监督管理部门对防雷装置检测工作实施监督管理，并组织对防雷装置检测情况进行抽查。

第二十四条 防雷装置实行定期检测制度。对防雷装置应当每年检测一次。其中易燃易爆场所的防雷装置每半年检测一次。

防雷装置的检测由依法设立的防雷装置检测单位承担。

自治区气象主管机构应当依法对防雷装置检测单位进行资质认定，并向社会公布。

第二十五条 防雷检测单位对防雷装置检测后，应当出具检测报告，并对检测结果负责。检测项目全部合格后，发给合格证，检测不合格的，提出整改意见，并进行复检。

第二十六条 防雷检测单位应当建立健全完善的检测制度，严格执行国家有关标准和规范，保证防雷检测报告的真实性、科学性、公正性。

第二十七条 拥有防雷装置所有权或使用权的单位应当做好防雷装置的日常维护工作，对发现的问题，应当及时进行维修或者报告防雷装置检测单位进行处理，并接受所在地气象主管机构和安全生产监督管理部门的监督检查。

第五章 雷电灾害调查、鉴定和评估

第二十八条 县以上气象主管机构负责组织雷电灾害的调查、鉴定和评估工作，有关部门和单位应当配合做好雷电灾害的调查、鉴定和评估工作。

第二十九条 遭受雷电灾害的单位和个人，应当及时向本级人民政府和所在地县以上气象主管机构报告灾情，并积极协助气象主管机构对雷电灾害进行调查与鉴定。

县以上气象主管机构应当自接到雷电灾情报告之日起七个工作日内作出雷电灾害鉴定报告。

第三十条 各级气象主管机构应当及时向上一级气象主管机构和当地人民政府报告本行政区域内的雷电灾情，并按自治区气象主管机构的要求上报年度雷电灾害情况。

第三十一条 各级气象主管机构应当组织对本行政区域内的大型工程、重点工程、爆炸危险环境等建设项目进行雷击风险评估，以确保公共安全。

第六章 罚 则

第三十二条 违反本办法，有下列行为之一的，由县以上气象主管机构责令限期改正，给予警告，逾期不改正的，处以一千元以上三万元以下的罚款：

（一）应当安装防雷装置而拒不安装的；

（二）不具备防雷装置检测、防雷工程专业设计和施工资质或超出相应资质范围从事防雷装置检测、防雷工程专业设计或者施工的；

（三）防雷装置设计未经审核或审核不合格，擅自施工的；

（四）变更防雷工程专业设计方案未按原审核程序报审的；

（五）防雷装置竣工后未经验收或者验收不合格，擅自投入使用的；

（六）使用不符合国家质量标准防雷产品的；

（七）已有防雷装置，拒绝进行检测或者经检测不合格又拒绝整改的；

（八）涂改、伪造、倒卖、出租、出借行政许可证件，或者以其他形式非法转让行政许可证件的；

（九）向负责监督检查的机构隐瞒有关情况、提供虚假材料或者拒绝提供反映其活动情况的真实材料的；

（十）对重大雷电灾害事故隐瞒不报的。

第三十三条 申请单位隐瞒有关情况、提供虚假材料申请资质认定、设计审核或者竣工验收许可的，负责许可的气象主管机构不予受理或者不予行政许可，并给予警告。申请单位在一年内不得再次申请资质认定。

第三十四条 被许可单位以欺骗、贿赂等不正当手段取得资质、通过设计审核或者竣工验收的，县以上气象主管机构给予警告，并可以处一千元以上三万元以下的罚款；已取得资质、通过设计审核或者竣工验收的，由原发证机构撤销其许可证书；被许可单位三年内不得再次申请资质认定；构成犯罪的，依法追究刑事责任。

第三十五条 违反本办法规定，导致雷击爆炸、人员伤亡和财产严重损失等雷电灾害事故，造成他人伤亡和财产损失的，依法承担赔偿责任；构成犯罪的，依法追究刑事责任。

第三十六条 当事人对县以上气象主管机构的行政处罚决定不服的，可以依法申请行政复议或提起行政诉讼；逾期既不申请行政复议也不提起行政诉讼，又不履行行政处罚决定的，由作出行政处罚决定的机构申请人民法院强制执行。

第三十七条 气象主管机构及所属防雷减灾机构的工作人员在防雷减灾工作中滥用职权、玩忽职守、徇私舞弊的，由其所在单位或者主管部门依法给予行政处分；构成犯罪的，依法追究刑事责任。

第七章　附　则

第三十八条 本办法自2007年2月1日起施行。

宁夏回族自治区人工影响天气管理办法

（2007年12月17日宁夏回族自治区人民政府令第104号公布　根据2016年6月15日《自治区人民政府关于废止和修改部分政府规章的决定》修正）

第一章　总　则

第一条　为了加强对人工影响天气工作的管理，防御和减轻气象灾害，保障人民群众生命财产安全，根据《中华人民共和国气象法》、国务院《人工影响天气管理条例》和《宁夏回族自治区气象条例》等有关法律、法规的规定，结合本自治区实际，制定本办法。

第二条　在本自治区行政区域内从事和管理人工影响天气活动，应当遵守本办法。

第三条　本办法所称人工影响天气，是指为了避免或减轻气象灾害，在适当条件下通过科学技术等手段对局部大气的物理、化学等过程进行人工影响，实现增（消）雨雪、防雹、防霜、消雾、森林草原防（灭）火等目的的活动。

第四条　县级以上人民政府应当加强对人工影响天气工作的领导和协调，建立完善人工影响天气工作的指挥和协调机制，统一指挥人工影响天气活动。

第五条　县以上气象主管机构在本级人民政府的领导下，负责本行政区域内人工影响天气活动的指导管理和组织实施。

财政、公安、农业、林业、水利、安监、民航、电信等有关部门应当按照职责分工，配合气象主管机构做好人工影响天气的有关工作。

第六条　县级以上人民政府应当鼓励和支持人工影响天气科学技术研究，推广使用先进技术，提高人工影响天气的能力和效益。

第七条　县级以上人民政府应当组织专家对人工影响天气作业的效果进行评估，并根据评估结果，指导本地区的人工影响天气工作。

第八条 对在人工影响天气工作中做出突出贡献的单位和个人，县级以上人民政府应当给予表彰和奖励。

第二章 组织实施

第九条 县级以上人民政府应当将本级人民政府批准的公益性人工影响天气计划所需事业经费、基本建设经费和作业专项经费列入本级人民政府财政预算。

实施飞机人工影响天气作业所需经费以及宁南山区八县和红寺堡开发区发射的炮弹、火箭弹所需费用由自治区财政负担，其他市县和有关农场发射的炮弹、火箭弹所需费用由自治区和市县财政以及有关农场各负担一半。

市县和有关农场利用高射炮、火箭装置开展人工影响天气作业所需经费以及指挥和作业人员(以下统称作业人员)人身意外伤害保险费用，由本级人民政府财政和有关农场负担。

第十条 县以上气象主管机构应当根据上级气象主管机构的要求和当地防灾减灾、生态环境建设、气候资源开发利用的需要，商同级有关部门编制本行政区域内人工影响天气工作发展规划和计划，报同级人民政府批准后实施。

第十一条 人工影响天气作业点，由当地气象主管机构根据本地气候特点、地理条件、交通、通讯、人口密度等情况，依照《中华人民共和国民用航空法》《中华人民共和国飞行基本规则》的有关规定提出布局规划，经本级人民政府同意后，报自治区气象主管机构会同飞行管制部门依法确定。

经确定的人工影响天气固定作业站(点)不得擅自变动，确需变动的，须按原程序重新确定。

第十二条 县级以上人民政府及有关部门和单位应当根据全区人工影响天气工作的需要，按照下列规定，设立人工影响天气作业组织(以下简称作业组织)：

(一)自治区设立飞机作业组织，负责实施全区飞机人工影响天气作业；

(二)市县人民政府负责设立所属乡(镇)固定作业站(点)的作业组织，组织实施固定作业站(点)的人工影响天气作业；

(三)市县气象主管机构负责设立流动作业点的作业组织，组织实施各流动作业点的人工影响天气作业；

(四)各有关农场负责设立本农场范围内固定作业站(点)的作业组织，组织实施固定作业站(点)的人工影响天气作业。

第十三条 作业组织应当具备以下条件:

(一)具有法人资格;

(二)人工影响天气作业人员经培训合格,并符合自治区气象主管机构规定的人数;

(三)有高射炮、火箭发射装置及炮弹库、火箭库等基础设施,并符合国家强制性标准和有关安全管理的规定;

(四)具有与人工影响天气作业指挥系统和飞行管制部门保持联系的通信工具;

(五)具有相关的安全管理制度及业务规范;

(六)符合自治区气象主管机构规定的其他条件。

第十四条 对作业组织实行资质认定制度。

作业组织取得人工影响天气作业资质证后,方可从事人工影响天气作业。

第十五条 申请人工影响天气作业组织资质须提交下列材料:

(一)书面申请;

(二)单位法人代码证原件和复印件;

(三)作业人员简表、学历证书和培训合格证原件及复印件;

(四)作业设备清单及合格证;

(五)各项制度目录。

第十六条 申请人工影响天气作业组织资质,可以向当地县气象主管机构提出申请,县气象主管机构应当自收到申请之日起二十日内审查完毕,对符合本办法第十三条规定条件的,报自治区气象主管机构认定。

作业组织也可以直接向自治区气象主管机构提出申请。自治区气象主管机构应当在受理申请之日起二十日内完成认定工作,对符合条件的,向作业组织发放人工影响天气作业组织资质证,对不符合条件的,向作业组织说明理由。

第十七条 人工影响天气作业组织资质证有效期为三年。

取得人工影响天气作业资质的作业组织,应当在人工影响天气作业组织资质证有效期满三十日前,向自治区气象主管机构提出延续申请。自治区气象主管机构应当根据申请,在有效期满前,对符合条件,未发生过作业安全事故的,作出准予延续的决定;对不符合条件或发生过严重作业安全事故的,作出不予延续的决定,并说明理由。

第十八条 利用高射炮、火箭发射装置从事人工影响天气作业人员名单,由所在地的县气象主管机构抄送当地公安机关备案。

第十九条 作业组织实施人工影响天气作业时,应当同时具备下列条件,方可实施作业:

(一)有适当的天气条件和作业时机;

(二)得到有关飞行管制部门的批准;

(三)避开人口稠密区;

(四)指挥系统健全,通信系统畅通;

(五)作业人员均已到位;

(六)作业装置完好,符合国家强制性安全技术标准。

第二十条 作业组织利用高射炮、火箭发射装置实施作业时,应当按照自治区气象主管机构规定的程序,向有作业指挥权限的人工影响天气指挥中心提出空域和作业时限申请,由指挥中心向有关飞行管制部门申请空域和作业时限,指挥中心接到飞行管制部门的决定和通知后,方可指挥作业组织实施人工影响天气作业。

利用飞机实施人工影响天气作业,由宁夏人工影响天气指挥中心向有关飞行管制部门申请空域和作业时限。

第二十一条 人工影响天气作业指挥中心的指挥权限按照下列规定划分:

(一)宁夏人工影响天气指挥中心负责全区飞机人工影响天气作业和本自治区境内37° N以北高射炮、火箭增雨、防雹等人工影响天气作业的指挥协调;

(二)固原人工影响天气指挥中心负责本自治区境内37° N以南高射炮、火箭增雨、防雹等人工影响天气作业的指挥协调。

第二十二条 作业组织实施人工影响天气作业时,应当按照国务院气象主管机构规定的作业规范和操作规程,在飞行管制部门批准的作业空域和作业时限内进行,并接受县以上气象主管机构的监督管理,确保作业安全。作业组织在作业过程中,收到指挥中心发出的停止指令时,应当立即停止作业。作业结束后,作业组织应当及时向有关指挥中心报告,并做好空域申请记录以备核查。

第二十三条 作业地气象台站应当及时无偿提供实施人工影响天气作业所需的气象探测资料、情报、预报。

农业、水利、林业等有关部门应当及时无偿提供实施人工影响天气所需的灾情、水文、火情等资料。

第二十四条 作业组织在确保完成有关人民政府批准的公益性人工影响天气工作计划任务的前提下，可以根据用户要求，依法开展人工影响天气有偿专项服务，但用户须向所在地县气象主管机构提出申请，由所在地气象主管机构报自治区气象主管机构同意后方可进行。

第三章 安全管理

第二十五条 各级人民政府应当加强人工影响天气作业的安全工作，建立健全各项安全责任制度，实行行政领导负责制。

各级公安、安全生产监督管理部门应当在各自的职责范围内配合做好人工影响天气工作的安全监管工作。

第二十六条 作业组织应当制定安全事故应急预案，并在作业前进行检查。在实施人工影响天气作业过程中应当按照作业规范和操作规程进行作业，确保作业安全。作业中发生事故的，应当立即组织救援并报告本级人民政府和气象主管机构。

作业组织应当为实施人工影响天气作业的人员办理人身意外伤害保险。

第二十七条 在实施人工影响天气作业过程中造成人员伤亡、财产损失或者引发有关权益纠纷的，由县级以上人民政府组织、协调有关部门或单位进行调查和鉴定，并按照国家和自治区的有关规定做好事故的善后处理工作。

第二十八条 人工影响天气作业和试验使用的专用设备，由自治区气象主管机构按照政府采购的有关规定统一组织采购。

禁止任何组织和个人擅自购买人工影响天气作业设备。

第二十九条 人工影响天气作业设备不得用于与人工影响天气无关的活动。禁止将人工影响天气作业设备转让给非人工影响天气作业组织或者个人。

第三十条 实施人工影响天气作业使用的高射炮、火箭发射装置等专用设备，由自治区气象主管机构组织年检；年检不合格的，应当立即进行检修，经检修仍达不到规定的技术标准和要求的，予以报废。

禁止使用不合格、超过有效期或者报废的人工影响天气作业设备。

第三十一条 作业组织应当对人工影响天气作业的时段、方位、高度、工具、弹药种类及用量，作业空域的批复和执行情况如实记录，并与其他相关资料一并及时归档保存。

第三十二条 在人工影响天气作业环境规定范围内，任何组织和个人不得进行对人工影响天气作业有不利影响的活动，不得侵占作业场地，不得损毁、移动人工影响天气专用装备及相关设备。

第三十三条 人工影响天气专用设备的运输、存储、使用和维护，应当遵守国家有关武器装备、爆炸物品管理的法律、法规。

实施人工影响天气作业使用的炮弹、火箭弹，由当地人民武装部协助存储；需要调运时，由有关部门依照国家有关武器装备、爆炸物品管理法律、法规的规定办理相关手续。

实施人工影响天气作业现场的炮弹、火箭弹的安全管理由作业组织负责，防止丢失、被盗。

第四章　罚　则

第三十四条 违反本办法规定，有下列行为之一的，由县以上气象主管机构按照管理权限责令改正，给予警告；情节严重的，取消作业资格；造成损失的，依法承担赔偿责任；造成严重后果，构成犯罪的，依法追究刑事责任：

（一）违反人工影响天气作业规范或者操作规程的；

（二）未按照批准的空域和作业时限实施人工影响天气作业的；

（三）擅自购买人工影响天气作业设备或将人工影响天气作业设备转让给非人工影响天气作业组织或者个人的；

（四）将人工影响天气作业设备用于与人工影响天气无关活动的。

第三十五条 违反本办法规定，侵占人工影响天气作业场地或者损毁、擅自移动人工影响天气专用设备及相关设施的，由县以上气象主管机构责令改正，给予警告，并可处以一千元以上一万元以下罚款；造成损失的，依法承担赔偿责任；构成犯罪的，依法追究刑事责任。

第三十六条 违反本办法规定，作业组织使用未经培训合格的人工影响天气作业人员或者使用不合格、超过有效期或报废的人工影响天气作业设备从事人工影响天气作业的，由县以上气象主管机构按照管理权限责令改正，给予警告，情节严重的，取消作业组织资质。

第三十七条 当事人对行政处罚决定不服的，可以依法申请行政复议或提起行政诉讼；逾期既不申请行政复议也不提起行政诉讼，又不履行行政处罚决定的，由作出行政处罚决定的气象主管机构申请人民法院强制执行。

第三十八条 违反本办法规定，组织实施人工影响作业中造成安全事故或瞒报、谎报人工影响天气作业安全事故的，对有关主管机构的负责人、直接负责的主管人员和其他直接责任人员，依照国家和自治区安全事故责任追究的有关规定处理。

第五章 附 则

第三十九条 本办法自2008年1月1日起施行。1990年11月27日宁夏回族自治区人民政府发布的《宁夏回族自治区人工影响天气工作管理暂行办法》(宁政发〔1990〕110号)同时废止。

宁夏回族自治区气象设施和气象探测环境保护办法

(2011年12月8日宁夏回族自治区人民政府令第40号公布 根据2016年6月15日《自治区人民政府关于废止和修改部分政府规章的决定》修正)

第一章 总 则

第一条 为了保护气象设施和气象探测环境，提高气象预测、预报水平，根据《中华人民共和国气象法》《宁夏回族自治区气象条例》等有关法律、法规的规定，结合本自治区实际，制定本办法。

第二条 本办法适用于本自治区行政区域内气象设施和气象探测环境的保护。

法律、法规对气象设施和气象探测环境的保护另有规定的，从其规定。

第三条 本办法所称气象设施，是指气象探测设施、气象信息专用传输设施和大型气象专用技术装备等，包括有人值守的气象设施和无人值守的气象设施。

本办法所称气象探测环境，是指为避开各种干扰，保证气象探测设施准确获得气象探测信息所必需的最小距离构成的环境空间。

第四条 气象设施和气象探测环境保护实行统筹规划、预防为主、分类保护、分级管理的原则。

第五条 县级以上人民政府应当加强对气象设施和气象探测环境保护工作的领导，协调解决气象设施和气象探测环境保护中存在的问题。

第六条 县以上气象主管机构负责本行政区域内气象设施和气象探测环境的保护工作。

住房城乡建设、公安、环境保护、无线电管理等有关部门，应当按照职责分工，依法共同做好气象设施和气象探测环境保护的有关工作。

县级以上人民政府其他有关部门所属的气象台站应当做好本部门气象设施和气象探测环境的保护工作，并接受同级气象主管机构对其气象工作的指导、监督和行业管理。

第七条 县级以上人民政府和气象主管机构应当加强对气象设施和气象探测环境保护的宣传教育，增强社会公众保护气象设施和气象探测环境的意识。

第二章 保护措施

第八条 县以上气象主管机构应当会同发展改革、住房城乡建设、国土资源、环境保护等有关部门制订气象设施和气象探测环境保护专业规划，报本级人民政府批准后组织实施。

气象设施和气象探测环境保护专业规划应当纳入城市总体规划、镇总体规划。住房城乡建设等有关部门在组织制定城市、镇总体规划和控制性详细规划时，涉及气象设施和气象探测环境保护的，应当征求同级气象主管机构的意见。

第九条 县以上气象主管机构应当在气象设施和气象探测环境保护区的显著位置设立保护标志，标明保护范围和保护要求等。

任何单位和个人不得损毁或者擅自移动气象设施和气象探测环境保护标志。

第十条 禁止任何单位和个人实施下列危害气象设施的行为：

（一）侵占、损毁、擅自移动气象设施或者侵占气象设施用地；

（二）在气象设施周边进行危及气象设施安全的爆破、钻探、采石、挖沙、取土等活动；

（三）在气象设施上拴牲畜或者系留、安装、悬挂、捆绑与气象探测无关的物品；

（四）占用、干扰气象信息专用传输设施通信信道；

（五）设置影响大型气象专用技术装备使用功能的干扰源；

（六）国务院气象主管机构规定的其他危害气象设施的行为。

第十一条 禁止在气象探测环境保护范围内从事下列活动：

（一）设置障碍物、进行爆破和采石；

（二）设置影响气象探测设施工作效能的高频电磁辐射装置；

（三）从事其他影响气象探测的行为。

第十二条 气象设施和气象探测环境遭受破坏时，县以上气象主管机构应当及时向本级人民政府报告并提出治理方案，本级人民政府应当及时组织修复和治理。

第十三条 新建、扩建、改建建设工程，应当避免危害气象探测环境。确实无法避免的，建设单位应当向设区的市级气象主管机构提出申请，提交下列有关材料：

（一）工程总体规划图；

（二）涉及无线电系统的，应当提供无线电设备的有关技术参数；

（三）国务院气象主管机构和自治区气象主管机构规定应当提交的其他材料。

设区的市级气象主管机构应当自受理申请之日起二十日内形成初步审核意见，连同申请人的全部申请材料报送自治区气象主管机构审批。未经自治区气象主管机构批准的，建设单位不得建设。

第十四条 在气象探测环境保护范围内不得批准进行不符合气象探测环境保护标准的建设活动。确需进行此类活动的，县级以上人民政府住房城乡建设、无线电管理等有关部门在审批有关建设项目时，应当要求建设单位提供本办法第十三条规定的有关批准文件。

新建、扩建、改建工程项目涉及危害气象探测环境行政许可事项的，未经气象主管机构同意，发展改革、住房城乡建设、国土资源等主管部门不得审批或者核准。

第三章　台站迁建

第十五条　气象台站的站址及其设施的安置应当保持长期稳定。未经批准,任何单位或者个人不得迁移气象台站。

因实施城市规划或者国家重点工程建设,需要迁移气象台站的,应当具备下列条件:

(一)取得拟迁气象台站新址的建设用地;

(二)落实迁建气象台站所需费用;

(三)拟迁新址符合气象探测环境保护标准;

(四)国务院气象主管机构和自治区气象主管机构规定的其他条件。

符合前款规定条件的,由建设单位向自治区气象主管机构提出申请,提交有关材料。需要迁移国家基准气候站、国家基本气象站、国家一般气象站的,自治区气象主管机构应当自接到申请之日起二十日内将有关材料报送国务院气象主管机构审批;需要迁移其他气象台站的,自治区气象主管机构应当自受理申请之日起二十日内作出决定。自治区气象主管机构作出不予批准决定的,应当说明理由。

第十六条　经国务院气象主管机构或者自治区气象主管机构批准迁移的气象台站,应当按照国务院气象主管机构的规定,在新、旧站址之间进行一年的对比观测。

申请迁移国家基准气候站、国家基本气象站的,申请单位应当提前二年提出。

第四章　监督检查

第十七条　设区的市、县(市、区)气象主管机构应当将本行政区域内气象设施和气象探测环境的保护要求报告本级人民政府和上一级气象主管机构,并抄送同级发展改革、住房城乡建设、国土资源、无线电管理、环境保护等部门备案。

气象探测环境的保护范围、保护标准发生变化的,设区的市、县(市、区)气象主管机构应当及时抄告前款所列有关部门。

第十八条　在气象设施和气象探测环境保护的监督检查中,气象主管机构可以采取下列措施：

（一）要求被检查单位或者个人提供有关文件、证照、资料，并进行查阅、摘录或者复制；

（二）要求被检查单位和人员就有关问题作出解释和说明，制作询问笔录；

（三）进入现场调查、取证；

（四）责令被检查单位或者个人停止违法行为；

（五）依法可以采取的其他措施。

第十九条 县以上气象主管机构应当按照国家质量标准和技术规范配备气象设施，建立健全实时监测和报告备案等管理制度。

第二十条 县以上气象主管机构应当建立举报制度，公开举报电话号码、通信地址或者电子邮件信箱等联系方式。

气象主管机构收到举报后，应当依法及时处理，并将处理结果答复举报人。

第五章 罚 则

第二十一条 违反本办法规定，损毁或者擅自移动气象设施和气象探测环境保护标志的，由县以上气象主管机构予以警告，并处一千元以下的罚款。

第二十二条 违反本办法规定，有下列行为之一的，由气象主管机构按照权限责令停止违法行为，限期恢复原状或者采取其他补救措施，可以并处五万元以下的罚款；造成损失的，依法承担赔偿责任；构成犯罪的，依法追究刑事责任：

（一）侵占、损毁或者未经批准擅自移动气象设施的；

（二）在气象探测环境保护范围内从事危害气象探测环境活动的。

第二十三条 违反本办法规定，县以上气象主管机构及其他有关部门工作人员滥用职权、玩忽职守、徇私舞弊，导致气象设施和气象探测环境受到严重损害的，依法给予处分；构成犯罪的，依法追究刑事责任。

第二十四条 在气象探测环境保护范围内非法占用土地进行建设或者未取得建设工程规划、施工许可证件违法建设的，依照有关规定处罚。

第六章　附　则

第二十五条　县级以上人民政府其他有关部门所属气象台站的设施和探测环境的保护,参照本办法执行。

第二十六条　本办法自2012年1月1日起施行。

其他

宁夏回族自治区人民代表大会常务委员会关于废止《宁夏回族自治区计量监督管理条例》的决定

（2015年3月31日宁夏回族自治区第十一届人民代表大会常务委员会第十六次会议通过）

宁夏回族自治区第十一届人民代表大会常务委员会第十六次会议决定，废止《宁夏回族自治区计量监督管理条例》。

本决定自公布之日起施行。

宁夏回族自治区人民代表大会常务委员会关于修改《宁夏回族自治区档案条例》的决定

（2015年3月31日宁夏回族自治区第十一届人民代表大会常务委员会第十六次会议通过　2015年3月31日宁夏回族自治区人民代表大会常务委员会公告第20号公布　自公布之日起施行）

宁夏回族自治区第十一届人民代表大会常务委员会第十六次会议决定，对《宁夏回族自治区档案条例》予以修改：

一、将第八条第二款修改为："专门档案馆的设置，应依照国家有关规定、符合自治区人民政府档案行政管理部门的统一规划，由其业务主管部门提出意见，报本级人民政府批准，并向同级档案行政管理部门备案。"

二、将第十条修改为："从事档案咨询、评估、整理、鉴定、寄存等业务的中介服务机构的人员，应当具备档案专业知识和职业技能。档案中介服务机构注册登记后，应当向注册机关所在地的档案行政管理部门备案，并接受档案行政管理部门的监督和指导。”

本决定自公布之日起施行。

《宁夏回族自治区档案条例》根据本决定作相应修改，重新公布。

宁夏回族自治区档案条例

（2001年5月18日宁夏回族自治区第八届人民代表大会常务委员会第十九次会议通过　根据2015年3月31日宁夏回族自治区第十一届人民代表大会常务委员会第十六次会议《关于修改〈宁夏回族自治区档案条例〉的决定》修正）

第一章　总　则

第一条　为了加强档案工作，有效地保护和利用档案，为经济建设和社会发展服务，根据《中华人民共和国档案法》《中华人民共和国档案法实施办法》，结合自治区实际，制定本条例。

第二条　档案工作遵循统一领导、分级管理的原则。

第三条　自治区行政区域内的机关、团体、企业事业单位及其他组织和公民，应当遵守本条例。

第四条　各级人民政府应当加强对档案工作的领导，把档案事业建设列入国民经济和社会发展计划，加强档案机构建设，确保档案事业经费随着财政收入的增长有所增加，逐步实现档案管理现代化。

机关、团体、企业事业单位和其他组织应当加强对本单位档案工作的领导，保障档案工作依法开展。

第五条　各级人民政府应当对为档案事业做出突出贡献的单位和个人给予表彰和奖励。

第二章　档案机构及其职责

第六条　自治区人民政府档案行政管理部门主管全区档案事业，对全区档案事业实行统筹规划，组织协调，统一制度，监督和指导。

市（地区）、县（不设区的市、市辖区）人民政府（行署）档案行政管理部门主管本行政区域内的档案事业，对本行政区域内单位的档案工作实行监督和指导。

乡、镇人民政府，街道办事处管理档案工作的机构或者人员，负责保管本单位的档案，并对所属单位和村民委员会、居民委员会的档案工作进行监督和指导。

机关、团体、企业事业单位和其他组织的档案机构或者档案工作人员统一管理本单位的档案，并对所属单位的档案工作进行监督和指导。

第七条　各级国家档案馆负责收集、整理、保管对国家和社会有保存价值的多门类多载体的档案，并为社会利用档案提供服务。

专门档案馆负责收集和保管对国家和社会有保存价值的专门领域或者某种特殊载体的档案，并为社会利用档案提供服务。

第八条　各级国家档案馆的设置，由同级人民政府批准，报自治区人民政府档案行政管理部门备案。

专门档案馆的设置，应依照国家有关规定、符合自治区人民政府档案行政管理部门的统一规划，由其业务主管部门提出意见，报本级人民政府批准，并向同级档案行政管理部门备案。

企业事业单位设置档案馆的，向所在地的县（不设区的市、市辖区）人民政府档案行政管理部门备案。

第九条　档案工作人员应当符合下列条件：

（一）具备档案专业知识，熟悉档案法律、法规；

（二）取得自治区人民政府档案行政管理部门统一制发的档案工作岗位资格证书；

（三）忠于职守，遵守档案工作纪律。

县级以上人民政府档案行政管理部门应当加强对档案工作人员的专业培训，提高档案工作人员的业务素质。

第十条　从事档案咨询、评估、整理、鉴定、寄存等业务的中介服务机构的人员，应当具备档案专业知识和职业技能。档案中介服务机构注册登记后,应当向注册机关所在地的档案行政管理部门备案,并接受档案行政管理部门的监督和指导。

第三章　档案的管理

第十一条　单位在公务活动中形成的各种载体的文件材料,由文书部门或者业务部门收集齐全,并在次年六月三十日前整理立卷后,交本单位档案机构或者档案工作人员集中管理。

任何单位和个人不得拒绝归档或者将应当归档的档案据为己有。

第十二条　档案工作人员变动时,交接双方必须对保管的档案进行清点、登记,并办理交接手续。

第十三条　符合下列情形之一的,有关部门应当及时建档,并于该工作完成之日起三十日内,将建档情况书面报告同级人民政府档案行政管理部门:

(一)行政区划变动;

(二)建立、变更和撤销单位;

(三)重点建设工程、国防工程和重大科学技术研究项目的批准;

(四)自治区、市(地区)、县(不设区的市、市辖区)有重大影响的活动。

第十四条　重大政治、经济、科学、技术、文化、民族、宗教等活动形成的档案,是重点收集和保管的档案,应当重点保护,所需经费由同级财政解决。

收集重大活动形成的档案,有关部门应当通知同级档案部门参与。

重点收集和保管的档案的具体范围及管理办法,由自治区人民政府档案行政管理部门制定。

第十五条　各单位的建设工程、科学技术研究项目、重要设备的验收和新产品的鉴定,由本单位档案工作机构或者档案工作人员按照规范要求,对其档案同时进行验收。

国家和自治区重点建设工程和重大科学技术研究项目,在竣工验收或者成果鉴定时,须经专业主管部门会同同级人民政府档案行政管理部门,对应当归档的文件及资料同时进行验收。

第十六条　国有单位的档案归国家所有,列入国有资产管理范围。

非国有单位的档案归该单位所有。

个人在非职务活动中形成的档案,或者以继承、受赠等合法方式获得的档案归个人所有。

第十七条 国有资产与产权变动中档案的处置，按照国家有关规定办理。

第十八条 各级国家档案馆收集档案的范围，由自治区人民政府档案行政管理部门制定并监督实施。

专门档案馆收集档案的范围，由专业主管部门制定，经同级人民政府档案行政管理部门审核后实施。

企业事业单位的档案馆(室)收集档案的范围，由本单位制定。

第十九条 单位的档案，应当按照下列规定向有关档案馆移交：

(一)列入自治区级国家档案馆收集范围的档案，自形成之日起满二十年，向自治区国家档案馆移交；

(二)列入市(地区)、县(不设区的市、市辖区)国家档案馆收集范围的档案，自形成之日起满十年，向市(地区)、县(不设区的市、市辖区)国家档案馆移交；

(三)列入专门档案馆收集范围的档案，自形成之日起满六个月，向专门档案馆移交；

(四)机关、团体、事业单位和其他组织编印出版的志书、年鉴、大事记、组织史、报刊合订本等及时向同级国家档案馆移交。

第二十条 县级以上国家档案馆应当建立目录中心。专业档案馆和企业事业单位档案馆应当向当地国家档案馆报送目录，逐步实现档案信息网络化。

各单位的档案机构应当按照有关规定，及时向同级人民政府档案行政管理部门报送档案统计年报和有关档案目录。

第二十一条 县级以上人民政府应当重视和加强档案馆的建设，按照档案馆建筑规范要求建设档案馆专用库房，并根据档案事业发展的需要，配备计算机、复印机以及缩微摄影、洗印等设备。

档案库房内应当安装防火、防盗报警装置，配备消防器材、温湿度调控设备和防尘、防有害生物设施，防止档案破损、褪色、霉变和散失。

档案馆(库)应当对霉变、虫蛀、破损、字迹褪变的档案及时抢救。其抢救专项经费，按有关规定执行。

第二十二条 因保管条件限制，可能危及档案安全或者损毁的，可以按照下列规定处理：

(一)列入各级国家档案馆收集范围的档案，经自治区或者市(地区)、县(不设区的市、市辖区)人民政府(行署)档案行政管理部门同意，由同级档案馆提前接收入馆；

（二）专业性档案，由同级国家档案馆代为保管；

（三）涉及国家利益和安全的非国家所有的档案，由各级国家档案馆代管或者征购。

征购档案的具体办法，由自治区人民政府档案行政管理部门制定。

第二十三条　鼓励公民和单位积极向国家档案馆捐赠、寄存或者有偿转让对国家和社会具有保存价值或者应当保密的非国家所有的档案；档案所有者向各级国家档案馆以外的任何单位或者个人出卖、转让、赠送的，必须依照国家有关规定报经县级以上人民政府档案行政管理部门审查批准；禁止向外国组织和外国人出卖或者赠送。

第二十四条　禁止出卖国家所有的档案；需要向国内外的组织或者个人出卖、交换、赠送档案复制件的，必须依照国家有关规定报经县级以上人民政府档案行政管理部门审查批准。

第二十五条　单位和个人对档案界定和进馆档案范围有异议的，由所在地的市（地区）、县（不设区的市、市辖区）人民政府（行署）档案行政管理部门向上一级档案行政管理部门申报，上一级档案行政管理部门作出裁决后，书面通知有关单位或者个人。

第四章　档案的利用和公布

第二十六条　各级国家档案馆、专业档案馆应当按照国家规定，分期分批向社会开放档案。单位和个人凭介绍信或者工作证、身份证等合法证明，利用已开放的档案。

外国组织和外国人利用开放的档案的，应当持有自治区有关主管部门出具的介绍信，并经保存该档案的档案馆同意。

利用档案时，任何人不得涂改、伪造、损毁、丢失档案。

第二十七条　单位和个人利用档案馆未开放的档案，须经保存该档案的档案馆及其档案行政管理部门批准。利用者应当遵守国家保密规定，不得擅自抄录、复制档案或者泄露档案内容。

第二十八条　寄存在档案馆的档案，归寄存者所有。档案馆向社会提供利用前，应当征得寄存者的同意。

第二十九条　档案馆提供档案，可以按照国家和自治区的有关规定收取费用。

向档案馆捐赠、寄存档案的单位和个人，可以无偿利用其所捐赠、寄存的档案。

第三十条 档案按照下列规定公布：

（一）档案馆保管的档案，由档案馆公布；

（二）单位保管的档案，由保管档案的单位公布，重要的档案应当经其主管部门批准后公布；

（三）个人所有的档案，由档案所有者公布。法律、法规另有规定的，从其规定。

公布档案，应当遵守有关保密和知识产权保护的法律、法规，不得损害国家、单位和公民的合法权益。

任何单位和个人不得擅自公布不属于自己所有的档案。

第五章 法律责任

第三十一条 有下列行为之一的，由县级以上人民政府档案行政管理部门责令限期改正；情节严重的，对直接负责的主管人员或者其他直接责任人员依法给予行政处分：

（一）拒不按规定向国家档案馆移交档案的；

（二）违反规定擅自扩大或者缩小档案接收范围的；

（三）不按照国家规定开放档案的；

（四）不按规定立卷归档、档案管理混乱的；

（五）将公务活动中形成的应当归档的文件、资料据为己有的；

（六）明知所保存的档案面临危险而不采取措施，造成档案损失的；

（七）档案工作人员、对档案工作负有领导责任的人员玩忽职守，造成档案损失的。

第三十二条 有下列行为之一的，由县级以上人民政府档案行政管理部门、有关主管部门对直接负责的主管人员或者其他直接责任人员依法给予行政处分；构成犯罪的，依法追究刑事责任：

（一）损毁、丢失属于国家所有的档案的；

（二）擅自提供、抄录、公布、销毁属于国家所有的档案的；

（三）涂改、伪造档案的；

（四）擅自出卖或者转让档案的；

（五）倒卖档案牟利或者将档案出卖、赠送给外国人的。

在利用档案馆的档案中，有前款第一项、第二项、第三项违法行为的，由县级以上人民政府档案行政管理部门给予警告，可以对单位并处一万元以上十万元以下罚款，对个人并处五百元以上五千元以下罚款；造成损失的，责令赔偿损失。

企业事业单位或者个人有第一款第四项、第五项违法行为的，由县级以上人民政府档案行政管理部门给予警告，可以对单位并处一万元以上十万元以下罚款，对个人并处五百元以上五千元以下罚款；有违法所得的，没收违法所得；并可以依法征购所出卖或者赠送的档案。

损失档案的价值由县级以上人民政府档案行政管理部门组织档案专家、鉴定人员评估确定。

第三十三条 携带、运输、邮寄禁止出境的档案、档案复制件出境的，由海关按照有关法律法规没收其档案、档案复制件，可以并处罚款；构成犯罪的，依法追究刑事责任。海关没收的档案、档案复制件，应当移交自治区人民政府档案行政管理部门处理。

第三十四条 违反本条例，应当给予行政处分的，县级以上人民政府档案行政管理部门可以向直接责任人员所在单位提出处分建议。收到处分建议的单位应当及时处理，并将处理结果告知有关人民政府档案行政管理部门。

第三十五条 当事人对行政处罚不服的，可以依法申请行政复议或者提起行政诉讼，当事人逾期不申请复议，不提起行政诉讼，又不履行行政处罚的，由作出行政处罚决定的部门申请人民法院强制执行。

第六章 附 则

第三十六条 本条例自2001年8月1日起施行。

宁夏回族自治区地方储备粮管理条例

（2007年11月9日宁夏回族自治区第九届人民代表大会常务委员会第三十一次会议通过　根据2015年5月20日宁夏回族自治区第十一届人民代表大会常务委员会第十七次会议《关于修改〈宁夏回族自治区农村集体经济承包合同管理条例〉等三件地方性法规的决定》修正）

第一章　总　则

第一条　为了加强和规范地方储备粮管理，增强政府宏观调控能力，维护粮食市场稳定，保证粮食供给安全，根据有关法律、行政法规的规定，结合自治区实际，制定本条例。

第二条　自治区行政区域内地方储备粮储存、轮换、应急动用和监督管理活动，适用本条例。

第三条　本条例所称的地方储备粮，是指用于调节自治区粮食供求，稳定粮食市场，应对重大自然灾害或者其他突发事件等情况的原粮、成品粮和食用油。

地方储备粮（以下简称储备粮）包括自治区储备粮、设区的市和县（市）成品储备粮。

第四条　储备粮的储存、管理和使用应当保证数量真实、质量良好、储存安全、调动顺畅和调节有效。

第五条　自治区粮食管理部门负责对本行政区域内的储备粮实施统一管理和监督。

设区的市和县（市）粮食管理部门负责对本行政区域内成品储备粮的储存和轮换进行监督管理。

第六条　自治区建立粮食安全行政首长负责制，完善粮食流通安全监督考核机制，全面落实粮食流通安全责任。

第七条 储备粮储存企业应当对储存的储备粮的数量、质量和储存安全负责。

第八条 自治区财政部门负责安排自治区储备粮的贷款利息、储存费用、轮换费用、政策性价差等财政补贴，并对自治区储备粮有关财务执行情况进行监督。

设区的市和县(市)成品储备粮的储存费用由本级财政承担。

第九条 中国农业发展银行宁夏分行按照国家有关规定，足额安排储备粮所需贷款，并对信贷资金进行监督。

第十条 粮食管理部门对先进储藏技术的应用、新型仓房和装具的推广进行指导和扶持。

第十一条 自治区储备粮、设区的市和县(市)成品储备粮经本级人民政府决定可以动用。未经批准任何单位和个人不得擅自动用。

第二章 储备规模

第十二条 自治区人民政府根据国家对地方粮食储备的规定，结合自治区经济社会发展和人口变化情况，确定和调整自治区储备粮规模和品种。

自治区粮食管理部门应当会同财政等有关部门提出自治区储备粮的储存规模、品种和总体布局方案，每三年核定一次，报自治区人民政府批准后实施。

第十三条 自治区粮食管理部门按照自治区储备粮规模，根据市场供求情况下达购销计划，由承担自治区储备粮储存业务的企业按照计划组织实施。

第十四条 设区的市和县(市)人民政府应当依据本行政区域内城镇常住人口，确定成品粮储备规模。

从事粮食收购、加工、销售等活动的经营者，应当保持必要的库存量。

第十五条 储备粮的储存结构应当科学、合理。储存的品种分为小麦(面粉)、稻谷(大米)、玉米和食用油等。

第十六条 收购入库的自治区储备粮原粮应当是当年生产的符合国家中等以上质量标准的粮食。

储存的成品储备粮应当符合国家规定的质量等级标准。

第十七条 自治区储备粮入库成本由自治区财政、粮食管理等部门根据招标采购价或者收购价及相关费用进行核定。入库成本一经核定，任何单位和个人不得擅自更改。

第三章　储存管理

第十八条　储备粮储存实行资格认证制度。未取得储备粮储存企业资格的，不得从事储备粮的储存业务。

自治区储备粮原粮储存企业资格，由自治区粮食管理部门依法审核认定；自治区和设区的市成品粮储存企业资格，由设区的市粮食管理部门依法审核认定；县级成品粮储存企业资格，由县级粮食管理部门依法审核认定。各类粮食加工、经营企业和农户储存自有粮食的除外。

取得储备粮储存企业资格的承储企业申请储存储备粮的，自治区粮食管理部门或者设区的市和县（市）粮食管理部门可以采用招投标方式进行选定。

第十九条　申请储备粮储存资格的企业，应当提交下列申请材料：

（一）储备粮储存企业资格申请表；

（二）营业执照；

（三）企业法定代表人以及粮食保管、检验和防治等技术人员基本情况和从业资格证明；

（四）粮食管理部门对其仓库、检测、设备等实地情况的认定资料；

（五）经审计部门或者资产评估机构审核的企业资产负债和损益情况资料；

（六）银行资信证明。

第二十条　自治区储备粮原粮承储企业应当具备以下条件：

（一）仓库容量达到自治区规定的规模，仓储设施符合国家有关粮食储存标准和技术规范的要求；

（二）具有与粮食储存功能、仓型、进出粮方式、粮食品种、储粮周期等相适应的仓储设备；

（三）具有符合国家标准的自治区储备粮质量等级检测仪器和检测场所，具备检测粮温、水分、害虫密度的条件；

（四）具有经过专业培训，并取得国家认可资格证书的粮食保管、检验和防治等管理技术人员；

（五）具有符合农业发展银行规定的贷款条件，经营管理规范。

第二十一条　成品储备粮承储企业应当具备下列条件：

（一）在当地工商行政管理部门注册；

（二）具备资金筹措能力；

（三）具备相应的粮食仓储设施和保管能力；

（四）粮食储存设备完好，计量设备准确，具备成品粮常规检化验条件，配备有专业技术化验人员；

（五）交通便利，在应急情况发生时能够做到随时调用，保质、保量供给储备粮。

第二十二条　承储企业应当对自治区储备粮实行专仓储存、专人保管、专账记载，保证自治区储备粮账账相符、账实相符、质量良好、储存安全。

第二十三条　承储企业不得虚报、瞒报储备粮的数量，不得在储备粮中掺杂使假、以次充好；不得擅自串换储备粮的品种，不得新陈混掺、变更储备粮的储存地点；不得因延误轮换或者管理不善造成储备粮品质劣变、霉变。

第二十四条　承储企业不得有下列行为：

（一）低价购进高价入账；

（二）高价售出低价入账；

（三）以陈粮顶替新粮；

（四）虚增入库成本；

（五）弄虚作假套取差价，骗取储备粮贷款和贷款利息、储存费用等财政补贴。

第二十五条　承储企业不得以库存储备粮进行担保或者清偿债务。

第二十六条　自治区粮食管理部门对依法被撤销、解散或者破产的承储企业储存的自治区储备粮原粮，应当调出另储。

第二十七条　自治区储备粮储存利息及费用补贴由自治区财政按季预拨，年终进行结算。对承储企业的储存费用实行定额包干，并保持定额包干标准相对稳定，当市场费用变化幅度较大时适时进行调整。

贷款利息支出按核定的成本和同期农业发展银行利率据实结算。

第二十八条　承储企业应当对储备粮管理基础设施进行必要的日常维护和修缮。维修资金以企业自筹为主，自治区财政对储存自治区储备粮原粮的承储企业给予适当补助。

第四章　轮换管理

第二十九条　自治区储备粮实行均衡适时轮换制度。

自治区粮食管理部门应当以储存品质为依据、以储存年限为参考，根据市场供求情况下达原粮年度轮换计划。承储企业应当按照下达的计划适时组织轮换,新轮换入库的粮食应当达到国家规定的质量标准。

成品粮的轮换不得超过规定的保质期,并保证实物库存。

第三十条 储备粮原粮承储企业在原粮轮换中,应当执行国家和自治区的粮食政策,可以通过粮食批发市场公开竞价交易,也可以采取其他方式进行采购和销售。

第三十一条 储备粮原粮轮换出库后,空库时间不得超过四个月;因救灾等特殊情况超过四个月的,应当报请自治区粮食管理部门批准。

第三十二条 自治区储备粮原粮轮换结束,由自治区粮食管理部门验收后方可转为储备库存;承储企业应当及时汇总、整理相关资料,装订归档。

第三十三条 自治区储备粮轮换费用应当根据市场粮食价格,按照轮换价差、费用和合理利润确定。轮换费用补贴由自治区财政部门按照轮换进度预拨和验收结算。

第三十四条 建立自治区储备粮轮换风险防范机制。设立自治区储备粮轮换风险调节资金,主要用于解决储备粮轮换产生的价差亏损。储备粮轮换风险调节资金以承储企业自筹为主,自治区财政给予适当补贴。

第五章 应急保障

第三十五条 自治区人民政府应当根据国家粮食应急预案的规定制定自治区粮食应急预案;设区的市和县(市)应当制定本行政区域的粮食应急预案。粮食管理部门应当根据粮食供求应急状态,适时提出动用储备粮的建议,报本级人民政府批准实施。

第三十六条 有下列情形之一的,应当按照粮食应急预案启动机制,动用储备粮保证应急供应:

(一)本辖区内粮食明显供不应求或者市场价格异常波动;

(二)发生重大自然灾害或者其他突发事件;

(三)县级以上人民政府认为需要动用储备粮的其他情形。

第三十七条 动用储备粮,由粮食管理部门提出动用方案,报经本级人民政府批准实施。动用方案应当包括动用储备粮的品种、数量、质量、价格、使用安排、运输保障等内容。

第三十八条 粮食管理部门根据本级人民政府批准的储备粮动用方案组织实施。政府有关部门对应急动用储备粮命令的实施,应当给予支持、配合。

第三十九条 任何单位和个人不得拒绝执行或者擅自改变储备粮动用命令、计划及用途。

第四十条 经自治区人民政府批准动用自治区储备粮发生的价差亏损，由自治区财政弥补。

第六章 监督检查

第四十一条 粮食管理、财政等部门应当按照各自职责，依法对储备粮的储存和轮换情况进行监督检查，并对违法行为进行查处。

储备粮数量、质量、储存安全不符合规定的，粮食管理部门应当责令承储企业立即纠正。承储企业丧失储存条件的，粮食管理部门应当取消其储存企业资格。

财政部门对违反自治区储备粮储存费用等补贴和维修资金使用规定的行为，应当责令承储企业予以纠正。

第四十二条 粮食管理部门对从事粮食收购、加工、销售的经营者依法进行监督检查，督促其保持必要的安全库存或者合理周转库存。

第四十三条 价格主管部门应当会同粮食管理等有关部门对自治区储备粮价格执行情况依法进行监督检查。

第四十四条 审计部门应当依法对粮食管理部门和承储企业的财务收支情况实施审计监督，对发现的问题，应当及时予以处理。

第四十五条 中国农业发展银行宁夏分行应当按照资金封闭管理的规定，加强对储备粮信贷资金的监督管理。

第四十六条 任何单位和个人对储备粮经营管理中的违法行为，均有权向粮食管理等有关部门举报。粮食管理等有关部门接到举报后，应当及时查处；举报事项属于其他部门职责范围的，应当及时移送有关部门处理。

第七章 法律责任

第四十七条 粮食管理部门和其他部门及其工作人员违反本条例规定，有下列行为之一的，责令其限期改正，对直接负责的主管人员和其他直接责任人员依法给予行政处分；构成犯罪的，依法追究刑事责任：

(一)不及时下达自治区储备粮购销及年度轮换计划的;

(二)授予不符合法定条件的企业储备粮储存企业资格的;

(三)隐瞒或者包庇储备粮管理违法行为的;

(四)在储备粮管理工作中,收受贿赂和索要财物的;

(五)不履行储备粮监管职责、渎职的;

(六)不及时拨付储备粮储存费用等补贴,给承储企业造成损失的;

(七)接到举报不及时查处的。

第四十八条 承储企业违反本条例规定,有下列行为之一的,由粮食管理部门责令限期改正,可以处以一万元以上五万元以下的罚款:

(一)对自治区储备粮未实行专仓储存、专人保管、专账记载的;

(二)储存的自治区储备粮账账不符、账实不符的;

(三)违反自治区储备粮储存费用等补贴和维修资金使用规定的;

(四)擅自串换储备粮品种或者变更储存地点的;

(五)发现储备粮的数量、质量和储存安全问题不及时处理或者不及时报告的;

(六)以储备粮进行担保或者清偿债务的。

第四十九条 承储企业违反本条例规定,有下列行为之一的,由粮食管理部门责令限期改正,处以一万元以上十万元以下的罚款:

(一)虚报、瞒报储备粮数量的;

(二)在储备粮中新陈混掺、掺杂使假、以次充好的;

(三)入库的储备粮不符合国家和自治区规定的质量等级和标准要求的;

(四)造成储备粮品质劣变、霉变的;

(五)拒不执行或者擅自改变应急动用命令的;

(六)擅自动用储备粮的;

(七)拒不执行或者擅自改变自治区储备粮收购、年度轮换计划的。

第五十条 承储企业违反本条例规定,有下列行为之一的,由粮食管理部门或者财政部门按照职责责令限期改正,追回被骗取的储备粮贷款和贷款利息、费用等财政补贴,处以一万元以上三万元以下的罚款:

(一)低价购进高价入账、高价售出低价入账、以陈粮顶替新粮、虚增入库成本的;

(二)弄虚作假套取差价,骗取储备粮贷款和贷款利息、储存费用等财政补贴的;

(三)挤占、截留、挪用自治区储备粮贷款和贷款利息、管理费用等财政补

贴的;

(四)擅自更改自治区储备粮入库成本的。

第五十一条 承储企业违反本条例规定,有第四十八条、第四十九条、第五十条行为之一的,由认定其储存企业资格的粮食管理部门取消其储存企业资格。对国有粮食承储企业直接负责的主管人员和其他直接责任人员给予处分;构成犯罪的,依法追究刑事责任。

第五十二条 当事人对行政处罚决定不服的,可以依法申请行政复议或者提起行政诉讼;逾期既不申请行政复议也不提起行政诉讼,又不履行行政处罚决定的,由作出行政处罚决定的机关申请人民法院强制执行。

第八章 附 则

第五十三条 本条例所称原粮,是指收割、打碾、脱粒后尚未碾磨加工的粮食,包括小麦、稻谷、玉米等。

本条例所称成品粮,是指由原粮加工而成的符合一定标准的粮食,包括面粉、大米等。

第五十四条 本条例自2008年1月1日起施行。

宁夏回族自治区邮政条例

（2004年5月11日宁夏回族自治区第九届人民代表大会常务委员会第十次会议通过　2012年9月25日宁夏回族自治区第十届人民代表大会常务委员会第三十二次会议修订　根据2015年5月20日宁夏回族自治区第十一届人民代表大会常务委员会第十七次会议《关于修改〈宁夏回族自治区农村集体经济承包合同管理条例〉等三件地方性法规的决定》修正）

第一章　总　则

第一条　为了保障邮政普遍服务，加强对邮政市场的监督管理，维护邮政通信与信息安全，保护通信自由和通信秘密，保护用户合法权益，促进邮政业健康发展，根据有关法律、行政法规的规定，结合自治区实际，制定本条例。

第二条　自治区行政区域内邮政规划、建设、服务、快递和监督管理，适用本条例。

第三条　县级以上人民政府应当将邮政业纳入国民经济和社会发展规划，保障邮政业与当地经济社会协调发展。

第四条　自治区邮政管理部门负责自治区行政区域内邮政普遍服务和邮政市场的监督管理工作；设区的市邮政管理部门负责本行政区域内邮政普遍服务和邮政市场的监督管理工作。

邮政管理部门、公安机关、国家安全机关、海关和民航等部门应当相互配合，做好邮政通信与信息安全的监督管理工作。

第五条　邮政企业、快递企业应当加强收寄、分拣、运输、投递、查询、投诉等环节的服务质量管理，为用户提供迅速、准确、安全、方便的服务。

第六条　任何单位和个人都有保护邮政设施、维护邮政通信安全和畅通的义务，并有权制止、举报破坏邮政设施和危害邮政通信安全的行为。

第二章　规划与建设

第七条　自治区邮政管理部门应当根据国民经济和社会发展规划、城乡规划，按照统筹规划、合理布局、方便用邮的原则和邮政建设要求，组织编制邮政业发展规划。

第八条　建设城市新区、商业区、开发区、工矿区、住宅区或者对旧城区改造、村镇建设，应当同时规划和建设配套的提供普遍服务的邮政设施。

第九条　邮件、快件处理场所的设计、建设和改造，应当符合邮政通信和信息安全的设计、建设和改造标准；符合国家安全机关、海关依法履行职责的要求，并为其提供相应的工作场所。

第十条　城镇街道、村庄名址牌和单位、住宅区的地址牌，应当标明所在地的邮政编码。

第十一条　建设城镇居民住宅楼应当设置接收邮件的信报箱，并按照国家规定的标准验收。建设单位未按照国家规定的标准设置信报箱的，由邮政管理部门责令限期改正；逾期未改正的，由邮政管理部门指定其他单位设置信报箱，所需费用由该居民住宅楼的建设单位承担。

第十二条　因建设需要，征收邮政普遍服务营业场所、服务网点或者相关邮政设施的，征收单位应当与当地邮政企业协商，在保证邮政通信正常进行的前提下，按照不少于原有面积的原则就近安置，所需费用由征收单位承担。

第十三条　各级人民政府应当重点扶持农村地区邮政设施和村邮站的建设。农村地区应当设置村邮站或者其他接受邮件的场所。

村邮站办理邮政业务，应当符合规定的寄递时限和服务规范。邮政企业应当对村邮站提供业务指导和帮助。

第三章　普遍服务

第十四条　邮政企业设置、撤销邮政营业场所，应当事先书面报告邮政管理部门；撤销提供邮政普遍服务的邮政营业场所，应当经设区的市邮政管理部门批准并予以公告。

未经设区的市邮政管理部门批准，邮政企业不得停止办理或者限制办理邮政普遍服务业务；因不可抗力或者其他特殊原因暂时停止办理或者限制办理的，邮政企业应当及时公告，采取补救措施，并向设区的市邮政管理部门报告。

第十五条 邮政企业根据网点设置和服务需要，可以委托其他单位或者个人代办邮政业务。代办单位或者个人应当遵守和执行邮政法律、法规规定，并接受邮政管理部门的监督管理。

邮政企业将邮政营业网点改为委托代办网点的，应当具备办理信件、印刷品、包裹的寄递以及邮政汇兑等邮政普遍服务、特殊服务业务能力，不得降低邮政普遍服务标准，并向邮政管理部门备案。

第十六条 邮政企业提供邮政普遍服务应当符合普遍服务标准，并在营业场所的明显位置公布服务种类、营业时间、资费标准、服务承诺、邮件和汇款的查询、损失赔偿办法以及用户对其服务质量的投诉办法。

邮政企业应当在邮政信筒（箱）上标明开筒（箱）的频次和时间，并按照标明的频次和时间开取邮政信筒（箱）邮件。

邮政企业从业人员收寄、投递邮件时，应当佩戴专用标志。

第十七条 邮政企业、邮政业务代办人员、邮件代收人员对用户交寄的邮件，应当按照规定的时限、频次，及时、准确、安全投递。

邮件收发人员接收给据邮件应当进行清点，经核对无误后，在清单上盖章签收。给据邮件由用户签收，用户委托专人和专门机构代为签收的，视为用户本人签收。

用户收到误投的邮件，不得开拆、隐匿、毁弃，应当在收到邮件后及时通知邮政企业取回处理。

第十八条 机关、企业、事业单位和住宅区、写字楼的产权人或者管理单位应当在其主出入口设置接收（传达）室或者其他接收邮件的场所。

企业、事业单位、居民住宅应当由单位或者住宅区管理单位到当地邮政企业或者分支机构办理邮件投递登记手续；对具备投递邮件条件的用户，邮政企业应当自登记之日起七日内安排投递；对不具备投递条件的，邮政企业应当将邮件投递至与用户协商确定的邮件代收点或者信报箱。

新建、搬迁或者更名的单位和住宅区，应当由单位或者物业管理单位向当地邮政企业申报名址，办理邮件投递登记手续。邮政企业应当自登记之日起五日内通邮。

第十九条 除法律另有规定外，邮政企业及其从业人员不得向任何单位或者个人泄露用户使用邮政服务的信息以及其他信息。

第二十条 邮政企业收寄邮件和用户交寄邮件，应当遵守国家有关禁止寄递物品、限制寄递物品及其封装规格的规定，使用标准信封和符合法律规定的邮资凭证，正确书写邮政编码。依法需要当面验视内件的，用户应当接受验视。

邮政企业在收寄邮件时，发现用户交寄违禁物品的，不予寄递；已经收寄的邮件中发现有违禁物品的，邮政企业应当立即停止转发和寄递，并及时报告邮政管理部门、公安机关、国家安全机关或者海关。

邮政管理部门、公安机关、国家安全机关和海关在邮件收寄验视工作中，依法对禁止寄递或者限制寄递的物品进行处理。

第二十一条 邮政企业及其从业人员以及代办邮政业务的单位和个人不得实施下列行为：

（一）无故延误邮件投递时间；

（二）拒绝办理应当办理的邮政业务或者擅自终止对邮政用户的服务；

（三）私拆、隐匿、毁弃、盗窃邮件，冒领、贪污、截留、挪用、延付邮政汇款；

（四）擅自改变邮政业务资费标准、增加收费项目；

（五）强迫、误导用户使用高资费邮政业务，搭售其他服务或者商品；

（六）出售、转让、出租、转借邮政专用标志；

（七）使用邮运车辆从事邮件运递以外的经营性活动和运输国家禁止、限制运输的物品，或者以出租、转借等方式允许其他单位或者个人使用邮运车辆。

第二十二条 用户对交寄的给据邮件，可以在有效时间内持据向收寄的邮政企业免费查询。邮政企业应当在规定期限内将查询结果通知查询人。

邮政企业造成给据邮件丢失、损毁、内件短少、延误的，应当依法承担赔偿责任。

因收发人员责任造成给据邮件丢失、损毁、内件短少、延误的，由相关单位和责任人承担赔偿责任。

第四章 快递服务

第二十三条 经营快递业务应当依法取得自治区邮政管理部门颁发的《快递业务经营许可证》；未经许可，任何单位和个人不得经营快递业务。

邮政管理部门审查快递业务经营许可申请，应当考虑国家安全等因素，并征求有关部门的意见。

申请人凭《快递业务经营许可证》向工商行政管理部门办理设立登记。

第二十四条 快递企业不得经营由邮政企业专营的信件寄递业务，不得寄递国家机关公文。

第二十五条 经自治区邮政管理部门核定的快递车辆应当喷涂快递标志。

快递企业从业人员收寄、投递快件时，应当佩戴专用标志。

快递企业从业人员收取快件时，应当在快递运单上注明快件的重量、资费、收寄时间、保价金额等信息。

快递运单应当符合服务格式合同的要求。

第二十六条 快递企业接受网络购物、电视购物和邮购等经营者委托提供快递服务的，应当与委托方签订安全保障协议，并报邮政管理部门备案。

快递企业从事代收货款业务，应当遵守国家有关规定。

第二十七条 快递企业实行加盟、代理经营方式的，应当与被加盟、被代理企业签订协议。

被加盟、被代理企业在运营安全、服务标准、服务流程、服务形象、服务用品、用户投诉等方面，对加盟企业、代理企业实施监督管理，对加盟企业、代理企业给用户造成损失的，依法承担赔偿责任。

第二十八条 本条例第十六条第一款，第十七条第一款、第三款，第十九条，第二十条，第二十一条第一项、第二项、第三项，第二十二条的规定，适用于快递企业。

第二十九条 快递企业应当诚信经营，遵守承诺，符合快递服务标准和快递业务操作规范，维护消费者合法权益。

快递企业应当对其从业人员加强法制教育、职业道德教育和业务技能培训。

第三十条 快递行业协会应当加强行业自律，为企业提供信息、培训等方面的服务，引导快递企业依法、诚信经营，维护快递企业的合法权益，促进快递服务业的健康发展。

第五章 保障措施

第三十一条 各级人民政府应当扶持贫困地区的邮政服务网点建设，对提供邮政普遍服务和特殊服务的邮政企业给予财力、物力支持和政策优惠，建立邮政普遍服务、特殊服务补贴机制。

第三十二条 用户交寄的邮件、快件以及交汇的汇款受法律保护。在邮件和快件的运输、传递以及处理过程中，除法律另有规定外，任何单位或者个人不得阻碍、检查、扣留。

第三十三条 邮政企业提供普遍服务，依法享受国家相关优惠政策。

提供邮政普遍服务的营业场所和邮件处理场所建设用地，由所在地人民政府纳入土地利用总体规划，按照城市基础设施和公益事业用地依法划拨，经当地人民政府批准，免征城市基础设施配套费。

邮政企业应当按照城乡规划设置邮筒（箱）、邮政报刊亭、报刊橱窗等邮政设施，有关部门应当提供便利条件，经当地人民政府批准，免收城市道路占用费。

第三十四条 经交通运输主管部门核定的邮运车辆免办道路运输经营许可证；通过收费公路、桥梁、隧道时，免缴车辆通行费。

邮运车辆和自治区邮政管理部门核定的快递车辆在运递邮件途中，通过检查站、桥梁和隧道时，应当优先放行；需要通过禁行路线或者在禁停地段停车的，经公安机关交通管理部门同意，在确保安全的前提下，可以通行或者临时停车。

邮运车辆和快递车辆在揽收、投递快件时，有关部门和单位应当在其通行、停靠及进住宅区揽收、投递等方面提供便利。

第三十五条 邮政企业所属的提供邮政普遍服务的分支机构及其服务网点办理工商登记手续时，工商行政管理部门免收工商登记费。

第三十六条 车站、机场等单位应当为邮政企业、快递企业转运邮件、快件提供固定场所和通道，保证优先、安全发运。

承运单位保管或者运输过程中，邮件、快件发生丢失、损毁、短少的，承运单位应当依法承担赔偿责任。

第三十七条 鼓励和支持发展快递业务，满足社会各方面的需要。支持快递企业进驻工业园区、商业区、住宅区。

第六章　监督管理

第三十八条 邮政管理部门依法履行监督管理职责，可以采取下列监督检查措施：

（一）进入邮政企业、快递企业或者涉嫌发生违法活动的其他场所实施现场检查；

（二）向有关单位和个人了解情况；

（三）查阅、复制有关文件、资料、凭证；

（四）经邮政管理部门负责人批准，查封与违法活动有关的场所，扣押用于违法活动的运输工具以及相关物品，对信件以外的涉嫌夹带禁止寄递或者限制寄递物品的邮件、快件开拆检查。

第三十九条 邮政管理部门、公安机关、国家安全机关、海关和民航监管部门应当依法健全寄递渠道安全保障机制，建立邮政通信与信息安全的监督管理工作数据库；邮政企业、快递企业应当及时提供相关工作数据。

前款规定有关部门和单位的工作人员对监督管理工作中知悉的国家秘密、商业秘密和个人隐私，负有保密义务。

第四十条 仿印邮票图案或者印制与邮票图案相似的印件以及生产通信使用的信封、特快专递封套、明信片、信件封装盒、信报箱等，应当符合国家规定。

仿印邮票图案，应当报经自治区邮政管理部门批准。

印制通信使用的信封的，由自治区邮政管理部门监制。

第四十一条 任何单位和个人不得实施下列行为：

（一）损毁邮政、快递服务设施或者影响邮政、快递服务设施的正常使用；

（二）隐匿、毁弃、非法开拆邮件、快件；

（三）扰乱邮政营业场所、快递企业营业场所正常秩序；

（四）拦截、强登、扒乘运送邮件、快件的车辆；

（五）未经批准，仿印邮票图案、对已发行的邮票图案进行再加工、经销仿印邮票图案；

（六）销售国家禁止流通的邮票、集邮品；

（七）经营、制作未经监制的通信使用的信封；

（八）冒用邮政企业、快递企业名义或者专用标志；

（九）伪造或者倒卖伪造的邮资凭证、邮政用品。

第四十二条 邮政企业、快递企业应当及时、妥善处理用户对服务质量提出的异议。

用户对企业处理结果不满意的，可以向邮政管理部门申诉，邮政管理部门应当依法处理，自接到申诉之日起三十日内答复申诉人。

第四十三条 邮政企业、快递企业应当遵守下列规定：

（一）建立并执行邮件、快件收寄验视制度；

（二）建立应急保障制度，制定突发事件应急预案和专项预案，发生重大服务阻断时，应当及时向邮政管理部门和有关部门报告；

（三）配备符合国家标准的安全检查设备，安排专门人员进行安全监控；

（四）健全安全生产责任制度，完善安全保障措施；

（五）根据邮政管理部门履行监督管理职责的需要，提供准确、完整的数据资料。

第四十四条 邮政管理部门应当设立并公开投诉举报电话、信箱和电子邮箱，受理投诉和举报。

任何单位和个人对违反本条例规定的行为，有权向邮政监督管理部门举报，邮政管理部门接到举报后，应当及时依法处理。

第四十五条 自治区邮政管理部门应当按照国家规定，指导本地区职业技能鉴定机构开展邮政业特有工种职业技能鉴定工作。

第七章 法律责任

第四十六条 对违反本条例规定的，《中华人民共和国邮政法》已经作出处理、处罚规定的，从其规定。

第四十七条 违反本条例第二十一条第四项规定的，由价格主管部门依法处理。

第四十八条 违反本条例第二十一条第三项，第四十一条第一项、第二项、第三项、第四项规定的，由邮政管理部门或者公安机关依法处理。

第四十九条 违反本条例第二十一条第七项，第四十一条第五项、第七项、第八项、第九项规定的，分别按照下列规定处罚；构成犯罪的，依法追究刑事责任：

（一）使用邮运车辆从事邮件运递以外的经营性活动和运输国家禁止、限制运输的物品，或者以出租、转借等方式允许其他单位或者个人使用邮运车辆的，由邮政管理部门责令改正，处一万元以上五万元以下罚款，有违法所得的，没收违法所得；

（二）未经批准，擅自仿印邮票图案的，由邮政管理部门处以五千元以下罚款，并没收非法所得和非法物品；

（三）未经批准，对已发行的邮票图案进行再加工、经销仿印邮票图案的，由邮政管理部门处以五千元以上三万元以下的罚款；

（四）经营、制作未经监制的通信使用的信封的，由邮政管理部门责令其停止生产、销售和使用，予以警告，并处一万元以下罚款；有违法所得的，没收违法所得，并处一万元以上三万元以下罚款；

（五）冒用邮政企业、快递企业名义或者专用标志，伪造或者倒卖伪造的邮资凭证、邮政用品的，由邮政管理部门责令改正，没收伪造的邮资凭证、邮政用品以及违法所得，并处一万元以上五万元以下的罚款。

第五十条 违反本条例规定，邮政企业、快递企业拒绝、阻碍依法实施的监督检查，尚不构成犯罪的，由国家安全机关或者公安机关依法给予处罚；对快递企业，邮政管理部门还可以责令停业整顿直至吊销其快递业务经营许可证；构成犯罪的，依法追究刑事责任。

第五十一条 邮政企业及其从业人员、快递企业及其服务人员在经营活动中有危害国家安全行为的，依法追究法律责任；对快递企业，由邮政管理部门吊销其快递业务经营许可证。

第五十二条 当事人对行政处罚决定和其他具体行政行为不服的，可以依法申请行政复议或者提起行政诉讼。

第五十三条 邮政管理部门工作人员在监督管理工作中滥用职权、玩忽职守、徇私舞弊，依法给予处分；构成犯罪的，依法追究刑事责任。

第八章 附 则

第五十四条 本条例下列用语的含义：

快递企业，是指依法取得快递业务经营许可证和营业执照，提供快递服务的企业。

邮运车辆，是指带有邮政专用标志的提供邮政普遍服务的运递邮件的专用车辆。

快递车辆，是指经自治区邮政管理部门核定的喷涂快递标志的运递快件的专用车辆。

快递，是指在承诺时限内快速完成的寄递活动。

快件，是指快递企业依法递送的信件、包裹、印刷品等。

第五十五条 本条例自2012年12月1日起施行。2004年5月11日宁夏回族自治区第九届人民代表大会常务委员会第十次会议通过的《宁夏回族自治区邮政条例》同时废止。

宁夏回族自治区宗教活动安全管理暂行办法

2014年6月14日宁夏回族自治区人民政府令第65号公布 自2014年8月1日起施行

第一条 为了加强宗教活动安全管理,维护正常宗教活动秩序,保护信教群众人身财产安全,根据国务院《宗教事务条例》等法律法规规定,制定本办法。

第二条 举办宗教活动应当符合国家法律、法规,符合宗教仪轨,不得影响社会秩序、生产秩序、生活秩序,不得损害公民身体健康。

举办宗教活动应当确保场所安全、人身安全、财产安全等活动安全。

第三条 宗教活动安全管理坚持属地管理,“谁组织、谁负责”,“谁审批、谁负责”和就地、从简、小型、安全、有序的原则。

第四条 除常规的聚礼、会礼、弥撒等宗教活动外,跨区域举办的超过宗教活动场所容纳规模,或者在宗教活动场所外进行的大型宗教活动,应当依法履行审批手续。

第五条 举办应当依法履行审批手续的宗教活动由自治区人民政府宗教事务部门依法进行审批。

单日参加人数在一万人以下的,自治区人民政府宗教事务部门委托举办地县级人民政府进行审批;单日参加人数在一万人以上三万人以下的,自治区人民政府宗教事务部门委托举办地设区的市级人民政府进行审批。

自治区人民政府宗教事务部门应当将受委托的设区的市、县级人民政府和受委托实施审批的内容进行公告,并对其审批行为进行监督。

第六条 宗教团体或者寺观教堂应当于每年12月31日前将下一年度拟举办应当依法进行审批的宗教活动的计划报送举办地县级人民政府宗教事务部门备案。拟举办宗教活动的计划应当包括活动的名称、内容、时间、地点、预计参加人数等内容。

第七条 宗教团体或者寺观教堂拟举办应当依法进行审批的宗教活动,

应当在拟举办日的三十日前,向所在地县级人民政府宗教事务部门提出申请,并提交下列材料:

(一)申请书,包括下列内容:

1. 活动的目的、内容、方式、预计参加人数;

2. 地点(路线)、起止时间;

3. 举办活动的宗教团体、寺观教堂负责人的姓名、住址、联系方式;

4. 寺观教堂的实际容纳人数及拟使用的寺观教堂之外的场地情况说明和容纳人数。

(二)宗教团体或者寺观教堂登记证;

(三)主持宗教活动的教职人员资格证明;

(四)安全工作方案,包括维持安全秩序的人员数量和岗位职责、消防安全措施、车辆停放和交通疏导措施、现场秩序维护疏导措施、突发事件或者意外事故应急措施;

(五)宗教活动拟举办地乡(镇)人民政府(街道办事处)出具的可行性意见书;

(六)安全承诺书。

第八条 县级人民政府宗教事务部门应当自收到申请材料之日起三个工作日内进行审查,对属于县级人民政府受委托进行审批的宗教活动,报本级人民政府审批;对依法应当属于设区的市级人民政府受委托进行审批的,由县级人民政府审查后,报送设区的市级人民政府进行审批;对依法应当属于自治区人民政府宗教事务部门审批的,经县级人民政府和设区的市级人民政府审查后,报送自治区人民政府宗教事务部门审批。

设区的市级人民政府、县级人民政府及其宗教事务部门收到申请材料后,应当依法进行审查,经审查符合条件的,应当在十个工作日内提交相应的受委托的设区的市、县级人民政府或者自治区人民政府宗教事务部门进行审批,审批机关应当在五个工作日内作出批准或不予批准的决定,不予批准的要书面说明理由。

审批机关应当在作出批准决定的当日通知宗教活动举办地设区的市、县级人民政府及其宗教事务部门和乡(镇)人民政府(街道办事处)以及提交申请的宗教团体或者寺观教堂。

第九条 宗教活动有下列情形之一的,不予批准:

(一)违反法律法规和规章规定的;

(二)不符合宗教仪轨的;

（三）拟举办宗教活动的宗教团体或者寺观教堂未办理登记手续的；

（四）主持宗教活动的教职人员未取得相应资格证书或者未办理聘任手续的；

（五）举办宗教活动的场所存在安全隐患的。

第十条 对经批准的宗教活动，宗教团体或者寺观教堂不得擅自变更活动的时间、地点、内容。

宗教团体或者寺观教堂变更宗教活动时间的，应当在原定举办时间之前向审批机关申请变更，经同意方可变更。

宗教团体或者寺观教堂变更宗教活动地点、内容的，应当依照本办法的规定重新申请。

宗教团体或者寺观教堂取消举办宗教活动的，应当在原定举办活动时间之前书面告知审批机关，审批机关应当收回批准文书。

第十一条 主办宗教活动的宗教团体或者寺观教堂对活动的安全负责，主办的宗教团体主要负责人和寺观教堂民主管理组织负责人为宗教活动安全的第一责任人。

主办宗教活动的宗教团体或者寺观教堂应当履行下列安全管理职责：

（一）明确安全措施，开展宗教活动安全宣传教育；

（二）保障临时搭建的设施、建筑物的安全，消除安全隐患；

（三）对妨碍宗教活动安全的行为及时予以制止并向公安机关报告；

（四）配备与宗教活动安全工作需要相适应的维持秩序的人员；

（五）按照批准的内容和方式组织宗教活动，并维护安全秩序；

（六）为宗教活动的安全工作提供必要的保障。

第十二条 各级人民政府依法对本行政区域宗教活动的安全进行管理。

对经批准举办的宗教活动，单日参加人数在一万人以下的，由举办地县级人民政府进行安全管理。单日参加人数在一万人以上三万人以下的，由举办地设区的市、县级人民政府进行安全管理；单日参加人数在三万人以上的，由自治区人民政府宗教、公安等有关部门协调指导举办地设区的市、县级人民政府进行安全管理。

宗教活动举办地设区的市、县级人民政府应当成立宗教活动安全管理领导小组，指导协调宗教活动安全管理服务工作，制定安保工作方案，防范处置突发事件，确保宗教活动安全有序。

安保工作方案应当包括安保工作组织领导、维持现场秩序、消防安全、交通管制、人员疏导、卫生防疫、食品安全等岗位职责和预测与预警、应急处置、预防措施及应急保障等内容。

宗教活动举办地的设区的市、县级人民政府宗教、公安、消防、交通运输、卫生计生、住房和城乡建设、文化、食品药品监督管理等部门应当加强对宗教活动举办的管理，履行下列职责：

（一）宗教事务部门应当组织公安、消防等有关部门对拟举办宗教活动的场所进行现场勘查，并如实报告勘查情况；在活动举办期间，进行现场监管，发现有不符合宗教仪轨、宗教习惯，或者有其他不符合本办法规定的行为的，及时予以纠正或者协调有关部门处理；开展宗教活动安全知识的宣传教育。

（二）公安机关应当在宗教活动举办前，对活动场所组织安全检查，发现安全隐患及时予以制止、纠正；在宗教活动举办过程中，维护活动现场及周边治安、交通秩序；依法查处宗教活动中违反治安管理和违法犯罪行为；处置危害公共安全的突发事件。

（三）消防部门应当在宗教活动举办前对场所进行消防安全检查，发现不符合消防安全规定的，及时予以纠正，并在活动举办期间做好消防救援工作，必要时，可以在活动举办前组织消防演练。

（四）交通运输主管部门应当加强活动举办期间运输车辆的管理，防止发生交通事故。

（五）卫生计生主管部门应当制定医疗卫生保障工作方案，并做好活动举办期间的医疗救治、传染病防控和饮用水安全等安全管理工作。

（六）住房和城乡建设主管部门应当加强活动举办场所建筑物、构筑物及其他设施安全检查和监管，消除安全隐患。

（七）文化主管部门应当加强活动举办期间相关文化活动的监管，制止非法活动。

（八）食品药品监督管理部门应当加强对活动举办期间食品安全的监督，实行食品备案留样制，防止发生食物中毒等食品安全事件。

第十三条 宗教活动举办地的乡（镇）人民政府（街道办事处）应当加强对宗教活动的场所、设施等安全检查，发现问题及时予以纠正或者报告相关部门，并协助上级人民政府及其有关部门做好活动举办期间的秩序维护、突发事件处置等安全管理工作。

第十四条 宗教活动举办过程中发生危害公共安全或者严重破坏社会秩序情况，主办的宗教团体或者寺观教堂负有责任的，由登记管理机关撤销其登记；构成犯罪的，依法追究刑事责任。

应当依法进行审批而未经批准擅自举办宗教活动的，由举办地县级宗教事务部门责令停止活动;有违法所得的,没收违法所得,可以并处违法所得一倍以上三倍以下的罚款;构成犯罪的,依法追究刑事责任;其中,宗教活动是宗教团体或者寺观教堂擅自举办的,登记机关还可以责令该宗教团体、寺观教堂撤换直接负责的主管人员。

第十五条　县级以上人民政府及其有关部门、乡(镇)人民政府、街道办事处的负责人、工作人员在宗教活动安全管理中滥用职权、玩忽职守,致使发生重大事故或者群体性事件的,给予记过、记大过处分;情节较重的,给予降级或者撤职处分;情节严重的,给予开除处分;构成犯罪的,依法追究刑事责任。

第十六条　本办法自2014年8月1日起施行。

宁夏回族自治区民用机场保护办法

(2015年10月20日宁夏回族自治区人民政府令第76号公布　自2015年12月1日起施行)

第一章　总　则

第一条　为了加强对民用机场的管理,保障民用机场安全和有序运营,保护国家财产和人民群众生命财产安全,根据《中华人民共和国民用航空法》《民用机场管理条例》等法律、行政法规的规定,结合自治区实际,制定本办法。

第二条　自治区行政区域内民用机场的净空保护、电磁环境保护、运营安全保护、控制用地保护及其相关活动适用本办法。

第三条　民用机场所在地县级以上人民政府应当加强民用机场保护工作,将民用机场保护工作纳入本地安全生产责任目标考核体系,建立健全民用机场保护工作责任制和协调机制,协调解决民用机场保护工作中的重大事项,督促各有关部门依法履行民用机场保护职责。

第四条　中国民用航空宁夏监督管理机构(以下简称民航管理机构)对

自治区行政区域内的民用机场依法履行民用机场保护的监督管理职责。

民用机场所在地县级以上人民政府发展改革、国土资源、城乡建设、规划、城管、安全生产、无线电管理、气象、应急管理等有关部门按照各自职责，做好民用机场保护的相关工作。

乡镇人民政府、街道办事处应当协助做好民用机场保护工作。

依法组建或者受委托的具有法人资格的民用机场管理机构(以下简称机场管理机构)具体负责民用机场的保护工作。

第五条 任何单位和个人不得妨碍民用机场安全,对危害民用机场安全运行的行为有权举报。

第六条 各级人民政府及其相关部门应当加强对民用机场保护的宣传，提高公民对民用机场安全保护的意识。

第二章 民用机场净空保护

第七条 机场管理机构应当按照国家规定和技术标准编制民用机场净空障碍物限制图,依法报民航管理机构批准后,送民用机场所在地县级以上人民政府规划、国土资源等主管部门备案。

民航管理机构和民用机场所在地县级以上人民政府,应当按照国家有关规定划定民用机场净空保护区域,并向社会公布。民用机场所在地县级人民政府应当配合机场管理机构在实地设立边界标志。

第八条 禁止在民用机场净空保护区域内从事下列活动:

(一)修建不符合民用机场净空要求的建筑物或者设施;

(二)修建靶场、强烈爆炸物仓库等影响飞行安全的建筑物或者设施;

(三)排放大量烟雾、粉尘、火焰、废气等影响飞行安全的物质;

(四)设置影响民用机场目视助航设施使用或者飞行员视线的灯光、标志或者物体;

(五)种植影响飞行安全或者影响助航设施使用的植物;

(六)饲养、放飞影响飞行安全的鸟类动物或者升放无人驾驶自由气球、系留空飘气球、孔明灯、风筝和其他升空物体;

(七)超过净空保护高度要求的爆破或者作业;

(八)焚烧产生大量烟雾的农作物秸秆、垃圾等物质或者燃放烟花、焰火;

(九)设置易吸引鸟类及其他动物的池塘、人工湖、露天垃圾场、屠宰场、养殖场等场所;

(十)在民用机场围界外五米范围内,搭建建筑物、种植树木,或者从事挖掘、堆积物体等影响民用机场运营安全的活动;

(十一)国家和自治区规定的其他可能影响飞行安全的行为。

第九条 县级以上人民政府审批民用机场净空保护区域内的建设项目,应当书面征求民航管理机构的意见。

第十条 在划定的民用机场净空保护区域外,对可能影响飞行安全的高大建筑物或者设施,产权单位或者管理单位应当按照国家有关规定设置飞行障碍灯和标志,使其保持正常显示状态,并向民航管理机构提供有关资料。

第十一条 机场管理机构应当定期检查民用机场净空状况,发现影响民用机场净空保护的情况,应当立即制止,并书面报告民用机场所在地县级以上人民政府。接到报告的县级以上人民政府应当及时采取有效措施,依法处理。

在民用机场周边设立大型户外广告和发光、反光设施设备,应当征求机场管理机构意见。

第十二条 使用飞艇、热气球、滑翔机、无人机、动力伞等从事通用航空飞行活动的单位或者个人,应当依法接受民航管理机构的监督管理。

第十三条 气象主管机构应当与民航管理机构建立协作机制,就人工影响天气等与飞行安全关系密切的气象活动进行信息通报。

第十四条 在民用机场净空保护区域内,民用机场所在地人民政府应当采取措施,协助机场管理机构做好鸟害防治工作。

第三章 电磁环境保护

第十五条 无线电管理机构应当会同民航管理机构,按照国家无线电管理有关规定和国家标准,划定民用机场电磁环境保护区域,并向社会公布。

民用机场电磁环境保护区域包括设置在民用机场总体规划区域内的民用航空无线电台(站)电磁环境保护区域和民用机场飞行区电磁环境保护区域。

第十六条 禁止在民用航空无线电台(站)电磁环境保护区域内,从事影响电磁环境的下列活动:

(一)修建架空高压输电线、架空金属线、铁路、公路、电力排灌站;

(二)存放金属堆积物;

(三)种植高大植物;

（四）从事掘土、采砂、采石等改变地形地貌的活动；

（五）国家和自治区规定的其他影响民用机场电磁环境的行为。

第十七条 设置的无线电发射设备及产生电磁辐射、反射的设施或者物体，不得妨碍民用航空无线电专用频率的正常使用。

无线电管理机构和民航管理机构应当加强对民用机场电磁环境保护区域及其航路的无线电监测。

第十八条 县级以上人民政府审批民用机场电磁环境保护区域内的项目，对可能影响民用机场电磁环境的，应当书面征求民航管理机构的意见。

第十九条 民用航空无线电专用频率受到干扰时，机场管理机构和民航管理机构应当立即采取排查措施，及时消除；无法消除的，应当通报民用机场所在地无线电管理机构，接到通报的无线电管理机构应当采取措施，依法及时查处。

第四章 机场运营安全保护

第二十条 民用机场应当持有机场使用许可证，方可开放使用；民用机场废弃或者改作他用，机场管理机构应当依照国家规定办理报批手续。

第二十一条 机场管理机构对民用机场的安全运营实施统一协调管理。航空运输企业及其他驻场单位应当按照各自的职责，共同保障民用机场的安全运营并承担相应的责任；发现可能影响民用机场安全运营情况的，应当立即报告机场管理机构。

机场管理机构应当按照国家相关规定，采取措施，保证民用机场内人员和财产的安全。

第二十二条 机场管理机构应当根据运营安全需要和国家有关规定，划定机场控制区和机场公共区，并设置标志，配备相应的服务设施。

第二十三条 机场公共区禁止下列行为：

（一）堵塞值机、安检、货运通道和其他公共通道；

（二）携带危险品进入机场公共区；

（三）破坏机场公共设施设备，毁损标志；

（四）擅自进入机场重点要害部位和场所；

（五）散布谣言，谎报险情、疫情、警情等，制造混乱；

（六）法律、法规规定的其他扰乱机场公共秩序的行为。

第二十四条 在航站楼、机场地区内的广场和停车场散发广告、宣传品，开展募捐活动，进行影视拍摄，举办展销会、促销会、文娱、体育等活动的单位和个人，应当按照国家有关规定办理相关手续，并在征得机场管理机构同意后实施。

第二十五条 民用航空设施设备使用单位应当加强对通信导航、目视助航设施、气象、供电等重要设施设备的保护，保证其正常运行。

任何单位和个人不得破坏民用航空设施设备。

第二十六条 机场航空油料专用管道及其附属设施所在地人民政府及其有关部门应当依法做好航空油料管道的保护工作。

第二十七条 机场管理机构应当制定机场突发事件综合和专项应急预案；应急预案应当与当地人民政府突发事件应急预案相结合，并纳入民用机场所在地县级以上人民政府突发事件应急预案体系。

第二十八条 机场管理机构应当建立健全应急管理机构和应急救援队伍，储备针对性物资，并根据民用机场突发事件应急预案组织救援演练和人员培训。

机场管理机构应当建立应急管理值班值守和信息报送制度，向社会公布应急值班电话，及时处理突发事件。

第二十九条 任何单位和个人发现航空器或者机场设施发生或者可能发生严重损坏以及可能导致人员伤亡和严重财产损失的紧急情况，应当立即向机场管理机构报告。

机场管理机构接到报告后，应当立即向民用机场所在地人民政府相关部门和民航管理机构报告，并按照机场突发事件应急预案要求，启动应急救援工作。

实施应急救援的单位和个人应当服从统一指挥和调度。

第三十条 当发生大量旅客滞留时，机场管理机构应当采取措施疏散滞留旅客，同时将滞留情况及时向民用机场所在地人民政府报告；必要时，民用机场所在地人民政府应当组织协调运力，疏散滞留旅客。

设立国际机场的，边防、海关、检疫等主管部门在检查时应当避免航班不必要的延误。

第三十一条 进入机场地区的车辆应当服从机场管理机构的管理，遵守机场管理秩序，服从统一调度。

第三十二条 在机场地区进行作业的施工单位应当在施工现场周围设置符合统一标准的围墙、围栏以及明显的工程指示标牌和安全警示标志，并采取有效措施防止施工对交通、场容和环境的影响。

工程建设单位应当在工程竣工验收后十五日内,将其地下管网综合平面图报送机场管理机构。

第五章　机场控制用地保护

第三十三条　机场管理机构应当会同自治区国土资源、规划建设等主管部门,依据有关规定划定机场控制用地保护区域,报自治区人民政府批准后实施。

第三十四条　民用机场所在地县级以上人民政府应当将机场控制用地纳入土地利用总体规划和城乡规划,并根据机场的运营和发展需要,对机场周边地区的土地利用和建设实行规划控制。

机场管理机构应当按照规划合理使用机场发展控制用地,不得用于与机场建设无关的项目。

第三十五条　民用机场所在地县级以上人民政府审核民用机场控制用地保护区域内的建设项目用地计划时,应当书面征求民航管理机构意见。

第三十六条　新建、扩建民用机场,应当由民用机场所在地县级以上人民政府发布公告,公告应当在当地主要报纸上刊登,并在拟新建、扩建机场周围地区张贴。

第三十七条　民用机场新建、扩建的公告发布前,在依法划定的民用机场范围内和按照国家规定划定的机场净空保护区域内存在的可能影响飞行安全的建筑物、构筑物、树木、灯光和其他障碍物体,应当在规定的期限内清除;对由此造成的损失,应当给予补偿或者依法采取其他补救措施。

第三十八条　民用机场新建、扩建的公告发布后,任何单位和个人违反有关规定,在依法划定的民用机场范围内和按照国家规定划定的机场净空保护区域内修建、种植或者设置影响飞行安全的建筑物、构筑物、树木、灯光和其他障碍物体的,由机场所在地县级以上人民政府责令清除;由此造成的损失,由修建、种植或者设置该障碍物体的人承担。

第三十九条　民用机场所在地人民政府应当组织国土资源、规划建设、环境保护主管部门和机场管理机构,根据国家有关规定划定机场噪声影响范围,并对在其范围内新建、改建、扩建的噪声敏感建筑物进行限制。

民用机场所在地人民政府应当会同民航管理机构协调解决在机场起降的民用航空器噪声引发的相关问题。

第四十条　民用机场内的供水、供电、供气、通信、道路等基础设施由机场建设项目法人负责建设;民用机场外的供水、供电、供气、通信、道路等基础设施由民用机场所在地人民政府统一规划,统筹建设。

有关单位应当采取有效措施对民用机场用电、用水、用气和交通、通信等给予重点保障。

第四十一条 民用机场所在地县级以上人民政府有关部门在制定与机场地区相关或者相邻的交通、产业等规划时,应当书面征求民航管理机构的意见。

第六章 法律责任

第四十二条 违反本办法规定,民用机场所在地县级以上人民政府应当征求而未征求民航管理机构意见或者征求意见后未采纳,而导致影响民用机场运行安全或者造成财产损失的,由有权机关依法追究相关人员责任。

第四十三条 任何单位和个人在民用机场地区有违反建筑、园林绿化、市容环境卫生、市场管理和环境保护等规定行为的,机场管理机构发现后应当予以制止,并及时告知或者送交有关主管部门依法实施行政处罚。

第四十四条 相关管理部门及其工作人员在民用机场保护工作中有滥用职权、玩忽职守、徇私舞弊等行为的,依法给予处分;构成犯罪的,依法追究刑事责任。

第四十五条 违反本办法规定,有关法律、法规和规章对法律责任有规定的,依照有关法律、法规和规章的规定执行。

第七章 附 则

第四十六条 本办法下列用语的含义是:

(一)民用机场,是指专供民用航空器起飞、降落、滑行、停放以及进行其他活动使用的划定区域,包括附属的建筑物、装置和设施。民用机场分为运输机场和通用机场。

(二)运输机场,是指为从事旅客、货物运输等公共航空运输活动的民用航空器提供起飞、降落等服务的机场。

(三)通用机场,是指为从事工业、农业、林业、渔业和建筑业的作业飞行,以及医疗卫生、抢险救灾、气象探测、海洋监测、科学实验、教育训练、文化体育等飞行活动的民用航空器提供起飞、降落等服务的机场。

（四）机场控制区，是指根据安全需要在机场地区范围内划定的进出受到限制的非公共区域，包括候机隔离区、行李分拣装卸区、航空器活动区、航空器维修区和货物存放区等。

（五）机场净空保护区，是指为保障民用航空器起飞、降落安全，按照机场净空障碍物限制图的要求划定的空间范围。

（六）机场电磁环境保护区，是指为保障民用航空无线电台（站）正常工作，按照国家有关规定划定的用以排除非民用航空的各类无线电设备或者其他设备产生的干扰所必需的空间范围。

（七）机场驻场单位，是指机场范围内设有工作场所的机关、团体、企事业单位、商户以及其他组织。

第四十七条 本办法自2015年12月1日起施行。

宁夏回族自治区机关事务管理办法

（2015年12月17日宁夏回族自治区人民政府令第82号公布 自2016年2月1日起施行）

第一章 总 则

第一条 为了加强机关事务管理，规范机关事务工作，保障机关正常运行，降低机关运行成本，建设节约型机关，依据《机关事务管理条例》，制定本办法。

第二条 本办法适用于各级人民政府及其部门的机关事务管理活动。

第三条 县级以上人民政府应当推进本级政府机关事务的统一管理，建立健全管理制度和标准，统筹配置资源。

政府各部门应当集中管理本部门的机关事务，执行机关事务管理制度和标准。

第四条 县级以上人民政府应当加强对本级政府机关和下级政府的机关事务工作的监督检查。

县级以上人民政府机关事务主管部门指导下级政府有关机关事务工作，主管本级政府的机关事务工作。

县级以上人民政府财政、发展改革、审计、监察等部门应当根据职责分工，依照有关法律、法规的规定，加强对机关运行经费、资产和服务管理工作的监督检查。

第五条 机关事务工作应当遵循保障公务、厉行节约、务实高效、公开透明的原则。

第六条 各级人民政府应当依照政府信息公开的规定建立健全机关事务公开制度，每年定期公布公务接待费、公务用车购置和运行费、因公出国（境）费等机关运行经费的预算和决算情况。

第二章 经费管理

第七条 各级人民政府及其部门应当加强机关运行经费管理，提高资金使用效益。

本办法所称机关运行经费，是指为保障机关运行用于购买货物和服务的各项资金。

第八条 县级以上人民政府机关事务主管部门应当根据机关运行的基本需求，结合实际，制定办公用房、公务用车、办公设备、办公家具等实物的数量、质量、技术标准定额，以及会议、培训、物业服务等服务标准。

县级以上人民政府财政部门应当根据实物定额和服务标准，参考有关货物和服务的市场价格，组织制定机关运行经费预算支出定额标准和有关开支标准。

第九条 县级以上人民政府财政部门应当根据预算支出定额标准，结合本级政府机关的工作职责、性质和特点，进行合理分类，按照总额控制、从严从紧的原则，采取定员定额方式编制机关运行经费预算。

第十条 县级以上人民政府应当将公务接待费、公务用车购置和运行费、因公出国（境）费纳入预算管理，严格控制公务接待费、公务用车购置和运行费、因公出国（境）费在机关运行经费预算总额中的规模和比例。

第十一条 公务接待费、公务用车购置和运行费、差旅费、办公用房管理和维修费用、后勤服务等费用支出管理，执行《党政机关厉行节约反对浪费条例》等国家和自治区有关规定。

第十二条 政府各部门应当依照政府采购相关法律、法规和规章采购机关运行所需货物和服务。

政府各部门应当采购经济适用的货物，不得采购奢侈品、超标准的服务或者购建豪华办公用房，不得违反规定自行采购或者以化整为零等方式规避政府公开招标采购。

第三章 资产管理

第十三条 县级以上人民政府机关事务主管部门按照职责分工，制定和组织实施机关资产管理的具体制度，并接受财政、发展改革、国土资源等有关部门的指导和监督。

第十四条 县级以上人民政府应当按照分类、节俭、合理可行、积极稳妥、动态调整的原则，制定机关资产配置标准，确定资产数量、价格、性能和最低使用年限。

政府各部门应当根据机关资产配置标准编制本部门的资产配置计划，资产配置计划的编制和实施应当坚持厉行节约的原则。

第十五条 政府各部门应当完善资产入库登记、资产保管清查、资产领用交回等机关资产使用管理制度，建立健全资产账卡和使用档案，定期清查盘点，保证资产安全完整，提高使用效益。

政府各部门的闲置资产应当由本级政府统一调剂使用；无法调剂使用的，经财政部门审批后，采取公开拍卖等方式处置，处置收益应当上缴国库。

第十六条 县级以上人民政府应当通过明确机关用地权属、编制和实施用地规划、严格使用和处置等措施，对政府各部门用地实行统一管理。

政府各部门用地应当符合下列规定：

（一）拟新取得土地的，在选址阶段应当送同级机关事务主管部门审核，取得供地批复和土地权证后，将有关材料报机关事务主管部门备案，纳入本级政府机关用地管理范围。

（二）利用现有土地进行建设的，在办理规划手续前，应当征求同级机关事务主管部门的意见。

（三）处置土地的，由机关事务主管部门进行监管，优先通过调配、置换等方式进行配置利用；确实不宜利用的，由机关事务主管部门提出意见，经同级财政部门审核后，报同级人民政府批准。

第十七条 县级以上人民政府应当建立健全机关办公用房统一调配、统一权属登记和统一建设管理制度。办公用房统一调配、统一权属登记和统一建设具体工作，由本级政府机关事务主管部门负责。

第十八条 政府各部门办公用房按照下列规定统一调配使用：

（一）核定办公用房面积指标；

（二）开展用房普查；

（三）编制办公用房调整方案；

（四）加强使用管理；

（五）实行动态管理。

第十九条 政府各部门办公用房的权属登记，执行《宁夏回族自治区党政机关办公用房管理办法》的有关规定。

第二十条 政府机关办公用房建设项目按照下列规定审批：

（一）自治区人民政府各部门和设区的市人民政府办公用房建设项目，由自治区人民政府审批；

（二）设区的市人民政府各部门、县级人民政府及各部门和乡镇人民政府办公用房建设项目，由设区的市人民政府审批。

政府机关办公用房建设、维修，应当严格执行国家和自治区有关标准。

第二十一条 政府各部门新建、调整办公用房的，应当按照“建新交旧、调新交旧”的原则实施；部门被撤销的，应当收回其占用的办公用房或者按照国家政策规定进行调整、置换、划转。

政府各部门确需购置办公用房的，由同级机关事务、财政主管部门提出意见报同级人民政府审批。

政府各部门应当将办公用房占用、分配情况送同级机关事务主管部门备案。

第二十二条 政府各部门不得出租、出借办公用房或者改变办公用房使用功能；未经本级人民政府批准，不得租用办公用房。

处置办公用房的，由机关事务管理部门提出意见经财政部门审核后报同级人民政府批准。

第二十三条 公务用车编制、配备标准、采购、使用管理、维修保养等，执行国家和自治区有关规定。

第四章　服务管理

第二十四条 县级以上人民政府机关事务主管部门应当制定统一的机关后勤服务管理制度。

后勤服务管理应当坚持下列原则：

（一）坚持社会化方向；

（二）保障基本需求；

（三）坚持统一平等；

（四）实行动态调整。

第二十五条 县级以上人民政府机关事务主管部门，应当采取培训、交流及检查、通报等形式，加强对各部门和下级人民政府机关后勤服务工作的指导。

第二十六条 各级人民政府应当按照简化礼仪、务实节俭的原则管理和规范公务接待工作。

县级以上地方人民政府应当结合本地实际，确定公务接待的范围和标准。政府机关和公务接待管理机构应当严格执行公务接待制度和标准。

县级以上人民政府公务接待管理机构负责管理本级政府公务接待工作，指导下级政府公务接待工作。

第二十七条 各级人民政府及其部门应当加强会议管理，控制会议数量、规模和会期，充分利用机关内部场所和电视电话、网络视频等方式召开会议，节省会议开支。

第二十八条 政府各部门应当执行有关因公出国（境）、差旅、培训的规定，对本部门工作人员因公出国（境）、差旅、培训的事由、内容、必要性和日程安排进行审查，控制因公出国（境）、差旅、培训团组和人员数量，在国（境）外、本行政区域外停留时间，不得安排与本部门业务工作无关的差旅、考察和培训。

第五章　法律责任

第二十九条 违反本办法规定，有下列情形之一的，由上级机关责令改正，并由任免机关或者监察机关对责任人员给予警告处分；情节较重的，给予记过或者记大过处分；情节严重的，给予降级或者撤职处分：

（一）超预算、超标准开支公务接待费、公务用车购置和运行费、因公出国（境）费、差旅费和培训费，或者挪用其他预算资金用于公务接待、公务用车购置和运行、因公出国（境）、差旅、培训的；

（二）采购奢侈品、超标准的服务或者购建豪华办公用房的；

（三）出租、出借办公用房，改变办公用房使用功能，或者擅自租用办公用房的；

（四）超编制、超标准配备公务用车或者超标准租用车辆，或者为公务用车增加高档配置、豪华内饰，或者借用、占用下级单位、其他单位车辆，或者接受企业事业单位、个人捐赠车辆的；

（五）超出规定的项目或者标准提供后勤服务的；

（六）安排与本部门业务工作无关的出国（境）、差旅、考察或者培训的。

第三十条 机关事务管理人员在机关事务管理活动中滥用职权、玩忽职守、徇私舞弊或者贪污受贿的，由上级机关责令改正，并由任免机关或者监察机关对责任人员给予警告处分；情节较重的，给予记过或者记大过处分；情节严重的，给予降级或者撤职处分；构成犯罪的，依法追究刑事责任。

第六章 附 则

第三十一条 其他国家机关和有关人民团体的机关事务管理活动，参照本办法执行。

第三十二条 本办法自2016年2月1日起施行。